de la
Literatura
española 2
Siglos
XVIII al XX

COLECCIÓN DIRIGIDA POR **PABLO JAURALDE**

Títulos
publicados

1 David Pujante
   Manual de retórica

2 Pedro Ruiz Pérez
   Manual de estudios literarios de los Siglos de Oro

3 Elena Varela, Pablo Jauralde y Pablo Moiño
   Manual de Métrica española

4 Teresa Rodríguez
   Manual de sintaxis del español

5 Fernando Cobo Aseguinolaza y María do Cebreiro Rábade
   Manual de teoría de la Literatura

6 José Luis Alonso de Santos
   Manual de teoría y práctica teatral

7 Ángel L. Prieto de Paula y Mar Langa Pizarro
   Manual de Literatura española actual

8 Fernando Gómez Redondo
   Manual de crítica literaria contemporánea

9 Joaquín Garrido
   Manual de lengua española

10 Lina Rodríguez Cacho
   **Manual de historia de la literatura española
   1. Siglos XIII al XVII**

11 Lina Rodríguez Cacho
   **Manual de historia de la literatura española
   2. Siglos XVII al XX (hasta 1975)**

12 Fermín de los Reyes Gómez
   Manual de Bibliografía

Lina Rodríguez Cacho

Manual de Historia de la Literatura española

2 Siglos XVIII al XX

CASTALIA
INSTRUMENTA

es un sello propiedad de

Diputación, 262, 2°1ª
08007 Barcelona
Tel. 93 494 97 20
E-mail: info@castalia.es

Consulte nuestra página web:
https://www.castalia.es
https://www.edhasa.es

Edición original en Castalia: 2009
Primera edición: junio de 2017
Primera reimpresión: julio de 2020

© Lina Rodríguez Cacho, 2009, 2017
© de la presente edición: Edhasa (Castalia), 2017

Ilustraciones de cubierta: fragmentos de El Greco: *Fray Hortensio Félix Paravicino* (1609, Museum of Fine Arts, Boston), El Bosco: *El Jardín de las Delicias* (1503-1515, Museo Nacional del Prado, Madrid) y manus-crito del *Livre de la Cité des dames*, de Christine de Pisan (1405, París).
Diseño gráfico: RQ

ISBN 978-84-9740-772-4
Depósito Legal B.11463-2017

Impreso en Black Print CPI
Impreso en España

Queda rigurosamente prohibida, sin la autorización escrita de los titulares del Copyright, bajo la sanción establecida en las leyes, la reproducción parcial o total de esta obra por cualquier medio o procedimiento, comprendidos la reprografía y el tratamiento informático, y la distribución de ejemplares de ella mediante alquiler o préstamo público.
Si necesita fotocopiar o escanear algún fragmento de esta obra, diríjase a CEDRO (Centro Español de Derechos Reprógraficos, (www.cedro.org) o entre en la web www.conlicencia.com

Índice

Tercera parte:
Siglos XVIII al XIX

1. Vertientes de la prosa ilustrada 11
   El peso de la tradición 20
   La novela pedagógica 29
   La prensa y el auge de la epístola 35
   La originalidad de Cadalso 44
2. La poesía y el teatro neoclásicos 59
   Contrastes de la poesía dieciochesca 61
   La guerra de los gustos teatrales 72
   La comedia de costumbres y el sainete 80
3. El teatro y la poesía en el siglo XIX 95
   Para una definición de 'lo romántico' 98
   El apogeo del drama histórico 107
   Espronceda y Bécquer, líderes de poetas románticos 120
   Los géneros teatrales en la segunda mitad de siglo 142
4. La prosa romántica 153
   Larra y las vertientes del costumbrismo 156
   Bécquer prosista 170

5. Galdós y 'Clarín' en el auge de la novela realista 177
   La novela regionalista y 'de tesis' 183
   La independencia de Valera 194
   Pérez Galdós y sus proezas 201
   La novela naturalista en España 211
   La narrativa de 'Clarín', síntesis de su siglo 224

Cuarta parte:
Siglo XX (hasta 1975)

1. La 'Edad de Plata' (1902-1939) y sus generaciones literarias 241
   La discutida 'Generación del 98' y el 'Novecentismo' 242
   La nueva prosa ensayística 251
   El Modernismo en la poesía de principios de siglo 261
   Los nuevos modelos líricos: Juan Ramón Jiménez
   y Antonio Machado 267

2. Los renovadores de la novela 283
   Secuelas del naturalismo 286
   Pío Baroja y el nuevo realismo 292
   Azorín y Unamuno novelistas 305
   Valle, gallego universal 310
   La originalidad de Pérez de Ayala 318

3. El teatro hasta 1936 327
   Las fórmulas heredadas y sus beneficiarios 330
   El teatro histórico modernista 338
   Los reinventores de la farsa: Arniches y la 'tragedia
   grotesca' 344
   Valle-Inclán y la revolución del 'esperpento' 350
   Los dramas poéticos de García Lorca 363

4. El 'Grupo poético del 27' y las vanguardias 379
   El culto a la imagen en la nueva poética 387
   Neopopularismo y surrealismo: la poesía de
   Alberti y García Lorca 395
   Los diversos caminos de la 'poesía pura': el magisterio
   de Salinas y Cernuda 412

5. La literatura en torno a dos guerras ... 433
  La 'poesía humana' y existencial a partir
  de la Guerra Civil ... 436
  La poesía de 'la España peregrina' ... 460
  El teatro durante los primeros años de la dictadura ... 471
  La novela testimonial y el auge del 'tremendismo' ... 476

Cap. 6. La novela en décadas de la dictadura: 1945-1975 ... 491
  La generación de 'Los niños de la guerra'
  y la memoria histórica ... 493
  Vertientes del realismo social en la década
  de los cincuenta ... 500
  Nuevas técnicas narrativas en los sesenta
  y primeros setenta ... 523

7. El teatro desde 1950 ... 549
  La renovación del humor ... 551
  Los dramaturgos del realismo social ... 555
  Los renovadores de la escena desde mediados
  de los sesenta ... 569

8. La poesía desde mediados de siglo ... 575
  El auge de la poesía social y la reacción del 'Postismo' ... 578
  Las 'señas de identidad' en la poesía de los sesenta ... 590
  El 'culturalismo' de los poetas 'novísimos' ... 605

Bibliografía ... 613
Índice de autores y obras anónimas ... 631
La autora: Lina Rodríguez Cacho ... 645

Tercera parte

Siglos XVIII al XX

I.
Vertientes de la prosa ilustrada

Nada equiparable al genio artístico de Goya puede encontrarse en las letras españolas del siglo XVIII. El llamado Siglo de las Luces o de la Ilustración fue en España mucho más rico en propuestas ideológicas que imaginativas, más prolífico en discursos teóricos que en ficciones, por lo que resulta más interesante para la historia del pensamiento que para la de la literatura[1]. Puede parecer afirmación tajante, pero la pobreza creadora con la que se abrió el siglo es un hecho que constatan los expertos, empeñados desde hace décadas en rescatar textos perdidos u olvidados del setecientos. Sabido es que el racionalismo se impuso en todos los ámbitos, y con ello una idea de utilidad y provecho que

---

[1] El término 'Ilustración' está ligado a la metáfora de las luces, de la 'iluminación' que produce el conocimiento que surge del racionalismo empírico, y tuvo equivalencia exacta en las distintas lenguas: *Enleightement, Aufklärung*, etc. Lo impulsaron los enciclopedistas franceses e ingleses, quienes pretendieron resucitar ideales renacentistas para erradicar la mentalidad escolástica y su base filosófica aristotélica, que consideraban 'oscura' en tanto que dogmática, retrógrada y, por tanto, un lastre para el progreso.

chocaba con la mera búsqueda de placer estético que está en la base de toda creación literaria. Al igual que sucediera con los humanistas del siglo XVI, los ilustrados mostrarían su preferencia por géneros y autores de la Antigüedad grecolatina que reivindicaron el orden y la coherencia de pensamiento sobre cualquier otra cualidad, pues apreciaban sólo aquella literatura basada en la verosimilitud y el 'provecho' ético. Lo que caracterizó a este otro siglo es la valoración del rigor científico en todos los ámbitos: la fe absoluta en el análisis de datos para establecer leyes hizo que prevaleciera la experiencia como garantía "contra el engaño de los sentidos y los extravíos de nuestra imaginación" (P. Hazard), lo que suponía ya un claro prejuicio negativo hacia todo lo que surgiera puramente de la fantasía. Una buena prueba de ello es el *Robinson Crusoe* (1719) de Defoe, que tenía mucho más de reflexión moral sobre un experimento humano que de novela, como prueba el que su autor la considerara "historia para enseñanza de los demás a través del ejemplo", sintiéndose orgulloso de que su editor dijera de ella que no tenía "siquiera apariencia de ficción". Y salvo en contados casos, esas mismas palabras podrían atribuirse a los pocos narradores de mérito que tuvo España entre 1690 y 1850, aproximadamente.

Con los humanistas del Renacimiento compartían también los escritores del setecientos una misma fe en la educación –y en los viajes como componente esencial de ella– para desterrar prejuicios, perfeccionar al individuo en sus hábitos, y reformar así, en consecuencia, las costumbres sociales. *La instrucción pública es el primer origen de la prosperidad social, y además fuente de la felicidad personal*, dirá Jovellanos, uno de los ilustrados que más escribió en favor del progreso y de la 'civilidad' para desterrar la 'barbarie' (vid. *infra*, nota 15), una oposición de conceptos que estará presente en toda la literatura europea del momento. En consecuencia, los ideales pedagógicos vuelven a ocupar el primer plano literario, con la misma aspiración humanista de poder llevarlos a cabo desde una conciencia moral de valor universal. A diferencia de los moralistas del siglo anterior, los autores dieciochescos españoles se instalaron más en la imitación que en la invención de nuevos marcos y pretextos para 'enseñar deleitando', objetivo común de la prosa didáctica desde antiguo. De manera que, frente a lo que sucedió en Francia, Inglaterra o Alemania, no se dieron auténticas innovaciones hasta la segunda mitad del siglo, en la que aparecieron *El pensador* de Clavijo y Fajardo (vid. *infra*, n. 42) y las *Cartas marruecas* de José Cadalso, dos de los textos más valiosos de aquella centuria. Ambos son también una perfecta muestra del enorme interés sociológico que adquirió la sátira en todas posibilidades estilísticas, convirtiéndose, significativamente, en la modalidad dominante en la literatura del periodo. La obra de Cadalso resulta además excepcional, ya que, en su mayoría, los escritores 'ilustrados' españoles no pasaron de ser brillantes ensayistas, más o menos eruditos, con un afán normativo dominante: proporcionar textos útiles para regular las más diversas materias, desde el adiestramiento de los gustos teatrales a la reforma agraria[2].

España, que desde fines del seiscientos era vista por los observadores extranjeros (y algunos nacionales), como un cuerpo extenuado y sin energía, experimenta en las primeras décadas del setecientos una renovación de sus estructuras que la mayoría de los cronistas atribuyen a iniciativas reales. La voluntad de orquestar cambios se hizo notoria con Felipe V, el monarca que inaugura la dinastía de los Borbones, pues durante su reinado (1700-1746) la corte se abrió a distintas influencias europeas[3]. Se producen entonces importantes reformas sociales que se completaron con las llevadas a cabo en las obras públicas durante el rei-

---

[2] La agricultura fue interés central de los ilustrados europeos porque la economía seguía dependiendo básicamente de ella. En España la escasez de industria hacía que la mayor parte de la población trabajadora se dedicara a cultivar tierras de la Iglesia o de la nobleza, en condiciones extremadamente precarias especialmente en Castilla, Extremadura y Andalucía. Recuérdese que la situación de empobrecimiento del campesinado, agravada por continuos impuestos, fue determinante en la Revolución francesa, mientras que Inglaterra organizaba mejor las ganancias agrícolas propiciando inversiones, desarrollo de las manufacturas, etc., lo que desembocó en un mayor progreso frente a los demás países. El texto más importante sobre este asunto fue el *Informe sobre la ley agraria* de Jovellanos (1794), cuyo proyecto de reparto se considera antecedente del agrarismo progresista de Joaquín Costa a comienzos del XX (vid. parte 4ª, nota 59).

[3] Nieto de Luis XIV, Felipe de Anjou se convirtió en el candidato francés en la Guerra de Sucesión entre 1700 y 1713. Por su propuesta centralista, fue efendido por Castilla y Andalucía, y acabó venciendo a su contrincante, el archiduque Carlos, de la Casa Real austriaca y favorito de Inglaterra, cuyo proyecto foralista fue apoyado en cambio por Levante y Cataluña. Aunque intentó 'españolizarse', Felipe V nunca dejó de aspirar a ser también rey de Francia, junto a la que intervino siempre en los grandes conflictos entre potencias europeas durante las tres décadas largas que duró su mandato: 1714-1746. Un periodo en el que España siguió aminorando su peso internacional, como demuestra la pérdida de Gibraltar, por ejemplo.

nado de Fernando VI (1746-1759), más marcado por la imitación francesa; unas obras que, según muchos historiadores, llevaron al país "a la modernización que ya tenían el resto de los países europeos", puesto que España se había quedado notablemente rezagada. A Felipe V se debe una decisiva labor de difusión cultural, puesto que creó numerosas instituciones dedicadas a la investigación. Entre las más importantes, la Biblioteca Nacional, fundada por el propio rey y abierta al público en 1712[4], y la Real Academia Española (RAE), fundada al año siguiente con el propósito de cuidar y fijar la pureza y elegancia del castellano como idioma oficial español. Aunque el fenómeno de la creación de academias venía de más lejos (vid. 2ª, nota 252), sólo en este siglo se convirtió en auténtica obsesión, con el afán de imitar instituciones francesas e italianas; así la Academia de las Buenas Letras de Barcelona (1751) y Sevilla (1752), la Academia de Bellas Artes de San Fernando en Madrid, o la Academia del Buen Gusto, que en su mayoría tuvieron como origen reuniones privadas en casas de nobles[5]. Aquellos académicos aristócratas mantuvieron posturas encontradas ante los autores barrocos: mientras en la RAE se utilizaron para elaborar el gran *Diccionario de autoridades* (1726-1739) –la obra lexicográfica más completa en la Europa de la época–, el primer director de la Real Academia de la Historia, en cambio, hizo una defensa a ultranza del Neoclasicismo atacando el Barroco[6]. Con todo, el peso de la cultura barroca se dejó sentir durante el reinado de los dos primeros borbones, hasta 1760 especialmente. Algún ilustrado pesimista como **Juan Pablo Forner** (1756-1797) escribiría todavía en el último tercio del siglo unas *Exe-*

---

[4] Felipe V donó los fondos bibliográficos que existían en el Palacio Real, así como con los que él mismo había traído de Francia y los que le legó el arzobispo de Valencia tras su muerte.

[5] Lo que hoy se conoce como Real Academia de la Lengua, por ejemplo, tuvo su origen en una tertulia privada que tenía en su casa D. J. M. Fernández Pacheco, marqués de Villena, y a la que acudían numerosos literatos, abogados, historiadores, catedráticos de universidad, etc. Al verse desbordada con nuevos miembros, Villena solicitó al rey el nombramiento oficial de la academia, por lo que pasó a ser su primer director.

[6] Cuando inició sus actividades en 1736, declaró como objetivo primordial el "purificar y limpiar la historia de nuestra España de las fábulas que la deslucen", y que consideraban se habían forjado principalmente en el 'nefasto' siglo XVII.

quias de la lengua castellana donde añoraba el poder que tuvo el español como lengua de cultura en el siglo XVI, culpando a los modernos 'corruptores del idioma' (galicistas y dómines pedantes) de haber sepultado definitivamente su antigua pureza y su esplendor literario; y lo hizo bajo el pretexto de un imaginario viaje del autor al Parnaso que ya usaron antes Cervantes o Saavedra Fajardo[7].

Todas las discusiones de relevancia intelectual se dieron en aquellos foros y en las llamadas 'sociedades de amigos del país', que, por iniciativa vasca y desde un interés inicial por el desarrollo económico, fueron dando cabida a la 'ilustración' sobre diversas ciencias y artes[8]. Llegaron a ser unas cincuenta repartidas por toda España: pretendían ayudar a difundir cultura y luchaban por suprimir la Inquisición defendiendo ideas neoclásicas, que en muchos casos tomaron cuerpo en numerosos textos reformistas subvencionados por ellas, como sucedió con el citado *Informe sobre la ley agraria* de Jovellanos. Poseían nutridas bibliotecas y, en muchos casos, licencia gubernamental para leer libros prohibidos, en un momento en que seguían divulgándose índices de títulos censurados y se vigilaba todo lo que entraba desde el extranjero[9]. A estas 'sociedades económicas' hay que sumar también las diver-

---

[7] Forner, de origen valenciano aunque nacido en Mérida, fue uno de los más enérgicos polemistas de todo el siglo, famoso por diatribas como las tituladas *El asno erudito* y *Los gramáticos, historia chinesca* (ambas de 1782), escritas en contra de Tomás de Iriarte. En este caso se valió del modelo de la sátira menipea (en prosa y verso) para plantear la discusión del autor con escritores muertos, analizando el pasado literario y estableciendo juicios sobre el presente. El texto, al igual que otras sátiras suyas, permaneció inédito mucho tiempo y no ha llegado a fijarse con exactitud la fecha en que fue escrito.

[8] La pionera fue la Sociedad Vascongada de Amigos del País, reconocida así en 1764 por los poderes públicos después de que cobrara grandes dimensiones la academia que celebraba el conde de Peñaflorida en su villa de Azcoitia; en ella cada día de la semana los asistentes (clérigos seglares e hidalgos progresistas, militares y funcionarios reales, en su mayoría) se dedicaban a hablar de diversas materias: matemáticas, física, historia, geografía y música. A imitación suya, se crearon varias por toda España, siendo la más famosa la Sociedad Matritense de Amigos del País.

[9] En 1752 se dictó un decreto conocido como el Auto de Curiel por el que se prohibía la importación de libros en español que habían sido publicados en el extranjero. Los libreros tenían obligación de poseer una relación de obras a la venta en su local, pero era habitual que los inspectores 'hicieran la vista

sas tertulias –palabra que adquiere dignidad especial en este siglo–, en las que participaron los principales escritores del momento, como la de la Fonda de San Sebastián, fundada por Nicolás Fernández de Moratín (*infra*, n. 83), que funcionó desde comienzos de los setenta hasta finales del siglo. A diferencia de las tertulias que compartieron Cervantes o Lope con clérigos y aristócratas en algún estudio privado de Madrid (vid. 2ª, nota 167), éstas se erigieron en foco de difusión de las nuevas ideas ilustradas, si bien mezcladas con charlas más banales, como los toros, por ejemplo, que levantaron grandes pasiones; y no es de extrañar que terminaran siendo materia cómica de algún sainete que ponía en solfa su pretendida seriedad[10].

Al igual que otros países europeos, España registró en su literatura las grandes contradicciones que llenaron el siglo. Las más visibles se produjeron en los nuevos gustos culturales de los ilustrados: junto al elitismo de ciertas aficiones y una artificialidad de indumentaria y maneras que se tomaron como consignas de elegancia, se dio una auténtica "fascinación por lo populachero", en palabras de algún historiador. Principal ejemplo de lo primero es el gusto por la ópera italiana, que surge por el deseo de imitar el refinamiento de la nobleza –de reyes melómanos como Felipe V, cautivado por Farinelli–, o el que han visto en sus viajes. En el polo opuesto se sitúa el fenómeno del 'majismo' (vid. *infra*, notas 109-113), y muchos motivos de la poesía satírica, coincidentes con los de los famosos *Caprichos* goyescos. Las contradicciones más profundas se esconden sutilmente, en cambio, en los múltiples discursos de eruditos y literatos. Los ilustrados abogan por una idea de educación cívica que está indisolublemente ligada a la forma de gobierno, y éste se ocupa entonces de promover una nueva moral fundamentada en virtudes nuevas. La sociabilidad, por ejemplo, exige la práctica de la benevolencia, la beneficencia y el humanitarismo (virtud por excelencia), pero a veces entra en conflicto con la idea de igualdad y libertad,

---

gorda'. Además de la ayuda de los libreros, se podían conseguir libros de contrabando en los puertos de mar y puntos fronterizos como Irún, etc. En cualquier caso, parece que los censores solían entrar en funciones cuando el libro ya estaba a la venta y leído.

[10] Es el caso de *Las tertulias de Madrid o el porqué de las tertulias* (1770), en el que Ramón de la Cruz habla de los pedantes ociosos que las frecuentaban (vid. *infra*, cap. 2).

según se lo plantearon Rousseau o Kant en varias de sus obras. Al lado de un ideal de sociabilidad que llevó a proponer, por ejemplo, loables medidas para proteger a las clases marginadas[11], se dio, sin embargo, entre los ilustrados un fuerte clasismo, debido en parte a su propia extracción social y sus compromisos cortesanos: casi todos ellos tienen vínculos que les atan a la más rancia aristocracia. Quizá la mayor de las contradicciones se da respecto al ideal de tolerancia propugnado por Voltaire y los enciclopedistas, quienes defendieron el eclecticismo en términos que podrían haber suscrito pensadores independientes como Erasmo en el siglo XVI[12]. Tal ideal se vio arrumbado de continuo en las numerosas y apasionadas discusiones provocadas por el fanatismo patriótico, que fue creciendo sobre todo a partir de 1765, momento en el que cobran auge el nacionalismo inglés y el francés. En España, aunque la pugna con otras naciones venía de muy atrás, es ahora cuando crece la violencia verbal entre todos aquellos que sintieron atacada "la gloria española", tanto literaria como política, por los que consideraban juicios infamantes de los extranjeros. Lo cual generó todo un debate a gran escala del que pocos prosistas se quedaron al margen; una circunstancia más que justifica que el uso del pseudónimo se generalizara entonces como en ninguna otra época.

A partir de mediados de siglo, fueron muchos los ríos de tinta que corrieron entre ataques, apologías, refutaciones y revanchas, enmascarados a menudo a través de los muchos nombres solemnes con que se bautizó al escrito ensayístico en este siglo –informe, memorial, discurso, oración, etc.–, adaptados siempre al tipo de público al que se destinaban. Lo interesante es la evolución que presentan las actitudes de los

---

[11] Los locos o los gitanos, por ejemplo, centran la atención de muchos discursos y pragmáticas que pretenden desligarlos de la imagen popular que los asociaba exclusivamente a la delincuencia.

[12] "El ecléctico –define la Enciclopedia francesa– es un filósofo que, pisoteando el prejuicio, la tradición, la antigüedad, el consentimiento universal, la autoridad, en una palabra, todo lo que subyuga al vulgo de los espíritus, se atreve a pensar por sí mismo, a remontarse a los principios generales más claros, examinarlos, discutirlos, no admitir nada sino por el testimonio de su experiencia y su razón; y de todas las filosofías que ha examinado sin miramiento y sin parcialidad, hacerse una particular y doméstica que le pertenezca..." Muy similares razones daba Erasmo en *El Enquiridion:* vid. tomo I, parte 2ª, 2.

prosistas ilustrados a medida que avanza el siglo. Mientras que hacia 1750 los ilustrados españoles se avergonzaban del atraso nacional, sobre todo en obras científicas, y pocos eran los que se atrevían a hacer una defensa razonada de la propia cultura, "por los años de 1780 y 1790 los autores españoles confiaban en el progreso de su país lo suficiente como para volverse contra la crítica exterior", una situación que hubiera sido imposible cuarenta años antes (N. Glendinning*). Crece entonces la ansiedad de refutar haciendo alardes de 'patriotismo', y se intensifica la crítica, por cualquier vía genérica, de los valores literarios de Francia, a medida que las relaciones entre ambos países van empeorando.

Como una provocación intolerable se recibió en 1782 el artículo que el francés Masson de Morvilliers incluyó en la *Encyclopédie méthodique* bajo el título "¿Qué se debe a España?", que venía a reforzar el criterio negativo que sobre los españoles había manifestado tiempo atrás Montesquieu en sus *Lettres persanes* (1721)[13]. A ello se sumaban algunos relatos de viajes considerados injuriosos (vid. *infra*, nota 53), ante los que se reaccionó con textos que pretendían reivindicar los progresos españoles "en las ciencias y en las artes", tal y como llegó a pedir el propio gobierno en un concurso público que convocó en 1785. Lo ganó la **Oración apologética por la España y su mérito literario** (1786) de

---

[13] Las *Cartas persas* tuvieron un éxito y difusión enormes. Aunque ya Voltaire había hecho críticas a la cultura española, fue Montesquieu el más contundente. En la carta LXXVIII, se inventa que uno de los dos corresponsales persas (Usbek, viajero rico), recibe de su amigo la copia de otra carta escrita por un francés que lleva seis meses viajando por España, y que ha encontrado, entre otros, los siguientes defectos en los españoles: son orgullosos, lo que les lleva a despreciar oficios manuales y a ser vagos (una fama arrastrada desde el siglo XVI); están más inclinados a amoríos y galanterías que al estudio, por lo que su gravedad es sólo aparente (el bigote, la capa, etc.) y justifica su adhesión al carácter inquisitorial; *Primero son devotos y después celosos*, asegura Montesquieu, y tienen *bibliotecas muy pobres con dos tipos de textos enemigos de la razón humana: novelas o textos escolásticos; desconocen los descubrimientos de su propio continente y no manifiestan interés por ellos*, etc. En su examen llegó a afirmar que el único libro español de mérito era *El Quijote*, y criticó ampliamente los demás. Muchos fueron los autores que rebatieron con indignados argumentos el artículo de Masson, alguno de los cuales tuvo gran repercusión en Alemania, hostil a la absorbente expansión cultural francesa.

Juan Pablo Forner (*supra,* n. 7), por saber dar contundente respuesta a lo que se consideraba una grave ofensa a la patria, y ello le valió una sustanciosa pensión estatal, como si de una defensa militar se hubiese tratado. Forner defendía España atacando lo extranjero, con argumentos tan peregrinos como comparar la obra de Cervantes con la de Leibniz y Descartes, alabando la superioridad del mérito del *Quijote* y, en general, la solidez de pensamiento de sus compatriotas frente a la superficialidad francesa, con claras alusiones a los enciclopedistas, por los que demuestra un total desinterés. Mucho más inteligente y ponderado había sido, en cambio, el juicio de Cadalso casi veinte años antes, en su libelo *Defensa de la nación española contra la carta LXXVIII de Montesquieu,* que, en su afán de imparcialidad, guarda estrecha relación con los planteamientos de sus *Cartas marruecas* (vid. *infra,* nota 58). Pero ni uno ni otro pudieron impedir que el asunto siguiera levantando ampollas durante casi un siglo.

Las actitudes de los escritores españoles ante la cultura francesa marcan definitivamente las diferencias ideológicas a lo largo de dos centurias, y atraviesan por fases muy distintas; desde la *Antipatía de franceses y españoles* de Feijoo (vid. *infra*), y las 'cartas de desagravio' como la citada *Defensa* de Cadalso, con las que los ilustrados españoles tuvieron que combatir a veces a los propios ideólogos franceses que fueron sus maestros –el suyo fue a veces un 'afrancesamiento disidente', podríamos decir–, hasta la trágica fase del exilio forzoso de todos los partidarios del Bonaparte invasor (*infra,* nota 128). Del interés por la literatura francesa, manifiesto en un sinfín de traducciones que influyeron en estilo y contenidos –los impresores españoles aprendieron también mucho de Francia–, se pasó al temor a que su influencia pusiera en peligro la identidad nacional. Y mientras algunos sólo ridiculizaron el detalle de una moda (el afeminamiento de los 'petimetres', por ejemplo, que satirizarían Cadalso o Moratín: *infra,* n. 109), otros ilustrados en cambio, como Forner, declaran abiertamente que la Revolución francesa había llegado a ser "un mal nefasto". Actitud ésta que justifica el que, ya en las primeras décadas del siglo XIX, y tras el primer intento de una constitución democrática (1812), Mariano José de Larra se atreviera a censurar el casticismo de la Ilustración española (C. Blanco Aguinaga-Rodríguez Puértolas*). Sin embargo, el maniqueísmo que estuvo justificado en tiempos de Larra puede ser estrecho de miras para nosotros si queremos comprender la complejidad del periodo. No todo se explica desde oposiciones taxativas como la de 'afrancesados' frente a 'casticistas' –fueron posturas movedizas en muchos casos, según la circunstancia vital o el género literario usados–, y mucho menos desde el prejuicio de atribuir 'progresismo' a todos los ilustrados, cayendo en la falacia de verlos como una clase ideológicamente homogénea sólo porque compartieran una educación similar[14].

El peso de la tradición

El impulso que se dio a los estudios en el extranjero a partir de la subida al poder de Fernando VI en 1746 fue factor decisivo para conseguir que el pensamiento europeo ayudara a forjar una mentalidad más cosmopolita en España. Sin embargo, el alcance no puede magnificarse pues solo fue provecho de selectas minorías. La creencia en la igualdad natural del género humano, por ejemplo, arraigó con fuerza en la obra de **Gaspar Melchor de Jovellanos** (Gijón, 1744-1811), el ilustrado español que mayores responsabilidades políticas llegó a asumir y que más influencia ejercería sobre los legisladores de la primera Constitución española en 1812, contribuyendo notablemente a la reforma de la educación. En su pensamiento se trasluce la huella del jansenismo, un movimiento que pedía el control de todos los asuntos eclesiásticos por parte del Estado, al tiempo que una reforma de la religiosidad basada en la mayor formación del clero, al que acusaban de retrógrado[15]. Los

---

[14] En sus biografías destacan los orígenes sociales altos y el predominio de profesiones vinculadas a la política, de continuo trato cortesano, que en muchos casos les obligan a mantener actitudes conservadoras. Pero se dan diferencias sustanciales entre el conformismo de algunos, de carácter acomodaticio a los cambios de poder, y la valentía de otros que, en cambio, pagaron caro sus gestos de rebeldía: Cadalso, Jovellanos y el dramaturgo García de la Huerta, por ejemplo, conocerán en distinto grado la injusticia del destierro e incluso el encarcelamiento: vid. *infra*, nota 128.

[15] Jovellanos, a quien caracterizó siempre una gran honestidad y coherencia de pensamiento, se manifestó en varias ocasiones contra los obispos que no colaboraban en su proyecto reformista, que le negaban subsidios para la instrucción popular que quería llevar a cabo desde instituciones como el Instituto Asturiano, etc. Con el tiempo, sería uno de los primeros en experimentar el drama de los ilustrados: elegir entre serle fiel al gobierno

Diarios que Jovellanos escribió entre 1791 y 1808, producto de sus viajes, son un excelente documento histórico sobre la vida cotidiana en el siglo XVIII y, sobre todo, un texto fundamental para descubrir la visión crítica que el ilustrado tuvo de España, y la división interna que experimentó ante ella. Un sentimiento que anticipa ya el que tendrían después muchos intelectuales del 98: Jovellanos, serio pensador de la 'cuestión nacional' como lo sería Unamuno, siente amor por el pasado del país, pero al mismo tiempo hace a ese pasado responsable de los síntomas de su decadencia (A. del Río). Declara allí, por ejemplo, que le molesta ver los pueblos españoles presididos por torres de iglesia, porque las considera "derivadas de los bárbaros orientales y de las fortalezas". Entender estas palabras del escritor asturiano supone comprender cuánto de de 'ancla' en el pasado tuvieron para los ilustrados las distintas órdenes católicas, que tanto pesaron (objetivamente hablando) sobre la formación de los autores y sobre la difusión de sus obras. El clero español, que tenía a su cargo la mayor parte de los colegios –la nobleza controlaba a su vez los llamados 'colegios mayores' universitarios– seguía muy estancado en la tradición y estaba más dedicado a fomentar vocaciones que a difundir cultura. Mientras en Francia se estaba dando una clara oposición entre la figura del 'filósofo' librepensador y la del 'beato' –*dévot* se hizo sinónimo de gazmoñería e intransigencia–, en un camino abierto hacia la laicización del país, los altos cargos eclesiásticos españoles daban continuas muestras de su talante reaccionario, oponiéndose a los científicos y grupos minoritarios de intelectuales que, insatisfechos con la España de Carlos II, se bautizaron como *novatores*[16]. Las presiones más intensas se dieron en la primera, cuarta y última década del siglo. Diversos procesos inquisitoriales contra ilustrados, a veces por absurdas acusaciones de herejía, justifican

---

[16] impuesto por Napoleón, sumarse al movimiento constitucionalista de Cádiz, o apoyar a una Junta Central de continuidad, que es por lo que terminaría optando, con grandes temores expresados a su amigo, el ministro Cabarrús en 1808; vid. *infra*, nota 128.
La primera obra en que se habla despectivamente de ellos es del obispo de Jaén, Francisco Palanco, en su *Dialogus physico-theologicus contra philosophiae novatores*, de 1714. Todavía en 1770 hay algunos obispos que siguen quejándose ante Carlos IV de que él mismo proporcione ejemplares de las obras de los 'subversivos' Voltaire y Rousseau a los párrocos que tenían algunos conocimientos de francés.

las disidencias que se dieron dentro del propio seno de la Iglesia. Y no deja de ser significativo que a ésta pertenezcan varios de los prosistas más importantes de la primera mitad de siglo.

El primero de ellos es el fraile benedictino **Benito Jerónimo Feijoo** (Orense, 1676-1764), quien alternó toda su vida la docencia universitaria con sus responsabilidades conventuales en Oviedo, pues ya en 1720 escribía que el inquisidor general era "amantísimo de la antigualla y está amenazando con el rayo en la mano a todo libro que dice algo de lo infinito que se ignora en España". Feijoo ocupa en la prosa ensayística del siglo XVIII el lugar destacado que tuvieron el franciscano fray Antonio de Guevara en la del siglo XVI, y el jesuita Baltasar Gracián en la del XVII. Sin embargo, el interés que revisten sus ideas no es en modo alguno equiparable al de sus aportaciones a la prosa literaria española, cuyo valor no puede magnificarse. Pese a ser considerado por muchos como el 'padre del ensayo moderno', en su extensa obra Feijoo no hace sino perseverar en modelos practicados ya en el siglo XVI, auténtico arsenal de géneros para los escritores neoclásicos. Lo verdaderamente importante es el debate ideológico que provocó ya desde su primera obra, el *Teatro crítico universal* (1726), que puede considerarse como el arranque de nuestra Ilustración. El libro tenía suficientes rasgos de heterodoxia como para captar en él cierto perfil revolucionario. Desestimaba por igual el aristotelismo y las meras exégesis de los Padres de la Iglesia –Feijoo no se pliega sin más al respeto a la *autoritas*–, y revisaba seriamente por primera vez ciertos conceptos importantes, como el 'patriotismo', atreviéndose a atacar "la pasión nacional" con la que, de forma tan parcial, a su juicio, se escribía la Historia[17]. Al poco tiempo de aparecer, la obra tuvo enseguida un *Anti-Teatro Crítico* (1729-1731) al que sucedieron otros ataques, provenientes sobre todo de médi-

---

[17] Escribe en "Amor de la patria y pasión nacional": ... *cada uno se halla mejor con las cosas de su tierra que con las de la ajena, y así le retiene en ella esta mayor conveniencia suya, no el supuesto amor de la patria. [...] no sólo las conveniencias reales, más también las imaginadas, tienen su influjo en esta adherencia. El pensar ventajosamente de la región donde hemos nacido sobre todas las demás del mundo, es error entre los comunes, comunísimo. [...] Lo peor es que aun aquellos que no sienten como vulgares, hablan como vulgares. Este es efecto de la que llamamos pasión nacional, hija legítima de la vanidad y la emulación. [...] Por uno y otro motivo atribuyen a su nación mil fingidas excelencias aquellos mismos que conocen que son fingidas.* (Teatro crítico, tomo III, discurso X).

cos y filósofos tomistas, hasta el punto que el propio rey Fernando VI llegó a prohibir en 1750 que circularan impresos[18]. Al igual que Montaigne o Bacon, Feijoo sintió recelo hacia cualquier filosofía sistemática, proponiendo una reflexión más libre sobre todo tipo de problemas de actualidad, arriesgándose a proponer soluciones y sin renunciar a analizarlos a fondo –con el 'desapasionamiento' que ya propugnaron los humanistas–, lo que no impide que caiga a veces en esas argumentaciones silogísticas que tanto censuró, por su abuso, en las universidades españolas.

Tal vez el valor más importante que quepa atribuir a Feijoo sea el de haber renovado e impulsado el género de la miscelánea en el setecientos, con unos objetivos similares a los que tuvieron Pedro Mejía o Antonio de Torquemada dos siglos antes (vid. 2ª, n. 51). Él mismo definió como 'literatura mixta' su modo de practicar el enciclopedismo: la prosa que pretendía divulgar novedades científicas, desde la Física a la Biología, al tiempo que hacer reflexionar sobre fenómenos naturales más o menos extraños –desde los eclipses a ciertos sucesos tenidos por milagros– con el fin primordial de "enmendar errores comunes"[19]. A tal género misceláneo pertenecen sus ***Cartas eruditas y curiosas*** (1742-1760), en las que se ocupa de las más diversas cuestiones morales y sociológicas, fingiendo dar respuesta a la petición real de un interlocutor, pretexto que ya había sido usado por el Guevara de las *Epístolas familiares*,

---

[18] Debe tenerse en cuenta que Feijoo contó siempre con el apoyo real para publicar sus obras, al igual que los de su propia orden. Y es significativo que dedicara la mayoría de ellas a altos mandatarios civiles y eclesiásticos: "Su aceptación complaciente de los valores aristocráticos incluso llega a ser un elemento que repugna al lector moderno" (N. Glendinning).

[19] Se ha dado una interesante interpretación de este propósito, central en la obra del autor: "El móvil literario real de Feijoo no es tanto desengañar a los españoles como explayar su personalidad por el vasto campo de los Errores comunes. Su obra, más que un repertorio de ideas dieciochescas, es su propia novela, como lo sugirió Emilia Pardo Bazán en su magnífico ensayo sobre Feijoo. Percibió la escritora gallega que lo esencial en la obra del benedictino no es el racionalismo sino la forma en que él lo vive. Y es que en definitiva las supercherías y supersticiones combatidas por Feijoo juegan, en su vida y en su obra, el mismo papel que las soñadas invenciones en la imaginación de D. Quijote" (Juan Marichal).

con el que comparte muchas inquietudes[20]. Con el afán de explicarlo racionalmente todo, llega a interrogarse, por ejemplo, por ese "no sé qué" inefable adonde no llega la razón: lo bello, lo sublime, lo genial, que debe ser captado por una categoría especial de nuestro espíritu ("Descubrimiento de una nueva facultad o potencia sensitiva en el hombre", *Cartas eruditas*, tomo IV, carta 6); y se considera con autoridad para opinar sobre todo aquello que venían discutiendo los académicos, como que "la elocuencia es naturaleza y no arte", o los criterios para desestimar la novela frente a otros géneros (*Cartas eruditas*, V, 22 y *Teatro crítico*, IV, 7). Tan pronto razona sus críticas a la nobleza desocupada, uno de los grandes temas satíricos de todo el siglo, como se atreve a definir el amor, por ejemplo. Al igual que Guevara, también tuvo Feijoo que defender en numerosas ocasiones su originalidad, muy limitada en los temas científicos[21]. Pero no es precisamente su estilo lo que más cabe elogiar en él (aunque se sentía orgulloso de haber creado un estilo propio), pues incluso con la naturalidad y espontaneidad de la que hace gala frente al "estilo hinchado" de los tratadistas barrocos, manifiesta su mismo gusto por la "bizarría expresiva" (R. Lapesa), con símiles y recursos que eran demasiado comunes entre predicadores. Aunque los datos de transmisión de la extensa obra de Feijoo pudieran hacer pensar que se consultó como nuestro auténtico enciclopedista, pasado el primer impacto, no fue tan leído como se piensa. Hacia los años ochenta parece que ya nadie se interesaba por él, mientras que alcanzaban tiradas sorprendentes los novelones moralizantes de otros clérigos (vid. *infra*, n. 29-32).

Suele tenerse por máximo indicio del moderno racionalismo de Feijoo el intento por combatir la superchería popular, la creencia en

---

[20] En efecto, no toma como modelo a los franceses coetáneos como Montesquieu (como sí lo hará después Cadalso), sino al viejo obispo de Mondoñedo, o tal vez las más cercanas *Epístolas varias* (1675) de Félix Lucio Espinosa. Al igual que ellos, Feijoo usa el pretexto de la carta para enseñanzas que afectan a profesiones particulares, como en su ensayo *Balanza de Astrea*, en el que inventa una supuesta carta de un viejo abogado a su hijo aún inexperto para darle consejos útiles para ejercer la abogacía.

[21] Como en el caso de los viejos autores de misceláneas, la mayor parte de sus noticias provienen de compendios coetáneos, como las jesuíticas *Mémoires de Trévoux* y el *Journal des Savants*, y algún médico inglés que había leído traducido, a cuyas teorías aporta su experiencia personal.

adivinaciones, en duendes y en falsas milagrerías que estaba tan extendida entre el vulgo (*Teatro crítico*, III, 4). Pero no puede olvidarse que el asunto, por ser un desafío a la razón y al propio dogma católico, había sido ya preocupación constante de un amplio sector del Humanismo renacentista y de Erasmo al frente del mismo[22]. El interés por la magia y las cuestiones ocultistas había vuelto a intensificarse entre frailes de distintas órdenes a finales del siglo XVII, que produjeron libros disparatados en su propósito de filosofar sobre la existencia de seres sobrenaturales o diabólicos[23]. Lo que hace Feijoo es retomar, con prurito científico, una vieja discusión sobre los límites de la credulidad que ya estaba en el *Jardín de flores curiosas* de Torquemada (vid. 2ª, n. 56), si bien aplicando argumentaciones que empezaban a extenderse entre todos los ilustrados europeos, y sin preocuparse por la amenidad de su prosa, cuyo valor estrictamente literario queda a gran distancia de la de aquel humanista leonés. Lo interesante es que en Feijoo todo esto forma parte de su afán de separar ciencia de religión, y que su propuesta se da en un momento en el que las universidades españolas no se ocupaban aún de las asignaturas experimentales. En este sentido, Feijoo se adelanta a la batalla por la reforma de los planes de estudios librada por los ilustrados para imitar pautas de las nuevas universidades alemanas o británicas, y las de la moderna universidad napoleónica después.

El autor que mejor supo sacarle partido literario a la superstición en el 'Siglo de las Luces y la razón' fue **Diego de Torres Villarroel** (Salamanca, 1693-1770), hombre de peculiar personalidad y trayectoria vital, que fue uno de los pocos escritores que logró vivir de su pluma[24].

---

[22]   Lo mismo cabe decir de la "modernidad" que suele atribuirse a otros textos de Feijoo como "La defensa de las mujeres", algunas de cuyas ideas pueden leerse ya en algunos humanistas imitadores de los *Colloquia del de Rotterdam*.

[23]   Es el caso del provincial de los capuchinos, Antonio de Fuentelapeña, en su obra *El ente dilucidado, discurso único novísimo, en que se muestra que hay en naturaleza animales irracionales invisibles, y cuáles sean* (Madrid, 1676), en el que se propuso demostrar la existencia de los duendes, y su naturaleza no *angélica ni diabólica;* o el libro del jesuita gaditano Hernando Castillo: *Historia y Magia natural o ciencia oculta con nuevas noticias de los más profundos misterios y secretos del Universo visible* (1692), que algunos consideran como precedente de las modernas teorías ocultistas.

[24]   Hijo de un humilde librero, tras una etapa estudiantil de cierto desenfreno, se vio obligado a aceptar los más diversos oficios para escapar de la pobreza, hasta que llegó a ejercer como catedrático de Matemáticas en la universidad

Su relación con la literatura resulta incluso más interesante que su obra en sí misma, pues se vio rodeado de numerosas polémicas como profesor universitario —fue víctima de inquinas sectarias—, y también como beneficiario de la credulidad del vulgo, que lo tuvo por nigromántico. Uno de sus primeros títulos, el *Viaje fantástico del Gran Piscator de Salamanca* (1724) —ampliado después como *Anatomía de todo lo visible e invisible. Compendio universal de ambos mundos* (Salamanca, 1738)— es un sueño muy del gusto barroco en tono autorreflexivo, que delata ya la gran curiosidad intelectual que siempre le acompañaría; particularmente en materia de astronomía y astrología, conocimientos cuyo rigor y ortodoxia han sido puestos en entredicho y que son los que le hicieron famoso en su momento, como demuestran varios amenos pasajes de su *Vida* (vid. *infra*). Para algunos estudiosos, Torres es el "contrapunto oscurantista" de su contemporáneo Feijoo; pero quienes defienden su modernidad, en cambio, apelan a su postura antiescolasticista, a su eclecticismo, y al hecho de que en él conviviera un cierto pesimismo barroco "con el cinismo de un libertino intelectual y el cálculo propio de la conciencia burguesa"[25].

Torres Villarroel quiso claramente pasar a la historia literaria como un segundo Quevedo. Lo demuestra cuando exactamente un siglo después de la publicación de los *Sueños y discursos* quevedianos, da a cono-

---

salmantina. Se ganó la vida publicando pronósticos y predicciones astrológicas bajo el título de *Almanaques del Gran Piscator de Salamanca* (apodo creado por él mismo) desde 1718 hasta 1766, lo que le restó autoridad ante ciertos foros de la Corte y el claustro universitario: ... *lo ridículo de mi estudio, mis almanaques, mis coplas y mis enemigos me han hecho hombre de novela, un estudiantón extravagante y un escolar entre brujo y astrólogo, con visos de diablo y perspectivas de hechicero... Y, por mi desgracia y por su gusto, ando entre las gentes hecho un mamarracho...* (Introducción a su *Vida*: vid. *infra*). El negocio que suponía la publicación de esos pronósticos, que muchas gentes tenían por oráculos —Torres acertó al predecir la muerte de Luis I de Francia en 1724—, se muestra en la batalla legal que tuvo que emprender contra otro editor de los mismos. Algunos intentaron condenarle por judaizante, como se hizo con los novatores, aunque nada hay que pruebe su origen judeoconverso. Desengañado de sus intentos cortesanos, decidió ordenarse como presbítero en 1754.

[25] Se ha dicho que su interés por lo experimental se debe a su "veneración hacia Bacon", pero que por temor a la Inquisición, tuvo una "tendencia científica conservadora", que coincide con su reverencia hacia las jerarquías sociales y religiosas, cuyo trato personal exhibe de forma ingenua y servil en varios pasajes autobiográficos.

cer el que sería el más famoso de sus propios 'sueños morales': ***Visiones y visitas de Torres con don Francisco de Quevedo por la Corte*** (1727-1728), que contiene una visión crítica de la capital en un momento en que se le había mostrado hostil a sus aspiraciones. A Quevedo lo emuló ya en los propios títulos y en el tono de sus prólogos, como sucede en el *Correo del otro mundo* (1725), quizá el más original de sus 'sueños'[26]; el *Sacudimiento de mentecatos* (1726), apasionada diatriba contra sus enemigos, que delata el talante desafiante que tuvo en su juventud, y *Los desahuciados del mundo y de la gloria* (1736-1737). Pero, sobre todo, supo imitar como nadie el estilo quevedesco, haciendo un gran despliegue de ingenio en la creación de imágenes, en las que abundan la animalización y la deshumanización hiperbólicas, y continuos juegos de palabras que ya no esconden, sin embargo, complicados juegos conceptuales o de ideas, lo cual es "una diferencia esencial entre Torres y Quevedo" (N. Glendinning*). En cuanto al planteamiento satírico propiamente dicho, el autor salmantino pasa revista, igual que su maestro, a profesiones concretas que le llevan a consideraciones morales, pero se detectan diferencias también sustanciales: hay en él menos misantropía, más interés por la variedad que por la estructura unitaria, y la alegoría de *El mundo por de dentro* quevediano (que tenía calles simbólicas y un guía llamado Desengaño) se cambia en las *Visiones y visitas* por calles reales de Madrid, por las que el autor pasea ensalzando detalles que demuestra conocer bien, tal y como hicieron los costumbristas del siglo anterior, como Liñán y Verdugo o Vélez de Guevara. La huella de éstos se dejó notar todavía bastante tiempo después en otros libros como el *Viaje Aéreo desde el Prado de Madrid* (1789) de L. F. Comella y en algunos textos breves como la "Visita de los locos" publicados en *El pensador* (vid. *infra*, nota 42).

La influencia barroca sobre la prosa castellana fue muy notoria en las primeras décadas del siglo, especialmente la de Quevedo y Gracián, debida a las numerosas ediciones disponibles de sus obras. Coetáneo de los textos citados es el breve opúsculo satírico titulado *Virtud al uso y*

---

[26] ... *yo no escribo para que aprendas ni te hagas docto* —escribe en el prólogo del *Correo del otro mundo*— *pues a mí ¿qué se me da que tú seas estudiante o albañil?* [...] *Yo escribo porque no tengo dinero, ni dónde sacarlo.* Es una obra en la que mezcla el sueño con el diálogo humanístico y el discurso epistolar.

mística de la moda (1729) de Fulgencio Afán de Ribera, que llegó a hacer creer incluso a algunos críticos que era obra del siglo anterior. Y tampoco fue Torres el único en copiar el modelo de *El mundo por de dentro*, sino que su estela llegó al último cuarto de siglo, con una curiosa alegoría satírica titulada **Óptica del cortejo** (1774), de Ramírez y Góngora, un misterioso autor que, a través de un sueño en torno al Palacio de Amor, hace una de las más profundas críticas de todo el siglo al nuevo modo de relación extraconyugal que se tenía por nefasta 'importación francesa'[27]. Merecen citarse también unos reducidos *Sueños morales* que consiguieron publicarse en las páginas del *Correo de Madrid* (1787-1790), dado que a partir de un momento es la prensa periódica el principal canal por donde circularán las sátiras sociales.

La novela picaresca seguía contando con bastantes seguidores, y la mejor muestra de ello es que Torres Villarroel eligió ese modelo para escribir su propia biografía novelada, bajo el título **Vida, ascendencia, nacimiento, crianza y aventuras del doctor don Diego de Torres Villarroel**, que publicó entre 1743 y 1758. La obra fue un gran éxito y consiguió dar a su autor sustanciosos beneficios económicos (como él pretendió desde el principio), algo ciertamente raro en la época, en la que abundaron los relatos de trayectorias personales reales. Torres buscó siempre la complicidad con el lector en su constante inclinación por la autobiografía, cauce propicio en él para liberar su rebeldía y orgullo, y presenta en este texto un cambio crucial respecto a los modelos del género picaresco. "Se aplica a la alabanza y exaltación del protagonista, es decir del propio autor, sin pretender la moralización *a contrario* característica del género" (F. Pedraza), y carece así del "tono penitencial" (J. Marichal) que tuvieran *El Guzmán de Alfarache* y su descendencia. Resulta evidente que Torres conculca la 'filosofía' esencial de la

---

[27] El 'cortejo' (también llamado 'chichisveo') era el acompañante habitual de la dama casada en paseos y diversiones públicas, un galanteador conocido y tolerado por el marido que tenía licencia para visitar a la mujer incluso en sus ámbitos más privados. En el teatro sería presentado como auténtico esclavo de los caprichos de la dama, por lo que se asoció a los peores vicios de la sociedad cortesana. Es revelador un diccionario de 1799 en el que se diferencia el 'cortejo' del 'galán', puntualizando que "la galantería supone respeto y rendimiento, y el cortejo, familiaridad y confianza", añadiendo que "éste pudiera más bien equivocarse con la íntima amistad si no anduviese casi siempre acompañado de las apariencias del vicio."

novela picaresca originaria, puesto que el relato de sus aventuras contiene "lecciones de conformismo antes que amenazas de carácter serio contra las jerarquías", lo que concuerda con el hecho de que "quienes antes se suscribieran a la edición de sus obras completas de 1752 pertenecieran casi todos a la clase directora" (N. Glendinning*). Cabría interpretar, según esto, que Torres subvierte conscientemente un esquema que conoce muy bien para darle nuevo sentido, tal y como opinan quienes defienden la originalidad de la *Vida* de Torres Villarroel. Desde tal perspectiva, no sería un epígono trasnochado de la picaresca, sino el precedente español de un nuevo modelo de novela en primera persona: el de la autobiografía burguesa moderna, que se propone relatar el ascenso social y económico de un hombre normal que, bajo una fuerte conciencia de individualidad, y sólo con su propio esfuerzo, llega a hacerse a sí mismo y a alcanzar éxito[28].

La novela pedagógica

Muy diferente es el aprovechamiento que se hizo de la picaresca y el *Quijote* en una de las grandes novelas del siglo: la **Historia del famoso predicador fray Gerundio de Campazas, alias Zotes** del jesuita **José Francisco de Isla** (León, 1703-1781). Tuvo una demanda inusitada nada más publicarse su primera parte en 1758, y su éxito fue frenado de inmediato por la censura eclesiástica[29]. Pese a su considerable extensión, su

---

[28] Es lo que se denominaría luego *Bildungsroman* o 'novela de formación', por surgir en la Alemania de fines de siglo: el relato del proceso por el que un personaje protagonista toma conciencia de su identidad personal dentro de la realidad histórica en la que vive, lo que le lleva al descubrimiento y aceptación del propio destino. La novela que se considera fundacional es *Wilhem Meisters Lehrjahre (Los años de aprendizaje de Guillermo Meister)* de Goethe, de 1796.

[29] La obra apareció en Madrid bajo el pseudónimo de Francisco Lobón de Salazar, después de que el obispo de Palencia prohibiera que se imprimiese en su diócesis, y los 1500 ejemplares impresos se agotaron en sólo tres días. Su protagonista guardaba estrecha relación con ciertas circunstancias biográficas del autor. Gerundio es hijo de un labrador oriundo del pueblo leonés de Campazas y, tras hacer sus primeros estudios con el cojo de Villaornate

acción es mínima, pues su interés se centra en mostrar un proceso de 'deseducación': plantea cómo unas buenas dotes naturales —Gerundio es niño que da pronto muestras de una inteligencia e ingenio fuera de lo normal— pueden ser desperdiciadas, o pervertidas incluso, por una mala pedagogía. Es decir, el reverso del planteamiento del *Licenciado Vidriera* cervantino, cuyo arranque comparte. Lo insólito de la osadía de Isla, la que justifica que publicara bajo pseudónimo, era que hacía directamente responsable al clero de 'torcer' el camino de la perfección intelectual, espiritual y moral. La novela, llena de agudas observaciones sobre la vida social del momento, critica en primer lugar las formas de vida conventuales, contrarias a las enseñanzas evangélicas —fray Blas es, en su vida regalada, perfecto 'hermano' de los clérigos del *Lazarillo*–, y sobre todo censura las actitudes fanáticas que se promueven desde el púlpito, hijas de la ignorancia, según el autor, y culpables de extender creencias supersticiosas, de las que participan las distintas órdenes religiosas, incluidas las órdenes mendicantes falsamente caritativas[30]. Se comprende así que, justo a los dos meses de aparecer, fuera denunciada al Consejo de la Inquisición por un carmelita, un mercedario, un agustino y un dominico, lo que obligó al autor a defenderse en una sólida *Apología*, que no impidió, sin embargo, que se prohibiese la reimpresión de la novela y la publicación de su segunda parte. El descontento afectó también a muchos ilustrados, que se sintieron defraudados por las burlas de su autor hacia los *novatores* y los fanáticos de los métodos experimentales, cuando ello no era sino una más de las muchas muestras de su escepticismo y eclecticismo ante las materias filosóficas y científicas.

---

y un dómine estrafalario apellidado Zancas Largas, decide meterse a fraile pasando su noviciado bajo la tutela del predicador fray Blas, del que recibe desastrosas enseñanzas. Nacido en el pequeño pueblo leonés de Vidanes, en una familia hidalga, José Francisco de Isla ingresó como novicio de la Compañía de Jesús con sólo dieciséis años, estudió Teología en Salamanca y llegó a ser catedrático de esa materia en varias ciudades, además de famoso predicador, al que su afán polemista le hizo recibir ataques de diversos frentes. El decreto de expulsión de los jesuitas (*infra*. n. 32) le lleva a exiliarse en Bolonia, donde permaneció hasta su muerte.

[30] Su crítica coincide en varios puntos con lo que tanto censuraron los erasmistas del siglo XVI: las supercherías que rodean a los ritos mortuorios, las falsas demostraciones de piedad, en general, y todo aquello que revela una vivencia superficial de la religiosidad, como las propias procesiones de Semana Santa, que en algún pasaje llega a ridiculizar.

La profundidad de la sátira del *Fray Gerundio* aparece mucho más clara con la perspectiva del tiempo. La crítica de Isla, no lejana de la de Erasmo dos siglos antes –tanto más peligrosa por estar formulada desde dentro del sistema–, atacaba abiertamente los valores hipócritas que rigen la educación, en general, pero lo hacía a través de una tesis nueva. Atribuía la máxima responsabilidad a los excesos de la predicación barroca, al estilo grandilocuente de los sermones 'de altos vuelos' que, con sus juegos conceptistas, confundían al vulgo[31]. Sermones que no eran sólo reprobables por ser favorecedores de equívocos y paradojas, sino porque hacían que el pueblo se quedara en lo puramente externo y superfluo –gestualidad, entonación, vestido–, en vez de hacerle reflexionar de forma racional, que es lo único que podía verdaderamente educar. El padre Isla, poseedor de una aguda ironía y una gran vitalidad lingüística, imita así burlescamente en su estilo las veleidades poéticas de esos predicadores que se creían "Góngoras a lo divino" en su uso de enrevesados símiles mitológicos, del mismo modo que el narrador del *Quijote* se burlaba de los libros de caballería que habían 'contaminado' el lenguaje de su personaje. Debajo de lo cual cabe descubrir "una sátira moral antibarroca en un doble sentido muy típico del Neoclasicismo español": la idea de que la necesidad de reformar el estilo de los sermones públicos está indisolublemente ligada a la reforma de toda la sociedad (N. Glendinning*). En el último capítulo de la novela, Isla sorprende al lector, además, con el mismo recurso cervantino de presentar la obra como producto de un manuscrito encontrado en un monasterio egipcio, luego dispersado en España y traducido del árabe, a petición suya, por un coepíscopo armenio, llamado Abusemblat, sobre el que posteriormente le desengaña un catedrático protestante de Oxford. Aunque el *Fray Gerundio* resulte aburrida para un lector actual, y quedara lejos de la genial experimentación del *Tristram Shandy* (1760-1767) de L. Sterne –muy distinto heredero de Cervantes–, fue grande el interés que supo despertar la historia inventada por Isla. Y sabemos que debió perdurar durante tiempo, pues su segunda parte se imprimió clandestinamente fuera de España ocho años más tarde, en 1768 (la Inquisición

---

[31] A la retórica de los teólogos españoles del siglo XVII él oponía su predilección por la oratoria sagrada francesa, de símiles claros y rigor teológico, cuyos patrones conocía bien por haber sido traductor del famoso *Año cristiano* de Croiset.

había vuelto a prohibirla por decreto en 1766), cuando ya habían empezado a correr otros tiempos para los jesuitas, quienes en marzo de 1767 fueron expulsados del país[32]. Ya exiliado en Bolonia, José Francisco Isla siguió desatando polémica por su severa traducción del *Gil Blas de Santillana* de A. R. Lesage, a quien acusó de plagiario de la picaresca española.

La novela más auténticamente "imbuida del espíritu de la Ilustración", a juicio de muchos, es la titulada **Eusebio**, claro trasunto del *Emilio* de Rousseau, que apareció en Madrid entre 1786 y 1788. Su autor, **Pedro Montengón y Paret** (Alicante, 1745- 1821), compartía con Isla el talante heterodoxo y la formación jesuítica –era novicio en el momento de la expulsión–, pero sus ideas avanzadas le llevaron a liberarse de ella y secularizarse durante su exilio en Italia, donde se dedicó a escribir narrativa, poesía y tragedias. El *Eusebio* es perfecto ejemplo de 'novela pedagógica' porque su argumento se acopla al servicio de la propagación de unas ideas concretas y tiene finalidad esencialmente instructiva. Como la de Isla, presenta distintas etapas de la educación de un joven, pero en un sentido casi inverso: en este caso no sólo no interviene la Iglesia –Eusebio recibe una educación estoica, completada después por un largo viaje por distintos países europeos–, sino que expone que la ética basada en potenciar cualidades naturales puede ser tan válida como la que se somete a normas religiosas[33]. La novela tuvo muy

---

[32] La expulsión de los jesuitas se debió principalmente a sus sospechosas actividades políticas, dado el poder que habían llegado a ejercer en la corte francesa, y se les llegó a acusar de que obraban clandestinamente a favor de una potencia extranjera. El hecho interrumpió la carrera de Isla en España, así como la de Pedro Montengón, el otro novelista importante del momento. Desde su exilio en Italia, ellos y otros muchos jesuitas hicieron una importante labor literaria, contribuyendo a difundir traducciones importantes y teorías estéticas distintas a las francesas.

[33] La historia, situada a fines del siglo XVII, comienza con un naufragio del que se salva un niño que llega solo a las costas estadounidenses de Maryland y es recogido por un humilde filósofo que se convierte desde entonces en su tutor. El hecho de que este filósofo llamado Hardyl sea cuáquero no parece deberse a que Montengón quisiera defender esta secta, sino porque "sus principios fundamentales coincidían con el sistema de educación que él quería exponer. Una educación natural en la que se obvian las ideas religiosas concretas, basada en la moral inherente del hombre" (J. M. Caso González).

buena acogida por los lectores, pero, al igual que sucedió con el *Fray Gerundio*, fue denunciada a la Inquisición ya en 1790 y prohibida ocho años después –sobre todo "por su concepto del hado y el tolerantismo religioso que en ella late" (N Glendinning*)–, lo que obligó al autor a rehacer bastante las cuatro partes en que se dividía, hasta conseguir permiso para volver a editarla en 1807. Desde una lectura actual, no resulta sin embargo tan 'revolucionaria', bastante mediocre en su organización y en su estilo, del que se criticaron ya en su época sus continuas digresiones morales[34]. Es éste un rasgo propio de la novela bizantina, como lo son otros elementos (encuentros y desencuentros, desapariciones y reconocimientos, desastres y calamidades) que el *Eusebio* comparte con el *Persiles* cervantino, pero con la peculiaridad de una localización realista inédita hasta entonces: la acción sucede en tierras de Virginia y en época contemporánea del autor. A diferencia de ella, la otra novela interesante de Montengón, *Eudoxia, hija de Belisario* (1793), tiene ambientación histórica –está inspirada en el *Belisario* (1766) del francés Marmontel–, aunque sigue siendo una novela pedagógica, con el atractivo de abordar la educación de las mujeres manejando ideas que contrastan con las que se lanzaron por entonces desde la prensa y el teatro[35].

Además de narrar procesos educacionales, la novela europea del siglo XVIII gustó de la narración de procesos amorosos, adoptando para ello la forma epistolar tal y como lo habían hecho varios autores de la Edad Media. El viejo recurso de la carta como modo de acceder a la subjetividad, a la intimidad sentimental, fue de nuevo impulsado en este siglo por ciertas novelas que resultarían modélicas, como la *Pamela* (1740) del inglés S. Richardson, *La nouvelle Héloïse* de Rousseau (1760), y *Las cuitas del joven Werther* del alemán J. W. Goethe (1774). La influen-

---

[34] Con reflexiones sobre la resignación, la perseverancia en la virtud o la renuncia a los deseos, tal y como propugnaban Epicteto y Séneca, se va adoctrinando al discípulo, y con ello también al lector, para que sepa afrontar las adversidades y los cambios de fortuna.

[35] Mientras unos ven en ella "el tema básico del control de las pasiones por medio de la razón" (Glendinning), algún otro estudioso interpreta que en ella "el autor quiere demostrar que las damas de la alta sociedad necesitan el estudio de la filosofía moral para seguir los dictados de la virtud y para hacer frente a las lastimosas situaciones que se les pueden presentar" (J. M. Caso González).

cia de todas ellas se deja sentir claramente en ***El cariño perfecto o los amores de Alfonso y Serafina*** (1790) de **José Mor de Fuentes** (Zaragoza, 1762-1848), que no en balde fue el primer traductor español del *Werther,* así como de la *Clarissa* de Richardson, que se cita varias veces en su novela. *La Serafina,* título con el que terminó conociéndose y editándose, está compuesta por más de un centenar de cartas que el joven mundano Alfonso Torrealegre le escribe a su amigo Eugenio entre 1786 y 1788 para contarle el proceso de una seducción que ha debido vencer obstáculos muy realistas. Lo más original son quizá los sueños y las referencias a la vida cotidiana –incluidas representaciones teatrales que ha visto, por ejemplo–, a las que el narrador da cabida dentro de un relato en el que se hace de continuo elogio de la sensibilidad y los afectos, frente a otros valores como el poder del dinero o la conveniencia social. Ello induciría a ver en ella un atisbo de novela romántica, si no fuera por que todo su valor didáctico se concentra en ideas propias del más puro racionalismo ilustrado. Mor de Fuentes se muestra plenamente de acuerdo con el *Essay on Man* de Pope, al reconocer que el amor propio es el móvil del hombre (carta 64) y que por ello hay que educarlo, del mismo modo que las pasiones pueden y deben encauzarse con la razón[36], el gran tema recurrente en todo el teatro escrito por los neoclásicos. Por otra parte, el elogio de la vida del campo, ya presente en la *Nouvelle Heloïse,* forma parte de la renovación que se hizo en este siglo del motivo del 'menosprecio de corte' y el retorno a un mundo natural aún no corrompido, que llenará buena parte de la poesía filosófica escrita por ilustrados.

Más interesante es el hecho de que también en forma epistolar se tratara el tema de la educación femenina. Con más atrevimiento ideológico y menos afán moralizante que en otros casos, se plantea esto en ***La filósofa por amor o Cartas de dos amantes apasionados y virtuosos***

---

[36] Hay varias ideas clave en el Emilio de Rousseau que parecen sostener todos los planteamientos dieciochescos sobre el dominio de las pasiones: *Cuanto más débil es el cuerpo, más ordena; cuanto más fuerte, más obedece.* O *No depende de nosotros tener o no tener pasiones; pero sí depende de nosotros reinar sobre ellas.* [...] *Todos los sentimientos que dominamos son legítimos, todos los que nos dominan son criminales.* La exaltación de la voluntad para regirse en la vida es el punto de partida filosófico que está en muchas de estas novelas y tragedias escritas por los ilustrados.

(1799) del granadino Francisco de Tójar, aún con todas sus deudas hacia ciertas obras francesas que quiso imitar[37]. Tiene el mérito de adelantarse a muchas novelas decimonónicas en el uso de la carta para descubrir 'el alma femenina', a la que se suma su "consciente y arriscada defensa de los derechos de la mujer en materia de libre elección de cónyuge, uno de los temas más polémicos y reiterados en la literatura del Siglo de las Luces" (J. Álvarez Barrientos), particularmente en la comedia de Moratín (vid. *infra*, cap. 2). Lo que resulta evidente es que ni ésta ni ninguna otra novela española se atrevieron a usar la correspondencia entre amantes para tratar la seducción y el deseo, tal y como lo hicieron algunas novelas libertinas coetáneas como *Les liaisons dangereuses* (1782) de Choderlos de Laclos. A la de Tójar seguirán otras novelas sentimentales aun menos conocidas, como *La Leandra* (1797-1805) de Antonio Valladares y Sotomayor. Eran el último eslabón de una larga cadena de usos de la carta que se había iniciado en la prensa periódica unos lustros antes.

La prensa y el auge de la epístola

Al ser el setecientos un siglo particularmente dominado por las polémicas, éstas encontraron su mejor cauce de expresión en la prensa, un fenómeno que despega a partir de 1760 y que resulta decisivo tanto para la difusión de las nuevas ideas como para la configuración de nuevos géneros literarios. Fue en el reinado de Carlos III (1759-1788), quien colocó en el poder a intelectuales de formación universitaria y a ministros de talante cosmopolita[38], cuando se fomentó decisivamente el periodismo por parte de ilustrados liberales, que copiaron modelos europeos para difundir su afán reformista. El escrito breve que permitía

---

[37] Son muy pocos los datos biográficos fidedignos de este autor, que ejerció como sargento de caballería y como impresor una vez establecido en Salamanca, de cuya imprenta salió también un famoso *Semanario erudito y curioso*.

[38] Varios de ellos de procedencia italiana, como Grimaldi y el marqués de Esquilache, y de muy sólida cultura, como Jovellanos, Olavide, Campomanes y FloridaBlanca. Carlos III era al mismo tiempo rey de Nápoles, y se caracterizó, entre otras cosas, por mantener una defensa regalista frente a la Iglesia.

la prensa, el texto de publicación inmediata tanto en verso como en prosa, con posibilidad de anonimato y susceptible de ser fragmentado en distintas 'entregas', se convirtió sobre todo en el modo idóneo de revisar o criticar la cultura heredada del siglo anterior, que se consideraba responsable de la decadencia presente. Aunque ya en el XVII se habían dado intentos de hacer una prensa moderna, como la *Gaceta de Madrid* (fundada en 1661), con noticias sobre novedades literarias que movían la curiosidad lectora, no fue hasta 1758 cuando se dio un periódico cotidiano tal y como hoy lo concebimos: el *Diario de Madrid*, que seguía un patrón parisino[39]. El desarrollo de las comunicaciones y la progresiva "socialización" o "democratización de la cultura", que atestiguan muchos historiadores, propiciaron el que se fueran consolidando periódicos de gran trascendencia para guiar los gustos lectores. El más importante para la discusión de teorías literarias fue el *Diario de los literatos de España* (1735-1742), creado a partir de un modelo francés, que contó con numerosos suscriptores. Unos lustros después se dejaba ya notar la demanda asidua de una burguesía ansiosa por tener orientaciones sobre lecturas convenientes para acceder a una cultura general y cosmopolita[40]. La literatura de consumo tuvo a su primer publicista en el editor Mariano José de Nifo, creador de varias publicaciones informativas para todo tipo de públicos, de títulos tan curiosos como *El novelero de los estrados y tertulias, y diario universal de las bagatelas* (1764). A él se debe el primer intento de difundir literatura extranjera contemporánea hasta entonces desconocida, mezclada con autores españoles de los Siglos de Oro, pues en un total de sesenta entregas fue publicando toda una antología miscelánea de textos en prosa y verso, bajo el título de *Cajón de sastre* (1760-1761), que pudiera considerarse la versión española del famoso *Reader's Digest* inglés[41].

---

[39] A imitación suya, surgieron poco después el *Diario de Barcelona* y *El Eco de Cádiz*. Hasta ese momento, los gacetilleros tenían mala fama entre los autores cultos, que los consideraban "embusteros, llenos de disparates, como los arbitristas, los ciegos y el vendedor de pronósticos" (C. Blanco Aguinaga- J. Rodríguez Puértolas*).

[40] Se calcula sin embargo que a mediados del siglo XVIII el número probable de lectores en toda España no llegaba a los dos millones.

[41] Más interesante es aún el hecho de que Nifo creara *La estafeta de Londres* (Madrid, 1762), con el afán de difundir informaciones sobre países extranje-

De Inglaterra llegó también el modelo para el primer periódico español con verdadero estilo europeo: *El pensador* (editado en Madrid entre 1762 y 1767), creado por José Clavijo y Fajardo a imitación de la revista *The Spectator* que Joseph Addison empezó a publicar en Londres en 1711, y que tenía como interés central la censura de costumbres sociales[42]. Muchos de los 'pensamientos' en los que se dividía atacaron tradiciones y constituyeron críticas atrevidísimas a ciertas lacras sociales que venían arrastrándose desde el siglo XVI, como las derivadas del desprecio por el trabajo manual y la holgazanería –vicios atribuidos a la nobleza hereditaria–, o el clasismo que revelan las fórmulas de cortesía, pero también la ociosidad femenina y su mala educación para el matrimonio; una cuestión ésta que adquirió protagonismo en diversos géneros literarios, y que se mantendría además vigente durante muchas décadas.

Entre los ataques y debates que llevan el sello del siglo, portadores casi siempre del "espíritu de reforma" que abanderaba el periódico, hay algunos netamente políticos y muy acordes con el 'pacto social' de Rousseau, pero otros coinciden con los que se daban en las tertulias, como el asunto de la superchería del pueblo ligada a sus afi-

---

[42] ros, y que lo hiciera en forma de cartas a personajes españoles para hacer "reformas a la inglesa" en materia de sanidad, agricultura, etc. Su talante tradicionalista le haría, sin embargo, oponerse radicalmente años más tarde al periódico *El pensador.*

The Spectator del escritor y político J. Addison (1672-1719), autor también de magníficos diarios de viaje, aportó la novedad de inventar corresponsales ficticios para hacer crónica social, dando cabida a temas que se discutían a principios de siglo en los cafés londinenses, por lo que debe considerarse pionero de la prosa costumbrista moderna, como reconoció Larra. José Clavijo (Lanzarote, 1726-1806), oculto durante un tiempo bajo el pseudónimo de J. Álvarez Valladares, fue hombre de mundo y amplia formación, gran conocedor de distintas cortes gracias a sus cargos públicos y sus frecuentes viajes. En París entra en contacto con enciclopedistas y científicos como Buffon, del que traduciría su *Historia natural* en 21 volúmenes que aparecieron entre 1786 y 1805; también con la hermana de Beaumarchais, con quien mantendría una controvertida relación amorosa que inspiraría al propio dramaturgo francés y a Goethe (Clavijo, 1776). Ejerció también como director del periódico *Mercurio Histórico y Político de Madrid* y, desde 1798, del Gabinete de Historia Natural, al que consagró la última etapa de su vida. *El Pensador* contó con apoyo oficial: hay un 'privilegio real' de Carlos III a favor de Clavijo, y alguno de sus ministros fue colaborador regular del periódico.

ciones 'bárbaras'. En particular, las corridas de toros, que fueron consideradas entonces como el signo más visible del atraso de España, con argumentos que seguirían vigentes en las *Cartas marruecas* de Cadalso y varios artículos satíricos de Larra[43]. Sus páginas se hicieron eco también de algún importante debate 'académico', como el que se dio en torno a la comedia barroca, en el que Clavijo se situó de parte de sus detractores. La importancia que tiene *El Pensador* dentro de la prosa de la época no sólo se debe al progresismo de sus ideas sino, y muy especialmente, a los moldes formales que utilizó con gran habilidad, dándoles auténtica calidad literaria. Clavijo y Fajardo, siguiendo enseñanzas del periódico de Addison, se sirvió por primera vez de cartas que simulaban haber sido enviadas a la redacción por personajes ficticios, a veces por corresponsales extranjeros a los que él mismo contesta[44], así como de cuentos y alegorías para canalizar sus sátiras, por lo que se comprende que su influencia fuera enorme sobre distintos creadores del momento. La educación de las mujeres, tema por el que hay un interés creciente, tuvo ya su primera manifestación en algunos discursos del *Pensador,* con interesantes reflexiones acerca de las lecturas influyentes en la mentalidad femenina. En el 'pensamiento' del XVIII, por ejemplo, una madre se opone a que sus hijas aprendan francés para evitar que lean perniciosas novelas extranjeras mientras ella misma 'devora' las de María de Zayas, que para los neoclásicos nada tenían de 'ejemplares' (vid. 2ª, n. 204), un hecho que censurarán en sus comedias Iriarte y Leandro Fernández de Moratín años mas tarde. Esto sucede, curiosamente, al tiempo que por primera vez en España empieza a haber periódicos dirigidos por mujeres, que siguie-

---

[43] *Pan y toros* es el título que tendría una famosa diatriba contra el atraso del país –una *España vieja y regañona, decrépita y supersticiosa*– que circuló mediante copias anónimas desde 1793 en diversos círculos ilustrados, y que sólo se editó en 1812. Aunque originariamente se atribuyó a Jovellanos, hoy se sabe que fue obra del escritor político León de Arroyal (1755-1813). Recuérdese que ya Quevedo criticó esta afición en alguna epístola: vid. parte 2ª, nota 277.
[44] En alguna ocasión finge la visita de un americano a España con el fin de poner en su boca juicios objetivos sobre el teatro que se estaba representando, etc.

ron el modelo de Clavijo[45]. Otros periódicos se especializaron en la difusión de novedades, como el *Memorial literario* (de publicación intermitente entre 1784 y 1808) o *El correo de los ciegos* (1786-1791). De entre todos ellos, merece destacarse *El espíritu de los mejores diarios* (1787-1793), con el que el mallorquín Cristóbal Cladera, de espíritu liberal y cosmopolita, se propuso dar noticia de los principales pensadores y científicos de la época: Bacon, Locke, Rousseau, Volney, etc., así como defender la libertad en todos los ámbitos; lo que le llevó a azuzar el debate sobre el sistema esclavista en un momento en el que en España se discutían soluciones para el problema de las colonias americanas[46].

Sin duda el periódico que más lejos llegó en su acerada crítica social fue **El Censor**, publicado semanalmente en Madrid entre 1781-1787, y fundado por los abogados L. Cañuelo y L. M. Pereira. En él se desarrolla aún más el uso de la carta (167 en total) para censurar vicios y abusos derivados de la mentalidad del Antiguo Régimen, que se consideraba anquilosada: la de todos los cargos públicos que, desde su incompetencia, actuaban despóticamente además contra los ilustrados, y la de los terratenientes rentistas, vistos como clase 'parasitaria'[47]. Varios autores de mérito publicaron allí textos sobre los más diversos temas, entre los que destaca la economía –el lujo y el consumo desmedido fue blanco recurrente–, en forma incluso de poema humanitario sobre la vida miserable del asalariado, como "La despedida de un anciano" de Meléndez Valdés (vid. *infra*, cap. 2). Al igual que *El pensador*, tenía un propósito esencialmente educativo y reformista, bajo un ideal que se reconocía incluso quijotes-

---

[45] Las dos muestras más curiosas son *La pensadora gaditana* (1763), de Beatriz Cienfuegos, y *La pensatriz salmantina* (1777), de Escolástica Hurtado.
[46] Algunos memoriales escritos por ilustrados, como los científicos Jorge Juan y Antonio de Ulloa, venían hablando desde la primera mitad de siglo de las inhumanas condiciones de vida en los dominios sudamericanos, denunciando la opresión ejercida por los corregidores y la explotación de los indios.
[47] Fue un tema muy repetido también en la poes*ía y en el teatro: d*e ello trató una comedia satírica de Tomás Iriarte titulada *El don de gentes*, protagonizada por ricos ociosos e inútiles y una famosa "Sátira a Arnesto" de Jovellanos que se publicó en este mismo periódico (vid. *infra*).

co⁴⁸; pero los términos en que se expresaba, de ironía mordaz siempre, eran mucho más radicales, por lo que tuvo graves problemas con la censura. La primera suspensión del periódico, por ejemplo, se debió a un ataque frontal al clero, con un argumento que resume bien el gran reto ideológico que los ilustrados cristianos lanzaron al sector más conservador de la Iglesia. Sostenía *El censor* que aunque eran muchos los sermones y las invectivas contra el ateísmo de los 'filósofos del tiempo', tachados de herejes desde los púlpitos, jamás se condenaban desde ellos las supersticiones y las idolatrías, con las que los propios sacerdotes alimentaban la religión. Dos años de inhabilitación le costó a sus redactores este alegato, al que siguieron otros muchos de talante discrepante, ya hacia los hábitos varios de los españoles, ya hacia creencias y prácticas que afectaban a la propia legislación y cuestionaban incluso la monarquía. El librepensamiento que representa *El Censor* se hace más valioso en el contexto de las apologías de la nación española ya mencionadas: *... Es pues necesario que los desengaños vengan de fuera. Puede creerse que los Calderones serían todavía el embeleso de todos nosotros [...] si no hubiese llegado a nosotros la mofa que de estas cosas hacían los extranjeros...*⁴⁹.

En *El Censor* se encuentra ya bien afianzado el recurso preferido de la sátira en el XVIII: la mirada asombrada del viajero extranjero, con el mismo afán de 'desengaño' que ya tuvieran las 'fantasías morales' barrocas; esto es, tomar distancia de las costumbres nacionales adoptando una nueva perspectiva para ver mejor su sinsentido. Eso explica el que se prefiriera la visión del extranjero supuestamente más alejado de nuestra cultura –el oriental–, un recurso al que Cadalso le sacaría el má-

---

48 "*El Censor* es, y lo tiene a mucha honra, muy semejante a un don Quijote del mundo filosófico..., procurando deshacer errores de todo género y enderezar entuertos y sinrazones de toda especie. He aquí su manía. Intento verdaderamente loco, ya por la cortedad de sus fuerzas, ya por la debilidad de sus armas..." (L. Cañuelo en el nº del 1 septiembre de 1785).

49 Este Discurso LXV de *El Censor* está compuesto por unas supuestas cartas de un marroquí a un amigo suyo (un tal Abu-Taleb) al que le cuenta sus impresiones sobre la relación del español medio con la política, las leyes, etc. Comienza: *Mi querido Abu-Taleb... Bien sé que tú no eres un musulmán ordinario y... has procurado instruirte en las cosas de Europa*(...) Es de suponer que hacia 1786 el redactor de *El censor* conocía ya las *Cartas marruecas* que Cadalso hizo circular de forma manuscrita antes de ser publicadas en 1789 (vid. *infra*).

ximo partido. Lo hizo también al mismo tiempo otro periódico que comprendió muy bien las posibilidades literarias de tal recurso: *El Corresponsal del Censor* (aparecido entre 1786 y 1788), que llegó a incorporar viajes a países imaginarios para poner en evidencia que la Ilustración no había cuajado entre los españoles tanto como se quería hacer creer[50].

Mientras esto sucedía en la prensa, la forma epistolar se había convertido en el vehículo ensayístico preferido para todo tipo de asuntos. Habían contribuido a ello modelos como las *Cartas sobre la tolerancia* (1689) de Locke o las *Lettres philosophiques* (1734) de Voltaire, alcanzando una funcionalidad mucho más amplia de la que tuvo ya durante todo el siglo XVI. La gran novedad de este periodo la constituyen **los libros de viaje** escritos por ilustrados a modo de carta a un amigo o corresponsal afín a sus inquietudes: podían adoptar el tono íntimo del diario, pero tenían la ventaja de publicarse distanciadamente en series por entregas en la prensa, amparadas en el pseudónimo o el anonimato. Aunque los intereses fueron muy diversos, los motivaba un mismo afán utilitario, siempre bajo el lema de "viajar con utilidad", ya para abrir la propia mente, contrastando culturas, o para servir a la nación[51]. Las cartas de viajes reales por el propio país respondieron casi siempre a encargos y proyectos artísticos, científicos o políticos muy concretos, planeados muy racionalmente pues participaban del proyecto reformista del go-

---

[50] Su director y principal redactor, el asturiano S. Rubín de Celis, había participado años antes en las tertulias literarias madrileñas y colaborado con el ministro Campomanes, por lo que era buen conocedor de los debates de actualidad. En algunas de sus cartas pueden encontrarse cuestiones tan modernas como la que atribuye a un supuesto lector anónimo: "¿Hay libertad donde no se puede hablar?" De Celis se atrevió a combatir tesis bastante impopulares e incluso a descalificar a Forner cuando apareció su célebre *Apología en defensa de la nación* (vid. *supra*).

[51] *Viajar por viajar es ser un vagabundo* —escribía Rousseau en su *Emilio*—; *viajar para instruirse es todavía un objetivo demasiado vago; la instrucción que no tiene un fin determinado no es nada*. El material aportado por los viajeros se considera además en este siglo la base sobre la que trabajan los filósofos, y por esto los grandes del siglo, como Voltaire o Kant, fueron asiduos lectores del género. En España el tema de 'la utilidad de los viajes' fue tratado inteligentemente en *El Pensador* de Clavijo (pens. XIX), y sobre todo por Cadalso (vid. *infra*).

bierno, lo que dio una configuración especial al género[52]. Eran libros con un plan de redacción perfectamente estructurado que pretendían registrar la observación detallada de la realidad presente, describiéndola con bastante sequedad expresiva ('prosaísmo cientifista'), y pensando siempre en sus posibles mejoras. Lo más interesante de toda esa literatura en boga en Europa es el 'diálogo' y las pugnas que produjo a nivel internacional. Hubo un copioso 'correo' de acusaciones y réplicas en torno a los 'malos viajeros': los que sin haber recorrido ellos mismos el país del que hablaban, y basándose en comentarios ajenos, se dedicaban a difundir noticias más literarias que basadas en la experiencia. Eran los llamados *voyageurs de cabinet*, útil término para definir a quienes habían 'viajado' tan sólo por la biblioteca de su despacho. Muchos fueron los libros escritos por autores franceses, ingleses e italianos, aristócratas en su mayoría, que contribuyeron a perpetuar ciertos prejuicios sobre la 'leyenda negra' de una España oscurantista e inculta, llena de signos de atraso. Hablaban especialmente del mal estado e inseguridad de sus caminos (los frecuentes asaltos de bandidos, la escasez y suciedad de los hospedajes, etc.), de la pobreza de las comunicaciones y de la barbarie de ciertas aficiones populares. Llama la atención que fueran los libros escritos a manera de cartas los que más polémica levantaran entre los españoles[53].

---

[52] Políticos como el marqués de la Ensenada determinaron que hubiera inspectores cualificados que recorrieran palmo a palmo hasta las zonas más recónditas del país para describir con detalle el estado de las mismas, lo que obligaba a relaciones minuciosas de datos socio-económicos, pero también sobre el patrimonio artístico, etc. Jovellanos atiende preferentemente en sus cartas los problemas agrícolas e industriales y el asunto de las comunicaciones, pero otros como Ponz (comisionado en un principio por el propio Carlos III), se centraron en inventariar los tesoros arqueológicos (vid. *infra*).

[53] Entre los más difundidos: *Relation du voyage d'Espagne* (París, 1691) de la condesa de Aulnoy; *Lettere d' un vago italiano ad un suo amico* (Milán, 1759), del padre Norberto Caimo; *Letters concerning the Spanish Nation, written at Madrid during the years 1760 and 1761* (Londres, 1763), de Edward Clarke; *A Journey from London to Genove through Portugal and Spain* (Londres, 1770) de Joseph Baretti; *Travels through Spain and Portugal in 1774,* del *major* William Dalrymple y *Travels through Spain in the years 1775 and 1776*, de Henry Swinburne, ambos libros publicados en Londres en 1777; *Essais sur l' Espagne et voyage fait en 1777 et 1778* (Ginebra, 1780), de Jean François Peyron; *Letters from an English Traveller in Spain in 1778* (Londres, 1781), de Sir John Talbot Dillon; *Intro-*

Por supuesto no todos los juicios foráneos eran negativos ni arbitrarios, y casi todos estos autores proporcionan además informaciones interesantísimas sobre el estado cultural español, particularmente en lo que se refiere al teatro (vid. *infra*, n. 95). Pero lo más importante es que fueron la inspiración directa de una serie de libros españoles que se propusieron 'desengañar' acerca de los 'falsos testimonios de los extranjeros', oponiendo lo que ellos habían visto recorriendo el país palmo a palmo. Es el caso del magno proyecto del **Viaje de España**, subtitulado "Cartas en que se da noticia de las cosas más apreciables que hay en ella", que el erudito valenciano Antonio Ponz (1725-1792) fue editando en dieciocho volúmenes entre 1772 y 1794, y que en origen pretendieron refutar todo lo que consideraba injurioso de las *Lettere d'un vago italiano* de Caimo (vid. nota *supra*). A pesar de que Ponz mismo atestigua ciertas incomodidades en su recorrido –la escasez y desaliño de las posadas, especialmente en su itinerario por la baja Andalucía–, su actitud es la de reivindicar orgullosamente la variedad y riqueza artística de la nación, frente a esos viajeros que juzga como 'antiespañoles', y que, por cierto, sólo leyó muy limitadamente. Su talante 'patriótico' se observa también en el prólogo de su *Viaje fuera de España* (1785), en el que, tras un recorrido por Francia, Inglaterra, Holanda y Bélgica, termina concluyendo que hay que viajar fuera para valorar más lo que se tiene dentro, que es lo que necesitan los jóvenes españoles. Mucho más equilibrado en sus apreciaciones es el **Viaje de Asturias** (1789), subtitulado *Cartas a Ponz*, que Jovellanos empezó a escribir tras recorrer la región en 1782, a petición de su amigo y compartiendo su mismo propósito de 'desengaño', pero haciendo prevalecer la amenidad de su prosa, especialmente por tratarse de su tierra, a la que por cierto llama 'país'[54]. El principal inte-

---

ducción a la Historia natural y la geografía física de España (Madrid, 1782) de Guillermo Bowles; *Voyage de Figaro en Espagne* (Saint-Malo, 1784) de Jean-Marie Jerome Fleuriot (marqués de Langle); y el *Nouveau voyage en Espagne, ou tableau de l'etat actuel de cette monarquie* (París, 1788), de Jean François Bourgoing.

[54] *El país que vi y observé no es ciertamente lo que se cree por acá [Madrid], y la idea que de él se tiene es harto equivocada y defectuosa. Por lo común se mira a Asturias como una provincia pobre y miserable, y este error necesita un desengaño. [...] y sólo una exacta descripción de estas provincias puede rectificar las ideas que conducen a ellos. A esta reflexión, que recrecía el deseo de publicar mis cartas, añadía yo la de las malas consecuencias que acarrean tales errores...* (Prólogo al Viaje de Asturias). Su

rés de estos libros dentro de la Historia de la literatura española es doble. Por una parte, considerados junto a las polémicas sobre el patriotismo que se dieron en la prensa, son el contexto que justifica y explica la obra de Cadalso, que en gran medida reacciona contra todo ello. Y por otra, son textos fundamentales para comprender el abismo que separa el tipo de libros de viajes dieciochescos de los escritos por viajeros románticos como Blanco White o Bécquer, pero también por el propio Jovellanos desde su exilio (vid. *infra*, cap. 4).

La originalidad de Cadalso

El prosista que mejor aunó la coherencia y profundidad ideológicas con la calidad literaria fue **José Cadalso** (Cádiz, 1741-1782), cuya trayectoria biográfica fue decisiva en la configuración de su fuerte personalidad y su espíritu cosmopolita[55]. Poseedor de un excepcional ingenio para la sátira social, Cadalso encuentra sus primeros problemas con la censura en 1768, por escribir el libelo *Calendario manual y guía de forasteros en Chipre*, en el que afilaba su sarcasmo hacia las diversiones galantes y los amoríos (Chipre es la isla de Venus) de la nobleza

---

[55] elogio de las romerías va precedido de este jugoso comentario: *Las comedias, los toros y otras diversiones tumultuosas y caras, que tanto divierten y tanto corrompen a otros pueblos reputados por felices, son desconocidas aún en las mayores poblaciones de esta provincia.* (Carta 8ª).

Aunque gaditano de nacimiento, José Cadalso tenía orígenes vizcaínos: fue hijo de un acomodado hombre de negocios vasco dedicado al comercio con América, donde estaba cuando él nació, por lo que no se conocieron hasta 1752. Por la temprana muerte de su madre, tuvo que pasar su infancia al cuidado de parientes, y su adolescencia internado en diversos colegios de jesuitas en Cádiz, París y Madrid, lo que le obligó a madurar muy pronto en una vida escalonada de viajes: *... desde niño tuve lances de hombre, y de joven, desengaños de viejo...*, escribió en alguna carta personal. En 1762 comenzó una carrera militar en la que llegó a alcanzar el grado de coronel, que compaginó con una intensa vida mundana de trato habitual con aristócratas, escritores e importantes personajes públicos, pero también con estudios de Política y Derecho internacional. Dos breves destierros, en Aragón (1768) y Salamanca (1773), favorecen su concentración en la escritura de poesía y prosa. Murió en combate, por la herida de una granada inglesa, durante un asalto a Gibraltar.

madrileña, lo que le costó un exilio a Aragón en octubre de ese mismo año. En 1771 acierta a ponerle el título de *Los eruditos a la violeta* a la breve obra satírica que le dará temprana fama, y que es pionera además de una saga de textos que, bajo fórmulas distintas, se burlan de la vanidad de los críticos literarios y de la exhibición de 'cultura', en general. A ella pertenecen *Los literatos en Cuaresma* (1773) de Tomás de Iriarte y *La derrota de los pedantes* (1789) de Leandro Fernández de Moratín, una ingeniosa sátira deudora de ciertas fantasías morales del siglo anterior[56]. Los alardes del falso 'hombre de mundo' para revestirse de 'culto' en sociedad fue un motivo recurrente en toda la prosa satírica europea del momento; pero Cadalso lo particulariza al dirigir sus dardos contra una actitud que se había generalizado en la península: la de los jóvenes petulantes que, sin conocimiento ni juicio, desprecian todo lo nacional, alabando por sistema lo extranjero, creyéndose salvados por oler a perfume traído de Francia[57]. Es original en el texto de Cadalso el que coloque unas "Reglas para un viajero a la violeta", en las que aconseja irónicamente, por ejemplo, que compre "cuatro libros franceses que hablen de nosotros peor que de los negros de Angola", al lado de unas "Instrucciones dadas por un padre anciano a su hijo que va a emprender sus viajes", que inicia con esta otra significativa amonestación: *Antes de viajar y registrar los países extranjeros, sería ridículo y absurdo que no conocieras tu misma tierra. Empieza, pues, por leer la historia de España.... tu proyecto de comprar esos viajes impresos que andan por esas librerías es puerilidad pura.* En el contraste de ambas reglas se encuentra ya insinuada parte de la 'filosofía' que anima su obra magistral, las

---

[56] Al igual que las *Exequias* de Forner, sigue el esquema de *La república literaria* de Saavedra Fajardo y narra cómo unos poetas culteranos piden protección a Apolo, quien, indignado, les censura su carencia de 'buen gusto' y su desconocimiento de las reglas de la buena poesía, por lo que termina expulsándolos del Parnaso tras lanzar sus libros como proyectiles detestables, y Mercurio se encarga de enjaularlos después.

[57] El gusto por el refinado perfume de violeta, importado de Francia, le sirve a Cadalso para designar con el término 'violetos' a los frívolos de cualquier profesión –retrató después también "el buen militar a la violeta"– que sólo se preocupan de la apariencia. Cadalso proporcionaba al lector una lista de condiciones, a modo de recetario, para convertirse fácilmente en uno de esos personajes. 'Violeto' se acuñó como adjetivo despectivo, y así aparece usado todavía por Galdós, por ejemplo.

Cartas marruecas, puesto que ofrecen el retrato de un perfecto viajero que –en oposición al "viajante a la violeta"–, encuentra el modo de 'viajar con provecho', tal y como sostenían dos libros coetáneos que el autor demuestra conocer bien: el *Itinerario en que se contiene el modo de hacer con utilidad los viajes a cortes extranjeras* (Madrid, 1759) de O. Legipont y el *Viaje sentimental* de L. Sterne (Londres, 1768).

Por testimonio del propio Cadalso se sabe que las **Cartas marruecas** se empiezan a redactar en los años que van de 1768 a 1771, años cruciales en su vida, en los que experimenta una crisis personal con un primer destierro y otras amarguras que le hacen distanciarse anímicamente de la corte (vid. *infra*, nota 87). Son también los años que le mueven a escribir su **Defensa de la nación española contra la carta LXXVIII de Montesquieu** (vid. *supra*, nota 13), y la relación entre ambos textos es más estrecha de lo que en principio podría sospecharse[58]. Al concluir allí que el juicio negativo de Montesquieu sobre España se debió al error de dar crédito a los bulos difundidos por los malos viajeros, Cadalso se reafirmaba en la sentencia del anciano en los *Eruditos a la violeta*: *Te aseguro que los hombres que han escrito con más solidez en otras materias, han delirado cuando han querido hablar de los países extranjeros por noticias, que son los documentos de que se valen los más de los que escriben esos viajes...* Y, lo que es más importante, anticipaba el afán

---

[58] En este libelo o 'papel', como lo denomina Cadalso, se asombra de que un autor tan grave como Montesquieu se complazca en injuriarnos de forma tan poco fundamentada, y lo achaca a que no conoce bien la historia de España, por lo que perderá crédito hasta entre sus propios compatriotas: ... *Los hombres de juicio extranjeros que han leído o viajado con utilidad no harán mucho aprecio de tal carta*... Frente a la parcialidad del teórico francés, Cadalso dice que no pretende atacar a toda la nación francesa, por la que siente gran respeto, sino sólo rechazar los juicios equivocados, como el de Montesquieu. Entre sus ordenados argumentos, culpa a aquellos escritores franceses que dieron malas noticias de nuestro país, así como al tipo de viajero francés que no sirve como testimonio: los negociantes o los vagos ociosos. Lo interesante es que en este texto Cadalso asume ya el reto planteado por el francés, que deseaba ver cartas de un español que hubiese viajado por Francia, a lo que él responde: *Bien creo que se desquitaría y que hallaría en qué. Pero aseguro que lo haría con más moderación y, sin emplear frases bajas y vulgares, no diría la mitad de lo que podría sacar de los mismos autores franceses que con tanta gracia como justicia han criticado a su mismo país.* Este mismo comentario lo pone exactamente en práctica Cadalso en la carta XXIX de *Cartas marruecas*.

de objetividad que presidirá la escritura de sus *Cartas marruecas*, en buena medida motivadas por las *Cartas persas* (1721) del pensador francés. Sin embargo, lejos de ser un plagiario, como vieron algunos en una lectura superficial, Cadalso se separaba de Montesquieu no sólo por ampliar considerablemente sus temas –el autor de *L'esprit des lois* se centra sobre todo en las injusticias políticas y el gobierno social, en general–, sino porque llega a dar una dimensión inusitada a un género que estaba ya consolidado cuando él lo retoma: la carta crítica pseudoriental, de la que conoce bien sus ventajas[59].

A diferencia de los autores de viajes imaginarios, como los *Gulliver's Travels* (1726) de J. Swift –libros influidos por el pensamiento utópico, que, bajo la mirada asombrada de un viajero exótico ofrecen una visión crítica de lo que se entiende por 'mundo civilizado'–, Cadalso opta por la verosimilitud a la hora de contrastar culturas, que es el denominador común de bastantes textos de la época. El epistolario inventado por el escritor gaditano se presenta como auténtico, sirviéndose del creíble recurso del manuscrito encontrado y cedido por un amigo, que se transcribe parcialmente. Está integrado por un total de noventa cartas que se inician con las que se cruzan dos corresponsales nombrados a sí mismos como 'moros': un joven marroquí llamado Gazel, que viaja por España vestido como cristiano intentando comprender su cultura, y un viejo maestro suyo, Ben-Beley, que vive en África, y le solicita noticias de lo que va descubriendo. Detrás del primero parecía esconderse la personalidad de Al-Ghazzali, que en 1760 fue embajador de Marruecos en Madrid[60]. La inspiración de este arranque puede tener

---

[59] Escribe en su "Introducción": ... *pero las que han tenido más aceptación entre los hombres de mundo y de letras son las que llevan el nombre de Cartas, que se suponen escritas en este u aquel país por viajeros naturales de reinos no sólo distantes, sino opuestos en religión, clima y gobierno. El mayor suceso de esta especie de críticas debe atribuirse al método epistolar, que hace su lectura más cómoda, su distribución más fácil, y su estilo más ameno, como también a lo extraño del carácter de los supuestos autores...* Téngase en cuenta, además, que era un inteligente modo de burlar la censura, como vieron varios autores europeos.

[60] Hay una clara referencia a ello en las primeras líneas: *He logrado quedarme en España* –escribe Gazel– *después del regreso de nuestro embajador, como lo deseaba muchos días ha, y te lo escribí varias veces durante su mansión en Madrid. Mi ánimo era viajar con utilidad, y este objeto no puede siempre lograrse en la comitiva de los grandes señores, particularmente asiáticos y africanos. Éstos no ven, digámoslo así, sino la superficie de la tierra por donde pasan;[...] Procuraré despojarme de muchas*

muchos referentes, dada la amplia cultura literaria de Cadalso: las *Lettres d' une turque à Paris* (1731), atribuidas a Poullain de Saint-Foix, que se publicaron como suplemento a las *Cartas persas* [61]; las *Cartas chinescas* (1739) de Jean-Baptiste d'Argens, y el *Citoyen of the world* (1762) de Goldsmith, que contiene cartas con temas de crítica similares a los de Cadalso[62]. Existen además unas únicas cartas marroquíes anteriores a las suyas, que también son inglesas: *Letters from a Moor at London to his friend at Tunis* (1736), en las que las observaciones de costumbres londinenses están hechas por un moro; y aunque Cadalso no las mencione, haciéndonos dudar sobre su influencia real, debe siempre tenerse en cuenta que los modelos británicos fueron muy importantes en toda la obra del escritor gaditano. En este caso explican que el periódico *The Spectator* fuera el primero en copiar la técnica epistolar, después imitada por *El pensador,* lo que permitió que los lectores españoles se familiarizaran desde 1762 con el recurso del corresponsal oriental que viaja por nuestro país. Al igual que sus predecesores, Cadalso maneja con destreza las posibilidades satíricas del "extranjero que no entiende lo que ve" (M. Bajtin), se apoya en su continua sorpresa, cumpliendo así la misma función de 'extrañamiento' ante lo supuestamente conocido que tenía la voz del narrador en las 'fantasías morales' barrocas. La primera gran diferencia es que aquí el 'desengaño' tenderá a romper todo maniqueísmo y a compensar los hallazgos negativos con otros muy positivos. Con esa 'mirada virgen' del extranjero (la misma que buscaba *El ingenuo* de Voltaire), Cadalso pone en práctica un modo de 'sátira oblicua': la del

---

preocupaciones que tenemos los moros contra los cristianos, y particularmente contra los españoles... (Carta I)

[61] El curioso título completo del texto francés decía que eran cartas escritas por una joven turca a su hermana en el serrallo. Su antecedente fue *L'espion du Gran Seigneur* o *El espión turco* (París, 1684), de Giovanni Paolo Marana, inspirado en los libros de viajes del XVII sobre Oriente, y sostenido, según sus estudiosos, por "la tolerancia racional nacida del casamiento del punto de vista internacional con la observación sistemática de las costumbres locales".

[62] La novela inglesa de este siglo había usado con frecuencia el recurso de la carta para introducir escenas de costumbres. Se da, por ejemplo, en *The expedition of Humphry Clinker*, de Tobias Smollett, en la que varios miembros de una familia escriben sus impresiones a varios corresponsales fijos, mientras recorren Inglaterra y Escocia; y se da también en *The vicar of Wakefield* (1766) de Oliver Goldsmith y en otra novela básicamente costumbrista: *A journey to the western islands of Scotland* (1775) de Samuel Johnson.

ser ajeno al sistema que se critica (Baquero Goyanes), que diversifica la mirada del lector a la manera perspectivista, y con el propósito de liberar prejuicios. No se olvide que ya tenían ese mismo objetivo algunos diálogos erasmistas del siglo XVI, como el *Viaje de Turquía* (vid. 2ª, n.42), cuyo 'espíritu' parece resucitado en las *Cartas marruecas*. No es entonces extraño que Cadalso abra su Introducción con el nombre de Cervantes, pues se revelará como uno de sus más perspicaces discípulos, como demuestra su inteligente valoración del *Quijote* en la carta LXI. El diálogo que se establece entre Gazel y Ben-Beley se sostiene por una comparación cultural cargada de ironía la mayor parte de las veces, como cuando se asombra el joven marroquí del número de las mujeres que dicen poseer algunos arrogantes españoles, y que supera con creces el del mejor de los harenes: *La poligamia entre nosotros está no sólo autorizada por el gobierno, sino mandada expresamente por la religión. Entre estos europeos, la religión la prohíbe y la tolera la pública costumbre...* (inicio de carta X)[63].

La gran novedad que aporta Cadalso frente a sus predecesores es que, a partir de la carta número veinte, en ese correo que podría haber sido sólo dual, entra en juego el español Nuño, 'hombre de bien' que se ha hecho amigo de Gazel, decidido a instruirle con sinceridad, y que "se halla ahora separado del mundo y, según su expresión, encarcelado dentro de sí mismo", en el que se trasluce claramente un *alter ego* del propio Cadalso[64]. "No hay ningún personaje paralelo a Nuño Núñez, el

---

[63] Cadalso renovaba con especial humor y gracia incomparable la mención de un tema –el harén– que estaba ya presente en las *Cartas persas* y en toda su descendencia, y con tono hiperbólico hace una velada crítica incluso al machismo hispánico: *Ahora, amigo Ben-Beley, 18 mujeres por día en los 365 del año de estos cristianos, son 6570 conquistas las de este Hernán Cortés del género femenino; y contando con que este héroe gaste solamente desde los 17 años de su edad hasta los 33 en semejantes hazañas, tenemos que asciende el total de sus prisioneras en los 17 años útiles de su vida a la suma y cantidad de 111.690, salvo yerro de cuenta;* [...] *De esto conjeturarás ser muy grande la relajación en las costumbres; lo es sin duda, pero no total. Aún abundan matronas dignas de respeto, incapaces de admitir yugo tan duro como ignominioso; y su ejemplo detiene a otras en la orilla misma del precipicio.*

[64] Ese 'hombre de bien' que es Nuño está conscientemente adornado por las virtudes del filántropo y hombre sensible y honrado con el que se identificó al filósofo en Francia o Inglaterra desde comienzos de siglo. Su valoración de la amistad (clave entre los humanistas del XVI) es de capital importancia dentro de esa filosofía neoclásica, que ve en ella un poder civilizador. Al

sagaz corresponsal español, en las cartas orientales de otros países" (R. P. Sebold). Con él se introduce la visión de un hombre que vive en el propio país y que puede por tanto corregir o matizar las percepciones del extranjero, completándolo de alguna manera, como si fuera 'su otra mitad'; lo cual no es sino la muestra de un mayor esfuerzo en la imparcialidad, palabra no en balde muy repetida en el texto. Es la voz humanista que faltaba en los textos de Montesquieu y Goldsmith: la de quien, siendo oriundo de la nación que se examina, es capaz de ser autocrítico con ella y encajar las sensatas objeciones que hagan quienes la miran con ojos limpios. El principal mérito estilístico de Cadalso es cambiar convincentemente de 'voz' –alternando con ello las perspectivas– en un texto de atractiva 'polifonía', abierto a múltiples lecturas. Al ampliar la correspondencia a tres bandas, se dota además de mayor complejidad estructural al género, rompiendo la aburrida linealidad de la correspondencia entre compatriotas, y haciendo que el español se cartee también con ambos 'moros', generando 'cartas internas' cruzadas dentro de España y a propósito de los españoles, en toda su diversidad geográfica[65].

Cartas marruecas son, antes que nada, un ejemplo perfecto de la valoración que el ilustrado da a la conversación, a la palabra como vehículo de comunión de espíritus afines, por encima de las razas. Al introducir al marroquí Gazel en las tertulias madrileñas, pasear con él y servirle de puente con la auténtica realidad cotidiana del país, Nuño se convierte en el guía de su particular "Madrid por de dentro"; pero a diferencia del oráculo de las 'fantasías' barrocas, este aprende del trato de su acompañante al tiempo que enseña. El recurso le permite a Cadalso novelar incluso

---

[65] igual que Rousseau y Emerson habían escrito ensayos sobre el tema, Cadalso vuelve en varias ocasiones sobre él y resalta la correspondencia entre amigos de razas distintas como el signo más visible de esa amistad que forma parte de un ideal de lealtad entre *los corazones rectos* (carta XLVI), además de servir de consuelo y antídoto contra el aislamiento. En alguna de sus cartas muestra claramente el dolor que le ha producido el exilio.
El argumento de que "no todos los españoles son iguales", y que es demasiada la variedad de carácter ligada a la diversidad las regiones de la península, es una de las primeras enseñanzas que recibe Gazel, una vez que empieza a asimilar que los españoles en nada se parecen al resto de europeos, que antes consideraba en bloque indiferenciado. *Cartas marruecas* es tal vez el primer texto en que aparece 'retratado' con gracia un 'señorito andaluz', por ejemplo, y el primero en el que se hace elogio de cualidades catalanas (carta XLV).

con alguna anécdota autobiográfica y descubrirle al lector una serie de usos o modos de pensar dignos de ridiculización o censura, según el caso. En este sentido, las *Cartas marruecas* son una magnífica miscelánea de viejos y nuevos motivos satíricos destinados a hacer el más serio y profundo examen crítico de España de cuantos se hicieron en el siglo XVIII. Entre los viejos temas, nos encontramos algunos defectos que ya habían sido pasto de la sátira en todo el Siglo de Oro, como el anhelo de fama póstuma y de aparentar nobleza, el orgullo como 'pecado nacional', y ciertas costumbres sociales en torno al lujo –definido ahora como 'epidemia de la imitación', 'causa de la ruina nacional', 'mal del siglo', etc.–, o a la coquetería femenina, que ya estaban presentes en las páginas del *Pensador* (vid. *supra*, n. 42). Es interesante además cómo Cadalso renueva la preocupación humanista por cuestiones lingüísticas: junto a la condena de los pedantes que siguen exhibiendo latinajos como caduco signo elitista, muchas son las cartas en las que critica el mal uso de términos castellanos, ponderando el valor de las etimologías. Alerta de continuo al lector sobre el carácter relativo y provisional de los juicios –aunque también lamente con Gazel que sea una perniciosa moda desterrar los adjetivos 'bueno' y 'malo' (carta XXXVII)–, que es una nota de modernidad dominante en el tono general del texto. Entre los nuevos temas, cabría citar la inutilidad de las disputas literarias (carta XXIII) y del oficio de crítico (LVIII) –que de hecho él ejerce al pasar revista a la mediocre literatura que se publica (carta LXXVII)–, o la insulsez de las tertulias formadas por gentes que se creen ilustradas sólo por despreciar España (carta LVI), algo tan irracional, a juicio de Cadalso, como el apego supersticioso a las tradiciones y ritos religiosos. Entre los temas que compartirán las *Cartas marruecas* con la nueva comedia 'burguesa' está la frivolidad de los jóvenes, manifiesta en su entrega a modas extravagantes tanto en los ademanes como en el habla –varias de las cartas son escenas que 'retratan' tipos inmaduros, 'petimetres' que llenan su discurso de galicismos, etc.–, y, lo que es más importante, su falta de respeto ante la experiencia del viejo cuando le es debida, lo que hace que cobre sentido didáctico la veneración que tanto Gazel como Nuño sienten por el anciano sabio Ben-Beley[66]. Dada la importancia que adquiere

---

[66] La ingratitud y falta de respeto de los hijos hacia los padres es una de las primeras observaciones que hace Gazel a su maestro: *Este vicio europeo no lleva-*

el tema de la educación de los jóvenes en la obra, cabe percibir la influencia de las *Cartas a su hijo* del conde de Chesterfield (escritas entre 1740 y 1755), pues curiosamente fueron traducidas al español por Tomás de Iriarte, amigo de Cadalso, lo que aumenta la posibilidad de que las leyera.

Las opiniones aparentemente encontradas sobre alguno de sus temas, los más repetidos, suelen interpretarse como la evidencia del 'espíritu contradictorio' de Cadalso; sin embargo, cabe descubrir una gran coherencia ideológica en las *Cartas marruecas*, si se sabe captar esa 'polifonía' antes descrita. Existen ciertos ejes dentro de las preocupaciones filosóficas del autor, mantenidos a lo largo de los muchos avatares de redacción que sufrieron las cartas, escritas dilatadamente (no se olvide) a lo largo de años convulsos y de gran evolución en el pensamiento en Cadalso. Hay temas que, dada su constancia, no pueden ser causales sino esenciales en él: el empeño en definir la virtud –tanto Ben-Beley como Nuño razonan como moralistas estoicos defensores del 'justo medio'–, y el patriotismo mal entendido (*El amor de la patria es ciego como cualquiera otro amor*), esa 'ciega pasión' de la que ya habló Feijoo (vid. *supra*, nota 17), y que es tan recurrente en estas cartas y en toda la prosa satírica del XVIII como lo fue la 'negra honra' en la de los Siglos de Oro. Este tema, que aparece estrechamente ligado a la constante reflexión sobre la Historia de España, y sobre los métodos de escribir la Historia universal –un motivo de discusión además en toda Europa[67]–, se alterna siempre en las *Cartas marruecas* con su otra faz, igualmente censurable para el autor: la del 'europeísmo' fanático que lleva a despreciar todo lo propio. Por ejemplo, Cadalso no escatima críticas a los europeos de su generación, según él "insufribles con las ala-

---

ré yo a África, concluye en la carta XVIII. Pudiera parecer un contrasentido que Cadalso critique en otra carta la sumisión al consejo paterno a la hora de casarse (carta LXXV), pero es sólo una muestra más del eclecticismo del autor, que en todo momento razona sus comportamientos: *El culto con que veneramos a los viejos* –me dijo Nuño– *suele ser a veces más supersticioso que debido. Cuando miro a un anciano que ha gastado su vida en alguna carrera útil a la patria, lo miro sin duda con veneración; pero cuando el tal no es más que un ente viejo que de nada ha servido, estoy muy lejos de venerar sus canas* (carta XL).

67 Buen ejemplo, entre los muchos que cabría aducir, son las *Ideas para una Historia general con propósito cosmopolita* que E. Kant publicó en la *Revista mensual berlinesa* en 1784.

banzas que amontonan sobre la era en la que han nacido", mientras él se esfuerza, en cambio, por ser justo con las generaciones precedentes, es decir, con la Historia. Su moderno relativismo, el que le hace insistir en la necesidad de equilibrar de continuo los juicios, le lleva a dar, en varios pasajes, discretas lecciones de comprensión y tolerancia, que es lo que le da más sentido a la fórmula epistolar elegida:

> *Los franceses están tan mal queridos en este siglo como los españoles lo estaban en el anterior.* [...] *Conozco que el desenfreno de su juventud, la mala conducta de algunos que viajan fuera de su país profesando un sumo desprecio de todo lo que no es Francia; el lujo que ha corrompido la Europa y otros motivos semejantes repugnan a sus vecinos más sobrios,* [...] *pero la nación entera no debe de padecer nota por culpa de algunos individuos.* (Gazel a Ben-Beley, carta XXIX)[68].

Es muy valioso el intento de ecuanimidad de Cadalso, teniendo en cuenta su propio talante apasionado, del que dejaron constancia otras obras suyas. Pero lo es más aún cuando se contempla a la luz de los libros de viajes españoles que habían sido 'réplica patriotera' y tendenciosa a los cronistas extranjeros, como el de Antonio Ponz (vid. *supra*), a quien el joven moro Gazel parece dar toda una lección de viajero ilustrado, en definitiva. No resulta disparatado pensar que a Cadalso le influyera la lectura del primer tomo del *Viaje de España* del arqueólogo valenciano, aparecido precisamente cuando estaba en plena redacción de sus cartas, pues alguna de ellas ridiculiza abiertamente la pasión por las antigüedades nacionales (carta XLIV), donde cabe ver una alusión velada. Por el epistolario privado de Cadalso sabemos que el manuscrito de *Cartas marruecas,* al que tuvo siempre especial aprecio, se acabó de revisar y preparar para la imprenta entre 1773 y 1774, durante su estancia en Salamanca, pero nunca obtuvo la licencia de impresión, por lo que no pudo llegar a conocer los efectos de su sátira fuera de sus círculos de

---

[68] Después de alabar algunas cualidades de los franceses de provincias, como su trato afable y sencillo frente al parisino, concluye Gazel: ... *De aquí inferirás que cada nación tiene su carácter, que es un mixto de vicios y virtudes, en el cual los vicios pueden apenas llamarse tales si producen en la realidad algunos buenos efectos; y éstos se ven sólo en los lances prácticos, que suelen ser muy diversos de los que se esperaban por mera especulación* (Carta XXIX).

amigos. Uno de ellos, Juan Meléndez Valdés, lograría en 1788, seis años después de la muerte de Cadalso, que aparecieran algunas de ellas en el *Correo de Madrid*, donde el año anterior había publicado él mismo unas cuantas *Cartas turcas* (1787), que querían ser complemento y homenaje a las de su admirado maestro. El escrutinio del que fueron víctima las *Cartas marruecas* es en sí todo un jugoso capítulo del modo de obrar de la censura dieciochesca[69]. La primera edición salió en 1793, de la vieja imprenta madrileña de Sancha, bastante manipulada por el editor. Pasarían bastantes décadas hasta que Cadalso fuese reconocido como el auténtico creador de un nuevo tono, subjetivo y cercano, en el ensayo moderno español, a enorme distancia ya de Feijoo. Algunos de los escritores llamados 'noventayochistas' serían quienes supieran captar en él la primera vivencia angustiada de lo que ellos mismos llamarían "el problema de España", luego agudizada en Larra, por lo que los leyeron a ambos con verdadera empatía.

Un Cadalso muy distinto es el que se descubre leyendo sus ***Noches lúgubres***, un breve texto escrito a manera de diálogos en prosa, cuya escritura alternó entre 1773 y 1774 con la terminación de *Cartas marruecas*, y que corrió parecida suerte en su publicación póstuma[70]. Frente al Cadalso equilibrado y reflexivo, las *Noches lúgubres* presentan al Cadalso más pasional, capaz de abordar la fórmula del diálogo filosófico con una altura trágica que no llegaron a alcanzar muchas de las tragedias escritas en su siglo, incluidas las suyas (*infra,* cap. 2). Dividida en tres noches, las mismas de la duración real de la acción,

---

[69] Desde que empezaron a gestarse, las *Cartas marruecas* se difundieron entre los conocidos de Cadalso y los contertulios de la Fonda de San Sebastián. Cadalso pidió licencia para publicarlas en 1774, pero su manuscrito, del que nunca consintió separarse, le fue devuelto en junio de 1778. Cuando por fin salió la serie entera, por entregas, en el *Correo de Madrid*, se omitieron sólo la carta LV y la LXXXIII –que habla significativamente de que en España tener talento es una traba–, y su "Protesta literaria" final.

[70] Apareció por entregas en el mismo *Correo de Madrid*, entre diciembre de 1789 y enero de 1790. El temor a la censura se cuenta entre las probables razones de Cadalso para no intentar publicar estos diálogos, que reconocía además especialmente tristes –"deberían ser impresos en papel negro con letras amarillas", anuncia en una de sus *Cartas marruecas*–, por lo que le rogó a su amigo Meléndez "que no fiase este papel a mucha gente". Las ediciones que se suceden desde 1792 no resultan muy fiables respecto a lo que debió de ser la redacción original de Cadalso.

la obra cuenta el siniestro itinerario de un hombre llamado significativamente Tediato ('cargado de tedio': *infra*, n. 87), que se ha citado con un sepulturero en el mismo cementerio donde la noche anterior se quedó encerrado, con la intención de desenterrar el cadáver de su amada recién fallecida, llevarlo a su casa e incendiarse después junto a él, según él mismo confiesa al final de la primera noche. En la segunda, Tediato es encarcelado al verse envuelto en un crimen no cometido, y liberado al llegar el día; y finalmente, tras un breve diálogo con el hijo del sepulturero Lorenzo –escena realista de gran fuerza melodramática–, vuelve a reencontrarse con él en el mismo lugar, ya hermanados por el dolor, para proseguir su tarea (noche 3ª)[71]. El monólogo inicial tiene lugar en un ámbito inhóspito en el que se acentúa el sentimiento de soledad radical del protagonista: *¡Qué noche! La oscuridad, el silencio pavoroso interrumpido por los lamentos que se oyen en la vecina cárcel, completan la tristeza de mi corazón. El cielo también se conjura contra mi quietud, si alguna me quedara. El nublado crece. La luz de esos relámpagos... ¡qué horrorosa! Ya truena. [...] ¡Memoria! ¡Triste memoria! Cruel memoria, más tempestades formas en mi alma que esas nubes en el aire. [...] todo ha mudado en el mundo; todo, menos yo...* A partir de ahí en el texto se van enlazando casi todos los motivos característicos de lo que se entiende por 'poesía romántica', expresados dentro de una prosa lírica de admirable ritmo, que alberga a veces elegantes endecasílabos: el diálogo con la propia noche y la luna, convertidos en confidentes de la perturbación que siente el corazón, que "permanece cubierto de densas y espantosas tinieblas" y con el que también se dialoga; la hostilidad del sol (*¡Soy el solo viviente a quien sus rayos no consuelen!*, noche segunda); la percepción diurna de "fantasmas, visiones y sombras" o "furias infernales" y sonidos de campanas tocando a muerto; el desprecio del dinero y el egoísmo del mundo; la imprecación contra la

---

[71]   ... *¿Qué importa que nacieras tú en la mayor miseria y yo en la cuna más delicada?– exclama Tediato en su último parlamento– Hermanos nos hace un superior destino, corrigiendo los caprichos de la suerte, que divide en arbitrarias e inútiles clases a los que somos de una misma especie. Todos lloramos... todos enfermamos... todos morimos.* Cadalso hace que resulte especialmente conmovedor este acercamiento de ambos personajes, que al inicio se presentan como antitéticos: Lorenzo quiere ser, en su crueldad, emblema de la miseria humana hasta que se descubre el drama familiar que lleva escondido.

injusticia, que se ensaña con el virtuoso inocente; y, finalmente, la petición de la muerte como salida liberadora de lo que se percibe como un sino fatal[72].

La principal originalidad de *Noches lúgubres* se debe a una mezcla de fuentes de inspiración muy diversas. En su argumento resuena el mito clásico de 'la busca o recuperación de la persona amada más allá de la muerte', pero también una leyenda folklórica de larga tradición en España, conocida como 'la difunta pleiteada' –recreada en romances populares y en versiones cultas de Lope, Castillo Solórzano o María de Zayas–, y de la que él se elimina la milagrosa resurrección de la muerta. El tono de las reflexiones metafísicas y lo tétrico de la ambientación estaban tomadas de dos obras inglesas: *Night Thoughts* (1742-1745) de Edward Young –el propio Cadalso reconoció haberlas escrito "imitando el estilo y los pensamientos de tristeza de las [*Noches*] que compuso en inglés el doctor Young"–, y *Las Meditaciones entre los sepulcros* de Hervey, quien imagina las reacciones de un amante frente al cadáver de su amada. Algún estudioso encuentra además pasajes paralelos en el místico fray Luis de Granada. La fórmula dramática que adopta el texto español aumenta su emotividad cuando se sabe que en ella proyectó Cadalso un drama amoroso personal: escribió la obra bajo una profunda depresión causada por la muerte en 1771 de la actriz María Ignacia Ibáñez, con la que mantenía relaciones desde hacía un año, y que él asumió como una muestra definitiva de su adversa suerte[73]. Se comprende

---

[72] La crudeza de la visión de la muerte, con constantes alusiones a los gusanos, el hedor y la podredumbre, así como la aparición en sueños de la Fortuna, son motivos de larga tradición medieval recuperados por muchos románticos europeos. El tono de Cadalso parece resucitar el de muchos grandes poemas del siglo XV: *Aquí me tienes, fortuna, tercera vez expuesto a tus caprichos. Pero ¿quién no lo está? ¿Dónde, cuándo, cómo sale el hombre de tu imperio? Virtud, valor, prudencia, todo lo atropellas. No está más seguro de tu rigor el poderoso en su trono, el sabio en su estudio, que el mendigo en su muladar, que yo en esta esquina lleno de aflicciones, privado de bienes, con mil enemigos por fuera, y un tormento interior capaz, por sí solo, de llenarme de horrores, aunque todo el orbe procurara mi infelicidad. ¿Si será esta noche la que ponga fin a mis males?...* (Tediato al comienzo de la Noche tercera)

[73] Hay documentos que certifican una enfermedad física real de Cadalso tras la muerte de María Ignacia, la única mujer que había alentado de nuevo sus ideales, según sus biógrafos, y que meses antes había representado precisamente su tragedia *Sancho García*, que sólo duró cinco días en cartel (vid.

bien entonces la identificación del autor con el ánimo desesperado del protagonista y con la incomprendida sensibilidad de su corazón –de la que Tediato está tan orgulloso como el Werther de Goethe[74]–, pero sorprende, en cambio, la misantropía desde la que se expresa, la absoluta falta de fe en aquellos valores que Nuño defendía a ultranza en *Cartas marruecas*. Difícil se hace rastrear, por tanto, 'ideas ilustradas' en este texto, a pesar de que, en efecto, sea "una obra de pensamiento más que de sentimiento" que conduce al lector hacia una reflexión sobre la "penosa condición humana" (N. Glendinning*). A diferencia de Nuño, Tediato descree por completo de la amistad, por ejemplo, y a ese tema, presente también en Young, podrían encontrársele ecos de Rousseau, pero también de Quevedo, a quien podrían pertenecer estas sentencias: *Todos quieren parecer amigos. Nadie lo es. En los hombres la apariencia de la amistad es lo que en las mujeres el afeite y compostura. Belleza fingida y engañosa... nieve que cubre un muladar...* (Noche primera). En cualquier caso, la vehemencia de Tediato al defender lo extremo de su pasión es claramente el reverso de la conducta que elogiaría un 'neoclásico', que es de lo que pareció ejercer el autor antes del duro golpe de la muerte de su amada.

Las razones por las que Cadalso ha sido bautizado como "el primer romántico europeo de España" son las mismas que deberían llevarnos a revisar las espesas divisiones que siguen empeñándose en perpetuar algunas historias literarias. Los estudios de literatura comparada de los últimos cincuenta años hacen que resulten obsoletas las viejas clasificaciones del historicismo positivista. Permiten ver el Romanticismo como algo cíclico en la estética y el pensamiento universales, e incluso como una psicología, como un complejo estado anímico que convive con otros, más que como un movimiento de límites cronológicos dentro del siglo XIX (vid. *infra*, cap. 3,1). Y permiten, sobre todo, establecer vínculos profundos entre los mejores autores (los más inclasificables normalmente) y entender así que Cadalso, como Quevedo, Larra o Bécquer,

---

infra, cap. 2). La leyenda cuenta que Cadalso mismo llevó a la práctica el intento de desenterrar a su amada, hecho que habría impedido su amigo, el conde de Aranda.

[74] En una de sus cartas el protagonista de Goethe dice la gran frase romántica: *... ¡Ah! Lo que yo sé cualquiera lo puede saber; pero mi corazón lo tengo yo sólo.*

pueden ser 'ilustrados' y 'románticos' a un tiempo (vid. *infra*, n. 239); que pueden escribir las sátiras más racionales junto a apasionados poemas de "amor constante más allá de la muerte", donde las almas y los cuerpos se funden hasta llegar a ser "polvo enamorado": ... *tú y yo nos volveremos cenizas en medio de las de la casa*, dice Tediato al final de la noche primera, con el mismo lirismo que si hablara en verso. Nada de esto supieron ver, en cambio, sus censores, que sólo encontraron en el texto un fatalismo herético que movió sus sañas contra él[75]. Pese a ello, *Noches lúgubres* fue la obra que mantuvo más viva la fama de Cadalso a través de numerosas ediciones, haciendo que entre la primera generación de poetas románticos se leyera como modelo de amor pasional, susceptible de aplicación moral, incluso[76]. Otros muchos lectores la disfrutarían sin pedirle tanto, pues sabemos que hasta 1885 se difundió como 'literatura de cordel' en pliegos de 24 páginas.

---

[75] "El alto pesimismo que Cadalso reveló en esta obra en torno a la vida y el universo, y su tratamiento simpatético de la duda y de la irracionalidad, convirtieron este libro en altamente peligroso en su propio tiempo, y fue víctima de la Inquisición a comienzos del siglo XIX" (N. Glendinning).

[76] En la edición de las obras completas de Cadalso publicadas en Madrid, 1803, se añadió una nota anónima al final del texto que especulaba con el final inconcluso en el manuscrito que dejó Cadalso, y que se inventaba un objetivo totalmente ajeno al autor: ... *el reconocimiento de Tediato, detestando su furiosa pasión, sirviendo de escarmiento a los jóvenes incautos, para que se precaviesen, no dexándose arrebatar de un amor desordenado.* Significativo es también que en las ediciones de 1847 y 1852 el texto se publicara con el título *Historia de los amores del coronel D. José de Cadalso*, escritas por él mismo.

2.
El La poesía y el teatro neoclásicos

Al igual que sucedió en la prosa, también entre los poetas fue duradera la imitación de géneros y estilos del seiscientos. Hubo imitadores tan buenos que lograron con éxito pasar por barrocos, como algún poeta que hace una *Perromaquia* imitando al Lope satírico, o muchos de los que siguieron escribiendo poemas mitológicos al modo de Góngora, recitándolos incluso en las más modernas academias[77]. El gongorismo pervivió durante toda la primera mitad del XVIII, exagerando los recursos culteranos, ya convertidos en clichés formales; con la diferencia de que estos epígonos fueron más pobres en la invención de metáforas, y carecieron además, salvo raras excepciones, de sentido musical y de "habilidad para sostener el estilo heroico y preservar la unidad del sen-

---

[77] A poetas culteranos como José León y Mansilla, Gabriel Álvarez de Toledo y Eugenio Gerardo Lobo, muertos en las primeras décadas del siglo, le sucedieron otros de la Academia del Trípode (creada en 1738 en Granada) y la Academia del Buen Gusto (Madrid, 1749), como el conde de Torrepalma y José A. Porcel, uno de los más originales de los imitadores de Góngora, que aun exhibieron sus dotes para la égloga barroca entre incondicionales adeptos.

timiento" (N. Glendinning*), lo que les dio un aire aún más frío. La campaña que se desató contra Góngora ya en su época fue intensificándose hasta el punto de que muchos lo consideraron incluso "corruptor de la lengua" por su argot incomprensible. Uno de los primeros detractores, ya en los años veinte, fue el famoso ilustrado Gregorio Mayans y Siscar (Valencia, 1699-1781), pero quien tuvo más autoridad para condenarlo fue **Ignacio de Luzán** (Zaragoza, 1702-1754), el preceptista español más influyente del siglo. A su juicio, el poeta cordobés era una especie de prevaricador del 'buen gusto', el sintagma que reinó entre los cultos precisamente a partir de las ideas estéticas del italiano L. A. Muratori, que el erudito aragonés, educado en Italia, contribuyó a extender[78].

La ***Poética*** escrita por Luzán fue libro de extraordinaria difusión a través de dos ediciones con diferencias sustanciales entre ellas: la primera de 1737, y la segunda de 1789. Está considerado como el compendio más completo de las reglas defendidas por los neoclásicos, por lo que se ha comparado con la *Poetique* de Boileau —aunque no sostiene como el francés que haya reglas de validez general, sino sólo convenientes a un momento histórico—, y con el *Tratado de la perfecta poesía* del citado Muratori, basado también en la utilidad moral y civil de la poesía. Además de ampliar distinciones sobre ciertos géneros poéticos, el contenido de la *Poética* de Luzán resulta mucho más sistemático y rigurosamente ordenado, y quizá por ello el autor tuvo la conciencia de que su texto venía a llenar una importante carencia de preceptivas en España[79]. Entre sus criterios fundamentales, los de más repercusión

---

[78] La definición del concepto 'buen gusto' aparece ya en las primeras obras de Muratori, quien le dedicó una obra específica: *Riflessioni sul buon gusto nelle scienze e nelle arti* (1708-1715). Del aprecio del teórico italiano entre los españoles da buena cuenta Mayans y Síscar ya en 1732 y los redactores del Diario de los literatos, que lo definieron como "uno de los primeros críticos de nuestro siglo". Ignacio de Luzán, de noble familia, políglota y hombre de mundo muy apreciado en la corte, fue uno de los principales animadores de la Academia del Buen Gusto que la marquesa de Sarria reunió en su palacio de Madrid entre 1750 y 1751. Ejerció como académico desde 1741 y como diplomático en Francia entre 1747 y 1750, lo que le permitió escribir unas curiosas *Memorias literarias de París* (1751).

[79] ... *Sólo en España, por no sé qué culpable descuido* —escribía Luzán—, *muy pocos se han aplicado a dilucidar los preceptos poéticos y tan remisamente que (por cuanto yo*

para la reforma de la literatura de su siglo fueron: la defensa de la verosimilitud en todo género de poesía –lo que le lleva a condenar tanto los abusos en el uso de la mitología como la alteración de las unidades clásicas en el drama–, la prioridad de integrar los recursos poéticos para procurar la 'dulzura' armoniosa del conjunto, y la finalidad docente del arte por encima de todo. Su propósito de renovación y de condena del Barroco participa de lo que fue la gran obsesión dieciochesca, a juicio de muchos historiadores: corregir las 'desviaciones' y extravagancias artísticas del siglo anterior. Sin embargo, la teoría de Luzán sólo fue seguida fugazmente en la práctica, y no la acataron tantos como pudiera hacer creer la difusión que alcanzó su *Poética*. Los poetas y dramaturgos, aun sin poder confiar en vivir de su pluma, siguieron entregándose más al público mayoritario que a un puñado de críticos que pretendían inculcarle, 'lecciones ilustradas', por lo que éstas se quedaron relegadas casi siempre al ámbito cerrado de las academias.

Contrastes de la poesía dieciochesca

Al revisar las condiciones de los poetas del siglo XVIII, se observa que casi todos ellos pertenecieron a la elite rectora del país: diplomáticos, militares, magistrados (que en algún caso llegan a ministros, como Jovellanos), académicos e integrantes de las sociedades económicas más importantes, y, en cualquier caso, personas vinculadas de una u otra forma con la política del momento. "En general, la poesía fue para ellos una actividad entre muchas, perfectamente compatible con la carrera de las armas o de la administración pública" (John H. R. Polt). El hecho de que los poetas escribieran sus versos al tiempo que elaboraban leyes o informes sobre las minas de carbón, por ejemplo, particulariza a este siglo en el que no parecía tener cabida el artista al margen del sistema, o incluso antisocial, como sí ocurrirá, en cambio, entre los románticos de la centuria siguiente. La segunda diferencia perceptible

---

sepa) no se puede decir que tengamos un cabal y perfecto tratado de poética... De ahí que detalle en el subtítulo de su obra que tratará de "Reglas de la poesía en general y de sus principales especies".

al contemplar el conjunto de la poesía dieciochesca es lo bipolar de su función y carácter: junto a una poesía racionalista, meditativa y mesurada, comprometida con los ideales ilustrados, se dio una poesía de estética hedonista muy vigorosa, "que puede ayudar a explicar no pocos aspectos de la fruición carnal subyacente en la poesía amorosa de la época" (R. Reyes Cano), y que es producto de un sensualismo imperante también en el siglo, aunque tienda a olvidarse[80]. El gusto por la poesía erótica basada en la sugerencia procaz, o la imagen abiertamente obscena, y por el epigrama satírico atrevido, convive con la tendencia al poema moral, de trascendencia filosófica o religiosa, doctrinario, en definitiva. Y la mezcla de ambos gustos es patente en la obra de los principales poetas españoles del periodo, al igual que sucedió en otras literaturas europeas. La situación es curiosamente paralela a la que se dará en el teatro, y ello induce a pensar que no es sino consecuencia del choque entre opuestos que rigió la vida del momento: de una parte, la voluntad feroz de legislarlo todo conforme a las virtudes ensalzadas por el racionalismo –orden, equilibrio, disciplina, etc.–, y de otra, el deseo soterrado de evasión y liberación de tanta norma impuesta. Aun con todo lo que tienen siempre de injusto tales generalizaciones, valga tal vez ésta como referencia para introducir la breve síntesis que se nos impone aquí.

Entre los ejemplos representativos de esos fuertes contrastes que se dieron dentro de la obra de un mismo poeta, está el caso de **Félix María de Samaniego** (Álava, 1745-1801), famoso por una serie de *Fábulas en verso castellano* que publicó entre 1781 y 1784, en las que renovaba temas de Esopo, Fedro y La Fontaine para educar a los alumnos del Seminario de Vergara que tenía a su cargo[81]. Junto a algunas fábulas más conocidas, con críticas a vicios habituales impregnadas de moral estoica, aporta también parábolas políticas, y sobre todo lecciones raciona-

---

[80] La filosofía sensualista, heredera, entre otras corrientes, del empirismo inglés, concibe el arte y los juicios sobre él como algo derivado del sentimiento, y define la poesía esencialmente como 'un arte que deleita'.

[81] Fue un colegio que pasó a depender de la Real Sociedad vascongada de amigos del país desde 1771 (tras la expulsión de los jesuitas), que él dirigió durante varios años. Samaniego, convencido ilustrado que llegó a ser denunciado por posesión de libros prohibidos, fue el primero en imitar en España la modernidad que dieron al género las *Fables* (1668-1694) de La Fontaine.

listas que alcanzan a temas inusitados en el género: desde la preferencia de la razón natural sobre el saber libresco para interpretar la Naturaleza ("El pastor y el filósofo"), al desprecio de la hipocresía en el clero. Precisamente este asunto está tratado en clave muy distinta en algunos de los atrevidos poemas eróticos que reunió bajo el título *El jardín de Venus* (editado tardíamente en 1798), sobre motivos que dicen mucho de las fantasías sexuales de la época[82].

De la moda recuperada de adoctrinar con animales participó también el poeta y dramaturgo **Tomás de Iriarte** (Tenerife, 1750- 1791) en sus *Fábulas literarias* (1782). Son más de setenta piezas de metros muy variados que presentan la originalidad de abordar diversas cuestiones literarias discutidas en el momento: la necesidad de valorar la literatura española y no sólo la extranjera ("El té y la salvia"); la vigencia de la 'querella de antiguos y modernos' ("La contienda de los mosquitos"); la urgencia de defender el castellano frente a los galicismos invasores ("Los dos loros y la cotorra"); la preferencia de escribir con disciplina en vez de improvisar ("El burro flautista"), etc. El que algunas de ellas satirizaran los vicios cotidianos de los escritores le granjeó algunas fuertes enemistades, como la que mantuvo durante toda su corta vida con Forner, quien ridiculizó constantemente su prosaísmo. Merece elogio, sin embargo, la sensibilidad musical de Iriarte –era "excelente violinista", según algunos coetáneos–, que trasladó a su propia teoría poética, concentrada en las silvas de su largo poema titulado "La música" (1779), y al teatro: fue uno de los primeros en introducir acompañamiento de orquesta en el monólogo dramático.

Otro notable caso de contraste de tonos poéticos es la obra de **Nicolás Fernández de Moratín** (Madrid, 1737-1780), en la que predominan poemas de carácter moral, llenos de reflexiones que se pretenden útiles para la sociedad, y algún epigrama de raigambre clásica que

---

[82] Son frecuentes las beatas lujuriosas y los frailes que desarrollan su astucia para ejercer de sementales, las masturbaciones en lugares sagrados, etc. Para las escenas monacales, Samaniego se había inspirado, al parecer, en un convento carmelita bilbaíno. Lo explícito de algunos poemas contrasta con el abundante uso de eufemismos que se encuentra en la mayor parte de la poesía erótica de este siglo, que sugiere siempre más de lo que dice; a lo que contribuyó sin duda la condición de clérigos de muchos de sus autores, que dejan más vibración sensual que abierta pornografía.

se supieron de memoria muchas generaciones de españoles[83]. La composición que le dio más fama, sin embargo, es la titulada "Arte de putear" o "Arte de las putas", que es todo un recorrido por los burdeles de la corte, con consejos prácticos a modo de guía y una ingeniosa justificación filosófica subyacente: la prostitución es siempre moralmente mejor que la guerra. La obrita despertó enorme curiosidad y circuló en numerosas copias manuscritas ya desde 1770, siendo ampliamente leída hasta que apareció censurada en el índice inquisitorial de 1777, cuando ya había abierto una nueva veta erótica que tendría muchos seguidores. La afición de Moratín por la tauromaquia le lleva a escribir unas famosas quintillas tituladas "Fiesta de toros en Madrid", y una más seria *Carta histórica sobre el origen y progresos de las fiestas de toros en España* (1777) que es todo un alegato conservador en un momento en que aumentaban considerablemente los detractores de las corridas[84]. Entre los gustos populares que sí compartieron los poetas ilustrados están el romance y la seguidilla, que seguían siendo los géneros favoritos del pueblo llano, que los disfrutaba sin necesidad de saber leer. Aunque hasta comienzos del siglo XIX no se produce la gran admiración del romancero por parte de los poetas cultos, bastantes autores neoclásicos supieron ya apreciar sus cualidades, sobre todo como fórmula útil para fines políticos y satíricos, como hicieron Meléndez Valdés y Jovellanos. Pero con demasiada frecuencia se cae en el prosaísmo, pues se carece en general de la gracia y originalidad de los poetas barrocos: se encuentran sólo golpes de ingenio aislados, y cada autor destaca por uno o dos textos a lo sumo. "El hábito de leer en voz alta llevó, además, a los poetas a preferir las formas de reducidas proporciones y aquellas otras estructuras que, aunque más amplias, eran fácilmente susceptibles de fragmentación, y fomentó, sin duda, la utilización de los efectos acústicos, tanto en prosa como en verso" (N. Glendin-

---

[83] Como el titulado "Saber sin estudiar": *Admirose un portugués/ de ver que en su tierra infancia/ todos los niños en Francia/ supiesen hablar francés./ "Arte diabólica es",/ dijo, torciendo el mostacho,/ "que para hablar en gabacho/ un fidalgo en Portugal/ llega a viejo y lo habla mal;/ y aquí lo parla un muchacho".*

[84] "... considera los ejercicios físicos como expresión del valor y austeridad de los nobles españoles del pasado, cualidades que él, por su parte, desearía que revivieran" (N. Glendinning). Es el reverso de lo que pensaban Clavijo, Cadalso y Jovellanos, por ejemplo: vid. *supra*, nota 43.

ning*). Las enseñanzas de Retórica en las universidades fueron además en gran medida responsables de la experimentación con los ritmos y del auge de un buen número de géneros líricos, como atestigua el propio Nicolás Fernández de Moratín[85].

El peso del aprendizaje académico justifica la fuerza con la que resurgen la oda, la epístola y sobre todo la égloga —raro es el poeta dieciochesco que no pasó por el género— dentro de un renacimiento de la poesía bucólica, en general, de artificialidad conscientemente buscada. Los primeros poetas que comienzan a utilizar tales formas métricas clásicas con profusión son los que integraron la llamada 'escuela salmantina', creada a partir del liderazgo que ejerció **José Cadalso** sobre una serie de poetas jóvenes, a su llegada a Salamanca en 1773 (vid. *supra*, nota 55). Este grupo poético estuvo unido por lazos de amistad similares a los que se dieron entre Garcilaso y Boscán, razón por la que el tema de la *amicitia* recobró en su lírica el profundo sentido que tuvo entre poetas renacentistas[86]. Cadalso, quien había valorado la poesía como "delicioso delirio del alma" (*Cartas marruecas*, c. XXXII), reunió bajo el título *Ocios de mi juventud* poemas que él reconoce producto de "pesadumbres o desgracias vividas", quizá debidas a su inexperiencia. Por lo que se sabe de su biografía, los primeros fueron escritos durante su primer exilio en Aragón, un periodo de aislamiento que, en éste y en otros momentos de su vida, le impulsó especialmente a dedicarse al género epistolar[87]. De ellos se ha valorado la sinceridad que transmiten, así

---

[85] En algunas de sus cartas confiesa su empeño de buscar en versos castellanos la musicalidad y los efectos rítmicos análogos a los conseguidos por la poesía latina, y a él se debe el intento de resucitar el verso sáfico en la poesía española. Al igual que su hijo, fue traductor de Horacio.

[86] Ya en su momento existió la conciencia de una 'escuela salmantina', integrada por Juan Meléndez Valdés, entonces estudiante de Leyes en la Universidad (vid. *infra*) y varios poetas locales como José Iglesias de la Casa y fray Diego González. Jovellanos dirigió una famosa "Carta de Jovino a sus amigos salmantinos" que demuestra la comunicación regular entre todos ellos, que para sus intercambios utilizaban pseudónimos poéticos de resonancia bucólica: Cadalso adoptaría el pseudónimo de Dalmiro, Jovellanos el de Jovino, y Meléndez el de Batilo, curiosamente el nombre de un enamorado del poeta Anacreonte.

[87] Uno de los mejores ejemplos es la "Carta escrita desde una aldea de Aragón a Ortelio", en la que define su hastío o 'tedio' ante la vida en términos muy similares a los que emplea en sus *Noches lúgubres*; o la "Carta a Augusta,

como su modo de unir la efusividad sentimental con algunas "sentencias filosóficas y avisos morales", tal y como pedía Luzán, haciendo que sus versos 'hablen' tanto al corazón como al intelecto. Al igual que en prosa, Cadalso destacó en una veta satírico-social inspirada en la poesía epigramática de Juvenal, pese a su espléndido manifiesto "Sobre no querer escribir sátiras". Y renovó con originales motivos algunos géneros, como hace en las "Guerras civiles entre los ojos negros y los azules" o en la égloga "Los desdenes de Filis". Parece probado que fue él quien llevó a los poetas salmantinos una nueva nota de sensualidad a la poesía bucólica, que volvía a ser ante todo una vía de rechazo de los falsos valores de la vida cortesana.

Uno de los géneros más cultivados por los poetas de aquel círculo salmantino fue la oda anacreóntica, que entusiasmó durante casi todo el siglo por la musicalidad de sus versos y constituyó toda una moda lírica de amplia repercusión en el momento[88]. Se trata de un tipo de poema descriptivo, en versos cortos, que se presenta como un pequeño cuadro dentro de una estructura más amplia, en el que el poeta, como si estuviera observando desde un rincón, apunta todos los detalles que percibe, a veces en una prolijidad excesiva, como poniendo a prueba los extremos de su sensibilidad. Los tópicos temáticos de la anacreóntica dieciochesca, pese a ser numerosos, apenas ofrecen variaciones de tratamiento, pues lo importante es recrear un mundo de refinamiento desde una orientación claramente hedonista: el gusto del vino en el paladar tiene tanto poder en esta poesía como el placer que produce al olfato una flor, a la vista el aleteo de la mariposa o al oído el canto del ruiseñor. La gracia está en acertar describiendo el 'embeleso' de los sentidos, ya sea por la vía de cualquier 'néctar' (palabra muy repetida),

---

[88] matrona que, inclinada a la filosofía, empieza a fastidiarse en la Corte". Más original es aún la "Carta de Florinda a su padre Don Julián", sobre la antigua leyenda de la pérdida de España (vid. 1ª parte, n. 98).
"El anacreontismo setecentista es la vuelta al modelo de las composiciones que, a imitación de los fragmentos conservados de Anacreonte de Teos, se realizan en Alejandría (*Anacreontea*), pasando por las traducciones y adaptaciones de los siglos XVI y XVII y añadiéndoles los rasgos propios del gusto de la época. La boga comenzará en las traducciones e imitaciones de Luzán, se desarrollará en la Academia del Buen Gusto de la marquesa de Sarriá, y especialmente entre N. Fernández de Moratín y Cadalso, siendo éste posiblemente el que la estimule en los poetas salmantinos..." (C. Real Ramos).

sonido o aroma. De ahí que se haya escrito que la anacreóntica es la mejor muestra de la 'poesía rococó', que coincidió con la difusión en España de esa filosofía sensualista que dominó buena parte de la poesía —y del arte, en general, del siglo—, y que prueba que el Rococó fue, ante todo, "un sueño de felicidad" (R. Saisselin). Hubo además otra modalidad acorde con las maneras y modas cortesanas: estrofas breves y cerradas, de versos también cortos, llenas de objetos meramente decorativos, descritos con léxico refinado y a veces arcaizante, abuso de diminutivos y formas exclamativas "que expresan el arrobamiento del poeta", y que suelen tener como temas dominantes el amor y la belleza femenina en escenarios de fiestas galantes; un tipo de poesía que representa una de las líneas más frívolas y efímeras de la lírica dieciochesca[89]. Ambas resultan, en realidad, caras de una misma moneda, y responden a los dos marcos espaciales que son protagonistas de esta poesía: la corte y sus artificios, frente al espacio bucólico y rural. Con tal enfrentamiento consiguieron renovar el elogio del *beatus ille* y de 'la dorada medianía' los más destacados poetas del siglo, entre los que debe contarse al dramaturgo Leandro Fernández de Moratín[90].

Quien está considerado como el mejor poeta de su época, y fue admirado ya por ello entre sus coetáneos, es **Juan Meléndez Valdés** (Badajoz, 1754-1817), cuya obra fue publicándose espaciadamente entre 1785 y 1815, en medio de un itinerario personal lleno de bruscos avatares, sobre todo durante el gobierno napoleónico[91]. Pronto se le compa-

---

[89] Una poesía que algún estudioso ve incluso como sexuada: "Frente a la virilidad intelectual que supondrán los ideales de la Ilustración, éste es un mundo afeminado, agraciado, con predominio de lo aparentemente ingenuo y de un blando patetismo" (J. Arce).

[90] Aunque la lírica y la poesía satírica de este autor tienen una calidad que le harían merecedor de espacio propio en este epígrafe, se ha preferido reservarlo a sus aportaciones dramáticas, ya que es en la historia del teatro donde su nombre supuso un hito decisivo (vid. *infra*, n. 117).

[91] Su pertenencia a una familia acomodada de propietarios rurales le permitió formarse en Madrid y Salamanca, en cuya universidad alternó estudios de Humanidades (mientras asistía a tertulias poéticas junto a Cadalso) y Jurisprudencia, en los que se licenció en 1775. Al año siguiente una crisis de tuberculosis le aficiona al campo y la soledad, lo que será determinante en su vocación poética. Sus preocupaciones 'patrióticas' (que le llevan ya desde 1776 a relacionarse con la Sociedad Vascongada de Amigos del País) hacen que abandone la docencia universitaria en Salamanca para ejercer como

ró con Garcilaso, del que imitó sus modelos formales, desde que una égloga titulada "Batilo" —nombre que eligió como pseudónimo poético— le hiciera ganar un concurso en 1780. Meléndez compartió con Cadalso el gusto por la oda anacreóntica, siguiendo los temas habituales en el género y manteniendo hasta el final su tono garcilasiano, que llega hasta una oda fúnebre que dedicó a la muerte de su amigo y maestro: *Silencio augusto, bosques pavorosos,/ profundos valles, soledad sombría,/ altas desnudas rocas/ que sólo precipicios horrorosos/ mostráis a mi azorada fantasía...* Fue también el de más calidad entre todos los poetas eróticos, con poemas bastante atrevidos para el momento, como "La paloma de Filis" o "Los besos de amor" —*Cuando mi blanca Nise/ lasciva me rodea.../ cuando a mi ardiente boca/ su dulce labio aprieta,/ tan del placer rendida/ que casi a hablar no acierta...—*; versos que por pudor no publica cuando fueron escritos, como le sucedió al citado *Jardín de Venus* de Samaniego. En todo ello demostró de continuo la honda influencia que había dejado en él la filosofía sensualista de Locke, al que leyó casi con devoción[92].

Uno de los aspectos más interesantes de la poesía de Meléndez Valdés es sin duda la variedad de perspectivas desde las que contempla la naturaleza, puesto que no es siempre el esteticismo lo que prima. El poeta extremeño había leído la poesía de las estaciones de Thomson y de Saint-Lambert, así como al Rousseau que elogiaba la vida campesina, y como ellos escribe viendo en la naturaleza "un lugar de perfección

magistrado en 1789, año en que es nombrado alcalde del crimen de la Audiencia de Zaragoza, tarea que desempeña después en otras ciudades, incluida Madrid, lo que le genera muchas enemistades desde 1797, siendo con frecuencia atacado por librepensador y 'hereje'. Al igual que otros ilustrados, al año siguiente sufrió un primer destierro de diez años, hasta que en 1808 se precipitan sus cambios de actitud: de los poemas exhortando a la insurrección popular ante el invasor francés, pasa Meléndez al juramento de fidelidad a José Bonaparte y, en ese mismo año, inicia su periodo de 'afrancesamiento'. Tras disfrutar de los beneficios de importantes cargos gubernativos, se ve obligado a aceptar un nuevo destierro en Francia, en un penoso peregrinaje por varias ciudades, hasta morir sin conseguir el ansiado perdón del nuevo rey, Fernando VII. Después de muchos avatares, sus restos compartieron panteón en Madrid junto a los de sus amigos Francisco de Goya y Moratín.

[92] En una carta de 1776, le escribe a Jovellanos que se ha aprendido de memoria el *Ensayo sobre el entendimiento humano* del filósofo inglés —que daba primacía a los sentidos en la formación del concimiento—, reconociendo que a él le deberá siempre *lo poco que sepa discurrir.*

moral", y en el campo "el refugio de quien quiere huir de las falsas convenciones de la ciudad para volver a encontrar una vida más auténtica y de mayor plenitud, empezando por el sentimiento amoroso" (R. Froldi). Varios son los ejemplos de poemas en alabanza de la vida retirada como un modo de vida más pura, moralmente mejor que la guerra o la ambición: *Todo es paz, silencio todo,/ todo en estas soledades/ me conmueve, y hace dulce/ la memoria de mis males...*("La tarde"). Esta forma de enfrentarse a la naturaleza (propia del humanismo renacentista) es lo que más dividirá la sensibilidad ilustrada de la romántica, y es también una de las razones por las que los poetas románticos españoles no valorarían apenas la poesía de Meléndez. Al igual que sucedió con la famosa obra de Guevara (vid. 2ª, nota 25), su 'alabanza de aldea' tuvo mucho también de propaganda indirecta: despertar en los ricos hacendados el deseo de volver a sus propiedades rurales, en un momento en que el abandono y el absentismo —de cifras alarmantes—, impedían la mejora agrícola. Meléndez aventajó a otros poetas bucólicos porque supo darle mayor intensidad a las sensaciones, tomando a veces a fray Luis por modelo. Sus versos más profundos se encuentran en alguna de sus epístolas en endecasílabos, y en especial la que titula "El filósofo en el campo" (1794), pues aún con claros ecos de la vieja "Epístola moral a Fabio" y de la poesía neoestoica de desengaño de la corte cultivada por poetas barrocos, puede considerarse como el primer gran antecedente de la 'poesía social' española:

> *Bajo una erguida populosa encina,*
> [...]
> *Miro y contemplo los trabajos duros*
> *del triste labrador, su suerte esquiva,*
> *su miseria, sus lástimas; y aprendo*
> *entre los infelices a ser hombre.*
> [...]
> *Él carece de pan; cércale hambriento*
> *el largo enjambre de sus tristes hijos,*
> *escuálidos, sumisos en miseria;*
> *y acaso acaba su doliente esposa*
> *de dar ¡ay! a la patria otro infelice,*
> *víctima ya de entonces destinada*
> *a la indigencia y del oprobio siervo;*

> *y allá en la corte en lujo escandaloso*
> *nadando en tanto el sibarita ríe*
> *entre perfumes y festivos brindis,*
> *y con su risa a su desdicha insulta.*
> *Insensibles nos hace la opulencia;*
> *insensibles nos hace...*

Jovellanos, quien llegó a calificar de "sublime" este poema de Meléndez, había sido el responsable de esta nueva veta de poesía reflexiva sobre cuestiones sociales o políticas, pues a ella había inducido a los poetas del círculo de Meléndez, al recomendarles ya en una famosa epístola de 1776 que se dieran a empeños más trascendentes que el amor (*supra*, nota 86). Puede decirse que es a través de Jovellanos, obsesionado por el tema del progreso, como entra la influencia roussoniana en la poesía española, teniendo como claro objetivo la reforma social. De toda aquella poesía filosófica, destaca su "Epístola a Moratín" (1796), que es toda una declaración de sus ideales socialistas, y una famosa "Sátira a Arnesto sobre la mala educación de la nobleza", aparecida en *El Censor* en mayo de 1787, que tuvo su continuación en "La despedida del anciano", otra sátira sobre el mismo tema que Meléndez publicó en el mismo número de ese periódico. A ella siguieron otros títulos 'humanitarios' en defensa de la fraternidad universal, como "La mendiguez" o "La beneficencia", y romances como "Los aradores", "casi machadiano" (J. R. Polt), del mismo estilo a los que escribirían algunos poetas del siglo XIX; poemas todos ellos en los que el campo ya no se ve como idílico albergue sino como el escenario que habitan los más desfavorecidos, y que debería atraer la atención de los propietarios indolentes. Al final de su vida, la dolorosa circunstancia del destierro inspiró a Meléndez –al igual que a otros ilustrados y a los románticos liberales años después– algunos de sus mejores poemas, como los romances "El náufrago" y "Los suspiros de un proscrito", o "Afectos y deseos de un español al volver a su patria" (1814), título que parecía anticipar las meditaciones de la mejor poesía del exilio de 1936.

El patriotismo fue uno de los grandes asuntos de la lírica desde los últimos años del siglo, y su tratamiento se intensificó, por razones obvias, durante la guerra de Independencia. Fue clave tanto en la vida como en la obra de **Manuel José Quintana** (Madrid, 1772-1857), uno de los poetas más venerados desde fines del setecientos hasta la tercera década del ochocientos, en la que poetas jóvenes como Espronceda lo toman por modelo. Al igual que Meléndez, tuvo grandes preocupaciones sociales, pero escribió en un momento bien distinto. Hablar de la guerra, la injusticia y la tiranía religiosa o política, con la exaltación que caracterizó a Quintana, era mucho más comprometido en la época de Carlos IV, que fue especialmente turbulenta para la monarquía española[93]. En el mismo caso se vio **Nicasio Álvarez Cienfuegos** (Madrid, 1764-1809), poeta que pretende también potenciar en sus versos el afecto humano, sensible particularmente ante la hermandad en la desgracia, tal y como podía plantearse al final de las *Noches lúgubres* de Cadalso. Comparten estos poetas un mismo ideal de virtud individual, de valoración del sentimiento y de defensa de la libertad individual[94]. Y comparten sobre todo el lícito uso de la poesía para hacer alegatos arriesgados muchas veces: Cienfuegos llega a decir en un poema que el sistema de valores nobiliario acabará en revolución o en anarquía si no se reforma, lo mismo que opinaba Jovellanos en los versos censurados de su citada "Sátira a Arnesto". Resulta así comprensible que se haya tachado de prosaica esta poesía que usa el endecasílabo como si fuera prosa, y que busca ante todo hablar con claridad, artículo de fe entre los ilustrados; ni las metáforas ni los artificios del ritmo o la rima debían distraer de las verdades que pretendía comunicar, sostenidas por una concepción de la poesía siempre al servicio del bien colectivo de la nación. El gran cambio formal que se produce a fines del siglo XVIII es que los poetas parecieron cansarse de su empeño de mostrar clasicismo para ser valorados en Europa, y comenzaron a atender de nuevo a la tradición autóctona, lo que hizo que se renovase el fervor por el romance, la seguidilla y otros géneros populares, en los que destacó un interesante grupo de poetas sevillanos.

---

[93] Recuérdese que el reinado de Carlos IV (1788-1808) estuvo caracterizado por una debilidad de carácter del monarca, que dejó el gobierno en manos de su ministro Godoy en alianza con su esposa, María Luisa de Parma, y terminó cediendo ante la política expansiva de Napoleón.

[94] Resultan emblemáticos los versos de la epístola de Cienfuegos "La escuela del sepulcro": *... La razón, la razón: no hay otra senda/ que a la alegre virtud pueda guiarte/ y a la felicidad. Por ella fácil/ tus deseos prudente moderando/ aprenderás a despreciar el mundo,/ la gloria y la opinión, preciando sólo/ lo que inflexible la razón aprueba./ Así constante vivirás contigo,/ vivirás para ti, y harás más larga/ la próspera carrera de tus años,/ porque al fin vivirás.*

La guerra de los gustos teatrales

Del estado de la escena española a lo largo del siglo XVIII nos dejaron bastante información los viajeros extranjeros coetáneos, quienes coincidían mayoritariamente en afirmar que era poco refinado el ambiente, y que Calderón fue el autor más representado en los teatros madrileños hasta el último cuarto del siglo[95]. Las clases populares seguían aplaudiendo con gusto las comedias de capa y espada, y las de 'figurón' (según la tipología creada por la escuela de Lope)–, o bien las 'reventaba' sólo por la diversión de atacar a la compañía del teatro rival: un fenómeno social más propio de los antiguos 'corrales' que de los nuevos 'coliseos', que es como se denominaron al ser reformados para convertirse en 'teatros a la italiana'[96]. De hecho, el *Don Juan* más atractivo surge a comienzos de este siglo, cuando el dramaturgo **Antonio de Zamora** (Madrid, 1664-1728) refundió *El burlador* de Tirso (vid. 2ª, nota 366) en una obra llamada *No hay plazo que no se cumpla ni deuda que no se pague*, y

---

[95] El inglés W. Dalrymple (*supra*, nota 53), por ejemplo, escribía en una de sus cartas que en Madrid no había lugar para la comedia refinada, que lo cómico y lo trágico se mezclaban sin discreción alguna, y que los 'graciosos' eran los que acaparaban la atención del espectador. Añade que, aunque los entremeses tienen su gracia, suelen ser groseros, y que la tonadilla "es viva y agradable", la zarzuela "a veces imitada del francés", y que Calderón y Lope siguen siendo los nombres más respetados.

[96] Al antiguo Corral de la Cruz (reformado en 1737), y al del Príncipe (hoy teatro Español, reformado en 1745), se les sumó en 1708 el Corral de los Caños del Peral, reconstruido en 1758 y situado donde actualmente está el Teatro Real, en el que se escenificaban también óperas. Tres bandos famosos disputaron entre sí desde la tercera década del siglo: "Uno, conocido por el nombre de los Chorizos, apoyaba en un principio a los actores del teatro Príncipe. [...] Los partidarios del Teatro de la Cruz se llamaban Polacos por el nombre, o más bien el apodo, del Padre Polaco –trinitario descalzo–, ferviente y clamoroso espectador de la compañía que allí representaba. Un tercer grupo, los Panduros, favorecía a la compañía del teatro de los Caños del Peral. Al cambiar el conde de Aranda las compañías de un teatro a otro, los aficionados dejaron de relacionarse con los teatros para hacerlo directamente con las compañías. En 1768 el conde de Aranda fundó el teatro de los Sitios Reales, el Teatro de la Corte que representaba en los distintos Sitios Reales y que aspiraba a introducir un repertorio más refinado del que ofrecían los teatros públicos" (R. Andioc).

convidado de piedra [97]. Por todo esto, resultaban ilusos los intentos de reforma cuando apareció la *Poética* de Luzán (*supra,* n. 79), en cuyo libro IV, centrado en los géneros dramáticos, se reivindicaba la vuelta a las unidades clásicas y se descalificaba tajantemente la tragicomedia como una mezcla torpe y vulgar. A pesar de que en su edición de 1789 Luzán intensificó sus críticas a la comedia barroca, es hecho probado que durante la mayor parte del siglo no se aplaudió otra cosa. Las comedias de santos siguieron representándose cada vez más exageradas en sus efectos escénicos (llenos de artificios deslumbrantes que incluían acrobacias incluso). Esto hizo que se aproximaran cada vez más a otro género que también requería de continuo la sorpresa y el 'milagro' sobre el tablado: **la comedia de magia** o 'de tramoyón'. Así es como cabe definir a un título como *Diablos son los alcahuetes y el espíritu foleto*, del mismo A. de Zamora, que tuvo un gran éxito en 1708.

En la comedia de magia los recursos de la puesta en escena, la grandiosidad y variedad del espectáculo cobran una importancia capital, superior incluso a la de sus protagonistas. Se trata de ejercer el ilusionismo sobre el espectador a través de motivos sorprendentes: vuelos que desafían las leyes de la gravedad, ocultaciones y transformaciones —es constante la lucha entre la Física y el demonio—, pactos diabólicos para conseguir el amor de una dama, y hasta magas con poderes sobrenaturales que pueden acabar al final renunciando a Satán y abrazando la fe católica. Y todo ello rodeado de una aparatosa tramoya que sirve, en definitiva, para remedar a la propia magia en la escena. Esto tenía un valor expresivo que debe verse más dentro de lo psicológico que de lo literario, como muy bien se ha estudiado: es "una expresión de lo que sería la voluntad del hombre desenfrenada" (J. Caro Baroja), lo que hace que el espectador pueda entregarse a una "orgía de poder"[98]. Al parecer

---

97   Al igual que los últimos dramaturgos calderonianos de fines del XVII, Zamora politizó casi todas sus piezas: con su auto sacramental *El pleito matrimonial del cuerpo y el alma* (1701) celebró la entrada de Felipe V en Madrid en 1717; y su zarzuela *Todo lo vence el amor* fue compuesta para celebrar el nacimiento de Luis I en 1707, por lo que se representó con gran aparato escénico en el Coliseo del Buen Retiro.

98   "... el espectador, a través del héroe con el que comparte las aventuras, se afirma superior a todos y a todo, no solamente a las leyes de la sociedad, sino también a las de la naturaleza, es decir, sin limitación de ninguna clase" (R. Andioc*).

es lo que consiguió ya una de las primeras comedias de magia en alcanzar fama: ***El Mágico de Salerno, Pedro Vayalarde***, obra de un sastre madrileño de desbordante imaginación llamado J. Salvo y Vela, que llegó a estrenar nada menos que cuatro continuaciones entre 1715 y 1719. Allí aparecía un demonio vestido como sabio, caracterizado como otro doctor Fausto, en medio de una gran cantidad de ilusiones ópticas que resulta difícil imaginar cómo se resolverían fuera de los grandes coliseos preparados para ello[99]. No es difícil comprender que el público popular encontrara consuelo en la irracionalidad e incluso en el disparate escenográfico después de las irracionales atrocidades cometidas en las guerras internas (de sucesión y secesión) por las que acababa de atravesar el país.

Uno de los dramaturgos de más éxito en el género fue **José de Cañizares** (Madrid, 1676-1750), quien ejerció toda su vida como fiscal de comedias de la Corte y se hizo experto desde 1725 en el uso de la tramoya para representar argumentos muy cuidados que lograron embelesar durante décadas. Entre el centenar de comedias que escribió, fue una de las más famosas *El asombro de Francia, Marta la Romarantina*, obra protagonizada por una nigromántica, que hizo las delicias del público desde que en 1716 se estrenara la primera de las cuatro partes de su compleja trama[100]; de la protagonista y sus hazañas llegó a hablar entre otros Feijoo en su *Teatro Crítico*, y su éxito llevó a Cañizares a idear una protagonista más autóctona: *El asombro de Jerez, Juana la Rabicortona* (1741). Numerosas reposiciones a lo largo del siglo tuvo también su *Don*

---

[99] Hay acotaciones como ésta, por ejemplo: *Veese una fuente y encima de ella un árbol, y en su copa habrá una ventana, y abriéndola se verá a Diana assomada en ella;* o *Van saliendo cuatro páxaros, y sobre ellos cuatro Ninfas con penachos, y mientras cantan va saliendo un carro, tirado de los cuatro vientos, y ocupando su popa y proa Diana y Nise, quedándose en el aire en medio del teatro* (*El Mágico de Salerno*, 1ª, actos 1 y 2).

[100] La complejidad de su trama parecía inspirarse en una antigua *novella:* Jacques Brosier, un tejedor de Romorantin, decide aprovechar las dotes seductoras de su hija Marthe y emprende viajes por Francia, España e Italia acompañado también por sus otras dos hijas. Las peripecias de supervivencia de esta cuadrilla les hace entrar en el campo de la magia y el trato con demonios. Marta fingía que la poseían simultáneamente tres de ellos: Belzebuth, Marmiton d'Enfer, los más crueles, y el galante Ascalón, un diablo alegre del que surgirá el personaje de Garzón, que se convierte en el amante infernal de Marta.

Juan de Espina en Madrid, estrenada en 1714, que se inspiraba, en cambio, en un curioso sacerdote real que tuvo fama de mago[101]. La otra obra que daría fama a Cañizares, *El anillo de Giges,* alcanzó un récord de representaciones entre 1748 y 1749, y como en el caso de la de Salvo y Vela, guarda estrecha relación con algunas superproducciones de cine actuales que demuestra lo perdurable que ha sido el interés por visualizar el poder esotérico. Lo que reflejaban tales textos era una preocupación real por 'la magia natural' (la que capacitaba para hacer todo tipo de hechizos), frente a la 'magia artificial' o diabólica, que tantas veces se mezclaba en las creencias supersticiosas del pueblo, según denunciaba el padre Feijoo. De ahí que en otras ocasiones Cañizares derive hacia lo burlesco, como cuando satiriza la creencia en duendes en *El dómine Lucas*, comedia que, por cierto, es criticada por Cadalso en sus *Cartas marruecas* (carta L). Todas estas comedias de magia fueron el espectáculo popular preferido durante varias generaciones, y por tanto la salvación de muchas compañías teatrales, que tenían grandes beneficios económicos con ellas. El fenómeno duró mucho más de lo que suele creerse. En la temporada de 1781-1782 el principal éxito de público lo constituye *El mágico de Astracán,* una nueva comedia de Valladares y Sotomayor, y en los años siguientes sigue representándose a Cañizares, e incluso *El mágico de Salerno*, pionero del género, que al parecer gustaba mucho al rey Fernando VII. La prueba de que el gusto por las comedias de magia no entendió de ideologías lo prueba el que la practicaran también, tiempo después, dramaturgos románticos como Hatzenbusch y Ángel Saavedra, quienes las habían seguido viendo en los teatros madrileños (vid. *infra*, n.152 y c. n. 157) .

Nada podía estar tan alejado del buen teatro que perseguían los teóricos neoclásicos como el género arriba descrito: conculcaba enteramente el principio de la verosimilitud y además iba contra todo lo 'razonable'. Por eso fue uno de los dos grandes 'blancos' de ataque de los detractores del teatro barroco, que fueron muchos y de muy distin-

---

[101] Fue un clérigo de la época de Felipe IV, famoso además por sus extravagantes aficiones: su gusto por coleccionar artilugios raros, le hacía aparecer en escena servido por unos muñecos-autómatas (mientras el 'gracioso' pide que sean 'doncellas de carne y hueso'), un recurso que puede parecernos demasiado moderno incluso para su época. Antes había estrenado ya una primera parte titulada *Don Juan de Espina en Milán* (1713).

to talante. El primero fue Luzán en su *Poética*, quien, pese a admirar la imaginación de Lope, reprocha a los comediógrafos barrocos sus veleidades estéticas, la falta de 'decoro' moral y de coherencia –la mezcla de clases sociales le parece tan imperdonable como la mezcla de lo serio con la broma chusca–, y reprueba sobre todo el caos que supone romper con las tres unidades de la preceptiva clásica[102]. En su mayoría, los neoclásicos juzgaron con la miopía propia de los hombres de letras, obsesionados con la 'impropiedad' desde el criterio de 'lo razonable', y con la soberbia del especialista que cree poder dar lecciones al dramaturgo. Con sus críticas, Luzán fue el primer representante de la gran obsesión ilustrada: instaurar el 'orden moral' a través de la restitución de las reglas poéticas, una posición que se vio reforzada por acusaciones más duras a mediados de siglo, lo que hizo que la polémica desbordara los límites estrictamente literarios. Hacia mediados de siglo, eruditos y teólogos convierten la cuestión de la 'licitud' del teatro barroco en un apasionado debate que llega a hacerse encarnizado pues no sólo desarrolla argumentos moralistas ya dados en el siglo XVII, sino que se plantea ahora en términos de patriotismo y antipatriotismo[103]. A través de la condena del teatro de Calderón, los ilustrados condenaban toda una forma de vida, la española, que estaba tratando de equipararse a la italiana o la francesa, y que seguía anquilosada en el viejo concepto de 'pundonor', síntesis para ellos del entramado de valores barrocos (honor, celos, etc.) que querían erradicar. A algunos no les

---

[102] Respetar la unidad de tiempo supone que la cronología interna de la obra se limite a un máximo de veinticuatro horas; la de espacio, evitar la pluralidad de escenarios; y la unidad de acción implica que se atienda sólo a una trama única. Según los clásicos, todo ello permitía intensificar la emoción en el espectador y hacer más claras las psicologías de los personajes y sus peripecias.

[103] En 1749 el crítico aragonés Blas A. Nasarre, al editar las comedias de Cervantes, elogió a éste como clasicista y lo puso como árbitro del teatro de su siglo, arremetiendo contra los desmanes de Lope y Calderón. Al año siguiente, Tomás Erauso y Zabal*eta* (pseudónimo en el que se escondía el marqués de la Olmeda) hizo un *Discurso crítico sobre el origen, calidad y estado presente de las comedias de España* (1750) defendiendo el teatro español barroco de las acusaciones lanzadas por Nasarre, a quien llegó a tachar indirectamente de 'judío'. Si el padre Alejandro Aguada hizo famosa la frase "Yo quisiera que fueran españoles todos los de España", Leandro Fernández de Moratín dirá años más tarde: *Nos llaman extranjeros y desertores...*

parecía conveniente, e incluso signo de una 'moral perversa', presentar pasiones desbordadas en el escenario como hacía Lope, y además con mujeres demasiado parleras y 'razonadoras', a juicio de algún fraile. Otros apelaron sobre todo a la vergüenza que suponía el que los extranjeros nos tuvieran por 'bárbaros' viendo los disparates que se cometían en las comedias, "infelices producciones de la ignorancia". El resultado es que mientras en el bando reformista sentían que estaban dando un giro en la conciencia de España, los casticistas, en cambio, acusaban de 'extranjerismo' a los ilustrados, por el ahínco con el que proponían imitar el teatro de países europeos. Lo curioso es que, a partir de un momento, un periodista tan avanzado como Clavijo y Fajardo, desde las páginas de *El Pensador* (*supra*, nota 42) coincidiera con el criterio de gran parte del clero al pedir "el santo fin de la comedia".

El otro gran blanco de crítica fueron los autos sacramentales (vid. 2ª, notas 310-311), que para muchos presentaban una concepción errónea del cristianismo y una "interpretación cómica de las Sagradas Escrituras". Entre los argumentos manejados por sus detractores figuran: la indiscriminada mezcla de lo sagrado y lo profano –al representar milagros o hechos sobrenaturales se desvirtúan y ridiculizan muchas figuras simbólicas–, el mal uso de las alegorías, que suelen encubrir disparates porque "los entes imaginarios no hablan" (como dirá Clavijo) y, por último, la abundancia de anacronismos imperdonables, dentro de un descuido general de las puestas en escena, que solía provocar bromas groseras entre el público[104]. Según la teoría neoclásica, el gran fallo de los autos era la inverosimilitud, aunque se dio la paradoja de que un preceptista como Luzán los salvara por motivos de fe. Fue en tiempos de Carlos III (1759-1788) cuando llegó la prohibición total. En 1765, y por decreto real, se prohíben los autos sacramentales que tanto éxito habían alcanzado con Calderón y su escuela y que, según algunos estudiosos, ya habían empezado a decaer. No sería éste el único cambio que resultara impopular por considerarse un ataque a la tradición, y que tendría en consecuencia que imponerse por fuerza: latían tensiones

---

[104] Muchas anécdotas contadas por ilustrados son literarias en sí mismas: la risa de la gente ante la Virgen que es representada por una actriz de vida disoluta, o el hecho de que a un Cristo crucificado se le levantara su miembro viril al ver el escote de la Magdalena, como llegó a contar Samaniego.

sociales más profundas[105]. En cualquier caso, esta prohibición revela hasta qué punto la reforma del teatro dieciochesco estuvo ligada a un intervencionismo de Estado muy distinto al del siglo anterior: se trataba de aplicar también al espectáculo teatral la idea de que era mejor aunar el beneficio ético y el placer estético. Mientras los ministros ilustrados como Campomanes defendían con fuerza la utilidad cívica del teatro para dar reglas de moral social, un dramaturgo tan autorizado como Moratín llegaría a afirmar que, después del púlpito, no había escuela mejor que el teatro (vid. *infra*).

Al igual que sucedió en el siglo XVI, los intentos por crear una tragedia nacional sólo se dieron en pequeños círculos de intelectuales y críticos literarios. En la madrileña Academia del Buen Gusto surgieron varias tragedias pioneras en la década de los sesenta, como la *Virginia* y el *Ataulfo* de A. Montiano y Luyando, a quien apoyó Nicolás Fernández de Moratín en sus *Desengaños al teatro español* (1762-1763). Él mismo estrenó dos tragedias situadas en tiempos de la Reconquista –*Hormesinda* (1770) y *Guzmán El Bueno* (1777)–, que mostraban ya algo que luego será habitual en otros autores: el aprovechamiento de ese periodo para presentar modelos de comportamiento heroico dentro de pautas absolutamente maniqueístas[106]. Mientras tanto, en la tertulia de la Fonda de San Sebastián, Ignacio López de Ayala se empeñaba en leerles a los contertulios su *Numancia destruida,* hacia 1775. Uno de los mayores responsables de este proyecto fue el conde de Aranda, que es quien promovió, junto a otros nobles, otras reformas importantes[107]. Fue también él

---

[105] Recuérdese que en 1766 un decreto del ministro Esquilache ordena cambiar la indumentaria castiza española –la clásica capa larga–, por una capa más corta, con el fin primordial de impedir que se ocultaran armas de fuego, una medida altamente impopular que provocó una famosa revuelta conocida como 'motín de Esquilache'.

[106] Hormesinda es hermana del rey don Pelayo, que defiende su honor de las mentiras e injurias del moro Munuza. En ambos casos, el tema básico es la peligrosa fuerza de las pasiones, y al enfrentar fuerzas del bien y del mal se defiende la importancia de los deberes morales, al tiempo que se critica el poder absoluto. Moratín revela "un marcado interés hacia la influencia de la educación y el medio ambiente sobre la moralidad privada", que en él tiene más peso que el dogma religioso (N. Glendinning).

[107] En 1778 el conde de Aranda anima a las compañías madrileñas a incorporar en sus repertorios obras francesas. Ya una década antes, el marqués de Grimaldi quiso mejorar el teatro público madrileño con representaciones de

quien animó a Cadalso a escribir un título como *Don Sancho García* (1771), cuya trama vuelve sobre el clásico conflicto de elegir entre el amor y los deberes de Estado, que resultó, por cierto, todo un fracaso ante el público. No puede olvidarse que los dramaturgos que les respaldaron escribieron tragedias movidos ante todo por el reto de demostrar a los críticos extranjeros que eran capaces de hacerlo. El elitismo de la propuesta se revela en el hecho de que fueran aristócratas quienes apoyaran este género que exigía personajes ejemplares, pero también de altura social como la que ellos mismos poseían. Sólo a ellos podía gustar, pues, ese tipo de teatro ampuloso que aspiraba a dar lecciones morales y patrióticas, exagerando detalles sensacionalistas para potenciarlas. Hoy resulta casi ingenua la idea 'ilustrada' de que la dignificación del teatro sólo podía venir por vía de una tragedia 'autóctona', de tema español, con regularidad métrica y ajustada a las reglas. Fue esta una ilusión en la que volvería a caer Unamuno mucho tiempo después, aunque en contexto muy distinto.

La Edad Media, tan denostada por los neoclásicos en sus discursos contra la 'barbarie', siguió, sin embargo, sirviendo de ambientación dramática, y aun más que en tiempos de Lope, para 'camuflar' mensajes más o menos tendenciosos sobre la realidad política presente. Lo hizo el dramaturgo **Vicente García de la Huerta** (Badajoz, 1734-1787) en una tragedia que vino a romper la mediocridad general, y que sería la más famosa de todo el siglo: ***Raquel***, que tuvo un estreno excepcional en Orán antes de representarse en 1778 en Madrid[108]. El suceso histórico del que parte, los amores del rey Alfonso VIII y una judía de Toledo, ya había sido tratado por importantes dramaturgos del siglo XVII en varias vertientes; pero en este momento participaba del interés por las relaciones entre etnias contrarias que tuvieron racionalistas como

---

[108] comedias y tragedias francesas que antes se habían visto en los teatros de los Reales Sitios.
La primera representación tuvo lugar en Orán en 1772 porque el dramaturgo se encontraba allí desterrado (su exilio duró siete años) por mandato del conde de Aranda, con el que mantuvo una enconada relación durante toda su vida, a raíz de un puesto de Bibliotecario Real que le proporcionó a Huerta el Duque de Alba. Ya en la península, se representó en Barcelona en 1775, pero donde más éxito obtuvo fue en Sevilla entre 1774 y 1777, lo que cobra sentido si se considera que la obra ofrecía una lectura que encajaba en la mentalidad tradicionalista de la ciudad.

Voltaire en piezas como *Zaïre*, que Huerta llegó a traducir y poner en escena en 1784. En comparación con sus antecesoras, *Raquel* ofrece bastantes signos de modernidad: en primer lugar, la mentalidad de los personajes, que demuestran su madurez cuando "dudan como auténticas personas de su siglo, y no como los adolescentes histéricos de *Hormesinda*" (I. L. McClelland), y después, su tono general, de "serena intensidad", que es producto del sabio manejo que Huerta hizo de las reglas para extraer de ellas la mayor fuerza dramática. Algún estudioso la entiende como una "tragedia política" antiabsolutista que reflejaba tensiones sociales muy recientes (R. Andioc*): las que ocasionaron el motín de Esquilache en 1766 (*supra*, n. 105). Desde otro punto de vista, y puesto que las ideas de Huerta se oponían a las del conde de Aranda y su círculo de amigos más afrancesados, la obra podía ser leída en clave metafórica, como una diatriba contra los renovadores extranjeros, y a favor de los aristócratas nacionales; más concretamente, como una defensa de la insurrección popular para restablecer el orden perdido (F. Aguilar Piñal). No es, pues, una tragedia caracterizada tanto por seguir las novedades escénicas propuestas por los reformadores como un drama histórico que entendió a la perfección lo que el gran público quería ver en escena.

La comedia de costumbres y el sainete

Tanto la comedia como los géneros llamados 'menores' fueron un fiel termómetro de las reacciones casticistas que provocaron los nuevos hábitos sociales importados de Francia, y el impacto del progreso europeo, en general, sobre aspectos más o menos superficiales de la vida cotidiana. El elenco de personajes empezó pronto a dar cabida a nuevas tipologías de reconocible indumentaria: 'petimetres', 'usías' y 'majos', con sus correspondientes femeninos, llenaron así las principales piezas de este periodo[109]. La comedia de costumbres burguesas según el gusto

---

[109] Del francés *petit maître*: 'pequeño señor' o 'señorito', el término 'petimetre' aludía, casi siempre en sentido burlesco, a un hombre que presume de su refinamiento imitando atuendos y ademanes franceses, y que procura exhi-

neoclásico se inicia en España con **La petimetra** (1762) de Nicolás Fernández de Moratín, pieza que, en versos arromanzados, ridiculizaba un tipo social de gran actualidad: la mujer de clase media preocupada por la moda que adopta ademanes y lenguaje afectados para simular ser 'dama de mundo'. Aunque emparentada con la vieja 'comedia de figurón' barroca (vid. 2ª parte, nota 388), pues satiriza a una mujer que pretende salirse de su capa social, su intención resultaba novedosa, ya que se trataba de una de las primeras reacciones "contra la exagerada o ciega aceptación de costumbres e ideas francesas" (J. Dowling). También a una influencia de Francia se atribuía el que hubiera perdido peso la autoridad paterna y proliferaran las actuaciones caprichosas en los jóvenes. Es lo que justifica títulos como *El señorito mimado* (1787) o *La señorita malcriada* (1788) de Tomás de Iriarte, obras más ajustadas aún a las reglas de la comedia neoclásica, y que tenían como temas centrales la educación de los jóvenes —con un choque generacional bastante explícito— y los 'vicios' que entorpecen la vida matrimonial, asuntos que seguirían estando muy presentes en los artículos satíricos de Mariano José de Larra y en la comedia de Benavente más de un siglo después.

Todos esos temas encontraron su tratamiento más relajado en un tipo de teatro que respondía esencialmente a la necesidad de burlarse de la estirada sociedad cortesana y su remilgado sentido de la urbanidad: los **sainetes**, que tomaron como centro las relaciones entre hombres y mujeres. Al igual que los entremeses barrocos —género que seguía teniendo gran aceptación popular—, eran breves piezas escritas en verso, de leve estructura (a veces sin hilo continuado), tono humorísti-

---

bir en toda reunión social una cultura extranjera bastante superficial, usando de continuo galicismos en la conversación. Los 'usías' (abreviatura de 'señoría'), vestidos o no a la francesa, son los antecedentes directos de los señoritos ociosos que aparecen en la novela decimonónica. Como antagonista del 'petimetre' —visto siempre como afeminado por el pueblo llano—, aparece el 'majo': tipo de 'macho' hispánico orgulloso de su casticismo, que se caracteriza por su comportamiento desafiante, chulesco y procaz, carente de modales; su traje fue inmortalizado por Goya y sirvió de inspiración al 'traje de luces' del torero. Las 'majas' representan oficios callejeros normalmente, y se oponen a las 'madamas'; el atractivo de su atuendo justifica el que quisieran ser retratadas con él damas nobles como la duquesa de Alba o la propia reina María Luisa de Parma, lanzando así una moda conocida como 'majismo'.

co y satírico, pensadas en principio para representarse entre obras mayores, con las que contrastaban a veces enormemente, y que llegaron a tener mayor éxito de público incluso que aquéllas[110]. El otro género breve que adquirió su auge en la segunda mitad del XVIII fue la tonadilla: una especie de entremés musical en verso, algo así como la versión cantada del sainete, destinado al lucimiento de una 'tonadillera', que interpretaba un repertorio de canciones (coplas, seguidillas y romances) pertenecientes a la tradición popular, y que solía preceder a la representación de una obra mayor. El planteamiento de ambos géneros es básicamente costumbrista, por lo que las escenas o viñetas que configuran su mínima acción son protagonizadas por tipos de fácil ridiculización ligados a una topografía específica.

La vida cotidiana madrileña fue el gran dominio de **Ramón de la Cruz** (Madrid, 1737-1794), el autor más prolífico del género –escribió más de trescientos sainetes–, quien decía escribir lo que la realidad "le dictaba". Una buena parte de sus títulos alude a lugares vinculados a reuniones y celebraciones populares: *La pradera de San Isidro* (1766), *La víspera de San Pedro, El Prado por la noche, El Rastro por la mañana* (1771) etc., que en cierta manera son el antecedente en verso de lo que serían las *Escenas matritenses* de Mesonero Romanos (*infra*, n. 229). Otros de sus sainetes son el 'retrato' o caricatura más bien de un tipo determinado, especialmente del mundo femenino, como *La crítica, la señora, la primorosa y la linda* (1762), o *La maja majada, Las castañeras picadas y Las usías y las payas*, que con frecuencia tienen la clara intención de ridiculizar modas recientemente adoptadas. Entre los mejores títulos sobre este asunto se encuentran *La petimetra en el tocador, El cortejo escarmentado* o *La oposición a cortejo*, piezas indispensables para conocer la visión burlesca que tuvo el vulgo de ese nuevo tipo de relación que, cual adulterio pactado, desafiaba la moral del honor barroca (vid. *supra*, nota 27). El interés sociológico de este tipo de textos es muy grande, pues es donde mejor se expresa la xenofobia del pueblo llano, que pasó del rechazo del

---

[110] Hay datos que confirman que algunas comedias se mantenían gracias a la fama de los sainetes que las acompañaban. El público se divertía sobre todo con el atrevimiento de los diálogos y la picardía con que eran dichos por los 'cómicos' y 'cómicas', cuyos gestos (a veces acompañados de baile) y apelaciones al auditorio suponían una atractiva provocación para los hombres, y fueron la principal causa de reprobación moral por parte de los censores.

influjo extranjero al desprecio del petimetre rico, a quien hacía culpable, en última instancia, de su miseria, y a cuya petulancia plantaba cara 'el majo' con provocadora desvergüenza. Se ha valorado mucho el aspecto visual de su teatro, el atractivo del detalle pintoresco —como hace por ejemplo con el patio de vecindad en *La casa de Tócame Roque*—, para el que Ramón de la Cruz tenía unas dotes de observación dignas del mejor costumbrista. Ello alcanza a la lengua de los personajes, en la que solía introducir bastantes hablas defectuosas y jergas, siguiendo el magisterio de los entremeses de Cervantes o Quiñones de Benavente. Con todo, la mayor originalidad de Ramón de la Cruz se encuentra en las piezas que parodiaban ciertos géneros teatrales en boga, como los dramas heroicos heredados del Siglo de Oro —en *Los bandos del Avapiés y la venganza del zurdillo* los majos de dos barrios populares enfrentados se burlan de la oratoria grandilocuente calderoniana—, y las tragedias neoclásicas francesas, de forzadas declamaciones que sólo aplaudían 'los cultos'. De esto último son buenos ejemplos *Inesilla la de Pinto* (parodia de la *Inés de Castro* de La Motte) y *Zara*, graciosa parodia de la *Zaïre* de Voltaire; aunque la obra que le dio mayor fama fue su *Manolo* (1769), rotulada como "tragedia para reír o sainete para llorar"[111]. Otro interesante autor de sainetes fue **Juan Ignacio González del Castillo** (Cádiz, 1763-1800), quien supo sacarle un gran partido a su observación del habla y las formas de vida de su tierra —el 'majismo' y el 'cortejo' fueron allí fenómenos con rasgos propios—, por lo que sus piezas tuvieron un original sello inconfundible, dejando constancia de la gran vitalidad cultural que tuvo la capital gaditana durante todo el siglo[112].

---

[111] Imitando el solemne romance en endecasílabos que era propio del género, se presenta en el *Manolo* un personaje de los bajos fondos que acaba de salir de un presidio africano, y que hace reír al público por su comportamiento antiheroico y su habla arrabalera, más propios de los rufianes de las jácaras. La 'manolería' constituiría todo un fenómeno casticista enfrentado al majismo por razones etimológicas discutidas por los historiadores.

[112] Cuando en 1717 la Casa de la Contratación de Sevilla, que gestionaba el comercio con América, se trasladó a Cádiz, su puerto se convirtió en el principal punto de arribo desde el nuevo continente, lo que facilitó la entrada de grandes capitales y de 'indianos' enriquecidos que se asentaron en la ciudad, acrecentándola en todos los sentidos. Algunos títulos de González del Castillo hablan por sí mismos de su enorme diversidad social: *El día de toros en Cádiz, Los caballeros desairados, La casa de vecindad, El cortejo sustituto, El lugareño en Cádiz*, etc.

Precisamente porque los sainetes constituían una auténtica válvula de escape para el público, y porque cumplieron muchas veces una función propagandística –algunos tuvieron clara intencionalidad política–, encontraron detractores furibundos tanto en el bando de los censores eclesiásticos como entre muchos ilustrados. Los primeros, porque los juzgaban obscenos e indecentes, y los segundos, por considerar que, además de una ínfima calidad literaria, presentaban modelos detestables de comportamiento, y una visión deformada de las clases acomodadas. Unos y otros hablan de 'purgar' al teatro del mal que ejercen sainetes y tonadillas, y temen sobre todo la nefasta influencia que sus personajes puedan ejercer sobre la mentalidad del pueblo, dando al traste con los mejores valores ciudadanos[113]. El problema era que esos géneros llamados 'menores' reflejaban justamente la mentalidad que los ilustrados querían erradicar. Lo expuso con precisión Jovellanos en su **Memoria para el arreglo de la policía de los espectáculos y diversiones públicas y sobre su origen en España** (1796), donde reúne interesantes reflexiones sobre los malos hábitos de diversión en los pueblos españoles que anticipan de alguna manera la visión que de lo popular tendrán los 'noventayochistas'. La importancia de este ensayo radica en que la mayoría de sus juicios constituyen la base ideológica de la pugna sobre la reforma del teatro que se emprenderá al final de la centuria[114].

---

[113]   En un artículo que publicó *El Censor* en 1786, el fabulista Félix de Samaniego dice que los sainetes contribuyen al caos social: *Las majas, los truhanes, los tunos, héroes dignos de nuestros dramas populares, salen a la escena con toda la pompa de su carácter y se pintan con toda la energía del descaro, y la insolencia picaresca. Sus costumbres se aplauden, sus vicios se canonizan, o se disculpan, y sus insultos se celebran, y se encaraman a las nubes. [...] Allí verá V.m. tratadas a las usías de locas, a los mayorazgos de burros, a los abates de alcahuetes, a las mujeres de zorras, y a los maridos de cabrones.*

[114]   Jovellanos aboga por un teatro ejemplar, donde sean *silbados y puestos en ridículo los demás vicios y extravagancias que turban y afligen la sociedad: el orgullo y la bajeza, la prodigalidad y la avaricia, la lisonja y la hipocresía, la supina indiferencia religiosa y la supersticiosa credulidad, la locuacidad e indiscreción, la ridícula afectación de nobleza, de poder, de influjo, de sabiduría, de amistad, y, en suma, todas las manías, todos los abusos, todos los malos hábitos en que caen los hombres cuando salen del sendero de la virtud, del honor y de la cortesanía por entregarse a sus pasiones y caprichos. Un teatro tal, después de entretener honesta y agradablemente a los espectadores, iría también formando su corazón y cultivando su espíritu; es decir, que iría mejorando la educación de la nobleza y rica juventud, que de ordinario le frecuenta...*

A Jovellanos se debe también una de las primeras tentativas que se dieron durante la década de los setenta y ochenta para que España pudiera presentar un teatro de calidad comparable al europeo. Su pieza **El delincuente honrado** (1773) es el primer intento de adaptar el tipo de drama sentimental-urbano que ya habían practicado algunos ilustrados británicos, y luego alemanes como Lessing o franceses como Diderot, y que en Europa fue conocida como *comédie larmoyante* (comedia lacrimógena o melodrama)[115]. El tema que interesó a Jovellanos, los duelos de honor, había sido el elegido cuatro décadas antes precisamente por el padre de este género, el francés Nivelle de la Chaussée, en *Le préjugé à la mode* (1735), que fue traducido por Luzán como *La razón contra la moda* (1751), y no podía ser más adecuado para el temperamento del ilustrado asturiano. Guiado por la idea de Montesquieu (*L'esprit des lois*) de que los sistemas legales deben ir acordes con las costumbres de los pueblos, *El delincuente honrado* denuncia lo insensato de las leyes que regían los duelos en España, y que permitían que un hombre inocente pudiera acabar siendo condenado a muerte, lo que en el fondo suponía una crítica a "la manera de entender la justicia, en general" (J. M. Caso). Aunque se inicia como 'drama de tesis' en el que Jovellanos enfrenta al público a una nueva cuestión ética, con su anagnórisis final anticipa ya, por otra parte, el tipo de melodrama que haría furor en el siguiente siglo. Años después, Cándido María Trigueros se atrevió incluso a hacer un drama defendiendo la dignidad del trabajo mecánico en *Los menestrales* (1784), que fue premiado por el Ayuntamiento madrileño, en reconocimiento de la "utilidad pública" que podía alcanzar el género. Pero de poco sirvieron los alegatos y las moralizaciones. Las preferencias mayoritarias del público teatral estaban muy distantes de las de los hombres de letras, pues el pueblo seguía viendo la escena como un lugar liberador de todo tipo de tensiones: "Al teatro venimos a divertirnos,

---

[115] Era un tipo de pieza dirigida a las clases medias, generalmente de final feliz, que pretendía sensibilizar sobre alguna cuestión de actualidad, especulando con los sentimientos de compasión del público, y partiendo de situaciones en las que la honradez o la virtud, al margen de códigos estamentales, se tratan injustamente. Los modelos franceses más seguidos fueron: *Le fils naturel, ou les épreuves de la vertu* (1757) de Diderot, y *Le philosophe sans le savoir* (1765) de Michel-Jean Sedaine, obra contra la práctica del duelo, que había tenido su antecedente treinta años antes en la obra que a continuación se cita.

no a oír misiones", llegó a pedir casi a gritos. De ahí que ninguno de estos autores tan racionales consiguiera superar en éxito a quien había logrado crear espectáculos totales en la escena, haciendo pasar al auditorio por todos los estados de ánimo posibles durante las horas que duraba la representación. Nadie igualó en esto al dramaturgo catalán **Luciano Francisco Comella** (1751-1812), que escribió más de cien dramas llenos de enredos, cambios de escena y personajes variados (grandes papeles que se disputaban los actores del momento), y que debe considerarse el principal creador del teatro sensacionalista, del melodrama romántico con acompañamiento de música orquestal[116].

Hasta finales de siglo no surgió un autor que acertara verdaderamente con una fórmula escenográfica nueva, que sustituyera el patrón de Lope y llegara como él al público sin descuidar la calidad literaria del texto. Éste fue **Leandro Fernández de Moratín** (Madrid, 1760- 1828), poeta y hombre de gran cultura dramática –traductor del *Hamlet* de Shakespeare en 1794 y adaptador de Moliére años después–, que había visto en directo el teatro que se representaba en Europa[117]. Aunque sólo escribió cinco comedias, todas resultaron espléndidas por su modo de abordar problemas del presente que afectaban particularmente a

---

[116] La aceptación popular de Comella desde fines de los ochenta le hizo triunfar en cualquier género que se proponía, incluidos el sainete, la comedia musical y la ópera. Hizo comedias lacrimosas como *Cecilia* (1786) y *Cecilia viuda* (1787) –que gustaban sobre todo a un público femenino burgués, que disfrutaba llorando con ellas–, o *La Jacoba* (1789), que hacía que las damas se identificaran con una casada inglesa, inmersa en un doloroso triángulo amoroso. Pero su mayor fama se debió a tres piezas de carácter heroico sobre Federico II, rey de Prusia, que representó entre 1788 y 1792, obras de escaso mérito literario, que leídas parecían absurdas, pero que vistas en el teatro divertían mucho.

[117] Aunque sin estudios universitarios, ejerció como funcionario de Corte, al igual que su padre, lo que le proporcionó diversos e instructivos viajes. Primero en Francia con el ministro Cabarrús, y luego, entre 1792 y 1796, por Inglaterra e Italia, donde llegó a conocer al gran dramaturgo Goldoni. En su persona vivió los vaivenes de la política de su tiempo, pasando de gozar de todo el apoyo y protección cuando estaba en alza Godoy a experimentar después el exilio por haber colaborado con el gobierno de José Bonaparte, al que se adhirió guiado por un gran idealismo, convencido de que sobrevendría una "extraordinaria revolución" que establecería una mejora de la monarquía. Debido a ello, pasó la última etapa de su vida en París, donde murió.

una sociedad que algunos historiadores consideran 'preburguesa'. El dominio de la hipocresía y los prejuicios de clase, las cualidades humanas condicionadas por la moralidad social, son el denominador común de sus principales piezas, en las que cabe ver un interés dominante en Moratín por representar dramáticamente "la inautenticidad como forma de vida" (F. Ruiz Ramón). El telón de fondo de sus comedias es el de unos nuevos usos amorosos ya extendidos entre las clases acomodadas: el contraste entre una relación preconyugal marcada por el disimulo de los verdaderos deseos (vid. *infra*, n. 123) y un matrimonio 'de moral más laxa' que permitía a la casada una libertad inusitada respecto a la soltera[118]. Esto es lo que justifica que la protagonista de *La mojigata* (1804), por ejemplo, esté deseando casarse y, sin personalidad ni criterio, se deje manipular por una mezquina casamentera; o que el *El barón* (estrenada en 1803) presente a un falso aristócrata que, para cazar la dote de una rica lugareña, tenga que actuar como enamorado fingido, un tipo de personaje que se paseó a menudo por el teatro moratiniano[119]. Ambas son buena prueba de que en el teatro de los ilustrados lo amoroso queda siempre enfocado hacia el matrimonio, pues formaba parte del ideal de someter las pasiones al control de la razón, de lo que carecían todos los amores ilícitos que se pasearon por las comedias barrocas, que tantos tuvieron por indecentes. Sólo los más inteligentes, como el propio Moratín, alcanzarían a ver que ese control racional era también el motor de bodas por interés que resultaban, en último término, enemigas de la felicidad conyugal y de la decencia.

---

[118] De este hecho dan cuenta numerosos testimonios de viajeros por España: Alexandre de Laborde en su *Itinéraire descriptif de l' Espagne* (París, 1808) escribe que las mujeres españolas de buena sociedad disfrutan de la mayor libertad y generalmente *dominan a sus maridos*. Y Blanco White (*infra*, nota 140) certifica que la soltera *no debe ser vista fuera de su casa, ni sentarse en ella con un hombre, aunque las puertas estén abiertas; pero tan pronto como se casa puede ir donde le plazca y ser acompañada por un hombre varias horas diarias*. (*Letters from Spain*, 1822). Insinúa aquí la costumbre de tener un 'cortejo', moda francesa a la que se alude repetidamente en toda la literatura de la segunda mitad de siglo, y que ridiculizaron sobre todo los sainetes (vid. *supra*, nota 27).

[119] *El barón* era en realidad una adaptación de una zarzuela con el mismo título que Moratín escribió en 1787 para una representación privada en casa de la condesa de Benavente. Es pieza escrita en verso arromanzado y su acción sucede en un mismo lugar, entre las cinco y las diez de la noche.

El viejo y la niña, escrita en verso en 1786, está considerada como el primer patrón de la nueva comedia 'regulada': la que se ajusta rigurosamente a las reglas de la unidad de espacio, tiempo y acción, reduciendo el enredo y concentrando las complicaciones al final de cada acto. En ella volvía Moratín sobre un clásico motivo universal, pero también sobre un asunto ligado a su propia biografía: el caso de una joven a la que su tutor engaña para que acceda a casarse con un viejo egoísta y mezquino que le hace la vida imposible, mientras perdura aún su pasión por un joven que fue su primer amor[120]. Para comprender la novedad de su intención, resulta imprescindible comparar con la manera en que se resolvía el conflicto en farsas y entremeses barrocos, como *El viejo celoso* de Cervantes. En la comedia moratiniana planea también la amenaza de la mancha de la honra de un viejo marido, con el consiguiente temor al escándalo, pero no son los celos el eje de la acción –impensable hubiera sido en un neoclásico una resolución al modo calderoniano–, sino la lucha interna de la protagonista contra su impulso amoroso para hacer que triunfe su conducta virtuosa: *¡Oh virtud! ¡Oh dolorosa/ virtud!*, exclama al final del acto II. Si resulta una comedia de final amargo es porque la protagonista acaba renunciando a su pasión y defendiendo el pacto conyugal ante su amante –llega a elegir el retiro a un convento–, lo que supone un completo reverso de la actuación de las protagonistas de entremeses, romances y farsas sobre el mismo tema. Según esa lectura moralizadora, "Isabel es una excepción, un modelo de esposas propuesto a las del mismo sexo que asisten a la comedia", acostumbradas al 'cortejo' consentido por sus maridos (R. Andioc*; vid. *supra*, nota 27). Sin embargo, se sabe que la obra fue desvirtuándose desde lo que fue su primera versión: el propio autor escribió que la pieza fue sometida a tan escrupulosa censura que la dejó "estropeada y sin orden"; y, de hecho, los repetidos obstáculos que pusieron los censores eclesiásticos retrasaron su representación hasta 1790[121]. Cabe por ello sospechar que la primera voluntad de Moratín

---

[120] Se sabe que Moratín se enamoró apasionadamente a los veinte años de una chica de tan sólo quince, Sabina Conti, a la que obligaron a casarse por conveniencia con un tío suyo que le doblaba la edad.

[121] Se sabe que un vicario se opuso a su representación en 1788 porque Isabel distaba mucho de comportarse 'como Dios manda', es decir, como las otras tres esposas anteriores de don Roque, buenas cristianas que atendían "a su

fue denunciar algo que era casi obsesivo en él: la idea "de que la conciencia de una muchacha no puede ser violentada a la hora de aceptar marido" (F. Lázaro Carreter). Es asimismo significativo que el dramaturgo afirmara que el lugar del teatro desde donde se captaba mejor el sentido de su obra era la cazuela (vid. 2ª parte, nota 309)–, y que era allí donde "produce los efectos que se propuso el autor", pues sabemos, por referencias coetáneas, que el viejo despertaba una furibunda antipatía entre las mujeres del vulgo, por representar al varón que veía sólo en la mujer a la criada. De poco servía que al final D. Roque terminara reconociéndose culpable por su 'ligereza' al casarse con la joven: era una reminiscencia de *El celoso extremeño* de Cervantes que nada tenía ya aquí de 'ejemplar'. Con todo, y pese a las contradicciones debidas a los cambios que le impusieron a la pieza, Moratín se acerca a sátiras mucho más modernas, y justifican el interés que tuvo en adaptar, por ejemplo, *La escuela de los maridos* de Moliére en 1812.

Mucho más lograda fue la comedia en prosa que tituló **El sí de las niñas**, estrenada en 1806, que fue sin duda el mayor éxito teatral de las primeras décadas del nuevo siglo. Se ocupaba esta vez de una cuestión conyugal que afectaba exclusivamente a la clase media –el tipo de público para el que, según Moratín, los comediógrafos deberían escribir–, y que tenía detrás un problema social en el que la legislación de Carlos III había llegado a intervenir: los matrimonios social y económicamente desiguales[122]. Alguna otra pieza estrenada anteriormente ya había abordado el tema de las bodas de conveniencia y el desastre vital que provocaban, como *El matrimonio por razón de estado* (1794) de F. Comella, lo cual es una prueba evidente de que se trató en el fondo de un problema político (R. Andioc*). Además, no sólo tuvo amplia presencia en toda la literatura dieciochesca, sino en el arte: recuérdese el capricho de Goya que representa una doncella maniatada, con anti-

---

marido y no más" (*apud* R. Andioc*). La obra no se hubiese representado sin la defensa que hiciera un censor gubernamental que era un reconocido partidario del teatro neoclásico.

[122] Debido al creciente número de matrimonios entre distintas clases sociales, algo alarmante para el equilibrio del sistema, una ley de 1776 obligó a los menores de veinticinco años a que pidiesen el "consejo y consentimiento de sus padres" para poder hacer el "contrato de esponsales" con "persona conveniente", aduciendo para ello que la elección no podía "fiarse a los hijos de familia y menores" (*apud* R. Andioc*).

faz en los ojos y rodeada de personajes siniestros para ilustrar el lema: "El sí pronuncian y la mano alargan al primero que llega". No es que Moratín desaprobase la intervención paterna o su injerencia en este asunto, sino el hecho de que ésta fuera arbitraria o carente de juicio sensato; esto es, que no se ajustase a las pautas pedagógicas ilustradas. La solución moratiniana resulta bastante idealista, pues aspira a que los individuos de las clases acomodadas se reformen a sí mismos haciéndose 'razonables', algo siempre bastante quimérico. Por referencias coetáneas sabemos que la actitud de la madre de Francisca en esta comedia –como la del tutor de Isabel en la anterior– eran muy comunes en las "clases mediana y suprema", con lo que el autor los hace portavoces de un modelo educativo vigente por el que siente un profundo rechazo: el que sostiene la pasividad femenina, la represión de las inclinaciones naturales de la mujer, a través del cultivo de una apariencia sumisa. De manera que se convierte aquí en una clara denuncia lo que estaba sólo insinuado en su obra anterior: *Ve aquí los frutos de la educación. Esto es lo que se llama criar bien a una niña: enseñarla a que desmienta y oculte las pasiones más inocentes con la pérfida disimulación. Las juzgan honestas porque las ven instruidas en el arte de callar y mentir. Se obstinan en que el temperamento, la edad ni el genio no han de tener influencia alguna en sus inclinaciones...*[123]. Desde una interpretación actual, cabe ver en *El sí de las niñas* el esfuerzo por comprender los motivos del cambio de comportamiento de la mujer y su gusto por imitar a la 'petimetra' francesa: el deseo de una mayor autonomía que compensara tanta educación rígida, y la aspiración a una mayor consideración social, que no siempre los avanzados intelectuales ilustrados se ocuparon de facilitar. Formalmente, uno de sus méritos más destacables es la observación del ambiente –una fonda rural cerca de Alcalá de Henares en una noche de agobiante calor–, que se aúna con la naturalidad con la que ha-

---

[123] En *El viejo y la niña* esto sólo aparecía en alguna tímida frase de la protagonista: *¿No sabéis que nos enseñan/ a obedecer ciegamente/... y llamando al disimulo modestia,/ padece el alma...* La doña Francisca de *El sí de las niñas* es, en su reivindicación, la antítesis de la doña Pepita de *La señorita malcriada* de Iriarte, que acaba ingresando en un colegio de monjas para 'encarrilar' su conducta. Moratín parece querer reproducir en estos diálogos del entorno familiar todas las tensiones que se dan en la sociedad: la opresión, la sumisión, la desigualdad, etc.

blan y actúan los personajes ante el espectador, algo que cobra tanta importancia en su teatro como la trama en sí misma.

En este sentido, la comedia de Moratín que merece ser más valorada, la que ha conservado mejor su frescura con el paso del tiempo, es **La comedia nueva** o **El café** (1792), que resulta también la más interesante por su moderno planteamiento del 'teatro dentro del teatro'. Sus dos actos tienen lugar en un café en las inmediaciones de un teatro en el que se va a representar la comedia *El cerco de Viena,* de un joven dramaturgo novel que espera salir de la pobreza con ella, y que conversa con otros clientes del café mientras espera, junto a su mujer y hermana (quien ansía casarse con un hombre al que no entiende), la acogida que el público dispensará a su obra[124]. El objetivo central de Moratín fue satirizar la mediocridad de las comedias heroicas que la gente seguía aplaudiendo, y en concreto, las de L. F. Comella (vid. *supra*, nota 116), quien había estrenado dos años antes *El sitio de Calés* (1790) y se dio muy pronto por aludido: eran claras las afinidades biográficas con el protagonista, por lo que lo recibió como un libelo infamante e intentó por todos los medios frenar sin éxito su representación. Moratín encontró el apoyo de críticos amigos y se defendió siempre diciendo que su comedia ofrecía "una pintura fiel del estado actual de nuestro teatro", para lo que había procurado "imitar la naturaleza en lo universal, formando de muchos un solo individuo"[125]. Su primer acierto se debe a la

---

[124] Además de la unidad de lugar, se cumple rigurosamente la de tiempo, pues la obra dura exactamente lo que duraría la conversación real de los personajes desde las tres y media (media hora antes de que empiece la función imaginada) hasta las seis aproximadamente, cuando, después de presenciar por sí mismos el alboroto organizado por el abucheo que ha sufrido la comedia, los personajes vuelven desilusionados al mismo café. Allí D. Eleuterio, el dramaturgo, tras oír el sabio consejo de D. Pedro, que promete ayudarle económicamente, resuelve quemar todos sus manuscritos al día siguiente, ayudado por su mujer y su hermana, en una clara reminiscencia cervantina.

[125] En el prólogo que Moratín puso a su edición de Parma, dice: *De muchos escritores ignorantes que abastecen nuestra escena de comedias desatinadas, de sainetes groseros, de tonadillas necias y escandalosas, formó un don Eleuterio; de muchas mujeres sabidillas y fastidiosas, una doña Agustina; de muchos pedantes erizados, locuaces, presumidos de saberlo todo, un don Hermógenes; de muchas farsas monstruosas, llenas de disertaciones morales, soliloquios furiosos, hambre calagurritana, revista de ejércitos, batallas, tempestades, bombazos y humo, formó* El gran cerco de Viena; *pero no aquellos personajes, ni aquella pieza existen*"

naturalidad con la que se suceden sus escenas —esto se apreció ya en su momento—, así como a la gracia y espontaneidad del habla de sus personajes, que aluden de continuo a realidades tangibles de la vida diaria de las gentes que pueblan Madrid. Su acierto estructural está en que construyó la obra sobre geniales contrastes: la extrema simplicidad de la acción de su comedia, frente a lo abigarrado de la 'comedia nueva' que se estrena; el realismo de su situación frente a la inverosimilitud de las que proponía el género satirizado; la coherencia de sus razonamientos, frente al disparate; la coloquialidad de sus personajes frente al tono altisonante de los versos heroicos, etc. La excepción voluntariamente resaltada por Moratín es el pedante D. Hermógenes, que sentencia en latín, y que representa en sí mismo toda la inquina del autor hacia los críticos literarios, asunto central alguna de sus sátiras (*supra*, nota 56). Importancia capital cobran así en *El café* los juicios sobre el teatro, encarnados hábilmente en los distintos personajes, que mantienen su personalidad a pesar de ser prototipos, y que resultan casi simbólicos: desde el adulador acomodaticio a su propio interés, al llano que suelta su verdad aunque duela —una vez más Moratín toma partido por la sequedad sincera frente a la cortés hipocresía—, pasando por el camarero ingenuo y la chica inculta que acierta con su veredicto: ... *a mí me parece que unas comedias así debían representarse en la Plaza de los Toros* (Doña Mariquita, acto II, escena 2ª), o la perspectiva de quien es muy consciente de la vergüenza que se siente ante el teatro español al pensar en lo que opinan de él los extranjeros[126]. Los méritos dramáticos de la obra, que la hacían entrar en la categoría de lo que Beaumarchais llamó '*le genre dramatique serieux*', unidos a la calidad de su lenguaje, hicieron que encontrara muy pronto traductores de nivel y que conociera diver-

---

[126]   ... *¿qué pensarán de nuestra cultura los extranjeros que vean la comedia esta tarde? –se pregunta Don Pedro– ¿Qué dirán cuando lean las que se imprimen continuamente?* Él mismo es quien se encarga de pronunciar las 'consignas' de reforma que Moratín ha planeado: ... *el teatro español tiene de sobra autorcillos chanflones que le abastezcan de mamarrachos; que lo que necesita es una reforma fundamental en todas sus partes; y que mientras ésta no se verifique, los buenos ingenios que tiene la nación, o no harán nada, o harán lo que únicamente baste para manifestar que saben escribir con acierto, y que no quieren escribir* (Acto I, esc. 4); ... *Los progresos de la literatura, señor don Antonio, interesan mucho al poder, a la gloria y a la conservación de los imperios; el teatro influye inmediatamente en la cultura nacional; el nuestro está perdido, y yo soy muy español* (Acto II, esc. 6).

sas ediciones en Europa, como la de París de 1825, la última que llegó a revisar el autor.

Los intentos de Leandro Fernández de Moratín por combatir la chabacanería del teatro de su época no pararon ahí, pese a que era un momento álgido en el que llegaban vientos de guerra desde el país vecino. Tras la toma de la Bastilla (1789) y el estallido de la revolución, los ilustrados españoles acogieron con gran preocupación las noticias procedentes de Francia, llegando al máximo desconcierto con Luis XVI arrestado y a punto de morir en la guillotina. En el mismo año en que se estrenó con éxito en Madrid *La comedia nueva*, febrero de 1792, Moratín decidió dirigir a Godoy, el próximo primer ministro, un memorial pidiendo que el estado interviniera para mejorar la calidad del teatro[127]. En esa carta le animaba a que contribuyera a erradicar los sainetes, eliminando concesiones a un tipo de teatro que, a su juicio, representaba "la vida y costumbres del populacho más infeliz", "las heces asquerosas de los arrabales de Madrid", y que, por tanto, sólo podía "agradar a la soez canalla". Lo cual puede interpretarse como una muestra más del elitismo del que hicieron gala los ilustrados, pero sobre todo de su inexorable orientación moralista. De una forma o de otra, todos ellos escribieron teatro como predicadores laicos, deseosos de que la escena suplantara la función del púlpito. No se olvide que ese mismo Moratín es el que se quejaba en su poema satírico "El filosofastro" de que en sus días hubiera "mucha doctrina y poca virtud", palabra ésta que, no por casualidad, fue una de las más repetidas de toda la literatura de su tiempo. Con todo, nunca fue un iluso, y pese al éxito que obtuvo *La comedia nueva* o *El café* en representaciones posteriores, el dramaturgo madrileño fue consciente de lo excepcional y efímero de su propuesta: ... *Llegará sin duda la época en que desaparezca de la escena, que el género*

---

[127] Cuando Carlos IV nombró primer ministro a Godoy (1793), éste era un joven sólo experto en armas que conocía la debilidad militar española, por lo que se esforzó en evitar el enfrentamiento con Francia. El gobierno francés confiaba, en cambio, en aprovechar la impopularidad de Godoy para poner al pueblo de su parte y derrocar así la monarquía, estableciendo un régimen republicano aliado. En 1794 los franceses ya habían ocupado el País Vasco y el este de Cataluña, mientras tenían amenazada a Castilla, por lo que Godoy se vio obligado a entablar negociaciones que culminaron en la Paz de Basilea en julio de 1795. Moratín siempre buscó la amistad con él, y le dedicó alguna de sus piezas, como *El barón*.

cómico sólo sufre la pintura de los vicios y errores actuales; pero será un monumento de historia literaria, único en su género, y no indigno tal vez de la estimación de los doctos... (*Obras póstumas*, vol I). Más allá de tal pronóstico, la comedia moratiniana perviviría bastante tiempo, sin embargo, monopolizando el ambiente teatral madrileño de principios del siglo XIX, magníficamente descrito por Galdós en *La corte de Carlos IV*, el segundo de sus *Episodios Nacionales* (vid. *infra*, nota 284).

3. El teatro y la poesía en el siglo XIX

Muy dura fue la encrucijada a la que se verían abocados todos los escritores españoles al abrirse el siglo con aires de guerra. La Guerra de Independencia (1808-1814) contra Francia les enfrentaba a una de las decisiones más difíciles de la historia política española: defender una vieja monarquía que, aunque antiliberal, se esforzaba en cerrar filas frente a las tropas napoleónicas, o ponerse de parte del advenedizo José Bonaparte confiando en conseguir un nuevo orden social más estable y moderno. Esto provocó lo que se ha llamado 'la tragedia del afrancesado español', pues condenaba a la marginación a todos los que se atrevieron a compartir el ideal revolucionario que se gestaba en París[128]. La división de posturas en el ámbito de los escritores contras-

---

[128] En 1808 Napoleón obligó a Fernando VII a abdicar en su padre y colocó a su propio hermano, José Bonaparte, en el poder, quien proclamó la Constitución de Bayona con el fin de contar con el apoyo de los ilustrados españoles. Algunos afrancesados, como Meléndez Valdés, Leandro F. de Moratín y el padre de Larra (*infra*, nota 153), que colaboraron con el 'rey intruso', hubieron de compartir su misma suerte: huir de España en 1813. Durante el

tó fuertemente con la unión que se dio en el seno de las clases populares, que desde 1808 y en una iniciativa sin precedentes, se lanzan a la guerrilla en aldeas y ciudades, desmarcadas del Ejército, en lo que puede considerarse una auténtica "revolución desde abajo" (R. Fraser). De forma unánime se movieron "por una mezcla de odio al francés, fidelidad a la corona, fe religiosa, y amor a la patria" (Santos Juliá), con el único afán de expulsar al invasor para evitar que España se convirtiese en satélite de Francia, como pretendía Napoleón. Sólo durante el llamado trienio liberal (1820-1823) se dejaría notar una clara escisión entre quienes respaldaban a los realistas y los partidarios de la Constitución proclamada en 1812 en Cádiz, una de las más modernas de Europa, que convirtió a la ciudad gaditana en la primera capital 'romántica' española[129]. Al entusiasmo inicial por el logro de ciertos cambios que los ministros ilustrados venían defendiendo, como la libertad de imprenta, por ejemplo, sobrevino la decepción por el triunfo absolutista, que restituyó en el poder a Fernando VII (1814-1833) y trajo consigo duras persecuciones contra los liberales revolucionarios, sobre todo en 1823, que hicieron forzoso su exilio. Los emigrados españoles de este periodo tendrán, por tanto, un papel decisivo en la implantación de las nuevas tendencias literarias, así como en la política durante la década de la Regencia de la reina María

---

[129] efímero gobierno de Bonaparte, en las capitales periféricas se establecieron las llamada Juntas Supremas, órganos de defensa que intentaron mantener el poder de las antiguas cortes, por considerar que no existía un 'gobierno legítimo', lo que no impidió el descontrol y la desprotección económica en la mayoría de las provincias, como se dejó sentir en Galicia, por ejemplo: vid. *infra*, nota 188.
La modernidad de esa primera constitución democrática española se debió a haber sido redactada por políticos de ideología liberal conformes con las medidas que Napoleón había aplicado drásticamente, como la supresión de fronteras para facilitar el comercio, la abolición de la Inquisición (el mandatario francés clausuró además buena parte de los conventos existentes), y la anulación de los poderes feudales o 'derechos de los señoríos'. A ello se sumó una serie de derechos de ciudadanía que empezaba por reconocer la soberanía popular frente al rey; de ahí que sus opositores, los que defendían el poder absoluto del rey, se denominaran 'absolutistas'. Cádiz, que acogió la constitución de 1812 al grito de "Viva la Pepa", renovó desde esa fecha su actividad cultural, concentrando a una serie de intelectuales y creadores imbuidos de ideas acordes con los movimientos europeos, al igual que sucedió en Barcelona.

Cristina (1833-1843) –desde que regresan en 1834, acogidos a un decreto de amnistía–, como es el caso del dramaturgo Martínez de la Rosa, quien participó en la redacción de las dos constituciones liberales de la primera mitad del siglo (vid. *infra*, nota 151). En Inglaterra, donde fueron mejor tratados los intelectuales españoles exiliados, es donde ejerció una importante labor crítica, por ejemplo, José Blanco White, un religioso disidente que escribió una de las prosas más genuinamente 'románticas' (vid. *infra*, notas 140, 146 y 212).

No todos los escritores españoles de valía fueron, sin embargo, convencidos liberales de talante revolucionario como los que combatieron contra el francés bajo el amparo de los ingleses. Es más bien uno de los mitos que pesan sobre este periodo. Debe tenerse en cuenta que el liberalismo, que surgió entre 1815 y 1848 como movimiento subversivo de oposición a las fuerzas del Antiguo Régimen, se convirtió con el tiempo en una ideología de tan amplio significado como compleja trayectoria. Por ello resulta incauto vincularlo indisolublemente al término Romanticismo, que es a su vez un concepto rodeado de ambigüedad y contradicciones, y por ello particularmente difícil de definir, como demuestra la amplia bibliografía que ha generado durante casi dos siglos. Ella misma confirma que no hay una ideología política ni religiosa concreta que quepa asignar a ese supuesto movimiento romántico que se extendió por Europa en la primera mitad del siglo XIX, pues junto a una inicial apropiación cristiana de la tendencia –patente en tantos autores alemanes y españoles, o en el espiritualismo del primer Leopardi, por ejemplo–, convivió la vertiente atea (y aun herética, a ojos de muchos) de quienes pusieron su fe en otros ideales, como el que terminó bautizándose 'socialismo utópico'. De ahí que muchos historiadores hayan visto la necesidad de hablar de un 'romanticismo conservador', una especie de versión aburguesada "al servicio de los moderados y biempensantes" (R. Marrast), que es la que representa el teatro de Zorrilla, por ejemplo, totalmente contrario en sus propuestas y actitudes vitales a un 'romanticismo liberal' más radical, encarnado sobre todo en Espronceda. Uno y otro tuvieron sus intransigencias ideológicas, no puede olvidarse, como sucedió igualmente con otros 'ismos' inspirados en el idealismo romántico que surgieron con fuerza al mismo tiempo. Es el caso del nacionalismo, que partiendo de la creencia en el 'alma de los pueblos' incitó a reivindicarla desde las tradiciones autóctonas, algo que, lejos de ser aliento de progreso, llegó a mostrar un cariz reaccionario incluso, como en España mostró el carlismo y las guerras fratricidas que trajo consigo[130].

Para una definición de 'lo romántico'

Afortunadamente, recientes estudios han venido a invalidar la manida parcelación que presentaban las viejas historias literarias: el Neoclasicismo como una moda de limitada vigencia que sería luego sustituida por el Romanticismo, entendido como la época que en España va desde fines del XVIII a la década 1840-1850. Hoy se tiene en cuenta que el clasicismo constituyó todo un ideal educativo que se mantuvo vigente más de cien años –los que van de 1740 a 1840 aproximadamente–, y que ése fue el tipo de formación que tuvieron nuestros principales escritores románticos, Espronceda, Larra o Bécquer, por lo que se comprende que contra ella quisieran reaccionar en gran medida[131]. Contando con esto, algún historiador concluye que el Roman-

---

[130] Desde 1823 los absolutistas más exaltados, tanto en política como en religión, se declaran partidarios del hermano del rey, Carlos María Isidro, por considerar que es a él a quien corresponde la sucesión. Fernando VII combatió tanto a éstos como a los liberales hasta su muerte, acaecida en 1833. España queda entonces en puertas de una guerra civil: mientras los absolutistas se proclaman 'carlistas', los liberales, en cambio, temerosos del absolutismo, se hacen partidarios de Isabel, hija de Fernando VII, quien por la Ley Sálica podía reinar al cumplir la mayoría de edad. Entre 1833 y 1839 tiene lugar la primera guerra carlista o de los Siete Años, mientras gobierna como regente María Cristina, que terminó con la derrota de los carlistas y el triunfo de las tropas isabelinas. A partir de 1839 los liberales se dividieron en dos grupos, según su criterio respecto a la monarquía: los que apoyaron el Estatuto real que dio el poder a la reina se llamaron 'moderados', y los que apoyaban la Constitución de 1812, 'progresistas', bando que contaba con un gran apoyo popular y que llevó al poder al general Espartero entre 1841 y 1843. Unos y otros, en abierta lucha por el poder, tuvieron que aunar esfuerzos por combatir a los carlistas y sostener al ejército, lo que se convirtió en un grave problema.

[131] Lo dejará ver claramente Larra en varios de sus artículos satíricos, como "Don Timoteo o el literato", en el que ridiculiza al hombre de ideas avanzadas pero superficial y fanático, que escribe sobre nimiedades eruditas mien-

ticismo no fue un fenómeno exclusivamente decimonónico, sino que, a partir de 1770, transcurrió paralelamente al Neoclasicismo (R. P. Sebold), por lo que resulta innecesario el concepto de 'prerromanticismo' para agrupar todas las manifestaciones 'atípicas' que se dieron en el último tercio del XVIII (como el caso de Cadalso) y los inicios del XIX. No obstante, cabe ir aun más lejos para demostrar la inutilidad de encasillar cronológicamente a los autores, y de marcar etapas y límites, como el de fijar en 1834, año clave en nuestra literatura, el inicio del Romanticismo español, o bien negar su existencia comparándolo con el europeo. Son cuestiones éstas que han venido suscitando tan numerosas polémicas entre los críticos del siglo XX como las que en su día enfrentaron a muchos eruditos e historiadores, deseosos de establecer fronteras y oposiciones generacionales. Unas y otras, creo, suelen resultar bastante baldías a la hora de comprender la complejidad del periodo y de las obras de sus mejores autores. Antes que a las disquisiciones sobre el origen del Romanticismo y las tendencias en las que se bifurcó en cada país, resulta más útil atender a la conciencia que tuvieron los propios escritores del momento, que se sentían en su mayoría hermanados por un mismo talante, por un espíritu sensible a todo tipo de manifestaciones artísticas basadas en la percepción subjetiva y libre de la realidad, sin ningún tipo de trabas para idealizarla o evadirse de ella. En lo literario, les unía una misma concepción sacralizada de la misión del poeta en la sociedad, al que ven como un vate destinado a defender la belleza y la verdad ante una muchedumbre que vive ajena o ciega ante ellas, tal y como lo 'retrató' Víctor Hugo en su poema "Le poète" (1823). Conscientes de poseer un 'alma superior', todos ellos hacen de la creación, del 'genio', el centro de su existencia, porque les salva de la vulgaridad, les hace "huir de lo trivial y lanzarse a regiones abstractas", aspirando así a una "vida más elevada" (J. Moreno Villa). Y en lo político, comparten una misma decepción ante el presente que siguió a la derrota napoleónica en Waterloo, un unánime pesimismo ante el decadente estado de la propia nación, o de toda Europa, y el ansia de

---

tras trabaja como oficinista para el Estado, y que resulta una caricatura en la que podían reconocerse muchos de los 'ilustrados' de su tiempo, paralela a la que Espronceda hizo de los poetas bucólicos neoclásicos (*infra*, n. 168).

renovar esperanzas que creían agotadas[132]. El reconocimiento, explícito en muchos documentos, de estar viviendo según una nueva filosofía y una nueva estética es lo que dio gran uniformidad de carácter a las tertulias y fundaciones culturales que surgieron por toda España: los ateneos y liceos artístico-literarios, sobre todo, que es donde se manifiestan, por cierto, las diferencias notables entre las iniciativas de Cataluña, siempre más en contacto con Europa, y las de otras áreas geográficas[133].

Debe aclararse, pues, que lo que aquí se entiende por Romanticismo no es un tanto un movimiento más o menos orquestado, y de límites precisos, como la confluencia de tres o cuatro generaciones definidas por un descontento vital que tuvo causas y marcas propias entre el último tercio del siglo XVIII y la primera mitad del XIX. Aquellas 'señas de identidad' fueron algo mucho más profundo que una simple moda que se imita, como pareció superficialmente al principio (vid. *infra*, n. 144), y tuvieron manifestaciones muy variadas en las distintas 'personalidades románticas'. A diferencia de los casos aislados que se dieron en otras épocas, proliferaron entonces por toda Europa los temperamentos insatisfechos con la interpretación racional del mundo que, de espaldas a sistemas anteriores, dan prioridad a las intuiciones e impresiones anímicas, sobre las que configuran su credo estético, e incluso ético. Frente a la creencia en el discurso lógico de los ilustrados,

---

[132] *¡Cuán solitaria la nación que un día/ Poblara inmensa gente!* –escribe Espronceda en su elegía "A la patria"– *¡La nación cuyo imperio se extendía/ Del Ocaso al Oriente!/ Lágrimas viertes, infeliz, ahora,/ Soberana del mundo...* Véase también su poema sobre Europa: *infra*, cap. 3, 3.

[133] Los ateneos y liceos fueron las instituciones de nueva creación que se repartieron por toda España desde la década de los treinta, y se convierten en los centros de difusión de las nuevas ideas tanto científicas como literarias. Los románticos que se quedan en España asisten desde 1827 a tertulias en las que se discuten nuevas cuestiones artísticas. La más famosa de Madrid fue "El Parnasillo" (en el café del Teatro del Príncipe), que se instaura en 1830 en Plaza de Santa Ana: allí editores y empresarios conocieron a Espronceda y a Larra, a Mesonero Romanos y García Gutiérrez, etc., algunos de los cuales participan en la fundación, en 1835, del Ateneo, que se bautiza como 'científico literario'. En Barcelona fueron muy activos los movimientos reformistas, de los que surgieron escritores innovadores como Buenaventura Carlos Aribau y Ramón López Soler, pioneros en sumarse a lo que se percibía como una 'nueva religión'. Allí nacieron también algunas de las revistas más progresistas, como *El Vapor* y *El Propagador de la Libertad*.

organizado según la dialéctica, los creadores románticos manifiestan un gran interés por lo inefable, lo vago e indefinido, por lo que se esconde en el enigma de los signos –como los filósofos que entonces empezaban a preocuparse por las fuerzas magnéticas que rigen el cosmos–, y por los símbolos que afloran desde el subconsciente[134]. Su principal inquietud fue penetrar con la sensibilidad todo aquello en lo que se quedaba corta la inteligencia, para apropiarse de todos los territorios del misterio, incluida la difícil 'lectura' del silencio. De ahí el acierto en afirmar que los románticos son, esencialmente, "los que reconocen en la mudez el cariz de todo lo sublime", recuperando el sentido etimológico de 'lo que está en alto' (J. Ortega y Gasset). Es lo que explica la valoración que todos ellos hicieron de la música como lenguaje supremo y universal, capaz de llegar adonde no alcanzan las palabras; idea desarrollada en profundidad por varios autores alemanes, y que en España defendió sobre todo Gustavo Adolfo Bécquer[135].

Al talante romántico le caracteriza también un tipo de melancolía, una sensación de abandono en el mundo, una especie de hastío espiritual que se bautizó en esta época con el término inglés *spleen*. De ese dolor romántico, considerado 'mal del siglo', hablaron entre otros Chateaubriand, el *Werther* de Goethe, y el Tediato de las *Noches lúgubres* de Cadalso (vid. *supra*, nota 71). El malestar ante el presente histórico, la rabia incluso ante la injusticia, el recelo ante la 'lección oficial' de la Historia y la desconfianza del progreso humano, serán algunas de las causas que marquen las diferencias entre el *spleen* de unos autores y

---

[134] "El romanticismo tenía todos los rasgos de un contramovimiento. Trance y sueño frente a pensamiento claro, visión frente a lógica, armonía y unidad frente a análisis, intuición frente a reflexión, subconsciente frente a conciencia despierta: el romanticismo proporcionaba el negativo (la metáfora es un anacronismo) de la orientación predominante en la ciencia anterior y posterior" (D. Draisma).

[135] Destacaron en la exposición de esta teoría de fondo platónico varios poetas alemanes, para los que el artista por antonomasia era el músico, ya que consideraban que era en el lenguaje musical donde las convenciones estéticas nacían de la energía creadora más pura. Los *Himnos a la noche* de Novalis "giran en torno a una metáfora de musicalidad cósmica; imaginan el espíritu del hombre como una lira tocada por armonías elementales, y tratan de exaltar el lenguaje a ese estado de oscuridad rapsódica, de disolución nocturna desde el cual puede pasar con mayor naturalidad hacia el canto" (G. Steiner, *Lenguaje y silencio*).

otros. En cualquier caso, frente a la moderación y "el justo medio" que preconizaban los clasicistas, se da en muchos de ellos el exceso a todos los niveles, el gusto por las pasiones extremas y los contrastes violentos (lo dijo Víctor Hugo: «La geometría engaña: sólo el huracán es verdadero»). Un exceso basado en la antigua concepción griega del *daimonion*, que podía llevar a rozar la demencia o el suicidio, a veces como venganza contra el 'traicionero mundo': "Las fuerzas demónicas eran causa de sufrimiento, de contradicciones íntimas, de lo imprevisto y, finalmente, de todo aquello que irresistiblemente atravesaba el cauto sendero de la sensatez, de los propósitos razonables dictados por un determinado modelo de comportamiento" (J. M. Valverde). Lo que más identifica a los escritores románticos no es tanto la adopción de nuevos tópicos como su modo de tratar viejos motivos idealistas desde esa hipersensibilidad arriba descrita. Los caracterizaba también una apropiación sentimental de todo lo contemplado, un acercamiento afectivo a la Naturaleza que convierte al paisaje en resonancia o revelación del yo más íntimo, en una especie de metáfora continuada del propio espíritu, tal y como manifestaron por primera vez los psicólogos y paisajistas alemanes Carl Gustav Carus (1789-1869) y su amigo Caspar David Friedrich (1774-1840) en sus vistas nocturnas[136]. Y después, un famoso aforismo del filósofo suizo Henri-Fréderic Amiel: *Cualquier paisaje es un estado del espíritu.*

Lo que resulta indispensable para la comprensión de toda la literatura del siglo XIX es conocer el modo en que se usó el adjetivo 'romántico' y las distintas connotaciones de las que llegó a cargarse. Etimológicamente, el término partía del de *roman* o *romant*, es decir, antigua novela, lo que justifica que en origen se usara para describir las emociones que

---

[136] Carus fue uno de los primeros es usar metáforas de la naturaleza y el paisaje en sus trabajos de psicología, buscando correspondencias entre los procesos naturales y lo que acontecía en el alma. Al contemplar un paisaje –escribió– la naturaleza y el fuero interno se funden en uno: ... *el descoloramiento y entumecimiento otoñal inspiran la melancolía, y las mortajas de la noche invernal hacen marchitar los sentimientos.* (*Neun Briefe über Landschaftsmalerei*, 1830). En los cuadros de C. D. Friedrich, auténticos iconos del romanticismo, es frecuente la imagen del hombre que contempla soberano, desde lo alto, un mar embravecido o una densa masa de nubes en las que proyecta su espíritu.

esas narraciones transmitían[137]. Uno de los primeros en usarlo en el sentido de 'novelesco', o 'que produce ensoñación', fue Rousseau, quien influyó en la definición de *romantique* que daría el Diccionario de la Academia francesa en 1798: "Se dice ordinariamente de los lugares, los paisajes que recuerdan en la imaginación las descripciones de los poemas y de las novelas"[138]. En Alemania, el término *romanhaft* ('novelesco') fue poco a poco desplazado por *romantish*, en sentido de 'emotivo', 'pasional' o 'amoroso', tal y como lo entendieron inicialmente los ingleses; lo que explica que un alemán afincado en Cádiz, el crítico Juan Nicolás Böhl de Faber, muy influido por las ideas de Lessing, exigiera usar el término 'romancesco' en varios artículos de *El Mercurio gaditano*, periódico creado en 1814, uno de los principales difusores de las ideas románticas en España[139]. A F. Schlegel se debe la acuñación del sustantivo –es decir, no sólo *das Romantik* ('lo romántico'), sino más claramente, a partir de él, *die Romantik* ('el Romanticismo')–, y tras estudiar las virtudes dramáticas de ciertos autores barrocos, llega a afirmar que "en cierto sentido, toda poesía o creación literaria es o debería ser romántica". Entre los primeros españoles que intentan definir lo que perciben como un 'género romántico' está **José Blanco White** (Sevilla, 1775-1841), hombre de vasta cultura, influido por las ideas de Schlegel, Madame de Stäel y la filosofía alemana en general, quien afirmaba en un elocuente "Ensayo sobre el placer de las imaginaciones inverosímiles": ... *En estas creaciones de la imaginación consiste la parte más sublime y peculiar de la poesía. Sin ellas no puede existir el género novelesco o romántico, que, ya sea en verso, ya en prosa, es el verdadero manantial y la única mina de la que la poesía moderna ha sacado y ha de sacar sus mejores y más atractivos adornos.* Lo publicó en *El*

---

[137] De hecho, en Inglaterra, *romantic* fue durante mucho tiempo un adjetivo genérico que significaba 'emocionante', y así pasó a Francia con la conciencia de ser 'palabra inglesa'.

[138] Escribía Rousseau en sus *Ensoñaciones: Las riberas del Lago de Bienne son más salvajes y románticas que las del Lago de Ginebra...* La alusión a lo bellamente agreste de la Naturaleza se repetirá después en otros autores.

[139] Fue también el medio en el que se publicaron interesantes debates sobre el modo de entender el Romanticismo, que algunos intelectuales como José Joaquín de Mora asociaban al liberalismo, a diferencia del ultraconservador Böhl de Faber, con el que mantuvo una sonada polémica. La primera vez que se recoge el término 'romántico' en España parece ser en el periódico madrileño *Crónica Científica y Literaria*, en junio de 1818.

mensajero de Londres (1823-1825), uno de los muchos periódicos editados por emigrados españoles en Inglaterra, que alcanzó amplia difusión en toda la América hispana[140].

Mientras Blanco White publicaba en revistas londinenses sus ideas innovadoras y críticas con lo que consideraba la miopía de los preceptistas clasicistas, en España fueron también algunos fundadores de nuevos periódicos quienes mejor demostraron comprender 'lo romántico', atreviéndose a reivindicarlo como una nueva sensibilidad de inspiración cristiana. Quizá no sea casual que fuera un catalán, **Ramón López Soler** (Barcelona, 1806-1836), quien publicara en 1823 otro interesante artículo titulado "Cuestión agitada entre románticos y clasicistas" en *El Europeo,* revista literaria que empezó a editar en ese mismo año, y que fue una de las pioneras en divulgar en nuestro país a los principales románticos alemanes, italianos, franceses e ingleses[141]. Hablaba ya allí del lenguaje romántico como algo "que arrebata el espíritu y le atrae sin la menor violencia a las agradables emociones de la compa-

---

[140] José María Blanco White debe sus apellidos al hecho de ser hijo de un vicecónsul inglés llamado William White, al que castellanizaron el nombre desde que se afincó en Sevilla durante el reinado de Fernando VI. Su nombre originario era el de José White Crespo, y a su madre española debió sus estudios eclesiásticos, que le llevaron a ordenarse sacerdote (sin mucho convencimiento) en 1799 y a ocupar el cargo de magistral de las catedrales de Cádiz y Sevilla, donde fundó la Academia de Letras Humanas junto a Alberto Lista (*infra*, nota 143). Tras una crisis espiritual, se instala en Madrid, donde frecuenta tertulias literarias y empieza a consolidar la enorme cultura que le caracterizaría. Combatió contra los franceses, pero su firme talante liberal le hizo enemistarse con la Junta Central y exiliarse voluntariamente en 1810 en Oxford, donde fue profesor universitario (una trayectoria que seguiría Luis Cernuda un siglo después); y ya instalado en Londres en 1812 se hace anglicano y empieza una brillante carrera como periodista y crítico literario. Llegó a escribir valiosos poemas en inglés y una reseña sobre el *Essay on the Drame* de Scott, que le inspiró reflexiones como la citada. vid. *infra*, n. 212.

[141] *El Europeo* apareció en Barcelona en octubre de 1823 y tuvo como primeros colaboradores a Buenaventura Carlos Aribau, cofundador y autor de una famosa "Oda a la patria" considerada himno del renacimiento literario catalán, el inglés E. Kook y los italianos L. Monteggia y F. Galli. Allí aparecieron por primera vez en castellano poemas de Byron y otras traducciones de poetas románticos coetáneos. Es uno de los primeros indicios notables de la posición avanzada de Cataluña en el ámbito editorial y de relaciones culturales con Europa, algo que se repetiría en las vanguardias del siglo XX.

sión", pues lo que lo distingue es el afán de conmover de forma sentimental y "penetrante". Y en el prólogo a su novela *Los bandos de Castilla* –fue el primer novelista español imitador de Walter Scott y Víctor Hugo (*infra*, nota 246)– hizo todo un lírico manifiesto de la nueva estética: *Libre, impetuosa, salvaje por decirlo así, tan admirable en el osado vuelo de sus inspiraciones, como sorprendente en sus sublimes descarríos, puédese afirmar que la literatura romántica es el intérprete de pasiones vagas e indefinibles que, dando al hombre un sombrío carácter, lo impelen hacia la soledad donde busca en el bramido del mar y en el silbido de los vientos las imágenes de sus recónditos pesares...* Desde Madrid, el fundador de la revista **El artista** (editada entre 1835 y 1836), que se erigió en uno de los principales cauces de expresión de los nuevos creadores, exponía en uno de sus primeros artículos que la 'escuela romántica' era propia de una sensibilidad distinta, de jóvenes estudiosos y con ilusiones, contrarios sobre todo a la intransigencia 'clasiquista'[142]. Con una visión mucho más miope, en cambio, el sacerdote Alberto Lista (Sevilla, 1775-1848), uno de los más respetados maestros del momento, vaticinaba así sólo unos años más tarde el final de lo que él consideraba una efímera moda, frívola y perniciosa: *La moda pasará y entonces será muy fácil conocer que el romanticismo actual, antimonárquico, antirreligioso y antimoral, no puede ser la literatura propia de los pueblos ilustrados por la luz del cristianismo, inteligentes, civilizados...*[143]

---

[142] "¿Qué quiere decir 'clasiquista'? ¿Admirador de los autores clásicos? No; porque esta definición convendría igualmente a los llamados románticos. [...] el clasiquista es esencialmente intolerante, testarudo y atrabiliario. Inútil sería buscar entre gente no joven partidarios del romanticismo; entre la juventud estudiosa y despreocupada es donde se hallarán a millares. [...] contemple sin ceño [el curioso lector] a nuestro romántico: mire en su frente arada por el estudio y la meditación; en su grave y melancólica fisonomía, donde brilla la llama del genio... Contemple, decimos, no un hereje ni un Anticristo, sino un joven cuya alma llena de brillantes ilusiones quisiera ver reproducidas en nuestro siglo las santas creencias, las virtudes, la poesía de los tiempos caballerescos; cuya imagen se entusiasma, más que con las hazañas de los griegos, con las proezas de los antiguos españoles... para quienes las cristianas catedrales encierran más poesía que los templos del paganismo; [...] pero todavía ennoblece más la inapreciable dicha de tener por mortales enemigos a los partidarios de la rutina", Eugenio de Ochoa, "Un romántico", *El artista*, I (1835).

[143] "De lo que hoy se llama Romanticismo", *Semanario Pintoresco Español*, Segunda Serie, I (1839). Alberto Rodríguez de Lista y Aragón basaba su método de enseñanza de Humanidades –primero en el Colegio San Mateo de Madrid y luego en el que fundó en la calle Valverde– en el comentario de una

Entre polos opuestos pareció moverse, pues, la apreciación del 'romántico' durante todo el siglo XIX. Designando toda una forma de vida, el calificativo tuvo en principio las mismas connotaciones peyorativas que tuvo 'liberal' en su día, y que tendría también 'modernista' a fines de siglo y comienzos del XX (vid. *infra*, 4ª, n. 12 y c.28). Según la imagen popular más extendida, el romántico era un hombre al margen de las leyes sociales por su desaliño, la precariedad económica en que vivía –su afán de independencia le lleva con frecuencia a romper con la protección familiar–, y lo exaltado de su expresividad, que emulaba hasta en el atuendo a los héroes dramáticos[144]. Lo curioso es que mientras siguió muy vivo el componente de idealización que se atribuyó en origen al término 'romántico', haciéndolo sinónimo de 'idealista' o de 'idílico', el adjetivo se fue deslizando también hacia la peligrosa interpretación de 'iluso' e incluso 'falso', es decir, un tipo contrario a la proverbial 'franqueza española'. Es así como lo satirizará en 1840 un dramaturgo conservador como Bretón de los Herreros (*infra*, n. 154), y unos años antes el prosista Ramón de Mesonero Romanos (*infra*, n. 229): ... *Los franceses, los ingleses, alemanes y demás extranjeros, han intentado describir moralmente la España; pero o bien se han creado un país ideal de romanticismo y quijotismo, o bien, desentendiéndose del transcurso del tiempo, la han descrito no como es, sino como pudo ser en tiempos de los Felipes.*[145] Pre-

---

[144] lista fija de autores clásicos, lo que marcó culturalmente a un gran número de políticos y escritores de la época, como Espronceda o Bécquer.
"La idea popular del romántico estaba asociada a un hombre salvaje y desaliñado, que hablaba rápida e incesantemente sobre temas de amor y aventuras, y también a un joven adicto a atavíos como la chaqueta negra de Gautier, el chaleco color cereza y los pantalones verde claro. La noción de salvajismo predominaba" (E. Allison Peers*) En una revista semanal para mujeres se le define así: "Su imaginación se exalta, sus facciones se alteran y su traje exterior sufre una gran variación: el Hernani de Víctor Hugo es su héroe, se propone imitarle, al menos en su larga barba y gran perilla, y su objeto es buscar una joven que sienta y que le haga sentir las pasiones vivas de su héroe" (*Correo de las Damas*, nº del 10 de abril de 1834). Hay muchos testimonios que avalan que el comportamiento imitativo fue determinante en la extensión del 'fenómeno romántico'.

[145] "Las costumbres de Madrid", *Cartas Españolas*, abril de 1832. Mesonero sigue después razonando como lo hicieron muchos ilustrados del siglo anterior, criticando al extranjero que, captando sólo lo más tópico, sólo tiene quejas, reproches e insultos sobre lo descubierto en España.

cisamente el teatro en tiempos de los Austrias sería el que volvieran a evocar, y no por mera nostalgia, quienes se situaron en la avanzadilla de los nuevos gustos dramáticos, y en franca oposición a las desgastadas propuestas neoclásicas.

El apogeo del drama histórico

Los ensayos sobre el drama, tanto teóricos como prácticos, fueron claramente pioneros en la introducción de la estética romántica en España. El arranque estuvo en Alemania, en la valoración que hicieron los hermanos Schlegel del teatro de Shakespeare, Calderón y otros autores barrocos, a quienes consideraban muy próximos a las propuestas de Schiller o Dumas; pero al mismo tiempo otros grandes románticos europeos empezaban ya a poner por modelos los dramas españoles del Siglo de Oro. Ahí es donde encaja la defensa nacionalista que hiciera el gran estudioso del romancero y famoso académico Agustín Durán bajo el título *Discurso sobre el influjo que ha tenido la crítica moderna en la decadencia del teatro antiguo español y sobre el modo con que debe ser considerado para juzgar convenientemente su mérito peculiar* (Madrid, 1828). Era una defensa de lo que había de cristiano en el teatro clásico español (desaprobaría siempre el teatro romántico por anticristiano y antimonárquico), pero también un conjunto de reflexiones inteligentes; como la que asegura que el nuevo drama español, más poético que el clásico, debe regirse por unas leyes diferentes de verosimilitud, tal como había propuesto W. Scott[146]. Por su parte, el erudito Antonio Alcalá Galiano, al

---

[146] La nueva idea de verosimilitud se basó en el *Essay on the Drame* de Scott: *Las artes no se dirigen al juicio sino a los afectos; la verosimilitud que requieren no es física sino moral* [...] *La dificultad que el artista tiene que superar es la de hacer que sus personajes hablen y obren de modo que sus acciones y palabras correspondan exactamente a lo que individuos del carácter que él les atribuye harían y dirían si realmente se hallasen en tal situación...* Blanco White comprende perfectamente esto y dice: *La verdadera falta de muchas obras no es que las situaciones sean inverosímiles, sino que los afectos y expresiones no corresponden a los caracteres ni a la situación...*; y pone como ejemplo *la magnífica tragedia de Shakespeare, Macbeth, que se funda en una predicción, de por sí inverosímil que se cumpla, pero que "saca realidad y verdad a las pasiones que sus personajes expresan.*

volver de su exilio en Londres admirando el eclecticismo de los ingleses y valorando en especial a Wordsworth, hizo también una apología de lo que había ya de 'romántico' en el teatro español del siglo XVII en el prólogo que puso a *El moro expósito* del Duque de Rivas, publicado en 1834 en París, donde ya había intentado estrenar el mayor drama de este autor. Ambos teóricos animaron la propuesta de que los argumentos se tomaran de la Edad Media, sobre todo por el "entusiasmo religioso y caballeresco", además de por la lejanía de carácter poético, pues el análisis de las pasiones humanas debía servir para hacer poesía metafísica, aspiración puramente romántica[147]. Uno de los grandes modelos fue Alejandro Dumas, quien alcanzó una gran popularidad en España: sólo entre 1835 y 1836 se representaron en Madrid cinco obras suyas y se publicaron once hasta el 39 –entre las que se cuenta *La corte de Enrique III,* que influyó sobre el *Macías* de Larra–, es decir, bastantes más que de Víctor Hugo, que fue el otro gran inspirador del teatro y la novela de la época (vid. *infra*, n. 249).

Todas las reflexiones sobre el drama demuestran que la gran novedad del fenómeno literario que llamamos Romanticismo residió en su modo de enfrentarse al tiempo histórico. Frente a la imagen de la Antigüedad como modelo estético y ético de validez universal que se da en los 'clasicistas', los autores románticos van hacia el pasado como huyendo de un presente que les infunde decepción e incluso miedo, y manifiestan simpatía por épocas animistas y por las culturas orientales que aún las mantienen[148]. De todos los pasados posibles, el periodo medieval concentraba todo lo mágico y misterioso que reclamaba la fantasía romántica, y ofrecía acciones movidas por la creencia en el *fatum,* ya fuera en forma de condena divina o de las veleidades de la pagana Fortuna, que ahora se cambia por el poder del Destino, no en balde uno de los términos más repetidos por todos los románticos. La

---

[147] *La metafísica de las pasiones* –escribe A. Durán– *y los monólogos largos son indispensables al género romántico, pues sin ellos no podrían ni retratarse los sentimientos íntimos del alma y de la conciencia, ni graduarse la marcha imperceptible de los movimientos que a cada paso modifican al hombre individual.*

[148] Es sabido que en muchas ocasiones ello no pasó de ser más que un gusto por las estéticas y las decoraciones exóticas, como muestran las *Orientales* de José Zorrilla –imitación de *Les orientales* de V. Hugo, de hacia 1829– o la "Descripción de un serrallo" de Espronceda.

Edad Media, y en particular la épica, proporcionaba sobre todo personajes con un alto sentido de lo heroico –tal y como lo entendió ya *Le Cid* de Corneille–, un tipo de héroes capaces de morir jóvenes por un ideal, o por cualquier causa noble alejada de su propia circunstancia, y a los que muchos de estos escritores emularon, más o menos conscientemente, en sus vidas y aun en sus formas de morir[149]. El ideal de juventud romántica podría bien resumirse en estos versos de Espronceda: *¿En qué parte del mundo, entre qué gente/ no alcanza estimación, manda y domina/ un joven de alma enérgica y valiente,/ clara razón y fuerza diamantina?* (*El diablo mundo*: vid. *infra*, n. 175). La mitificación de los antiguos bardos y su poder sobre el pueblo había llevado a inventos geniales como el del escocés James Macpherson, que publicó baladas y poemas épicos atribuidos a un personaje mítico irlandés llamado Ossian, por el que se interesarán también los románticos españoles[150]. Y esto al mismo tiempo que se iniciaban los primeros estudios serios sobre los viejos cantares de gesta y el romancero, lo que permite afirmar que el placer de escudriñar 'piezas mohosas' es una parte esencial de la particular 'vocación arqueológica' que caracteriza al romántico. Es algo que alcanza tanto a los poetas y pintores como a los filólogos que 'restauran' fragmentos de textos épicos, de lo que es buen ejemplo Menéndez Pidal y su escuela en esos mismos años.

Las primeras tentativas de hacer un drama histórico con sello hispánico se dieron en la escena madrileña en 1834: *La conjuración de Venecia*, de Martínez de la Rosa, y *Macías,* de Mariano José de Larra, dos autores muy distintos pero unidos por un mismo interés en la ambien-

---

[149] Recuérdese que Lord Byron murió de peste en Missolonghi, donde había ido para luchar por la independencia de Grecia –como Espronceda se alistará también para luchar en Polonia–, movido por el desengaño de un amor no correspondido, y que es larga la lista de suicidios provocados por la pérdida de un ideal sentimental: Kleist se suicida tras matar a su amante, Larra lo hace con veintiocho años, etc.

[150] Las supuestas traducciones de poemas en gaélico realizadas por Mcpherson datan de 1760-1765, cuando publicó la colección completa bajo el título *The Works of Ossian*, que incluía el poema "Fingal" (nombre del padre de Ossian), el más famoso de todos ellos. Esos poemas alcanzaron un gran éxito internacional, llegando a ser considerado el poeta irlandés como el equivalente celta de Homero, pero en España su influencia no se deja sentir hasta la tercera década del siglo XIX. Vid. *infra*, n. 169.

tación medieval. **Francisco Martínez de la Rosa** (Granada, 1787-1862) fue un inteligente político de ideas liberales y temprana vocación literaria, bastante más reformista en lo social que en lo que a dramaturgia se refiere[151]. Había dado muestras de su clasicismo conservador al defender el respeto a 'las tres unidades' en sus "Apuntes sobre el drama histórico", donde, además de proponer buscar en lo medieval "la espiritualidad del cristianismo", elogiaba la sensatez de Luzán exhortando a "no soltar la rienda a la fantasía". Aquel folleto fue publicado en París en 1830, ciudad y año en los que estrenó también su otro drama importante: *Aben Humeya o la rebelión de los moriscos* (1830), que desarrollaba un tema —el de los abencerrajes granadinos— sobre el que volvería en otras obras teatrales y novelescas, mientras que A. Durán se ocupaba de recopilar y dar a conocer por primera vez el romancero morisco (vid. 1ª parte, n. 99). El atractivo que ejerció la última fase de la dominación árabe entre los románticos se debe sobre todo a la identificación que permitía con la sublevación heroica nacional y popular, y para Martínez de la Rosa fue el marco ideal para abordar el tema de la libertad y el de la lucha del hombre con sus propias pasiones, que serían los dos grandes núcleos del drama romántico. Ambos están presentes también en su drama en prosa *La conjuración de Venecia* (1834), cuya acción se sitúa en el año de 1310, en el palacio del embajador de Génova, donde se planea una conspiración envuelta de secretos, espías y traiciones familiares, lo que permite al autor llenar de elegantes reflexiones y conmovedores diálogos los cinco actos que la componen, aunque ya sin respeto a las unidades clásicas. La obra tuvo una de las acogidas

---

[151] Perteneció a una rica familia de negociantes y altos funcionarios andaluces, y fue un universitario precoz: a los dieciocho años era ya catedrático de Derecho Civil en la Universidad de Granada, lo que le impulsó a implicarse muy pronto como parlamentario, escribiendo artículos en defensa de la reorganización de la enseñanza o la libertad de imprenta, y de todos los valores de la Constitución de Cádiz, de la que fue uno de sus principales diputados redactores en 1812, año en que estrenó allí *La viuda de Padilla*, su primer drama histórico. Ese compromiso con la facción liberal le obliga al exilio durante el gobierno de Fernando VII, y no regresó a Granada hasta 1831, año de sucesos sangrientos de los que hablaría largamente su coetáneo Larra. Ejerció después como consejero liberal de la reina María Cristina, induciéndole a firmar en 1837 un Estatuto con rango de nueva constitución, aunque nunca llegó a promulgarse.

más favorables de la época, en gran medida por seguir en la línea de los melodramas franceses que habían llegado a ser tan populares —con su conmovedora anagnórisis final, elemento que llenaría el teatro romántico—, y no pasar de ser, en definitiva, más que un drama sentimental, que es lo que en verdad gustaba al gran público[152].

Una buena prueba de que el sentimentalismo dominaba entonces los escenarios españoles es la que proporciona, justamente, **Mariano José de Larra** (Madrid, 1809-1837), al sorprenderse de que el público madrileño siguiera llorando en 1834 ante una nueva representación de *El sí de las niñas* de Moratín[153]. Muy 'moratinianas' fueron, en efecto, todas las comedias de costumbres escritas por el mismo Martínez de la Rosa, y sobre todo por el riojano **Manuel Bretón de los Herreros** (1796-1873), un prolífico dramaturgo muy dotado para la 'pintura' cómica de situaciones y tipos populares, que consiguió un enorme éxito hasta mediados de siglo entre la burguesía más conformista. Acorde con esa mentalidad, incapaz de comprender tipologías humanas fuera del

---

[152]   El predominio del teatro francés fue absoluto durante las primeras décadas del siglo: del más de un centenar de obras que se representaron en el teatro Príncipe de Madrid en 1836, las traducciones de autores franceses duplicaron a las obras españolas; entre ellas, la adaptación de la versión francesa de *La pata de la cabra* de Grimaldi, una comedia de magia que tuvo 125 representaciones entre 1829 a 1833. Eran en su mayoría obras contemporáneas, y en particular las de Eugène Scribe (1791-1861), autor de piezas cómicas, que fueron traducidas, entre otros, por Larra, García Gutiérrez y Bretón de los Herreros.

[153]   *Moratín ha sido el primer poeta cómico* —escribe por entonces— *que ha dado un carácter lacrimoso y sentimental a un género en que sus antecesores sólo habrían querido presentar la ridiculez.* Larra poseía una formación cosmopolita y bilingüe que se inició cuando su padre, médico 'afrancesado' del ejército de José Bonaparte, tuvo que exiliarse en Burdeos y París, lo que le hizo educarse de niño en escuelas francesas. A su regreso a España en 1818, prosiguió sus estudios en Madrid y luego en Valladolid, sin llegar a acabar estudios universitarios, mientras dejaba muestras de su formación clasicista en algunos poemas (una oda clásica siguiendo el modelo de Quintana, etc.) que escribió en tiempos de Fernando VII. Se emancipa de su familia en 1826, en busca de gloria literaria y dinero, y funda su propio periódico con sólo diecinueve años, empezando a destacar como prosista satírico, a lo que debe su renombre literario (vid. *infra*, cap. 4). A comienzos de la década de los treinta se afianzan sus intereses teatrales y estrena sin éxito varias comedias de corte moratiniano bajo el amparo del francés Juan de Grimaldi, empresario y director teatral.

sistema, resolvió, en general, sus conflictos dramáticos, sirviéndose de inspiraciones muy diversas[154]. El **Macías** de Larra se situaba radicalmente en los antípodas de todos aquellos convencionalismos, y no en balde se vio obligado a retocarlo tras una censura inicial. Estaba escrito enteramente en verso, y además elegía como protagonista a un personaje inusitado: el poeta gallego que se convirtió en emblema del morir por amor en el siglo XV (vid. 1ª, nota 111). El individualismo que reflejaba su título —como el *Hernani* o el *Cromwell* de Hugo, y tantos otros nombres propios—, Larra dijo pretender hacer un retrato imaginario, "desarrollar los sentimientos que experimentaría en el frenesí de su loca pasión"; pero a través de él parecía lanzar su propio ideal amoroso, acorde con la 'filosofía' del 'amor cortés' medieval: *Los amantes son solos los esposos, /su lazo es el amor. ¿Cuál hay más santo?/* [...] *¿Qué otro asilo/ Pretendes más seguro que mis brazos?/* [...] *¡Quién más dichoso/ que aquél que amando vive y muere amado!* (acto III). Con una versificación demasiado afectada en ocasiones —por el afán evidente de imitar retóricas clásicas—, el interés del drama reside más bien en el modo en que el ánimo del autor se proyecta en su personaje, justo en el momento en que Larra rompía precisamente un fracasado matrimonio y empezaba a convertir en materia dramática su propia vida[155]. De hecho, es a partir de esta

---

[154] Las dos obras que le dieron fama fueron: *A la vejez, viruelas* (1824) y *Marcela o ¿a cuál de las tres?* (1831), pero llegó a escribir más de un centenar de títulos en los que se renovaban los tipos y los motivos presentes ya en el sainete y la comedia del siglo anterior. Los 'petimetres' dieciochescos pasan a llamarse 'lechuginos', pero se siguen satirizando la coquetería, los pedantes aficionados a la ópera italiana, los nuevos ricos con aires de grandeza, etc. Su pieza más interesante es *El pelo de la dehesa* (1840), y su continuación, *Don Frutos en Belchite* (1845), pues a través de su campechano protagonista ofrece la mejor visión del romanticismo desde la perspectiva de la moralidad burguesa: esto es, como una moda extranjera e insustancial, ajena a la tradicional franqueza española. Las críticas de Larra al teatro de Bretón provocaron el que éste arremetiera contra la vida 'disoluta' del madrileño en su pieza *Me voy de Madrid* (1835), lo que avivó aún más la polémica entre ellos.

[155] Macías 'el Enamorado' era el perfecto *alter ego* de un Larra muy precoz en pasiones desbordadas: ya de adolescente llegó a compartir amante con su propio padre, y en 1830, apenas pasados los veinte años, se enamoró (igual que el poeta medieval), de una mujer casada, Dolores Armijo, con la que mantuvo una tormentosa relación que le llevó a romper su breve e infeliz matrimonio en 1834, el año de estreno de *Macías*. Ella fue quien le inspiró el personaje de Elvira en su novela *El doncel don Enrique el Doliente*, centrada

fecha cuando Larra se hace leyenda entre sus contemporáneos, y hubo de pasar bastante tiempo para que fuera valorado como merecía por su genialidad como prosista (vid. *infra*, cap. 4).

El primer drama histórico de calidad fue **Don Álvaro o la fuerza del sino** de **Ángel Saavedra, Duque de Rivas** (Córdoba, 1791-1865), texto en cinco actos, con combinación de prosa y verso, que fue representado en Madrid en abril de 1835, justo a la vuelta del autor de su exilio en París, donde fue escrita la obra[156]. Ángel Saavedra se había confesado partidario de resucitar los diálogos de la comedia áurea para desterrar los fríos diálogos de los modelos franceses anteriores a Hugo, de quien era admirador. Del teatro barroco heredará además el gusto por los cambios de identidad (don Álvaro usará varios disfraces), por las escenas de costumbres populares –varios de sus actos arrancan en ventas donde se cantan seguidillas–, y por el tema del honor. Aunque *Don Álvaro* se ambienta entre aristócratas del siglo XVIII, parte de un motivo muy querido en las gestas medievales: el del caballero que mata al padre de su amada (el marqués de Calatrava muere aquí por un casual pistoletazo), en un intento de rapto nocturno, con el consiguiente deseo de venganza de los hermanos de ella, que le persiguen hasta Italia. El drama resultó modélico sobre todo por el manejo de la intriga y el tratamiento de una serie de escenarios y elementos que habrían de convertirse en clichés del género: el convento como refugio de enamorados

---

también en el adulterio y, tras varias separaciones, acabó por abandonarlo, lo que impulsó fatalmente el suicidio de Larra en 1837 mediante un pistoletazo en la sien. A partir de ese momento, su biografía de 'poeta maldito' pasó a ser argumento novelesco y teatral. De su mala experiencia matrimonial dejó constancia Larra en alguno de sus artículos satíricos como "Casarse pronto y mal" (vid. *infra*, cap. 4), asunto que había sido tema recurrente en el teatro dieciochesco.

[156] Fue un gran terrateniente andaluz que se convirtió en exiliado político después de que en 1823 fuera condenado a muerte por haber participado en el golpe de estado de Riego tres años antes. De Inglaterra pasó a Malta en 1825 y en 1830 a París, exilios donde escribió magníficos poemas: vid. *infra*, n. 166. A la muerte de Fernando VII obtiene la amnistía y vuelve a España en 1833, reclamando su herencia y su título. Dos años después inicia su carrera política: primero como ministro de la Gobernación, y después como senador, alcalde de Madrid, embajador y ministro plenipotenciario en Nápoles y Francia, presidente del Consejo de Estado. En sus últimos años fue elegido presidente de la RAE y del Ateneo de Madrid el mismo año de su muerte.

fieles (Leonor primero vestida de hombre, y su amado después, cerca de ella sin saberlo, metido a fraile), el reto a duelo, y un suicidio final en medio de relámpagos entre riscos, mientras se oye de fondo un miserere, etc. Todo ello detallado en acotaciones que indican con exactitud los movimientos de los personajes, y que empiezan a hacerse particularmente precisas entre los dramaturgos españoles a partir de esta obra. La inspiración del drama provenía del folklore legendario, que es lo que le interesaba al autor en esos años. Sólo un año antes había publicado el largo poema narrativo *El moro expósito* (1834), subtitulado "Córdoba y Burgos en el siglo X", que recreaba la leyenda medieval de los infantes de Lara centrándose en el personaje del renegado Mudarra, famoso en el romancero. Esa obra supuso la mejor restauración en su siglo de la forma arromanzada –uniendo aquí la asonancia popular con la elegancia del endecasílabo–, junto a sus famosos *Romances históricos* de 1841, que sirvieron de modelo a numerosos poetas posteriores, que valoraron, como el Duque de Rivas, lo que el romance tenía de pequeño drama animado por un "espíritu patriótico", según los llegó a definir Juan Valera. En efecto, en poco se diferenciaban de lo que gustaba verse en el teatro: tomando la traición como punto de partida, se trataba de elogiar la lealtad castellana[157]. El personaje de don Álvaro, un caballero que resulta tener sangre india americana, suponía el arranque del gusto por un tipo de protagonista repetido con muchas variantes en todo el teatro romántico: el individuo de origen oscuro, rodeado de un secreto que no llega a desvelarse nunca, inseguro ante su identidad y con desequilibrio emocional, pero con sentimientos puros y nobles incluso hacia quienes lo maltratan –una psicología que se mantiene invariable durante toda la acción–, y al que acompaña siempre la mala suerte. Esto hace que aquí no sea ya el deber lo que entra en pugna con el amor, como en los dos dramas reseñados, sino el destino (D. L. Shaw*). Este fatalismo se combina con una conciencia de culpa que refuerza el peso del arrepentimiento cristiano, todo un "sentimiento de responsabilidad personal ante la Providencia" que, para algún crítico, es uno de los rasgos propios de la religiosidad de Rivas. Algunos de sus mejores parlamentos

---

[157] En "Un castellano leal", el conde de Benavente quema su palacio tras haber alojado en él, por orden de Carlos V, al condestable de Borbón, que fue un traidor. Los antiguos romances sobre Pedro I el Cruel se reavivan en "Una antigualla de Sevilla".

recuerdan claramente los del Segismundo de *La vida es sueño*: *¡Qué carga tan insufrible/ es el ambiente vital/ para el mezquino mortal/ que nace en signo terrible!*... La influencia calderoniana sería igualmente notable en *El desengaño en un sueño* (1842), drama de gran simbolismo filosófico-moral en el que Ángel Saavedra buscó el impacto en el público con una espectacular escenografía fantasmagórica que lo acercan al teatro de magia.

El ambiente medieval vuelve a imponerse en dos dramas que, escritos ambos en combinación de prosa y verso, obtuvieron un éxito inmediato: **El trovador**, de **Antonio García Gutiérrez** (Cádiz, 1813-1884), estrenado en marzo de 1836, y **Los amantes de Teruel** de Juan **Eugenio de Hartzenbusch** (Madrid, 1806-1880), en enero de 1837. Los dos autores estuvieron unidos en esta ocasión por su origen humilde y una misma vocación temprana por la escena que les llevó a sacrificios casi heroicos[158]. Hartzenbusch, que ya había refundido comedias del Siglo de Oro desde 1827, eligió rescatar ciertos ecos de una novela del *Decamerón*, así como del *Romeo y Julieta* de Shakespeare, al hacer su versión dramática de una leyenda local bastante conocida[159].

---

[158] Hartzenbusch fue todo un modelo de tenacidad para hacerse a sí mismo: hijo de una española y de un carpintero alemán, tuvo que abandonar sus estudios con los jesuitas para dedicarse al oficio del padre, tras serle confiscados a éste sus bienes por participar en la conspiración liberal del general Riego. Tras una época de penuria en la que gastaba sus pocos ahorros en libros y entradas de teatro, logró abrirse camino como periodista, y su tenacidad en el estudio (lenguas, filosofía, escenografía, etc.) le llevó a ser muy reputado como traductor y editor. Fue elegido académico en 1847 y desempeñó cargos culturales importantes como el de presidente del Consejo de Teatros en 1852, director de la Escuela Normal (1854) y de la Biblioteca Nacional entre 1862 y 1876, contando con una gran estimación entre sus contemporáneos hasta su muerte. Entre sus éxitos como dramaturgo figuran otros dramas históricos como *Doña Mencía* (1839), original enfoque sobre la Inquisición, *La jura de Santa Gadea* (1845), una nueva 'humanización' del Cid, y dos comedias de magia que contaron con numeras representaciones: *La redoma encantada* (1839) y *Los polvos de la madre Celestina* (1840).

[159] La leyenda turolense que le sirve de base mitifica la muerte de dos jóvenes nobles en el Teruel de 1217: Diego de Marcilla e Isabel de Segura, quienes, enamorados desde la infancia, se ven separados por imposición familiar debido a la diferencia de rango. A él se le da un plazo de cinco años para adquirir fortuna, por lo que inicia un peregrinaje lleno de avatares: una encarnizada lucha con infieles, la venganza de una mora despechada, un rival poderoso que le usurpa la novia justo cuando se va a cumplir el plazo, y un fingimiento de desdén por parte de ésta en el propio día de su boda

Por su parte, el argumento idealista de *El trovador*, otro drama que termina con la muerte trágica de los amantes, compartía muchos elementos con algunas de las *Novelas ejemplares* cervantinas; razón por la que Larra, quien hizo una elogiosa reseña de la obra, dijo que su plan era más propio de novela que de drama[160]. Lo más interesante es que el protagonista de García Gutiérrez condensaba a la perfección el sentimiento de enajenación del héroe al que fueron muy inclinados todos los románticos: el marginal frente a la sociedad, el proscrito, el hijo ilegítimo o el extranjero (ambas cosas era el Rugiero de Martínez de la Rosa), que además termina encarcelado. Esto explica el triunfo de la figura del bandido, por razones que había justificado muy bien el dramaturgo alemán F. Schiller mucho tiempo antes[161]. De ahí que las cuevas, las prisiones, los conventos o monasterios apartados –a veces con función de cárcel, como la que algunos conocieron por propia experiencia (vid. *infra*, n. 167)– suelan elegirse como escenarios reveladores del aislamiento e incomunicación del héroe (D. T. Gies), o de la inocencia injustamente castigada, como sucede en *El conde de Montecristo* (1844) de Dumas. El personaje del poeta incomprendido, como también lo era el Macías de Larra, permitía proyectar la propia sensación de marginalidad social del dramaturgo, y más en el caso de García Gutiérrez, que era un pobre desconocido cuando acudió al es-

---

que tendrá efectos mortales para ambos. En la escena final, ella termina (como Julieta) desplomada sobre el cadáver de su amante.

[160] El arranque del conflicto es, de nuevo, la imposibilidad de una unión por la diferencia de clase: una dama, Leonor, desobedece la orden de su hermano de casarse con quien no ama y está dispuesta a meterse en un convento para defender su amor por Manrique, un trovador de baja estofa; aparece una gitana hechicera que dice ser la madre de éste, lo que provocará varias anagnórisis en el desarrollo de la acción; el trovador es hecho prisionero al final y conducido al patíbulo, lo que termina siendo emblema de la condena injusta y del triunfo de la pasión hasta sus últimas consecuencias.

[161] A propósito de su obra *Los bandidos* (1779), Schiller hacía esta reflexión reveladora: *No sé cómo explicar el hecho de que simpaticemos tanto más cálidamente cuanto menos cómplices tenemos en ello; de que, a aquel a quien el mundo expulsa, le llevamos nuestras lágrimas al desierto, de que preferimos instalarnos con Crusoe en una isla solitaria a nadar en la opresiva muchedumbre del mundo. Esto es por lo menos lo que en esta obra nos ata a la inmoral horda de maleantes.*

treno de su obra[162]. Un contemporáneo de fines de siglo opinó que *El trovador* "respondía al grito de libertad que se escapaba de las entrañas sociales, sacudidas por el carlismo en armas", y Galdós iría aun más lejos al afirmar que el drama escondía "una médula revolucionaria dentro de la vestidura caballeresca", puesto que en él se enaltecía "al pueblo, al hombre desamparado de oscuro abolengo, hijo al fin de sus obras", mientras que las clases superiores aparecían como "egoístas, tiránicas, sin ley ni humanidad". Todo ello debió de influir para que Giuseppe Verdi convirtiera en ópera homónima, *Il trovatore* (1853), la obra de García Gutiérrez, al igual que la del Duque de Rivas le inspiró después *La forza del destino* (1862).

El halo de 'poeta maldito' rodeó también en sus orígenes a **José Zorrilla** (Valladolid, 1817-1893), cuando alcanzó fama tras leer unos versos en el entierro de Larra[163]. Significativos de su carácter románti-

---

[162] García Gutiérrez pertenecía a una familia modesta que le costea estudios de Medicina que él abandona pronto para dedicarse a las letras: primero como traductor y periodista, y luego como autor tras el inesperado éxito de *El trovador*. Es significativa la anécdota de que tuvo que pedir prestada una elegante levita a Ventura de la Vega para poder salir a saludar en el estreno de *El Trovador*. Su ideología progresista y su talante inquieto y bohemio le hacen probar fortuna en México y Cuba en 1844, y a su vuelta a España en 1850 escribió zarzuelas y otros dos interesantes dramas históricos: *La venganza catalana* (1864) y *Juan Lorenzo* (1865), ambientado en la Valencia de las Germanías, con un protagonista que se rebela contra la nobleza en búsqueda de libertad, pero que muere tras ser traicionado por los suyos. El dramaturgo intervino muy activamente en política durante las revoluciones de 1854 y 1868, a partir de la cual fue nombrado cónsul en Bayona y Génova.

[163] En el cortejo fúnebre que acompañó al cementerio el cadáver del suicida Mariano José de Larra, figuraba el joven Zorrilla, pequeño de estatura, de abundante melena y malvestido, quien se atrevió a ponerse al frente de todos al acabar el acto y pronunciar estos versos propios: *Ese vago clamor que rasga el viento/ es la voz funeral de una campana...* El entonces desconocido poeta que se había rebelado contra la autoridad paterna (su padre fue un severo magistrado carlista) abandonando sus estudios de Leyes para ser literato, siempre tuvo problemas económicos pese a sus muchos reconocimientos públicos, y se vio obligado a buscar mecenas, algunos tan destacados como una pareja de emperadores de México que tendría desastrado fin, del que dio cuenta en su largo poema *El drama del alma*. Durante sus estancias en París en 1845 y 1851 se relacionó con Dumas, Musset y Gautier. Pese a que él mismo se retrató a veces como un poeta improvisador "que procede como un don Juan literario que todo lo atropella", lo cierto es que "fue hombre solitario y laborioso, que llevó una vida aislada y entregada a su trabajo".

co son los títulos de varios de sus poemarios: *Cantos del trovador* (1841), *Granada. Poema oriental* (1852) o *Álbum de un loco* (1867). El primero de ellos contenía un alegato populista que parece adivinar el tono machadiano: ... *yo no hollaré con mis cantares/ del pueblo en que he nacido la creencia:/ respetaré su ley y sus altares*. El drama con el que se dio a conocer, *El zapatero y el rey* (en dos partes, 1841 y 1842), guarda relación con los planteamientos del *Hernani* de V. Hugo, al mostrar clara simpatía hacia el rey Pedro el Cruel, relegando su fama de arbitrario y demagogo en favor de su perfil de incomprendido por los nobles del momento. Sus interpretaciones personales de hechos medievales siguieron en *El puñal del godo* (1843), sobre la leyenda del rey don Rodrigo (vid. 1ª, nota 98). Su teatro está estrechamente vinculado a su interés por la narración de leyendas locales –género para el que estaba especialmente dotado–, en las que se hace recurrente el tema de la injusticia humana y la justicia divina, como en "El capitán Montoya". Al igual que en el caso de Hartzenbusch, no fue la invención en sí el 'fuerte' de Zorrilla, sino su facilidad para remodelar en verso viejos argumentos legendarios, como demostró en su famoso *A buen juez, mejor testigo*, por ejemplo, o, mejor aún, en *Traidor, inconfeso y mártir* (1849), obra de la que se sintió siempre muy orgulloso y que para algún crítico contiene "su mejor héroe romántico de origen oscuro y destino fatal"[164].

Despertaban especial atractivo en él las tramas con el componente de la profanación de lo sagrado, lo que hizo que recreara también la leyenda medieval de Margarita la Tornera, sobre la que existían antiguos romances, que narraban el caso de una monja seducida y abandonada después. Ahí es donde encontró la esencia del drama que le haría famoso: **Don Juan Tenorio**, estrenada en el Teatro de la Cruz en 1844. El hecho de que lo rotulara "drama religioso-fantástico" dice mucho de la fusión que el autor quiso hacer: el viejo tema del burlador tratado por Tirso de Molina (vid. 2ª, n. 366), y las versiones románticas que hicieron

---

[164] (V. Lloréns). La popularidad de su gran facilidad para hablar en verso se consolidó cuando hizo rimado su discurso de ingreso en la Academia en 1884. Zorrilla consideró siempre que su mayor altura como dramaturgo estaba en los dos primeros actos de esta obra y en el último de *El zapatero y el rey*. *Traidor, inconfeso y mártir* se basa en la leyenda del pastelero de Madrigal, Gabriel Espinosa, que se hizo pasar por el rey de Portugal, que había muerto en batalla en 1578, logrando hacer creer a todos que había resucitado.

Dumas, Byron en un poema memorable de 1824, y sobre todo Espronceda en *El estudiante de Salamanca*, donde está en germen todo el potencial dramático que supo aprovechar Zorrilla. Lo más original del *Don Juan Tenorio* es su construcción y su estilo. El dramaturgo vallisoletano establece un cuidado contraste entre la ambientación y el ritmo de las dos partes de la obra, que duran una noche cada una, aunque separadas por cinco años. En la primera, una hostería bulliciosa de Sevilla en 1545, donde dos caballeros comparan el número de mujeres que han seducido mientras juegan a los naipes −simbólica imagen del "universo caprichoso" en que está atrapado el héroe romántico (D. T. Gies), pero también del azar que lo gobierna todo−, y una pausada lentitud en la segunda, con los mismos personajes en un cementerio y un don Juan melancólico y enamorado. A diferencia de los tratamientos anteriores, el don Juan de Zorrilla no será un héroe impío de perfil satánico, sino sólo un crápula con fondo de bondad, que se acoge al concepto tradicional católico de la salvación por vía del arrepentimiento sincero, por lo que el último acto parece propio de un drama teológico del Siglo de Oro, robándole al argumento todo el sentido romántico trasgresor que tuvo en un principio. En su estilo, de "verso fácil y pegadizo", la crítica ha reconocido el mérito de conseguir que una serie de sentencias brillantes −... *Yo a las cabañas bajé/ yo a los palacios subí/ yo los claustros escalé,/ y en todas partes dejé/ memoria amarga de mí.*− se grabaran indeleblemente en la memoria durante generaciones[165]. Especialmente en el famoso diálogo entre don Juan y doña Inés: *¿No es verdad, ángel de amor/ que en esta apartada orilla/ más pura la luna brilla...* Inmortalizada dejó a una doña Inés virginal, sin atributos sensuales y envuelta en esa aura angélica que tendrán casi todas las amadas de los dramas y los poemas del momento, y que es la nueva *donna angelicata* que idolatraron los petrarquistas: *ángel consolador del alma mía*, dirá también don Álvaro a Leonor, y *ángel de luz* llamará Espronceda a Teresa (vid. *infra* n. 171, 177). La particularidad es que aquí las virtudes femeninas constantes en el drama romántico −la fidelidad y la ternura− tienen una extraordinaria capacidad redentora: *ella puede hacer un ángel/ de quien un demonio fue,* afir-

---

[165] A ello contribuyó definitivamente el hecho de que se fijara como tradición teatral que el *Don Juan Tenorio* fuera representación fija de todos los primeros de noviembre, en el Día de Difuntos.

mará don Juan. Y es que la visión de la mujer que tiene Zorrilla parece sostenida por la misma fe mariana que puso de manifiesto en sus leyendas: la Virgen como mediadora y amparo de caídos, sin que asome a su lado su antagonista, la mujer lasciva que incita al pecado. Una dualidad ésta que sí aparece, en cambio, en los principales poetas románticos, quienes se atrevieron a exponer, en toda su contradicción interna, una de las mitificaciones masculinas que más ha pervivido a lo largo del tiempo, según confirman muchos ejemplos de la literatura universal desde muy distintas estéticas.

Espronceda y Bécquer, líderes de poetas románticos

Se ha escrito que a España llegó la versión más superficial del Romanticismo, y que esto es aún más patente en la poesía lírica, pero, a tenor de lo expuesto en epígrafes precedentes, no es en absoluto algo incontestable. Lo evidente es que entre los poetas españoles de la primera mitad del siglo XIX no cabe encontrar un consistente grupo tan magnífico como el que forman, entre otros, F. Hölderlin, H. Heine y F. Hardenberg ('Novalis') en Alemania; Lamartine, De Vigny o De Musset en Francia; y, por supuesto, Byron, Coleridge, Wordsworth, Keats y Shelley en Inglaterra. Sólo este hecho mueve a concluir que, a diferencia de otros siglos, la poesía española decimonónica no pudo competir en originalidad ni en profundidad con los textos que se escribían en los países vecinos. Sin embargo, cabría objetar que hubo un importante número de poetas que pasó injustamente desapercibido, bien porque se difundieron sólo en efímeras páginas de prensa, bien porque, aun siendo autores ya reconocidos, su producción dramática eclipsó su lírica, como ocurre con Ángel Saavedra, Duque de Rivas (*supra*, n. 156), autor de hondos poemas sobre el exilio y el tiempo comparables a los de muchos poetas metafísicos ingleses y alemanes de la época[166].

---

[166] Véanse sus poemas "El tiempo", "Brevedad de la vida", "El sol poniente" o "El otoño". Más valiosos aún son los poemas que Ángel Saavedra escribió durante su largo exilio, como "El faro de Malta" o "El desterrado", en el que

En cualquier caso, a la altura de los poetas europeos arriba mencionados merece situarse **José de Espronceda** (Badajoz, 1808-1842), de vida tan breve e intensa como la de Larra (y aun más novelesca, si cabe), que puede bien considerarse nuestro primer gran 'poeta comprometido'[167]. El romanticismo como expresión de una fuerte rebeldía es lo que representa este poeta que empezó siendo conocido entre sus contemporáneos por sus exaltados poemas políticos, ampliamente difundidos antes de ser publicados. Por ejemplo, los titulados "Guerra", leído en una 'función patriótica' del Teatro de la Cruz en 1835: *¡Al arma! ¡al arma! ¡mueran los carlistas!/ y al mar se lancen con bramido horrendo/ De la infiel sangre caudalosos ríos...*, o los dedicados "A la muerte de Torrijos y sus compañeros" y "Al dos de mayo" (1840): *... Hombres, mujeres vuelan al combate;/ El volcán de sus iras estalló:/ Sin armas van; pero en sus pechos late/ Un corazón colérico español...* Poemas que resultan toda una apología revo-

---

[167] medita sobre el estado del país bajo la tiranía de Fernando VII, haciéndose eco de las vivencias del expatriado con una intensidad lírica que sólo encontrará parangón en los poetas españoles del siglo XX exiliados por causa del franquismo.
José de Espronceda y Delgado nació por azar en Almendralejo (Badajoz) en marzo de 1808, debido a un traslado del regimiento de su padre, un sargento de posición acomodada. Durante su adolescencia asiste unos pocos años al Colegio de San Mateo (*supra*, n. 143) y presencia el ahorcamiento del general liberal Riego en noviembre de 1823, un hecho que conmocionó al país y que a él le lleva a fundar, con un grupo de amigos "Los Numantinos", una asociación secreta que fue delatada como "terriblemente conspiradora", por lo que en 1825 cumplió unos meses de prisión en un convento de Guadalajara, y que hizo que el poeta siguiera despertando sospechas entre las autoridades españolas en cada uno de sus viajes. En 1827 se exilia por propia voluntad en Lisboa y poco después en Londres, donde inicia una turbulenta relación sentimental con Teresa Mancha (hija de exiliados liberales), que le inspirará algunos de sus mejores versos. Entre 1829 y 1831, el poeta recorre varios países europeos implicándose en diversas intentonas revolucionarias, llegando a luchar en las barricadas parisinas en julio de 1830. A su vuelta a España, en 1833 (acogido a un decreto de amnistía, como el Duque de Rivas), se instala en Madrid, ingresa en la Milicia Nacional como forma de ganarse la vida y se hace activista de la sección más izquierdista del partido liberal, mientras publica valientes artículos en periódicos como *El español*, que revelan la radicalización de sus ideas político-sociales y literarias. cuando ejerció 1841 es nombrado secretario de Legación en los Países Bajos, y en 1842, cuando ejercía como diputado parlamentario, murió repentinamente por una angina de garganta.

lucionaria en un momento en que Espronceda, a diferencia de la mayoría de su generación, había radicalizado sus ideas políticas. De esa misma etapa parece ser el poema meditativo "A la degradación de Europa", cuyos endecasílabos muestran la misma visión apocalíptica de la que participaron varios poemas suyos:

> *Cuando la voz en ti ya no retumba,*
> *vieja Europa, del héroe ni el profeta,*
> *ni en ti refleja su encantada lumbre*
> *del audaz entusiasmo del poeta,*
> *yerta tu alma y sordos tus oídos,*
> *con prosaico afanar en tu miseria,*
> *arrastrando en el lodo tu materia,*
> *sólo abiertos al lucro tus sentidos,*
> *¿Quién te despertará? ¿Qué nuevo acento,*
> *cual la trompeta del extremo día,*
> *dará a tu inerte cuerpo movimiento*
> *y entusiasmo a tu alma y lozanía?* [...]
> *¿Qué importa, si provoca*
> *mi voz la befa de las almas viles,* [...]
> *Yo cantaré: la humanidad me escucha...*

Es difícil la datación de sus textos, salvo en el caso de los escritos durante su exilio londinense, como el poema "A la patria" (1829), aún de reminiscencias clásicas, y "La entrada del invierno en Londres", en el que se le reconoce ya una moderna sensibilidad, de interesante cotejo con lo escrito por Luis Cernuda en similar circunstancia, un siglo después. Se sabe que hacia 1830, mientras satirizaba la vacuidad de la lírica neoclásica y escribía algún cuento fantástico[168], tomó Espronceda por modelos los poemas osiánicos (*supra*, n. 150). De ahí surgió su espléndi-

---

[168] El cuento llevaba por título "La pata de palo" y trataba de la desaparición de un comerciante al ser arrastrado por la pierna de madera que le había elaborado un tal Mr. Wood. Lo publicó en la revista *El artista* (1835-1836), donde apareció también "El pastor Clasiquino", una feroz diatriba contra el bucolismo neoclásico y la poesía de Meléndez, en particular. Allí empezó a divulgarse también por entregas la más famosa de sus obras, *El estudiante de Salamanca* (vid. *infra*).

do "Himno al sol", un poema filosófico en el que él mismo se proyecta —*ardiente como tú mi fantasía*— con dos sentimientos típicamente románticos: el anhelo de lo eterno, y una egocéntrica identificación con los astros solitarios del cosmos, presente también en su elegía "A una estrella"[169]. Como el mar en tantos poetas románticos, es el desierto una de sus imágenes preferidas para definir su estado anímico más constante: *Mi alma yace en soledad profunda/ Árida, ardiente, en inquietud continua,/ Cual la abrasada arena del desierto/ Que el seco viento de la Libia agita...* ("Soledad del alma").

Sus **Poesías líricas** se publicaron en 1840, un momento en el que empieza a darse en España un auténtico aluvión de libros poéticos. En su mayoría revelaban una gran influencia de Byron, a quien Espronceda consideraba el mejor poeta de Europa, como en el caso de sus famosos "Canto del cosaco" y la "Canción del pirata", que fueron lectura obligada de las antologías escolares hasta mediados del siglo XX. Mayor originalidad revisten otros poemas suyos menos conocidos como "La vuelta del cruzado", por ser hispanización de un tema que fascinó a varios escritores de la época. A Byron suele atribuirse también la inspiración de sus poemas 'humanitarios', escritos desde la simpatía por todos los despreciados y los desprotegidos, como "El reo de la muerte", "El verdugo", "El mendigo" o su patético "Cuadro del hambre" —*es pecado la riqueza*, dice desde sus convicciones casi anarquistas—, aunque no puede obviarse en este caso la deuda con los pioneros poemas sociales de Meléndez Valdés[170]. En todos esos poemas suele dominar el tono elevado, las continuas exclamaciones e interrogaciones, acompañadas de rimas con acentuación aguda y adjetivos que dan prioridad a los efectos sonoros y a las sensaciones perturbadoras del ánimo, pues Espronceda, como su coetáneo italiano G. Leopardi (1798-1837), buscó siempre el impacto en el lector a través de una poesía que hablara directamente a

---

[169] *¿Quién eres tú, lucero misterioso,/ Tímido y triste entre luceros mil,/Que cuando miro tu esplendor dudoso,/ Turbado siento el corazón latir? [...] Luciste acaso, mágico lucero,/ Protector del misterio y del placer./ Y era tu voz voluptuosa y tierna/ La que entre flores resbalando allí/ Inspiraba en el alma un ansia eterna/ De amor perpetuo y de placer sin fin...*

[170] Véase el poema de Meléndez citado en el capítulo anterior. Espronceda dictó en el Liceo madrileño unas lecciones de literatura moderna en 1839 en las que defendió precisamente la poesía como expresión de la conciencia social.

los sentidos. En cuanto a su poesía amorosa, una de sus principales aportaciones es que supone la acuñación en España de un vocabulario que llegó a convertirse pronto en cliché, al igual que ocurrió en su día con el vocabulario del amor cortés, que parece seguir resonando en versos como éstos: ... *Tú mi divinidad: yo a ti rendido,/ extático en tu faz miro mi cielo...*[171] Varios de sus poemas ponen de manifiesto los enormes contrastes que se dieron en el tratamiento romántico de la figura femenina, que volvió a ocupar el lugar preeminente que tuvo en de la poesía petrarquista. La diferencia es que para los poetas románticos las amadas no parecen importar ya tanto como mujeres de carne y hueso en sí, sino como "el intento de llenar con el amor humano el vacío dejado por la desaparición de la fe en la religión o en la razón" (D. L. Shaw*). Se da entonces una polaridad en la visión de la mujer –la máxima pureza o la corrupción personificadas (*infra*, n. 177)– de la que es buen ejemplo el poema titulado "A Jarifa en una orgía", un íntimo monólogo del poeta ante la prostituta en el burdel, como única confidente posible y la más cercana para comprender su rotunda desilusión ante el mundo. Nótese que alguna estrofa podría perfectamente ser de Quevedo, y alguna otra de Lope de Vega (uno de los mejores poetas románticos *avant la lettre* de la literatura universal), pues compartieron con Espronceda un ideal de plenitud, de vida intensa, que justifica la frecuente expectativa de 'placer' que hay en sus textos:

> *¿Por qué murió para el placer mi alma,*
> *y vive aún para el dolor impío?*
> *¿Por qué si yazgo en indolente calma,*
> *siento en lugar de paz, árido hastío?*
> [...]

---

[171] La metáfora de la cara y toda la presencia femenina como luna iluminada es muy antigua entre poetas orientales, y particularmente entre árabes y persas, por lo que resulta una prueba más de la universalidad de la *tópica* que consideramos 'romántica'. Espronceda vuelve sobre ella en varios pasajes de *El estudiante de Salamanca*: ¡*Una mujer! ¿es acaso/ Blanca silfa solitaria,/ Que entre el rayo de la luna/ Tal vez misteriosa vaga?* (parte II). *Un rostro de un ángel que vio en un ensueño,/ Como un sentimiento que el alma halagó,/ Que anubla la frente con rígido ceño,/ Sin que lo comprenda jamás la razón.* [...] *Tal vimos al rayo de la luna llena/ Fugitiva vela de lejos cruzar,/ Que ya la hinche en popa la brisa serena,/ Que ya la confunde la espuma del mar* (parte IV).

Yo me lancé con atrevido vuelo
fuera del mundo en la región etérea,
y hallé la duda y el radiante cielo
vi convertirse en ilusión aérea.
[...]
Mujeres vi de virginal limpieza
entre albas nubes de celeste lumbre;
yo las toqué, y en humo su pureza
trocarse vi, y en lodo y podredumbre.

Y encontré mi ilusión desvanecida
y eterno e insaciable mi deseo.
Palpé la realidad y odié la vida:
sólo en la paz de los sepulcros creo.

Los dos poemas mayores de Espronceda, que guardan estrecha relación entre sí, se dirían, antes que nada, amplias glosas de ese mismo sentimiento de decepción. **El estudiante de Salamanca**, texto de composición dilatada –se divulgó fragmentariamente entre 1835 y 1839, pero no se publicó completo hasta 1840–, es una de las mejores muestras del gusto por las leyendas en verso que se extendió por toda Europa, y que en España, además del Duque de Rivas, Hartzenbusch, y Zorrilla, contó además con otros excelentes cultivadores hoy olvidados[172]. En este extenso poema (casi dos mil versos) de gran variedad métrica, dividido en cuatro partes, Espronceda fundía en realidad dos

---

[172] Entre ellos, Juan Arolas (Barcelona, 1805-1849), un sacerdote de ideología liberal que escribió *La sílfida del acueducto* (1837) actualizando una leyenda antigua para hacer un original ataque a la clausura monacal, y que un crítico de fines de siglo definió como "una apoteosis del amor sacrílego... una flecha lanzada contra el alcázar de las viejas instituciones" en la que el autor se muestra como "un anarquista sentimental". Fue autor también de una notable obra lírica que se publicó con el título de *Poesías religiosas, orientales, caballerescas y amatorias* (1860). *Las Leyendas españolas* de José Joaquín de Mora (Cádiz, 1763-1864) fueron escritas en su mayor parte en Bolivia, durante la larga etapa del autor en Hispanoamérica, y se editaron por primera vez en París y Cádiz en 1840. Mora fue un escritor y político brillante, famoso por su calidad como articulista, traductor y crítico literario, así como uno de los intelectuales españoles de mayor proyección internacional de su siglo.

leyendas sobre personajes del siglo XVII –el estudiante Lisardo y Miguel Mañara, un famoso libertino sevillano luego arrepentido–, para contar la historia de D. Félix de Montemar, un joven aristócrata engreído y corrupto[173]. Su protagonista tenía rasgos de un héroe convencional de comedia de capa y espada, pero reconvertido en símbolo de la soberbia que entusiasmó a los románticos más arrojados: la del *alma rebelde que el temor no espanta,/... que en su ansiedad quebranta su límite a la cárcel de la vida*, que se atreve a desafiar a Dios y al mundo, sin acatar jamás el arrepentimiento aunque termine perdido en las tinieblas eternas[174]. Espronceda sitúa a sus personajes dentro de ambientes vagos e imprecisos, en juegos de luces y sombras –con un sabio manejo de la adjetivación para acentuar los contrastes–, presentándolos como 'visiones' o 'fantasmas de su mente', como los denominará también Bécquer en sus *Leyendas*. Aquí aparece, en concreto, una Salamanca desértica, de *tristes calles, plazas solitarias, arruinados muros*, en la que las torres góticas se animan como espectros, según una estética funeraria netamente romántica que aprovecha la antigua fama nigromántica de la ciudad: ... *Era la*

---

[173] Así lo retrata en un romance: *Segundo don Juan Tenorio/ Alma fiera e insolente,/ Ingenioso y valiente,/ Altanero y reñidor:/ Siempre el insulto en los ojos/ En los labios la ironía,/ Nada teme y todo fía/ De su espada y su valor...* La figura de Miguel Mañara (Sevilla, 1627-1679) –en la versión primitiva lo llamaba "nuevo don Juan Marana"–, había inspirado antes la novela *Las almas del Purgatorio* (1834) de P. Merimée, y el drama de Alejandro Dumas *Don Juan Marana o la caída de un ángel* (1836). Un siglo después inspiraría también una pieza teatral de los hermanos Machado.

[174] La segunda parte presenta a Elvira, la enamorada engañada por el estudiante, llorosa y deshojando flores marchitas, que *sueña en su locura* y muere dejando un mensaje lleno de lamentos a su amado. La parte tercera es un cuadro dramático en el que aparece don Félix y seis jugadores más, entre los que el galán se apuesta el retrato de su dama; entra embozado don Diego de Pastrana, hermano de ésta, y se establece el reto a duelo; Espronceda resalta el motivo de la corazonada y el azar. En la parte IV don Félix mata a don Diego y vaga después por las calles, en las que se le aparece una dama tapada, visión que él interpreta de forma supersticiosa, y a la que decide seguir por toda la ciudad. Por una escalera de caracol Montemar cae a un abismo, a lo que sigue una escena macabra, con estrépito de griteríos, llantos y choques de cráneos. Entre un corro de esqueletos, la dama se ha convertido también en una *sórdida calavera*, cuyo espectro aprisiona a don Félix en una especie de lazo conyugal mortuorio, mientras D. Diego se alegra de esta boda *post mortem*. El poema se cierra con la llegada de la luz del día y el desvanecimiento del misterio y la irrealidad de la noche.

hora en que acaso/ temerosas voces suenan/ informes, en que se escuchan/ tácitas pisadas huecas,/ y pavorosos fantasmas/ entre las densas tinieblas,/ vagan y aúllan los perros/ amedrentados al verlas:/ en que tal vez la campana/ de alguna arruinada iglesia/ da misteriosos sonidos/ de maldición y anatema/ que los sábados convoca/ a las brujas a su fiesta... De su construcción merece elogio la agilidad que da al transcurso de la historia, con las elipsis y las expectativas dramáticas justas para que no decaiga en ningún momento el interés del lector. Entre los motivos más típicos del gusto romántico: la carta que se deja escrita antes de morir (como hace la Julia del poema de Byron), la dama misteriosa que se percibe como espectro, la amada velada que alberga un esqueleto fundiéndose así con la propia muerte (imagen que ya estaba en el viejo romancero medieval), y, por fin, el motivo del seductor que asiste a su propio entierro, que ya se contaba en una famosa miscelánea del siglo XVI (vid. 2ª, n. 58). Todo ello contribuye a desarrollar una idea central en el pensamiento de Espronceda: la de que cualquier afán de alcanzar la belleza o la felicidad conduce al desencanto –*¡Ay! el que descubre por fin la mentira;/ ¡Ay! el que la triste realidad palpó...* (parte IV)–, porque la experiencia todo lo degrada, especialmente la relación amorosa. En esta parte final, los endecasílabos de más carga emocional son aquéllos en los que el poeta expresa el lamento del hombre ante la triste realidad del mundo. En ellos resuenan los famosos versos de Calderón: *Mundo de sombras, vida que es un sueño.../ Mundo, vaga ilusión descolorida/ de nuestro mudo y vaporoso ensueño...*; del mismo modo que los de *La dama duende* resuenan en el seguimiento de la dama misteriosa por la ciudad. La Elvira del poema será, en su idílica caracterización –delicadeza extrema, blancura externa y candidez interior– la encarnación de una ilusión que pasa muy rápido, comparable a una visión fugaz que hace tomar conciencia de lo efímero que es todo en la vida: *También la esperanza blanca y vaporosa/ así ante nosotros pasa en ilusión* (parte IV). Lo único que vale es el *carpe diem*, porque después sólo cabe la decepción, y es ahí donde se justifica plenamente entonces la identificación del poeta con el donjuanesco burlador.

De más compleja lectura es **El diablo mundo**, que comenzó a escribir en 1839 y publicó en 1841, un título de gusto barroco (usando un sustantivo con valor de epíteto) para un poema alegórico de cambiantes ritmos y tonos, particularmente difícil de definir. Su ambientación de ultratumba, que se abre con un coro de demonios, entre truenos, gemidos y *bramidos hórridos*, parece inspirada en los aquelarres goyescos

—*Vago enjambre de vanos fantasmas,/ De formas diversas, de vario color,/ En cabras y sierpes montados y en cuervos,/ Y en palos de escobas con sordo rumor...*—, pero también en la "Sinfonía fantástica" de H. Berlioz, a cuyo estreno se sabe que asistió impresionado Espronceda en 1830. Se detectan en él influencias muy variadas, tanto en su planteamiento formal, con continuas digresiones de tono escéptico y agrio, de diseño típicamente byroniano, como en su base filosófica: desde los *Sueños* de Quevedo y *La vida es sueño* de Calderón[175], hasta el *Fausto* de Goethe o *El ingenuo* de Voltaire. El poema ha llegado hasta nosotros en estado inacabado: una introducción y seis cantos, con fragmentos solamente del séptimo, por lo que queda abierto e ignoto su final. Todo hace pensar que Espronceda lo escribió sin plan fijo, pero resulta sumamente coherente dentro del escepticismo radical y la visión trágica que caracterizó la etapa de madurez de Espronceda: esos *malditos treinta años,/ funesta edad de amargos desengaños*, que menciona en algún momento el poema y que le hacen querer ser "para siempre joven e inmortal". El espíritu del hombre en sus distintas edades protagoniza un argumento que aspiraba a la universalidad del mito: en el canto I, un hombre viejo y abatido medita sobre el enigma de la vida y la triste condición humana, como otro Segismundo calderoniano, mientras recibe la visita de la muerte, cual *vaporosa sombra*, y del amor, *llama creadora del mundo*. Pero en el canto III se transforma en un joven y cándido Adán que se va encontrando con personajes y escenarios urbanos reales, y que algún estudioso propone leer como "las andanzas de un simbólico 'hombre nuevo', desnudo e inocente en medio de la ciudad moderna" (J. M. Valverde). El canto IV prolonga ese realismo y presenta al joven encerrado en una cárcel, enamorado de la bella Salada y recibiendo amonestaciones del padre de ella; y en el canto siguiente, en cambio, es en un ambiente tabernario donde aparece ese mismo Adán como un héroe romántico más, que pide un caballo para su *frenético correr*, símbolo de un ansia de libertad que terminará, por supuesto, en desilu-

---

[175] ... *Un sueño es lo presente de un momento,/ Muerte es el porvenir, lo que fue, un cuento!/ Los siglos a los siglos se suceden,/ En la vejez sus cálculos se estrellan,/ Su pompa y glorias a la muerte ceden;*[...] *¡Y es la historia del hombre y su locura/ Una estrecha y hedionda sepultura!/ ¡Oh, si el hombre tal vez lograr pudiera/ Ser para siempre joven e inmortal,...*

sión[176]. El canto VI del *Diablo mundo* contiene demasiados elementos dramáticos inconexos (como el cadáver de una niña, que pone al protagonista ante la evidencia del destino injusto), entre los que merece destacarse la irrupción de una voz *vaga, y misteriosa* que sale de una colosal figura negra, tal vez representación de la dignidad humana ante un dios maligno, que exclama: *Yo siempre marcho contigo:/ y ese gusano que roe/ tu corazón, esa sombra/ que anubla tus ilusiones,/ soy yo, el lucero caído,/ el ángel de los dolores,/ el rey del mal, y mi infierno/ es el corazón del hombre...* Es el misterio que entra por el oído –*voz secreta que sólo el alma recogida entiende*– hacia el que se ha inclinado todo talante romántico de cualquier país y siglo, desde los antiguos autores de baladas y romances medievales al Lope de *El caballero de Olmedo* o el Bécquer de las *Leyendas* (*infra*, n. 235).

El problema de la interpretación global del poema surge de la ambigüedad con la que se presenta el propio poeta, quien cruza varias voces: la del "artista-filósofo-vidente romántico" y la del "narrador irónico", que de forma sarcástica "cuestiona la validez y la sinceridad de sus actitudes rebeldes y angustiadas" (D. L. Shaw*). La única parte clara, y también la más lírica, es su canto II, que contiene el famoso **"Canto a Teresa"**, en el que Espronceda hace un melancólico recuento de su relación amorosa con la amada recientemente fallecida, que en el presente le atormenta: *¿Por qué volvéis a la memoria mía,/ Tristes recuerdos del placer perdido,/ A aumentar la ansiedad y la agonía/ De este desierto corazón herido?...* Y tal vez sea en la evolución de su tono elegíaco donde haya que buscar la motivación profunda de todo el poema. Su carácter de homenaje se revela en la estrofa elegida, la heroica octava real, en cuyos elegantes endecasílabos hay claros ecos garcilasianos: *¿Quién pensara jamás, Teresa mía,/ Que fuera eterno manantial de llanto/ Tanto inocente amor, tanta alegría/... Angélica, purísima y dichosa,/ Y oigo tu voz dulcísima, y respiro/ Tu aliento perfumado en tu suspiro...* El amor se presenta ligado a lo mejor de la juventud, como fuente de ilusión, de energía y de frescura: *Yo amaba todo: un noble sentimiento/ Exaltaba mi ánimo,/ y sentía/ En mi pecho un secreto movimiento...* Pero muy pronto los versos nostálgicos dejan paso a la conciencia del desengaño y, en un tono muy similar al del cita-

---

[176] Algún estudioso repara en el hecho curioso de que aunque "todo es ardientemente romántico" en este canto, el adjetivo sólo se usa de forma irónica, puesto en boca de una moza del pueblo, una 'manola' que se burla de los enamorados Adán y Salada exclamando: *¡Qué par! ¡La romántica!*

do poema "A Jarifa", el poeta llega al reproche más duro, poniendo en tela de juicio incluso la honestidad y el sentimiento maternal de quien durante un tiempo fue su gran pasión[177].

Es precisamente en ese "Canto a Teresa" y en la lírica de Espronceda, en general, donde debe buscarse la inspiración inicial de **Gustavo Adolfo Bécquer** (Sevilla, 1836-1870), quien, tras una corta vida al margen de la fama, llegó a ser el más leído de los poetas románticos españoles[178]. El carácter renovador de su obra, tanto en poesía como en prosa, no puede explicarse sin las que fueron sus dos grandes aficiones artísticas: la pintura y la música. No sólo por estar especialmente dotado para ambas —tocaba varios instrumentos y era capaz de improvisar

---

[177] Pese al dolor que le produjo a Espronceda ver a su amada Teresa amortajada —murió tísica y sola en una casa próxima a la suya en 1839−, parece reprocharle finalmente su matrimonio por interés y el abandono de sus hijos: *Tú fuiste un tiempo cristalino río,/ Manantial de purísima limpieza;/ Después torrente de color sombrío,/ Y estanque, en fin, de aguas corrompidas,/ Entre fétido fango detenidas/... Mas, ¡ay!, que es la mujer ángel caído/ O mujer nada más y lodo inmundo, [...] Sola y envilecida, y sin ventura, / Tu corazón secaron las pasiones;/ Tus hijos, ¡ay!, de ti se avergonzarán/ Y hasta el nombre de madre te negarán. [...] ¿Quién, quién pudiera en infortunio tanto/ Envolver tu desdicha en el olvido...* Ese mismo Espronceda implacable es el que escribe en otro lugar: *La mujer es una ilusión que, una vez conocida, queda degradada por la experiencia,* frase que podría haber suscrito el mismísimo Quevedo.

[178] Adolfo Claudio Domínguez Bastida fue el quinto hijo de un pintor con antepasados flamencos establecidos en Sevilla en el siglo XVI, de quienes él y su hermano Valeriano tomarían el apellido artístico de Bécquer. Al perder a su padre con sólo cinco años, los discípulos de éste le adiestraron en el aprendizaje de la pintura, y al quedarse totalmente huérfano seis años más tarde quedó bajo la tutela de su madrina sevillana, en cuya nutrida biblioteca (actualizada con ediciones de los románticos europeos) fue despertándose su afición poética. En 1854 se traslada a Madrid para intentar hacer carrera literaria, donde pasó años de apuros económicos, colaborando en varios periódicos y en libretos para zarzuela que firmaba bajo pseudónimo. En 1860 se hace articulista fijo de *El Contemporáneo*, periódico conservador del que llegó a ser director (como en 1870 lo sería también de *La Ilustración de Madrid*), y en 1864 empieza a mantener a su mujer y sus tres hijos trabajando como censor de novelas, cargo bien remunerado que ejerció de forma intermitente según la suerte política del ministro que lo respaldaba. Su infeliz matrimonio se disolvería cuatro años más tarde. La débil salud del poeta, a raíz de una sífilis contraída en 1858 y una tuberculosis de la que nunca llegó a curarse, le hizo morir de un simple resfriado por viajar a la intemperie en un ómnibus madrileño una fría mañana invernal.

bocetos de todo tipo–, sino porque ellas fueron las que marcaron esencialmente su poética. Una concepción de la poesía de inspiración platónica basada en la idea de que el mérito del poeta "no pertenece al campo de la expresión sino de la captación de lo inexpresable", por lo que su principal reto consiste "en luchar con las insuficiencias del lenguaje." (G. G. Brown). En Bécquer está arraigada la conciencia de que escribir es un don especial que brota del alma y que al mismo tiempo pretende sondearla, captando sensaciones veladas a la mayoría de los mortales. Pero no como un arrebato momentáneo –*Cuando siento no escribo*–, sino como producto de un momento sereno en el que el espíritu, *revestido de un poder sobrenatural*, evoca esos posos que quedan en el recuerdo, las impresiones que le han dejado huella: el poeta es para él uno de esos pocos seres privilegiados a los que *les es dado el guardar, como un tesoro, la memoria viva de lo que han sentido*. Bécquer nos legó interesantes reflexiones sobre esa preocupación tan esencialmente romántica que es la inspiración poética y su naturaleza, y que definió así en verso: *Actividad nerviosa/ que no halla en qué emplearse;/ sin riendas que le guíe/ caballo volador./ Locura que el espíritu/ exalta y desfallece;/ embriaguez divina/ del genio creador* (rima III). Reiteradamente declara que sus creaciones surgen del "monstruoso maridaje" entre "el insomnio y la fantasía", y que son como "fantasmas sin consistencia" en un limbo del que intenta rescatarlos, intentando vanamente darles una perfecta forma[179].

Precisamente una de las aportaciones que resultan más 'modernas' en Bécquer es su idea de que en la expresión artística hay siempre algo de inabarcable o inasible, porque lo genuinamente poético es el sentimiento puro y "no hay cifra capaz de encerrarle"; de ahí su escepticismo ante los juicios de los críticos. Lo expuso claramente en sus **Cartas literarias a una mujer**, que contienen claves fundamentales para entender su concepto de la poesía, y que redactó en 1860, fecha de inicio

---

[179] *Por los tenebrosos rincones de mi cerebro, acurrucados y desnudos, duermen los extravagantes hijos de mi fantasía, [...] mi musa los concibe y pare en el misterioso santuario de la cabeza, poblándola de creaciones sin número, a las cuales ni mi actividad ni todos los años que me restan de vida serían suficientes a dar forma. Pero, ¡ay, que entre el mundo de la idea y el de la forma existe un abismo que sólo puede salvar la palabra, y la palabra tímida y perezosa se niega a secundar sus esfuerzos! Yo quisiera forjar para cada uno de vosotros una maravillosa estrofa tejida de frases exquisitas, en las que os pudiérais envolver con orgull,... ¡Mas es imposible!* ("Introducción sinfónica" a las *Rimas*).

de su etapa más productiva y también de su interés por el género epistolar[180]. Sin pretensión de hacer teoría sistemática, son sin duda los textos más lúcidos de Bécquer sobre la creación poética –uno de sus grandes motivos de meditación desde su llegada a Madrid– en un intento por explicar la conexión entre lo que considera más inefable: la poesía y el amor, fenómenos igualmente misteriosos para él. Entre las originalidades de esas páginas se encuentra la justificación, aunque velada, de la obsesión por lo virginal que se dio en aquellos románticos: la virgen es emblema de lo ignoto que es la propia poesía, pero también del misterio que encierra el propio poeta para los demás, por lo que ambos se identifican, significativamente, con el término 'santuario'[181]. Todo arranca de una pregunta que supuestamente le hace la amada, y que recogió en unos de los versos que le hicieron más famoso: *¿Qué es poesía?, dices mientras clavas/ en mi pupila tu pupila azul;/ ¡Qué es poesía! ¿Y tú me lo preguntas?/ Poesía... eres tú.* (rima XXI). La respuesta del poeta se diría todo un homenaje a una supuesta 'esencia' del ser femenino: *La poesía eres tú, te he dicho, porque la poesía es el sentimiento, y el sentimiento es la mujer. La poesía eres tú, porque esa vaga aspiración a lo bello que la caracteriza, y que es una facultad de la inteligencia en el hombre, en ti pudiera decirse que es un instinto.* [...] *En la mujer la poesía está como encarnada en su ser, su aspiración, sus presentimientos, sus pasiones y su destino son poesía: vive, respira, se mueve en una indefinible atmósfera de idealismo que se desprende de ella, como un fluido luminoso y magnético: es, en una palabra, el verbo poético hecho*

---

[180] Son cuatro cartas que fue publicando entre diciembre de ese año y abril de 1861, y deben relacionarse con los epistolarios de otros muchos autores europeos de finales del XIX y principios del XX (desde filósofos a poetas y novelistas) que revelaron lo más profundo de su personalidad y de sus ideas estéticas en cartas personales a una mujer. De muy distinto carácter son, sin embargo, las *Cartas desde mi celda*, que contienen la mejor prosa de Bécquer (*infra*, n. 237).

[181] Al principio pone en boca de ella estas palabras: ...*Yo deseo saber lo que es la poesía, porque deseo pensar lo que tú piensas...penetrar, por último, en ese misterioso santuario en donde a veces se refugia tu alma, y cuyo dintel no puede traspasar la mía...* Y en la carta IV describe así las estatuas bajo las bóvedas que descubre al recorrer una capilla de Toledo: ...*Vírgenes solitarias, austeros cenobitas, mártires esforzados, que, como yo, arrastraron una existencia oscura y miserable, solos con sus pensamientos y el ardiente corazón inerte bajo el sayal, como un cadáver en su sepulcro.*

carne [182]. Sin embargo, este discurso –que muchos autores de la época compartían– está sostenido por la creencia de que "la poesía verdadera y espontánea" es algo "que la mujer no sabe formular, pero que siente y comprende mejor que nosotros"; una idea que, sin duda, hubiera sido poco aceptable por aquellas poetisas coetáneas que llevaban años intentando hacerse oír en los círculos madrileños que él mismo frecuentaba (vid. *infra*, nota 193).

Aunque Bécquer empieza a escribir muy pronto (de 1859 es su primera rima, "Tu pupila es azul"), su obra poética no fue recopilada hasta 1871, cuando los amigos que ejercieron de albaceas tras su muerte deciden publicarla bajo el título de **Rimas** en los dos tomos antológicos de sus *Obras*, con una ordenación y unas enmiendas totalmente ajenas al criterio del autor[183]. Son un conjunto de ochenta y seis poemas, con predominio de la estrofa breve, cuya formulación recuerda las canciones de Manrique y Garcilaso, de quien Bécquer, como Espronceda, hereda el gusto por la combinación de endecasílabos y heptasílabos al modo de la lira clásica. Pero, al mismo tiempo, su estructura evoca el funcionamiento de la copla popular (la seguidilla, etc.), por su predilección por el verso corto de gran condensación expresiva y juegos de repeticiones, con rima

---

[182] El amor es para Bécquer, igual que para los viejos trovadores provenzales, la causa última de *este divino arranque de entusiasmo, de esta vaga y melancólica aspiración del alma, que se traduce al lenguaje de los hombres por medio de sus más suaves armonías.* Pero le dice a la amada que todos los intentos por definirlo son vanos: *Recógete dentro de ti misma, y si es verdad que lo abrigas en tu alma, siéntelo y lo comprenderás, pero no me lo preguntes.* En la última carta añadirá: ... *Que poesía es, y no otra cosa, esa aspiración melancólica y vaga que agita tu espíritu con el deseo de una perfección imposible.*

[183] Bécquer sólo llegó a ver divulgadas sueltas quince de sus rimas en la prensa, y es complejo el problema de la transmisión de todos sus escritos. El manuscrito original de su poesía, que al parecer guardaba el protector del poeta, desapareció durante la revolución de 1868, por lo que éste tuvo que rehacer de memoria la mayoría de los poemas, que fue incluyendo en un cuaderno que tituló *Libro de los gorriones*, fechado en junio del citado año, bajo el epígrafe de "Poesías que recuerdo del libro perdido". En él aparece la "Introducción sinfónica" que se pondría al frente de sus *Rimas* desde su primera edición (*infra*, n. 179 y 185). En fecha tan reciente como 1993 se publicó el manuscrito de su *Libro de cuentas*, que contiene textos de muy diversa índole que descubren a un Bécquer totalmente desconocido, entre ellos una adaptación teatral glosada de *Hamlet*, personaje que fue una auténtica obsesión en él, como revelan infinidad de dibujos.

asonante en los versos pares. Lo que parece probar su intención de borrar de continuo las fronteras entre la poesía culta y la popular. Es significativo que rehuyera las formas cerradas como el soneto, pero sin renunciar a quintillas y serventesios, e incluso alguna solemne octava real, experimentando con moldes nuevos siempre abiertos, evitando toda rotundidad, como demuestra la frecuencia con la que elige rematar sus estrofas con versos de pie quebrado. Un rasgo que pone en evidencia además que lo más característico de la forma de metrificar de Bécquer fue la búsqueda de la impresión de espontaneidad, junto a una tendencia a resaltar la cadencia en el ritmo del verso, para procurar la frase musical, con toda la importancia que en esto adquieren la pausa y el silencio. De ahí que uno de sus recursos preferidos fuera el paralelismo en los inicios estróficos, de lo que es perfecto ejemplo su más recordado poema:

> *Volverán las oscuras golondrinas*
> *en tu balcón sus nidos a colgar,*
> *y otra vez con el ala en sus cristales*
> *jugando llamarán.*
>
> *Pero aquéllas que el vuelo refrenaban*
> *tu hermosura y mi dicha a contemplar,*
> *aquéllas que aprendieron nuestros nombres...*
> *ésas... ¡no volverán!*
>
> *Volverán las tupidas madreselvas*
> *de tu jardín las tapias a escalar*
> *y otra vez a la tarde aun más hermosas*
> *sus flores se abrirán.*
>
> *Pero aquéllas cuajadas de rocío*
> *cuyas gotas mirábamos temblar*
> *y caer como lágrimas del día...*
> *... ésas... ¡no volverán!* (rima LIII)

La propuesta de Bécquer no podía ser más contraria a la de los poetas que entonces estaban mejor considerados, como el asturiano Ramón de Campoamor (1817-1901), sólo merecedor de mención en nuestra historia literaria por el gran éxito popular que alcanzaron poemarios suyos como *Doloras* (1846), *Pequeños poemas* (1872) y *Humoradas* (1886), y de los que se ha acertado a decir que fueron "poesía sin poesía". En medio de toda la retórica ampulosa y prosaica que, en general, exhibieron aquellos poetas, tenía que destacar la lírica intimista becqueriana de "poeta recogido sobre sí mismo", como lo definiría Azorín, que sólo pretendía captar sensaciones y estados de ánimo, procediendo como si 'pintase' el poema. En este sentido, uno de los grandes méritos de Bécquer consiste en descubrir que la palabra puede ser poética en sí misma, sin necesidad de ornamentos. Ésta es la convicción que parece encerrarse en su declaración de la poesía que prefiere: *poesía natural, breve, seca, que brota del alma como una chispa eléctrica, que hiere el sentimiento con una palabra y huye, y desnuda de artificio, desembarazada dentro de una forma libre, despierta, con una que las toca, las mil ideas que duermen en el océano sin fondo de la fantasía*[184]. Una lírica centrada en el arte de sugerir, en definitiva, que se adelantaba a lo que propondrían décadas después los simbolistas franceses, que para ello optaba por encadenar imágenes sin buscar conscientemente tropos o figuras retóricas, limitando el uso de los adjetivos a favor del sustantivo esencial. Exactamente igual lo harían, ya a principios del siglo XX, los llamados 'poetas puros', como Juan Ramón Jiménez, que habría de ser uno de los principales imitadores becquerianos.

La fácil comprensión de las *Rimas*, que dignificaban experiencias sentimentales comunes a través de un lenguaje directo y sencillo, hizo particularmente accesible al poeta sevillano entre los lectores del último tercio del siglo XIX, y lo convirtieron en patrimonio de la mayoría no entendida en poesía. Para un lector actual, sin embargo, es doble la lectura que ofrecen. Si, por un lado, pueden resultar un cúmulo de los tópicos románticos más dulzones, por otro, en cambio, concentran las claves fundamentales para entender la esencia del romanticismo decimonónico. La omnipresencia del 'yo' en las *Rimas* se hace visible desde la primera de ellas: *Yo sé un himno gigante y extraño/ [...] Yo quisiera escribirle, del hombre/ domando el rebelde, mezquino idioma,/ con palabras que fuesen a un tiempo/ suspiros y risas, colores y notas* (rima I). Desde muy joven dice

---

[184] Lo hizo dentro de una elogiosa reseña del poemario *La soledad* (1861) de su amigo Augusto Ferrán, que le familiarizó con la poética de Novalis y con quien compartió las ideas sobre la poesía popular de G. Schlegel.

sentir Bécquer 'algo divino' en su interior que los demás no entienden, y que desearía que perviviera tras su muerte, y de ello dan cuenta varios poemas[185]. Muchos son los versos que manifiestan la visión de un 'yo' desmesurado, y que participan de esa búsquedaególatra de identidad que justifica tal vez su obsesiva proyección en Hamlet (*supra*, n. 183) dentro de esa adolescencia prolongada que caracterizó a tantos románticos. Particularmente significativa es la recurrente semántica de lo aéreo, que ya se encuentra en Espronceda (*supra*, notas 169,171), y que Bécquer usa para hablar de su *ansia de infinito* (rima LXXVI) o para autodefinirse como poeta: *Yo soy la ardiente nube/ que en el ocaso ondea,/ yo soy del astro errante/ la luminosa estela./ [...] Yo ondulo en los átomos/ del humo que se eleva/ y al cielo lento sube/ en espiral inmensa/ [...] Yo en fin soy ese espíritu,/ desconocida esencia,/ perfume misterioso/ de que es vaso el poeta.* (Rima V)

La mayoría de sus rimas giran sobre motivos amatorios que se dirían 'variaciones sobre un mismo tema', como sucede en la música, y en ellas es palpable la influencia de Heine, de De Musset y de Lamartine[186]. El grupo más numeroso lo constituyen las dedicadas a mujeres reales cuyas identidades sólo ofrecen conjeturas, puesto que Bécquer ordenó quemar su correspondencia más íntima días antes de morir, porque "sería mi deshonra", confesó. En esas rimas resuenan también claramente ecos de Garcilaso y Petrarca, combinados con ecos de Quevedo: *Sabe si alguna vez tus labios rojos/ quema invisible atmósfera abrasada,/ que el alma que hablar puede con los ojos/ también puede besar con la mirada* (rima XX). No sólo por el protagonismo de los ojos femeninos, sino por el inicio de sus estrofas: *Cuando en la noche te envuelven/ las alas de tul del sueño [...] Cuando se clavan tus ojos/ en un invisible objeto/ ... Cuando enmudece tu lengua/ y se apresura tu aliento,/ y tus mejillas se encienden/ y entor-*

---

[185] *En el mar de la duda en que bogo/ ni aun sé lo que creo;/ sin embargo estas ansias me dicen/ que yo llevo algo/ divino aquí dentro.* (Rima VIII) [...] *Estas sediciones de los rebeldes hijos de la imaginación explican algunas de mis fiebres: ellas son la causa, desconocida por la ciencia, de mis exaltaciones y mis abatimientos. Y así, aunque mal, vengo viviendo hasta aquí: paseando por entre la indiferente multitud esta silenciosa tempestad de mi cabeza.* ("Introducción sinfónica" a las *Rimas*).

[186] Como en ésta donde resuena su poema "L' Isolement": *Olas gigantes que os rompéis bramando/ en las playas desiertas y remotas/ [...] Llevadme por piedad a donde el vértigo/ con la razón me arranque la memoria./ ¡Por piedad! ¡Tengo miedo de quedarme/ con mi dolor a solas!* (rima LII)

nas tus ojos negros,/ por ver entre sus pestañas/ brillar con húmedo fuego/ la ardiente chispa que brota/ del volcán de los deseos,/ diera, alma mía,/ por cuanto espero,/ la fe, el espíritu,/ la tierra, el cielo (rima XXV). La mujer ideal, asunto central en estos románticos del siglo XIX, hace que entre la pasional y la tierna, Bécquer se decante por la mujer intangible, la que no puede apresarse, la que es *un sueño, un imposible, un vano fantasma de niebla y luz* (rima XI), y que, como se ha dicho, es para él el símbolo de la búsqueda de belleza en poesía, de lo que no puede justificarse racionalmente. Ella es el misterio en estado puro que sólo aparece en las visiones (rima XV) y el sueño (rima LXXV) –como sucederá también en sus leyendas–, o bien en ese estado de alucinación al que con frecuencia alude: *ese limbo/ en que cambian de forma los objetos,/ misteriosos espacios que separan/ la vigilia del sueño* (rima LXXI)[187]. Son viejos tópicos románticos velar a la amada mientras duerme, sintiendo la complicidad de las almas (rima XXVII), saber 'leer' lo que calla –*... yo penetro en los senos misteriosos/ de tu alma de mujer* (rima LIX)–, o bien oír voces en la naturaleza, quejidos en el viento, etc., que le hablan de amor al poeta. Por eso entre todos ellos sorprende la novedad de una sarcástica declaración como ésta: *Voy contra mi interés al confesarlo,/ no obstante, amada mía,/ pienso cual tú que una oda sólo es buena/ de un billete del Banco al dorso escrita...*(rima XXVI), y que debe comprenderse en relación a otras muchas quejas de Bécquer sobre el materialismo de la sociedad en que vive. También es sumamente moderno a veces su modo de partir los versos, como en algún poema metafísico sobre el hastío vital: *... Moviéndose a compás como una estúpida/ máquina el corazón:/ la torpe inteligencia del cerebro/ dormida en un rincón.* (rima LVI); o en éste otro en que muestra pesar por el envejecimiento: *Este armazón de huesos y pellejo/ de pasear una cabeza loca/ se halla cansado al fin y no lo extraño...*(rima LVII). Mucho más prosaicas resultan, en cambio, sus rimas de ruptura, de desencuentro o desengaño, normalmente por causa del orgullo: *¡Lástima que el Amor un diccionario/ no tenga donde hallar/ cuándo el orgullo es simplemente orgullo/ y cuándo dignidad!* (rima XXXIII); *Tú eras el huracán y yo la alta/ torre que desafía su poder;/ tenías*

---

[187] Algún crítico atribuye a "ciertas tendencias psicóticas" esto que escribe en su "Introducción sinfónica": *Me cuesta trabajo saber qué cosas he soñado y cuáles me han sucedido; mis afectos se reparten entre fantasmas de la imaginación y personajes reales; mi memoria clasifica, revueltos, nombres y fechas de mujeres y días que han muerto o han pasado con los de días y mujeres que no han existido sino en mi mente.*

que estrellarte o que abatirme!/ ¡No pudo ser! (rima XLI), etc. Entre las más originales hay alguna dialogada: *¡Los suspiros son aire y van al aire!/ ¡Las lágrimas son agua y van al mar!/ Dime, mujer, cuando el amor se olvida,/ ¿sabes tú a dónde va?* (XXXVIII); unos versos nada casuales en quien había formulado su credo estético precisamente en diálogo con la mujer amada (vid. *supra*). El hecho de que las más difundidas fueran esas rimas que rayan muchas veces la cursilería, determinó que Bécquer se convirtiera para muchos en la versión más trivial del Romanticismo. Sin embargo, y por lo anteriormente expuesto, ha sido enorme el alcance de su influencia dentro de la lírica contemporánea, y especialmente poderosa en todo el modernismo español y latinoamericano, como prueba, entre otros, el *Azul* de Rubén Darío (vid. 4ª, n. 28).

La poesía romántica en España no puede, por otra parte, explicarse en toda su diversidad sin la repercusión que tuvo el auge del nacionalismo en Galicia y Cataluña. Es lo que dio lugar al surgimiento de la literatura 'patriótica', con todo lo que ello tenía de reivindicación de la lengua, costumbres y raíces autóctonas, en general, dentro de un movimiento llamado 'Rexurdimento' por unos y 'Renaixença', por otros[188]. En gallego van a escribir excelentes poetas que defienden la universalidad de su cultura, buscando conexiones entre los símbolos y mitos célticos, como lo hace **Eduardo Pondal** (La Coruña, 1835-1917), o desde un alto concepto de la misión cívica de la poesía, como **Manuel Curros Enríquez** (Orense,1851-1908), el más valiente de los poetas gallegos en su reivindicación social (vid. *infra*). Al mismo tiempo, en catalán se escribían poemas que ensalzaban la lengua tanto desde su uso campesino como desde el sentido universalista que le dieran antiguos poetas como Ausiàs March y R. Llull, a quienes recuperó sobre todo **Jacint Verdaguer** (Barcelona, 1845-1902) al hacer nuevos cantos épicos y místicos, algunos de los cuales se han convertido en auténticos himnos de la catalanidad. Junto a estos deben situarse otros poetas finiseculares de indiscutible genialidad como Ramón del Valle-Inclán, quien, desde su

---

[188] A diferencia de Cataluña, Galicia sólo tomó conciencia de su autonomía durante la guerra de la Independencia, en la que tuvo de administrarse por sí misma y defenderse con estrategia propia ante el invasor francés. Durante décadas, la poesía romántica gallega reflejó el abandono de las clases populares y el maltrato del que la región fue objeto por parte del Estado español.

teatro poético (vid. *infra*, parte 4ª, cap. 3), demuestra por sí mismo la profunda esencia romántica del Modernismo en España.

La más pura visión romántica de la Naturaleza se encuentra quizá en aquellos poetas gallegos que habían heredado toda una riquísima tradición de cantigas medievales, en las que lo arcaico y misterioso del paisaje galaico cobraba vida propia. La mejor representante de ello es **Rosalía de Castro** (Santiago de Compostela, 1837-1885), poeta de uniforme calidad dentro de una considerable obra bilingüe[189]. Su primer libro, *Cantares gallegos* (1863), pretendió ser un homenaje tanto a la lengua materna –la que muchos tenían por 'dialecto bárbaro'–, como a las formas y motivos populares ligados al rito y la danza, que por entonces se encargaban de estudiar los más afamados folkloristas; y, en palabras de la propia autora, quiso *dar a conocer cómo algunas de nuestras poéticas costumbres todavía conservan cierta frescura patriarcal y primitiva*. Los poemas más característicos, como "Adios, ríos, adiós, fontes", tienen como sellos estilísticos el uso de diminutivos y coloquialismos de gran carga afectiva para acentuar la 'morriña' o 'saudade', sentimientos que en otros casos aparecen, en cambio, ligados a la emigración forzosa, que será un motivo recurrente en su obra[190]. El tema fue tratado con mayor profundidad en *Aires da miña terra* (1880) de Curros Enríquez (*supra*), una valiente denuncia del caciquismo que causó gran impacto entre los críticos y cuyo éxito hizo que tuviera rápida traducción al castellano, pese

---

[189] Nacida sólo un año después que Bécquer, fue hija natural de un seminarista y una mujer soltera de la baja nobleza gallega que tardó en reconocerla y darle su apellido. El hecho marca su infancia y adolescencia rurales, etapa en la que parece que cultivó su afición a la música y el teatro y empezó a vincularse ya al movimiento del galleguismo cultural del que era uno de sus principales impulsores Manuel Murguía, quien además de su primer valedor se convirtió en su marido en 1858. Instalada en la capital desde 1856, llevó una vida bastante apartada de los círculos sociales madrileños, y su naturaleza enfermiza le hizo recluirse en varios pazos familiares durante largas temporadas, por lo que fue Galicia la gran inspiradora de su poesía durante décadas. Su personalidad despertó una gran devoción popular entre sus paisanos, que llegaron a mitificarla como 'a santiña', pese al fuerte y enérgico carácter del que siempre dio muestras.

[190] Rosalía mostró reiteradamente su compasión por los campesinos gallegos que se van como segadores a Castilla y padecen la explotación y la humillación, y en general por todos *esos pobres desheredados, para quienes no hay sitio en la hostigada tierra*, según los nombraría en su último poemario.

a los esfuerzos de ciertos obispos por vetar lo que para ellos tenía de irreverente y "mofa del nombre de Dios". La preocupación por la injusticia social se impuso también sobre el costumbrismo en el que se considera el libro más ambicioso de Rosalía: **Follas novas** (publicado en 1880, aunque escrito diez años antes), título que parece evocar el de *Folhas cahidas* (1853) de Almeida Garrett, iniciador de la lírica romántica portuguesa[191]. Lo significativo es que en 1881 decide dejar su lengua materna, con la que creía haber "saldado una deuda", y escribir en castellano su último libro: **En las orillas del Sar** (Madrid, 1884), puesto que esto sucede en una etapa de honda decepción y depresión anímica de la autora. Sus versos combinan un admirable manejo de metros clásicos *–Recuerdo lo que halaga hasta el delirio/ o da dolor hasta causar la muerte.../ no, no es sólo el recuerdo,/ sino que es juntamente/ el pasado, el presente, el infinito,/ lo que fue, lo que es y ha de ser siempre–* con un acercamiento a las formas del verso libre, en poemas de gran variedad temática que habrían de dejar honda impresión en grandes poetas posteriores como Machado[192]:

> *Brillaban en la altura cual moribundas chispas*
> *las pálidas estrellas,*
> *y abajo... muy abajo en la callada selva,*
> *sentíanse en las hojas próximas a secarse,*
> *y en las marchitas hierbas,*
> *algo como estallidos de arterias que se rompen*
> *y huesos que se quiebran,*
> *¡qué cosas tan extrañas finge una mente enferma!*

Un capítulo pendiente en nuestra historia literaria es la evaluación de las aportaciones originales de las poetas españolas del siglo XIX a la

---

[191] Alguno de los poemas de esa colección tuvieron muy pronto acompañamiento musical, como el enigmático "Negra sombra", que se convirtió en una canción emblemática de Galicia.

[192] Alguna de sus breves canciones se dirían anticipo de los *Proverbios y cantares* del poeta sevillano: *De este mundo en la comedia/ eterna, vienen y van/ bajo un mismo velo envueltas/ la mentira y la verdad;/ por eso al verlas el hombre/ tras del mágico cendal/ que vela la faz de entrambas,/ nunca puede adivinar/ con certeza cuál es de ellas/ la mentira o la verdad.*

lírica romántica, respecto a lo que supusieron en los países vecinos autoras tan relevantes como Marceline Desbordes-Valmore o Elizabeth Barrett Browning, por ejemplo. A juzgar por las obras conocidas, debe admitirse que el interés que despiertan participa más de un fenómeno sociológico que propiamente literario, como demuestra algún documentado estudio reciente que magnifica la valía de las escritoras decimonónicas por atreverse a expresar "la subjetividad femenina" en "el mundo hostil de la escritura masculina" (S. Kirkpatrick*). Contando con todas las trabas educacionales de la época –que no fueron, por supuesto, exclusivas de España–, destaca la precocidad de Carolina Coronado (Badajoz, 1821-1911), cuyos delicados poemas fueron alabados en su día por Hartzenbusch o Espronceda y le valieron ser llamada la 'Bécquer femenina'[193]. Pero quizá, aparte de Rosalía de Castro, la única autora realmente notable sea la hispanocubana **Gertrudis Gómez de Avellaneda**, quien publicó su primer volumen de poesía en 1841 y fue una de las primeras en experimentar la escisión de su identidad nacional, ya que mientras en Madrid era considerada cubana por muchos, en La Habana sería excluida, por su origen español, de una importante antología de poetas autóctonos. Pocas plumas del momento alcanzaron el tono de su poesía amorosa –muy influida por Byron y Lamartine, del que fue traductora–, especialmente exaltada en la comunicación de pasiones extremas, y que formuló en excelentes sonetos comparables a los de los mejores poetas románticos europeos. Si bien existen aun

---

[193] Carolina Coronado, una personalidad hiperestésica que tenía entre sus modelos a Santa Teresa, se había educado en ambiente liberal y sirvió de estímulo a otras escritoras de provincias gracias a su participación activa en los periódicos que empezaron a dar voz por entonces a las mujeres: el *Semanario Pintoresco (infra*, cap. 4), *El Defensor del Bello Sexo*, que publicó un intercambio de cartas con ella, *La Gaceta de las mujeres*, aparecido en Madrid en 1845 o *Ellas, órgano oficial del sexo femenino* (1851). Su primer poema se publicó en *El Piloto* en 1839. El contexto en el que escribió fue el de las polémicas sobre el 'genio poético femenino', ante el que muchos autores fueron escépticos o satíricos, y al que algunos pusieron duros límites, lo que justifica la abundancia de poemas de Coronado acerca de la opresión y la esclavitud que domina el "destino femenil". En 1844 el francés G. Deville publicó un artículo titulado "Influencia de las poetas españolas en la literatura" en el que defendía, a diferencia de Bécquer, que las mujeres eran más sensibles que los hombres "a la pureza y la armonía de las formas, a la belleza del detalle", lo que fue un importante refuerzo para las escritoras de mediados de los cuarenta.

superiores razones para otorgarle un puesto destacado como novelista (vid. *infra*, nota 254).

Los géneros teatrales en la segunda mitad del siglo

Desde que a mediados de siglo empezaron a desgastarse las fórmulas del drama romántico, varios fueron los países que atravesaron por un periodo de relativo estancamiento, hasta que hizo su aparición el teatro social al modo de Ibsen. En el panorama español dos son los fenómenos que destacan: la pervivencia del gusto por el teatro histórico, ya desprovisto de los valores que representaron los héroes románticos puros –la defensa del individualismo, de la rebeldía, de la poesía latente en todo ideal arriesgado, etc.–, y la tendencia de los dramaturgos a esquivar el análisis de su propia época o bien a ocuparse sólo de las clases más altas de la sociedad "tras una protectora pantalla de moralidad y conformismo" (D. L. Shaw*). Esto último es lo que dio origen al género bautizado como **'alta comedia'**, que se erigió como la fórmula realista capaz de reaccionar contra todo lo que de falso y pernicioso se encontraba en los dramas de las primeras décadas del siglo[194]. Con el afán de poner en escena vidas creíbles, lo que se trataba de desterrar era el 'cascarón' del romanticismo –las escenas fúnebres, los diálogos dulzones, los caracteres impetuosos y desesperados por

---

[194] La 'alta comedia', heredera del teatro de Moratín y de ciertos modelos franceses, centró su interés en las conductas de personajes de la sociedad coetánea, simplificando las tramas y atendiendo principalmente a psicologías estereotipadas de la alta burguesía, en general: el hombre de negocios sólo movido por dinero o interés, la dama que cuida las conveniencias de su posición social, el conquistador que hace peligrar el matrimonio y la familia, etc. La prosa de los diálogos, siempre razonadora, buscaba un tono moderado, entreverado de humor irónico en muchas ocasiones, que diera verosimilitud a los conflictos y que contrastara con la improvisación, la exageración y otras 'estridencias' románticas. Al hacerse portavoces de la moral cristiana, los dramaturgos que la cultivaron parecían proponerse "desenmascarar a los enemigos de la sociedad y el inquietar, en la medida de lo posible, la buena conciencia de la sociedad burguesa del patio de butacas" (F. Ruiz Ramón).

causa del amor, etc.–, pero, como se ha estudiado muy bien, debajo de ello había un fuerte rechazo a todo lo que oliera a bohemio y, en definitiva, a toda opción de vida al margen de la ley. La enorme distancia que separaba a estos dramaturgos de aquellos románticos se refleja ya en los títulos que alcanzaron más éxito dentro de esta 'alta comedia': *El hombre de mundo* (1845) de Ventura de la Vega, *La escala de la vida* (1857) y *Fiarse del porvenir* (1874) de T. Rodríguez Rubí, *El tanto por ciento* (1861) y *El nuevo Don Juan* (1863) de A. López de Ayala, o *Lo positivo* (1862) y *Los hombres de bien* (1870) de J. Tamayo y Baus. Por otra parte, una modalidad que resurgió con fuerza fue el melodrama, que, bajo pautas del siglo anterior (*supra*, nota 115), hizo que triunfaran obras como *El hijo pródigo* (1857) de P. A. de Alarcón (*infra*, n. 257), por ejemplo, que se servía de la parábola bíblica para censurar errores y veleidades juveniles[195]. De modo que lo que suele registrarse en las historias literarias como 'teatro posromántico' es, en realidad, una amalgama de géneros diversos con el único denominador común de procurar lecciones de ejemplaridad social –noción totalmente ajena al romanticismo genuino–, y de hacerlo desde una concepción adulterada de 'lo romántico' y del sentido de su estética.

Una de las mejores muestras del cambio radical que se produce en el drama histórico es **Un hombre de estado** (1851) de **Adelardo López de Ayala** (Badajoz, 1828-1879), quien dice seguir el ejemplo de Larra para "desarrollar un pensamiento moral, profundo y consolador" a través de la figura del ambicioso secretario del duque de Lerma. Don Rodrigo Calderón, favorito de Felipe III, sucumbe por su error de no buscar la felicidad "donde exclusivamente se encuentra: en el fondo del corazón, venciendo las pasiones y equilibrando los deseos con los

---

[195] Frente a lo limitado de los temas del melodrama dieciochesco, el del siglo XIX dio cabida a todo tipo de temas, que incluían tanto lo decadente como lo moderno, pero con una serie de componentes regulares: las ambientaciones suelen ser elegantes, con un fuerte contraste de clases sociales (aristócratas frente a gentes del pueblo en situación de orfandad o prostitución, etc.); una repartición maniqueísta de los personajes, pero con posibilidad de que el malo se haga pasar por bueno y sólo se descubra en la anagnórisis final, etc.; el vocabulario tiende a ser exagerado para caracterizar mejor los tipos; y todo ello sostenido por una tesis, más o menos encubierta, que condiciona el desenlace y que se desarrolla a través de un contraste continuo de situaciones emocionales que involucran sentimentalmente al espectador.

medios de satisfacerlos, sin comprometer la tranquilidad.[196] La pieza es reveladora de dos rasgos que serán constantes en los primeros epígonos de este género: la función pedagógica que se otorgará al héroe histórico, y la preferencia por la ambientación en el siglo XVII, que a menudo servirá para tratar el tópico de "la mala vida en tiempos de Felipe IV", haciendo de su corte marco propicio para presentar pasiones funestas, tanto políticas como amorosas, y para dramatizar sobre el asunto de los amores ilícitos (el rey y las comediantas, por ejemplo), que era uno de los temas preferidos del público; lo muestra también *La estrella de Madrid* del propio López de Ayala. En el ambiente teatral del Londres isabelino se sitúa en cambio **Un drama nuevo** (1867), una trama de amor y celos entre actores, con el propio Shakespeare como protagonista, que se considera la obra maestra de **José Tamayo y Baus** (Madrid, 1829-1898), uno de los hombres con más conocimiento dramático de la época[197]. Sin embargo, en la Castilla de principios del siglo XVI situó la obra que alcanzó mayor éxito durante décadas: ***La locura de amor*** (1855), que retrataba al personaje de la reina Juana la Loca como ejemplo de prudencia, fidelidad conyugal y patriotismo.

---

[196] La distancia de López de Ayala respecto a los presupuestos románticos quedó aún más patente en su discurso de entrada en la RAE en 1870, en que, tomando por modelo a Calderón, defendía el teatro como "síntesis de nacionalidad" y escuela de costumbres: *Primero que a historiar sucesos, tiende la escena a pintar las causas morales de que se originan. [...] Sólo describiendo con verdad las costumbres de su país, adquirirá [el poeta dramático] influencia para corregirlas; sólo sintiendo con vehemencia sus afectos, alcanzará prestigio para purificarlos. [...] Lo que importa en la literatura dramática es, ante todo, proscribir de su dominio cualquier linaje de impureza capaz de manchar el alma de los espectadores. [...] Santificar el honor que asesina, la liviandad que por todo atropella, representar como odiosas cadenas los dulces lazos de la familia, dar al suicida la palma de los mártires, proclamar derecho a la rebeldía, negar a Dios, consecuencias son de adulterar, con el empleo de lo falso en la literatura dramática, ideas y sentimientos, crimen fecundo en daños infinitamente mayores que el de adulterar hechos en la Historia*. Lo interesante es que eran palabras de un diputado liberal que fue siempre fiel a sus principios (lo que le costó en algún momento renunciar a su cargo), y que llegó a redactar un famoso manifiesto titulado "España con honra", que justificaba la Revolución de 1868, además de suscribir el "Manifiesto de Cádiz" que ayudó a destronar a la reina Isabel II.

[197] Proveniente de una familia de actores (su padre fue incluso director de escena), se había criado prácticamente sobre el escenario y había estudiado en profundidad el teatro europeo, lo que le permitió hacer inteligentes adaptaciones de obras históricas de Schiller y Dumas, entre otros.

A diferencia de los dramas románticos, aquí el amor ya no mueve a trascender y traspasar cualquier límite, puesto que lo que se muestran son sus consecuencias funestas, y desde la perspectiva de una 'perfecta casada' como la de fray Luis[198]. Este drama mostraba además la eficacia que empezó a tener la ambientación histórica para despertar o avivar distintos sentimientos nacionales, lo que justifica todos los recursos melodramáticos que recorren sus escenas, y en concreto, la funcionalidad que empezaría a adquirir el periodo del reinado de los Reyes Católicos, que se vio como un momento peligroso para la usurpación del poder y, en consecuencia, para el mantenimiento de las virtudes católicas de "la civilización española", en palabras de algún crítico coetáneo. De ahí que resulte interesante comparar esta pieza con otros tratamientos del mismo personaje que se sucedieron después, y en particular con la curiosa *Santa Juana de Castilla* de Galdós[199]. Entre las razones que cabe atribuir al éxito de *La locura de amor* está el profundo conocimiento que Tamayo y Baus tenía de las técnicas para conmover emocionalmente al auditorio, pero también que la obra se recibiera "como el canto del cisne de un teatro romántico que se resiste a desaparecer" (F. Ruiz Ramón). Por otra parte, fue lo más logrado de un tipo de dramaturgia que guardaba estrecha relación con la concepción

---

[198] *Una mujer amante de su marido quise pintar en esta obra...* escribe Tamayo en su dedicatoria, y en efecto la ejemplaridad de la esposa es tan importante en el desarrollo de la trama como lo será en algunas comedias de costumbres de Benavente medio siglo después. El centro del conflicto es la rivalidad entre Juana, presentada como "leona de Castilla" frente a la "pantera del desierto", que es la mora enemiga, amante de su marido, el rey ingrato, por lo que el drama personifica así "una santa pasión femenina" en una reina castellana que el autor convierte en modelo hispánico de digna feminidad ante el amor ilegítimo, pero también de valentía y coraje frente a otras heroínas extranjeras. Culmina en un final digno de melodrama, con arrepentimientos de todos los que han sido injustos con la reina, que finalmente perdona y declara, con pose romántica, su amor más allá de la muerte.

[199] La formuló como "tragicomedia en prosa" y, aunque la escribió en 1892, sólo pudo estrenarla casi treinta años después, en 1918. Situando su acción "en Tordesillas, año de 1555", combina personajes reales (la reina y los de su corte) con otros ficticios sumamente originales (aldeanos castellanos como Poca Misa, los niños Antolín y Sanchito, etc.). La originalidad del drama consiste en excluir la trama amorosa (Juana es ya vieja y evoca nostálgicamente su reinado) haciendo que cobre protagonismo la 'intrahistoria', concepto que sería tan desarrollado por los escritores del 98.

positivista de la Historia, esencialmente causalista, que desarrollaban por las mismas fechas los estudios históricos de M. Menéndez Pelayo y su escuela[200]. Bajo el criterio de que los temas heroicos medievales habían sido los de más larga pervivencia en la historia española, proliferaron los motivos épicos en los 26 dramas de ambientación medieval que se estrenaron entre 1871 y 1900; un dato significativo que se une al hecho de que la ambientación castellana ganara terreno a partir de 1875, justo en el momento en que se inicia la etapa de la Restauración de la monarquía borbónica.

Hasta 1890 aproximadamente, el público de los teatros españoles demostró que prefería olvidarse del mundo real y reconfortarse viendo sobre la escena personajes muy alejados en el tiempo. Y los autores se permitieron exhibir su capacidad de impresionar en un tipo de drama en verso de mínima acción y variedad métrica, con largas tiradas retóricas, que rayaban el ripio muchas veces y que los actores declamaban con enfática grandilocuencia. En tal contexto es en el que surge la fórmula que daría mayor impulso al teatro histórico en el último tercio del siglo: el 'drama trágico', bautizado así por **José de Echegaray** (Madrid 1832-1916), un inteligente matemático metido a dramaturgo que, sin grandes dotes literarias, logró mantener su prestigio durante más de treinta años[201]. En verso escribió sus primeros dramas ambientados en

---

[200] Hacia 1895 el erudito Marcelino Menéndez Pelayo (Santander, 1856-1912) defendía el teatro histórico descubriendo en él dos grandes ventajas: satisfacer "la necesidad del espíritu humano de poseer un cuadro vivo y completo de los tiempos pasados"; y conducirnos a la contemplación serena y distante "de un mundo ideal, pero verdadero, en el que lo feo, lo prosaico e incluso perturbador quedan ennoblecidos por la calidad artística y la lejanía cronológica".

[201] José Echegaray y Eizaguirre, de padre aragonés y madre navarra, se inició tempranamente en las Matemáticas, disciplina en la que llegó a ser una autoridad indiscutible, y a los veinte años empezó a ejercer como ingeniero, ingresando con sólo treinta y dos en la Real Academia de Ciencias Exactas. Sus ideas liberales le hicieron participar muy activamente en la política y la economía de su tiempo como ministro de Fomento y Hacienda entre 1869 y 1872, cargo que dejó para dedicarse a la literatura. Llegó a estrenar casi setenta piezas teatrales, la mitad de ellas en verso, que fueron muy aplaudidas por el público conservador, pese a que fue uno de los fundadores, en 1880, del Partido Republicano Progresista y perteneció al ala izquierdista del Partido Liberal de Sagasta. Entre los muchos reconocimientos públicos que llegó a acumular figura la presidencia del Ateneo de Madrid (1888), la

el pasado: *La esposa del vengador* (estrenada en Madrid en 1874), cuya acción sucede en la Barcelona del siglo XVI; *En el puño de la espada* (1875) y *Bodas trágicas* (1879), situadas ambas en el reinado de Carlos V; y *En el seno de la muerte* (estrenada también en 1879), cuya acción sucede en Aragón en el XIII, utilizando la Edad Media simplemente como época propiciatoria de rencillas, pero sin ningún propósito de fidelidad histórica. Esto sería constante en sus dramas, caracterizados por una total despreocupación por los anacronismos, en escenarios bastante estereotipados que resultan meros "retablos con sabor de época" con candelabros y cortinas de terciopelo. En Echegaray se daba una manipulación arbitraria de la Historia, ya sin la finalidad 'concienciadora' de López de Ayala o Tamayo, con el único objetivo de producir episodios efectistas que tocaran la 'fibra sensible' del espectador, sirviéndose de enredos inverosímiles y finales melodramáticos en la mayoría de los casos. Una técnica que trasladó también a los dramas en que pretendió acercarse a problemas de la sociedad urbana, como sucede en *O locura o santidad* (1877), basado en el conflicto folletinesco de un matrimonio desigual en el que el hijo de una supuesta duquesa resulta al final ser hijo de una criada pobre. Puesto que sus personajes eran, en general, bastante acartonados, destaca el tratamiento excepcional que dio a la figura de Miguel Servet en *La muerte en los labios,* un interesante drama en prosa estrenado en 1880, centrado en las persecuciones en época de Calvino[202].

En lo que Echegaray se convirtió en auténtico maestro fue en el arte de embelesar al público y enardecerlo hasta la excitación nerviosa a través de declamaciones pseudofilosóficas y violentos arrebatos pasionales. Eran los suyos unos personajes irreflexivos que se movían precipitadamente, y por los viejos móviles del teatro de Calderón –del que él se sentía heredero–, pero ya sin la hondura que tuvieron en su momento: el honor y la venganza, la lucha del hombre contra los ele-

---

[202] dirección de la Real Academia Española (1896) y el Premio Nobel de Literatura –el Primero de un escritor español, aunque compartido con el poeta francés Fréderic Mistral– otorgado en 1904 y entregado en marzo de 1905, en medio de una sonada polémica.
La escena pasa en Ginebra, año de 1553, que fue el del suplicio de Miguel Servet. Además del protagonista real, Echegaray inventa una relación amorosa y una trama con nombres ficticios dentro de una circunstancia histórica real.

mentos hostiles de la vida como la opinión pública, la intolerancia, etc., que casi siempre terminan venciendo. El problema es que ese modo desfasado de hacer teatro suponía, como muy bien vieron ya críticos coetáneos como Clarín o E. Pardo Bazán, una doble degradación: la del drama del Siglo de Oro y la del drama romántico. Y precisamente esa mala comprensión de la dramaturgia de Lope o Calderón fue lo que siguió disgustando a muchos autores de las primeras décadas del XX, como García Lorca, y a todos aquéllos que firmaron su oposición al Nobel de Echegaray en 1905 (vid. 4ª, inicio de cap. 3). El hecho de que el éxito de sus estrenos coincidiera exactamente con la llegada al poder de Alfonso XII, y la consiguiente recuperación de hábitos e ideales conservadores, hizo que el teatro de Echegaray resultara el máximo ejemplo de "lo hueco, artificial y efectista" (J. Casalduero), y de todo lo que representaba la España de la Restauración, carente de autenticidad y de valentía para enfrentarse a la verdad, según la describirían tantas novelas de la época. Aunque los dramas históricos de feudos y castillos parecían agotados hacia 1888, todavía en 1903 estrenó Echegaray *La escalinata de un trono*, ambientada en Venecia entre el XIII y el XVI, lejanísima ya de la *Conjuración* de Martínez de la Rosa (*supra*, n. 151), propiciando el que una serie de epígonos se aprovecharan todavía de las ventajas económicas del éxito del género, que siguió unas décadas más siendo un mero pretexto para dar rienda suelta a retóricas lírico-patrióticas, bajo una trasnochada influencia calderoniana[203].

Mientras tanto, el teatro de evasión en su vertiente cómica mantenía el auge del sainete, que prolongó, como ningún otro género, el gusto por el tipismo. En 1894 el estrenó con más éxito de público fue **La verbena de La paloma** (1894), una forma de zarzuela de carácter costum-

---

[203] Según J. Yxart en *El arte escénico en España* (Barcelona, 1894-1896), los elementos repetidos hasta la saciedad fueron: "acción y enredo inverosímiles, toda la casuística del honor y sus extravagancias violentas, que llevan al homicidio o el suicidio, caballeros de amores fulminantes, bravucones y temerarios hasta la insolencia, diálogos chillones, adulterios atormentados y fúnebres, violaciones inexplicables, requiebros hiperbólicos, fatalidad ceñuda y cruel, visiones espectrales que entran por los ojos y los oídos con el fulgor de las luces de bengalas".

brista que se conocería como 'género chico'[204]. Hay cifras que indican que entre 1890 y 1900 los once teatros madrileños dedicados a este tipo de espectáculo ofrecieron más de 1500 obras, que se representaban en funciones 'por horas', accesibles para las clases trabajadoras, tal y como luego aparecerían parodiadas en el teatro de Valle-Inclán (vid. 4ª, n. 126). Por encima de otros atractivos, el lenguaje del 'género chico' suponía ante todo un aire fresco frente a la retórica altisonante de la alta comedia y el melodrama. En *La verbena*..., tanto la trama, ambientada en el Madrid popular del momento, como sus protagonistas y su lenguaje –lleno de exclamaciones castizas–, tenían mucho de los antiguos entremeses[205]. Al igual que ocurría en los sainetes dieciochescos, no cabe ver enfrentamientos de clases entre los personajes, porque el centro de atención era otro, tal y como se insinuaba en su subtítulo: *El boticario y las chulapas, y celos mal reprimidos*, pues la oposición entre el risible D. Hilarión y el atractivo Julián se debía más a la diferencia de edad que al hecho de que aquél fuera un acomodado burgués y éste sólo un modesto tipógrafo. Ni qué decir tiene que tampoco ofrecía reflexión moral alguna, y la comparación con *El viejo y la niña* de Moratín resulta sumamente elocuente en este sentido.

Muy diferente fue, en cambio, el tratamiento que se dio a la condición trabajadora en una obra estrenada justo al año siguiente: ***Juan José*** (1895), de **Joaquín Dicenta** (1863-1917), considerada el primer intento serio de hacer teatro social en España[206]. Juan José era el pri-

---

[204] Por oposición a la 'zarzuela grande' (vid. 2ª, n. 379), cercana a la opereta vienesa, el 'género chico' era una zarzuela más breve, pieza en uno o dos actos, cuyo diálogo dramático tenía como base textual un sainete y, como libreto musical, unas composiciones de carácter nacionalista o folklórico, en general ligadas a la diversidad regional española. El texto de *La verbena de la Paloma* era del madrileño Ricardo de la Vega, un experto costumbrista, y la partitura, del salmantino Tomás Bretón, un músico más vertido hacia la ópera y el concierto.

[205] Un vejete protector y rijoso, don Hilarión, corteja a dos jóvenes coquetas, lo que desata las iras del joven que está enamorado de una de ellas, provocando escándalo público en el típico festejo popular, pero acaba triunfando en la defensa de su amor, como era siempre previsible en el género.

[206] De raíces alicantinas, Dicenta nació por casualidad en Calatayud, durante un traslado de su padre, coronel del Ejército. También él ingresó en una academia militar de Segovia, de la que fue expulsado en 1878 al parecer por los excesos de su vida bohemia. Aquello le llevó a malvivir en barrios marginales

mer protagonista obrero del teatro español: un albañil analfabeto y huérfano (como en los mejores folletines), al que su pasión por su mujer infiel le lleva a delinquir hasta acabar en la cárcel y fugarse después para matar a los dos causantes de su infortunio. Se comprende que la novedad de la trama pudiese tener eco internacional, pero no deja de resultar llamativo, en cambio, que la obra alcanzara en el país un récord de representaciones cuando la gran mayoría del público español no parecía acostumbrado a aceptar conflictos tan 'reales'[207]. Por aquellos años se había empezado a introducir el teatro de Ibsen en España –quien en 1877 publicó su primer drama realista, *Los pilares de la sociedad*, una defensa del individuo frente a la hipocresía burguesa–, así como *Los tejedores* (1892) del alemán G. Hauptmann, pero éstos tardarían en tener auténtica resonancia. Un intento aislado es *El hijo de don Juan* (1892) de Echegaray, en el que se detectaba la influencia de los *Espectros* del dramaturgo noruego. El interés por la 'cuestión social' fue mucho más acusado en Cataluña, que estaba siendo escenario de violentas revueltas anarquistas mientras surgía un teatro de agitación social con alguna autora femenina incluso[208]. Se dio allí, en efecto, un teatro que quería enseñar la vida miserable del mundo trabajador, e incluso que "escenifica la lucha obrera" (C. Serrano) en unas piezas breves y de escasa variedad temática –escritas a veces por obreros o

---

de Madrid, mientras intentaba estudiar Derecho y se introducía en círculos republicanos que le permitieron vincularse cada vez más a la filosofía del socialismo utópico y el krausismo (vid. *infra*, nota 280). Cultivó diversos géneros, dándose a conocer en el periódico *El Liberal*, y llegó a dirigir el semanario *Germinal* (1897), lo que le hizo liderar un importante grupo de escritores naturalistas e independientes como él, que defendieron sus opciones de vida al margen de la estimación de la sociedad 'bienpensante' del momento.

[207] Tuvo un éxito clamoroso exactamente la noche del 29 de octubre de 1895 en el Teatro de la Comedia de Madrid, y se mantuvo mucho tiempo en cartel, perviviendo después en las representaciones que harían los centros obreros de distintas ciudades del país todos los primeros de mayo, al igual que *La madre* de Gorki.

[208] Que en Cataluña existió un pionero teatro de agitación social lo demuestran obras como *Víctima de la miseria*, de Segalás Font, *estrenat amb extraordinari èxit en lo teatre Circo barcelonés la nit del 14 de abril de 1895*, según dice su portada, o los dramas *El mundo que muere y el mundo que nace*, de Teresa Claramunt, y *Una huelga*, de J. Pich y Creus, representados ambos en 1896.

intelectuales simpatizantes con ellos–, que quisieron oponerse al teatro burgués del momento, por un lado, y a los sainetes y su tipismo, por otro, esquivando siempre el lenguaje popular y aun vulgar que los caracterizaba. Pero incluso en tal contexto es difícil pensar que el *Juan José* de Dicenta se viera como un drama proletario de denuncia, y a su protagonista como una 'víctima de la sociedad capitalista'. Para algunos estudiosos, si los espectadores de entonces lo convirtieron en su obra favorita es porque la vieron más bien como un melodrama sentimental de honor y celos. Lo que se condena allí, en definitiva, es a la 'mala mujer' que pierde al 'buen hombre': una tesis de fondo machista que llevaba siglos latiendo en romances y coplas populares, tal y como seguiría haciéndolo durante las siguientes décadas. De hecho, cuando Dicenta quiso ir más lejos en su crítica social, en obras como *El señor feudal* (1897), o sobre la explotación del campesino, *Daniel* (1906) y *El crimen de ayer* (1908), hasta el público más joven rechazó sus propuestas, al igual que le sucedería al primer Benavente (vid. 4ª, n. 92). Lo cual indica de nuevo que el inmovilismo estaba demasiado arraigado, y que sería larga la batalla de los autores hasta lograr que las obras de ideas y tesis independientes fueran medianamente aceptadas por quienes podían llenar los teatros.

Aunque descrito muy esquemáticamente, ése es el panorama en el que se inscriben las propuestas de los grandes novelistas que probaron fortuna en la dramaturgia: Benito Pérez Galdós y Leopoldo Alas, Clarín. El primero empezó a cosechar éxitos hacia 1892, con el estreno de *Realidad* y de *La loca de la casa* al año siguiente –comedia que trata de la posible 'regeneración' moral de la clase media, asunto que tanto preocupó a Galdós–, y fueron protagonizadas ambas por María Guerrero, la actriz más famosa del momento[209]. Los intereses temáticos de Galdós y sus recursos simbólicos no se separan sustancialmente de los que desarrolló en su amplia narrativa, como prueba, entre otros muchos ejemplos, *La fiera* (1896), un drama sobre el fanatismo que está estre-

---

[209] Con frecuencia los dramas de Galdós tratan el asunto del oportunismo burgués, manifiesto sobre todo en los matrimonios de conveniencia, enfrentado al idealismo de los jóvenes que aún creen en el amor y las relaciones libremente elegidas. Detrás de ello, alguna especialista ha visto implicaciones biográficas muy directas, dado el autoritarismo materno en el que se educó Galdós: *infra*, n. 274.

chamente ligado a sus *Episodios Nacionales* (*infra*, n. 284). Esto explica el que durante bastante tiempo se dedicara a adaptar los diálogos de varias de sus novelas para su ejecución escénica, como hizo magistralmente con *Doña Perfecta* (1896) y *El abuelo* (1897). En cuanto a Clarín, su temprana vocación teatral le llevó a estrenar algún drama histórico con escaso éxito, como le sucedió al intentar trasladar su preocupación social a la escena. Su pieza más famosa, *Teresa*, es un drama de ambiente minero que no tuvo buena acogida entre el público burgués cuando se estrenó en 1895 en el Teatro Español de Madrid. A diferencia del drama de Dicenta, estrictamente coetáneo, tuvo además una fría reseña por parte de los críticos, algo que encajó mal un Leopoldo Alas que censuró siempre el servilismo de los autores al público, y que curiosamente sería temido por sus acerados artículos de crítica literaria (*infra*, n. 305).

4. La prosa romántica

Un rasgo compartido por los principales prosistas del siglo XIX es su estrecha relación con el periodismo. Las publicaciones periódicas, que crecieron de forma espectacular desde 1834, siguieron siendo el vehículo de difusión de los nuevos géneros, tal como sucedía desde la segunda mitad del setecientos, y por esa vía se dieron a conocer las propuestas de autores tan distintos como Larra, Mesonero Romanos o Bécquer. La actitud ante el presente histórico divide más que nunca a los prosistas a partir de la década de los treinta: unos miran la actualidad cotidiana intentando registrar al detalle todo lo que la particulariza, mientras que otros, en cambio, vuelven los ojos nostálgicamente hacia el pasado. Debido a ello, el costumbrismo, tendencia imperante durante todo el siglo, se manifestará de muy diversas formas, poniendo en evidencia las grandes diferencias ideológicas y estéticas que se dieron dentro de lo que, genéricamente (y sólo por utilidad didáctica) denominamos 'prosa romántica'.

El viaje seguirá siendo uno de los motivos que mejor revelen tales diferencias, pues pocos fueron los creadores del siglo que no lo tuvieran como principal fuente de inspiración. Siempre en textos de carácter autobiográfico, como epistolarios y diarios personales, dejaron los románticos europeos sus impresiones sobre países y ciudades, tan reveladoras de sus cambiantes estados anímicos como de inquietudes culturales de muy distinto signo. De ello son perfecto ejemplo las cartas que Bécquer titula *Desde mi celda* (vid. *infra,* n. 237), o los *Viajes por España* (1883) de P. A. de Alarcón (vid. cap. 5). Con frecuencia, el recorrido por cualquier geografía se convierte en un viaje en el tiempo que tiene mucho de nostálgica huida hacia atrás, es decir que estos libros son el reverso de los ilustrados del siglo anterior, pues en general carecerán de la obsesión reformista de aquéllos por mejorar el presente. Eso no impide que en algunos autores convivan ambas actitudes, como es el caso de Jovellanos (*supra*, nota 15), cuyos diarios de viaje contrastan fuertemente con su **Memoria del Castillo de Bellver** (h. 1806), motivada por un injusto destierro[210]. Es un texto que demuestra bien que el romanticismo puede ser, simplemente, producto de una circunstancia de fuerte impacto emocional. La reclusión en una vieja fortaleza y la consiguiente melancolía que provoca convierten a Jovellanos en un prosista comparable a Chateaubriand, por la fina sensibilidad con la que interioriza la percepción del paisaje, y sobre todo por el elogio de una época, la Edad Media, de la que nunca fueron devotos los ilustrados. La prosa de la *Memoria* evoca poéticamente, de forma entusiasta, la vida cortesana y guerrera del castillo, frente a las "modernas galanterías", mientras el autor añora aquella "fresca y robusta ancianidad", y fantasea con las leyendas supersticiosas que ha llegado a conocer. En este sentido, el texto participa plenamente de un fenómeno que se acentuó desde comienzos de siglo: la 'literaturización' del estado del país; esto es, la visión no real de sus espacios urbanos y rurales, sino idealizada o embellecida a través de prejuicios generados por una literatura anterior. Lo demuestran bastantes escritores extranjeros que vinieron a España dispuestos a encontrar un país intrínsecamente 'romántico', lleno de ese tipo de ruinas góticas que fascinaban por entonces a tantos artistas

---

[210] Las veleidades de Godoy le llevaron a ser destituido como ministro de Justicia y confinado en Mallorca el 5 de mayo de 1802. Durante los años que pasó recluido en el castillo de Bellver, Jovellanos emprendió la redacción de unas *Memorias histórico-artísticas de arquitectura* (acabadas en 1808), en las que integró el texto citado, cuya primera parte es una exhaustiva descripción erudita del castillo y sus alrededores. En la segunda, de mayor interés literario, describe el panorama que se puede contemplar desde la torre del homenaje, lo que le lleva a imaginar cómo sería la vida cotidiana en tal entorno durante el periodo medieval.

europeos. Testimonios como el del conde polaco Jan Potocki en su *Manuscrito encontrado en Zaragoza* (1805), o el del inglés George Borrow, que llega en 1836 a la península con el propósito de propagar la Biblia –*The Bible in Spain* (Londres, 1843) fue el título de su novelada aventura–, se sumaron a los varios 'viajes por España' escritos por franceses como Teophile Gautier, Dumas o P. Mérimée, empeñados en rastrear todo lo que de excepcional había en lo autóctono, lo 'auténticamente español', observándolo con ojos de pintor (vid. *infra*, nota 227). A ello contribuyó notablemente el descubrimiento de una serie de monumentos artísticos en todo el territorio nacional hasta entonces desconocidos, por ser propiedad eclesiástica en su mayoría –monasterios, conventos y castillos medievales, muchos de ellos alojados en parajes recónditos y en estado ruinoso, que fueron expropiados y puestos a subasta pública por orden gubernamental–, lo que desencadenó la publicación en serie de estudios eruditos que pretendían dar cuenta del gran patrimonio artístico español[211].

---

[211] La llamada Desamortización de Mendizábal fue un proceso en varias etapas que se inició en 1835 con el fin de eliminar la propiedad 'de mano muerta', es decir, no productiva, lo que suponía despojar al clero de sus grandes propiedades territoriales: numerosas tierras de labranza de diversa extensión y todo tipo de construcciones que incluían, en muchos casos, tesoros magníficos. La subasta pública de esos bienes no sólo pretendía sanear la precaria economía del país, sino generar una amplia clase burguesa rural, como había sucedido en Francia, pero el resultado no fue el esperado, sino que aumentó aún más la riqueza de la aristocracia, que pasó a ser la propietaria casi exclusiva de todas las tierras productivas, así como de las joyas arquitectónicas halladas en aquellos terrenos. Entre las publicaciones que fueron dando cuenta de esos descubrimientos figuran: *Recuerdos y bellezas de España* (Madrid, 1839-1872), obra que tuvo una amplia difusión, en la que colaboró el poeta catalán P. Piferrer escribiendo líricamente sobre tradiciones y arquitectura de Cataluña y Mallorca, y *España artística y monumental* (París, 1842-1850), obra bilingüe en tres tomos, el primero de los cuales fue ilustrado por el padre de Bécquer, lo que hace suponer que sería obra bien conocida por éste.

Larra y las vertientes del costumbrismo

Uno de los primeros textos que intentaron describir la realidad social y cultural española fue obra de un "español voluntariamente desterrado" en Inglaterra, como él mismo se define: las **Cartas de España** de **J. Blanco White** (vid. *supra*, nota 140), que empezó a redactar en 1821, y a publicar ese mismo año, en inglés, en la prensa londinense[212]. Usando un recurso dieciochesco y un modelo británico –las *Letters from England* que Robert Southey publicó a primeros de siglo bajo pseudónimo español–, Blanco White se vale de la invención de un *alter ego* que escribe desde Sevilla a un supuesto corresponsal para dar noticias al público inglés del país que dejó. Su propósito es tan crítico y moral como el de Southey, que enjuiciaba, por ejemplo, los daños que la industrialización había causado en las clases bajas de Inglaterra; pero, a diferencia de él, White explica por qué renunciará a trazar "un boceto sobre el carácter nacional de los españoles": no son las formas de vida española lo que le interesa criticar sino, fundamentalmente, la intolerancia de la Iglesia Católica, que había marcado su propia trayectoria. Lo que particulariza a sus trece extensas cartas, que comparten con las de Cadalso el tono reflexivo y analítico, es que el sustrato autobiográfico que las sostiene se aprovecha para autorizar su tono de confesión personal[213]. Se centra en la España que mejor conoció: Andalucía (des-

---

[212] La relación de Blanco White con la prensa se inició el mismo año de su llegada a Inglaterra, en 1810, creando un periódico, *El Español* (1810-1814), donde expuso abiertamente –a veces en inglés– sus opiniones sobre la situación política y militar de España, lo que le valió numerosos ataques, incluso desde el propio gobierno español, que prohibió la venta del periódico. Fue un poeta escocés, Thomas Campbell, quien lo daría a conocer como escritor inglés, al pedirle colaboración para su revista *The New Monthly Magazine* en 1821, que es donde aparecieron por primera vez estas cartas. A mediados de 1822 se publicaron en un volumen impreso bajo el pseudónimo de Leocadio Doblado.

[213] Las escribe desde sus recuerdos y en una etapa de anglofilia entusiasta. En una carta a su hermano de 1822 le dice: *Probablemente las* Cartas *de* Doblado *pasarán por alto ahí, o temo que algunos se picarán, no por personalidades, sino por*

de su Sevilla natal finge escribir) y Madrid, durante los años en que fue testigo presencial de lo que cuenta, como el motín de Aranjuez o el 2 de mayo, por ejemplo. La amenidad de las *Cartas de España*, de fluida sintaxis, se logra por el consciente contraste que el autor busca entre los distintos asuntos tratados, que abarcan desde la descripción de festividades, la caracterización de tipos o la sátira de manifestaciones fanáticas (como las que observa entre los cartujos), a profundos comentarios sobre la situación de las universidades españolas, o sobre diversos sucesos históricos contemporáneos, que se entreveran con algunos brillantes pasajes de alcance mucho más lírico, como los que describen el recorrido por caminos de la serranía de Ronda. Lo 'romántico' de Blanco White está en su afán por captar 'el espíritu' de la nación española a través de un mosaico de impresiones sólo aparentemente inconexas. Lo que tiene de 'ilustrado', en cambio, es la denuncia subyacente en ellas: que "el atraso del país no se debe al carácter de los españoles sino al sistema político y social en que tienen que vivir, porque no permite el desarrollo de sus valiosas cualidades" (V. Lloréns). Con todo, se entiende que el público lector de estas cartas sólo pudiera ser el de aquella minoría intelectual inconformista a la que pertenecía su autor, quien, como le sucedería a Larra, quedó muy lejos de otros modos de practicar el costumbrismo que empezaban a triunfar en España, y que se valieron, sin embargo, de su misma fórmula.

Cartas Españolas se bautizó precisamente en 1831 la primera publicación periódica que dio cabida a escenas costumbristas (vid. *supra*, nota 145). El género no era totalmente nuevo, por supuesto, ya que sus antecedentes se remontan a Cervantes, a los narradores de novela picaresca, y a prosistas del siglo XVII como Rodrigo Fernández de Ribera, Vélez de Guevara, Liñán y Verdugo o Francisco Santos, que fueron agudos cronistas de Sevilla y Madrid, principalmente (vid. 2ª, cap. 6). El despliegue de recursos imaginativos que se dio en aquellas obras barrocas faltará, por lo general, en los nuevos costumbristas, que simplifica-

---

generalidades. En ellas me he pintado a mí mismo y he dado un retrato de nuestros padres, todo bajo un decente velo... Esto es evidente en la que titula "Formación intelectual y moral de un clérigo español" en que cuenta su evolución religiosa, producto de su crisis de 1803. Precisamente lo que admiraba de la sociedad inglesa eran sus instituciones políticas y religiosas, no sus formas de vida, exactamente al revés que en el caso de España.

rán los marcos narrativos adaptándolos al medio de difusión que les fue propio ya desde la segunda mitad del siglo XVIII. La primera particularidad de la 'estampa de costumbres' decimonónica es que encontró su cauce natural de expresión en el periódico, que permitía la comunicación asidua y fija con el lector, por lo que se siguieron aprovechando los patrones epistolares del siglo anterior, y en particular, el recurso del corresponsal que viaja para hacer crítica del país[214]. El modelo directo de las *Cartas españolas* fue una colección publicada en París a principios de siglo por el prolífico escritor De Jouy, que pretendía dar cuenta de las costumbres francesas coetáneas, y que tuvo enorme difusión también en España[215].

Quien mejor comprendió y supo aprovechar las nuevas posibilidades abiertas por De Jouy y otros escritores franceses fue **Mariano José de Larra** (vid. *supra*, n. 153), según él mismo delata al tratar del "origen y condiciones de los artículos de costumbres", género que consideraba "enteramente moderno", y al que habría de darle una profundidad inusitada[216]. El primer rasgo excepcional de Larra es que fue

---

[214] La continuidad de los patrones dieciochescos la revela el periódico *El Censor*, que entre octubre de 1820 y marzo de 1821 divulgó, por ejemplo, las *Cartas del madrileño*, del presbítero liberal Sebastián Miñano y Bedoya, quien al mismo tiempo publicó en folletos sueltos otras dos series: los *Lamentos políticos de un pobrecito holgazán*, y las *Cartas de Don Justo Balanza*. No es menos significativo el éxito de los títulos como *El Correo de...* entre los muchos periódicos editados en todo el siglo.

[215] Victor Joseph Étienne De Jouy (1764-1846) reunió sus crónicas costumbristas en cinco volúmenes que fue publicando entre 1812 y 1814 bajo el título *L'Ermite de la Chaussé d'Antin, ou observations sur les moeurs et les usages français au commencement du XIXe siècle*, y en los años treinta fue colaborador de importantes periódicos parisinos como *Le Figaro*.

[216] Larra reconoce como pionero a Addison (vid. *supra*, nota 42), y su artículo "El café" es todo un homenaje a él. Pero se declara sobre todo deudor de sus lecturas francesas, desde Nicolas Boileau (1636-1711), considerado el padre de la sátira moderna, a Balzac, su preferido entre los novelistas. Sus grandes modelos formales fueron: el *Tableau de Paris* (publicación iniciada en 1781) de Louis-Sebastian Mercier (París, 1740-1814); la citada obra de De Jouy (a quien ensalza como *gran conocedor del corazón humano* en su artículo "Los amigos", inspirado en otro homónimo del francés, según hizo varias veces), y *Les Béotiens de Paris*, del periodista parisino Louis Desnoyers, cuya primera parte apareció en 1831 en un famoso *Libro de los ciento y uno* (*Livre des Cent-et-un*), que reunía en un solo volumen una gran cantidad de tipos. Larra lo definió como *el cuadro más vasto, el monumento más singular y la obra más grande que*

precisamente el artículo periodístico, una literatura efímera frente a 'géneros mayores' (en los que no tuvo tanta fortuna), donde se reveló como el gran renovador de la prosa española del siglo XIX. Lo hizo de forma precoz —recuérdese que se suicida antes de cumplir los veintiocho años—, en textos breves que muestran ante todo su lúcida conciencia de los males del país. De los costumbristas franceses tomó Larra el cauce para su talante crítico, y sobre todo la implicación personal, la actitud de cronista comprometido con su circunstancia histórica, a través de la reflexión sobre conductas de la clase media de la capital, principalmente, y su trato con otras clases. Madrid, tomado como espejo de la vida española en general, será así el centro de su costumbrismo urbano, del mismo modo que París lo fue para Desnoyers o De Jouy. Un artículo de éste sobre los burgueses parisinos, por ejemplo, inspira el suyo titulado "¿Quién es el público y dónde se le encuentra", donde ofrece su visión decepcionada de sus potenciales lectores, un público adocenado, intolerante y carente de juicio ecuánime, que discute de lo que no conoce. Alentado tal vez por el único ideal romántico que compartió con Espronceda —la utilidad de la literatura para difundir ideas y 'despertar' la conciencia social (vid. *supra*, nota 170)—, Larra quiso hacer del artículo de costumbres el instrumento expresivo idóneo para la modernización de la vida y la literatura españolas. Un esfuerzo que vale por sí mismo para concederle un puesto relevante también en la historia del periodismo.

En nuestra historia literaria, Mariano José de Larra tiene la misma categoría modélica que alcanzaron Quevedo y Cadalso en sus respectivos siglos, y el magisterio de ambos se deja notar sobre su prosa con un peso superior, incluso, al de otras influencias foráneas. Poseía, como ellos, excepcionales dotes para la sátira: la mordacidad y la perspicacia en la observación, 'virtudes' resaltadas sobre las demás por él mismo en numerosas ocasiones. Con el autor de los *Sueños y discursos* compartió el afán de 'desengañar', de destapar verdades de trascendencia ética, ocultas bajo los comportamientos caprichosos o imitativos del vulgo —les unía una misma aversión a la 'masa'—, y un mismo escepticismo ante la

---

a cosas pequeñas han levantado los hombres, comparándola a las pirámides de Egipto. Hizo todas estas declaraciones en 1836 dentro de una interesante reseña del *Panorama matritense* de Mesonero Romanos (vid. *infra*).

bondad y la virtud humanas, que le lleva a atender a los aspectos más negativos de la sociedad[217]. Su actitud de moralista ácido e irónico se manifiesta ya desde su primera publicación: **El duende satírico del día** (1828), título con ecos del *Diablo Cojuelo* y de otras 'fantasías barrocas', que se perciben también en otros de sus artículos[218]. La iniciativa de Larra se presentaba con una arrogancia sorprendente, dada su juventud –se erige con derecho a criticar "ridiculeces"–, y tenía mucho de arrojo romántico, si se considera que "en la España fernandina publicar sátiras era faena poco imaginable", "con toda la prensa prohibida, excepto los diarios oficiales" (L. Iglesias Feijoo). En la citada revista incluyó ya dos artículos atribuidos a pluma ajena, titulados *Correspondencia de El Duende*, que revelan una original apropiación de las técnicas y del estilo del autor de *Cartas marruecas*. Esto se observa también en **El Pobrecito Hablador**, revista satírica de costumbres que, retomando la trayectoria de la anterior, publicó un total de catorce números desde 1832 hasta 1833 (con algunos paréntesis por la censura), donde se reco-

---

[217] Es lo que Larra consideraba la principal misión del satírico: ... *ver las cosas tales cuales son, y notar antes en ellas el lado feo que el hermoso, suele ser su tormento. Llámale la atención en el sol más sus manchas que su luz; y sus ojos, verdaderos microscopios, le hacen notar la desigualdad de los poros exagerados y las desigualdades de la tez de Venus, donde no ven los demás sino la proporción de las facciones y la pulidez de los contornos. Ve detrás de la acción aparentemente generosa, el móvil mezquino que la produce*... Desde convicciones más volterianas que rusonianas, llegó a afirmar: *Allí donde está el mal, allí está la verdad.* [...] *En esta sociedad de ociosos y habladores nunca se concibe la idea de que puedas hacer nada inocente, ni con buen fin, ni aun sin fin*... ("La sociedad"). Como Quevedo, dirá Larra querer arrojar de sí *la verdad que amarga en la boca*, pero, a diferencia de él, sí parecía creer en la reforma social: ... *Somos satíricos porque queremos criticar abusos, porque quisiéramos contribuir con nuestras débiles fuerzas a la perfección posible de la sociedad.* ("De la sátira y de los satíricos", 1836).

[218] *El duende satírico* fue una revista unipersonal de la que sólo aparecieron 5 números entre febrero y diciembre de 1828, con ocho artículos de Larra entre los que figura una sátira de las corridas de toros que retoma argumentos de algún panfleto del siglo XVIII (vid. *supra*, nota 43). En una revisión de la historia de la literatura española que publicó Larra en *El español* (enero de 1836) sostenía que *después de Quevedo la prosa volvió al olvido de que momentáneamente la habían sacado unos pocos*... Entre sus títulos más quevedescos está el artículo "El mundo todo es máscaras; todo el año es Carnaval", por ejemplo, donde el narrador, dormido durante un baile de máscaras, reconoce en sueños al Asmodeo del *Diablo Cojuelo*, y con él se suspende por la atmósfera de Madrid para ver a través de sus tejados.

gen algunos de los mejores artículos de Larra. Allí se encuentra una "Carta a Andrés escrita desde las Batuecas por el Pobrecito Hablador", en la que se ridiculiza el autosuficiente desprecio por la lectura y el saber, la "feliz ignorancia" en la que viven unos aldeanos 'batuecos' que representan la ceguedad y la desidia, causas directas del atraso nacional. A partir de ahí, Larra empieza esconderse detrás de personajes y pseudónimos que inventa, como 'Andrés Niporesas', 'el bachiller Munguía' –un corresponsal en París que será su recurso preferido tras el nuevo triunfo de los liberales en 1835–, y 'Fígaro', que fue el pseudónimo con el que más se le conocería[219].

En casi todos sus artículos aplicó Larra un planteamiento similar para dotar a su sátira de la plena libertad que defendía en otros ámbitos: *Ni seguimos método, ni observamos orden, ni hacemos sino saltar de una materia en otra...* La reflexión sobre cualquier tema, fruto de una observación regular o puntual (a veces una simple frase escuchada o leída), queda abierta a todas las digresiones posibles, con el viejo objetivo barroco de mostrar realidades 'por de dentro'. Con frecuencia se vale Larra de la aparición imprevista de una persona –un amigo, un pariente, un visitante extranjero, o incluso algún emigrado que vuelve del exilio–, que le lleva a recorrer espacios de la ciudad en los que es testigo de algún comportamiento revelador del carácter de los españoles. Es después, en la soledad meditativa de su cuarto, cuando la voz del filósofo que ha pateado salones y calles suele esbozar la esencia de su conclusión, haciendo partícipe al lector de forma más o menos benévola, según los casos, pero consciente siempre de lo reducido de su 'auditorio'. El poder de convicción de la crítica de Larra se debe en gran medida a su cercanía con todo aquello que trata, a su forma de involucrarse, en primera persona, en esa realidad española que pretende analizar y que abarca los más variados ambientes, tal y como Addison exigía al

---

[219] Lo usó por primera vez en 1833 para firmar el artículo "Mi nombre y mis propósitos", en el que trataba de su relación entre su yo como autor y su máscara. Eso es lo que justifica que eligiera el nombre de Fígaro –título de un famoso periódico parisino coetáneo–, pues el personaje de *El barbero de Sevilla* de Beaumarchais era un tipo orgulloso de pertenecer a la clase popular que afirmaba en un momento de la obra: *Me apresuro a reír de todo, por miedo a estar obligado a llorar*. Larra hace lema propio ese 'me río por no llorar' atribuido a Demócrito, como el filósofo que se distancia mediante la risa de su propia conciencia atormentada.

buen articulista de costumbres. En sus textos es constante la imbricación de hechos históricos y vivencias personales, como cuando ridiculiza una moda social ("Las casas nuevas", "El álbum"), o cuando se encara con asuntos tan espinosos como la vida en las cárceles y la pena de muerte ("Los barateros", "El reo de muerte"), lo que puede verse como un avance del modo de contar la 'intrahistoria' que tendrá Galdós en sus *Episodios nacionales*[220].

Liberal y racionalista, al igual que Cadalso, Larra se reconoce viviendo en "el siglo de la ilustración", lo que le lleva a criticar prácticas anacrónicas como el duelo, y sobre todo a ver la educación como la máxima responsable de la falta de progreso. No es casual, por tanto, que en sus artículos haya muchos temas coincidentes con los de *El Pensador* de Clavijo (*supra*, n. 42) y con las *Cartas marruecas*. Entre ellos, la sátira de una juventud ociosa que exhibe una ciega pasión por todo lo extranjero, mientras se mantiene indolente ante las deficiencias de un sistema que podría mejorarse. Es la juventud que suele escudarse en la frase "En este país..." para culpar a la situación política de todo lo que no funciona en su vida, eludiendo así responsabilidades y limitaciones propias, una "humillante expresión" que, según el autor, "sólo contribuye a aumentar la injusta desconfianza que tenemos en nuestras fuerzas". Tanto esa actitud como su reverso, la xenofobia, son entendidos como caras de un mismo defecto nacional: el desconocimiento de otros países y la ignorancia de la Historia; de ahí que Larra comparta con Cadalso una misma preocupación por los modos de escribirla, así como un mismo aprecio por las enseñanzas del viaje y los nuevos modos de

---

[220] En "Las casas nuevas" (artículo publicado en *La Revista Española* en 1833) crea un *alter ego* relator que justifica su permanente afán de variar con argumentos como éstos: ... *la necesidad de viajar y variar de objetos en que las revoluciones del principio de siglo habían puesto a mi familia, lograron hacer de mí el ser más veleidoso que ha nacido; ...si alguna cosa hay que no me canse es el vivir,* etc. En "El reo de muerte" Larra detalla lo que experimenta en el rincón madrileño donde se ajustició al general Riego (vid. *supra*, nota 167): *No sé por qué al llegar siempre a la plazuela de la Cebada mis ideas toman una tintura singular de melancolía, de indignación y de desprecio* [...] *Pienso sólo en la sangre inocente que ha manchado la plazuela; en la que manchará todavía.* Este suceso, que se convirtió en símbolo de la represión absolutista, sería novelado por Galdós en *El terror de 1824* (1877).

comunicación, como muestra en "La diligencia" (1835)[221]. Son muchos más los artículos en los que Larra hace agudas reflexiones lingüísticas sobre frases coloquiales del castellano que revelan hábitos mezquinos, o bien algún defecto moral mucho más grave, como el derrotismo del *¡No se puede decir! ¡No se puede hacer! Miserables efugios, tristes pretextos de nuestra pereza...*, ese gran 'pecado nacional' que se manifiesta especialmente en la muletilla del "Vuelva usted mañana", producto de la desidia de los funcionarios públicos. En todos los casos su análisis de las causas profundas que mueven tales dichos contrasta fuertemente con la banalidad de quienes los pronuncian: un pueblo caracterizado sobre todo por la incapacidad para la justa autocrítica. Larra la pone en evidencia de continuo a través de ágiles diálogos, dignos de comedia, que sirven de contrapunto humorístico y ameno a su discurso, lleno de algunos de los juicios más implacables que se hicieron en todo el siglo.

Las aportaciones estilísticas de Fígaro resaltan particularmente en sus 'retratos' de tipos humanos que considera representativos de una conducta social, o incluso de toda una mentalidad nacional. Su fina percepción de rasgos psicológicos le lleva a ser un gran creador de personajes —potenciales protagonistas de novelas— desde una perfecta asimilación del concepto de 'fisiología' propuesto por Balzac[222]. Especialmente interesantes son los tipos que Larra eleva a categoría de emblemas de la banalidad social, como las modalidades de 'vividores desaprensivos' que define y clasifica con gran ingenio en "Los calaveras": una especie de 'fauna' abundante en la época y que en España ofrece productos tan típicos como la chulería del 'señorito', que sería asunto recurrente en la narrativa realista posterior. El ejemplo más famoso de esta clase de artí-

---

[221]   *... los tiranos, generalmente cortos de vista, no han considerado en las diligencias más que un medio de transportar paquetes y personas de un pueblo a otro; seguros de alcanzar con su brazo de hierro a todas partes, se han sonreído imbécilmente al ver mudar de sitio a sus esclavos; no han considerado que las ideas se agarran como el polvo a los paquetes y viajan también en diligencia. Sin diligencias, sin navíos, la libertad estaría todavía probablemente encerrada en los Estados Unidos. La navegación la trajo a Europa; las diligencias han coronado la obra...*

[222]   *Es, pues, necesario que el escritor de costumbres no sólo tenga vista perspicaz y grande uso del mundo, sino que sepa distinguir además cuáles son los verdaderos trazos que bastan a dar la fisonomía; descender a los demás no es retratar una cara, sino asir de un microscopio y querer pintar los poros* ("Origen y condiciones de los artículos de costumbres", vid. *supra*, nota).

culos es "El castellano viejo", un magistral retrato de un tipo español que confunde la confianza con la falta de respeto, y que, exhibiendo una "brutal franqueza", se atreve a llamar a la urbanidad hipocresía, en una carencia absoluta del refinamiento de trato que tanto apreció Larra. El cómico banquete que sirve de pretexto, deudor de una de las sátiras de Boileau (*supra*, n. 216), contrasta con la grave reflexión con que termina, acerca de la distinta delicadeza de costumbres que se da entre los habitantes de un mismo país, muy propia de un escritor que evita siempre caer en generalizaciones simplistas. Entre todos los artículos que dan cuenta de la originalidad de Larra en la creación de retratos personalizados –de individuos y no de estereotipos–, destaca el titulado "Modos de vivir que no dan de vivir", pues ofrece una visión inusitada de la figura de la trapera, por ejemplo, donde se descubre una cualidad totalmente innovadora dentro de este género satírico: la de enlazar símiles poéticos para convertir en magnífica prosa lírica la descripción de cualquier realidad, por cruda que sea. Eso que sólo sabe hacer un gran poeta[223].

Contemplados en su conjunto, los artículos de Larra muestran una interesante evolución de pensamiento, especialmente a partir de 1834, a medida que se hace más consciente de la gravedad de los conflictos sociales. Su pesimismo va en aumento en lo que se diría un camino ascendente hacia la percepción exclusiva de imposibilidades: la de

---

[223] Valga este amplio pasaje para invitar a la lectura de este artículo: *La trapera marcha sola y silenciosa; su paso es incierto como el vuelo de la mariposa; semejante también al de la abeja, vuela de flor en flor (permítaseme llamar así a los portales de Madrid) sacando de cada parte sólo el jugo que necesita [...] indudablemente ve como las aves nocturnas; registra los más recónditos rincones, y donde pone el ojo pone el gancho, parecida en esto a muchas personas de más decente categoría que ella; su gancho es parte integrante de su persona; es, en realidad, su sexto dedo..., palpa, desenvuelve, encuentra, y entonces, por un sentimiento simultáneo, por una relación simpática que existe entre la voluntad de la trapera y su gancho, el objeto útil, no bien es encontrado, ya está en el cesto. [...] En una noche de luna llena el aspecto de la trapera es imponente; alargar el gancho, hacerlo guadaña, y al verla entrar y salir en los portales alternativamente, parece que viene a llamar a todas las puertas, precursora de la parca. Bajo este aspecto hace en las calles de Madrid los oficios mismos que la calavera en la celda del religioso: invita a la meditación, a la contemplación de la muerte, de que es viva imagen... en ella vienen a nivelarse todas las jerarquías; en su cesto vienen a ser iguales, como en el sepulcro, Cervantes y Avellaneda; allí, como en un cementerio, vienen a colocarse al lado los unos de los otros...*

saber vivir en libertad *tras tantos años de gobierno inquisitorial* ("Jardines públicos"); la de escapar de la represión ("La policía"); o la de salir del *amasijo de contradicciones, de llanto, de enfermedades, de culpas y de arrepentimientos* ("La vida en Madrid"). Lo que le inspira títulos que son conclusiones fatales: "Lo malo es lo cierto" o "Esa es la sociedad, una reunión de víctimas y de verdugos", ambos de 1835. Los artículos políticos de Larra, que se inscriben en el contexto de las luchas retóricas parlamentarias entre moderados y progresistas, son particularmente indicativos de esos cambios en su trayectoria ideológica, que se inició con una adhesión monárquica y que fue evolucionando hacia posturas más democráticas a tenor de los acontecimientos[224]. En muchos de ellos perdió su característico distanciamiento irónico y mostró su faz más radical, como aquéllos en los que hace directos ataques al carlismo en armas y a su reaccionarismo fanático. La radicalización de las ideas de Larra se hace más evidente a lo largo del año 1836: empieza a hablar de su desencanto ante una *mezquina revolución* que no satisfacía las aspiraciones de los liberales, lo que se intensificó a su vuelta de París[225]. A mediados de ese año, y en medio de una desesperación creciente, escribe una de sus más famosas frases, reveladora de su gran capacidad sentenciosa: *Escribir como escribimos en Madrid es... realizar un monólogo desesperante y triste para uno solo. Escribir en Madrid es llorar, es buscar voz*

---

[224] En 1827, quizá más por motivos oportunistas que por convicción ideológica, ingresó en los Voluntarios Realistas de Infantería, una unidad paramilitar de absolutistas radicales opuestos a los constitucionalistas liberales, ideología con la que fue simpatizando progresivamente. Un posible hecho que justifica esa adhesión de Larra a un cuerpo militar que dependía del rey Fernando VII es que en ese mismo año se habían producido levantamientos de radicales en Cataluña, que fueron preludio de las violentas guerras carlistas que llenarían el siglo. Mientras en algunos artículos atacará a los radicales ("El siglo en blanco"), en otros, en cambio, condenará el moderantismo político, como en "Los tres no son más que dos".

[225] Decepcionado por la situación política (llega a comparar a la minoría progresista del país con un caballo que, creyendo tirar de un elegante carruaje, se encuentra con que sólo tira de una vieja carreta), en la primavera de 1835 decide viajar por varios países europeos, pero regresó a Madrid a finales de ese mismo año, sumiéndose en un absoluto silencio público. A finales de 1836 Larra estaba a punto de ser diputado por Ávila con el apoyo del Duque de Rivas, que era ministro de la Gobernación, hecho que impidió la sublevación de los liberales de 1837, quienes obligaron a la reina a firmar una nueva Constitución.

sin encontrarla, como en una pesadilla abrumadora y violenta. ("Horas de invierno").

Dos de los más significativos artículos de ese desencanto absoluto del último Larra, los que precedieron a su suicidio, son "La nochebuena de 1836" y "Día de difuntos". Ambos muestran el sentimiento de soledad y de alienación del escritor madrileño respecto a la sociedad en la que vive. El primero de ellos, subtitulado "Yo y mi criado. Delirio filosófico", se sostiene sobre un planteamiento quijotesco: el contraste entre el reflexivo e insomne Fígaro y su inconsciente sirviente, ajeno a las torturas mentales de su amo, y a la dolorosa conciencia de su soledad, oculta tras las apariencias: *... así se empaña la vida, pensaba; así el frío exterior del mundo condensa las penas del interior del hombre, así caen gota a gota las lágrimas sobre el corazón. Los que ven de fuera los cristales los ven tersos y brillantes; los que ven sólo los rostros los ven alegres y serenos...* En "Día de difuntos" –inspirado en *Les sepultures* de De Jouy– percibe Madrid como un gran cementerio y, desde una posición superior, como la del narrador de cualquier 'fantasía moral' barroca, escribe entonces el que es probablemente su párrafo más romántico[226]. Es allí también donde inventa un epitafio que habría de ser largamente citado: *Aquí yace media España. Murió de la otra media,* pues sería tomado como lema por parte de los escritores 'regeneracionistas' a partir de 1875. No en balde Larra fue el primero en reflexionar sobre 'el problema de España' y la necesidad de su "regeneración", señalando la "abulia nacional" como uno de los principales lastres del país, un asunto que sería central entre los ensayistas de la llamada 'Generación del 98', que fueron los grandes descubridores de su valía.

La atrevida propuesta de Mariano José de Larra hubo de resultar aun más excepcional comparada con el tipo de prosa costumbrista que predominó hasta finales de siglo. La veta más fructífera es la que puede bautizarse como costumbrismo nostálgico: el que nace de la necesidad de 'pintar al detalle', a través de cortas descripciones, modos de vida y tipos humanos que se perciben como únicos y en vías de extinción por la llegada del progreso industrial. A ello hace mención el

---

[226] *... Quise salir violentamente del horrible cementerio. Quise refugiarme en mi propio corazón, lleno no ha mucho de vida, de ilusiones, de deseos. ¡Santo cielo! ¡También otro cementerio! Mi corazón no es más que otro sepulcro. ¿Qué dice? Leamos. ¿Quién ha muerto en él? ¡Espantoso letrero! ¡Aquí yace la esperanza!*

adjetivo 'pintoresco', del que tanto se abusaría en la literatura de aquel siglo por parte de escritores de todas las ideologías, y que alude a las cualidades pictóricas de las escenas, tipos o paisajes que se detallan, por lo que tienen de llamativo a la vista debido a su peculiar 'color local'[227]. De ahí que el supuesto 'realismo' de esta literatura sea, cuando menos, discutible. Al fijarse en aquellos aspectos que resultan 'típicos', la mayoría de los costumbristas hace una selección parcial de la realidad, por lo que su visión resulta, en consecuencia, limitada. "No les interesaba describir la vida y el comportamiento popular tal como era en realidad, y aspiraban a seleccionar sólo lo que representaba una agradable supervivencia del pasado" (D. L. Shaw). Lo que define precisamente al costumbrista romántico es que se aferra a ese 'pintoresquismo' que describe, convencido de que está destinado a desaparecer dentro de la nueva sociedad 'mecanizada'. No puede extrañar, por tanto, que este tipo de textos sea con frecuencia portavoz de valores conservadores y convicciones profundamente tradicionalistas, un rasgo que se mantendría en la novela regionalista posterior. Perfecto ejemplo de todo ello son los textos publicados en el **Semanario Pintoresco Español**, un periódico aparecido en 1836 y en el que durante dos décadas (hasta 1857) colaboraron casi todos los escritores del momento. Convertidos en viajeros itinerantes por la geografía nacional, en supuestos testigos directos de lo que relatan, pretendieron dar cuenta de la diversidad regional española a través de la 'pintura' de trajes, fiestas, ritos y otros motivos del folklore, así como de la narración de anécdotas verosímiles pero ficticias. En la mayor parte de los casos se pone de manifiesto que bajo aquella preocupación por perpetuar lo diferencial de cada tradición local, por "fijar lo perecedero" (J. F. Montesinos), latía un temor nacionalista a la 'contaminación' de otros hábitos de fuera de nuestras fronteras (*infra*, n. 230). Es decir, una rotunda aversión a que el progreso y el avance de las comunicaciones trajeran consigo esa nivelación de los pueblos y los usos sociales que

---

[227] 'Pintoresco' fue un juicio estimativo con connotaciones positivas durante bastante tiempo, que coincide con la frecuencia con la que los escritores dicen 'pintar' 'esbozos', 'bosquejos', 'bocetos', 'cuadros', o 'retratos' —recuérdese que los inicios de la fotografía datan de 1839–, que fueron las palabras más usadas para rotular los textos costumbristas.

hoy denominamos 'globalización'[228]. Aquel costumbrismo, básicamente ruralista, le daba además la espalda a la auténtica realidad social, a diferencia de lo que hicieron, con claro afán de denuncia en muchos casos, algunos costumbristas coetáneos que escribieron en las otras lenguas nacionales, especialmente en gallego.

El fundador del *Semanario pintoresco*, **Ramón de Mesonero Romanos** (Madrid, 1803-1882), fue uno de los escritores costumbristas más prolíficos. Se dio a conocer bajo el pseudónimo de 'el Curioso Parlante', publicando artículos periodísticos que recogió en su *Panorama matritense* (1835-1838), y se especializó pronto en la observación de la vida cotidiana madrileña, a lo que contribuyó sin duda su cargo público[229]. Su propósito iba a ser bien distinto al de su paisano Larra. Confesó que pretendía *escribir para todos en estilo llano, sin afectación ni desaliño; pintar las más veces, razonar, pocas, hacer llorar nunca, reír casi siempre... y aspirar en fin a la reputación de verídico observador,* concentrando sus preceptos en *la moral y la verdad en el fondo, la amenidad en la forma, y la pureza y el decoro en el estilo*. Según esta consideración, poco se separaban sus **Escenas matritenses**, aparecidas entre 1836 y 1842, de la visión de Madrid que ofrecieron los sainetes de Ramón de la Cruz en el siglo anterior, pues las define, además, como *ligeros bosquejos de caracteres verosímiles y variados, y diálogo animado y castizo*. Sin embargo, su

---

[228] La llegará a temer claramente Bécquer: *infra*, n. 240. En esa búsqueda de "costumbres puras y sencillas" que profesan los costumbristas, algún autor se lamenta, por ejemplo, que cada vez sea más escaso "lo poético y pintoresco" que quepa encontrar en los pueblos de Galicia, de la que van desapareciendo las señas de la "primitiva y pacífica Arcadia". Y en ese mismo sentido se expresará también Pedro A. de Alarcón tras una visita a Salamanca, aprovechando la línea de ferrocarril desde Madrid recién inaugurada (1877), pues se alegra del aspecto medieval y aun "decrépito" de alguna de sus calles y el aspecto genuino de sus gentes, ancladas en el tiempo (*Dos días en Salamanca*).

[229] Su trabajo como funcionario e inspector de obras públicas municipales le llevó a tener un conocimiento muy directo y exhaustivo de los cambios experimentados por la capital desde el final del reinado de Fernando VII, como refleja su *Manual de Madrid* (1831), una guía en la línea de las que se escribieron en el siglo XVII, a partir de Juan de Zabaleta (II, cap. 6). Aunque miliciano liberal en su juventud, cuando escribe ya su primera aproximación al costumbrismo: *Mis ratos perdidos* (1822), fue acentuando sus convicciones tradicionalistas y conservadoras mientras se aficionaba, como muchos burgueses de la época, a la compra de bienes 'desamortizados' (*supra*, nota 211).

mérito residió en saber captar detalles mínimos por los que asoma la 'esencia' de cualquier ambiente, como muestran 'cuadros' como su "Paseo por las calles", por ejemplo, aunque siempre sin propósito crítico alguno. El de Mesonero Romanos fue un tipo de costumbrismo casticista –o 'burgués', según algunos historiadores–, conformado con presentar la imagen de un pueblo feliz, en el que incluso la pobreza era risueña, y en el que no se vislumbraba aflicción por ningún tipo de problemas sociales. Por otra parte, la prosa de Mesonero deja ver que el casticismo –entendido como la búsqueda de la 'pureza de casta'–, puede ser también una 'militancia romántica', aunque de carácter tradicionalista, según demostró en algunos de sus juicios (vid. *supra*, nota 145), algo que volverían a confirmar algunos destacados prosistas del '98'. Con todo, el magisterio del escritor madrileño se dejó sentir en varios novelistas posteriores de muy distinta ideología, entre los que destaca Pérez Galdós.

Esa misma concepción de la prosa costumbrista es la que practicó, aunque con mucha más creatividad, **Serafín Estébanez Calderón** (Málaga, 1799-1867), hombre culto y polifacético (jurista, político, catedrático de lenguas, pintor, estudioso del folklore, bibliófilo, etc.), que empezó a publicar sus primeros artículos en *Cartas españolas* bajo el pseudónimo de 'El Solitario'. El conjunto por el que merece mención aquí son sus **Escenas andaluzas** (1846), en las que muestra una visión idílica de Andalucía muy próxima a la de muchos viajeros extranjeros fascinados por su sustrato árabe, y por tipos como la 'bailaora' o el contrabandista, y a los que presentaba, además, como emblema de lo 'genuinamente español'[230]. La sabiduría del Estébanez flamencólogo hace que se lean con interés algunas de sus páginas sobre el cante y el baile andaluz (vinculaba su sensualidad a la de la mujer), o sobre el valor de las coplas y los romances transmitidos de boca en boca. Del mismo modo que se leen con gusto sus descripciones de tipos como "Pulpete y Balbeja" o "El asombro de los andaluces, Manolito Gázquez, el sevi-

---

[230] En su "Dedicatoria" invita al lector a se dé un paseo por ciertos barrios populares de Sevilla, Ronda, Málaga, Córdoba o Cádiz, y *otras más partes en donde vive y reina España, sin mezcla ni encruzamiento de herejía alguna extranjera, y si al volver y virar en redondo no me lees con algo de apetito, date por precito y relapso* (sic) *en materias españolas*... Gustaba reiterar que era en esos recorridos donde se alimentaba "su pasión por todo lo que huele a España".

llano", donde es notoria la influencia del *Rinconete y Cortadillo* cervantino[231]. Sin embargo, el nacionalismo 'españolista' que anima su prosa no parece tener hoy más valor que el haber impulsado la creación de lo que se denominaría 'la España de pandereta': un conjunto de alegres y banales tópicos folklóricos que llenaron a comienzos del siglo XX el teatro de los hermanos Álvarez Quintero, ya con una soterrada pero clara intencionalidad política (vid. 4ª, c. n. 90). Mayor diversidad de enfoques presentó la serie de 'cuadros' costumbristas que tuvo más fama: **Los españoles pintados por sí mismos**, una antología editada entre 1843 y 1844 e inspirada en la colección inglesa *Heads of the People or Portraits of the English* (Londres, 1840-1841), que se reeditó en fascículos en París con el título *Les anglais peints par eux-mêmes*. Albergaba a más de treinta escritores de dos generaciones –además de Mesonero y Estébanez, figuraban dramaturgos como García Gutiérrez y Zorrilla–, y desencadenaría una larga serie de títulos homónimos en todo el ámbito hispano hasta final de siglo[232].

Bécquer prosista

La misma añoranza de otros tiempos que se dio entre los costumbristas mostraría el gusto por las leyendas, que con frecuencia tendrá también tintes conservadores. Si antes lo demostró Zorrilla en verso, Bécquer lo hará en sus veintidós leyendas en prosa, que fueron apareciendo aisladamente en la prensa, como el resto de sus narraciones[233].

---

[231] Sus tipos se caracterizaron preferentemente por la ingenuidad y la gracia, como los personajes cervantinos de la Cofradía de Monipodio, virtudes que atribuía a toda Andalucía, en general. Estébanez puso de moda el término 'fisiología' usado por Balzac, pero ya sin las exigencias críticas de Larra

[232] A esta colección siguieron: *Los cubanos pintados por sí mismos* (La Habana, 1852), *Los mexicanos pintados por sí mismos* (México, 1854), *Los valencianos pintados por sí mismos* (Valencia, 1859), *Las españolas pintadas por los españoles* (Madrid, 1871-1872) y *Las mujeres españolas, portuguesas y americanas* (Madrid, 1872), *Los españoles de ogaño* (1872), *Madrid por dentro y por fuera* (Madrid, 1873), y *Los hombres españoles, americanos y lusitanos pintados por sí mismos* (Barcelona, 1882).

[233] De 1858 es su primera leyenda, "El caudillo de las manos rojas", que participaba de la moda del ambiente hindú, que seguiría también Juan Valera en

A su gusto por el pasado histórico español contribuyó su trabajo para la que fue su primera obra en prosa: una *Historia de los templos de España* (1857), planeada para publicarse por entregas y a la que se suscribieron incluso los propios reyes, aunque no tuvo el éxito esperado[234]. Allí se muestra un Bécquer ensayista fuertemente tradicionalista –*La tradición religiosa es el eje de diamante sobre el que gira nuestro pasado*– que, con gran sensibilidad para la arquitectura, el simbolismo de las estatuas y todo lo que él percibe como "la poesía de la religión". Allí atreve a hacer un lírico elogio de las aportaciones de los árabes: *La arquitectura árabe parece la hija del sueño de un creyente, dormido después de una batalla a la sombra de una palmera. Sólo la religión pudo reunir las confusas ideas de mil diferentes estilos y entretejerlos en la forma de un encaje...*; al mismo tiempo que rechaza el fanatismo herético de *los adoradores de la media luna* y se aventura a hacer *bosquejo de la historia de los judíos en España*. Este trabajo le proporcionó el acercamiento a tradiciones populares locales que en muchos casos oyó contar a lugareños, coincidiendo a veces con los intereses de su admirado Zorrilla, como se manifiesta en sus leyendas "El Cristo de la calavera" o "La promesa".

Las leyendas de Bécquer, que nunca fueron presentadas como conjunto definido, son de muy desigual calidad, como sucede con sus rimas, y participan de géneros muy distintos: desde la 'conseja' local sin visos de veracidad al cuento fantástico lleno de imágenes inquietantes, como los de Poe o Hoffmann. Otras historias están emparentadas con diversos géneros de la Edad Media, un gusto que el autor sevillano compartió con todos los cultivadores de la novela histórica, otro de sus referentes fundamentales. De los antiguos *miracula* toma Bécquer, por

---

      alguno de sus cuentos. Las fue publicando por entregas a partir de entonces, lo que le ayudó a sufragar los gastos de la enfermedad que contrajo en ese mismo año.

[234] De hecho sólo apareció un tomo, que no volvió a reeditarse además en su siglo. El principal modelo de este primer libro de Bécquer parece ser *España artística y monumental*, ilustrada por su propio padre, y los *Recuerdos y bellezas de España* (vid. *supra*, n. 211). La relación que establece entre las concepciones religiosas y la tipología de los templos, así como su veneración de lo gótico parece inspirada, en cambio, por dos lecturas francesas: *El genio del cristianismo* (1828) de Chateaubriand y *Nuestra Señora de París* (1831) de V. Hugo, libros de amplia influencia en los prosistas del momento (vid. *infra*, cap. 5).

ejemplo, el asunto del sacrilegio, las experiencias de la eternidad o el mito de 'la hueste antigua', que aparece en "El monte de las ánimas", ambientada en un palacio gótico de Soria la Noche de Difuntos. La mayoría de sus personajes participa de una honda raigambre 'romántica' que hunde sus raíces en los viejos *lais* bretones y las baladas célticas y escandinavas medievales, pobladas de figuras simbólicas: los caballeros misteriosos como el del romance del conde Arnaldos, la figura del cazador maldito, la mujer transformada en animal ("La corza blanca"), la sílfide que surge de la niebla, y todo tipo de mujeres peligrosas ligadas a las aguas, como la que aparece en "Los ojos verdes". Las mujeres de las *Leyendas* tienen todas una pose etérea e intangible, son seres casi sobrenaturales en los que se busca el 'espíritu hermano' y que pertenecen sólo al sueño del poeta (como la Beatrice que aparece cual visión fantasmagórica en la *Vita Nuova* de su admirado Dante), de lo que es perfecto ejemplo "El rayo de luna", cuya inspiración pudo ser Espronceda (vid. *supra*, nota 171). Son presencias femeninas delatadas sólo por un suspiro, o apenas entrevistas a través de una celosía, gracias a una mano que asoma por una ventana (motivo 'romántico' ya usado por Cervantes en la "Historia del cautivo"), como sucede en "Tres fechas". Es ésta una de las leyendas donde más resalta la importancia que adquiere la visión de la ciudad en la prosa becqueriana, junto a las sensaciones físicas y anímicas que suscita, siempre ligadas a la climatología y a sonidos misteriosos como el viento o las campanas[235]. La ciudad se hace de alguna manera 'corpórea' a los ojos del poeta –al igual que en *El estudiante de Salamanca* de Espronceda–, con edificios cuyas fachadas cobran vida y embelesan como si fueran rostros femeninos. Aquí, Toledo, "la ciudad sombría y melancólica por excelencia" donde Bécquer vivió junto a su hermano durante el año de 1869, se muestra con todos los atractivos que le encontraron los románticos de todas las

---

[235] *El día estaba triste, el cielo era de color plomo, y a su reflejo melancólico los edificios parecían más antiguos, más extraños y más oscuros. El aire gemía a lo largo de las revueltas y angostas calles. La atmósfera húmeda y fría helaba el rostro a su contacto, y hasta diríase que helaba el alma con un soplo glacial.* [...] *Ignoro si la oscuridad del cielo, la falta de verdura o el estado de mi espíritu eran la causa de mi tristeza; pero la verdad es que desde el sentimiento que experimenté al contemplar aquellos lugares por vez primera, hasta el que me impresionó entonces, había toda la distancia que existe desde la melancolía a la amargura.* ("Tres fechas").

épocas[236]. Además de ver en cada palacio árabe transformado en iglesia el sucederse de las generaciones, el autor percibe Toledo como marco idóneo para describir el fanatismo judío, como hace en "La rosa de pasión", que participa del gusto por las ceremonias rituales que compartieron tantos artistas de la época.

El mérito de las *Leyendas* no está tanto en la originalidad de sus argumentos, desarrollados siempre en tramas muy simples, como en el estilo de sus descripciones. De él se ha elogiado lo insinuante y cadencioso de una prosa que se hace especialmente sublime al narrar el dramatismo del misterio, por "la especial habilidad de Bécquer para ir llevando gradualmente el interés del lector de lo real a lo fantástico, por medio de una referencia personal o por la evolución de un detalle histórico o topográfico real" (D. L. Shaw). Dos buenos ejemplos de ello son "Maese Pérez, el organista", sobre la figura del músico incomprendido, y "El miserere", centrado en el misterio de la música, asunto que era "muy popular en la época en que se difundió la leyenda de Paganini y de la composición del *Réquiem* mozartiano" (J. C. Mainer). El poder de sugerencia que muestra en estos textos, el énfasis que pone en las sensaciones de todo tipo –las que transmiten 'melancólica belleza', su emoción estética preferida, entre otras–, unido a "su empleo de ritmos y dicción semipoéticos en su descripción colorista y pictórica", inducen a algunos historiadores a considerar a Bécquer como el auténtico creador de la moderna prosa lírica española.

La obra que mejor descubre su calidad y versatilidad como prosista son las nueve cartas que empezó a publicar en 1864, de forma anónima, en el periódico *El Contemporáneo*, con el título **Desde mi celda**, tan genuinamente romántico como el retiro que le sirvió de inspiración[237].

---

[236] ... *Allí cada lugar recuerda una historia, cada piedra un siglo, cada monumento una civilización. Diríase que el alma, sobrecogida de terror y sedienta de inmortalidad, busca algo eterno en donde refugiarse, y como el náufrago que se ase de una tabla, se tranquiliza al recordar su origen.* (*Cartas literarias a una mujer*).

[237] En su mayoría están escritas desde el antiguo monasterio cisterciense de Veruela, situado en el alto Aragón, convertido en posada tras la Desamortización (*supra*, nota 211), donde Bécquer se había recluido en el verano de 1863 para curar su afección pulmonar junto a su hermano Valeriano, y donde pasaría después largas temporadas. Su viaje supone, por tanto, la búsqueda de un retiro 'regenerador' de salud física que, como todo romántico, él transforma además en búsqueda de salud mental, como revela bien la carta II. En el retiro de Veruela se cumplían dos de los requisitos fundamen-

El paraje desde donde las escribe, el escondido Valle de Veruela, determina el intimismo de su tono, eminentemente meditativo, al que aflora de continuo el propio estado anímico del autor. La carta III, por ejemplo, se inicia con un elogio de los cementerios rurales, pero el verdadero tema de fondo es la muerte: su reflexión sobre la gloria ultraterrena mientras recorre una catedral gótica es un perfecto manifiesto romántico, y la nota desoladora con que termina delata que es consecuencia de su delicado estado de salud[238]. El texto en su conjunto presenta una gran variedad de modalidades genéricas: desde el ensayo al cuento fantástico, pasando por el 'reportaje' (con trayectos en coche de caballos, a veces, y en mula, otras) por lo que puede valorarse desde enfoques muy distintos. Las cinco primeras cartas, más descriptivas, íntimas y personales, se estructuran a partir de la contraposición entre Madrid y Veruela, reproduciendo el viejo esquema 'corte vs. aldea,' o lo que es lo mismo: ajetreo de la civilización frente a consuelo de la naturaleza en soledad. Se escriben desde el punto de vista de quien necesita escapar del torbellino de la vida moderna: *no veo en esa agitación continua, en ese ir y venir, más que lo que ve el que mira un baile desde lejos: una pantomima muda e inexplicable, grotesca unas veces, terrible otras...* (final de carta II). En este sentido, las cartas participaban de un gusto 'arqueológico', en parte libresco, y en parte motivado por aquellas peregrinaciones artísticas a tierras 'vírgenes' o poco visitadas, a las que eran tan aficionados los hermanos Bécquer. De ahí que el autor aparezca de pronto apelando a un proyecto estatal sobre las ruinas del país, muy similar a lo que de forma individual acometió en su *Historia de los templos,* y que no resulta nada lejano de proyectos ilustrados como los llevados a cabo por Ponz o Jovellanos[239]. Esto es compatible, sin embargo, con el hecho de que *Des-*

---

tales de la correspondencia epistolar: el aislamiento, el retiro a la propia intimidad, y sentirse libre de premura de tiempo, tal y como se dio en muchos otros artistas románticos.

238 El escepticismo y aun pesimismo de Bécquer sorprende en un momento en que era ya un periodista consagrado y reconocido, pero tales sentimientos se encontraban ya en narraciones anteriores, como *Mi conciencia y yo*, o *La fe salva*, que recuerdan muy claramente a Larra, en cuyas obras *aprendió el dolor*, según él mismo afirma.

239 Sostiene Bécquer que el conocimiento y la difusión de nuestro pasado cultural deberían ser encomendados a grupos en los que fraternalmente colaborasen un pintor, un arquitecto y un poeta. Su propuesta encontró relativo

de mi celda reúna numerosos pasajes genuinamente románticos que arrancan de su idolatría por el pasado: *Consagro como una especie de culto, una veneración profunda por todo lo que pertenece al pasado* (carta IV); *lo lejano y remoto se espiritualiza siempre en nuestra visión*, etc.

La carta IV expone mejor que ninguna otra el fundamento de la estética tradicionalista de Bécquer, pues su horror a la uniformidad de los usos le lleva a hacer una declaración 'antiglobalización' muy similar a la que podía leerse en páginas del *Semanario pintoresco español* (vid. *supra*, nota 228). Lo interesante es que percibe ya como una seria amenaza al telégrafo y el tren –pese a nombrarlo antes líricamente *ferrocarril que vuela como un sueño de la imaginación o un presentimiento de lo futuro*–, pues ponen en peligro la preservación de lo pintoresco[240]. Así, la carta V, el más extenso cuadro de costumbres escrito por Bécquer, acaba con una reflexión que actualiza el viejo tópico del *beatus ille*, y que resulta muy reveladora del conservadurismo del autor. Un Bécquer con mayor conciencia social es el que se descubre, sin embargo, en algunas páginas de sus *Viajes, descripciones, monumentos*, texto en el que aparece como el primer viajero español que inaugura *la línea completa del ferrocarril del norte de España*, dando testimonio de las diferencias abismales entre la España rural y la urbana. En el primero de ellos, titulado "Caso de ablativo", manifiesta su confianza en el progreso a través del tren – alaba todos los túneles y puentes que ha sido necesario construir–, con una actitud muy distinta a la de la citada carta de *Desde mi celda*. El interés de este artículo reside además en su visión de una yerma y estancada

---

[240] eco en las autoridades, puesto que en 1865 el Ministerio de Fomento ofreció a su hermano Valeriano una pensión para estudiar y pintar costumbres y trajes de las provincias de España.
Porque, no hay duda, el prosaico rasero de la civilización va igualándolo todo. Un irresistible y misterioso impulso tiende a unificar los pueblos con los pueblos, las provincias con las provincias, las naciones con las naciones, y quién sabe si las razas con las razas. A medida que la palabra vuela por los hilos telegráficos, que el ferrocarril se extiende, la industria se acrecienta y el espíritu cosmopolita de la civilización invade nuestro país, van desapareciendo de él sus rasgos característicos, sus costumbres inmemoriales, sus trajes pintorescos y sus rancias ideas. A la inflexible línea recta, sueño dorado de todas las poblaciones de alguna importancia, se sacrifican las caprichosas revueltas de nuestros barrios moriscos, tan llenos de carácter, de misterio y de fresca sombra. (Carta IV). La antipatía de los 'noventayochistas' por los postes del telégrafo se deberá, en cambio, a la fealdad que introducen en el paisaje: vid. 4ª, nota 23.

Castilla (Ávila, Medina, Valladolid, etc.) que *no habla sino de su pasado*, y de la que le atraen sobre todo sus viejas catedrales; la de Burgos, en concreto, le traslada a una época de espiritualidad y heroísmo: *la Edad Media es magnífico prólogo lleno de símbolos y misterios de ese gigante poema que poco a poco va desarrollando la Humanidad a través de los siglos*... Es decir, toda una nostálgica visión de las creaciones medievales y renacentistas muy similar a la que se encontraría tiempo después en las páginas de Azorín. De manera que la lectura de esas páginas es, probablemente, el mejor acercamiento que cabe hacer a la gran contradicción de fondo que latirá en casi todos los prosistas del 98 respecto al progreso, y que se hace menor a la luz del profundo romanticismo que invadió a la mayoría de ellos.

Además del interés ideológico, *Desde mi celda* muestra al mejor Bécquer narrador, con relatos muy imaginativos comparables a muchas de sus leyendas. En el inicio de la carta VI, por ejemplo, un pastor le cuenta la vida y el horripilante crimen de una vieja bruja, la tía Casca, y al final hay una posdata del propio autor que refiere cómo a la vuelta de su paseo por la montaña conversó con una muchacha que le detalló su versión de los hechos. Esto le sirve para mostrar la pervivencia de las creencias supersticiosas en la mente campesina, pero también para mantener la curiosidad de los lectores de *El Contemporáneo* por la trascripción de ese diálogo hasta la publicación de la carta siguiente. En ella no contará Bécquer, sin embargo, la historia prometida de las brujas de Trasmoz, sino la fabulosa construcción de un castillo, por lo que alarga la intriga de forma similar a como lo hacían los viejos esquemas orientales del tipo a *Las mil y una noches*. Tanto estos textos como las *Leyendas* participaban del gran interés por los relatos tradicionales que se dio en toda Europa, y deben valorarse, en definitiva, como una original contribución del escritor sevillano a la narrativa fantástica, que tan escasa fue en España durante todo el siglo XIX.

5.
Galdós y Clarín en el auge de la novela realista

Con casi cuarenta años de diferencia llegó a la narrativa española el gran movimiento realista que ya había empezado a triunfar en Francia hacia 1830. Para explicar tal retraso suele aludirse al duro control que se ejerció sobre la novela durante el reinado de Fernando VII, que además seguía estando infravalorada respecto a otros géneros. En 1805 se creó la figura del Juez Supremo de Imprenta, que actuaba junto a un equipo de censores con acceso a todo tipo de publicaciones, y con poder individual para intervenir sobre todo lo que atentara "contra la moral y las buenas costumbres", especialmente en el caso de la novela. Por otra parte, fue determinante el alto índice de analfabetismo que había en España, y que sólo logró reducirse notablemente a medida que avanzaba la segunda mitad del siglo[241]. A ello hay que sumar que fuera aún

---

[241] En las primeras décadas del siglo sólo un 6% de la población sabía leer. Del público lector, cifrado en unas 600 000 personas y repartido sobre todo entre Madrid, Barcelona y Valencia, hay que descontar unos 200 000 clérigos, que, como en siglos anteriores, despreciaban la novela por razones morales. El porcentaje de lectores subió al 25% hacia 1860, y no alcanzaría a la mitad de la población hasta principios del XX.

mayor el número de las mujeres que no sabían leer —no llegaba al 10% hacia 1878—, y aquellas potenciales consumidoras del género solían conformarse con la lectura en voz alta en los lugares de trabajo, muy extendida en las fábricas de manufacturas y talleres. Pero ninguno de estos hechos resultan suficientes para justificar la gran mediocridad de la novela hasta 1870, aproximadamente, fecha a partir de la que ya empiezan a dejarse sentir entre otras inquietudes en los escritores más jóvenes. En ellos se harían patentes las repercusiones de la revolución de 1868, que fue conocida como 'La Gloriosa' por contar con el apoyo de las masas populares[242]. La gran calidad de las propuestas que se dieron en el último cuarto del siglo pudo afortunadamente compensar con creces tantas décadas de 'sequía', devolviéndole a la narrativa española una altura y una originalidad equiparables a la que tuvieron la francesa o la rusa de la época.

La sociología del público lector confirma que fueron las mujeres urbanas de la mediana burguesía las que potenciaron el gusto por un género que hubo de tener larga vigencia en toda Europa: la novela 'por entregas'[243]. El folletín, como fue conocido ese género de origen francés (*feuilleton*), encontró en ellas a sus principales suscriptoras, pese a ser tan escaso el porcentaje de lectoras. Conviene recordar que las cam-

---

[242] Lo que en Europa fue la revolución burguesa no se manifestó en España hasta esa respuesta popular de 1868, que no se acompañó, sin embargo, de una auténtica revolución industrial. Los generales Prim y Serrano provocan en ese año la marcha de Isabel II. Con su reinado de 35 años se cerraba un periodo de cuatro constituciones, una guerra civil, innumerables gobiernos, sublevaciones y levantamientos; una etapa, en definitiva, de gran inestabilidad en todos los órdenes de la vida social y política. Pronto se produjo, sin embargo, una división en la coalición de fuerzas revolucionarias: los unionistas, progresistas y demócratas (vid. *infra*, nota 253), querían una nueva monarquía, mientras que los republicanos pretendían, en cambio, instaurar en España una república. A esta división interna se sumaría el conflicto de las colonias, que empieza con una guerra en Cuba que duró diez años.

[243] Eran novelas de bajísima calidad, publicadas con periodicidad regular —semanal, generalmente— y de las que se hacía propaganda: para convencer de seguir comprándolas había que mantener la intriga del 'continuará en el próximo capítulo'. A los autores se les pagaba por línea y eso hizo que abundaran las frases cortas escritas con letra grande, acompañadas de láminas o estampas sueltas que ilustraban los acontecimientos clave de la acción novelesca. A propósito de esto, Clarín llegaría a afirmar: *Eso de malgastar una línea para decir un 'Sigamos' no se lo perdono yo ni a un Víctor Hugo*.

pañas para la instrucción de la mujer seguían teniendo detractores no sólo en España, sino también en Alemania, Inglaterra o Francia, con criterios que se mantuvieron invariables desde Napoleón a Shopenhauer. Tales datos son importantes si se considera que la mayor parte de la novela del XIX estuvo claramente dirigida a un público femenino, como demuestran muy bien dos de las grandes heroínas de este siglo: Madame Bovary y Ana Karenina, cuyas apasionadas lecturas de novelas de aventuras favorecería la aparición de un nuevo 'quijotismo', muy extendido en la narrativa decimonónica. Y todo ello en la época en que se producía precisamente una gran irrupción de escritoras en toda Europa que luchaban por hacerse un hueco dentro de la narrativa, y que llegaron a dirigir por primera vez, además, revistas específicas para mujeres que daban cabida a todo tipo de relatos. En medio de aquel ambiente gravitaba un prejuicio: el vínculo entre lo femenino y la sensiblería, que se fue afianzado por ese gran negocio editorial que fue la venta de folletines.

La producción del género iba dirigida, sin embargo, a muy distintos públicos, aunque en ciertos círculos masculinos fuera inconfesable y aun vergonzoso su consumo. Se trataba de un tipo de novela destinada a gentes que se quedaban en lo superficial de los argumentos, y que por tanto disfrutaban con personajes que eran puros clichés maniqueístas – el benefactor, la huérfana maltratada, el traidor, etc.–, dentro de tramas con esquemas narrativos muy simples, llenos de momentos de tensión y suspense, y resoluciones melodramáticas como las que se dieron ya en algunas novelas del siglo de Oro. Entre el centenar de autores españoles que tuvieron que 'vender' su libertad a las exigencias de los editores sólo por razones de supervivencia, figuran nombres desconocidos que llegaron a tener enorme éxito, como J. Martínez Villergas o M. Fernández y González –el más prolífico–, pero también algunos de los mejores narradores del siglo, como Juan Valera o Vicente Blasco Ibáñez, que empezó abriéndose camino con ese género. Ni siquiera las más grandes plumas, como la de Leopoldo Alas y la de Benito Pérez Galdós, se librarían de la influencia del folletín francés, por más que lo denostaran como un 'mal contagioso'[244].

---

[244] Galdós se lamentaba en uno de sus escritos teóricos de lo convencional y sin carácter de ese tipo de novela: *género que cultiva cualquiera, peste nacida en*

El folletín albergó los más diversos temas: aventuras ambientadas en épocas lejanas (que desvirtuaban el esquema de la novela histórica romántica), sucesos de terror, conflictos amorosos entre clases sociales extremas (separadas por el dinero y las herencias), o bien folletines centrados en conflictos morales encarnados en personajes maniqueos (la envidia y los celos patológicos, la usura y la falta de escrúpulos, etc.), que solían hacer pensar más que los demás, por lo general. De todos los modelos de inspiración francesa, el que más triunfó a mediados de siglo fue el folletín social, un tipo de novela bastante floja literariamente, centrada en el humanitarismo del llamado 'socialismo utópico'. Los autores más leídos fueron Víctor Hugo, Soulier y, sobre todo, Eugéne De Sue (París,1804-1857), del que en 1844 se tradujeron dos novelas: *Los misterios de París* y *El judío errante*, que, junto a *Los miserables* y *Nuestra Señora de París* de V. Hugo, darían lugar a numerosas imitaciones españolas hasta en el título[245]. Se trataba de una defensa de las clases menesterosas desde planteamientos sensibleros, basados en las ideas de Saint Simon y Fourier, autores que serían muy comentados por entonces en España. Quien mejor supo recoger esa antorcha de los folletines sociales fue **Wenceslao Ayguals de Izco** (Castellón, 1801-1873), con una obra como *María o la hija de un jornalero* (1845-1846), que se llegó a traducir al francés con prólogo del propio De Sue, al que iba dedicada. A ella siguieron títulos tan propios del melodrama como *La marquesa de Bellaflor* (1847), *El hijo de la inclusa* o *El palacio de los crímenes* (1855). La novedad consistía en hacer protagonistas a las clases bajas, presentadas bajo un paternalismo que en el fondo no resultaba nada comprensivo con su situación (a gran distancia de Dickens), por lo que *María* o *Los pobres de Madrid* se quedaron sólo en un vago conato de novela naturalista, dejando el camino abierto a lo que décadas después conseguiría hacer Galdós.

Francia y que se ha difundido con la pasmosa rapidez de todos los males contagiosos. Y consideraba que sólo la demanda del público tenía la culpa: *El público ha dicho: "Quiero traidores pálidos y de mirada siniestra, modistas angelicales, meretrices con aureola, duquesas averiadas, jorobados románticos, adulterios, extremos de amor y odio..." y le han dado todo eso. Se lo han dado sin esfuerzo, porque estas máquinas se forjan con asombrosa facilidad por cualquiera que haya leído una novela de Dumas y otra de Soulié.* (Vid. *infra*, n. 275).

[245] *La catedral de Sevilla* (1834) de López Soler, *Los misterios de Madrid* (1845) de Martínez Villergas o *Los misterios de las sectas secretas o el francmasón proscrito* (1847-1852) de José María Riera y Comas, por ejemplo.

El gusto por la temática histórica, que había motivado magistrales obras dramáticas, no produjo similares logros dentro de la narrativa. Los principales argumentos se tomaron de la Edad Media también en este caso, teniendo a Walter Scott por principal modelo, en novelas como *Ivanhoe* y *El talismán* (1825), de las que llegó a haber más de doscientas ediciones desde 1829, después de treinta años de veto[246]. Su primer imitador de valía fue el catalán **Ramón López Soler** (vid. *supra*, n. 141) con *Los bandos de Castilla o El caballero del cisne* (Valencia, 1830), de prólogo sumamente revelador, que inaugura el éxito de la novela histórica en España[247]. Fue en 1834 cuando se publicaron los dos títulos que parecían culminar el género, pero que no pasan de ser, desde una perspectiva actual, novelas bastante mediocres: *Sancho Saldaña o el castellano de Cuéllar*, de Espronceda, y *El doncel de don Enrique el Doliente*, de Larra, quien en ese momento estrena su *Macías* (*supra*, n. 155), mostrando por partida doble su preferencia por los personajes medievales. Son novelas coincidentes en una serie de motivos favorecedores de la intriga en la acción –raptos, castillos con pasadizos secretos, venenos, retos y crueles venganzas, etc.,– que se convertirían pronto en clichés gastados. A pesar de ello, el gran éxito de la primera mitad de siglo, a juzgar por el número de reediciones, fue ***El señor de Bembibre*** (1844) de **Enrique Gil y Carrasco**[248]. La novela, situada en el escenario leo-

---

[246] En 1799 el gobierno censuró las publicaciones de Walter Scott, y sus traducciones quedaron prohibidas oficialmente hasta 1829. Pese a ello, se dieron precedentes como *El Valdemaro* (1792), del alicantino Vicente Martínez Colomer, una novela calificada de "gótica y prerromántica"; el *Rodrigo* (1793) de Montengón, que subtituló "Romance épico" y que trataba del último rey godo, y *Ramiro, conde de Lucena* (1823) de R. Húmara.

[247] *Los bandos de Castilla* está ambientada en el siglo XV y narra el enfrentamiento entre Juan II y los infantes de Aragón, que el autor presenta en superioridad moral respecto al rey castellano, mientras en la acción amorosa dos caballeros compiten por la misma dama. En el prólogo de su novela, López de Soler dice tener dos propósitos: *dar a conocer el estilo de Scott y manifestar que la historia de España ofrece pasajes tan bellos y propios para despertar la atención de los lectores como los de Escocia e Inglaterra*. López Soler fue también traductor de Chateaubriand y autor de tres interesantes novelas cortas de carácter histórico, como *Jaime el Barbudo* (1832), sobre un famoso bandido catalán de la época de Fernando VII.

[248] Gil y Carrasco (Villafranca del Bierzo, León, 1815-1846) estudió en los seminarios de Astorga y Valladolid y fue protegido de Espronceda cuando llegó

nés que era la tierra natal del autor, se caracteriza por introducir el sabor local en una ficción de evidente filiación romántica: el rapto de una doncella en un convento, una serie de desgracias fatídicas, la intervención de un perverso conde, la muerte edificante de ella y la conversión del protagonista en monje (significativo que fuera templario en el momento de la extinción de la orden), motivos todos ellos que se alían a los valores tradicionales que trasluce la novela. De su estilo merece elogio, por lo inusual, sus descripciones del paisaje, ya presentes en algunos poemas contemplativos del autor, que le dan un particular tono melancólico al relato, y el rigor con el que usó la documentación bibliográfica para la ambientación histórica. *La novia de Lammermoor* de W. Scott fue su texto básico de imitación, pero no el único, ya que hasta mediados de siglo se dio un verdadero aluvión de traducciones de una serie de novelistas ingleses y franceses que, curiosamente, habían recogido la antorcha de la mejor novela española de los Siglos de Oro. Así se difundieron autores de segunda fila, desconocidos, como Jean Pierre de Florian, cuyo modelo directo fueron las *Guerras Civiles de Granada* de Pérez de Hita (vid. 2ª, n. 126), pero también autores de la talla de Chateaubriand –su novela *Atala*, 1801, fue una de las más leídas–, quien en *El último Abencerraje* se inspiró claramente en la famosa novela morisca española del mismo título (vid. 2ª, n. 125). Lo cual no es sino la confirmación del gran atractivo que esa temática histórica despertó, por su exotismo, entre los románticos franceses[249]. Varias décadas más tarde, la gran inspiración de la mejor novela realista europea vendría también por la lección aprendida en la picaresca y en Cervantes, y ello hizo que se diera en España un curioso proceso de recuperación de lo propio tamizado por lecturas foráneas. Galdós será uno de los primeros auto-

---

a Madrid en 1836, donde fue colaborador de varios periódicos, convirtiéndose en íntimo amigo suyo, por lo que llegó a leer una conmovedora elegía ante su tumba el día de su muerte. *El señor de Bembibre* es una historia de amor frustrado entre Álvaro Yáñez y Beatriz Osorio, a quien su padre ha casado con un conde. Despechado, se hace caballero templario, participando en una batalla en la que muere su competidor, el conde de Lemos, pero cuando está a punto de lograr el matrimonio con su amada, ésta muere. Un argumento muy similar al de *Los amantes de Teruel* (*supra*, nota 159).

[249] Chateaubriand explicaba en su prólogo a *Le dernier Abencerrat* que Napoleón lo había prohibido tras hacer una lectura política de la obra y ver en ella un elogio "de la resistencia de los españoles a Bonaparte".

res con clara conciencia de esto cuando afirme: *El naturalismo francés no es más que la picaresca española con menos gracia y más psicología*. Sólo con él, y con Clarín a la cabeza, ya en el último tercio del siglo, los autores españoles conseguirían volver la vista a los siglos XVI y XVII para beber directamente en sus fuentes.

La novela regionalista y 'de tesis'

En una época en que Balzac todavía no era conocido en España, comenzó a escribir influida por él **Cecilia Böhl de Faber** (1796-1877), una mujer que con el tiempo llegaría a considerarse la mejor representante de la novela costumbrista en castellano[250]. Bajo el pseudónimo de **'Fernán Caballero'**, respondía plenamente al típico perfil de escritora romántica, pues toda su obra está íntimamente ligada a sus experiencias sentimentales, y llegó a ser llamada por sus contemporáneos 'el Walter Scott' español y 'el Chateaubriand femenino', por su defensa de la ortodoxia religiosa al modo en que el autor francés lo había hecho en *El genio del cristianismo* (1828). Aunque ya en 1826 parece que redactó en alemán *La familia de Alvareda*, la primera novela por la que se hace famosa es **La gaviota**, que apareció como folletín en 1849 en *El Heraldo*, periódico donde publicaría alguna otra novela. Con una acción situada en plena guerra civil de 1836, es flojo su argumento: una pueblerina que se casa con un caballero que descubre su talento para el canto y la hace triunfar en la ciudad, pero que se ve abandonada cuando pierde la voz. Ello le sirve a la autora para plantear la oposición entre Madrid y el latifundio sevillano, y hablar en favor de éste último

---

[250] Hija de Juan Nicolás Böhl de Faber (*supra*, n. 139) y aristócrata gaditana, su posición familiar le permitió estudiar en Alemania en un pensionado francés, por lo que es en esas lenguas en las que primero comienza a escribir. Sus tres matrimonios condicionan su novelesca biografía: el primero con un capitán destinado en Puerto Rico; el segundo un marqués con el que vive en un cortijo sevillano sus mejores años, dándose a conocer como escritora sólo en los círculos aristocráticos de su marido, y el último, un joven que la arruina pero que la determina a publicar al fin su obra, a la que se consagra enteramente desde su retiro en Jerez. Entre 1855 y 1858 era ya una novelista consagrada a la que la propia reina Isabel II quiso visitar personalmente.

desde una ideología muy conservadora representada en los propios campesinos, defensores a ultranza de la familia católica. No es de extrañar que se ganara una excelente acogida entre los intelectuales más reaccionarios de la llamada 'década moderada' del reinado de Isabel II (1844-1854). A ella siguió **Clemencia** (1852), novela en cuya trama influyó el fracaso de su primer matrimonio, con una resolución netamente convencional: su desgraciada heroína no recurrirá al adulterio, como sí harán las de Flaubert, Tolstói o Leopoldo Alas, sino que se resigna cristianamente, aceptando su destino. Un planteamiento similar al de *Elia* (1835), una de sus primeras novelas, en la que su protagonista se sacrifica retirándose a un convento para 'salvarse' de pasiones ilícitas. De hecho, en el prólogo que escribe en 1853 para *Lágrimas* (subtitulada "Novela de costumbres contemporáneas"), ella misma declaraba que intentaba sobre todo rehabilitar lo santo y lo religioso, poniendo *freno a las pasiones ridículas* que habían llenado la literatura romántica[251].

A Fernán Caballero no es la historia en sí lo que le interesa, sino lo que la rodea: el pintoresquismo de unas vidas que ella pretende sean reflejo de la realidad española ante el lector extranjero, sobre todo. *No pretendo escribir novelas* –llegó a afirmar–, *sino cuadros de costumbres, retratos, acompañados de reflexiones y descripciones: privo a mis novelas de toda esa brillante parte de colorido de lo romanesco y extraordinario...* En la medida en que esos cuadros buscaban lo diferencial, la escritora se decantó por ofrecer visiones poetizadas de la realidad de los ambientes sureños, que eran, en definitiva, evocación sentimental de la tierra materna. En ese andalucismo, similar al de Estébanez (*supra*, n. 231) encajó su particular concepto 'patriótico' de la novela: *un ensayo sobre la vida íntima del pueblo español, su lenguaje, sus creencias, cuentos y tradiciones*. Y ese mismo afán movió sus principales colecciones de cuentos –*Cuadros de costumbres* (1857) y **Cuentos y poesías andaluces** (1859)–, que perpetúan la misma idealización de Andalucía que habían hecho tantos viaje-

---

[251] Todas estas novelas se publican además en un contexto favorable a las tesis religiosas: precisamente en 1851 se firmó un concordato con el Vaticano por el que el gobierno español se comprometió a devolver todo el poder a la Iglesia en materia pedagógica, haciendo de nuevo al clero único responsable de los principales centros educativos.

ros románticos[252]. En el total de las siete novelas que escribió dominan las tramas simples y demasiado dilatadas, llenas de largas descripciones y comentarios moralizantes, que sólo están al servicio de una función adoctrinadora de la narración y de una visión demasiado parcial de la realidad. Una realidad que era además particularmente compleja en un momento en que se sucedían las agitaciones sociales, con grandes tensiones entre los militares y la Unión Liberal en el poder, mientras se producía lo que Bécquer llamó "la última revolución romántica"[253]. Si a eso se suma su defensa de la monárquica absoluta, su ideología aristocrática y reaccionaria, se comprende que la lectura de Fernán Caballero tenga hoy un interés meramente 'arqueológico', como la mejor representante de la novela tendenciosa que caracteriza la primera época de nuestro realismo. Junto a ella, otros dos autores, Alarcón y Pereda, constituyen lo que podríamos denominar 'la tríada tradicionalista' de la novela del XIX.

Una contribución particularmente original a la novela fue la de otra escritora de muy diferente talante, que se había dado a conocer primero como poeta: **Gertrudis Gómez de Avellaneda** (Camagüei, Cuba, 1814-1873)[254]. Llegó a alcanzar tanto reconocimiento en nuestro país

---

[252] "En la Andalucía de Fernán Caballero no hay más verdad que en la de *Carmen* de Merimée" (J. Montesinos). Es decir, era tan falsa como la que querían seguir viendo los turistas de entonces.

[253] Durante el llamado Bienio progresista (1854-1856) se redactó una nueva Constitución (1855) que no llegó a promulgarse, se hizo una segunda 'desamortización' (vid. *supra*, nota 211) con consecuencias catastróficas, y se convocó la primera huelga general en Barcelona. Durante el gobierno de la Unión Liberal fundada por O' Donnell (1857-1863) estalla la guerra con Marruecos y vuelven a cobrar fuerza los moderados como el general Narváez, que se había sublevado veinte años antes, y destituyen a republicanos como Castelar, lo que desencadena numerosas revueltas, entre ellas, una sublevación universitaria. Desde 1866 se irá gestando un fuerte movimiento revolucionario en el que se unen varias fuerzas políticas con el objetivo de derrocar la actual dinastía monárquica (desde los progresistas que algunos llamaban 'exaltados' hasta diversos grupos de demócratas), lo que desembocará en la revolución llamada 'La Gloriosa' dos años más tarde (*supra*, nota 243).

[254] Por los datos de una interesante *Autobiografía* que escribió en forma epistolar en 1839, sabemos que nació dentro de una familia rica del antiguo Puerto Príncipe, adonde había sido destinado su padre, un marino sevillano. Establecida en Madrid en 1840, empezó a publicar bajo el pseudónimo de 'La peregrina', atreviéndose con todos los géneros, incluidos dramas y leyen-

como Fernán Caballero, a la que superaba en juventud y osadía a la hora de convertir en literatura sus propias experiencias vitales. Si lo apasionado de su temperamento marcó enteramente su poesía (*supra*, c.n.193), su alto concepto de la independencia determinó la temática de sus tres grandes novelas, que superan ampliamente los límites del costumbrismo y que fueron pioneras por distintos motivos. **Sab** (1841) está considerada la primera novela antiesclavista, pues su protagonista es un joven esclavo mulato enamorado de una dama blanca, y se ha convertido en un hito de la literatura hispanoamericana por describir la realidad social de las colonias desde una latente defensa 'indianista'. La simpleza de su argumento, basado en dos triángulos amorosos entrelazados, alberga, al mismo tiempo, un planteamiento innovador de mayor alcance que la convierte en una gran novela. Sab y las dos protagonistas femeninas están hermanados por una sensibilidad excepcional, son ese tipo de 'almas superiores' con las que se identificaron los espíritus románticos, pero los tres ocupan posiciones inferiores dentro de la sociedad mercantilista que les rodea, y ello tiene mucho de subversión consciente por parte de la autora. Su apuesta más atrevida, sin embargo, la hizo en su siguiente novela, **Dos mujeres** (1842-1843), que empezó a publicar por entregas a su llegada a Madrid (donde se ambienta), y que tiene claras influencias de la *Corinne* (1807) de Madame de Staël y las novelas de George Sand, que se difundieron ampliamente en esa década[255]. En ella hacía un ataque frontal a la concepción convencional

---

das románticas, entre las que destacan "Los doce jabalíes" o "La dama de Amboto", pertenecientes a la tradición oral vasca, que recogió en uno de sus viajes a los Pirineos. Su interés por la conquista de América le llevó a documentar exhaustivamente una pionera novela histórica titulada *Guatimozín* (1847), situada en México en tiempos de Cortés. Durante su segunda estancia en Cuba escribió interesantes cuentos como "El cacique de Tumerqué" (1854) y "El artista barquero" (1861).

[255] Gómez de Avellaneda sigue el esquema dual de la *Corinne* de Madame de Staël (Anne-Louis Germaine Necker, París, 1766-1817): una dama rubia, refinada y angelical, rival de una morena pasional, capaz de trasgredir las normas sociales, oposición a la que Galdós daría simbología política cuarenta años después en *Fortunata y Jacinta* (*infra*, n. 297). La personalidad de 'George Sand' (pseudónimo de Amandine-Aurore-Lucille Dupin, baronesa Dudevant, París, 1804-1876), quien fue considerada escandalosamente inmoral en España, se convirtió en todo un modelo para Avellaneda, a través de novelas como *Lelia* (1833), de gran proyección autobiográfica.

del matrimonio –ella tuvo dos bastante infelices–, a través de personajes femeninos inusitados hasta el momento, por lo que resulta un original preludio del tratamiento que se daría al adulterio en la novela realista posterior. Fácil es deducir que tal posición ideológica le costara a la Avellaneda las críticas del sector más tradicionalista –aunque Fernán Caballero nunca ocultara su admiración por ella–, lo que culminó en el hecho de que Menéndez Pelayo vetara su entrada en la Real Academia de la Lengua, un privilegio que en España no conseguiría ninguna mujer hasta 1978.

El autor más leído entre sus coetáneos fue, sin duda, **Pedro Antonio de Alarcón** (Granada, 1833-1891), quien supo como nadie ganarse el favor del público a pesar de que los críticos le dieran la espalda hasta el final de su vida, que estuvo rodeada de polémicas desde que publicó, muy joven, sus primeros cuentos[256]. Precoz fue su incursión en la novela: escribe *El final de Norma* hacia 1850, a los diecisiete años, aunque la retoca y publica cinco años más tarde, demostrando ya su gran inventiva, y sobre todo su especial capacidad para el suspense y la intriga aun con un argumento carente de calidad literaria. La más costumbrista de sus ficciones novelescas es ***El sombrero de tres picos*** (1874), una animada historia de adulterio popular escrita en tan sólo quince días (componía siempre con extrema rapidez), obra que daría proyección internacional a Alarcón gracias a la versión musical compuesta por Manuel de Falla, estrenada en Londres en 1919. En su inspiración conviven un par de fuentes tradicionales: un "Romance de la molinera" que, al parecer, un pastor le contó al autor, y un sainete de 1851 sobre la seducción de una molinera por un corregidor; y sobre ellas el autor granadino añadió ecos de algún episodio del *Quijote* (el de la riña en la venta), así como de *El comendador de Ocaña* de Lope. Estructurada en realidad como una comedia farsesca, es una obra que demuestra sobre

---

[256] La trayectoria ideológica de Alarcón es tan curiosa como la de muchos de los liberales 'exaltados'. Tras publicar sus primeros relatos en su propio periódico gaditano, *El Eco de Occidente*, se creó fama en Madrid de radical y antimonárquico, hasta el punto de que uno de ellos, "El látigo", le acarreó un duelo por la dura crítica que hacía a Isabel II. El suceso le condujo a adoptar una posición mucho más moderada, llegando a tomar partido por el político conservador Cánovas cuando estalla la revolución del 68, momento en el que empieza a desarrollar una campaña doctrinaria que lo involucró en violentos enfrentamientos.

todo el inteligente aprovechamiento que Alarcón supo hacer de técnicas teatrales (el desarrollo de la acción dramática y sus tensiones) para mantener vivas las expectativas del lector. Esto es lo que hizo también en sus novelas más largas: *El escándalo* (1875), novela de tesis religiosa (*infra*, n. 263) que fue la más valorada por el autor, y que provocaría entre los críticos el efecto de su propio título[257]; y **El niño de la bola** (1880), tan sensacionalista como la anterior y la más reveladora de la gran contradicción con la que Alarcón se enfrentó a la ideología y la estética románticas. Algo que se observa también en una novela que alcanzó bastante fama décadas después: *La niña de Luzmela* (1909), de la santanderina Concha Espina. Con claras resonancias de su infancia, *El niño de la bola* vuelve sobre el manido asunto del enamorado que encuentra ya casada a la mujer que ama al volver a su tierra. Manuel Villegas, su protagonista, acepta la situación gracias a los consejos del cura local, pero toda la acción desemboca en dos muertes melodramáticas producidas tras un arrebato de locura de ella, una vez que llega al límite la actuación del cabecilla 'progresista' del pueblo. Así Alarcón vuelve de nuevo a la oposición maniqueísta entre la figura del líder liberal y el buen sacerdote, como clichés que le permiten manipular ideológicamente la novela para convertirla en tesis personal.

Sobre su defensa de la 'domesticación' de las pasiones volvió Alarcón en *El capitán Veneno* (1881), en el que un exaltado militar acaba integrándose finalmente en la vida de familia[258]. En la última de estas novelas, *La pródiga* (1882), escrita en su periodo de mayor productividad (entre 1873 y 1883), lo que más llama la atención es el antirromántico

---

[257] Su protagonista, Fabián Conde, de personalidad similar a la de Alarcón, guarda estrecha relación con los héroes en conflicto de otras novelas románticas precedentes: una puesta a prueba de su fe, potenciada por la intervención de un jesuita, el padre Manrique, que le hace renunciar a valores mundanos como la fama y la posición social, aunque no a su ideal matrimonial, que acaba venciendo en una resolución tan convencional como las de Fernán Caballero. Con ella compartió Alarcón el gusto por elementos tan folletinescos como el caso del hijo único, el desconocimiento de la paternidad de los hijos, los personajes que reaparecen y se tenían por muertos, etc.

[258] Para comprender la frecuencia del personaje del militar en toda la novela de este siglo, recuérdese que el militarismo fue uno de los rasgos dominantes de la vida social: el mantenimiento del ejército llegó a superar el 50% del gasto nacional.

suicidio final de la heroína, que no tiene nada de rebelión ni de protesta, sino que es una especie de autocastigo, el justo desenlace de una aberración moral. Ya en el epílogo a *El niño de la bola* había hecho consideraciones sobre lo inmoral del ideal de amor romántico, que por eso aparece siempre desorbitado en sus novelas. Un planteamiento éste de fuerte contraste con el que haría *La Regenta*, novela estrictamente coetánea, puesto que, a diferencia de Clarín, Alarcón considera la falta de religiosidad como "la causa principal de los fracasos humanos y sociales" (D. L. Shaw). Todo ello pone claramente de manifiesto la desconexión que se dio entre su práctica y su teoría de la novela, expresada en "La moral en el arte" –su discurso de ingreso en la Real Academia en 1876–, en el que defendió la fabulación no mediatizada por ideologías, pero al mismo tiempo bajo las pautas siempre de la moralidad. Por tal motivo atacó a escritores alemanes y franceses 'materialistas' que, según él, habían separado la novela de la idea del bien. Por otra parte, del romanticismo más procaz se verían 'contaminados' muchos de sus cuentos, con los que hizo valiosas aportaciones dentro de una etapa (el último tercio del XIX) de gran florecimiento del género[259]. Precisamente, la mayor calidad de la producción de Alarcón se atribuye hoy a sus cuarenta relatos breves, divididos en tres colecciones: *Cuentos amatorios* e *Historietas nacionales* (1881), sobre la guerra de Independencia, y *Narraciones inverosímiles* (1882). De todos esos cuentos, destacan "La comendadora" (1868) y "El clavo", un cuento con un excelente manejo del suspense y la resolución policiaca que reelaboró durante años (a partir de su inspiración juvenil), y que alcanzaría un gran éxito también en su versión cinematográfica (1944). Sin embargo, el texto que le dio mayor popularidad a Alarcón fue una crónica de guerra: **Diario de un testigo de la guerra de África** (1860), a la que se alistó como voluntario, y que se convirtió en un auténtico *best-seller* hasta comienzos del siglo XX. Su sensibilidad para la narración de impresiones de viaje, así como su curiosidad como folklorista (hacia tipos y leyendas de los lugares que visita), merece un especial elogio; sobre

---

[259] Recuérdese que desde la recopilación de los cuentos de los hermanos Grimm en 1812, la afición por el relato breve renació con fuerza en toda Europa. En España serán Valera, Clarín y Pardo Bazán los mejores impulsores del género (vid. *infra*).

todo porque sus diarios de viaje –*Viajes por España* (1883) y *La Alpujarra* (1873)[260]– resultan interesantes antecedentes del talante con el que se enfrentarían a la geografía española los prosistas del 98 (vid. también *supra*, final de nota 228).

El tercero de los novelistas más marcados por el costumbrismo fue **José María de Pereda** (Santander, 1833-1906), en el que se percibe la influencia de Fernán Caballero y Mesonero Romanos, tamizada por su origen montañés[261]. Los títulos de sus primeros cuadros de costumbres son reveladores al respecto: *Escenas montañesas* (1864), que fueron muy apreciadas, *Tipos y paisajes* (1871) –colección especialmente admirada por Galdós–, *Tipos trashumantes* (1877) y *Esbozos y rasguños* (1881). En ellos hay una abstracción del paisaje que descuida el detalle, en general, pues su interés se centra en lo externo a los tipos populares, sin que interesen retratos psicológicos individualizados. Lo curioso es que Pereda empezó despreciando el campo, en tanto que vida 'de barbarie' –la de los montañeses marineros, nunca la de los campesinos–, para acabar siendo uno de los más convencidos defensores de la vida bucólica de las gentes de aldea y del habla que las particulariza. La crítica atribuye el cambio a su posicionamiento político a partir de la revolución de 1868: Pereda será de los que defiendan la recuperación del régimen patriarcal antiguo que se encuentra en esos pueblos montañeses remotos, haciéndose abanderado de un 'paternalismo rústico' sostenido por los privilegios del terrateniente. Su natural temperamento nostálgico y conservador reforzaría además su ideología carlista, que fue determinante de su pre-

---

[260] Es un excelente entretejido de impresiones personales del paisaje, recuerdos históricos y novelitas intercaladas sobre la rebelión de Abén Humeya, tema que mantuvo vivo aún su atractivo durante muchas décadas después.

[261] Fue el último de los veintiún hijos de una familia de hidalgos no muy adinerada pero con una fuerte conciencia de las jerarquías de clase, que es la que marca la obra del autor. Dejó Polanco, su pueblo natal, para estudiar en Santander, y años después llega a Madrid con la idea de hacerse militar, pero por rechazo de ello y de los estudios científicos, se dedica a escribir probando primeramente fortuna con el teatro, aunque sin éxito alguno, como le sucedió a tantos otros coetáneos. En 1855 volvió a su pueblo y pasó por una depresión (murió su madre y contrajo el cólera) que acabó en neurastenia. Tras una breve estancia de recuperación en Andalucía, regresó en 1857 a Polanco para no salir más de allí, salvo por exigencias de su cargo como diputado carlista.

dilección por la novela regionalista en general[262]. A ese tipo de novela pertenecen sus títulos más conocidos: *El sabor de la tierruca* (1882), *Sotileza* (1885), que trata de amores frustrados por diferencias de clase en un ambiente de pescadores santanderinos —asunto muy presente en el drama rural de moda entonces (vid. 4ª, n. 94)–, o *La Puchera* (1889), de las que cabe elogiar sus diálogos coloquiales, que fueron una de las especialidades de su estilo. La más ligada a su propia biografía es **Peñas arriba** (1895), que está considerada la culminación de todas ellas por el éxito inmediato e inusitado que alcanzó en cuanto se publicó. Su argumento debía mucho al *Idilio de un enfermo* de Palacio Valdés (vid. *infra*): la vida de Madrid frente a la de un pueblo montañés de la zona de Reinosa es el eje que organiza la historia del chico culto y de posición acomodada (Marcelo) que, por amor a una lugareña (Lita), acaba dejando todos los atractivos de la capital y echando raíces en la región, con la compensación final de verse convertido en rico heredero terrateniente. En este sentido, *Peñas arriba* representaba a toda una corriente de narraciones que fue muy bien aceptada por lectores de distintas clases sociales, y que, bajo la aparente observación de costumbres locales de una pequeña comarca, defendían una posición ideológica clara: la del recelo del progreso y la nostalgia de un pasado más 'auténtico', tal como defendieron las páginas del *Semanario pintoresco español* (*supra*, n. 228) y seguirían sosteniendo varias novelas de principios del siglo XX (vid. 4ª, n. 53).

Con **Los hombres de pro** (1872), una novela de su primera época, Pereda fue el primero en cultivar un género que Galdós llevaría al límite de sus posibilidades: la 'novela de tesis'[263]. La década de 1870 fue el

---

[262] El regionalismo fue un movimiento de reacción contra la división territorial napoleónica, que se consideraba artificial (una división en provincias que no seguían, generalmente, las zonas naturales), y muchos fueron los nostálgicos que pretendieron volver al reparto regional de los Reyes Católicos. Entre ellos, los carlistas, ferozmente anticentralistas, quienes defendieron la búsqueda de la tradición española a través de lo específico de las diferentes regiones.

[263] Por 'novela de tesis' se entiende un tipo de relato tendencioso que se pone al servicio de un alegato preconcebido, y que se construye a base de contrastes, con personajes trazados de forma maniquea según un determinado sistema moral en el que 'los buenos' coinciden siempre con los valores del propio autor. Por ello suelen resultar novelas muy simplistas, de final previsible. En

momento del apogeo de este género, justo en un momento en que, como "en rebote espectacular, la novela pasa, de narcótica o evasiva, a ser inquietante y problemática" (López Morillas); y junto a Alarcón, Pereda contribuyó a la 'novela de tesis' con otros tres títulos más. **El buey suelto** (1877) parecía una inocente defensa del matrimonio cristiano frente a la 'insana' soltería (contradiciendo el famoso proverbio popular "el buey suelto, bien se lame"), pero en el fondo era una dura réplica a dos textos de Balzac: *Fisiología del matrimonio* (1829) y *Miserias de la vida conyugal*, que en los círculos más conservadores se tenían por 'lecturas perniciosas'. No fue ésa la única ocasión en la que Pereda hizo de la novela un panfleto 'militante'. En *De tal palo, tal astilla* (1879) su tradicionalismo llega a la intolerancia religiosa por mostrarse detractor de judíos, musulmanes e inmigrantes desde las colonias, oponiéndose así frontalmente a la *Gloria* de Galdós (*infra*, c. n. 278), una novela contra la que parecía reaccionar claramente[264]. Y el tercero de esos títulos, **Don Gonzalo González de la Gonzalera** (1878), resulta tal vez su novela más política. En ella ridiculiza a un indiano y a un estudiante de Madrid que llegan a un pequeño pueblo alborotando a sus bonachones vecinos al intentar trasladarles vicios de sus respectivos lugares de origen, por lo que la 'moraleja' final se intuye pronto: conviene evitar que los forasteros rompan la idílica paz patriarcal conquistada durante siglos. El sector ultracatólico al que pertenecía Pereda tendía además a rechazar los valores de la revolución como espurios, en tanto que extranjeros, frente a los de la 'verdadera España', por lo que nada tenía de extraño que incurriera (como otros correligionarios de este tipo de novela) en tópicos sobre la raza que seguirían resonando fuertemente en algunos representantes de la Generación del 98, incluso desde ideologías opuestas. En respuesta a una crítica de Emilia Pardo Bazán al

---

[264] el caso de algunos autores fueron propias de un apasionamiento juvenil por una determinada ideología, pero en otros no fue algo transitorio sino consustancial a su talante.

De tal palo, tal astilla presenta un pueblo felizmente conservador que se 'revoluciona' con la llegada de un ateo caracterizado por su hipocresía, que se enamora de una beata que no le comprende, pero que decide casarse con él. Se cumple entonces la única conclusión previsible en Pereda: que es mejor aferrarse a las propias creencias, puesto que los matrimonios con desigualdad religiosa sólo conducen a la infelicidad, igual que la 'insana' soltería que plantea en *El buey suelto*.

excesivo localismo de sus novelas, escribiría **Pedro Sánchez** (1883), ambientada en cambio en Madrid, y es probablemente la mejor construida de todas, como reconoció el exigente crítico que fue Clarín.

También norteño fue el otro gran narrador 'regionalista' de este periodo: **Armando Palacio Valdés** (Entralgo, Asturias, 1853-1938), uno de los autores más leídos durante décadas, incluso fuera de España[265]. En principio, fueron las suyas novelas sin más pretensión que el puro entretenimiento, que presentaban conflictos emocionales bastante artificiales con finales generalmente felices. Buen conocedor de los gustos de la burguesía a la que él mismo pertenecía, Palacio logró acertar con los argumentos de las veinticuatro novelas largas que llegó a publicar entre 1881 y 1936, cuyo carácter mayoritariamente costumbrista empezó eligiendo como marco su tierra natal asturiana. En ella ambienta *El señorito Octavio* (1881), *Marta y María* (1883), muy influida por *Doña Perfecta* de Galdós, e ***Idilio de un enfermo*** (1884), una de sus mejores novelas y también la mejor prueba del auge que volvió a cobrar entonces el viejo tópico del 'menosprecio de corte y alabanza de aldea', uno de los más recurrentes de toda nuestra literatura. Allí el idílico Valle de Laviana adquiere dimensión poética dentro de un tratamiento del paisaje que lo eleva a categoría de emblema de purificación. Pues plantea el proceso de curación de un culto joven madrileño, de naturaleza débil y veleidades de poeta, que por prescripción médica emprende un viaje en tren hacia un pequeño concejo asturiano que finalmente no sólo le devolverá la salud y la fe en la vida, perdidas en la capital, sino que le hará descubrir el verdadero amor gracias a una cándida muchacha. También sentimental pero lejana en localización es *La hermana san Sulpicio* (1889), la más popular de todas sus novelas (fue llevada al cine en 1934), con la que curiosamente se reconoció a Palacio Valdés el mérito de captar en esencia 'el verdadero espíritu de Sevilla'. Justo es decir

---

[265] Hijo de un abogado ovetense, tuvo la educación propia de los jóvenes de clase acomodada, primero entre Avilés y Oviedo, donde se despierta su interés por la literatura e inicia su amistad con Leopoldo Alas, y luego en Madrid, donde se licenció en Leyes en 1874. Allí publicó sus primeros artículos y frecuentó círculos que le llevaron a escribir unos interesantes 'retratos' de tipos intelectuales de la época, como los recogidos en *Los oradores del Ateneo* (1878) y *El nuevo viaje al Parnaso* (1879). Con Clarín escribiría algunas páginas de crítica literaria, como *La literatura en 1881*, que revisaba la influencia del naturalismo francés en España (*infra*, c. n. 289).

que supo hacer también novelas de mayor implicación social, como *El cuarto poder* (1888), donde denunciaba la vanidad de los seductores y sus duelos de honor en la misma línea que lo había hecho su amigo Clarín en *La Regenta* (vid. *infra*). En alguna de ellas practicó con elegancia el patrón de la 'novela de tesis', como en **La espuma** (1891), un retrato crítico de la alta sociedad madrileña que había conocido en su época universitaria. Entre las novelas que escribió a comienzos del siglo XX, alguna vuelve sobre el bucolismo de su tierra natal, pero para reivindicarlo desde una tesis antiprogresista que por entonces compartieron diversos autores (vid. 4ª, n. 52).

A partir de aquí podrá entenderse mejor por qué resulta difícil asignar el calificativo de 'realistas' a esos autores que, desde unos prejuicios u otros, eligieron sólo una parcela de la realidad para idealizarla o condenarla a su manera, prescindiendo de la voluntad de objetividad que debería caracterizar a esta tendencia. Es evidente que la mayoría de los mencionados queda lejos del lema que, a juicio de Baudelaire, debería tener todo narrador realista: "presentar la realidad tal como sería si él no estuviera allí". Y así lo entenderían Baroja y otros que calificaron de falso aquel modo de realismo (vid. 4ª, inicio de cap. 2). Pero éste es un viejo problema discutido ya desde el *Lazarillo* y el *Guzmán de Alfarache*, cuyos autores nos impusieron su crítico costumbrismo de forma dogmática (vid. 2ª, n. 159). Lo de ser cronista objetivo –ideal quizá sólo accesible a Cervantes– ha sido siempre un quimérico afán no exclusivo de los novelistas españoles, como prueba el que siguiera siendo perseguido, de muy distintos modos, en la narrativa de posguerra (1940-1960). ¿Cabe acaso medir la 'modernidad' de los tipos de realismo? Lo que sí parece posible concluir es que la manera tendenciosa en que lo practicaron autores como los citados se situó casi en los antípodas de otras propuestas que verdaderamente supondrían la renovación de la novela española por aquellas fechas.

La independencia de Valera

El andaluz **Juan Valera y Alcalá Galiano** (Córdoba, 1824-1905) solía injustamente aparecer en las viejas historias de la literatura a la zaga de Galdós y Clarín, pero ya es reconocido hoy como una de las figuras de más talla intelectual y literaria de todo el siglo XIX español. A su excelente formación cultural se unió, desde su primera juventud, su contacto directo con las más importantes personalidades románticas del momento, así como el conocimiento de diversos países y gentes debido a su cargo de embajador, según puede colegirse de su extenso epistolario[266]. Su temperamento vitalista, viajero y cosmopolita (reverso del de Pereda), unidos a su actividad política –como diputado liberal, defensor de los ideales de la revolución–, resultarían determinantes para su talante como escritor, puesto que eso le hizo enfrentarse sin prejuicios a los cambios culturales que se operaban en el mundo. Con una temprana inclinación por la poesía y el teatro, su primera incursión en la narrativa fue a través del cuento, un género muy apreciado por Valera hasta el fin de sus días. Dentro de la riqueza temática de sus relatos breves, predominan los elementos fantásticos y las ambientaciones históricas antiguas y exóticas: desde "El pájaro verde", de 1860, a "Lulú, princesa de Zabulistán" (1870), "El caballero del azor" (1896) o "Los cordobeses en Creta" (1897). En ellos el autor suele envolver a los personajes con un fino humor –nunca los juzga, como hicieron Pereda o Alarcón–, lo que resulta un sello diferencial respecto a Galdós o Clarín. El otro rasgo distintivo respecto a sus coetáneos es que Valera defendió la independencia absoluta del arte, y el objetivo de perseguir la belleza en sí, sin más trascendencia –lo expuso ya en un breve ensayo de 1860, *De la naturaleza y carácter de la novela*–, lo que le llevó a rechazar todo

---

[266] Nació en la localidad de Cabra y fue el hijo menor de una familia de terratenientes venida a menos, pero de altos contactos sociales: su tío Antonio Alcalá Galiano, por ejemplo, llegó a ser ministro. Tras estudiar Derecho en Granada y Madrid, pudo participar de selectas tertulias literarias madrileñas, como la de la propia reina Eugenia de Montijo, y tratar con Byron o con el Duque de Rivas, entre otros poetas románticos. Con sólo veintitrés años entra en el servicio diplomático, llegando a obtener el cargo de embajador, que desempeñó hasta 1896 en ciudades tan distintas como Nápoles, Río de Janeiro, Dresde, Moscú o Frankfurt (donde fue ministro) y, ya en su última etapa, Lisboa, Washington, Bruselas y Viena. De esa época son unas interesantes *Cartas americanas* que forman un conjunto unitario dentro un variado epistolario que abarca casi dos mil textos. Su dominio idiomático fuera de lo común le llevó a ser elegido miembro de la Real Academia de la Lengua con apenas treinta años, pero la plena dedicación a la novela fue en cambio bastante tardía, pues no publicó su primera novela larga hasta los cincuenta, al parecer debido a sus altas exigencias como creador.

tipo de novela tendenciosa o manipuladora de ideas sociales y políticas. Prueba de ello es que no hizo nunca 'novela de tesis' como tantos de sus coetáneos, si bien no renunció a expresar de continuo sus propios juicios de valor y sus principios éticos, pretendiendo incluso elevar a sus personajes a categoría de símbolos, como también gustó de hacerlo Galdós. Para el narrador andaluz el alcance de la novela es el mismo que el que puede tener la poesía, y por tanto su finalidad no debería ser nunca convertirse en una especie de ciencia de las realidades más prosaicas y escabrosas del ser humano, como pretendía el naturalismo; movimiento al que hizo una inteligente crítica en sus *Apuntes sobre el nuevo arte de escribir novelas* (1887), como respuesta a *La cuestión palpitante* de la Pardo Bazán (vid. *infra*)[267]. Sobre esta teoría, calificada de "esteticista" por muchos, volvió años después en *De la novela en España* (1900).

El concepto de la literatura que tuvo Valera se explica desde su interpretación de los clásicos, tanto grecolatinos como del Siglo de Oro español, y en especial de Cervantes, a quien comprendió en toda su profundidad. Con él compartió interés por todo lo que cabe imaginar en el alma humana, sin ningún tipo de trabas ni determinismos, y ello es precisamente lo que le llevó a rechazar la preceptiva de la novela naturalista, como Cervantes hizo en su día con la de la picaresca: para ambos el individuo es siempre libre de elegir su destino. Buscó la complicidad con el lector movido por un gran afán de verosimilitud (no lograda en todos los casos) que se basaba más en la noción de 'creíble' que en la de 'real'. Pero la máxima unión con el autor de las *Novelas ejemplares* fue sin duda una misma filosofía idealista, que es la que sostiene sus risueñas páginas, que irradian gusto por vivir y tienden a sublimar el amor –tema central en la obra de Valera–, incluso desde un optimismo inusual, pues partía de experiencias vitales que más bien hubieran podido conducirle a un gran desengaño[268]. Por todo ello, tal

---

[267] Para Valera es imposible describir las pasiones del hombre 'fotografiándolas' a manera de radiografía, como pretenden los naturalistas, porque ello supone siempre una reducción simplista y actuar más como historiador que como el novelista: *Si la novela se limitase a narrar lo que comúnmente sucede no sería poesía, ni nos ofrecería un ideal, ni sería siquiera una historia digna, sino una historia falsa, baja y rastrera.*

[268] Como Cervantes, Valera conoció el fracaso matrimonial –*Estoy archifastidiado. No se case usted nunca*, le escribía a Menéndez Pelayo–, y recibió la noticia de la muerte de su hijo primogénito, su predilecto, mientras él estaba solo

vez no fuera casual que la muerte le sorprendiera, en abril de 1905, mientras preparaba unas "Consideraciones sobre *El Quijote*" para conmemorar su tercer centenario. De su agudo juicio crítico, surgieron espléndidos artículos en distintos periódicos dentro y fuera de España, así como un buen número de estudios[269]. En ellos Valera reveló su gran capacidad intuitiva, particularmente ante los nuevos creadores: fue, por ejemplo, el primero en valorar el genio de Rubén Darío –por lo que algunos lo consideran 'padrino' del Modernismo (vid. 4ª, n. 30)–, y especialmente el de Pío Baroja como novelista, a pesar de no haber publicado éste aún sus grandes novelas. Tal afinidad con el novelista vasco no era casual, puesto que compartió con él el gusto por la novela de análisis psicológico y el interés por los procesos evolutivos del ser humano, por encima de toda realidad estática. Significativo es que Valera prefiera los conflictos internos, personales –penetrar en 'lo íntimo del alma'–, a los que provoca la lucha de clases, que está voluntariamente obviada en sus novelas, y que hubo de ser, en cambio, lo que más interesara a los novelistas posteriores a la Restauración.

Perfecto ejemplo de esto último es **Pepita Jiménez**, que apareció por entregas en la *Revista de España* en la primavera de 1874, y fue pronto traducida a varios idiomas y convertida en *best-seller*, aunque nunca le reportó otros beneficios al autor que animarle a seguir escribiendo. El propósito inicial de la novela debió de ser bastante trascendente, pues Valera andaba empeñado en defender la ortodoxia del krausismo, movimiento que empezó a despertar mucha polémica en esos años (vid. *infra,* nota 280), convencido de su relación con la mística española, que por entonces estudiaba. Pero en apariencia, el argumento resultaba bastante simple. Un seminarista regresa a su pueblo y abandona progresivamente su fervor religioso (su obsesión por la santidad y la mortificación del cuerpo, etc.), al sucumbir ante la pasión que le despierta una viuda joven, a la que también pretende su padre, por lo que necesita la intervención de un deán tío suyo para resolver su crisis, que acabará en

---

en Washington. Las novelas de su segunda etapa las escribe ciego, dictándoselas a un amanuense en Madrid, como le sucederá años después a Galdós.

[269] Recopilados después en volúmenes como *Estudios críticos sobre literatura, política y costumbres de nuestros días* (1864), *Disertaciones y juicios literarios* (1878), *Ensayos poéticos y Poesías* (1885), *Nuevos estudios críticos* (1888), etc.

boda. Es decir, trata Valera el conflicto entre amor místico y humano que ya había abordado Alarcón con menor hondura (*supra*, n. 257), y sobre el que él mismo volvió en **Doña Luz** (1879) con un planteamiento muy próximo al que luego desarrollaría, con otra complejidad, Leopoldo Alas[270]. Su novedad no estaba en su estructura epistolar, pues habían sido muchos los precedentes del siglo anterior en el uso de la carta para ofrecer un proceso amoroso en su acontecer más íntimo (vid. *supra*, c. n. 35). Lo que sí era original es su manejo de distintas perspectivas narrativas y el consiguiente distanciamiento irónico de los personajes, digno de Cervantes[271]. Lo realmente innovador estaba en la evolución interior del protagonista y la resolución de su conflicto: Valera dice que lo que siempre triunfa es la vida sobre el mero intelectualismo y los problemas de conciencia –tal y como afirmará Baroja en *Camino de perfección*, treinta años más tarde–, y al mismo tiempo revela la mentira que subyace en todo amor místico o 'platónico', con la decepción a la que conduce[272]. Es significativo que al atacar el falso misticismo, remedando su lenguaje, Valera se ganara la inquina de muchos clérigos, que vieron la novela como un ataque a la vocación sacerdotal. Casi nadie podía entender entonces que lo que estaba haciendo era nada menos que inaugurar la revisión crítica del romanticismo, que sería el eje central de la novela durante las décadas siguientes, como demuestran *La Regenta* y *Su único hijo* de Clarín, o *Tristana*, entre otras novelas, de Galdós. Por encima de

---

[270] Los protagonistas de *Doña Luz* son un sacerdote maduro que ha sido misionero y una chica joven que acaba seducida por un aventurero. No se olvide que los triángulos en ambiente rural serían un gusto extendidísimo en la narrativa hispanoamericana de la época, como confirmaría décadas después la *Doña Bárbara* del venezolano Rómulo Gallegos.

[271] La primera parte es enteramente epistolar (15 cartas), la segunda está en tercera persona y la tercera es un epílogo con cartas del padre de Luis al deán, lo que supone una perspectiva distinta en la narración de la historia. La protagonista será así vista desde distintos ángulos, con lo que aumenta ante el lector la riqueza de su personalidad.

[272] Valera piensa que *el amor místico de la mujer... es un enredo engañoso y nada más*, puesto que *en el amor del hombre hacia la mujer interviene siempre la sensualidad, y que los tales amores platónicos suelen ser perversión, malicia y sofistería* (*De la moral y de la ortodoxia en los versos*, 1878). Un cuento magnífico y revelador de tal perspectiva es "El cautivo de doña Mencía", que plantea una breve historia de amor entre un joven de dieciséis años y una mujer de treinta y siete.

los prejuicios con los que muchos críticos lo han juzgado, hay que saber ver que en *Pepita Jiménez* habla también Valera de algo universal: "lo sublime del deseo incumplido y el temor a la desilusión" (M. Almela), y lo hace entre descripciones sensuales de la naturaleza (como el magnífico episodio de la Noche de San Juan) que anticipan la mejor prosa modernista. Así mismo es justo reconocerle a esta novela el mérito de que inicie en España la que sería la gran tendencia europea del siglo XIX, ya insinuada en la novela inglesa y francesa del XVIII: los títulos de novelas con nombre de mujer (vid. *infra*, n. 299). Nombres que quieren significar la hegemonía de las protagonistas de esas novelas sobre los hombres de sus vidas, que aparecen con frecuencia cual satélites gravitando en torno al peso planetario de ella, referente indispensable en su cosmos. Se diría que hay en Valera una necesidad de crear personalidades femeninas con poder de iniciativa, capaces de seducir tanto con su propio ingenio verbal como con sus encantos físicos, y de acabar resolviendo al final un conflicto en el que los personajes masculinos parecían atrapados. De ahí que se haya afirmado que rescribió durante toda su vida una única novela bajo varias formas. Tanto es así que una de sus últimas novelas, *Genio y figura* (1897), es el retrato idealizado de una prostituta inteligente y sensible que intenta regenerarse a través de su hija, pese a las relaciones extramatrimoniales que llenan su historia. Una propuesta temática absolutamente excepcional en el momento, como lo sería la *Fortunata* de Galdós, considerando que el personaje de la adúltera humilde fue realmente raro en la novela europea de la época, y que en este caso termina con un suicidio final de doble lectura.

La profundidad psicológica será especialmente uno de los méritos de **Las ilusiones del Doctor Faustino** (1875), que apareció también por entregas en la misma revista que la anterior. Probablemente no sea la mejor construida, pues reúne bastantes lances folletinescos y digresiones que hoy nos parece que distraen de su acción principal, pero en cambio puede considerarse como una de las novelas más interesantes ideológicamente de todo el siglo. Partiendo del *Fausto* (1808) de Goethe, y con la influencia evidente de *La educación sentimental* (1869) de Flaubert, presenta la trayectoria amorosa de un joven (su relación con las tres mujeres más importantes de su vida) que deja su pueblo natal, Villabermeja, para probar suerte en Madrid. La persistencia en él de un sentimiento de frustración hace que se haya visto en este protagonista un precedente de los personajes abúlicos que llenarán las novelas de los del 98. Sin embargo, lejos de identificarse con él, Valera quiso dejar muy claro que intentaba retratar el perfil más deplorable de su propia generación –el declive en el que, según él, había caído–, y, por tanto, se distanció enteramente de su protagonista[273]. Esto es lo que le diferencia de lo que haría Baroja décadas después, al tiempo que le concede un rasgo inequívoco de modernidad. Siguiendo la racha intensamente creativa de esos años, publicó después **El comendador Mendoza** (1876), novela que confirmaba su gusto por el clásico tema del amor desigual entre el viejo y la joven –una afinidad cervantina más–, situándolo a fines del siglo XVIII y de nuevo en la Andalucía rural que será el escenario de sus mejores novelas. El sello diferencial de Valera respecto a Fernán Caballero y a Alarcón es que, a pesar de acumular muchas huellas del costumbrismo –intercalar anécdotas populares, por ejemplo–, no cayó como ellos en tópicos andalucistas, aun reconociéndose deudor del magisterio de Estébanez Calderón (*supra*, nota 230), a quien trató en Nápoles. A tal influencia vuelve a sus setenta años con ***Juanita la Larga*** (1895), su novela más alegre, que gira de nuevo sobre el amor de un viejo hacia una moza rústica, de personalidad tan idealizada como la de *La gitanilla* cervantina. Lo dominante en ella es la descripción del idílico ambiente de los pueblos cordobeses, que al autor le interesa por la frescura de sus gentes, y no tanto para hacer propaganda del 'retiro a una mítica Arcadia' (como sí hicieron, en cambio, Pereda o Palacio Valdés: vid. 4ª, c. n. 60), aunque ése fuera el deseo íntimo de su vejez. Con *Juanita la Larga* quiso insistir en su modelo de narración pura, es decir, una historia amena que aspiraba a entretener sin entrar en problemas contemporáneos. Su prosa, tan elegante y sugerente como la de su primera novela, ofrecía un estilo contrario al de las novelas regionalistas del momento, que abusaban de diálogos en lengua vulgar, pues su riqueza léxica –nutrida por un gran conocimiento de refranes y dichos populares– supera a la de cualquiera de los autores realistas previos.

---

[273] *Aunque yo soy poco aficionado a símbolos y alegorías, confieso que el doctor Faustino es un personaje que tiene algo de simbólico o de alegórico. Representa, como hombre, a toda la generación mía contemporánea: es un doctor Fausto en pequeño, sin magia ya... En su alma asisten la vana filosofía, la ambición política y la manía aristocrática.* (Posdata a la edición de 1879). Dirá al inicio de su cap. VII: *El protagonista me desagrada cada vez más... sobre todo, su posición de señorito pobre es antipoética a lo sumo. ¿Qué lance verdaderamente novelesco puede ocurrir a un señorito pobre... digno de la más sencilla y pedestre novela?* Con todo, hay en ésta más elementos autobiográficos, como el personaje de la madre, que en otras de sus novelas.

La última novela de Valera fue también la más original y sorprendente: **Morsamor**, que publicó en 1899 como gloriosa despedida del siglo. Literariamente, interesa su conexión con una tradición de novela fantástica, muy ligada a la bizantina, que muy pocos de su siglo cultivaron, puesto que su acción se sitúa en Portugal y en el Oriente del siglo XV. Un tal fray Miguel de Sueros vive por arte de magia una serie de aventuras, un viaje alrededor del mundo (en sentido contrario al de Magallanes), que permite al autor introducir por primera vez reflexiones sobre asuntos contemporáneos sobre los que se había pronunciado en sus cartas y artículos. Recuérdese que Valera había escrito repetidamente en contra de la política colonialista y se había interesado en particular por el problema cubano. De ahí que quepa establecer una conexión directa con las preocupaciones que manifestaron Ganivet y Unamuno, particularmente con sus críticas al afán conquistador del español con 'sueños de grandeza'. Con todos los fallos que puedan imputarse a su estructura, debe valorarse su carácter pionero, puesto que recoge en esencia la actitud de Valera ante el desastre del 98, aunque él insistiera en definirla como simple libro de placer.

Pérez Galdós y sus proezas

Son muchas las razones que justifican el destacado lugar que ocupa en la Historia de la Literatura española el prolífico **Benito Pérez Galdós** (Las Palmas de Gran Canaria, 1843-1920)[274]. Fue el principal

---

[274] Fue el menor de los nueve hijos de una familia canaria de cierto abolengo (con raíces vascas y castellanas desde la conquista de la isla en el siglo XV), y de posición acomodada debido al cargo de coronel de su padre y a sus negocios comerciales. Recibió una educación religiosa bastante rígida, a la que contribuyó el temperamento dominante de su madre, doña Dolores, que dejaría su huella en varios de sus personajes literarios. Como consecuencia de ello, Galdós mostró en su niñez y adolescencia un talante reservado, inclinado, sobre todo, hacia la pintura, la música y la lectura. Al igual que Valera, dio tempranas muestras de sus inquietudes periodísticas y de su talante liberal, al hacerse fundador de un periódico antes de cumplir los veinte años. Por decisión materna es obligado a trasladarse a Madrid en 1862 para estudiar Derecho, estudios por los que nunca sentiría vocación y

líder de la generación de escritores marcados por la Revolución de 1868, una generación que encontró particularmente en la novela el medio para canalizar su búsqueda de nuevos valores y su crítica a los problemas religiosos existentes. Sus inquietudes ideológicas y su talante independiente le llevaron a tomar parte muy activa en todas las polémicas literarias y políticas de su tiempo, como le sucederá también a Clarín; y ese mismo apasionamiento es el que supo trasladar a la narrativa, que 'dormitaba' anquilosada (según reconocen todos los estudiosos), en los cauces genéricos arriba descritos. Sus obras fueron las más leídas y comentadas en las tertulias de la época, puesto que se vendían profusamente –Galdós fue el primer novelista español que pudo vivir de su narrativa–, hasta el punto de no dejar indiferentes a nadie, por lo que llegó a reunir tantos admiradores como detractores. El principal mérito que debe reconocérsele es el de llegar a ser modelo de la nueva novela realista española desde una posición nada fácil: conseguir que el lector se interesara por conflictos sociales e ideológicos en vez de procurarle la evasión de ellos, que es a lo que estaba acostumbrado. Proeza extraordinaria puede llamarse al hecho de que Galdós, transmitiendo todo lo más espinoso de la problemática social, lograra hacerse con un público cada vez más extenso que le permitió subsistir como novelista. Más aún, llegó a alcanzar tal éxito entre la burguesía progresista, que ésta terminó por aceptar la trascendente función que él concedía al novelista: ser una especie de director espiritual, un educador de las conciencias para interpretar de modo consciente la realidad y formarse un juicio crítico en torno a ella. Algo que, valorado desde una perspectiva actual, nos permite calificarlo de 'revolucionario', término que no resulta exagerado cuando se revisa la amplísima bibliografía crítica generada por su obra.

 Galdós se preocupó muy tempranamente por cómo debía ser la novela y su función social, por lo que sus escritos teóricos al respecto

---

en los que nunca llegaría a licenciarse, dedicándose en cambio por entero a su labor de traductor y crítico literario. En 1865 se había hecho socio del Ateneo (centro que había cobrado un especial protagonismo en la vida cultural y política) y se había convertido ya en redactor de *La Nación*, el principal periódico progresista del momento. Desde 1870 se consagró a la escritura de novelas (unas ochenta) y al teatro, al que aportó una veintena de dramas.

son manifiestos muy valiosos. Uno de los más inteligentes es el titulado "Observaciones sobre la novela contemporánea", publicado en la *Revista de España* en 1870, en el que hizo una dura crítica al escapismo y al gusto por el folletín[275]. Consideraba allí que una de las causas de la mediocridad de la novela era que los escritores españoles, salvo muy contadas excepciones, no sabían observar de cerca la realidad que les rodeaba. Por ello defendía que la renovación del género se hiciera desde un minucioso examen de la sociedad nacional coetánea, con especial atención a las costumbres urbanas de la clase media, que a su juicio surgió en las Cortes de Cádiz: sus ideales y aspiraciones de futuro, su vida pública y doméstica y, particularmente sus problemas espirituales y sexuales. Ideas que desarrolló más concretamente casi veinte años después, en 1889, en su discurso de ingreso en la Real Academia Española, titulado "La sociedad presente como materia novelable". Allí afirmaba: *Imagen de la vida es la novela, y el arte de componerla estriba en reproducir los caracteres humanos, las pasiones, las debilidades, lo grande y lo pequeño, las almas y las fisonomías, todo lo espiritual y físico que nos constituye y nos rodea, y el lenguaje, que es la marca de la raza, y las viviendas, que son el signo de la familia, y la vestidura que diseña los últimos trazos externos de la personalidad: todo esto sin olvidar que debe existir perfecto fiel de balanza entre la exactitud y la belleza de la reproducción.* Una definición que parecía glosar la que hiciera famosa Sthendal: *La novela es un espejo que se pasea a lo largo de un camino.* Así pues, novelar es, para Galdós, crear a partir de una observación muy directa del medio, y con un sentido de la imitación en gran medida pictórico —eso justifica la minuciosidad de muchas de sus descripciones—, que lo aproxima a muchos retratistas de su siglo. También definiría allí su personalidad como escritor en relación a su amigo José María Pereda, contraponiendo su propio talante inquieto e insatisfecho —signo, en su opinión, de mentalidad abierta y liberada de prejuicios— a

---

[275] Vid. *supra*, n. 244. En otros escritos de crítica literaria posteriores abordaría lo que tiene el folletín de falsificación y sus repercusiones. Así en "La novela en el tranvía" (1871) ironiza sobre *la mentalidad novelesca creada por la lectura de los folletines*; y en "Un tribunal literario" (1872), presenta a cuatro críticos que representan modos de novelar que Galdós satiriza: el folletín sentimental posromántico. Aparece una novela sometida a expertos jueces y el autor se enfrenta a ellos por desacuerdo en cómo caracterizar a su personaje.

la carencia de dudas del santanderino, con el que compartió, sin embargo, un gusto por la novela tendenciosa e incluso dogmática en su primera época[276].

La publicación en 1870 de **La fontana de oro** habría de suponer un cambio definitivo en la literatura española: la novela se convirtió desde entonces en el género dominante, y con una finalidad muy diferente a la que hasta entonces había tenido. Ambientada en el Madrid de las primeras décadas del siglo, en el contexto de las luchas entre absolutistas y liberales, ha sido considerada por algún crítico como una novela "de agitación política y sentimental", y pionera de una serie de novelas sobre la intolerancia (R. Gullón), que sería uno de los grandes temas del primer Galdós[277]. Al trasladar a la novela su preocupación por el fracaso de los ideales de la revolución de 1812, no hacía sino reivindicar su ideología progresista, que le hizo definir en varias ocasiones lo que para él caracterizaba el pensamiento moderno: el dinamismo y el relativismo frente al anclaje en la tradición. Una idea ésta que animaría tanto su gran proyecto historiográfico (vid. *infra*), como las otras tres novelas importantes que escribió en esta década, en las que renovó el modelo de 'novela de tesis' que ya había cultivado su amigo Pereda (*supra*, nota 263). En ellas el realismo galdosiano es siempre tendencioso, puesto que se escriben desde el objetivo preconcebido de denunciar una situación nacional que al autor le parece digna no sólo de crítica, sino de censura moral. Por ello pueden resultar sus novelas más simplistas, propias del "ardor juvenil", como ha dicho algún crítico, aunque no por ello son menos valiosas, pues además nunca llegan al grado de parcialidad de otros coetáneos.

---

[276] Muy interesante en este sentido es el prólogo que puso Galdós a *El sabor de la tierruca* de Pereda, con quien mantuvo siempre una estrecha amistad.

[277] Lázaro, su protagonista, es un liberal radical que llega a Madrid con grandes ideales de 'salvación de España', pero que termina fracasando en ellos. Las discusiones políticas en *La Fontana de oro*, local madrileño que frecuentaría el propio Galdós, adquieren importante papel en esta novela donde se culpa claramente a los liberales radicales y exaltados de la reimposición del absolutismo. Interesa recordar que esto lo escribía Galdós tan sólo un año antes de la famosa Comuna de París (marzo-mayo de 1871), un intento de autogestión promovido por la clase obrera, surgido del descontento y la pobreza en la población por causa de la guerra, que anarquistas y comunistas reivindican como la primera gran revolución del proletariado en la Edad Moderna. Aquellos ideales acabaron muy pronto sofocados, como los del protagonista de Galdós.

Las novelas 'de tesis' de Galdós, escritas al comienzo de la Restauración de la monarquía borbónica, constituyen la trilogía más anticlerical –adjetivo con el que él mismo gustaba autodefinirse– de toda su novelística. En la primera de ellas, **Doña Perfecta** (1876), Galdós dejó asomar todo su pensamiento radical, tanto en lo que se refiere a la defensa del progreso frente a la tradición como en su ataque al fanatismo, que consideraba uno de los peores males del país, y sobre todo a la organización caciquil que dominaba la vida provinciana española[278]. Se adelantaba con ello a lo que dos décadas después denunciarían otros muchos novelistas, basándose en las ideas de Juan Costa en *Oligarquía y caciquismo* (vid. 4ª, nota 59). En *Gloria* (1877) trató de la intransigencia religiosa entre judíos y católicos, y en *La familia de León Roch*, del año siguiente, entre católicos y liberales. Se trata en todos los casos de relatos que utilizan personajes diseñados desde un maniqueísmo derivado del código moral del autor: los 'buenos', como el Pepe Rey protagonista de *Doña Perfecta*, son siempre modernos, abiertos, buenos lectores, liberales y progresistas; y los 'malos', en cambio, devotos y ferozmente tradicionalistas, amigos de bandos y luchas por el poder, fanáticos e irascibles. A la cabeza de estos últimos está doña Perfecta, el primero de los muchos nombres simbólicos que hay en los títulos de Galdós, y en la que cabe ver la figura dictatorial de su propia madre (vid. *supra*, n. 274). El interés de esta novela no reside sólo en sus argumentos para arremeter contra el oscurantismo religioso y los prejuicios xenófobos –defectos nacionales que seguirán combatiendo todos los autores del 98–, sino en la renovación de viejos motivos, como la oposición corte/aldea, y en una visión de la ciudad provinciana que se prolongaría largamente en la narrativa del siglo XX. La Orbajosa con la que Galdós quiere representar a todos los pueblos de España será, como la Vetusta de Clarín unos años después, y la Alcolea del Campo o el Lúzaro de Pío

---

[278] Era importante que Galdós publicara esto precisamente en 1876, el año en que triunfó el sector conservador liderado por Cánovas del Castillo y se aprobó una Constitución que legitimaba de nuevo el poder del rey. Era el inicio de lo que Galdós denominaría *los años bobos*. En la novela se delata un hecho probado por numerosos historiadores: que los caciques de los pueblos fueron un instrumento de manipulación del voto popular, pues el tipo de sufragio censitario, restringido a los propietarios y profesionales liberales, permitía tal fraude.

Baroja décadas más tarde, una ciudad con valor de emblema. Ciudades todas ellas presididas por un casino como motor de la vida social que, aunque ya presente en las novelas de Valera, se convertirá desde entonces en el escenario de la incultura y las actitudes machistas, y por tanto en el gran símbolo de la mediocridad provinciana, tal como lo entendió Machado y seguirían entendiéndolo los novelistas españoles durante el franquismo. Por todo ello se comprende que el sector ultracatólico nunca le perdonara a Galdós haber escrito *Doña Perfecta*, pues se recibió como un verdadero ataque a todas sus instituciones; y esto en un momento en el que aparecían, paradójicamente, los primeros elogios de su obra en la prensa europea y los primeros reconocimientos a su persona[279].

La influencia ideológica más importante para entender al Galdós de esta época es sin duda el alemán Karl C. F. Krause, que descubrió a través de su amigo el profesor Francisco Giner de los Ríos, quien le había introducido en la vida literaria madrileña y había sido uno de los fundadores en 1876 de un nuevo sistema educativo bautizado como Institución Libre de Enseñanza[280]. El **krausismo**, que habría de dejar honda huella aún en muchos escritores del siglo XX, se basaba en la idea de que el progreso no cabía sin un cambio profundo en la educación individual, y en ese sen-

---

[279] De ese mismo año de 1876 es, por ejemplo, un extenso estudio sobre su obra publicado en la *Revue des deux mondes de Paris*. También en estos mismos años le llegaban otros reconocimientos públicos que compensaron las críticas: en 1876 recibe la Cruz de la Orden de Carlos III, y en 1878 es nombrado Caballero de la Orden de Isabel la Católica.

[280] La iniciativa de la Institución Libre de Enseñanza surgió de un grupo de profesores expulsados en 1875 de la universidad, y aun encarcelados, por defender la independencia intelectual y negarse a acatar las enseñanzas dogmáticas oficiales en todo tipo de materias. Se declaraba *ajena a todo espíritu e interés de comunión religiosa, escuela filosófica, o partido político, proclamando tan sólo el principio de la libertad e inviolabilidad de la ciencia*. Su modelo de educación laica se basaba fundamentalmente en el pensamiento de Krause, sobre el que ya en 1857 Sanz del Río había dado un curso en Madrid, adaptando al contexto español su teoría del 'racionalismo armónico' (una de las múltiples derivaciones del idealismo kantiano), que difundió mediante la traducción y glosa de la máxima obra de Krause, *El ideal de la humanidad para la vida*, que publicó en 1860. La expansión de sus ideas fue rápida y hacia 1868 lo más avanzado de la universidad española era krausista, pero en 1876 la medida reaccionaria de exigir al profesorado fidelidad al trono y al altar, hizo que fueran expulsados de sus cátedras muchos de sus fundadores.

tido supuso un nuevo humanismo de aspiraciones tan renovadoras como el erasmismo del siglo XVI. Galdós, como también Clarín y Valera, adoptaría como propios muchos de los presupuestos de tal corriente: la oposición a la concepción absolutista del Estado, la defensa del libre pensamiento, la conciliación entre una fe de gran capacidad emotiva y la razón para darle sentido a la religión en el progreso de la Humanidad, una ética laica sostenida por la virtud de la honestidad y opuesta a toda manifestación de hipocresía, y sobre todo, la confianza en el poder de la educación para cambiar las costumbres sociales. De ahí que varios personajes de las novelas galdosianas acusen la influencia del prototipo del intelectual 'krausista' que fue tan admirado como denostado en la época, y que el propio Galdós revisaría críticamente en **El amigo Manso** (1882), novela en la que se registra, además, la influencia de novelistas europeos del momento[281]. A la influencia del krausismo deberían los dos mejores novelistas realistas esa creencia en que la regeneración de España –donde residía la esperanza– debía de venir por la renovación de valores a nivel individual, por el mantenimiento de ideales impregnados siempre de espiritualidad, mucho más que por las reformas económicas colectivas. Algo de lo que sería hereditario el pensamiento y el debate sostenido por la llamada Generación del 98.

Entre los novelistas que más marcaron el aprendizaje narrativo de Galdós, destacan Honoré de Balzac y Charles Dickens, del que fue traductor, puesto que les unía una misma concepción de la novela respecto a su función social. Compartían, ante todo, la voluntad de concienciar al lector sobre problemas nacionales, que no critican tanto desde un punto de vista político –no creen que la política pueda cambiar la estructura de la sociedad–, sino desde un punto de vista moral. De todos los novelistas europeos que habían hecho narración histórica realista, Balzac fue el más leído y admirado por Galdós[282]; y de él se registran

---

[281] Máximo Manso, su protagonista, es un catedrático de filosofía contemplativo, solitario y bastante misógino, que encarna todas las virtudes que se atribuían a ese modelo filosófico: rectitud moral, tolerancia, comprensión y escepticismo, aunque al final se ve obligado a hacer frente a las tentaciones y fuerzas del mundo exterior que no había sido capaz de controlar.

[282] Galdós era ya aficionado a los grandes novelistas franceses, como Flaubert, pero su primer viaje a París en 1867 para ver la Exposición Universal le permitió incorporar a su biblioteca novelas como *Eugénie Grandet* (1834), que le causaron una viva admiración.

en su obra huellas concretas como las siguientes: el realce de los problemas económicos en un primer plano de las acciones —el dinero será motivación importante en muchas de ellas—, su gusto por elementos folletinescos, la tendencia a la repetición de unos mismos personajes en varias novelas o la práctica de interpolar reflexiones morales en la narración. Entre las constantes de Dickens que más interesaron a Galdós están, por otra parte, su penetración en el mundo de la infancia (su pureza y su lógica, enfrentadas a las mentes adultas), su simpatía por los personajes más vulnerables —como la Benina de *Misericordia* (*infra*)—, y por las 'zonas oscuras del alma' (aunque nunca llegó a la fascinación del inglés por el crimen), y, como resultado estilístico, la mezcla de lo picaresco con lo sentimental del folletín y, al mismo tiempo, con la intriga policíaca.

Con todo, es Cervantes sin duda el primer gran modelo que toma Galdós. Su gran influencia alcanza casi todos los registros del novelista: desde la forma de estructurar las novelas —*para mí el estilo empieza en el plan*, afirmaba— y de concebir a los personajes, hasta la propia forma de narrar. Como el narrador de las *Novelas ejemplares*, prefiere siempre la sencillez del párrafo en el que las frases fluyen espontáneas, sin artificiosas construcciones, huyendo de todo retoricismo; si bien Galdós va aún más allá, aproximándose siempre a los registros de la lengua oral, para cuya observación estaba especialmente dotado. Lo importante es que es toda una filosofía común la que comparte con el autor del *Quijote*, tal y como le sucedió a Valera. Entre sus coincidencias fundamentales estarían: su actitud afectiva hacia el hombre concreto, apegado a la tierra, y no hacia la humanidad en abstracto; la fe en la justicia superior, en la amistad y la solidaridad; la búsqueda de espiritualidad; y, por encima de todo, el interés por el problema del conocimiento de la realidad —clave en toda la novelística moderna—, que para ambos sólo se podía abordar mediante la combinación de puntos de vista. De ahí que el deseo de integrar lo real y lo maravilloso les lleve a ambos, por ejemplo, a mezclar la cordura con la demencia —bastantes son los locos que habitan las páginas galdosianas—, como partes indisolubles de una misma realidad. El perspectivismo será así una técnica cervantina que adopte regularmente Galdós; una razón por la que también tomaría como modelo a Dostoyevski, aunque el novelista ruso lo vierta más sobre problemas y personalidades excepcionales, y Galdós, en cambio, manifieste mayor interés, al menos en su primera época, por aplicarlo sobre personajes con problemas comunes[283]. Todo ello se refleja en un estilo en el que domina la reflexión moral y cierta tendencia a lo sentencioso que se equilibra siempre con el humor, y donde, como en el caso de Cervantes de nuevo, se mezcla siempre la ironía con la compasión, en un afán de proximidad con el pueblo, sin pretender agradar sólo a las elites cultas.

La gran constante en la obra narrativa de Galdós es su preocupación por un nuevo modo de narrar la Historia de España, bajo el convencimiento de que era una de las grandes revisiones pendientes. Lo demostró en la prolongada y constante escritura de sus **Episodios nacionales**, que iría publicando periódicamente durante casi cuarenta años –desde 1873 a 1912–, y en los que manifestó una ambición historiográfica que no se había dado en ningún escritor hasta entonces. Los animaba un propósito casi heroico: contar toda la Historia novelada de España durante el siglo XIX, desde 1807 hasta la Restauración, deteniéndose en las guerras carlistas[284]. Son un total de cuarenta y cinco relatos de carácter histórico que Galdós planeó agrupados en cinco series –las dos primeras, por ejemplo, cubren la guerra de Independencia y el reinado de Fernando VII–, y gracias a los cuales consiguió que los españoles de entonces se acercaran a la historia contemporánea del país. Resulta importante el hecho de que el primero de ellos, titulado *Trafalgar*, alcanzara un éxito inmediato en 1873, el año en que se proclamó la Primera República española, que tendría tan efímera duración cronológica (un año) como larga incidencia en las inquietudes sociopolíticas que empezaron a arraigar por entonces en toda la península[285]. También llevarían por título el lugar de una batalla otros episodios como *Bailén*, de ese mismo año, o *La batalla de los Arapiles* (1875), junto a los que tienen el nombre de un gobernante o guerrillero: *Napoleón en*

---

[283] El interés casi obsesivo del Galdós más maduro, a partir de 1890, por las situaciones espirituales excepcionales podría tomarse como una prueba más de la influencia que ejercería en él el novelista ruso.

[284] Parece que influyeron mucho en su escritura los relatos de guerra que le había hecho su propio padre, quien había combatido contra Napoleón, y que murió además muy poco antes de que comenzara a escribirlos.

[285] En ese año se organizan los primeros movimientos anarquistas: los seguidores de Bakunin en Alcoy, los militantes de la AIT en Andalucía, etc. En 1872 se publica, además, por primera vez, el Manifiesto Comunista en España.

Chamartín (1874), *Zumalacárregui* (1898), *Narváez* (1902), etc. Algún otro tiene, sin embargo, título más lírico, como *Las tormentas del 48* (1902), o *La de los tristes destinos* (1907), nombre eufemístico para la reina Isabel II, que es sin duda uno de los más espléndidos, con el mérito añadido de ser la primera novela española que habla de la vida de unos exiliados voluntarios en París. Es significativo además que este episodio comience con una descripción del pueblo en la Historia, algo que ya había desarrollado, aunque de forma simbólica, en *Fortunata y Jacinta* (I. M. Zavala, vid. *infra*).

La modernidad de los *Episodios nacionales* se muestra, sobre todo, en cómo Galdós se aparta radicalmente del tipo de novela histórica romántica, que solía estar llena de prejuicios nacionalistas y exaltaciones patrióticas; y este valor justifica el magisterio de estos textos sobre novelistas posteriores de la talla de Baroja. Frente a aquellas exageraciones, que buscaban el impacto en el lector mediante detalles truculentos no fieles a la veracidad histórica, en los *Episodios* galdosianos hay un claro afán de verosimilitud y objetividad en la narración, debido al rigor con el que están documentados: se sirvió de testimonios orales de los supervivientes de otras épocas, además de muchos papeles de archivo. La voluntad del autor de crear una 'épica' nacional con validez de crónica no le impidió, sin embargo, inventar libremente sobre relaciones personales que pudieron haber rodeado los sucesos históricos, que quedan así perfectamente ensamblados con la ficción. De ahí que el principal placer de su lectura consista en la armónica combinación de fantasía y realidad en torno a aquellas décadas que, por su edad, no había podido conocer, actuando con "una poderosa capacidad de adivinación" (J. M. Martínez Cachero). Para ello utilizó a menudo el recurso de la autobiografía ficticia de un personaje central, que supuestamente fue testigo presencial de los sucesos que narra. Aunque lo que domina en ellos es el personaje colectivo, 'coral', que envuelve y arropa de alguna manera al héroe y al suceso protagonista, y que será fundamental también en la organización de *Fortunata y Jacinta*. Con ello Galdós pretendió captar al detalle, desde múltiples ángulos, la historia cotidiana de sus coetáneos: eso que los autores del 98 llamarían después la 'intrahistoria' española y que sería el auténtico centro de interés de toda la tarea narrativa galdosiana. El peso de lo político, lo social y lo psicológico varía en cada uno de ellos, puesto que la evolución del pensamiento de Galdós estuvo siempre estrechamente ligada a la sucesión de los acontecimientos políticos. De hecho, los *Episodios Nacionales* son los que dan mejor cuenta de su trayectoria hacia el desengaño y el escepticismo. En sus diferentes series se nota que el novelista fue poco a poco perdiendo el optimismo inicial, adoptando una visión más amarga de una España dividida en dos opuestos bandos fanáticos, capaces de llegar a la guerra fratricida. Algo que es patente ya en el episodio 34, *La revolución de julio* (1904), pero más aún en el que significativamente titula *España trágica* (1909) –año en que Galdós había sido elegido presidente de la Conjunción Republicano-Socialista–, y los que fueron cerrando la colección: *Amadeo I* (1910) y *Cánovas* (1912), que pueden leerse hoy como un certero vaticinio de muchos de los hechos que protagonizarían la política española del siglo XX. A pesar de tanta valía, fueron pocas las recompensas para su autor. El continuado éxito de los *Episodios Nacionales* entre el público lector, que fue lo que animó a Galdós a escribir las últimas series, movido por la esperanza de aliviar sus problemas económicos, no evitaría que éstos le persiguieran hasta el final de su vida.

La novela naturalista en España

La década de 1880 a 1890 fue la más fructífera en la creación literaria de Galdós, y en ella se observa la voluntad de hacer un realismo con más pretensiones de objetividad. En ese periodo se interesa por lo que él mismo llamó *las dolencias sociales* actuales, lo que le lleva a denominar 'novelas contemporáneas' al ciclo que inició entonces. Con la publicación de **La desheredada** en 1881, se aproximó por primera vez a la situación de la mujer desamparada socialmente y al problema de la educación –significativo que dedique la novela a los maestros nacionales–, algo que sería una de las grandes inquietudes de la novela realista[286]. Pero lo más

---

[286] Isidora Rufete es su primera protagonista marginada: una muchacha trastornada psíquicamente que está en el manicomio de Leganés (Madrid), que se cree descendiente de un aristócrata y acaba en la prostitución tras una serie de desengaños. En su dedicatoria de *La desheredada* a los maestros de escuela de España hablaba Galdós de *las dolencias sociales nacidas de la falta de nutri-*

interesante para nuestra historia literaria es el hecho de que sea ésta la novela con la que Galdós inicia su acercamiento a la escuela naturalista francesa, movido por su preocupación por los condicionamientos ambientales, familiares y fisiológicos. De hecho, sería a través de *La desheredada* como los novelistas de la Generación del 68 descubrirían las posibilidades que ofrecía la novela larga de corte naturalista. Sólo cuatro años la separaban del éxito clamoroso que obtuvo en Francia la novela *La taberna* (1877) de Émile Zola, en un contexto de gran agitación social[287]. Y el propio Galdós reconocería que fue el impacto de su lectura lo que le hizo interesarse por las ideas del gran teórico del Naturalismo en literatura, justo en el momento en que el francés publicaba sus manifiestos fundamentales: *Le roman experimental* (1880) –que apareció casi al mismo tiempo que su novela *Nana*–, *Les romanciers Naturalistes* y *Le Naturalisme au Théâtre,* ambos de 1881. De modo que si se considera *La desheredada* como "la primera novela original española que mostraba la influencia de Zola", es necesario juzgarla en relación a esa 'moda' que en Francia empezó con los hermanos Goncourt y que acusaba ya su decadencia, en 1885, con la novela *Autour d'un clocher* de L. Desprez. Aunque todavía seguirían cultivándola durante unos lustros más muchos novelistas europeos, como G. Hauptmann y H. Mann en Alemania, Th. Hardy y G. Meredith en Inglaterra, G. Verga y G. D' Annunzio en Italia, o Eça de Queirós en Portugal.

Lo peculiar de la situación española es que muy pocos fueron los novelistas que practicaran el naturalismo puro al modo que lo hicieron los franceses, ni siquiera en el caso de Galdós o Clarín, que fueron los más próximos al movimiento. Se hace por tanto imprescindible comprender las bases ideológicas que sustentaron la novela naturalista, si se quiere entender los diferentes motivos por los que a fines de siglo en España se terminaría criticando bastante unánimemente el hacer de Zola. En primer

---

[287] *ción y del poco uso que se viene haciendo de los beneficios reconstituyentes llamados Aritmética, Lógica, Moral y Sentido Común.*
El título original en francés, *L'assommoir*, significa en realidad 'rompecabezas', 'trampa', pero en lengua familiar es 'taberna'. Lo que tenía de rompedor esa novela encajaba bien en lo tumultuosos que serían los años inmediatamente posteriores en Francia, donde se había dado una verdadera batalla para la laicización: en 1880 se cerraron 261 conventos y se intentó expulsar al clero de toda la enseñanza pública.

lugar, se trató de una teoría de la novela que copiaba presupuestos científicos positivistas: en concreto, el método experimental que se estaba practicando en distintas ramas de la Medicina[288]. Las reglas infalibles del naturalista podrían resumirse así: observar la realidad en toda su crudeza y reproducir fielmente un 'trozo de vida' sin ocultar lo más vergonzoso de la naturaleza; considerar para ello sólo las influencias fisicoquímicas de los comportamientos y resaltar así 'la bestia humana' (título de una de las más famosas y controvertidas novelas de Zola), cuyos sentimientos y pasiones eran susceptibles de análisis en su evolución exactamente igual que cualquier otra enfermedad del cuerpo, con síntomas como la fiebre, crisis, etc. Y puesto que la psicología era para ellos un reflejo de la fisiología del ser humano, los personajes novelescos sólo podrán ser tratados por un novelista omnisciente que conozca los temperamentos –igual que el experto zoólogo reconoce las especies–, procediendo como un analista que sabe ofrecer los datos quedándose al margen. La tesis evolucionista de Darwin contribuyó notablemente a afianzar la creencia en el peso de la herencia en las leyes que habían determinado la Historia de la Humanidad, y a ella se sumaron otras teorías positivistas que arraigaron con fuerza en París. Filósofos como A. Comte, H. Taine y F. Brunetiére convencieron de la necesidad de conocer las ataduras que limitaban toda conducta humana –frente al fatalismo inconsciente de los románticos–, y que podían concentrarse en esta tríada infalible: raza, momento [histórico] y medioam-

---

[288]   El primer manifiesto de Zola seguía con devoción la *Introducción a la Medicina experimental* del médico Claude Bernard, limitándose a cambiar los términos médicos por los literarios. También influyeron en él la *Fisología de las pasiones* (1868) de Charles Letourneau y el *Tratado fisiológico y filosófico de la herencia* de Lukács. Más clarificador para comprender la teoría naturalista en la literatura es, sin embargo, el ensayo titulado *Physique de l'amour. Essai sur l'instinct sexuel* (1903), del filósofo, biólogo y novelista francés Remy de Gourmont, quien exponía: *No hay que dejarse impresionar por la diferenciación escolástica entre la inteligencia y el instinto. El hombre obedece a los instintos, como el insecto, pero le sigue por métodos variados: en esto estriba todo. Tan cierta como la indudable animalidad humana es la complejidad extrema del hombre, en quien se hallan reunidas la mayor parte de las aptitudes que se observan aisladas en los animales. Difícilmente se indicaría uno de sus hábitos, una de sus virtudes, uno de sus vicios, que no se observen, aquí o allá, en un insecto, en pájaro, en un mamífero. La monogamia y el adulterio (su consecuencia), la poligamia, la poliandria, la lascivia, la pereza, la actividad, la crueldad, el heroísmo, la abnegación: todo se halla entre los animales, pero afectando a toda una especie.[...] El amor es profundamente animal, y en eso consiste su encanto.*

biental. En consecuencia, el buen novelista debía ser un gran conocedor, antes que nada, de los mecanismos por los que se producen determinados vicios sociales o determinadas patologías individuales. De ahí que los naturalistas, con tal de acercar al lector del modo más 'gráfico' posible a las circunstancias 'reales' —incluidas las más feas o repelentes— sobre las que pretenden hacer reflexionar, en última instancia, no eviten nunca el vocabulario escabroso, e incluso el argot más soez llegado el caso.

Todas estas razones permiten justificar por qué el intuitivo Benito Pérez Galdós comparó la novela naturalista con la antigua picaresca española (vid. *supra*, c. n. 250), y por qué lo que más rechazó fue el fuerte determinismo que subyacía en ella, como hizo también Valera; y mucho antes que ellos dos, Cervantes. En su opinión, no era disparatado considerar a Quevedo un naturalista *avant la lettre* que simplemente desconoció las teorías darwinistas y positivistas. Aun reconociendo la altura artística de Zola y el avance que supusieron sus ideas para la novela, lo que Galdós y Clarín, entre otros, terminarán reprochándole a los naturalistas franceses es su negación de la libertad humana y de toda idea de trascendencia. Argumento éste que fue el más esgrimido por los escritores católicos para batallar contra la secta zoliana. Clarín, que había sido uno de los primeros escritores españoles en hacer apología del Naturalismo como teoría de la novela —en su ensayo *La literatura en 1881* (1882), escrito en colaboración con Palacio Valdés—, y quien mejor entendió su sentido, se desmarcaría unos años más tarde del modelo de Zola por considerar que había acabado subordinando la literatura a su militancia política: *A mí me da pena ver a todo un Zola, que me parece un príncipe del arte, trabajar de aficionado en sociología,* llegó a escribir.

Aquellos narradores realistas españoles que habían dado prioridad a detalles materiales en sus novelas se negaban, sin embargo, a admitir que todo fuera pura cuestión de fisiología. Se negaban a aceptar, principalmente, que el amor, entendido sólo como pasión perturbadora, *no respirara sino del lado de la materia*, en palabras de quien fuera amiga íntima de Galdós, doña **Emilia Pardo Bazán** (La Coruña, 1851-1921)[289]. La escri-

---

[289] Nació en el seno de una familia de la alta burguesía coruñesa con título nobiliario incluso (se hacía llamar condesa de Pardo Bazán), y pasó su vida entre su casa solariega gallega y Madrid, con frecuentes viajes a Francia, donde llega a conocer a Víctor Hugo. Aficionada a los clásicos españoles y buena conocedora de los realistas franceses, a los que tradujo, fue una de las

tora gallega participó muy activamente en el debate sobre el naturalismo en España al publicar una serie de artículos bajo el título **La cuestión palpitante**, entre 1882 y 1883. Por una parte, hacía allí una defensa de la tendencia, que ella misma había intentado en dos novelas primerizas: *Un viaje de novios* (1881) y *La tribuna* (1882), de fuerte peso romántico aún. Pero señalaba al mismo tiempo una serie de defectos reprobables, como el utilitarismo al que los naturalistas reducían la misión de la literatura, el condicionamiento sólo físico de los personajes, la creencia de que la psicología del individuo únicamente está ligada al ambiente, y sobre todo la impersonalidad en el narrador, que prescinde de lo subjetivo en la narración. No puede eliminarse lo lírico de la novela –opina la Pardo Bazán, al igual que Valera (*supra*, n. 267)– tan sólo porque no sea 'experimentable', puesto que eso no hace sino ofrecer una visión parcial de la realidad. Con todo, es difícil encontrar entre las suyas alguna novela que, bajo un signo u otro, escape al propósito moralizador.

La fecha en que parece consolidarse ese naturalismo en España, si bien mitigado y con muchas reservas, es 1884, año en el que simultáneamente aparecen los principales títulos de novelas naturalistas españolas. Galdós publica *Tormento*, *La de Bringas* –que encarna la envidia y el intento de aparentar como gran mal social, motivo sobre el que Galdós volvería repetidamente–, y los dos tomos en que apareció **Lo prohibido**, la más 'zolesca' de todas ellas[290]. El novelista se adentra en la indolente y capri-

---

primeras mujeres españolas empeñada en ver reconocida su labor en la crítica literaria, a la que hizo aportaciones de interés. Las inquietudes compartidas con Galdós le hacen separarse de su marido (con quien se había casado a los diecisiete años) y convertirse en amante del novelista canario durante unos años. Su fuerte temperamento y su feminismo radical le hizo ganarse con frecuencia enemistades entre sus propios coetáneos, algunos de los cuales, como Menéndez Pelayo, Valera o Clarín (que la llamaban 'la inevitable doña Emilia'), llegaron a oponerse abiertamente a su entrada en la Real Academia de la Lengua.

[290] Está planteada a modo de memorias escritas por D. José María Bueno de Guzmán desde su llegada a Madrid en septiembre de 1880, rico y libre para disfrutar una vida de sibarita. La capital que retrata aquí Galdós carece ya de toda inquietud política y revolucionaria, un Madrid que parece haber sacrificado todos sus ideales y lleno de gentes adocenadas en vicios mundanos. El protagonista sucumbirá atado a dos fuerzas al mismo tiempo: la del medio y la de la herencia familiar, debido a una extraña neuropatía que le hace cometer actos morbosos sólo con mujeres de su familia.

chosa sociedad madrileña para satirizar sus 'elásticas' leyes morales, centrándose en ambientes de frivolidad donde hasta las pasiones resultan gratuitas, e introduciendo incluso algún pasaje procaz de intimidad de alcoba que es inusual en la pudorosa prosa de Galdós. Lo más interesante es que en estas novelas aborda por primera vez Galdós el tema del adulterio, que es sin duda el gran tema de toda la novela realista europea del último tercio del siglo XIX. Y no es por ello casual que coincida además en el tiempo con la escritura de *La Regenta* de Clarín, que será la novela definitiva para comprender el papel que jugó el naturalismo para afianzar el realismo en España. De 1884 son también novelas muy distintas, como *Cleopatra Pérez* de J. Ortega Munilla (padre del filósofo José Ortega y Gasset) o *La prostituta*, de E. López Bago, uno de los más exagerados naturalistas, como lo será unos lustros después Vicente Blasco Ibáñez.

Las dos principales novelas naturalistas de la Pardo Bazán se publican en los años siguientes: **Los pazos de Ulloa** (1886), y su continuación, **La madre Naturaleza** (1887), cuyos componentes folletinescos habrían de traerle problemas con la Iglesia, pese al manifiesto catolicismo de la autora[291]. En ellas ofrece por primera vez una visión del paisaje campesino gallego opuesta a la melancolía idílica con la que lo presentaba la poesía de Rosalía de Castro. Junto a la exaltación del esplendor del entorno describe la brutalidad de sus clases populares y la depravación de esa aristocracia feudal que también retrataría a su manera su paisano Valle-Inclán unas décadas más tarde. Lo que particulariza las novelas de la Pardo Bazán respecto a las de Galdós es que, dentro de la lucha que establecen ambos entre el medio exterior y las fuerzas interiores de los personajes, ella tenderá a resolver siempre los conflictos "a favor de la religión, con la vuelta a las creencias, a Dios" para salvar el que caigan en el vacío (Y. Lissorgues), tal y como antes lo había hecho Fernán Ca-

---

[291] Un sacerdote recién ordenado va como capellán y administrador al pazo de Ulloa, residencia de un tal Pedro Moscoso que se hace llamar marqués y que ejerce como el verdadero cacique de la comarca. Éste ha tenido un hijo ilegítimo con su criada y, en el intento de resolver la situación, el capellán acuerda un matrimonio de conveniencia para el marqués con Marcelina, una pariente suya, que resultará un fracaso, por lo que ella, en su desgracia, termina consolándose con la amistad comprensiva del joven capellán. Al decidir huir del pueblo se desata el escándalo, y Marcelina muere de tristeza dejando a su hija sola en el pazo, mientras que el capellán es confinado en una remota aldea.

ballero desde otra ideología. Por ejemplo, en *Morriña* e *Insolación* (ambas de 1890), intenta reivindicaciones sociales en torno al proletariado que terminan truncadas por el peso de los propios prejuicios católicos de la novelista; una de las muchas razones por las que, objetivamente hablando, ninguna de sus novelas ha conseguido resistir el paso del tiempo. De toda su producción —más de veinte novelas, casi seiscientos cuentos y unas nuevas *Novelas ejemplares* (1906)—, lo que resulta más estimable es su enorme capacidad para la narrativa breve, que desarrolló con una gran variedad temática y de ambientación hasta convertirse en la más prolífica cuentista de la literatura española. Entre las varias colecciones que fue publicando con regularidad destacan: *Cuentos de Marineda* (1892) —nombre poético que da a Galicia—, *Cuentos nuevos* (1894), *El saludo de las brujas* y *Cuentos de amor* (1898), *Cuentos sacroprofanos* (1899), y unos *Cuentos de la patria* escritos a raíz del desastre de Cuba, que pueden tenerse por primicia de las preocupaciones noventayochistas[292].

Mayor repercusión tuvo el hecho de que en 1887 Emilia Pardo Bazán diera un ciclo de conferencias en el Ateneo madrileño, publicadas después como libro, bajo el título *La revolución y la novela en Rusia*, pues sirvieron para defender y explicar el influjo que habían tenido en España los novelistas rusos. Entre sus "méritos más singulares", destacaba ella *el elemento espiritualista*, ausente en cambio en los naturalistas franceses; algo que queda de manifiesto sobre todo en el tratamiento que aquellos autores dieron al tema de la felicidad familiar, cabría añadir[293]. "El descubrimiento de la literatura rusa fue para los españoles el descubrimiento de un naturalismo espiritual", porque en Tolstói encontraron "la amalgama

---

[292] Particularmente curioso es aquel cuento en que aparece el apóstol Santiago y se encuentra con san Isidro, que exhorta al que viene de la guerra de Cuba a que trabaje la tierra, que es lo que en verdad hace falta. En el prólogo a los *Cuentos sacroprofanos* había escrito: ... *sólo descubriréis en cada página dos notas: una imaginación católica, fuertemente solicitada por la dramática belleza de los problemas de la conciencia y de lo suprasensible.*

[293] Significativo es el comienzo de *Ana Karénina: Todas las familias felices se parecen unas a otras; cada familia desdichada lo es a su manera.* Lév N. Tolstói dio el título de *La felicidad conyugal* a una novela breve que trataba un tema que ya interesó mucho a los ilustrados del siglo XVIII, pero desde la misma preocupación de la que habló un romántico como Larra, y él mismo en sus *Diarios*: la dolorosa distancia entre espíritus dispares e irreconciliables. De Tolstói también se aplicaría Galdós uno de sus grandes lemas: *Es necesario explicar cada hecho histórico en términos humanos.*

precisa de idealismo y naturalismo que la mayoría de ellos había estado buscando" (W. Pattison). El cambio de actitud de Galdós puede observarse ya en su novela *El amigo Manso* (*supra*, n. 281), aunque cuando se vería en verdad reforzado es con la lectura que hizo de *Guerra y Paz* en la traducción francesa de 1884. La espiritualidad cristiana de Dostoyevski y la novela rusa en general sería influencia definitiva en muchas de sus novelas posteriores, como *Halma* y **Nazarín** (ambas de 1895), pues funcionaron como 'contrapeso' al pesimismo y los tonos amargos que solían llenar las novelas naturalistas. El protagonista de *Nazarín*, por ejemplo, es una especie de 'Quijote a lo divino' —ya en los *Episodios Nacionales* había personajes de claro cuño quijotesco—, que se considera destinado a una alta misión social regeneradora, lo que deja abierta la puerta a varias interpretaciones. Era un espiritualismo aquél que ponía de manifiesto además, la falta de fe en el progreso que podía aportar la ciencia, idea ésta que se observará muy claramente aún en algunos de los novelistas del 98, salvo en Baroja, el más científico de todos ellos (vid. 4^a, n. 65).

1887 fue también el año en que Galdós acabó de publicar, completa al fin, su gran novela **Fortunata y Jacinta**, una de cuyas partes decidió subtitular, significativamente, como "Naturalismo espiritual". La novela había sido escrita en los dos años anteriores y publicada por entregas, como el perfecto folletín que parecía destinada a ser por su argumento: la chica pobre que se enamora del aristócrata donjuanesco que la convierte en su amante durante años —incluso tras casarse con una prima suya de su misma posición social—, y con la que llega a tener un hijo nunca reconocido. El hecho de que Galdós tuviera una pésima opinión de los folletines y al mismo tiempo los imitara, pues leyó profusamente en su juventud a De Sue (vid. *supra*, n. 244), resulta comparable a la relación que el autor del *Quijote* tuvo con los libros de caballerías. Sólo un gran autor podía ser capaz de darle dimensiones inusitadas a un esquema estructural y a unos tópicos que parecían manidos y agotados; y eso es lo que demostraría, entre otras muchas cosas, el Galdós que escribe *Fortunata y Jacinta* mientras su propia vida estaba rodeada de elementos folletinescos[294]. Considerada la obra maestra del novelista canario, es

---

[294] En esa misma época Galdós rompió su relación sentimental con la condesa Emilia Pardo Bazán y empezó a convivir con una joven humilde con la que llegaría a tener una hija, su única descendencia. Muchos años antes, el Galdós adolescente estuvo enamorado de una prima suya de refinados modales,

la más extensa y sin duda la más interesante también de todas novelas que ambientó en Madrid, demostrando un conocimiento inigualable de todas las costumbres sociales de la capital –especialmente de sus diversos registros lingüísticos, hablas gremiales y jergas–, en cuya descripción dejaba notar la gran influencia de Mesonero Romanos (*supra*, nota 229), quien fue, además, uno de sus primeros admiradores.

Hay en la novela un gran protagonismo de la ciudad, con una multitud de personajes que representan las distintas clases sociales, primero de los rasgos que comparte *Fortunata y Jacinta* con *La Regenta*. En este caso, las cifras superan a cualquiera de las novelas europeas del momento: se han contabilizado 240 personajes aristócratas, 810 de la clase media y 499 del pueblo, lo que confirma el gran interés de Galdós en escribir sobre la mediana burguesía. Dada la complejidad de las historias que baraja, se ha dicho de ella que es una "selva de novelas entrecruzadas" (J. F. Montesinos). Su objetivo parece ser narrar el suceder histórico desde las vidas de cientos de personajes anónimos que pudieron haber existido, tal y como acostumbraba a hacer en sus *Episodios Nacionales*. Lo curioso es que esto sucede en un momento en que ha suspendido la redacción de éstos, tal vez porque él mismo está participando activamente en la vida política del país[295]. Téngase en cuenta que por entonces el escritor es considerado ya como uno de los más ilustres ciudadanos por una gran parte de los madrileños, que incluso ignoraron su origen isleño, del que apenas había dejado constancia en su obra. El primer gran acierto de Galdós está en la época concreta que elige como marco de la acción novelesca: desde el principio de la década de 1860 hasta 1876, que es cuando muere Fortunata. Son, por tanto, unos acon-

---

relación de la que su madre lo apartó, obligándole a instalarse en Madrid, donde convivió tiempo después con una muchacha analfabeta, modelo de un pintor.

[295] En 1886 había sido designado por Sagasta, presidente del partido liberal, como diputado a Cortes por la provincia de Guayama, Puerto Rico. Del interés que despertaba su personalidad da cuenta además el hecho de que fuera invitado en 1888 por la propia reina María Cristina a comer con ella y con Óscar II de Suecia, reunión de la que el novelista habría de dejarnos una irónica reseña. Durante los primeros años del nuevo siglo Galdós aumentaría aún más su actividad política: en 1907 es elegido como diputado republicano en las Cortes de Madrid, y en 1910 vuelve a ser revalidado en ese mismo cargo representativo con más de cuarenta mil votos.

tecimientos políticos muy turbulentos los que sirven de escenario, puesto que son los que provocaron y siguieron a la Revolución de 1868: las manifestaciones estudiantiles y obreras brutalmente reprimidas, en la noche de san Daniel (10 de abril de 1865), en las que participó el propio Galdós; el asesinato del general Prim, opuesto a los Borbones, en diciembre de 1870; el estallido de las guerras carlistas y, por fin, el retorno de Alfonso XII en 1874 y el inicio de la Restauración. Tales hechos históricos no sólo se evocan, sino que se incorporan a la novela, lo mismo que sucedía en *Rojo y negro* (1831) de Sthendal, con la particularidad de que Galdós –tan proclive a los símbolos– establecerá paralelismos simbólicos entre esos sucesos y la vida de sus personajes[296].

La trama argumental de *Fortunata y Jacinta* tenía dos estrechos lazos de unión con las otras grandes novelas europeas coetáneas: las psicologías femeninas en un primer plano y un triángulo amoroso que plantea una relación ilícita fuera del matrimonio legal (vid. *infra*, notas 308 y 309). Con ello participaba de la tendencia generalizada en las novelas 'burguesas' del siglo XIX de desenvolverse alrededor del "tema de la familia imperfecta como contraste a la novela anterior", que, a juicio de los sociólogos, atendieron a "la amenaza cada vez más intensa en la vida real de ruptura de contrato" (T. Tanner). Novelas centradas en el adulterio, como *Madame Bovary* (1857) o *Ana Karénina* (1877) de Tolstói –modelos tanto para Galdós como para Clarín– habían confirmado ya que, formalmente, "el triángulo tiene más fuerza generadora que la simetría del matrimonio". Pero la renovación del viejo tema del adulterio respondía también a razones psicológicas más profundas por parte de los diferentes autores. Su tratamiento en *Fortunata y Jacinta* resultaba tan original como lo había sido tres años antes en *La Regenta*, aunque en sentido muy distinto. Galdós plantea un triángulo inverso:

---

[296]   "El joven Santa Cruz conoció a Fortunata en 1869, año en que la Gloriosa adoptó la Constitución 'más liberal de cuantas se han promulgado en España'. De ahí que durante unos meses fuera a casa 'oliendo a pueblo'. [...] Juanito abandonó a Fortunata por vez primera en mayo de 1870. Fortunata dio a luz en junio el primer Pitusín, que murió a los pocos meses. La monarquía de Amadeo de Saboya, elegido rey de España en noviembre de 1870, tuvo, como el primer Pitusí, corta vida...Que la muerte de Fortunata –ocurrida en la primavera de 1876– coincida casi con la promulgación de una Constitución que enajenó al pueblo, se nos recuerda en la novela una y otra vez, no debe entenderse como una simple coincidencia." (F. Caudet)

un hombre entre dos mujeres de tipologías físicas y psicológicas contrarias, siguiendo en esto lo que habían hecho Gertrudis Gómez de Avellaneda y Madame de Staël décadas antes (vid. *supra*, n. 255); a partir de ahí formará otros triángulos cambiantes a medida que avance la novela, con la particularidad de que la antigua amante, Fortunata, una vez casada, se convierte en la primera adúltera analfabeta y de clase baja con categoría de protagonista en la literatura española. A través de esto, Galdós habría querido resaltar de forma simbólica el choque entre clases sociales en una España de fuertes alternancias en el poder: Jacinta (la rubia esposa) representa la sumisión a los valores conservadores y la distinción elitista, mientras que Fortunata (la amante morena) simboliza en cambio la pasión y el impulso instintivo, propios del pueblo bajo[297]. No en balde ha sido ésta una de las novelas más interpretada bajo las teorías de Lukács y los supuestos de la crítica sociológica marxista, y muchos son los pasajes que cabría citar para justificar tal lectura[298]. Sin embargo, el realismo procurado por Galdós en esta novela ofrece tantas posibilidades de lectura como ofrece la otra gran obra de su siglo que fue *La Regenta*. Al igual que en ella, el donjuanismo aparecerá desvirtuado en el personaje de Juanito Santa Cruz, un antihéroe desposeído de la grandeza que el Romanticismo dio a la figura del seductor, algo que sería muy propio de la novela realista, en general. A diferencia de Clarín, lo que resulta significativo aquí es la simpatía de Galdós por el personaje de Fortunata –que irá además ganando protagonismo a medida que avance la novela–, aunque sin llegar a la proyección en la personalidad de su protagonista que se dio en Flaubert

---

[297] La oposición entre la rubia y la morena ya estaba en la *Corinne* (1807) de Madame de Staël, pero sin el valor simbólico que le atribuirá Galdós: una dama llamará varias veces a Fortunata 'salvaje', y el propio narrador la llama 'anarquista' al describir alguno de sus arrebatos (parte 3ª, cap. 7). Al igual que en sus *Episodios Nacionales*, Galdós "tendía a ver en la novela el enfrentamiento de dos Españas: la del Antiguo y la del Nuevo Régimen, la clerical y la laica, la reaccionaria y la liberal" (Juan Oleza).

[298] Un buen ejemplo es aquel pasaje en el que, a propósito del viaje de novios de los protagonistas, que les lleva a visitar en Barcelona fábricas textiles, el narrador hace la siguiente reflexión sobre las obreras: *... esas infelices muchachas que están aquí ganando un triste jornal, con el cual no sacan ni para vestirse. No tienen educación; son como máquinas, y se vuelven tan tontas...: más que tontería, debe de ser aburrimiento... Llega un momento en que dicen: 'Vale más ser mujer mala que máquina buena'*.

(vid. *infra*, n. 309). El cambio hacia la perspectiva femenina sólo se hará evidente en alguna de sus novelas de la siguiente década, como *Tristana*, uno de los muchos títulos con nombres de mujer con los que contribuiría notablemente a ampliar la larga lista que ofrece la narrativa decimonónica[299].

Hay una serie de novelas que se han interpretado como muestras del pesimismo social de Galdós y de su obsesión por mostrar la irracionalidad y el absurdo de las leyes sociales. El 'teatro de las apariencias' que ya había retratado en *La de Bringas*, y que a Galdós le resulta tan aborrecible, es el que representan las hijas del protagonista de su novela *Miau* (1888), novela que describe la difícil situación de la familia de un cesante progresista durante el gobierno conservador, y que termina haciendo culpable a la sociedad del suicidio del protagonista. *Torquemada en la hoguera* (1889), en cambio, presenta el caso contrario: un usurero que medra hasta llegar a senador. Sin embargo, desde esa fecha se da también en él una nueva preocupación formal. Así, en *La Incógnita* (1889), novela en forma epistolar, y *Realidad* (1890), su continuación, una novela dialogada en la que abunda el monólogo, Galdós parece estar más preocupado por mostrar a los personajes al lector de otra manera, consecuencia tal vez de su propio "ahondamiento en el hombre interior, una búsqueda en las fuentes espirituales del ser" (Y. Lissorgues-S. Salaün). Esto coincide con el hecho de que en torno a 1895 Galdós está cada vez está más interesado en el drama, y por tanto, en trasladar técnicas teatrales a su narrativa, por lo que practica lo que se ha denominado 'novela teatral': aquélla en la que los personajes se explican a sí mismos desde sus propios diálogos, sin apenas intervención del autor. Fórmula idónea para revelar la psicología de las personas –lo supo ver bien el autor de *La Celestina*– y que ejercitaría también Emilia Pardo Bazán en su novela *La Quimera* (1905). Galdós mismo se

---

[299] Aunque ya se dio algún precedente en la novela española de fines del siglo XVIII (*supra*, 3ª, después de nota 35), puede decirse que es J. Valera, con *Pepita Jiménez* y *Juanita la Larga*, quien inicia esta tendencia en España. Fueron muchos los títulos europeos: *Jane Eyre*, de Charlotte Brönte, y la *Teresa de Urdevilles* de Thomas Hardy, en Inglaterra; *Eugénie Grandet* de Balzac, *Germinie Lacerteux* de los hermanos Goncourt, *Thérèse Raquin*, *Madeleine Férat* y *Nana* de Zola en Francia; más tardíamente, *Jenny Treibel* (1892) y *Effi Briest* (1895) de Theodor Fontane en Alemania, etc.

ocupó de explicarlo en los prólogos de *El abuelo* (1897), donde reconoce que busca que se atenúe la voz del narrador, y en el de *Casandra* (1905)[300]. Lo interesante es que, mientras Galdós en su última etapa no se siente capacitado para la omnisciencia en la narración, Clarín, en cambio, nunca claudicaría de ella.

De todas esas novelas en las que predomina el diálogo y la fórmula epistolar, es sin duda **Tristana** (1892) la que recibió más injusta acogida en su momento, cuando es una de las más interesantes revisiones del romanticismo que se hicieron a fines de siglo. Tristana es el personaje femenino más quijotesco y moderno que inventó Galdós, y en el que ya claramente él mismo se proyecta. La historia de una sensible y fantasiosa joven que resulta deshonrada por su donjuanesco protector, ya maduro, no es sólo una original renovación del tema del 'viejo y la niña', sino una propuesta atípica e inesperada dentro de la narrativa al uso. La protagonista, que conserva sus ideales de vida libre –con una crítica explícita a la educación de las mujeres–, y que es capaz de mantener una idílica pasión secreta con un pintor, se ve abocada a un final amargo a causa de la pérdida de una pierna, que la lleva a aceptar un repulsivo matrimonio de conveniencia que siempre había rechazado. La lectura de *Tristana* desconcertó al público, y aun enfadó a la Pardo Bazán, que la leyó sin duda bajo prejuicios feministas[301]. Pero sorprende aun más la incomprensión de Clarín, puesto que esta novela galdosiana contiene una profunda fusión de idealismo y naturalismo sólo comparable, precisamente, a la que el novelista asturiano había hecho en *Su único hijo* dos años antes. Otra de sus últimas grandes novelas, **Misericordia** (1897), que acabó de consolidar su fama, es un retrato de una bondadosa mujer, Benina, que mendiga para sacar adelante la casa en la que trabaja de criada, y que sólo ve pagada al final con ingra-

---

[300] ... *la palabra del autor [...] siempre es una referencia, algo como la Historia, que nos cuenta los acontecimientos. Con la virtud misteriosa del diálogo parece que vemos y oímos, sin mediación extraña, el suceso y sus actores, y nos olvidamos más fácilmente del artista oculto.* (Prólogo a la edición de 1897 de *El abuelo*).

[301] Dijo expresamente que la consideraba novela frustrada por *desviarse de la línea lógica trazada en los primeros capítulos*, aun reconociendo en ella *esbozos de gran novela que no llega a escribirse y cuyo asunto sería la esclavitud moral de la mujer*. Recuérdese que ella había hecho sus propias consideraciones sobre el matrimonio en varias novelas, y lo haría después en *Memorias de un solterón* (1896).

titud su abnegada caridad cristiana. Puede considerarse como la mejor renovación del ambiente de la antigua picaresca y la novela más descarnada sobre la miseria madrileña que se escribió en el momento, por lo que ejercerá un magisterio notable sobre una novela como *La busca* de Pío Baroja. A la vista de tan extraordinaria trayectoria, resulta doblemente injusto, cuando menos, que la facción más conservadora de la Real Academia Española le negara a Galdós el apoyo necesario para su candidatura al Premio Nobel de Literatura en 1912, que nunca obtuvo. En ese mismo año comienzan los síntomas de su ceguera, que se agudizaría progresivamente, al igual que su penuria económica –por entonces se sustenta sólo de una modesta suscripción pública–, y en tal situación muere en 1920 en Madrid, en una fría madrugada de enero[302].

La narrativa de Clarín, síntesis de su siglo

Leopoldo Alas, conocido universalmente como 'Clarín' (1852-1901) fue, sin duda, una de las personalidades más brillantes y excepcionales de su siglo[303]. Lo primero que destaca en él es la calidad de su obra

---

[302] En triste compensación, tuvo uno de los entierros más multitudinarios que se habían visto en Madrid, como se ocupó de recoger toda la prensa del momento. Fue la última manifestación del gran cariño popular que despertó Galdós durante su vida: vid. *supra*, después de n.295.

[303] De familia procedente de Asturias, nació el 25 de abril de 1852 en Zamora, ciudad donde su padre desempeñaba el cargo de gobernador civil. Sus primeros estudios fueron en el colegio de los jesuitas de San Marcos en León, hasta que la familia se instala definitivamente en Oviedo, ciudad donde cursa estudios de Derecho y en la que viviría casi toda su vida. Sus inquietudes literarias y periodísticas le llevan a trasladarse a Madrid en 1871, con la intención de doctorarse y estudiar Letras al mismo tiempo. El diario madrileño *El Solfeo* le daría su primera oportunidad como periodista y como cuentista: en abril de 1875 aparece por primera vez un artículo suyo con el pseudónimo de 'Clarín', y al año siguiente publica su primer cuento. En 1878 se doctora con una tesis titulada *El derecho y la moralidad*, que dedica a Francisco Giner de los Ríos, quien favorecería su publicación ese mismo año en Madrid. Su promoción académica será especialmente rápida. En 1882 obtie-

narrativa, que resulta bastante reducida respecto a la de otros coetáneos, pero cuyo primer título bastaría para convertirlo en un hito fundamental en la Historia de la Literatura española. Escribió dos novelas largas: *La Regenta* (1885) y *Su único hijo* (1890); tres novelas cortas: *Doña Berta*, *Cuervo* y *Superchería*, las tres publicadas en 1892, y cinco colecciones de cuentos de muy diversa extensión. Las afinidades con Pérez Galdós se deben sobre todo a la firmeza de su postura cívica liberal, marcada por la ideología krausista (*supra,* n. 280), que en ambos casos determinó completamente su tarea como prosistas[304]. De hecho, Leopoldo Alas fue el primer gran admirador y comentarista del novelista canario, al que convirtió en paradigma, además, a la hora de juzgar al resto de los escritores del momento, con los que fue especialmente duro.

La faceta de crítico literario le hizo ser mucho más conocido a Clarín entre sus contemporáneos que la de novelista, puesto que sus contundentes juicios, usualmente de afilada ironía, siempre levantaron polémica y le generaron grandes enemistades[305]. Entre los varios conjuntos de ensayos que publicó reunidos, destacan *Solos de Clarín* (1881), en los que inserta algunos cuentos para distracción o relajación del lector (al modo en que funcionaron las misceláneas del Siglo de Oro), y sus posteriores *Folletos literarios* (1886-1891), *Mezclilla* (1888) y *Palique* (1893). La sátira, inclinación permanente en Clarín, es lo que domina en muchos de esos artículos de crítica literaria, si bien con diferentes grados:

---

ne Cátedra de Economía Política en la universidad de Zaragoza y en 1883 vuelve a la Universidad de Oviedo, donde obtendría dos cátedras distintas. Desde 1884 se dedicó intensivamente a la creación literaria, teniendo pronto fama como novelista y mucha menos fortuna como autor teatral. Su salud, que había empezado a debilitarse en 1888, se quiebra definitivamente en junio de 1901, cuando muere a los cuarenta y nueve años.

[304] Al igual que Galdós, participó de la escena política de su ciudad hasta que se decepciona y cae en el escepticismo. En 1884 inicia sus relaciones con el político Castelar, líder del Partido Republicano Posibilista, al que Clarín llegaría a representar como concejal del Ayuntamiento de Oviedo desde 1887. La prueba de su actitud comprometida es que al menos una tercera parte de sus artículos periodísticos fueron de asunto político.

[305] "Si a los españoles de aquella época les hubieran preguntado quién era Clarín, la mayoría habría respondido: 'Un escritor agudo y mordaz que en varios periódicos y revistas publicaba muy a menudo unos artículos breves, titulados «Paliques», en que se metía con el lucero del alba' (Ramón Pérez de Ayala).

bautizó como 'solos' o 'paliques' a los de tono satírico más ligero –aunque algunos pudieran contener, en verdad, ataques furibundos–, y reservó el título de 'folletos', 'ensayos' y 'revistas' a sus artículos de mayor profundidad, dedicados a la interpretación de la realidad o al análisis de aspectos teóricos sobre la producción literaria de actualidad. En ellos defendió siempre lo que llamaba la 'crítica higiénica', que para él tenía la misión de limpiar de hipócritas halagos el ambiente literario del momento; esto es, luchar contra los inmerecidos encumbramientos de escritores jóvenes y las falsas reputaciones literarias[306]. En este sentido, debe destacarse la profesionalización que hizo de su actividad como crítico y como novelista, llegando incluso a quejarse de los compromisos que le acarreó su prestigio, debido, según sus propias palabras, a *las dificultades que yo encuentro siempre para escribir con entera seriedad*. La defensa de lo que fue 'su verdad' llegó a ser una auténtica milicia para Clarín, tal y como lo sería también para Miguel de Unamuno, con cuyo talante guarda bastante similitud. Su modernidad reside, entre otras cosas, en su reflexión constante sobre la tarea del escritor en vínculo inseparable con la vida que le ha tocado vivir, lo que hace que su obra tenga tantas resonancias autobiográficas. De ahí que se haya escrito que Clarín llegó a convertirse en un personaje para sí mismo, "obsesionado por la dualidad entre la literatura y la vida, y de un pesimismo, a veces desesperado" (C. Richmond). Una acusación de pesimismo que en España se extendió, en general, a todos los naturalistas, y de la que él se defendió en repetidas ocasiones.

La teoría de la novela que tuvo Clarín no fue algo sistemático –*Novela es el género de la libertad en la literatura, la forma libre de la literatura libre*, escribe en 1881–, pero sí de una gran coherencia, que puede seguirse a través de varios de sus artículos y ensayos. Tomó como modelo esencial el tipo de novela naturalista que propugnaba la atenta observación para ofrecer un reflejo de la realidad misma de modo objetivo, pues esto potenciaba, en su opinión, la fe en crear una conciencia colectiva que favoreciera la transformación de esa realidad[307].

---

[306] *Uno de los mayores males de nuestra vida literaria actual –escribe– es la benevolencia excesiva de la crítica; huyo de ella siempre [...] quiero ser justo, quiero ser franco, quiero ser imparcial. [...] Todo menos torcerme, todo menos decir lo que no siento.*

[307] A diferencia de Galdós y la Pardo Bazán, Clarín creyó que el tipo de realismo propuesto por la novela naturalista no podía equipararse al que propu-

Para él era siempre necesario dar una finalidad ética al arte, por lo que a menudo hizo que sus personajes centrales fueran defensores de la doctrina del libre examen de conciencia que propugnaban los krausistas, y que él mismo siguió fervientemente. Clarín sondeó como nadie los ánimos de sus protagonistas mediante el monólogo interior y el perspectivismo aprendido de Cervantes, narrando de manera omnisciente todas sus emociones y matizados sentimientos, y demostrando así su enorme capacidad para la penetración psicológica. Lo hizo sobre todo mediante el empleo sistemático del 'estilo indirecto libre' o 'lenguaje vivido', que el propio Clarín definió como el proceso de *sustituir las reflexiones que el autor suele hacer por su cuenta respecto de la situación de un personaje, con las reflexiones del personaje mismo, empleando su propio estilo, pero no a guisa de monólogo, sino como si el autor estuviera dentro del cerebro de éste.* La absoluta omnisciencia del narrador, desde ese u otro punto de vista, es lo que lleva a Clarín a considerar la novela como género superior al drama –pese a su gran afición teatral–, porque *lo que el autor puede ver en las entrañas de un personaje es más y de mucha mayor significación que lo que el personaje mismo puede ver dentro de sí a sí propio.* Y a esto añade que esa perspectiva le permite tomar distancia respecto a sus protagonistas, algo que también pondría en práctica desde su primera novela, cuya heroína le daría fama inmortal.

Cuando Clarín publicó en 1885 **La Regenta**, considerada por muchos como "la suprema obra maestra de la ficción española del siglo XIX", tenía sólo treinta y dos años, una edad aproximada a la de Flaubert al publicar *Madame Bovary* (1856). Eran ambos mucho más jóvenes, por tanto, que los otros dos grandes autores que también escribieron por entonces novelas protagonizadas por una mujer adúltera: *Ana Karénina* (1877) de Tolstói y *Effi Briest* (1895) del alemán Theodor Fontane[308]. El hecho puede resultar relevante si se considera que Clarín y

---

[308] sieron los autores de novela picaresca, y que debían reservarse tales términos al significado que tenían en la estética francesa contemporánea.
Gustav Flaubert tenía treinta y cinco años cuando apareció por entregas su novela en la *Revue* de París entre octubre y diciembre de 1856 –al año siguiente se publicó como libro–, mientras que Tolstói tenía ya cincuenta al publicar la suya, y Fontane, setenta y cinco. Clarín había iniciado *La Regenta* en el otoño de 1883, pero no la acabaría hasta marzo de 1885. El narrador ale-

Flaubert fueron precisamente quienes más aprovecharon el tema para hacer crítica social, frente a la profunda reflexión moral que pedían del lector el novelista ruso y el alemán (B. Ciplijauskaité*). Resulta difícil determinar hasta dónde quiso llegar Clarín con su propósito de reformar las costumbres de su tiempo con las 'enseñanzas progresistas' de su novela. Pero lo que es evidente es que *La Regenta* es una de las novelas más duras que se escribieron en su época, puesto que hace un "análisis devastador" de todo el sistema en bloque, del que nadie se salva (J. Oleza). Y ello guarda una estrecha relación con las ideas políticas del joven Clarín, en un momento en que se había radicalizado hasta convertirse en un entusiasta defensor de la revolución popular del 68. Es el Clarín que ataca frontalmente la España caciquil, monárquica y clerical de la época de la Restauración –tal y como pudo hacerlo Galdós–, y que deja claro cuánto detesta la sociedad que le ha tocado vivir, que se mueve por inercia en una anquilosada vida cotidiana, indolente ante la alternancia en el poder de los conservadores y los liberales[309]. Las cuatro novelas tienen varios puntos interesantes en común: todas ellas presentan a un narrador omnisciente que aborda el adulterio intentando situarse desde la perspectiva femenina, si bien dando muy diferentes juicios y soluciones al conflicto; las cuatro abordan críticamente la cuestión de la educación de la mujer, aunque sin dar propuestas para mejorarla, pues no es ése su objetivo; y las cuatro podrían llevar el subtítulo de "*moeurs de province*" que Flaubert pone a la suya, porque serían un retrato de las mezquinas costumbres provincianas que terminan provocando aburrimiento y ansias de evasión en las mujeres. Es decir, que es el peso del ambiente lo que justifica el conflicto en todas ellas, y también su desenlace: todo será consecuencia del poder de la circunstancia y no del de un *fatum* inexorable, como en las novelas románticas. La culpa de la ruptura del matrimonio ya no recae en 'la fuerza del destino', sino en la monotonía y el tedio reinante –se llame *ennui* o *tedium hispanicum*–, pues sólo eso lleva a ver la relación adúltera como una liberación, que es el gran tema de fondo de todas estas novelas (T. Tanner).

---

[309] mán, que había sido antes periodista y corresponsal de guerra, publicó además en esas fechas *La adúltera* (1882) y *La señora Jenny Treibel* (1892).
Recuérdese que escribe cuando el conservador Cánovas del Castillo se había ganado al clero otorgándoles importantes prebendas para acabar con el carlismo.

La primera diferencia importante es que mientras Tolstói y Fontane dijeron inspirarse en mujeres reales de su entorno, tanto Flaubert como Clarín parecen trasladar rasgos de su propia personalidad a la de sus respectivas heroínas inventadas. Y aunque el novelista español nunca llegó al nivel de identificación que manifestó el francés –*Madame Bovary c'est moi,* aseguró–, lo cierto es que el resultado fue el mismo: la condena a que se vieron sometidos por la sociedad 'bienpensante' del momento[310].

Si la ciudad de Vetusta, nombre literario elegido para Oviedo, se describe tan morosamente en sus primeras páginas, es porque quiere el autor que todo el espacio urbano sea revelador del vivir aletargado de sus gentes. Desde su significativa frase inicial: *La heroica ciudad dormía la siesta...* hasta los juicios más demoledores: *Vivir en Vetusta la vida ordinaria de los demás era como encerrarse en un cuarto estrecho con un brasero. Era el suicidio por asfixia.* Enseguida percibe el lector que la ciudad es soterrado campo de batalla de dos poderes sociales: la Iglesia y los dirigentes aristócratas, como la familia Vegallana, que dictan las reglas de conducta controladoras de la opinión pública, basada en hipócritas apariencias y expuesta en tertulias de casino, teatros y demás reuniones elitistas. Durante la primera mitad de la novela –quince capítulos que abarcan tan sólo tres días– Clarín retrata una gran cantidad de personajes secundarios de los que resalta su convencionalismo, sus prejuicios de todo tipo y su vulgaridad. En medio de todos ellos brilla la atractiva figura de Ana Ozores, 'la Regenta' (llamada así por estar casada con un viejo regente de la Audiencia), una bella mujer presentada como el único espíritu 'puro', como una fortaleza inexpugnable que pretenden conquistar por distintas vías un experto seductor, Álvaro Mesía, y un cura con cargo de magistral (predicador ayudante del obispo), Fermín de Pas, que ejercerá el papel de su confesor y padre espiritual. El triángulo amoroso que plantea Clarín se encaja de forma original en un 'cuadrilátero', en el que el marido, un extravagante devoto de los dramas de honor barrocos que actúa paternalmente con su esposa, apenas

---

[310] "A Flaubert se le llevó a los tribunales por el 'retrato inmoral de caracteres de ficción'. A Tolstói se le acusó en la prensa de falta de moralidad. *Effi Briest* ofendió a los lectores de las revistas de familia decentes..." (B. Ciplijauskaité*). De nada le serviría a Clarín el distanciamiento irónico de su *Regenta* ante el alto clero de Oviedo que prohibió leer su novela (vid. *infra*).

cuenta[311]. La auténtica rivalidad se produce, pues, entre un caballero donjuanesco y un clérigo, como en los antiguos debates medievales. Todo el grueso de la acción se desarrollará en la segunda mitad de la novela –otros quince capítulos que abarcan esta vez tres años–, mucho más dinámica que la primera, y donde se van creando en el lector expectativas sobre quién provocará finalmente la inevitable 'caída' de la Regenta. Alcanza entonces una dimensión simbólica ese choque de fuerzas que Pérez Galdós, lógicamente, fue el primero en saber interpretar[312]. Una vez que es Álvaro Mesía quien logra el triunfo y se hace público el adulterio, el marido decide vengar la ofensa a la manera calderoniana y reta a duelo al ofensor, que acaba matándolo y huyendo de Vetusta, mientras Ana Ozores sufre en soledad el abandono de todos. La catedral, que había sido todo un símbolo de poder del magistral, quien desde su alto campanario solía dominar con la vista toda la ciudad, se convierte al final en un ámbito siniestro en el que la Regenta, desmayada, acaba sintiendo en los labios el sucio beso robado de un libidinoso sacristán, como si fuera *el vientre viscoso y frío de un sapo*[313].

El naturalismo de *La Regenta*, tan explícito en su última frase, no residiría así solamente "en el condicionamiento de los personajes por la presión del medio ambiente, la crudeza de la anécdota novelada y el final

---

[311] Clarín satiriza en este personaje la pervivencia de los modelos de conducta creados por los dramas como *El médico de su honra* de Calderón, una de las lecturas favoritas de este D. Víctor Quintanar de *La Regenta*.

[312] *El problema de doña Ana de Ozores no es otro que discernir si debe perderse por lo clerical o por lo laico. El modo y estilo de esta perdición constituyen la obra, de un sutil parentesco simbólico con la historia de nuestra raza.* Lo escribía Galdós en su prólogo a la edición de *La Regenta* de 1891, que afortunadamente pudo leer Clarín sólo unos meses antes de su muerte. Es un prólogo fundamental para conocer las claves que Galdós atribuye al Naturalismo: en el de *La Regenta* hay materialismo, según él, puesto que todos los personajes representan hechos sociales concretos, y cada uno intenta a su manera sacar provecho de la protagonista.

[313] La frase es elocuentemente 'naturalista' si se consideran las connotaciones lujuriosas de los batracios desde antiguo. El sapo es imagen que aparece como preludio de este final en otros pasajes de la novela: *Aquel sapo, aquel pedazo de sotana podrida, sabía dar aquellas puñaladas*, y un poco después: *El Magistral no era el hermano mayor del alma, era un hombre que debajo de la sotana ocultaba pasiones, amor, celos, ira... ¡La amaba un canónigo! Ana se estremeció como al contacto de un cuerpo viscoso y frío...* (cap. 25).

catastrófico", como apuntan algunos estudiosos, sino en el exagerado contraste que busca Clarín entre la espiritualidad y la lascivia. O lo que es lo mismo, en el abismo que separa la palabra 'alma', tan intencionadamente repetida en la novela, y el asco que produce el contacto de un sapo. Tan falsa es la supuesta 'pureza' del amor místico como la del amor romántico —parece decir el novelista—, puesto que ambos quedan sometidos a la 'llamada de la carne', que es lo que de verdad domina en *La Regenta* entre tanto olor a incienso[314]. Con una profundidad mucho mayor que la de otros realistas como Alarcón o Valera que antes abordaron el asunto, Clarín revela la inautenticidad de todo aquello que ahoga la verdadera 'natura', considerando que el celibato del clero, en particular, es el máximo ejemplo de represión y manipulación de los instintos sexuales. Lo que demuestra, en definitiva, es haber comprendido como pocos la función de 'despertador de conciencias' que quiso tener el Naturalismo, con su desprecio del 'psicologismo escapista' por vía de la ensoñación, que es lo que justamente supo apreciar Galdós en el atinado prólogo que le puso a la novela en 1891. Clarín dirige con valentía su ataque más fuerte a la misión social del clérigo. La ambición de poder del magistral en *La Regenta* no sólo se ejerce desde el púlpito, sino, y sobre todo, desde la intimidad del confesonario, que es para Clarín su principal arma de dominio, el ámbito de presión sobre las mentes para conseguir la sumisión moral. Y a través de ese personaje —que parece inspirado en el abad Foujas de *La Conquête de Plassans* (1874) de Zola—, el novelista acusa al clero de mediatizar especialmente a la mujer, que es, al mismo tiempo, su víctima y su principal aliada. Ninguna novela española anterior se había atrevido a ir tan lejos, por lo que se comprende bien la repulsa con la que la sociedad ovetense recibió la novela, e incluso la condena que recibiría de parte del propio obispo de Oviedo, quien llegó a desacreditar a Clarín por entender que "la ofensa iba más allá de la moral pública y tocaba a los dignatarios mismos". A ello se sumaba la antipatía

---

[314] El narrador insiste en ello hasta cuando explora el imaginario del magistral: ...*Y pasaban por su memoria mil horrores. La carnaza amontonada de muchos años de confesonario* (cap. 25). Inevitable pensar que la denuncia de Clarín tiene literariamente mucho que ver con la que hiciera cuatro siglos antes Fernando de Rojas en su *Celestina*, desmontando al falso amador cortés que es Calisto y su *religio amoris*, pues termina queriéndose comer deprisa al 'ave' que es Melibea.

que causaba en sus detractores la presencia constante de la ironía e incluso el sarcasmo de su prosa, su tendencia a caricaturizar comportamientos "mediante una súbita e inesperada mordacidad" (M. de Riquer), rompiendo así de continuo el dramatismo de cualquier situación. Éste será precisamente uno de los rasgos estilísticos que más le aparten del hacer de Zola y más le acerquen al de Flaubert, a quien admiraba por encima de todos los demás autores franceses.

Leopoldo Alas, que nunca ocultó la impresión que le produjo la lectura de *Madame Bovary*, escrita casi treinta años antes, fue pronto acusado injustamente de plagio, dadas las similitudes de su protagonista con la heroína francesa. En principio, parece indudable que en ella se inspira cuando se propone crear una psicología femenina compleja, para llenar así lo que consideraba un vacío en la novela española de su época[315]. Es cierto que pueden encontrarse varios procedimientos comunes, pero en *La Regenta* todos ellos están mucho más dirigidos a dar intensidad al triángulo central, que no es el mismo de *Madame Bovary* ni se resuelve igual[316]. De todos los rasgos que comparten Ana Ozores y Emma Bovary, los que más inciden en su comportamiento tienen que ver con el entusiasmo que tanto Flaubert como Clarín sintieron por don Quijote: un carácter soñador y melancólico tendente a escapar de la realidad. Las dos heroínas poseen una imaginación exaltada que les lleva a emociones extremas –las dos se mueven por el mecanismo romántico de la ilusión y la desilusión (G. Jacob)–, y les une la convicción de que poseen una sensibilidad superior que les lleva a ser incomprendidas en el medio vulgar en que viven, y por el que sienten desprecio[317]. El 'quijotismo' de ambas, como el de la Ana Karenina de

---

[315] Había declarado que en su opinión no había ni una sola figura femenina profunda entre los personajes novelescos del siglo XIX: *todas son iguales*, escribía en una carta de 1876.

[316] Recuérdese que Emma Bovary terminará suicidándose después de una escapada frustrada con su primer amante y de experimentar desilusión en su convivencia con el segundo, Leon, un joven clérigo que en nada se parece al Fermín de Pas de Clarín.

[317] Es lo que se ha llamado 'índice bovarique': "la distancia que existe en cada individuo entre lo imaginado y lo real, entre lo que es y lo que cree ser, que es muy elevado en la Regenta" (C. Clavería). El quijotismo femenino se había dado ya en algunas novelas inglesas del siglo XVIII como la *Pamela* (1740) de Richardson: *supra*, después de nota 35.

Tolstói, está en el gran poder que la literatura ejerce sobre sus deseos de otra vida –Ana Ozores tiene inclinaciones bucólicas tras leer a los clásicos–, y en especial sobre sus respectivas concepciones del amor y su afán de experimentarlo fuera del matrimonio. El peso que tienen en Emma Bovary las novelas de aventuras a lo Walter Scott se equipara al que tienen sobre Ana Ozores las lecturas devotas y místicas, y ello resulta de gran funcionalidad para los propósitos de ambos autores. Mientras el francés sólo parece querer poner de manifiesto el fracaso de las pasiones románticas, Clarín, en cambio, va más allá, y pone de relieve dos fracasos juntos, como dos caras de una misma moneda: las hagiografías resultan tan alienantes para la mujer como cualquier novela o drama románticos, por un ansia de absoluto que no puede darse en la realidad. De ahí que no parezca casual –dentro de la consistente y bien planeada estructura de *La Regenta*– que el autor reserve una posición central dentro de su novela al capítulo en el que Ana Ozores asiste emocionada a una representación teatral del *Tenorio* de Zorrilla, en la que se siente plenamente identificada con la monja doña Inés: *el amor era aquello... una locura mística...*(cap. 16). Es muy significativo además que Clarín sea, de todos estos autores, quien más arremeta contra el donjuanismo, y más se divierta "en la demolición del don Juan tradicional", haciendo de él un zafio seductor provinciano que no tendría éxito en ninguna gran capital (B. Ciplijauskaité*). Inauguraba con ello una serie de novelas de desmitificación del gran mito romántico que se irían renovando incesantemente desde entonces hasta casi finales del siglo XX.

La siguiente novela que publicó, **Su único hijo** (1890), es menos extensa que *La Regenta* pero igualmente magistral en su modo de mezclar principios naturalistas y motivos románticos bajo un argumento simple en apariencia[318]. En su protagonista, Bonifacio Reyes, pueden reconocerse muchos rasgos de la personalidad de Clarín, y de su roman-

---

[318]   Parte de la relación matrimonial entre un hombre pusilánime, Bonifacio Reyes, y su mujer, Emma Valcárcel, más poderosa económicamente, pero algo histérica y afectada por varias enfermedades y deficiencias, que lo tiene sometido a su dominio. Las inclinaciones melómanas de él hacen que entre en contacto con una compañía de ópera que llega a la ciudad y acabe seducido por una cantante, Serafina, que ya es amante del director de la compañía, quien a su vez convertirá en adúltera a Emma. Al quedar ésta embarazada, surgen en Bonifacio dudas acerca de la paternidad del hijo que espera su mujer, asunto que el autor deja intencionadamente como incógnita al final.

ticismo inicial, que con el tiempo consideró sólo como una vana estética, el "encubrimiento falso de una carnalidad dominante" (García Sarriá). De ahí que se haya afirmado que es novela que "se burla del Romanticismo desde dentro", haciendo ver una vez más el fracaso del ideal del amor espiritualizado como forma de "mentira vital" (D. L. Shaw); y que se haya definido incluso como novela "del romanticismo de la desilusión", al modo a cómo lo había hecho el Balzac de *Les ilusions perdues* (1843) y el Flaubert de *L'education sentimental* (1869). Por otra parte, era propio de Zola el empeño en analizar la degeneración hereditaria de una familia, tal y como hace Clarín aquí con los Valcárcel, siguiendo a un teórico del evolucionismo positivista que además cita en la novela: *L'evolution du mariage et de la famille* (1888) de Ch. Letourneau[319]. Pero junto a ese diseño naturalista, *Su único hijo* iba a presentar una serie de rupturas con el método experimental que había seguido en su novela anterior: carencia de una estructura perfectamente planeada, vaguedad temporal –sólo se sabe que los acontecimientos pasan en una Asturias previa a la Revolución del 68, en el inicio de la era del ferrocarril y de la minería–, ausencia de descripciones, y una atención prioritaria al conflicto interior de los personajes y no a su lucha con agentes externos, como en *La Regenta*. Todo esto hace que pueda verse en *Su único hijo* "una experiencia narrativa insólita en la que se disuelve la fórmula narrativa del realismo-naturalismo" (J. Oleza), adelantándose a lo que un par de lustros después harían Azorín y Valle-Inclán. Lo que tiene en común con el Galdós de esta época es el interés por adaptar las técnicas teatrales a la novela, por presentar dramáticamente las situaciones, dejando hablar directamente a los personajes para que ellos mismos mostraran su interioridad e incluso su subconsciente. Clarín fue el primero en identificarse con lo que pretendía Galdós en *Realidad*, novela estrictamente coetánea, y otra de Daudet, en la que valoraba *el corazón, la memoria y la fantasía* con la que se había urdido. Se trataba, pues, de un nuevo método de trabajo, que se nutría del mundo interior del autor y que buscaba, al mismo tiempo, mostrar el de sus personajes, haciendo que cobrara mayor importancia la evocación (J. Oleza). Algo

---

[319] En el último capítulo el protagonista llega a pronunciar la frase: ¡*A esto vino a parar la raza*! Y se sabe que Clarín tuvo la intención de hacerle albergar la idea del suicidio tras ser consciente de su mediocridad. Naturalista es también la presión de la fisiología sobre el personaje de Emma, etc.

que se ve claramente en dos novelas que empezó en estos años y que dejaría inacabadas –*Sinfonía de dos novelas* y *Cuesta abajo*, un espléndido libro de memorias en el que asoma el Clarín más romántico–, pero también en casi toda su narrativa corta de esa década.

Poseyó Leopoldo Alas la rara cualidad de ser igualmente hábil con la narración breve y con la novela larga, como le ocurrió a Cervantes[320]. De ahí su fecundidad en la escritura de cuentos, que lo hacen comparable a Chéjov, sobre todo por su conciencia de la dignidad del género: *No es más difícil un cuento que una novela, pero tampoco menos; de modo que hay notoria injusticia en considerar inferior el género de las narraciones cortas... [...] El que no sea artista, el que no sea poeta, en el lato sentido, no hará un cuento, como no hará una novela.* Los cuentos de Clarín fueron apareciendo en varias publicaciones periódicas entre 1876 y 1899, hasta que se editaron reunidos en cinco volúmenes: **Pipá** (1886), **El señor y lo demás son cuentos** (1893), que alberga trece relatos, **Cuentos morales** (1896), **El gallo de Sócrates** (1901) y **El doctor Sutilis** (1916), estas dos últimas aparecieron póstumas. En su primera colección dura todavía la misma atmósfera satírico-crítica de muchos de sus artículos, pero se insinúan ya dos de las características constantes en sus novelas cortas: la mirada compasiva hacia gentes modestas, incomprendidas por los demás o injustamente tratados por la vida, y el enfrentamiento del vitalismo y la ternura contra el seco intelectualismo o la racionalización excesiva (R. Rodríguez Marín). Buen ejemplo de ello es "Pipá" (escrita en 1879), que puede considerarse más como novela corta que como cuento, al igual que "Zurita" (escrita el mismo año que *La Regenta*) y "Avecilla". El personaje de Zurita se diría una caricatura del prototipo del 'krausista' paralelo al 'amigo Manso' de Galdós, y su autor parece identificarse con él, con su acérrima defensa de la verdad y la idea de perfección humana. "El cura de Vericueto", que encabeza sus *Cuentos morales*, es una magnífica novela corta que expone toda una experiencia sentimental, reveladora del cambio que se está operando en la trayectoria clariniana. Los recuerdos, la melancólica revisión del pasado, cobran protagonismo des-

---

[320] Es algo muy poco habitual en la historia de la literatura de cualquier país, y contradice la teoría expuesta por Vladimir Nabokov de que existen 'velocistas' y 'corredores de fondo' o 'de largo recorrido', según el tope de páginas magistrales que un narrador es capaz de escribir.

de una novela como *Superchería* (1892), hasta el precioso cuento que cierra *El gallo de Sócrates* (1901), titulado "Reflejo", que es como "una despedida de toda una época literaria" (J. Oleza). Lo excepcional en Clarín es que tal interés por la recuperación del pasado –y por la búsqueda de sí mismo, en definitiva–, que suele ser signo de vejez, en él pareció llegar anticipadamente debido a varios acontecimientos biográficos[321].

Un fino sentido poético preside muchas de las narraciones breves de Clarín. El lirismo es lo más destacado en uno de sus cuentos magistrales, "Adiós, Cordera", en el que plantea, como en ningún otro de sus cuentos rurales, la oposición entre el mundo de la autenticidad, la sencillez y la ternura de las criaturas aldeanas, con el de la hipocresía y el egoísmo de los intereses mercantiles. Ello supone una renovación del viejo tópico de 'la alabanza de aldea' (que él mismo quiso experimentar con su retiro al campo en sus últimos tiempos), y también una idealización significativa: se mantendría en otros novelistas realistas, como Palacio Valdés, pero la romperían, en cambio, otros convencidos naturalistas como Blasco Ibáñez. El mejor ejemplo de lo que entendía Clarín por 'novela poética' es **Doña Berta** (1892), que puede ser leída, además, como una espléndida renovación del concepto de 'novela ejemplar' que en su día tuvo Cervantes[322]. Su primer mérito está en su elegante prosa lírica, llena de poderosas imágenes –de gran contraste con el tono satí-

---

[321] La publicación de su segunda colección, los *Cuentos morales*, coinciden fatídicamente en el tiempo con la inesperada muerte de su madre, en 1896. La salud de Clarín, que había empezado a debilitarse hacia 1888, se quiebra definitivamente un 13 de junio de 1901, en que muere a los cuarenta y nueve años. Sólo unos meses antes había tenido la satisfacción de ver la segunda edición de *La Regenta* publicada con un prólogo de su admirado Galdós.

[322] En medio de un idílico paisaje asturiano, y en una casa solariega de cierto abolengo, vive con su criada doña Berta de Rondaliego, una solterona de setenta años, casi sorda, cuya historia presenta el autor como sacada de las mismas novelas francesas que ella gustaba leer. Los elementos de la folletinesca trama: un capitán herido al que cuidó amorosamente y del que se quedó embarazada muy joven, un abandono posterior y un rapto del hijo de ambos, fruto de su fugaz romance, por parte de los hermanos de Berta, y un encuentro casual con un misterioso pintor que le hace concebir esperanzas de haber pintado a ese hijo al que nunca pudo ver, convertido ya en capitán. El afán de conseguir el retrato le hace ir a Madrid a buscarlo y tratar de comprarlo, pero se encuentra con obstáculos insalvables y acaba atropellada por un tranvía en plena calle.

rico de *La Regenta*– y, al mismo tiempo, en el hecho de que vuelva a ser un logrado intento de Clarín por identificarse con una personalidad femenina especialmente sensible, que será víctima de sus lecturas. El atropello final de doña Berta resulta claramente simbólico, si se considera que el autor llama a la protagonista *sacerdotisa verdadera de la idealidad*: es una desgracia que arrolla tan brutalmente sus románticos sueños como lo hizo el corte de la pierna de la protagonista de *Tristana* de Galdós, estrictamente coetánea. En ambos casos se trata de novelas fundamentales para comprender, en definitiva, la profunda revisión del Romanticismo que llevaron a cabo los mejores narradores españoles del siglo XIX. Lo hicieron precisamente desde unas convicciones naturalistas que habrían de tener muy larga vigencia a lo largo del siglo XX.

Cuarta parte

Siglo XX

I. La 'Edad de plata' (1902-1939) y sus generaciones literarias

Una nueva época de esplendor para la literatura española se abre con el inicio del siglo XX y se extiende durante más de cuatro décadas, por lo que, para definirla, hoy se acepta unánimemente el término 'Edad de Plata'. (Las fechas arriba indicadas son las reconocidas oficialmente, pero deberían ampliarse al menos hasta 1945 para abarcar también la magnífica literatura escrita en el exilio tras la Guerra Civil). El que fuera época tan rica en lo ideológico como en lo estético se debió, sobre todo, a que convivieron en ella tan grandes pensadores como geniales creadores, que impulsaron transformaciones definitivas en los diversos géneros literarios. También contribuyó especialmente a este hecho el que en ese nutrido grupo de escritores se dieran actitudes muy distintas ante la convulsa situación histórica que les tocó vivir, así como ante los grandes movimientos artísticos que se estaban difundiendo en Europa: el Modernismo primero, y todos los 'ismos' vanguardistas después. Las principales diferencias, traducidas en polémicas de las que habría de beneficiarse la prosa ensayística, estuvieron en gran medida provocadas por el propio relevo generacional que se produjo en torno al final de la Primera Guerra Mundial. De modo que si es particularmente difícil explicar las directrices literarias de esta etapa, es porque hacia 1918 eran muy variadas las promociones de escritores que compartían el complejo panorama cultural español.

La discutida 'Generación del 98' y el 'Novecentismo'

En primer lugar estaban los jóvenes que vivieron más conscientemente el 'desastre' de las guerras coloniales de 1898, que se sentían defraudados, sobre todo, por las expectativas incumplidas de la Revolución del 68 (vid. 3ª, nota 242). Entre ellos hubo personalidades únicas con temperamentos muy dispares, como los vascos Miguel de Unamuno, Pío Baroja o Ramiro de Maeztu, el alicantino José Martínez Ruiz, el valenciano Vicente Blasco Ibáñez, los andaluces Antonio Machado y Ángel Ganivet, o el genial gallego que fue Ramón María del Valle-Inclán. En consecuencia, ésta fue una de las cuestiones más polémicas en la crítica literaria del siglo XX: ¿hubo realmente afinidades profundas entre todos aquellos escritores que permitan defender la existencia de una 'Generación del 98'? En realidad, aquel marbete había sido creado por Azorín, pseudónimo por el que fue conocido José Martínez Ruiz (Alicante, 1873- 1967)[1], al exponer lo que consideraba el 'credo' de su generación en varios artículos aparecidos en *ABC* en 1913. Escribía allí:

> *La Generación de 1898 ama los viejos pueblos y el paisaje; intenta resucitar los poetas primitivos (Berceo, Juan Ruiz, Santillana),* [...] *se declara romántica en el banquete ofrecido a Pío Baroja, con motivo de su novela* Camino de perfección; *siente entusiasmo por Larra, y en su honor realiza una peregrinación al cementerio en que estaba enterrado y lee un discurso ante su tumba.* [...] *se esfuer-*

---

[1] Azorín era el apellido del protagonista de su primera novela, *La voluntad* (*infra*, cap. 2), y empezó a usarlo como pseudónimo con asiduidad a partir de 1905, al publicar *Los pueblos*, haciéndose famoso a través de sus numerosos artículos en la prensa del momento.

za, en fin, en acercarse a la realidad y en desarticular el idioma, en agudizarlo, en aportar a él viejas palabras, plásticas palabras, con objeto de aprisionar menuda y fuertemente esa realidad...*

A esas vagas palabras unía la idea de que esta nueva generación tenía conciencia de seguir el camino abierto por las propuestas 'regeneracionistas' y krausistas (vid. 3ª, nota 280), avivadas por las últimas derrotas bélicas. Algunos estudios recientes han minimizado el alcance que tuvo sobre el pesimismo de todos aquellos autores la pérdida de Cuba, Puerto Rico y Filipinas, justo en un momento en el que se producía la expansión colonial de las grandes potencias europeas. Sin embargo, existen testimonios de peso que explican por qué la ideología y la estética de fines de siglo quedaron claramente marcadas por aquella sensación general de decadencia, y aun de vergüenza nacional. En un artículo titulado "España ignorante y envilecida" (octubre de 1898), un Vicente Blasco Ibáñez que rozaba la treintena (vid. *infra*, n. 56) ofrecía ya la justificación del que sería uno de los 'denominadores comunes' del 'noventayochismo': el orgullo que desde hace siglos define al carácter español nunca se vio tan injustificado como en el presente, pues solo la ignorancia y la falta de visión ante la insurrección cubana han provocado una guerra que bien podría haberse evitado, concediendo la independencia a tiempo. Esta opinión fue compartida por muchos intelectuales del momento. *La ignorancia y la rutina nos pierden* —escribe Blasco—, *la tradición pesa sobre nosotros como losa de plomo que nos aplasta; la afición a volver melancólicamente los ojos a un pasado sombrío, nos hace incapaces de resistir las fulguraciones luminosas del porvenir. [...] Eternos e incorregibles hidalgos de gotera, ni ante las mayores contrariedades y desengaños deponemos nuestro orgullo de raza [...] reputamos como un timbre de gloria el azar de haber descubierto el Nuevo Mundo, cuando debiéramos avergonzarnos de no haber sabido civilizarlo y conservarlo...*[2] En muy similares términos se expresaron otros compañeros de generación como

---

[2] Blasco empezaba utilizando la imagen, tan querida por los regeneracionistas, de España como cuerpo anémico y carente de fuerzas que sólo puede salvarse de la muerte por el progreso, sinónimo de salud. Recuérdese que la idea del país como cuerpo agonizante aparece por primera vez a fines del siglo XVII y se convierte en tópico entre los ilustrados eruropeos a comienzos del XVIII.

Unamuno, Maeztu y Baroja en varios de sus primeros escritos. Particularmente cuando enumeran los 'males de la patria', siguiendo el patrón del ***Idearium español*** (1897) de **Ángel Ganivet** (Granada, 1865-1898), que suele considerarse precedente ideológico de ese tipo de ensayos[3]. Todos reprochan una serie de defectos al pueblo español que consideran responsables directos del 'problema de España', y que en su mayoría se habían criticado ya en manifiestos reformistas 'ilustrados' y en los artículos satíricos de Larra: la indolencia o abulia, la falta de curiosidad intelectual, la miseria espiritual, la resignación en vez del espíritu de lucha, la falta de sentido colectivo y de conciencia histórica, y el ampararse en sueños de grandeza (de ahí lo recurrente de la figura del hidalgo venido a menos), mientras se vive en la 'caverna del tradicionalismo'. Lo que caracteriza quizá a este periodo es la capacidad de hacer síntesis de lírica elocuencia, como la que hizo Antonio Machado en estos espléndidos versos:

> *España de charanga y pandereta,*
> *cerrado y sacristía,*
> *devota de Frascuelo y de María,*
> *de espíritu burlón y de alma quieta,*
> *ha de tener su mármol y su día,*
> *su infalible mañana y su poeta.*
>
> ...
>
> *Esa España inferior que ora y bosteza,*
> *vieja y tahúr, zaragatera y triste;*
> *esa España inferior que ora y embiste*
> *cuando se digna usar de la cabeza,*
> *aún tendrá luengo parto de varones*
> *amantes de sagradas tradiciones*
> *y de sagradas formas y maneras...*

---

[3] Ganivet se propuso explorar en él *nuestra alma nacional, nuestro genio, la constitución ideal de España, o la autenticidad nacional*, un afán netamente romántico (vid. *supra*, antes de n. 130). Su sentido crítico contrastaba notablemente con el tono de los artículos que en 1903 la revista *Alma española* solicitó de sus colaboradores, bajo el título común de 'Alma', seguido del gentilicio regional correspondiente: asturiana, vasca, aragonesa, riojana..., etc.

Con todo, Pío Baroja, el novelista más influyente de esta promoción de escritores, mucho más escéptico e iconoclasta, negaría, en cambio, la existencia de esa generación, considerándola un 'invento' de Azorín, sólo útil didácticamente, ya que no veía en ella ningún sustrato ideológico común[4]. Y esto a pesar de que él mismo había afirmado a principios de siglo que les unía el idealismo: *Hay entre nosotros, en la generación actual que empieza a vivir literariamente, una gran aspiración hacia el infinito, un ansia indeterminada a la idealidad.*[5] Lo más interesante de la percepción de Baroja es que resaltó entonces el carácter contradictorio del ideario supuestamente noventayochista: *El 98 no tenía ideas, porque éstas eran tan contradictorias que no podría formar un sistema, ni un cuerpo de doctrina. Ni del horno hegeliano, en donde se fundían las tesis y las antítesis, hubiera podido salir una síntesis con los componentes heterogéneos de nuestra casi famosa generación.* Una declaración importante si se piensa que todas esas contradicciones (algunas tan sólo aparentes), son las que tienden a quedar sepultadas bajo esquemas reduccionistas en los manuales como éste, por la lógica imposición de un limitado número de páginas.

La teoría de las generaciones de los alemanes Dilthey y Petersen caló hondo en el filósofo madrileño **José Ortega y Gasset** (1883-1955) y sus discípulos, que se encargaron de perpetuar tal concepto, sirviéndose de él para distinguir además a su propia generación 'novecentista'. El término traducía directamente el que acuñaron Eugenio D'Ors (Barcelona, 1888-1954) y otros autores catalanes para definir un nuevo proyecto cultural y político para Cataluña, adaptado al espíritu de transformación que imponía el nuevo siglo[6]. Se trataba, pues, de una juventud que prefería identificarse con el nacimiento del nuevo siglo, y que

---

4 *Una generación que no tiene puntos de vista comunes, ni aspiraciones iguales, ni solidaridad espiritual, ni siquiera el nexo de la cosa, no es una generación. [...] Yo creo que hay en todo ello un deseo de reunir, de dar aire de grupo a lo que naturalmente no lo tiene, como si se quisiera facilitar las clasificaciones y divisiones de un manual de literatura.*

5 Lo decía precisamente en el prólogo que le puso a la primera novela de Azorín en 1901, *La fuerza del amor*, donde afirmaba además: *Martínez Ruiz es un idealista algo extraño; idealista como puede ser un espíritu genuinamente español...*

6 El *Noucents* (nuevo-ciento), término tomado en realidad de la historiografía italiana, se convirtió en todo un lema para quienes consideraban que debía iniciarse una batalla de cambios de todo tipo con un inmediato reflejo social y artístico.

se guiaba por muy distintas preocupaciones e ideales de los que tuvieron sus inmediatos predecesores. Así, con sólo un año de diferencia respecto a Azorín, en marzo de 1914, Ortega presentó en un teatro de Madrid los objetivos de su generación, a la que pertenecían también historiadores como Salvador de Madariaga, científicos como Gregorio Marañón, poetas como León Felipe o Juan Ramón Jiménez, y creadores tan originales como Ramón Pérez de Ayala, Julio Camba o Ramón Gómez de la Serna. Entre los postulados que luego ordenaría en el ensayo titulado **El tema de nuestro tiempo** (1923), estaban los siguientes: el intento de huir del pesimismo de 'los del 98', apoyándose en una concepción más deportiva y lúdica de la vida, la defensa del acceso al poder por parte de las élites juveniles, la reivindicación de la sensibilidad artística como otra forma más poderosa de inteligencia, y con ello el impulso de una literatura que hiciera al hombre más sensible con el mundo que lo rodeaba, etc. Al denunciar tanto la política de 'los viejos' como la literatura caduca que, a su juicio, representaban, Ortega se convirtió pronto en el oponente dialéctico del que fuera el gran líder ideológico de los 'noventayochistas', Miguel de Unamuno, y pasó así a liderar no sólo a su propia promoción –también llamada de 1914–, sino a la de los inmediatamente más jóvenes: los de la llamada 'Generación del 27'.

Serían muchas sus personales disputas, recogidas ampliamente por la prensa liberal del momento[7]; pero, por encima de ellas, algo unió muy profundamente a todos aquellos intelectuales que publicaron lo mejor de su obra ensayística antes de 1925, y que gozaron de un extraordinario prestigio entre la opinión pública durante décadas. En primer lugar, su plena conciencia de la misión social del intelectual, que les llevaría en 1931 a asociarse en el grupo "Intelectuales al servicio de la República"[8]. Esto es, ejercer el pensamiento en libertad de modo

---

[7] En periódicos como *El Imparcial, El liberal* y *Heraldo de Madrid*, durante los primeros años, y *El Sol* (1917) o el semanario *España* (1915-1921), fundado Ortega y Gasset, después, hasta la famosa *Revista de Occidente* que él mismo dirigió y que tan importante habría de ser para la difusión de las vanguardias; así como en los suplementos culturales que proliferaron en las revistas de la época.

[8] Es significativo que la palabra 'intelectual' empiece a usarse desde 1900 con gran propiedad en España y en Francia como sinónimo del abanderado de la verdad frente a la frivolidad y la mentira; es lo que quiso ejercer sobre

que su privilegiada capacidad de reflexión sirviera para orientar y conducir a las masas, como ya intentara Larra. Ligado a ello existía un interés compartido por la educación, una de las principales preocupaciones con las que se abrió el siglo[9]. En tercer lugar, compartieron también una gran agudeza como lectores, tanto de la literatura clásica española como de la más estrictamente coetánea, razón por la que casi todos ellos nos legaron indispensables páginas de crítica literaria. Y les unió, por encima de todo tal vez, la seriedad con la que volvieron sobre un tema heredado de la generación anterior: la revisión de la Historia de España, buscando la peculiaridad del carácter nacional. En esto último se basaron los nacionalismos de cualquier signo que empezaron a cobrar nueva fuerza en la segunda década del siglo. Como si se tratara de algo orquestado, surgieron entonces en Cataluña, Galicia y el País Vasco muy parecidos alegatos sobre la 'raza', infiltrados en todos los géneros literarios. Al tiempo que Unamuno o Azorín ven en la Castilla rural la esencia de 'lo español' (vid. *infra*), el genial Isaac Albéniz (Gerona, 1860-1909) la busca en cambio en las diversas piezas de su *Suite española* o su *Iberia* y Eugenio D'Ors intenta definir el espíritu de la mujer catalana en *La ben plantada* (1911), un texto que se ha considerado 'breviario de la catalanidad', aunque las virtudes allí elogiadas (el orden, la mesura, etc.) fueran más bien propias de la dama burguesa ideal del Noucentisme. Nacionalistas fueron también las dedicatorias de muchas piezas teatrales de Marquina y Villaespesa, o de su oponente, Valle-Inclán, en *Voces de gesta* (1911): *a los pastores que escuchan, temblando, las gestas de sus versolaris* (vid. *infra*, c. n. 100); y ya en 1920 la revista *Nos*,

---

todo Unamuno, manifestándose siempre *contra esto y aquello*. A partir de 1931 muchos de aquellos intelectuales tuvieron que retractarse de algunos de sus primeros discursos al ver defraudadas pronto sus expectativas de cambio.

[9] En 1900 se creó un ministerio específico de Instrucción Pública que es muestra del deseo de crear una política educativa nueva, demandada por un amplio sector de la opinión pública. Hay numerosos testimonios de que la educación se elevó a problema nacional, dados los altos índices de analfabetismo –todavía un 60% hacia 1910–, las pésimas condiciones en que ejercían los maestros, etc. En 1907 se crea la Junta de Ampliación de Estudios e Investigaciones Científicas (futuro CSIC); en 1913 se fundó la Liga para la Educación Política Española; hubo diversas iniciativas de educación popular desde las propias universidades, etc.

con la que Vicente Risco quiso impulsar su propia *Teoría do nazionalismo galego*[10].

Unos y otros hablaron de 'castas' e intentaron definir la psicología de los pueblos, sin que ello fuera algo privativo de una determinada ideología ni de un único movimiento. Lo mismo estaba sucediendo en otros países, y en todos los casos latían preocupaciones eminentemente políticas. La diferencia esencial estaba en reflexionar mirando hacia el pasado, pronunciando el *me duele España* y proponiendo una 'salvación' individual, como Unamuno o Baroja; o hacerlo, en cambio, desde una voluntad claramente europeísta y cosmopolita, como pretendían los 'novecentistas' y algunos de los llamados 'modernistas'. Para advertirlo, basta comparar, por ejemplo, el ensayo titulado *Hacia otra España* (1899) de Maeztu y el *En torno al casticismo* de Unamuno (vid. *infra*), con *España invertebrada* (1922) de Ortega, que analizaba la falta de estructuración de la sociedad española como principal causa de los males del país. Meditadores antes que cualquier otra cosa, les unió siempre, en fin, la preocupación de señalar causas y proponer soluciones, hasta hacer que el ensayo volviera a recuperar un gran vigor como género literario, y ofreciera nuevos modelos estilísticos, tal como sucediera el Humanismo o la Ilustración.

Durante mucho tiempo funcionó pedagógicamente en las historias literarias la oposición entre escritores 'noventayochistas' y 'modernistas', que arraigó entre los críticos a partir del ensayo *El problema del Modernismo en España, o un conflicto entre dos espíritus*, publicado en 1938 por el poeta Pedro Salinas (*infra*, n. 191). Hoy, en cambio, es oposición que se considera superada por lo que abajo se expone. El movimiento modernista fue, en principio, el equivalente hispanoamericano del parnasianismo y simbolismo francés, y tuvo como gran líder al poeta nicaragüense Rubén Darío, que hubo de ejercer una gran influencia sobre casi todos los poetas españoles de la conocida Generación del 98 (*infra*, nota 28). En sentido lato cabe decir que se trataba de un movimiento "antiprosaico y antiverista" (L. Ferrari), que reaccionaba sobre todo contra el realismo positivista defendiendo la libre imaginación

---

[10] Remito al lector interesado en este aspecto a la excelente relación de hechos simultáneos que analiza José-Carlos Mainer en *La Edad de Plata* (1902-1939). *Ensayo de interpretación de un proceso cultural*, Madrid, Cátedra, 1983.

para conseguir crear belleza. (Algo que será un denominador común de casi todo lo que se exponga en estos primeros capítulos.) Hay un rasgo particular que parece estar en su esencia y marca la diferencia con otras tendencias: el escapismo, que es lo que justifica el vínculo entre modernismo y bohemia, omnipresente en todo el arte durante las primeras décadas del siglo. Esto en principio era justo lo contrario de la obsesión por los conflictos presentes que manifestó la intelectualidad 'noventayochista', aunque al final terminaran huyendo de ellos a su manera (vid. *infra*, antes de n. 25). Es significativo al respecto lo que sucedió en arquitectura. El nuevo estilo, estrechamente ligado al *Art nouveau* internacional, se empleó en general en España sólo en la llamada 'arquitectura de ocio', salvo en el caso de Cataluña, donde sí se adoptó con gusto más profusamente este tipo de decoración dentro de las construcciones urbanas, como respuesta a su propio avance industrial[11].

Aun con esto, hoy está suficientemente probado que los escritores de aquel periodo no formaron en filas contrarias, sino que en su mayoría dieron muestras de mezclar posturas aparentemente contradictorias: se podía ser 'tradicionalista' y 'modernista' —el progreso no fue nunca la gran preocupación del Modernismo—, o 'nacionalista' y 'cosmopolita' al mismo tiempo. Por otra parte, muchos de aquellos escritores alternaron sus planteamientos según el periodo de su vida, o incluso los simultanearon, como demuestran bien los casos de Machado o del prolífico Valle-Inclán, que tuvo que acatar el ser tildado de 'modernista' como un insulto[12]. Recientes estudios han venido a poner de manifiesto además lo que unos y otros tuvieron en común. Por ejemplo, un cierto sentido

---

[11] Desde la Exposición Universal de Barcelona de 1888, su creador más original, Antonio Gaudí, extendió las edificaciones modernistas por Palma de Mallorca, Gerona, Tarragona y otras ciudades industriales como Terrassa o Sabadell, mientras que en Madrid el modernismo está escasamente representado en alguna muestra aislada de 1901. La burguesía española, en general, siguió prefiriendo el estilo renacentista para los edificios públicos funcionales, y reservó el Art Nouveau para las construcciones de recreo, de ahí su presencia en ciudades de veraneo del norte.

[12] El propio Juan Ramón Jiménez, uno de los más firmes defensores del término 'modernismo', es testimonio de las connotaciones peyorativas que tuvo la palabra cuando recuerda haber oído en su juventud referirse a Unamuno como *ese tío modernista*.

elitista de la cultura, que impulsó una generalizada aversión a todo lo gregario. Eso es lo que explica la fuerza que adquirió el 'panlatinismo' o defensa de un renacimiento cultural latino: un ideal no exclusivo de España que tomó a Gabriele D'Annunzio por principal representante (aún no era un ferviente fascista), y en el que se implicaron casi todos; sobre todo a través de **La Revista Latina**, fundada en 1907 por Francisco Villaespesa, el más reconocido poeta modernista (vid. *infra*, nota 31), y en la que publicaron Unamuno, Rubén Darío o Benavente. Les unió también el impacto de una serie de lecturas como *La decadencia de Occidente* (1918) de Oswald Spengler, y el común interés por la filosofía alemana –los ensayos de Schopenhauer y Nietzsche a la cabeza–, así como por otras teorías antirracionalistas que favorecieron en toda Europa la pervivencia de una estética simbolista. Y les unió, en fin, una unánime rebeldía contra un "estúpido siglo XIX" del que rechazaban su cultura y literatura burguesas. La gran paradoja es que de ese siglo anterior les quedó una herencia romántica que todos compartieron, y que cada cual asimiló y distribuyó a su manera. Tal vez sea ahí, por tanto, donde deban buscarse las diferencias significativas entre ellos, y también la explicación de esas contradicciones de las que hablaba Baroja, sin la que todo resumen del periodo seguirá cayendo inevitablemente en simplificaciones injustas.

La tercera 'generación' de este periodo, en fin, la constituyen los nacidos entre 1891 y 1905, que fueron jóvenes, por tanto, durante la dictadura del general Primo de Rivera (1923-1930), y estaría integrada principalmente por excelentes poetas. Mucho más distanciados de los debates políticos que inquietaron a sus predecesores, esos autores abandonaron el lamento por lo perdido y, siguiendo el mensaje de Ortega, pusieron sus esperanzas en futuras formas de vida; prefirieron mirar con optimismo aquellos 'felices años 20' del 'cinematógrafo' y los 'aeroplanos' que serían también, sin embargo, los de la consolidación de los fascismos en toda Europa. La mayoría de ellos se había formado en Alemania, Inglaterra y Francia, y concebían la literatura sobre todo como un ilimitado terreno para la experimentación. De manera que, cuando empiezan a darse a conocer, lo hacen ya bajo la influencia de los primeros manifiestos vanguardistas europeos: el Futurismo de Marinetti, el Ultraísmo y el Creacionismo del chileno Vicente Huidobro, el surrealismo de André Breton, etc. Pero la Guerra Civil de 1936 habría de darle un giro radical a las cosas, haciendo que estas tres generaciones se implicaran directamente en el conflicto, provocando de nuevo profundas diferencias de pensamiento y actitud entre unos y otros autores. Mientras Unamuno, por ejemplo, ejerce su rebeldía contra la dictadura hasta su muerte (*infra,* notas 14 y 204), Ortega y la mayoría de su generación acaba integrándose sin problemas en la España franquista[13], de la que terminarían exiliándose, en cambio, la mayoría de los del 27. Todos ellos compartirían además inquietudes con una cuarta generación –demasiado heterogénea para unificarla como 'Generación de 1936'–, que habría de quedar particularmente marcada por aquel nefasto acontecimiento bélico, el más determinante, sin duda, en la historia literaria española del siglo XX.

La nueva prosa ensayística

Un nuevo tipo de ensayo surge con fuerza a comienzos del siglo XX, y lo hace con un rasgo distintivo dominante que podría denominarse subjetivismo impresionista. Esto es, la tendencia del escritor a adoptar un estilo muy libre para la exposición de sus impresiones, ligadas con frecuencia a sus propias vivencias e intuiciones personales (recuerdos, recomendaciones de lecturas, referencias a cartas personales recibidas, etc.), que están abiertas con frecuencia a todo tipo de licencias líricas. Un estilo con mucha más reflexión personal que citas o rememoraciones librescas, y despreocupado, en general, del afán cultista y erudito que ha sido siempre frecuente en la historia del género. El resultado fueron obras más destinadas a comunicar claramente que a exhibir ante unos cuantos, como demuestran bien los más famosos ensayos de Ortega y Gasset, como *La deshumanización del arte* (vid. *infra,* c. n. 162). Con frecuencia fueron breves discursos publicados primero en la prensa (como sucedió con los de Clarín), que se reunían después intentando

---

[13] Eugenio D'Ors, uno de los más enardecidos catalanistas en su juventud, pasó a ser uno de los más importantes difusores de la ideología falangista desde el Instituto de España que él mismo creó en Madrid en 1938. También Azorín, que tuvo una etapa juvenil anarquista, simpatizaría durante toda su vida con la causa franquista, y a su vuelta a España tras la guerra publica en 1940 *El escritor,* donde hacía al final elogio del falangismo.

ser accesibles a varios tipos de lectores, y aptos para ser discutidos en distintos círculos. Eso ocurrió con la espléndida prosa del profesor apócrifo inventado por Antonio Machado en su *Juan de Mairena*, que, tras publicarse por entregas en dos periódicos madrileños, apareció como libro en 1936. Machado logra a través de él y de Abel Martín, su otro heterónimo, ser uno de los más firmes defensores de una nueva 'prosa de ideas' que rompía con el formalismo arcaizante, al igual que a su manera lo harían Baroja y Azorín. El poeta sevillano reivindicaría allí sobre todo la naturalidad del habla, y el tono relajado e irónico muchas veces que ya habían practicado Larra y ciertos filósofos coetáneos, como Eugenio D'Ors. La fórmula del diálogo le sería tan eficaz a Mairena como a él mismo en su última obra lírica, con la que está íntimamente relacionado (vid. *infra*, n. 50).

Quien está considerado el ensayista del 98 por antonomasia es **Miguel de Unamuno** (Bilbao, 1864-1936), cuya aportación a la literatura fue mucho más ideológica que estética, como corresponde a un filósofo de pensamiento complejo y hondas preocupaciones existenciales[14]. La profundidad y originalidad de sus ideas explica la gran vigencia que sigue teniendo hoy la lectura de sus ensayos sobre el papel de la razón respecto a la fe en el hombre contemporáneo, o sobre el concepto de angustia vital que caracterizó la filosofía europea del momento: *Del sentimiento trágico de la vida* (1912) y *La agonía del cristianismo* (1925), entre los más importantes. Sus principales aportaciones en materia sociopolítica y lingüística se concentran en la serie de artículos y ensa-

---

[14] A pesar de ser la filosofía su vocación, ganó en 1891 una cátedra de griego en la Universidad de Salamanca, y será allí donde ejercerá tal actividad docente durante toda su vida; con la sola excepción de los destierros a los que le obliga su firme actitud de oposición a la dictadura del general Primo de Rivera. En 1914 fue destituido de su cargo de rector de la citada universidad, y en 1924 fue desterrado a la isla de Fuerteventura "por su activa campaña contra el Directorio militar y contra el rey", por lo que a partir de ese momento se convirtió en el símbolo de la intelectualidad antimonárquica; se ha conservado un apasionado epistolario que delata su insobornable rebeldía contra la política española del momento. Prosigue después su autoexilio en París y en Hendaya, donde permanece hasta que en 1931 se proclama la República. Su violento enfrentamiento con el general Millán Astray, en la inauguración del curso académico en Salamanca en octubre de 1936, le costó su cargo de rector vitalicio y un arresto en su domicilio, donde murió el 31 de diciembre de ese mismo año (vid. *infra*, nota 204).

yos que se editaron en dos tomos en Madrid en 1916; entre ellos figuraba ya su famosa tesis sobre la lengua vasca que tantas enemistades le generaría entre sus paisanos, sobre todo por llegar a calificar el nacionalismo de Sabino Arana de *resentimiento aldeano*. Fue importante también su contribución a los libros de viajes en títulos como *Por tierras de Portugal y España* (1911) y *Andanzas y visiones españolas* (1922), donde no sólo revela la gran sensibilidad ante el paisaje que caracterizó a los de su generación, sino un intento de comprensión de lo ibérico que trascendiera fronteras. Unamuno supo profundizar en la cultura portuguesa como no lo había hecho ninguno sus contemporáneos[15]. Entre las cualidades de su escritura, merece destacarse la particular facilidad que tuvo el pensador vasco para inventar y desarrollar imágenes en sus variados tratados; algo que no debiera sorprender en quien, al parecer, valoraba más sus dotes poéticas que su propia inteligencia[16]. El símil didáctico y lírico a un tiempo aparece de continuo por muchos lugares de su prosa, pero sobre todo en su más famoso ensayo: **En torno al casticismo**, que unifica varios escritos de 1895, y que algunos consideran incluso el gran manifiesto del 'noventayochismo'. Una alegoría marina le sirve allí para fundamentar su concepto de 'intrahistoria':

> *Las olas de la historia, con su rumor y su espuma que reverbera al sol, ruedan sobre un mar continuo, hondo, inmensamente más hondo que la capa que ondula sobre un mar silencioso y a cuyo último fondo nunca llega el sol. Todo lo que cuentan a diario los periódicos, la historia del 'presente momento histórico' no es sino la superficie del mar, una superficie que se hiela y cristaliza en los libros y registros, [...]*
>
> *Los periódicos nada dicen de la vida silenciosa de los millones de hombres sin historia que a todas horas del día y en todos los países del globo se levantan a una orden del sol y van a sus campos a proseguir la oscura y silenciosa labor cotidiana*

---

[15] Dentro de su vastísima cultura literaria, que le llevó a ser traductor de varias de las diez lenguas que dominaba, destaca su conocimiento de poetas portugueses coetáneos, que llegó a editar, y con los que además llegó a tener gran amistad personal.

[16] *Estoy harto de que me llamen sabio, que es palabra fea* –declaraba en 1899–, *y de que se empeñen en recluirme en la ciencia... y como luchador bregaré por imponer mi poesía, mi modo de entenderla y hacerla*. Elocuentes también las dos palabras que quiso poner en su epitafio: *Fue un soñador y un poeta*.

y eterna, esa labor que como la de las madréporas suboceánicas echa las bases sobre las que se alzan los islotes de la historia. [...] Esa vida intrahistórica, silenciosa y continua como el fondo mismo del mar, es la sustancia del progreso, la verdadera tradición mentida que se suele ir a buscar al pasado enterrado en libros y papeles y monumentos y piedra.

La larga cita es aquí necesaria para mostrar la extraordinaria capacidad de síntesis con la que Unamuno consiguió hacer imborrable en la memoria de sus lectores su concepción de la Historia. Su idea básica tenía gran influencia del romanticismo historiográfico francés y alemán, que ya Galdós había puesto en práctica, de alguna manera, en sus *Episodios Nacionales* (3ª, nota 284). Desde la convicción de que los vaivenes y cambios históricos son siempre superficiales e inestables, mientras que es la vida cotidiana y callada de los pueblos lo que verdaderamente informa de su permanente esencia, su 'tradición eterna', Unamuno llega a identificar esa supuesta 'casta' española con Castilla, entendiendo que ella fue el germen de la formación de la nación española[17]. Con ello estaba sentando las bases teóricas del que será, sin duda, el gran tema 'noventayochista': el paisaje castellano como impulsor de la reflexión histórica. Lo diría después Azorín en "Epílogo en Castilla", texto incluido en sus *Lecturas españolas* (1912): *Ningún lugar mejor que estos parajes para meditar sobre nuestro pasado y nuestro presente...* Para ambos, mirar a un labriego castellano de hoy en su hábitat, que apenas ha sufrido cambios, es ver la España de comienzos del siglo XVI, donde se forjó el 'alma española' y su literatura clásica, que es, según Unamuno, propia de ingenios poco dados a las fantasías[18]. Por eso es en Castilla y en la literatura castellana de los Siglos de Oro donde deben buscarse las claves de lo que es 'auténtico', en tanto que origen de lo diferencial de la 'esencia espa-

---

[17] *Castilla, sea como fuere, se puso a la cabeza de la monarquía española, y dio tono y espíritu a toda ella, lo castellano es, en fin de cuenta, lo castizo. [...] Esta vieja Castilla formó el núcleo de la nacionalidad española y le dio atmósfera: ella llevó a cabo la expulsión de los moros, a partir del país de los castillos...*

[18] *Es la literatura castellana eminentemente castiza, a la vez que es nuestra literatura clásica. Nuestro ingenio castizo es empírico o intelectivo más que imaginativo, traza enredos ente sucesos perfectamente verosímiles; no nacieron aquí los mundos de hadas, gnomos, silfos, ninfas y maravillas...* La misma idea del realismo esencial de la literatura española es la que estaba defendiendo Menéndez Pidal por las mismas fechas, con sus estudios de épica y romancero.

ñola'. Así, por ejemplo, la valoración de la mística, que será compartida por todos los de su generación, es mucho más que una preferencia literaria: *El espíritu castellano tomó por filosofía castiza la mística, que no es ciencia, sino ansia de lo absoluto [...] la fusión perfecta del saber, el sentir y el querer.* Se trata de una coherente consecuencia de lo que *En torno al casticismo* expone entre magníficas imágenes, sostenidas siempre por un fuerte idealismo romántico. Ésta es la base que impulsa la creencia de que la literatura es materia superior a la Historia para conocer el pasado y el 'alma de los pueblos'; una idea que ya habían desarrollado ampliamente Giner de los Ríos y los krausistas (vid. 3ª, nota 280), pero que cobraría especial fuerza en los autores de este periodo.

A partir de entonces, Castilla se convirtió en el motivo literario hegemónico de muchos géneros (un hecho curiosamente debido a autores no castellanos), y se eleva a categoría de símbolo y de emblema —nunca un mero paisaje—, que se utiliza siempre ideológicamente, desde el teatro histórico a la poesía de Antonio Machado. Éste hace afirmaciones tan rotundas como éstas: *Castilla no es aquella tan generosa un día,/ cuando Mío Cid Rodrigo el de Vivar volvía, [...]/ Castilla miserable, ayer dominadora,/ envuelta en harapos desprecia cuanto ignora.* Pero es Unamuno quien lleva esto más lejos, al otorgar responsabilidades políticas al yermo paisaje castellano, haciéndolo culpable incluso de la insociabilidad, que consideraba, como Baroja, uno de los más acusados rasgos del carácter español: *... esa soledad de Castilla, en medio de los campos, tierra adentro, lejos de los mares, ha producido una cierta concepción robinsoniana que persiste en el fondo del alma de los pueblos de las mesetas centrales. Creen bastarse, creen poder vivir aislados [...]. Para muchos eso que llaman neutralidad, no es más que el sentimiento de tierra adentro, paramérico, de un huraño aislamiento. Es la soledad espiritual.*[19] La bonita imagen de una solitaria Castilla triste por no poder ver el mar no era, en realidad, invento de Unamuno, sino que procedía del "Himne Ibèric" del catalán Joan Maragall (1860-1911); y así lo reconocería Azorín al utilizarla también en su texto "El mar", incluido en el que sería el libro de prosa más emblemático de su polémica generación. Pero Unamuno supo ver en ella la explicación de la autosuficiencia y del aislamiento que los castellanos/españoles arrastran desde

---

[19] "La soledad de la España castellana", artículo publicado en Salamanca en 1916.

la época de la conquista, y hasta de su falta de implicación en la Primera Guerra Mundial[20].

Bajo el título **Castilla**, aparecieron en Madrid en 1912 catorce breves textos que **José Martínez Ruiz, Azorín** (*supra*, n. 1) reunió a modo de un mosaico de impresiones y evocaciones noveladas sobre tierras y ciudades castellanas. No cabe llamar prosa ensayística más que a alguno de ellos, como el que titula "El primer ferrocarril castellano", que está en la misma línea de los capítulos que forman su libro *Una hora de España*, producto de su discurso de entrada en la Real Academia en 1924. Pero tampoco cabe considerar como prosa poética, sin más, a todo el conjunto, puesto que existe una voluntad pedagógica –enseñar la vida 'intrahistórica'–, muy similar a la de Unamuno en muchas de las meditaciones del autor. Azorín pretendía tener por modelo a Larra, pero es mucho más lo que les separa (careció del incisivo humor y sentido satírico que tuvo el Fígaro madrileño), que lo que los une –el gusto por el vocabulario 'castizo' imitando el fluir conversacional–, pues sus intereses fueron bien distintos. La prosa del crítico alicantino, en su afán de vuelo lírico, resulta demasiado descriptiva y de gran lentitud; buscando la elegancia en la simpleza sintáctica termina siendo al final casi tan repetitiva y monótona como la de un fray Antonio de Guevara, con quien compartió el tema de la alabanza de aldea (vid. 2ª, nota 25)[21]. La mirada de Azorín sobre el mundo rural y los campesinos castellanos está tamizada por sus lecturas, es el producto de la idealización del pasado que le proporcionaba la literatura de los siglos XV al XVII. Así, por ejemplo, en "Las nubes" imagina a Calisto y Melibea felizmente casados, o al hidalgo del *Lazarillo* viviendo cómodamente en Valladolid; ve en las viejas ventas castellanas las de la España del *Buscón*, y vislum-

---

[20] *Estalla esta máxima guerra actual europea, la más grande tragedia histórica que los siglos han visto acaso, y asistimos al curioso y triste espectáculo de que en España la contemplen muchos con ojos de tierra adentro, y esto aun gente nacida y criada en las costas, pero más influida por el viento terral que por la brisa marina. Esta guerra la han visto y la han juzgado aquí muchos con el alma misma con que la habrían visto y juzgado nuestros aventureros extremeños o castellanos o leoneses del XVI, en rigor con el alma de un rabadán de pastores de merinas hecho tal vez cabecilla.* Ibíd.

[21] Véase su texto "Guevara y el campo" en *Lecturas españolas*, y "Palaciegos", incluido en *Una hora de España*. Tal vez de su juvenil etapa anarquista le quedó a Azorín una sincera simpatía por la población rural y los labradores, pero en cualquier caso fue tema recurrente en la novela de la época.

bra en una de Toledo, envejecida ya, a la ilustre fregona cervantina, etc. Lo mismo que hacía Machado por las mismas fechas, curiosamente, al evocar desde Soria a la Aldonza de don Quijote: *Oh, madre de manchegos y numen de visiones/ viviste, buena Aldonza, tu vida verdadera,/ cuando tu amante erguía su lanza justiciera,...* En la Castilla de Azorín se percibe sobre todo una peculiar mezcla de añoranza y condena que no fue exclusiva del autor. Un buen ejemplo es el texto titulado "La poesía de Castilla", en el que describe *las viejas, venerables catedrales* con nichos en los que *duermen guerreros de la Edad Media, obispos y teólogos de hace siglos,* y los *viejos y grandes caserones solariegos* con galerías por las que imagina que desfilan *las damas con sus guardainfantes, como en los retratos de Velázquez.* Tras esa lírica visión, repara en *las vidas opacas, grises y monótonas de los señores de los pueblos en sus casinos y en sus boticas...,* y termina expresando con cierto disgusto la ambigua mezcla de sentimientos que le inspiran: *Yo veo esta fuerza, esta energía íntima de la raza, esta despreocupación, esta indiferencia, este altivo desdén, este rapto súbito por lo heroico; esta amalgama, en fin, de lo más prosaico y lo más etéreo...*

Todas estas frases ponen de manifiesto la gran contradicción del discurso noventayochista: ver en la anquilosada Castilla el estancamiento de la Historia, y al mismo tiempo alabar implícitamente esa España que aún recuerda el siglo XVI, y que para casi todos ellos sigue siendo Edad Media[22]. Esto es lo que encontramos por casi todos estos autores, con la única y clara excepción de Baroja, que es siempre condenatorio del pasado. Valle-Inclán, tal vez por su tendencia a alternar perspectivas, ofrece ejemplos de ambas cosas en su prosa y su teatro histórico (vid. *infra*, cap. 3). Se da, pues, una contradicción de fondo entre la petición progresista de echar "doble llave al sepulcro del Cid", como quería Joaquín Costa, y el deseo de volver los ojos hacia terrenos 'puros', como esa Castilla en la que parecía haberse parado el tiempo, pues latía en él la desconfianza ante los avances de la sociedad mecanizada, algo que solemos atribuir a un pensamiento conservador. Hay que saber, sin embargo, que el 'retorno a la tierra' fue un fenómeno finisecular en toda

---

[22] Lo afirmaba el propio Azorín en *Una hora de España: ... el Renacimiento ha calado poco en España. La Edad Media sigue dominando en el siglo XV, en el XVI y en parte del XVII. La Edad Media es ingenuidad, sentimiento, piedad. La Edad Media es lo concreto en oposición a lo abstracto. [...] Edad Media es el* Quijote *y el* Libro de la oración, *y la parte espontánea y popular de la obra de Lope.*

Europa, una reacción característica entre 1895 y 1905 contra las amenazas de la civilización industrial. Así, el atractivo que la vida rural tendrá para Unamuno, Valle, Baroja y Azorín no es sólo estético —en el campo encuentran la belleza natural de la que carece la creciente artificialidad de las ciudades—, sino que iba unido a una preocupación por los problemas reales del campesinado y por una forma de vida en grave peligro de extinción. Dicho en pocas palabras, en el campo encuentran todos ellos "la base de una posible utopía lejos de los horrores de la sociedad industrial moderna" (L. Litvak*). Algo a lo que pueden buscárs ele influencias múltiples, como la pintura de los prerrafaelitas o la poesía sobre la Naturaleza de Ruskin y Wordsworth[23].

Sólo si entendemos que 'los del 98' fueron ante todo unos empedernidos románticos, en el sentido etimológico del término —*Los últimos románticos* es título de Baroja de 1906—, podremos explicarnos los fundamentos más sólidos de lo que escribieron. Y, para comprobarlo, nada como las impresiones de viajes y recorridos por España del mismo Azorín: *La Andalucía trágica* o *La ruta de don Quijote*, ambos de 1905, que son fruto de sus recorridos por tierras andaluzas y por La Mancha. Cuando habla allí de lo que le inspiran Ávila o Toledo —no en balde la ciudad más evocada y pintada en la época[24]—, no se distancia mucho del Bécquer de las *Cartas desde mi celda* o "Caso de ablativo" (vid. 3ª, n. 236). Sólo desde una romántica visión de la Historia y, en particular, desde una total idealización del periodo medieval, pueden entenderse bien las grandes contradicciones noventayochistas. Ello fue lo que condicionó esencialmente su visión de la literatura española, que a fuerza de perseguir lo 'castizo' unió en una idílica continuidad a Berceo, Manrique y *La Celestina* con Lope y Cervantes. Desde ese romanticismo nostálgico, tantas veces anacrónico, es como se explica también el hecho de que el personaje de don Quijote se convirtiera en todo un lírico símbolo del talante

---

[23] Se ha estudiado, en concreto, la influencia de Ruskin sobre las descripciones paisajísticas de Unamuno, quien "habla con admiración de los campos góticos palentinos, donde la belleza natural aún no ha sido estropeada por postes o hilos telegráficos, o por las toscas máquinas rojas del sistema hidroeléctrico del Duero" (L. Litvak*).

[24] Dos libros reveladores al respecto son: *Greco ou le secret de Tolède*, publicado en 1912 por Maurice Barrés, y *Elogio y nostalgia de Toledo* de Gregorio Marañón, escrito entre 1935 y 1950.

hispánico, que permitía reflexionar sobre algo tan etéreo como el 'genio castellano'. Sin embargo, sería injusto simplificar, dada la complejidad que alcanzó este tema en el ensayo de la época a través de propuestas muy diversas. Para ver su gran riqueza ideológica basta comparar textos tan distintos como la *Vida de Don Quijote y Sancho* (1905) de Unamuno, el *Don Quijote, don Juan y La Celestina* (1926) de Ramiro de Maeztu, y las *Meditaciones del Quijote* (1914) de Ortega, quien, además de hacer interesantes consideraciones sobre los géneros literarios, supo sacar una inteligente lección del perspectivismo cervantin. Frente a él, el Unamuno más escéptico ante las aportaciones del progreso se identifica con el personaje *—Como tú siento yo con frecuencia la nostalgia de la Edad Media... Esto es una miseria, una completa miseria—* y anima finalmente a *intentar la santa cruzada de ir a rescatar el sepulcro del Caballero de la Locura del poder de los hidalgos de la Razón*. En definitiva, revelaba así hasta qué punto la nostalgia podía ser otra manera de escapismo.

Muy distintos a todos estos planteamientos son los que expondría el más original y el más lírico de los tratados de la época: *La lámpara maravillosa* de don Ramón M.ª del Valle-Inclán (vid. *infra*, n. 74), que empezó dándose a conocer parcialmente en la prensa entre 1912 y 1916 y se publicaría como libro en Madrid en 1922[25]. Se trata de un texto excepcional en la trayectoria del prolífico escritor gallego, y fundamental además para entender su filosofía creadora y su estética, hasta el punto de ser considerado por algunos críticos actuales como "el texto más logrado y más representativo del pensamiento estético modernista". Sin embargo, se sabe que no fue bien comprendido en su momento, debido a los muchos pasajes herméticos que contenía su discurso libre, propio del iluminado que habla de una experiencia inefable. *La lámpara maravillosa* aborda una variedad de temas inusuales hasta entonces en el ensayo español. Tal vez las doctrinas esotéricas que arraigaron con fuerza a fines de siglo, especialmente en la Galicia de aficiones ocultistas a la que regresa Valle en 1912, sean las responsables de la orientación del libro. Según confiesa el propio autor, todo arranca de su voluntad de describir el proceso

---

[25] El origen fueron unos artículos publicados en *El Imparcial* a partir de 1912, que, al parecer, se enmarcaron en una etapa de crisis profesional y personal del autor, agravada con la muerte de su hijo en 1914. Es significativo que el propio Valle quisiera que se iniciara con este libro la edición de los volúmenes de sus *Obras Completas*.

por el que se convirtió en un poeta contemplativo e intuitivo, siguiendo las enseñanzas de los grandes ascetas en el yermo; paisaje éste que mueve su más profunda comprensión de la mística: *El verbo de los poetas, como el de los santos, no requiere descifrarse por gramática para mover las almas. Su esencia es el milagro musical.* Y no debe olvidarse que la tendencia al misticismo, tan marcada en el autor gallego, será una de las constantes del Modernismo. Si Valle-Inclán subtitula el libro como "Ejercicios espirituales" es porque aspira a ser una iniciación a la disciplina que entiende necesaria para llegar a captar la Belleza: la 'Contemplación' o lámpara que ilumina una realidad que escapa a la razón y a la que sólo se llega emocionalmente a través de los sentidos[26]. Nadie de entre sus contemporáneos reflexionó como Valle sobre lo que comunican las palabras desde la pura evocación de sus sonidos —si exceptuamos, tal vez, a Fernando Pessoa—, ni nadie logró acertar en dar tan hondo sentido a la musicalidad del verso, y sobre todo a la rima, que él define como *ilusión de eternidad*. Por eso en este libro puede encontrarse también una pionera 'filosofía de la fonética': *La suprema belleza de las palabras sólo se revela, perdido el significado con que nacen, en el goce de su esencia musical, cuando la voz humana, por la virtud del tono, vuelve a infundirles toda su ideología.*

Las muchas sentencias originales reunidas en *La lámpara maravillosa*, situadas regularmente al final de cada uno de los capítulos, hacen que el texto pueda leerse como un credo estético personal. Esa nueva 'literatura gnómica', como las viejas compilaciones de sentencias medievales, tiene más valor aún por combinarse con otros tipos de discurso, como la narración de impresiones de viaje, la descripción de emociones íntimas, etc., y el resultado es todo un manifiesto del Modernismo: la teoría del 'quietismo estético'. Valle-Inclán desprecia el historicismo en favor de la belleza que se capta sin percepción cronológica, de manera que la catedral de León, por ejemplo, no le arranca ya nostalgias, sino que la percibe como una vía para el éxtasis. Es interesante cómo contrapone dos ciudades, dos estéticas medievales, para explicar la quietud que en verdad le interesa. A la mítica Toledo (*supra*, n. 24) la identifica con la parálisis en el recuerdo

---

[26] *La lámpara que se enciende para conocerla [la Belleza] es la misma que se enciende para conocer a Dios: la Contemplación*, dice Valle en el prólogo, que titula "Gnosis". Sorprende que fuera un poeta modernista como Juan Ramón Jiménez quien, ajeno a todo el valor del libro, se atreviera a decir en un artículo de 1936 que tenía *más humo que aceite*.

y la evocación literaria: *Así las viejas y deleznables ciudades castellanas son siempre más bellas recordadas que contempladas...;* mientras que Santiago de Compostela le parece *inmovilizada en un sueño de granito, inmutable y eterno,* y en sus piedras sí puede encontrarse *una belleza tenaz macerada de quietismo.* Es particularmente relevante que, con fines distintos a los de Unamuno o Azorín, sea de nuevo la imagen del mar la que utilice Valle-Inclán para seguir hablando de quietud frente a movimiento, identificando lo bello con lo eterno, pues parece sostenida por un mismo fundamento estético[27]. Desde tales preceptos se entiende mejor, sin duda, su libro *Femeninas* (1895), que por sus cuidados efectos poéticos está considerado como uno de los máximos ejemplos de prosa modernista. Y también se entiende mucho mejor toda la poesía inicial de Valle-Inclán, sobre todo aquélla que evoca motivos medievales desde diversas ambientaciones, ya sea galaica, como en *Aromas de leyenda* (1907), o provenzal, como en su pieza teatral *Cuento de abril* (1909) (vid. *infra*, n. 99). Aunque en su evolución terminó haciendo una poesía mucho más personal, e incluso próxima al esperpento, como en *La pipa de Kif* (1919).

El Modernismo en la poesía de principios de siglo

Entre las influencias decisivas que cambiaron el rumbo de la poesía española a principios del siglo XX, destaca la del poeta simbolista francés Paul Verlaine, abanderado del ideal de *l'art pour l'art* (el arte existe

---

[27] *Antes de llegar a este quietismo estético, divino deleite, pasé por una aridez muy grande, siempre acongojado por la sensación del movimiento y del vivir estéril. [...] He consumido muchos años mirando cómo todas las cosas se mudaban y perecían, ciego para ver su eternidad. [...] Esta gracia intuitiva la disfruté por primera vez una tarde dorada, mirando el mar azul. [...] Todo el amor de la hora estaba en mí, el crepúsculo se me revelaba como el vínculo eucarístico que enlaza la noche con el día, como la hora verbo que participa de las dos sustancias, y es armonía de lo que ha sido con lo que espera ser. Seguía sonando el caracol de los pescadores, y sobre las ondas se tendía el último rayo de sol. [...] Entonces sentí lo que jamás había sentido: bajo las tintas del ocaso estaba la tarde quieta, dormida, eterna...*

por y para el arte). Él fue sin duda el autor más evocado por los llamados modernistas, empezando por el gran líder del nuevo movimiento, el nicaragüense Rubén Darío (1867-1916), quien mantuvo una gran amistad con Valle-Inclán desde que llegó a Madrid en 1899[28]. Desde esa fecha, aproximadamente, se empezó a generalizar en España la utilización despectiva del calificativo 'modernista' para referirse a un tipo de poeta extravagante y amanerado que, por su vida bohemia, su comportamiento evasivo e insolente, insumiso a las normas sociales, sólo era merecedor de desprecio. De hecho, *la anarquía, el individualismo absoluto*, la ruptura con todo tipo de reglas, fue el primer 'dogma de fe' que se atrevió a enunciar **Manuel Machado** (Sevilla, 1874-1947), uno de los más reconocidos poetas modernistas[29]. A él se debe un valioso testimonio sobre lo provocadora que se vio obligada a ser la nueva estética: *Fue preciso exagerar determinadas tendencias para romper el hielo de la indiferencia general; irritar con algún desentono los oídos reacios y adoptar ciertas poses para llamar la atención. [...] Fue Valle-Inclán el primero que sacó el modernismo a la calle, con sus cuellos epatantes, sus largas melenas y sus quevedos redondos. Por entonces eso representaba un valor a toda prueba*[30]. Pero no se trataba sólo de manifestar con el atuendo un inconformismo, una autoafirmación de la personalidad capaz de impactar a esa convencional clase media que menospreciaba la tarea 'improductiva' del artista,

---

[28] Su verdadero nombre era Félix Rubén García Sarmiento y había trabajado en diversos países latinoamericanos antes de que, en 1898, la redacción de *La Nación* de Buenos Aires lo enviara como corresponsal a España. Antes de esa fecha ya se había convertido en admirado modelo poético, fundamentalmente por tres libros: *Rimas* (1887), *Azul* (1888), el libro emblemático del Modernismo, y *Prosas profanas* (1896). Ya en Europa, el libro que consolidaría su fama fue *Cantos de vida y esperanza*, de 1905.

[29] Educado en la Institución Libre de Enseñanza (vid. 3ª, nota 280), su trayectoria vital corre paralela a la de su hermano Antonio hasta 1900, fecha en la que ambos se instalan en París. Durante casi tres décadas escribió una excelente poesía que culminó en *Ars moriendi*, de 1922. Su adhesión al franquismo le permitió entrar a formar parte de la Real Academia en 1938 y vivir bastante holgadamente durante la primera década de la posguerra.

[30] Lo afirmaba en el opúsculo *La guerra literaria (1898-1914)*, Madrid, 1913; donde reconocería por primera vez que *esta influencia europea y principalmente francesa, llegó a España, en primer término, desde la América Latina*. De hecho, mucho de lo que los críticos españoles dijeron del Modernismo se basaría en el comentario que hizo Juan Valera a *Azul* de Darío.

en general. Existió una auténtica necesidad de acorazarse en un esteticismo que 'protegiera' de los valores proclamados por el positivismo racionalista, porque ello suponía dar la espalda, ante todo, a la burguesía que los representaba.

Todos aquellos poetas se dieron cuenta de que el verso a fines del XIX había caído en una total vulgarización, en una forma de expresión ramplona porque servía para cualquier cosa en la vida social. Por ello, los modernistas hablaron de una 'revolución' que había traído como consecuencia la valoración suprema de la sensibilidad personal para crear ilusiones de belleza, como lo expresa aquí Manuel Machado: *... que el arte no es cosa de retórica ni aun de literatura, sino de personalidad. Es dar a los demás las sensaciones de lo bello, real o fantástico, a través del propio temperamento cultivado y exquisito.* Y más concretamente después, Valle-Inclán: *La condición del arte moderno y muy particularmente de la literatura, es una tendencia a refinar sensaciones y acrecentarlas en el número y en la intensidad.* Por sus aficiones 'no castizas', los modernistas adoptaron una actitud cosmopolita, que suscitaba también desconfianzas porque parecía atentar contra los valores nacionales. Lo prueba, por ejemplo, el hecho de que Pereda, en su discurso a la RAE en 1897, denunciara el *extranjerismo* que habían instaurado 'los modernistas' en todos los aspectos de la vida española. A esto se añadieron otras razones por las que el naciente credo artístico se siguió mirando con recelo, como si se tratase de una fuerza desestabilizadora y subversiva. En principio, no era una escuela, sino la ruptura con todas ellas: quería ser un cambio en los valores estéticos –una estética basada en la intuición y no en la lógica–, y desde ahí llegar a ser una nueva escala de valores sociales y éticos. Y esto como si ignoraran que esa había sido ya la propuesta de muchos poetas barrocos y, expresamente, de los grandes poetas románticos del siglo anterior (vid. 3^a, n. 134). Eminentemente provocadora fue la intención con la que se editó en 1906 **La Corte de los Poetas. Florilegio de rimas modernas**, la primera antología del modernismo hispánico, integrada por cuarenta y siete poetas españoles y veinte latinoamericanos. Su preparador, Emilio Carrere, presentaba a "una brillante juventud, una lírica aristocracia" frente a la "estulticia ambiente". Como rebelión contra la rutinaria poesía academicista de autores como Campoamor (vid. 3^a, antes de n. 184), se alzaron también los versos de los primeros poemarios de Manuel Machado: *Alma* (1900) y *El mal poema* (1909), un libro muy original que retrataba con lenguaje bastante desgarrado la sordidez de las ciudades modernas y la vida nocturna y 'canalla' que tanto había interesado a Rimbaud y al Baudelaire de *Las flores del mal*, que fueron sus modelos supremos.

Siguiendo el 'malditismo' de aquellos poetas franceses, los poetas españoles manifestaron también esa "profunda preocupación metafísica de carácter agónico" que para algunos estudiosos "responde a la confusión ideológica y la soledad espiritual de la época" (I. Schulman). Y hablaron por primera vez de un tipo de angustia y de una 'pena oscura' ante la que sólo cabía buscar medios para evadirse. Incluida esa *musa verde* a la que le dedicaría un emblemático soneto **Francisco Villaespesa** (Almería, 1877-1936), el poeta modernista más venerado durante un par de décadas, debido sobre todo al gran éxito que llegó a conseguir como dramaturgo[31]. De la calidad de algunos de sus poemarios pueden dar cuenta los versos de *Tristitiae rerum* (1906), que ejemplifican bien su sensibilidad para captar fuertes impresiones anímicas:

> *Todo está en carne viva. Lo más sutil se siente.*
> *Al corazón, la asfixia de su dolor sofoca...*
> *Parece que los nervios maceran lentamente*
> *los dientes puntiagudos de una sádica boca.*
>
> *Es tu hora sombría, ¡oh Baudelaire! Fumamos*
> *opio, se bebe ajenjo, y, embriagados, soñamos*
> *con tus artificiales paraísos perdidos...*

París llevaba ya varios lustros siendo el auténtico 'centro neurálgico' de la nueva tendencia. Rubén Darío se instala allí en 1900, coincidiendo con los hermanos Machado (que ejercían como traductores de la casa Garnier), y con otros muchos poetas y pintores españoles que tomaron

---

[31] Su extensa obra poética, que él consideró como su gran *desahogo romántico*, aborda muchos temas propios del decadentismo finisecular, aportando especial originalidad su tratamiento del orientalismo de raíz morisca, como en *El patio de arrayanes* (1908) o *Los nocturnos del Generalife* (1915), y del sentimiento de marginalidad del poeta: *La musa enferma* (1898-1900), *El alto de los bohemios* (1899-1900), *Rapsodias* (1900-1901), *Viaje sentimental* (1903-1904), etc. En 1917 se marcha a México y se convierte en empresario teatral, actividad que desarrolló en otros países latinoamericanos hasta su regreso a Madrid en 1931.

como modelo vital la bohemia parisina, algo que tuvo un desastroso fin en muchos casos[32]. El máximo ejemplo de ello es **Alejandro Sawa** (Sevilla, 1862-1909), "el bohemio incorregible" que a su vuelta de la capital francesa, empapado de parnasianismo y simbolismo, sería el primero en recitar versos de Verlaine en una sesión pública en Madrid. En su corta obra destaca *Iluminaciones en la sombra* (1910), una prosa poética que ahondó como pocas en la intimidad emocional del nuevo tipo de escritor, vate privilegiado a pesar de su pobreza[33]. Por los mismos años, aquella cultura tabernaria, convertida en auténtica 'universidad' callejera, tuvo especial auge en Barcelona, cuya modernidad poética (junto a la arquitectónica: *supra*, n. 11) era ya activa desde 1890, con poetas como Santiago Rusiñol, Joan Maragall o Jacint Verdaguer. En torno a cafés como Els Quatre Gats se concentrarían círculos de importantes artistas que se irían incesantemente renovando con la llegada de las vanguardias (vid. *infra*, n. 147). Para entender a los creadores de este periodo no puede, sin embargo, trivializarse la comprensión de aquella bohemia, reduciéndola a una forma de vida más o menos desastrada –la que ya retrató el francés Henri Murger en su novela *Scènes de la vie de bohéme* (1851)–, sino que debe más bien entenderse como una religión elitista, o al menos como una profesión de fe: la de unos pocos valientes pensadores y artistas que, arriesgando su propia supervivencia a favor del arte, son capaces de cumplir con la honda misión de promover una auténtica revolución espiritual. Esos fueron los términos con los que llegó a explicarla el eslavo Ernesto Bark en su espléndido ensayo *La santa bohemia* (1913), que leyeron atentamente muchos, como aquel experto en bohemia que fue Valle-Inclán (vid. *infra*, c. nota 123).

---

[32] Recuérdese que si ya Rubén fue víctima del alcoholismo, y tantos otros del abuso de la morfina, gran parte de los poetas modernistas latinoamericanos se suicidaron, como Alfonsina Storni, José Asunción Silva o Leopoldo Lugones.

[33] Hijo de padre griego y madre sevillana, Alejandro Sawa reunió las condiciones de aventurero y soñador que caracterizaron al 'espíritu modernista'. Durante su estancia en París se hizo amigo personal de Verlaine, fruto de lo cual escribió magníficos textos en prosa y verso imbuídos del ambiente parisino. Representa la otra cara de la bohemia refinada: la de la miseria económica que le llevó a morir en 1909 en la indigencia, trastornado y ciego. No perdería nunca la amistad incondicional de Ramón del Valle-Inclán, quien lo convertiría en protagonista de *Luces de bohemia* (*infra*, n. 120).

Fueron varios los modos de practicar el Modernismo, al igual que sucedió en su día con el Romanticismo como moda, pero la principal novedad, asumida por todos, fue la valoración de la propia 'materialidad' del lenguaje poético. Es decir, se dio prioridad a sus propiedades físicas, a los sonidos y los efectos rítmicos, sobre todo, pues creían que los significantes de las palabras tenían capacidad de 'significar' más allá de su sentido conceptual. Esto, que ya fue creencia de muchos poetas en tiempos de Góngora, les hizo buscar de otra manera la emoción lírica: ya no por vía espiritualista ni sentimental, como hicieron los románticos, sino por vía de los sentidos, según Valle lo había explicado muy bien en *La lámpara maravillosa* (*supra,* n. 26). De ahí el gusto por la sinestesia, por la mezcla de percepciones sensoriales, lo que hizo de la sensualidad una característica esencial del nuevo movimiento. A diferencia de la poesía modernista latinoamericana, la española no buscó esos efectos puramente rítmicos en escenarios excepcionales o maravillosos, rodeados de lujos, metales preciosos y referencias culturalistas. Más que placeres visuales aristocráticos —pavos reales, princesas o cisnes, animal que se convirtió en emblema del misterio que les fascinaba—, hubo en nuestra poesía situaciones de vida cotidiana tratadas con un intimismo que les concedía una nueva importancia. Si bien ese escapismo hacia escenarios exóticos también estuvo presente a través de la evasión temporal —la Francia medieval y los jardines versallescos que interesaron a Valle, los delicados palacios árabes que atrajeron a Villaespesa, etc.— en la que se abandonarían todos los cultivadores del teatro histórico (vid. *infra,* cap. 3).

La búsqueda de refinamiento llevada al léxico hizo que se seleccionara el vocabulario no tanto por su precisión como por su brillantez y poder de sugerencia: el epíteto se hace así máximo responsable, procurando choques semánticos imprevistos. *Ser poeta es asociar dos palabras que nunca antes han estado asociadas,* afirmaría Valle en 1902. Tal convicción daba vía libre al uso de un léxico insólito —que impactara y sorprendiera a un lector que consideraban anquilosado—, y a la admisión de neologismos y arcaísmos, con una curiosa preferencia por las palabras esdrújulas en la creación de metáforas, ese gusto del que tanto abusara Góngora. En cuanto a los cambios de la estructura del verso, la modificación del ritmo llegó a ser artículo de fe entre los modernistas, como dijo el propio Darío; pero no lo fue menos la apertura del arte poética a nuevas posibilidades métricas y estróficas. Se trataba de crear tensión para romper la monotonía esperable en el tratamiento de los metros clásicos, y el mejor ejemplo de ello es quizá el cultivo del soneto en alejandrinos, como el de Villaespesa antes citado, que imitaba claramente el uso que le dieron los simbolistas franceses como Baudelaire o Mallarmé. Se buscó ante todo una nueva musicalidad en el verso que no proviniera sólo de la rima ni de los pies acentuales tradicionales[34]. Fruto de ello es que se llegaron a usar bastantes metros 'raros', como dodecasílabos de 7+5 –no en el equilibrio de 6+6–, eneasílabos y endecasílabos acentuados en la 5ª y 10ª sílabas, obligando así al lector a reparar en las palabras marcadas por ellos, etc. La actitud ante la rima fue desigual entre unos y otros autores, pero quienes optaron por ella, se decantaron claramente, y en buena lógica, por las rimas también extrañas e inusitadas.

Los nuevos modelos líricos: Juan Ramón Jiménez y Antonio Machado

El autor donde mejor se conjugan todas estas características de la nueva expresión poética en su vertiente más intimista fue **Juan Ramón Jiménez** (Huelva, 1881-1958). Su singular carácter –hipersensible, narcisista, depresivo y elitista, como lo ha retratado algún crítico– le llevó a consagrar enteramente su vida a la búsqueda de la belleza a través de la poesía, por lo que su obra es muy extensa[35]. Muy pronto

---

[34] *Para dar a la música expresión real y amplitud ideológica* –afirmaba Manuel Machado–, *Wagner tuvo que romper la prosodia musical de su tiempo, tuvo que buscar melodías más vagas más matizadas [...] no entrando la poesía solamente por el oído sino tratando de dar sensaciones a la vista y a la inteligencia, la isócrona repetición constante de los acentos acapara y distrae la atención del lector, molestándola y separándola de otras sensaciones más interesantes, como el redoble de un tambor nos molestaría y nos desesperaría en momentos de contemplación o de recogimiento.*

[35] De padre castellano y madre andaluza, dejó pronto su Moguer natal para estudiar interno en un colegio de jesuitas en el Puerto de Santa María, donde se insinuó ya su solitaria adolescencia: "Leía nerviosamente letras románticas: Lamartine, Bécquer, Byron, Espronceda, Heine..." Tras abando-

manifestó la ególatra conciencia de estar destinado a ser un clásico de las letras españolas: ... *muchos críticos mayores consideran que en mí se inicia una escuela, según ellos, y según yo, un impulso.* Con especial orgullo relató cómo, con sólo dieciocho años, fue llamado por Villaespesa a ir a Madrid para formar en la 'militancia modernista', o cómo fue el propio Rubén Darío el primero en valorar su libro *Arias tristes* (1903); poemario éste de inspiración musical –como lo serían muchos de sus textos–, y de cuyo pesimismo renegaría después, no sin proclamar que había tenido una gran influencia en América y España. De su fama en vida da cuenta el hecho de que en su viaje por Argentina en 1948 llegara a tener tal recibimiento que provocó incluso conflictos de orden público. Sin duda, la propaganda que supo hacer de sí mismo y el magisterio que logró ejercer durante un tiempo entre los poetas de la llamada Generación del 27, y sobre otros jóvenes poetas durante su prolongado exilio, fueron factores determinantes para que Juan Ramón Jiménez obtuviera el Premio Nobel en 1956[36]. Aquel preciado galardón culminaba toda una trayectoria centrada de forma obsesiva en el cuidado y el perfeccionamiento de su obra poética. En el diploma oficial se registró una doble virtud modélica: "Por su poesía lírica, que, en lengua española, constituye un ejemplo de alta espiritualidad y pureza artística"; términos estos que sin duda habrían de satisfacerle especialmente, puesto que la pureza de la poesía fue el gran acicate que animó su creación. De hecho, el principal mérito de Juan Ramón es el de

---

[36] nar sus estudios de Derecho, se manifestaron en él las primeras crisis que le llevarían a pasar por distintos sanatorios durante largos periodos, en los que llegó a reconocer incluso su inclinación al suicidio. El matrimonio con Zenobia Camprubí en 1916 supone un giro de estabilidad y equilibrio en su vida, que se hace particularmente viajera sobre todo después de 1936: a su voluntario exilio en Miami y Cuba siguieron otras estancias en varias ciudades norteamericanas en las que fue conferenciante universitario desde 1940; en Puerto Rico fijó finalmente su residencia, y allí murió solo, con una grave neurosis.
El secretario de la Academia sueca pronunció en concreto estas razones: *Por ser un soñador idealista, Juan Ramón Jiménez representa la clase de escritor a quien Alfred Nobel gustaba de apoyar y recompensar. Representa la altiva tradición española, y haberle concedido el laurel es también laurear a Antonio Machado y a García Lorca, que son sus discípulos y lo elogiaron como un maestro.* Lo más inexacto de estas palabras es que ni Machado ni Lorca se reconocerían nunca 'discípulos' suyos.

haber inaugurado la defensa de la 'poesía pura' que harían después todos los integrantes del grupo poético del 27 (vid. *infra*, cap. 4). Una poesía de gran concentración intelectual, ahistórica y destemporalizada, que se desnuda de toda descripción anecdótica para buscar *lo esencial* de las cosas –desde una intuición que el poeta sabe privilegiada–, y que aspira a expresar las *inefabilidades supremas* que nos rodean, como querían los más puros románticos. Alguna vez habló, por ejemplo, de la perfección absoluta que sería el libro en blanco. Pero, a diferencia de Villaespesa o de Verlaine, al que también leería con fruición tras su estancia en París, J. R. Jiménez despojó sus versos de todo afán de comunión emocional con el lector, anticipándose así, en gran medida, a lo que Ortega y Gasset llamaría unos años más tarde *arte deshumanizado*.

En 1903 fue cofundador, junto con Pérez de Ayala (*infra*, nota 81) y el hispanoamericano Carlos Navarro Lamarca, de la revista **Helios**, la más importante del Modernismo español, y desde ese momento Juan Ramón se erige en gran abanderado de ese *movimiento jeneral y envolvente* (también quiso corregir la ortografía) que entendía como el nuevo Renacimiento del siglo XX. Lo que llama la atención es que a él, que presumió de haber sido quien llevara la obra de Rubén Darío a la Institución Libre de Enseñanza (vid. 3ª, n. 280), y llegó a hacer todo un estudio erudito de la nueva estética tras impartir cursos en varias universidades norteamericanas, le pasara totalmente desapercibida la hondura de *La lámpara maravillosa* de Valle-Inclán, o eso confesara (*supra*, nota 26). Pues allí estaban ya más que justificadas las dos búsquedas esenciales de su tarea poética. De un lado, la sorpresa fónica y conceptual a un mismo tiempo: *Ha consumado el crepúsculo/ su holocausto de escarlata...* (*Rimas de sombra*); de otro, la búsqueda de la musicalidad a través de aliteraciones y juegos de pausas: *El valle tiene un ensueño/ y un corazón: sueña y sabe/ dar con su sueño un son lánguido/ de flautas y de cantares.* (*Arias tristes*). Con ello J. R. Jiménez no hizo sino proseguir en un camino ya explorado por todos los grandes poetas del Siglo de Oro, con Garcilaso a la cabeza, a los que fue muy aficionado. En sus primeros libros –*Jardines lejanos* (1904), *Pastorales* (1905) y *Poemas májicos y dolientes* (1911)– exhibe una sensibilidad casi adolescente, marcada por sus primeras lecturas, que fueron netamente románticas: el alemán Henri Heine y Bécquer por encima de todos, a quien consideraba el auténtico iniciador de la poesía moderna en lengua española. De él heredó su concepto de la creación poética y la consideración de la melancolía como el estado de más elevada espiritualidad, algo que también se detecta en los Machado pero que a él le llevó hasta el paroxismo, además de inspirarle el título *Melancolía* para un poemario de 1912.

El libro con el que más se identificó fue el ***Diario de un poeta recién casado***, escrito durante los meses que duró su primer viaje a los Estados Unidos para casarse en Nueva York con Zenobia Camprubí, mujer de fina cultura que se convertiría en su absoluto sostén desde ese momento. Juan Ramón fue pronto consciente del valor de este libro, y se ocupó de magnificarlo sin modestia alguna[37]. Lo cierto es que los impactos emocionales recibidos por el descubrimiento de la vida americana se sumaban allí a los que le provocó el largo trayecto por el océano, que marcó para siempre su imaginario, dictándole algunos de sus mejores versos:

> *Hacia cualquier parte –al oeste,*
> *al sur, al este, al norte–,*
> *un mar de cinc y yeso,*
> *un cielo, igual que el mar, de yeso y cinc.*
> *–ingastables tesoros de tristeza–,*
> *sin naciente ni ocaso...*

La turbadora experiencia de esa travesía le llevó incluso a cambiar el título del poemario por el de *Diario de poeta y mar* en 1948; lo que confirma de nuevo el enorme poder que la imagen del mar tuvo para toda una amplia generación de escritores, que concentraron en él su búsqueda de una "esencia absoluta y eterna". También hay en el *Diario* prosas que a veces superan en calidad a sus poemas, y que dejan ver su caústica ironía o su más sutil lirismo –extremos permanentes de su talante–,

---

[37] *El* Diario *fue saludado como un segundo primer libro mío, y el primero de una segunda época. Era el libro en que yo soñaba cuando escribía* Ninfeas; *era yo mismo en lo mismo que yo quería. Y determinó una influencia súbita y benéfica en los jóvenes españoles e hispanoamericanos, y burla de todos los césares de España. La crítica mayor y mejor está de acuerdo en que con él comenzó una nueva vida en la poesía española (un "gran incendio poético", dijo uno). En realidad, el* Diario *es mi mejor libro. Me lo trajeron unidos el amor, el alta mar, el alto cielo, el verso libre, las Américas distintas y mi largo recorrido anterior.*

como cuando satiriza a viejas que van en los tranvías o elogia los cementerios en medio de las ciudades. Buen ejemplo es la que titula "Felicidad", que contiene palabras que nunca antes habían sido líricas en la poesía española: *¿Subterráneo? ¿Taxi? ¿Elevado? ¿Tranvía? ¿Ómnibus? ¿Carretela? ¿Golondrina? ¿Aeroplano? ¿Vapor?... No. Esta tarde hemos pasado New York ¡por nada! en rosa nube lenta.* Publicó este original poemario en 1917 a su llegada a Madrid, junto a *Estío* y **Sonetos espirituales**, un valioso preludio de la gran renovación que experimentaría ese gran patrón clásico, el soneto, en las siguientes décadas.

Por esas mismas fechas apareció también, con un éxito inmediato, **Platero y yo** (1917), su más famoso libro de prosa poética, escrito algunos años antes, y en el que describe en capítulos cortos, como delicados poemas en prosa, su relación con un borriquillo que es emblema de la ternura y le acompaña en medio del paisaje y las gentes de Moguer, su pueblo natal. Al año siguiente publica **Eternidades** (1918), que contiene algunos de sus versos más citados: *Inteligencia, dame/ el nombre exacto de las cosas.* [...] *que mi palabra sea/ la cosa misma,/ creada por mi alma nuevamente*; versos de evidente afinidad con lo que propugnaba el creacionismo del chileno Vicente Huidobro[38]. A lo largo de casi todo lo que aspiró a publicar Juan Ramón se observa una constante avidez de absoluto, que el poeta sólo logra satisfacer erigiéndose en una especie de dios cada vez que experimenta el poder de crear con la palabra, ejercicio para el que sin duda estaba especialmente dotado. Cual romántico decimonónico, hace de la palabra 'alma' la más repetida de toda su obra, la convierte en un centro sobre el que todo gravita, puesto que para él la realidad exterior es una ilusión –siempre se consideró platónico–, y las cosas sólo existen al ser contempladas y sentidas por la conciencia del poeta: *No sois vosotras, ricas aguas/ de oro las que corréis/ por el helecho, es mi alma.* No de otra cosa habló, en realidad, un Juan Ramón egocéntrico que dijo sentir *angustia dominadora de eternidad* –tal como podría haberlo dicho Espronceda un siglo antes–, y que

---

[38] V. Huidobro (1893-1948) llegó a España en 1918, procedente de París, con su libro *Horizon carré* recién publicado, que se convertiría en el modelo de una nueva tendencia: *¿Por qué cantáis la rosa? 'Oh poetas!/ Hacedla florecer en el poema/ El poeta es un pequeño dios...* En el creacionismo el poeta ya no se propone imitar el mundo real, sino crearlo mediante nuevas combinaciones de palabras, a las que Huidobro concede propiedades mágicas.

hasta cuando supuestamente hace poemas de amor a Zenobia sólo se autoanaliza a sí mismo[39].

Por encima de las etapas diferenciales que él mismo gustó de señalar, hay más continuidad y uniformidad en su obra que una evolución llena de cambios. Su perfeccionismo le llevó a una incesante corrección de sus escritos, de manera que son muy abundantes las variaciones sobre un mismo tema o motivo, sin que ello suponga siempre un mayor ahondamiento en los mismos. Toda su obra es una búsqueda de una realidad misteriosa e inefable –atenta siempre al más pequeño detalle–, a través del lenguaje poético, que se canaliza en poemas cortos y densos, prescindiendo de la estrofa y de la rima. Su predilección por el verso libre, que, según decía, le dictaba la contemplación del mar, quedará a partir de él sólidamente instaurada en la lírica española contemporánea. Sin embargo, su pretendida espontaneidad en el decir se llena a veces de forzadas admiraciones que envuelven de fría artificialidad muchos de sus versos, frente a la autenticidad de otros. El libro **Piedra y cielo** (1919) concentra ya su poética, y por ello influyó notablemente en ciertos poetas del 27 como Jorge Guillén, su más directo discípulo, aunque con el tiempo sería una de las muchas relaciones que acabaría rompiendo. Una de las claves fundamentales para entender a Juan Ramón es su obsesión con la idea de permanencia –*Sé bien que soy tronco del árbol de lo eterno*–, y de trascendencia: *Hojita verde con sol/ tú sintetizas mi afán;/ afán de gozarlo todo,/ de hacerme en todo inmortal*; algo que, según su admirado Unamuno, sólo se daba en los seres más espirituales[40]. La preocupación por su propia muerte y lo que quedará tras ella –*Y yo me iré/ Y se quedarán los pájaros cantando...*, motivo de la rima LVI de Bécquer–, se manifiesta en su gusto por los epitafios y en su insistencia en la fugacidad, en la efímera belleza de la rosa, pero

---

39 Una imagen más vulgar y muy distinta de él revela sin embargo la producción poética de carácter erótico que dejó inédita. Tras ser publicada recientemente, se pone al descubierto un Juan Ramón dominado por pasiones muy carnales con todo tipo de mujeres, incluidas las monjas de un convento en el que pasó dos años de su juventud.

40 *... parece que hay gentes faltas de tacto espiritual, que no sienten la propia sustancia de la conciencia, que se creen sueño de un día, que no comprenden que el más vigoroso tacto espiritual es la necesidad de persistencia, en una forma o en otra, el anhelo de extenderse en tiempo y en espacio.* (En "¡Plenitud de plenitudes y todo plenitud!", ensayo firmado en agosto de 1904).

se combina siempre con el placer íntimo de la inmortalidad de su obra poética: *Al lado de mi cuerpo muerto,/ mi obra viva*. Todo ello hace que se rodee abusivamente del tipo de vocabulario aéreo y 'etéreo' que introdujeron románticos como Espronceda, y de elementos que remiten siempre a lo intangible y lo ilimitado: el aire, el cielo, el mar y el agua, la sombra, la niebla, o las nubes, una de sus imágenes becquerianas predilectas. Lo ejemplifica bien su largo poema "Espacio", concebido en 1943 como una especie de "canto al amor cósmico" (G. Brown), que tiene detrás, sin embargo, las más interesantes vivencias de su etapa de exilio (vid. *infra*, cap. 5).

Pese a sus convicciones republicanas, Juan Ramón no reflejó nunca en su obra inquietudes políticas ni una sentida 'conciencia social', pues su proyecto de 'poesía auténtica' era para él sinónimo de perfección formal y expresión de *nobles pensamientos*, lo que consideraba incompatible con la poesía socialmente comprometida. La dedicatoria que puso a su libro *Belleza* en 1923 era elocuente al respecto: *A la minoría, siempre*; algo que le valdría la antipatía de muchos otros poetas[41]. Sin embargo, su experiencia como exiliado –Juan Ramón fue uno de los primeros españoles en elegir Cuba como inicial lugar de acogida (vid. *infra*, n. 237)– le hizo salir bastante de su 'torre de marfil', y supuso una cierta 'humanización' de sus intereses. Esto es al menos lo que han visto muchos estudiosos en sus últimos libros: la antología *La estación total con las canciones de la nueva luz* (1946), *Animal de fondo* (1949) y *Dios deseado y deseante*, publicado póstumo en 1964, en los que se acentúa la tendencia mística que mantuvo siempre, alentado por las lecturas de los principales poetas religiosos del siglo XVI.

Valoró mucho Juan Ramón el extenso poema en endecasílabos titulado **El Cristo de Velázquez** (1920) de **Miguel de Unamuno**, a quien consideraba el auténtico promotor del nuevo Renacimiento humanista –*En él empieza nuestra preocupación metafísica conciente*–, y elogió su medi-

---

[41] *Yo no soy un poeta para muchedumbres. Pero sé que indefectiblemente tengo que ir a ellas*, escribió Darío en el prólogo a Cantos de vida y esperanza, de 1905. *No creo, en ningún caso, en un arte para la mayoría* –escribe Juan Ramón–. *Ni creo que la minoría entienda del todo el arte; basta que se llene de su honda emanación*. Un credo éste que secundarían muchos de los jóvenes poetas del 27, y contra el que reaccionarían violentamente los poetas sociales de los años cuarenta y cincuenta, como Blas de Otero (vid, *infra*, n. 362).

tación religiosa sobre el famoso cuadro como *uno de los libros más hermosos de toda la lírica española*. Los juicios sobre el Unamuno poeta han sido siempre bastante controvertidos, sin embargo lo único evidente es que el filósofo bilbaíno no marcó hito alguno en la historia de la poesía, como él hubiese querido (*supra*, n. 16), a pesar de haber dejado sobrada constancia de su gran sensibilidad lírica en su prosa. Tal vez su cerebralidad fue la causa (como sucedería con su teatro: *infra*, n. 87), pues quiso trasladar sus preocupaciones sobre España y sobre el sentido de la vida humana a sus *Poesías* de 1907, a su *Rosario de sonetos líricos* (1911), a los sonetos de *De Fuerteventura a París* (1925), y a su *Romancero del destierro* de 1927. Los casi dos mil poemas escritos desde esa fecha hasta 1936 aparecieron reunidos bajo el título de *Cancionero póstumo. Diario poético*, que se publicó por primera vez en 1953.

La figura de **Antonio Machado** (Sevilla, 1875-1939) confirma que la renovación de la lírica española en el primer tercio del siglo XX fue, esencialmente, obra de poetas andaluces[42]. La personalidad y la obra de Machado son una clara antítesis de las de Juan Ramón, empezando porque para él la poesía sí fue ante todo un acto comunicativo, y eso hubo de tener su merecida compensación en la memoria colectiva. Su talante sincero y bondadoso, así como su integridad moral –la lealtad a sus ideas le llevó a ser ejemplo de dignidad en las situaciones más difíciles–, contribuyeron a hacer que la humanidad de su poesía se convirtiera en un modelo duradero en la lírica del siglo XX. Su obra, como la de todos

---

[42] La familia Machado pertenecía desde hacía generaciones a la burguesía liberal andaluza, lo que hizo que Antonio Machado Álvarez, padre del poeta, gran estudioso del folklore y profesor universitario, se vinculara pronto a los líderes de la Institución Libre de Enseñanza (fue amigo personal de Costa y Giner de los Ríos), cuyo ideario habría de marcar profundamente después la austera forma de vida del poeta. Tras dos años en París junto a su hermano Manuel (*supra*, nota 29), del que le separaban su temperamento introvertido y sus ideas políticas, ejerció desde 1907 como catedrático de francés en un instituto de Soria –donde se casará con la joven Leonor Izquierdo– y después en Baeza, Segovia y Madrid, donde se instaló en 1931, recién instaurada la República. Su compromiso como republicano le hizo participar activamente en mítines y conferencias, así como en la creación de la Universidad Popular, hechos que acabarían por conducirle a un obligado destierro durante la Guerra Civil. Tras atravesar los Pirineos por la zona catalana, murió en condiciones dramáticas junto a su madre, en Collioure, pueblecito cercano a la frontera, pocos meses antes de acabar la guerra.

los grandes, ofrece, no obstante, diferentes posibilidades de aproximación, sobre todo por la peculiar trayectoria que ha tenido su difusión. Machado pasó de ser poeta maldito durante el franquismo –apenas si se nombraba como un "estimable poeta hermano de Manuel" en los libros escolares– a emblema de la juventud progresista durante los años de la transición democrática y, por tanto, poeta eminentemente popular, como ocurrirá también con Miguel Hernández[43]. Hoy, con mayor imparcialidad sobre lo que constituye la universalidad de su obra, conviene entender por qué poetas de muy diversa procedencia siguen considerándolo como "uno de los mayores poetas de habla hispana", según afirma el Premio Nobel soviético Joseph Brodsky.

Su proximidad a la cultura francesa favoreció una admiración inicial por los poetas simbolistas que manifestaron también muchos de sus coetáneos. El Antonio Machado joven se sintió atraído por la estética modernista en su libro *Soledades*, publicado en 1903 y ampliado en 1907 con el título **Soledades, galerías y otros poemas**, para después distanciarse de aquel movimiento en el prefacio que le puso a la edición de 1917: *Adoro la hermosura; y en la moderna estética/ corté las viejas rosas del huerto de Ronsard./ Mas no amo los afeites de la actual cosmética/ ni soy un ave de ésas del nuevo gay trinar*. Pero aunque Machado se desmarca, siempre mantendrá su raíz romántica –era su genuino talante–, que se traduce en una poesía intimista de gran capacidad introspectiva; especialmente sensible a la influencia de la climatología y el paso de las horas y los meses sobre los estados anímicos: *Es una tarde cenicienta y mustia,/ destartalada, como el alma mía...* De tardes soñolientas invernales y mañanas claras de abril está sobre todo llena su poesía, en la que la luz y la claridad resultan sinónimos de fe, esperanza y juventud, hasta en el último verso que se encontró escrito a lápiz en un bolsillo de su chaqueta al morir: *Estos días azules y este sol de la infancia....* Los poemas de *Soledades* pretenden ser recorridos por las 'galerías interiores' del ser, *Mirar lo que está lejos/ dentro del alma*, desde la misma complacencia en la melancolía que ya Espronceda había encontrado en las cosas cotidianas –*Melan-*

---

[43] Muy poca gente sería capaz de recordar algún verso de Juan Ramón, y mucha, en cambio, la que sabe de memoria varios seguidos de Machado. Casi imposible es ya separar sus más conocidos versos de las melodías con las que sería inmortalizado, con gran acierto, por el cantautor catalán Joan Manel Serrat, que también pondría música a M. Hernández.

cólica luz lanza un quinqué, había escrito aquél–, y que Machado encuentra, por ejemplo, en la monotonía de una lluvia tras los cristales mientras unos colegiales estudian. Manejando símbolos que serán recurrentes en toda su obra –el camino, el río, la fuente, el mar, etc.–, la poesía machadiana resulta especialmente convincente, porque, sin ser confesional, parece surgida siempre de una experiencia vital inmediata, al menos en la memoria:

> *Como perro olvidado que no tiene*
> *huella ni olfato y yerra*
> *por los caminos, sin camino, como*
> *el niño que en la noche de una fiesta*
> *se pierde entre el gentío*
> *y el aire polvoriento y las candelas*
> *chispeantes, atónito y asombra*
> *su corazón de música y de pena,*
> *así voy yo borracho melancólico,*
> *guitarrista lunático, poeta,*
> *y pobre hombre en sueños,*
> *siempre buscando a Dios entre la niebla*[44].

Con frecuencia aparece el sueño en esa poesía primera, único terreno donde para el poeta es posible la evocación, la visión embellecida del paraíso perdido de la infancia y primera juventud –siempre escribiría Machado sintiéndose algo viejo–, que simbolizó con frecuencia en el jardín; éste sería también el escenario preferido de muchas piezas dramáticas modernistas, como lo fue el aristocrático parque abandonado para Verlaine y los parnasianos franceses. La memoria y el poder del recuerdo están en la base de la honda meditación machadiana que late en ese primer libro, y que le hace valorar sobre otros poetas a Jorge Manrique. Por otra parte, la intensa vivencia subjetiva del tiempo es lo que le lleva a interesarse por la obra de Henri Bergson, a cuyas clases de la Sorbona

---

[44] El poema tiene detrás una anécdota real del poeta que contaba él mismo: cuando tenía ocho años se perdió entre la multitud en una procesión en Sevilla y nunca pudo olvidar aquella sensación de desamparo.

llegó a asistir personalmente en 1910[45]. Junto a éste, otros son sus temas poéticos fundamentales, que él mismo llamaba *los universales del sentimiento*: la soledad agudizada ante el paisaje, la nostalgia provocada por la ausencia o la pérdida del amor, el hastío de la cotidianidad, etc.; y otros de índole metafísica, como el problema del existir ante la muerte o la búsqueda de Dios, que tanto preocuparon a su admirado Unamuno, con quien intercambiaría poemas y mantendría siempre una fluida correspondencia epistolar. Por todo ello se comprende que no compartiera Machado la creencia en la 'poesía pura' defendida por su amigo Juan Ramón, al que trató también con asiduidad y al que nunca dejó de reconocerle el mérito de haber aportado una sensibilidad musical única en la lírica española[46].

El poemario por el que obtuvo un reconocimiento unánime fue **Campos de Castilla**, que alcanzó gran éxito en junio de 1912 –con elogiosas reseñas de Azorín y Ortega en la prensa– , si bien éste le llegó al poeta en un momento de gran tristeza por la agonía de su mujer, que murió sólo dos meses después. Este hecho le llevaría a trasladarse a Baeza, pueblo de Jaén (de aspecto más castellano que andaluz) en el que vivió años de plena concentración en sus lecturas filosóficas, y en el que fue tomando conciencia de la mezquindad moral de los terratenientes, lo que le hizo añadir nuevos poemas en la edición de 1917. Con ello se completaba el itinerario biográfico que podía adivinarse en el libro, y que contribuye a su sensación de unidad. Muchos vieron en él la síntesis poética de los presupuestos éticos y estéticos del 'noventayochismo' –aunque tampoco Machado creyera en la unidad de esa supuesta 'generación'–, debido a que gran parte de los poemas suponían

---

[45] La Junta para Ampliación de estudios le concedió una beca de un año que él aprovechó para instalarse en París con su joven esposa y poder así ir a las clases de su admirado filósofo, en cuyas formulaciones creía reconocer sus propias intuiciones. Leonor empeoraría allí de su enfermedad, por lo que Machado nunca querría volver a la capital francesa.

[46] Así se lo hace saber en una de las cartas que intercambiaron: *Una tan fina sensibilidad como la de usted no existe, creo yo, entre poetas castellanos; tal dulzura de ritmo y delicadeza para las armonías apagadas, tampoco. Suavidad de sonidos, de tonos, de imágenes, de sentimiento. [...] Usted ha oído los violines que oyó Verlaine y ha traído a nuestras almas violentas, ásperas y destartaladas, otra gama de sensaciones dulces y melancólicas. Usted continúa a Bécquer, el primer renovador del ritmo interno de la poesía española, y le supera en suavidad.*

una reflexión sobre el pasado, el presente y el futuro de España a través del paisaje castellano. Algunos de ellos parecen incluso ser una versión en metro de las ideas expuestas en prosa por Baroja, como el que comienza: *Este hombre del casino provinciano...*, por ejemplo. Otros poemas traslucían la misma mirada hacia el mundo rural y los trabajadores del campo que Zuloaga o Solana habían mostrado en sus cuadros por la misma época: *Un año más. El sembrador va echando/ la semilla en los surcos de la tierra./ Dos lentas yuntas aran,/ mientras pasan las nubes cenicientas...* Pero la mayoría de aquellos versos de Machado estaban claramente escritos desde una idea muy concreta: la decadencia que la tierra y las gentes castellanas dejan ver en su apariencia gris y seca. La idea de que lo que fue dorado ayer es ya sólo un amarillo moribundo, aunque bello, en el presente:

> *¡Oh tierra triste y noble,*
> *la de los altos llanos y yermos y roquedas,*
> *de campos sin arados, regatos ni arboledas;*
> *decrépitas ciudades, caminos sin mesones,*
> *y atónitos palurdos sin danzas ni canciones*
> *que aún van, abandonando el mortecino hogar,*
> *como tus largos ríos, Castilla, hacia la mar!*
> *Castilla miserable, ayer dominadora,*
> *Envuelta en sus andrajos desprecia cuanto ignora.*
> *...*
> *La madre en otro tiempo fecuna en capitanes*
> *madrastra es hoy apenas de humildes ganapanes...*

La abundante adjetivación machadiana no deja lugar a dudas sobre las preferencias semánticas que dominan en *Campos de Castilla*: *adusta tierra, roca y pedregales, calvas sierras, famélicos galgos, oscuros encinares* y, de vez en cuando, una *pradera de velludo polvoriento/ donde pace la escuálida merina*; con unos adjetivos recurrentes –'arruinado', 'decrépito', 'denegrido', etc.– de coincidencia sorprendente con las descripciones que se daban en textos románticos como *El estudiante de Salamanca* (vid. 3ª, n. 173). Un ámbito, en fin, de *sombrías soledades*, que termina provocando siempre en el ánimo del poeta una *agria melancolía*, pero que suponen consuelo para la intimidad dolorida del poeta: *... tardes de Soria, mística y guerrera,/ hoy siento por vosotros, en el fondo/ del corazón, tristeza,/ tristeza que* *es amor! ¡Campos de Soria/ donde parece que las rocas sueñan,/ conmigo vais!...* Ese romanticismo, el mismo que le llevó a disfrutar de lentos viajes contemplativos en vagones de trenes de tercera, es el que explica también su gusto por el viejo romancero hispánico (compartido con su tío, el erudito A. Durán: 3ª, n. 146), como ejemplifica de forma espléndida "La tierra de Alvargonzález", en el que destaca Machado la mezquindad del hombre castellano, capaz de matar por una herencia; una visión negativa que se encuentra también en poemas como "El hospicio", "Un loco" o "Un criminal", títulos que vuelven a ser deudores de la poesía de Espronceda y la del Meléndez más social (vid. 3ª, n. 170). Dentro de su romántica valoración de formas métricas medievales, es significativa la admiración que Machado dice sentir por Berceo, cuyo uso del alejandrino logró definir líricamente, imitando como pocos su ritmo: *Su verso es dulce y grave: monótonas hileras/ de chopos invernales en donde nada brilla;/ renglones como surcos en pardas sementeras,/ y lejos, las montañas azules de Castilla*[47]. Su poética de lo simple y elemental está ya insinuada en ese gusto: sencillez sintáctica, sobriedad en la expresión, que quiere desnuda de adornos y retóricas, en versos tendentes siempre a la asonancia y a todo recurso próximo al habla. Sin llegar a ser sistemático, recogió sus ideas al respecto en una breve poética redactada en 1931 para la *Antología de poetas españoles* de Gerardo Diego, quien sería su poeta preferido del grupo del 27, así como en algún discurso puesto en boca de su Juan de Mairena (vid. *infra*). Aunque desde 1915 Machado había ido recopilando minuciosamente todas las reflexiones que le dictaba su oficio en el libro de apuntes dispersos que bautizó como *Los complementarios*.

En 1924 publica **Nuevas canciones**, libro enteramente inspirado en los metros y los tonos de la llamada poesía tradicional. La canción y la copla propia del folklore son moldes que le sirven a Machado para expresar en versos sentenciosos de arte menor (de ocho o menos sílabas), su propia filosofía[48]. Añade por ello nuevos "Proverbios y canta-

---

[47] A diferencia de los poetas medievales, Antonio Machado no valoraría la oralidad en la ejecución de su poesía: *Recomiendo no leer nunca mis versos en alta voz*, escribía hacia 1919. *No están hechos para recitados, sino para que las palabras creen representaciones.*

[48] Su hermano Manuel diría de él que era *el más fuerte y hondo poeta español*, precisamente porque *trabaja para simplificar la forma hasta lo lapidario y popular*. Recuérdese que Machado cultivó su vocación filosófica incluso de forma

res" a los ya escritos, algunos de los cuales Juan Ramón le publicaría en la revista *Índice* al año siguiente: *Más busca en tu espejo al otro,/ al otro que va contigo*, etc. Esa misma defensa que hicieron los hermanos Machado del sentir y el saber popular andaluz que se manifiesta en los estribillos –lo habían respirado en su familia (*supra*, n. 42)– fue entonces compartida por algunos de los jóvenes poetas de la llamada Generación del 27. Lorca escribe canciones y romances gitanos por esas fechas, y Alberti gana nada menos que el Premio Nacional de Literatura ese mismo año por *Marinero en tierra*, con el voto del propio Machado, que formaba parte del jurado (*infra*, nota 166). Esa poesía de carácter epigramático llenó su última etapa, revelando además la parte de su carácter más ingeniosa e irónica, que es la que propició sobre todo su creación de dos geniales heterónimos: Abel Martín y Juan de Mairena, contemporáneos de los que inventaría el portugués Fernando Pessoa con similares fines. Un diálogo consigo mismo, desdoblado en las personalidades de otros poetas profesores, es lo que fundamentalmente consigue Antonio Machado al publicar en 1926 en la *Revista de Occidente* (vid. *infra*) *De un cancionero apócrifo,* que atribuyó a su *alter ego* Abel Martín. Ello le permitió recopilar sus poemas y fragmentos de conferencias con sus propias glosas, en unas cuantas páginas que se pretendían transcribir de creaciones y discursos reales sacados de la imaginaria biografía de su personaje. Pero en esos años no son sólo satisfacciones intelectuales las que llenan la vida de Machado. Una pasión tardía e imposible le inspira una serie de poemas dados a conocer por primera vez en 1929 como *Canciones a Guiomar*, el nombre literario que dio a la poeta Pilar Valderrama, a quien convertiría en su *diosa* en una larga correspondencia (muy polémica en su momento) que justifica el que la penúltima lírica del poeta fuera, en buena medida, una renovación del 'amor cortés'[49].

---

  académica: desde que en 1915 se matriculara por libre en la universidad madrileña, asistió con cierta regularidad a las clases de Filosofía de Ortega, ante quien llegó a examinarse de Metafísica en 1917.
[49] La obligación del secreto por ser ella dama casada condicionó tanto la expresión de los versos machadianos como lo hizo en los de los antiguos trovadores provenzales. De sus varios años de relación, cortada bruscamente al estallar la guerra, sólo se han podido atestiguar sus frecuentes citas clandestinas en apartados cafés madrileños.

La obra fundamental para conocer la complejidad y la modernidad del pensamiento de Machado, al tiempo que la hondura de su sensibilidad, es sin duda *Juan de Mairena*, que fue apareciendo por entregas en el *Diario de Madrid* y *El Sol* desde 1934, y luego ya como libro en 1936 (*supra*, c. n.14). Con una prosa amena y sencilla expone los supuestos diálogos mantenidos por un maestro a sus discípulos, demostrando con ello su fe en la dialéctica como fórmula para buscar la propia interioridad, en confrontación siempre con la de los otros. Aborda una infinidad de temas con variados tonos: desde las reflexiones más serias en torno al tiempo, la lógica, el valor de la palabra hablada, el nacionalismo o la esencia de varios movimientos artísticos –interesantes sus apreciaciones sobre dos tipos de romanticismo, por ejemplo–, a observaciones sobre comportamientos humanos más o menos satíricas. A través de Juan de Mairena no sólo se revela el atento lector crítico que fue, sino que se proyectan también las inquietudes cívicas que llevaron a Machado a tomar partido activo en defensa de todos los principios éticos y de justicia social en los que creyó firmemente[50]. De todo ello, son las páginas de teoría literaria las que más trascendencia tendrían por el momento en que se escribieron. Por un lado, están sus prudentes criterios sobre el teatro, género que Machado cultivaría con cierto éxito en colaboración con su hermano (vid. *infra*, cap. 3). Por otro, los atrevidos juicios 'contracorriente' con los que Machado atacó las dos sectas antagónicas que, a su juicio, dividían a los poetas modernos: *La de aquéllos que pretenden hacer lírica al margen de toda emoción humana, por un juego mecánico de imágenes, lo que no es, en el fondo, sino un arte combinatorio de conceptos hueros* –comentario que disgustaría especialmente a Juan Ramón–, *y la de aquéllos otros para quienes la lírica, al prescindir de toda estructura lógica, sería el producto de los estados semicomatosos del sueño*. Expuso allí tam-

---

[50] En 1922 fundó con algunos amigos la Liga de los Derechos del Hombre. En 1926 unió su firma a la de Unamuno, Marañón y Blasco Ibáñez en el llamamiento de la Alianza Republicana, como hizo siempre que consideraba necesaria su colaboración en este sentido. Pese a declararse antipartidista, y contrario a la politización de los escritores, en febrero de 1931 llegó a presidir en un teatro de Segovia el primer acto de la Agrupación al Servicio de la República, a la que pertenecían también Ortega y Pérez de Ayala. En 1935, con Valle-Inclán y otros, entra a formar parte de la Asociación Internacional de Escritores para la Defensa de la Cultura, patrocinado por Romain Rolland.

bién su profundo desagrado ante la *frigidez* de la lírica que no trasluce *el sentir individual* —según palabras usadas ya en el discurso para su entrada en la RAE en 1927 que nunca llegó a pronunciar–, así como su rechazo del ornato poético barroco, el culto de la metáfora en sí mismo, y, en fin, del gongorismo que se había impuesto como moda entre el nuevo grupo de poetas españoles, con los que habría de mantener una tibia relación. Sólo la Guerra Civil, a través de exaltadas proclamas radiofónicas, pudo hacer que se unieran sus últimas *Poesías de guerra* (1937) con los textos de poetas mucho más jóvenes que compartieron su idea de la nueva misión que debía de tener el escritor: ... *Si mi pluma valiera tu pistola/ de capitán, contento moriría*. ("A Líster, jefe en los ejércitos del Ebro"), etc. Pero ésos eran ya definitivamente otros tiempos, en los que el vocabulario bélico se iba infiltrando en la lírica de muy distintos poetas, mientras unos cuantos ensayaban una épica imposible (vid. *infra*, cap. 5).

2. Los renovadores de la novela

En 1902 se publicaron cuatro novelas que parecían abrir, como preludios simultáneos, nuevos caminos en la narrativa española: *Camino de perfección* de Pío Baroja, *La voluntad* de Azorín, *Amor y pedagogía* de Unamuno y *Sonata de otoño* de Valle-Inclán. Se trataba, sin embargo, de novelas muy distintas y sólo unidas por el hecho de dejar al margen la situación política concreta. La de un país inmerso en una grave crisis institucional, justo al comienzo del reinado de Alfonso XIII (1902-1931), mientras se multiplicaban los problemas internos, que irían dando paso a reivindicaciones populares cada vez más violentas. Y si estas cuatro narraciones no lograron gran éxito en el momento en que fueron publicadas fue tal vez, precisamente, porque estaban escritas desde el mundo propio y personalísimo de sus autores. El modelo que seguía teniendo la máxima aceptación del público era Pérez Galdós, cuyo legado ideológico y estético resultaría fundamental además para muchos, por más que alguno de esos novelistas lo denostara[51].

---

[51] Es famoso el apelativo 'Don Benito el garbancero' con el que Valle-Inclán se permitió reprocharle a Galdós su facilidad para llegar a las masas popula-

En el empeño de marcar hitos diferenciales coincidentes con los cambios de siglo, algunos historiadores de la literatura suelen hablar de una "crisis del realismo" para referirse a los treinta años de 'Edad de plata' que se inician con la fecha arriba indicada. Sin embargo, esa supuesta crisis queda totalmente en entredicho cuando se consideran ciertos datos objetivos. Es verdad que los nuevos narradores manifestaron un claro desprecio por las novelas del último tercio del siglo XIX, pero ello se basó en una razón muy específica. Lo que no les interesaba era el tipo de observación de la realidad que en general presentaban, por considerarla, antes de cualquier otra cosa, falsa. A ello se van a referir casi todos, y especialmente Azorín o Baroja en sus reflexiones teóricas sobre la enunciación y la estructura de la novela. Fue un determinado tipo de novela realista, por tanto, lo que rechazaron: aquélla que simulaba imitar lenguajes y comportamientos humanos desde realidades que resultaban previamente 'adulteradas' de alguna manera por la mirada de sus autores, embelleciéndolas en la mayoría de los casos, como pudieron hacer Pereda o Valera. Una razón filosófica debió de influir definitivamente en este cambio: si se pensaba que la vida estaba regida por el absurdo, o al menos por reglas sin sentido, aún lo tenía menos intentar copiarla. A esto se le unía la idea —tan extendida en toda Europa— de que el verdadero arte no residía en la originalidad de un motivo o argumento, sino en la capacidad de centrar la atención del receptor en la manera de tratarlo; lo que propiciaría que se volviera sobre viejos mitos, como el del don Juan, y sobre temas de larga raigambre literaria. Los nuevos autores manifestaron además un mayor interés por experimentar con la perspectiva del narrador. Ello incluía el deseo de trascender el punto de vista omnisciente, que les parecía demasiado limitado, o incluso inviable por la seguridad moral que exigía, según probaba bien *La Regenta*, por más que se abstuviera finalmente, como *Fortunata y Jacinta*, de proponer soluciones. En cualquier caso, lo que resulta claro al leer las reflexiones de aquellos autores es que la modernidad del género se buscó, paradójicamente, tratando de hacer un realismo menos 'realista' pero más fiel a lo real, como quería Unamuno (Salaün*).

---

res, como si la suya fuera una filosofía 'de cocido madrileño', demasiado pedestre para las nuevas exigencias intelectuales. Su inquina personal se agudizó cuando Galdós prohibió representar uno de sus primeros dramas: vid. *infra*, cap. 3.

¿Cuáles eran los gustos lectores? ¿Qué era lo que en verdad se demandaba y leía? Es esta una información indispensable para entrar en el complejo balance de lo que ocurrió con la herencia de la novela del siglo XIX. Por un lado, están los modelos extranjeros que los nuevos narradores reconocen seguir admirando: Sthendal, Flaubert y Tolstói a la cabeza, y otros novelistas rusos de las dos décadas anteriores, como Gorki, que seguían difundiéndose entre las numerosas traducciones que se hicieron en la época. Por otra parte, es también significativo que uno de los novelistas que mejor pudiera vivir de su pluma fuera el asturiano **Armando Palacio Valdés** (vid. 3ª, n. 265), quien todavía en 1920 era muy solicitado por los editores y traducido a varios idiomas[52]. De todas las novelas que escribió desde principios de siglo merecen reseñarse *Tristán o el pesimismo* (1906), sobre una personalidad que debe su fracaso a su pobre visión de la Humanidad –quizá su novela más profunda y por ello su preferida–, y otra donde aflora su propio desencanto, *La aldea perdida*, publicada en 1909 pero escrita en 1903. Alejada del feliz costumbrismo regionalista que practicó en sus orígenes, se ambienta en un pequeño pueblo asturiano para plantear una tesis inmovilista, defensora de valores patriarcales, tal como lo habían hecho algunas 'novelas de tesis' de Pereda (vid. 3ª, n. 263). Allí la mina y los avances como el ferrocarril que la riqueza trae consigo son presentados como agentes destructores de una idílica Arcadia, la tierra inocente y llena de valores cristianos que era cuando no tenía "humo de chimeneas ni estruendo de maquinaria"[53]. Lo interesante es que este planteamiento

---

[52] El testimonio es de José Ortega Munilla, padre del filósofo: *Los libros de Palacio se venden muchísimo. Las ediciones se multiplican. Tal vez sea el autor que más gana con sus escritos. [...] Gustan de él aquí y allá, los viejos y los nuevos, el reaccionario y el reformista.* En esta época, siendo miembro de la Real Academia Española (ocupando el sillón dejado por Pereda), además de novelas, Palacio escribió cuatro colecciones de cuentos, como *Los papeles del doctor Angélico* (1911), o *El pájaro en la nieve y otros cuentos* (1925), unas memorias de juventud, *La novela de un novelista* (1921), y un curioso tratado histórico antifeminista con el título de *El gobierno de las mujeres* (1931). Pese a su continuado éxito durante décadas, fue desastroso su final: durante la Guerra Civil pasó enfermo graves penurias en Madrid, viviendo de la caridad de amigos, y murió en la más absoluta pobreza en enero de 1938.

[53] Nótese que en la tesis de *La aldea perdida* latía el mismo miedo que manifestaron tantos costumbristas que escribieron sobre Galicia desde el *Semanario*

de Palacio Valdés no andaba lejano de la fe en la inocencia y sincera religiosidad del campesino vasco que manifestaba Unamuno en su novela *Paz en la guerra,* ni de los textos en defensa del carlismo que escribía Valle-Inclán en ese momento (vid. *infra*).

También las novelas cortas y los cuentos de este periodo fueron eminentemente realistas o naturalistas, como muestran las colecciones de cuadernos semanales que empezaron a publicarse a partir de 1907. A la más famosa de ellas, **"El Cuento Semanal"**, que apareció en ese año con un formato parecido a los *magazines* de moda, le siguieron otras colecciones que podían comprarse barato y que tuvieron gran éxito popular –con tiradas de hasta 60 000 ejemplares–, por lo que constituyeron un gran incentivo para los narradores de todo tipo: "Los Contemporáneos" (1909), "La novela corta" (1915), "La Novela Semanal" (1921), "La Novela de Hoy" (1922) o "La Novela Mundial" (1926). Se trató de una verdadera revolución editorial y literaria que debe tenerse muy en cuenta, ya que de ella se beneficiaron prácticamente todos los autores del momento, desde los que suelen clasificarse injustamente como 'rezagados naturalistas' hasta los que merecen con pleno derecho nombrarse como grandes renovadores de la novela.

Secuelas del naturalismo

Que el naturalismo seguía plenamente vigente tanto en la novela como en el teatro lo demuestran varios hechos. El primero, que en la explosión de traducciones de novelistas extranjeros que se produce en esta época abundaran las de aquellos que se afiliaron a la estética naturalista, como el portugués Eça de Queirós (*O primo Basilio* y *O crime do Padre Amaro,* 1875) o el italiano Gabriele D'Annunzio, cuya novela *Il piacere* (*El placer,* 1889) fue de las más leídas. Pero además estaban las reediciones de las novelas de los naturalistas más convencidos, como Ortega Munilla (*supra*, nota 52) y el hispano-cubano **Eduardo Zamacois,** fundador de la colección "Los contemporáneos", que siguió editándose has-

---

Pintoresco Español, y el propio Bécquer o Alarcón en sus respectivas reflexiones viajando por España en tren: vid. 3ª, nota 228.

ta 1926, y comprometido novelista[54]. Merece destacarse a **Jacinto Octavio Picón** (Madrid, 1852-1923), quien abrió precisamente la colección de "El cuento semanal" con una narración suya titulada *Desencanto*. Perteneciente a una generación ya madura entonces, abordó sin embargo un nuevo planteamiento de las relaciones sentimentales y eróticas, por denunciar la visión tradicional del matrimonio y del adulterio, y hacer una consideración especial de la mujer dentro de la nueva sociedad urbana. Una estupenda novela suya, *Dulce y sabrosa* (1891), conoció varias ediciones por la originalidad con la que abordaba el donjuanismo —volvería sobre ello en *Juanita Tenorio* (1910)—, en una amena historia narrada con excelente humor y fresca prosa que habría de dejar huella en los mejores novelistas de este periodo.

La mujer fue también tema central en la obra de **Felipe Trigo** (Badajoz, 1865-1916), quien encaminó las teorías naturalistas a defender su particular propuesta revolucionaria: la liberación sexual como única vía de la salvación colectiva. Su idea del 'amor como elemento capaz de reforma moral y social' formaba parte, en realidad, de toda una utopía vitalista y regeneradora, que a veces expuso con fino humor[55]. Desde ese ideal escribió novelas como *Las ingenuas* (1901), *La sed de amar* (1905) o *La bruta* (1908) —la historia de una joven burguesa extremeña que se echa a perder al relacionarse con la bohemia intelectual madrileña—, que trataban todas ellas de las trabas y tabúes que impedían desarrollar una adolescencia sana en el medio burgués provinciano. Este tema, que interesó también al primer Baroja y a Pérez de Ayala (vid. *infra*, n. 81), habría de adquirir una especial trascendencia en la novela de mediados de siglo. Es fácil deducir que Trigo no fuera bien recibido por la socie-

---

54 E. Zamacois había nacido en Cuba en 1876, pero creció en Madrid, donde empezó muy joven a ejercer el periodismo. Tuvo fama de escritor erótico por novelas como *El seductor* (1902) o *Memorias de una cortesana* (1904), pero en realidad a partir de 1905 abordó una temática social estrechamente ligada a sus convicciones republicanas, que le llevaron a ser cronista de guerra en 1936 y a publicar alguna novela propagandística justo antes de su exilio en América.

55 Expuso su teoría en el ensayo *El amor en la vida y en los libros* (1907), y lo interesante es que viniera de parte de un médico militar de profesión cuyos desequilibrios e imposibilidad de adaptación a la sociedad le llevaron al suicidio en 1916. No se olvide que médicos fueron también los inspiradores de la teoría naturalista en Francia: vid. 3ª, n. 288.

dad conservadora de entonces, que llegó a calificar de 'pornográficas' sus novelas, como le sucedería a C. J. Cela después; pero sorprende, en cambio, el hecho de que el propio Clarín lo calificara de *corruptor de menores* después de leer otras dos novelas suyas: *Sí sé por qué* y *En camisa rosa*, ambas de 1916. Su experiencia como médico (tan importante como lo fue en Baroja y lo sería en Martín Santos décadas más tarde), hizo que entre sus quince novelas extensas hubiera además algunas de clara denuncia social, como *El médico rural* (1912), tejida con experiencias autobiográficas, sobre la ignorancia y miseria del campesino extremeño. Mucho más conocido es, en cambio, su particular ataque contra el caciquismo, aun más radical que el de Galdós (*supra*, n. 278): **Jarrapellejos** (1914), cuya influencia se siente en casi todas las novelas posteriores que abordaron el tema, hasta *Los santos inocentes* de Miguel Delibes (1981).

Los cambios que se dieron en la evolución del naturalismo español resultan fundamentales para comprender algunas de las mejores novelas del momento. Se tendió a la exploración de nuevos ambientes degradados –y no sólo moralmente, como el prostíbulo, que ya figuraba en las novelas francesas originarias–, ya fueran barrios urbanos desolados o zonas rurales absolutamente deprimidas. Y sobre todo se dio una mayor importancia a la psicología en la narración, debido al interés en examinar pasiones humanas extremas y destructoras –la humillación y la dominación erótica, etc.– que generaron nuevos protagonistas pusilánimes y enfermizos, o incluso malditos. Todo ello se manifestó a través de tendencias diversas, pero unificadas por el hecho de concebir la novela como "una forma de denuncia de lo arbitrario, insolidario y represivo de la sociedad tradicional burguesa" (J. C. Mainer*).

El mejor exponente de la renovación de los intereses sociológicos en la novela es sin duda **Vicente Blasco Ibáñez** (Valencia, 1866-1928), cuya amplia producción novelesca atraviesa los dos siglos, burlando de alguna manera las clasificaciones generacionales a las que hemos venido haciendo referencia. Como todo autor realista de finales del XIX, empezó publicando sus novelas a modo de folletines por entregas, hasta alcanzar un gran éxito de público[56]. Se inició en la novela tomando como

---

56 Publicó las primeras en *El Pueblo* de Valencia, y después fue ganando progresivamente adeptos, pasando de tener ediciones de 500 ejemplares a tiradas

modelo los principios naturalistas de Zola –fue llamado incluso 'el Zola español'– aplicados a la novela social, que dirigió al análisis de los distintos ámbitos vitales de su región natal. Así, su novela *Arroz y Tartana* (1894) está ambientada en la ciudad mercantil; *Entre naranjos* (1900) y **La Barraca** (1899) –novela que recibió estupendas críticas de Clarín y Unamuno–, en la huerta; y **Cañas y barro** (1902) se centró en la vida de los pescadores de la Albufera. Con ellas intentaba desmitificar la imagen de una Valencia rural bucólica y armónica, destapando la violencia soterrada en los campesinos y justificándola por estar sometidos al dominio de un patrón que los reduce a meras bestias de carga. Aunque muchos lectores se quedaran en el atractivo superficial de las historias de amor en marcos típicos –tan lejanas, por cierto, de las gentes mediterráneas que retrataría después Gabriel Miró–, el regionalismo de este ciclo valenciano de Blasco se situaba en los antípodas del de Pereda y otros antecesores (vid. 3ª, notas 261-262). La razón es que él escribía desde convicciones revolucionarias de republicano federalista, que le llevaban a denunciar especialmente el atraso de la educación rural, apuntando además sus causas, según el precepto zoliano sobre lo que debía ser la misión del escritor. Ese asunto fue el que centraría precisamente su atención en las novelas de su siguiente etapa, caracterizada por una radicalización de sus ideas políticas.

Blasco Ibáñez volvió también sobre el patrón de la 'novela de tesis' (vid. 3ª, nota 263) en cuatro textos que planteaban utopías sociales, ambientadas en distintos escenarios de la geografía española: **La catedral** (1903), **El intruso** (1904), **La bodega**, y **La horda** (ambas de 1905). Estéticamente, se les ha reprochado el esquematismo que era propio en ese género, como la división maniquea de personajes simbólicos, a favor

---

de 100 000 hacia 1920, por lo que cabe considerar a Blasco Ibáñez el pionero de los *best-seller* en España. Ejerció el periodismo desde muy joven, al tiempo que comenzaba su activismo político antimonárquico, inseparable de su creación literaria durante toda su vida. Por su decidida defensa de la causa aliada durante la Primera Guerra Mundial, obtuvo el mérito de la Legión de Honor de parte del gobierno francés. En Niza se exilió durante la dictadura de Primo de Rivera, y en Francia moriría después de conocer un multitudinario éxito internacional como no conoció entonces ningún otro escritor español, gracias a que algunas de sus novelas, como *Los cuatro jinetes del Apocalipsis* (1916) o *Mare nostrum* (1917), fueran llevadas al cine en Hollywood.

siempre de los "proletarios portavoces del nuevo orden" (como los define algún crítico), los largos discursos didácticos, la moraleja que terminan encerrando y los finales con acciones terribles[57]. Y han llegado a verse como híbridos erróneos, incluso, por su pretensión de fundir dos elementos absolutamente antitéticos: el determinismo del naturalismo y el optimismo de las tesis revolucionarias. Sin embargo, son novelas de un gran interés ideológico que tienen mucho que ver con la trilogía *La lucha por la vida* de Baroja, escrita por los mismos años, que llegó a inspirarlas, aunque no hubiera allí la misma fe en la idea de una posible transformación social que tuvo el valenciano. En todos los casos trata Blasco Ibáñez temas de gran actualidad. En *El intruso* se adentra en la conflictividad existente entre las distintas facciones de la minería vasca, contraponiendo la figura de un médico de humildes mineros a los jesuitas de Deusto y a los enfurecidos obreros industriales bilbaínos, en un ambiente muy similar al que había creado Palacio Valdés una década antes en su novela *La espuma* (3ª, c. n. 265), pero con propósitos opuestos[58]. *La bodega* es reveladora de la agitación y el descontento que existía entre los campesinos de los latifundios jerezanos, en tiempos en que se extendían por Andalucía las doctrinas libertarias de Bakunin, y grupos como La Mano Negra cometían atentados como los que desembocaron en la Semana Trágica de Barcelona (1909). En este sentido, Blasco Ibáñez adelanta conflictos que volverían a pasar a primer plano tres décadas después, por la violencia desesperada de la CNT en momentos previos a la Guerra Civil. Y sobre todo traslada a la novela la denuncia del modelo de dominación oligárquica que se estaba sometiendo a vigoroso debate en ese momento; el primitivismo de sus dirigentes ya había sido satirizado décadas antes en la *Doña Perfecta* de Galdós (vid. 3ª, n. 278), pero tenía ahora una exposición rigurosa en

---

57 Son muchas veces crímenes ejecutados por una muchedumbre, como sucedía en *Germinal* de Zola. *La catedral*, por ejemplo, termina con el asesinato del idealista anarquista que la protagoniza, tras comprobar que no era tan grande como pensaba el altruismo del proletariado.

58 Entre sus protagonistas hay un doctor de ideología radical que defiende a los trabajadores, y en ella se ataca a la alta sociedad de Madrid mientras "presenta en estudiado contraste los mineros de las minas de mercurio de Riosa, muertos de hambre y embrutecidos, trabajando con sus hijos en el ambiente contaminado de la mina para financiar los adulterios de los accionistas" (D.L. Shaw).

Oligarquía y caciquismo (1901-1902), el gran tratado sobre el colectivismo agrario del aragonés Joaquín Costa[59].

Lo más interesante es el modo en que el novelista valenciano se enfrentó al que fue el gran tema hegemónico del periodo, como se ha dicho: el mundo del campo y el abandono en que se encuentra el campesinado, frente a la actividad frenética de la ciudad en busca de progreso[60]. Se podría sacar una excelente lección sólo a través de cómo trataron a los campesinos y desheredados todos esos autores, pero leyendo a Blasco Ibáñez se hacen más elocuentes las diferencias entre unos y otros, ya que su actitud es de las más unívocas. De entre esas novelas que trataron especialmente el tema, el contraste mayor se da con *La aldea perdida* de Palacio Valdés (*supra*, n. 53). Cuando la tesis antiprogresista del asturiano se compara con la de *La bodega*, se observa que ambos hicieron novelas de pretensión educativa, pero con sentidos totalmente opuestos. Por ejemplo, al igual que Zola en *La taberna*, ambos exhortan a abandonar la esclavitud del vino, como otro 'opio' embrutecedor manejado por los caciques para dominar al pueblo. Sin embargo, el final de Blasco, a diferencia del fatalismo de Palacio, dejaba abierta una brecha de esperanza para el obrero urbano, que no había tenido aún su papel protagonista en la novela española, aunque sí en el teatro: *Más allá de los campos estaban las ciudades, las grandes aglomeraciones*

---

[59] El gran mérito intelectual de Costa (Huesca, 1846- 1911) aumenta a la luz de su biografía. Procedente de una pobre familia campesina, se vio obligado a trabajar duramente como albañil para pagarse sus estudios; y fue precisamente trabajando como obrero en el pabellón español de la Exposición Universal de París de 1867 donde tomó verdaderamente conciencia del atraso económico y cultural de España. Ello le llevaría a vincularse a la ideología krausista en la universidad, llegando a ser profesor de la Institución Libre de Enseñanza y especializándose después en estudios jurídicos, lo que le permitió escribir con gran autoridad ese tratado por el que es considerado 'padre del Regeneracionismo español'.

[60] Las cifras socioeconómicas son elocuentes. En 1900 la sociedad española tenía un "abrumador predominio rural: de sus 18,6 millones de habitantes, 12,6 vivían en núcleos de población de menos de diez mil, lo que se traducía en un insoportable peso de la población activa dedicada al sector primario. De los 7,4 millones de activos que por entonces contaba la economía española, nada menos que 5,2 se ocupaban de agricultura y pesca: un pavoroso 71% de la población activa. [...] En 1920, de los 7,8 millones de activos, los ocupados en el sector primario habían bajado medio millón respecto a la cifra de 1900, hasta no ser más que 4,6 millones" (Santos Juliá).

de la civilización moderna, y en ellas otros rebaños de desesperados, de tristes, pero que repelían el falso consuelo del vino... y mientras el rústico permanecía en el campo, con la resignada gravedad del buey, el desheredado de la ciudad despertábase, poníase en pie... Sólo cuatro años después escribía Galdós en *El caballero encantado* (1909): *Noble era el arado; mas la barra y su manejo agrandaban y hermoseaban la figura humana...* Y de telón de fondo, los tiempos de tensión entre industriales y agrarios que se dieron en la realidad española durante décadas.

Pío Baroja y el nuevo realismo

Pío Baroja (San Sebastián, 1872-1956) es uno de los narradores más prolíficos y completos de toda la literatura española, debido fundamentalmente a su exclusiva dedicación a la novela[61]. Antes de cualquier otra consideración, cabe decir que el principal mérito de Baroja reside en un don natural que sólo tienen los más grandes escritores: conseguir crear tal atmósfera en cada una de sus novelas que, tras su lectura, al lector le resulta difícil salir emocionalmente de ellas. Esa unidad de impresión, cualidad que él mismo exigía al buen relato, surge en principio en su prosa de un extraordinario "poder de captación de lo ambiental con recursos esencialmente poéticos" (J. C. Mainer). Pero también de toda

---

[61] Nacido en una familia de inquietudes artísticas y mentalidad abierta (su padre, ingeniero de minas arrastró a la familia por diversas ciudades españolas), su primera vocación fue la Medicina, estudios en los que se doctoró en 1893 con una tesis titulada "El dolor. Estudio de psicofísica", y que le llevaron a ejercer como médico en un pueblo de Guipúzcoa. Al decidir trasladarse a Madrid, aceptó trabajar en el negocio de panadería que regentaba su familia, lo que le permitió entregarse de lleno a la literatura desde 1900. A escribir numerosos artículos y más de un centenar de relatos dedicó una vida totalmente concentrada en su propia soledad, aunque llena también de frecuentes viajes por diversos países extranjeros, de los que dejó numerosas huellas en sus escritos. En 1914 se declara germanófilo y, a diferencia de la mayoría de su generación, pasó de su anarquismo juvenil a repudiar el republicanismo radical y a simpatizar con el fascismo, hasta el punto de exiliarse a Francia durante los años de la Guerra Civil y no regresar a España hasta 1940, manteniéndose apartado desde entonces de la vida pública hasta su muerte en Madrid en 1956.

una filosofía de las relaciones entre la vida misma y la novela. En sus muchas consideraciones teóricas, Baroja demostró entenderla ante todo como un género abierto a posibilidades infinitas, y despreocupado siempre de las tramas argumentales perfectamente trazadas de antemano. Si algo percibía como esencialmente falso de la novela del siglo XIX era la estructura coherente dirigida hacia un final cerrado, puesto que para él las grandes novelas eran siempre las desordenadas: empezando por el *Quijote* y llegando a *Robinson Crusoe*, *Guerra y Paz* o *La cartuja de Parma* de Sthendal, que consideraba uno de los supremos modelos del arte novelesco.

La preferencia de Baroja por la novela 'de argumento disperso', según la denomina, construida por sartas de episodios, hace que muchos de sus relatos contengan demasiados sucesos que pasan precipitadamente, y a los que el autor se abstiene de dar sentido (J. Alberich). La razón de ello es que Baroja no parece creer en soluciones filosóficas, políticas o sentimentales que den respuesta a problemas generales. Sus historias muestran así un cierto halo de irracionalismo, una presencia de fuerzas ciegas que se entrecruzan y chocan, de modo que –en medio de constantes referencias a Nietzsche y a Darwin, entre otros–, "Baroja no ve por ningún lado un orden o sistema que explique o simplemente dé cuenta de cómo funciona la sociedad" (D. Ynduráin). Lo que impide, lógicamente, cualquier tentación pedagógica. Detrás de esto estaba su consideración de la vida del hombre como un simple hecho biológico sin consecuencias, no dirigido hacia ningún fin preciso y, por tanto, sin un sentido trascendente. De ahí que se sitúe Baroja en los antípodas de la novela que aísla un 'trozo de vida' para analizarlo a fondo: *Mejor que esa unidad simulada que ofrece en general la novela francesa, prefiero la narración que marcha al azar, que se hace y deshace a cada paso, como ocurre en la novela española antigua, en la inglesa, y en las de los escritores rusos.*[62] Afirmación particularmente interesante si se tiene en cuenta el gran conocimiento que el novelista vasco tenía de los folletinistas franceses, a los que leyó con fruición en su juventud (vid. 3ª, n. 244). A ellos debería muchos elementos formales y aun ideológicos, junto a la influencia que, al igual

---

[62] Por su libro *Juventud, egolatría* (1917) conocemos todas sus fobias y sus filias: hay una sección de "Admiraciones e incompatibilidades" en la que sólo alaba sin reservas a los grandes narradores rusos del XIX, a Poe y a otros novelistas anglosajones que tomará además por modelos.

que Galdós, recibió de Dickens (vid. *infra*, nota 69). Ello explica también por qué en sus novelas hay gran cantidad de personajes que aparecen y desaparecen fugazmente de la acción sin dejar después rastro: lo mismo que ocurre en nuestras propias vidas. Las conversaciones que mantienen sus personajes, que suelen ser siempre "apasionantes y convincentes", como ha elogiado algún crítico, no pretenden fingir elegancias que son imposibles entre tipos populares, como habían hecho tantos novelistas decimonónicos europeos, sino que prefiere el habla fresca de "personas normales ante su destino". De ahí que emplee muchas veces maneras de expresarse descuidadas, "incurriendo en deliberadas incorrecciones, muy de acuerdo con su visión displicente del mundo" (F. Ayala).

Cuando se dice que los relatos de Baroja son básicamente 'de protagonista' es porque hay siempre un personaje central unificador de lo episódico, y que en la mayoría de los casos resulta una clara proyección de sí mismo: un hombre culto que tiene una clara conciencia de sí mismo y de sus vínculos, más o menos problemáticos, con la sociedad que le ha tocado vivir. Sólo en el individuo parece tener fe Baroja. Esto justifica el que todas sus novelas se llenen de elementos personales, sentimentales, subjetivos, y domine en ellas, en general, un tono de introspección intimista; algo revelador, por otra parte, del gran interés que Baroja tenía por la psicología, como demuestra el título que pone a su discurso de entrada en la Real Academia en 1935: "La formación psicológica de un escritor". La proyección de lo biográfico empezó con una serie dedicada a su tierra que inició tempranamente, pues, a diferencia de Unamuno, Baroja tenía *manifiesto orgullo antropológico de vasco*: *La casa de Aizgorri* (1900) y *El mayorazgo de Labraz* (1903) –ambas en la misma línea del Valle patriarcalista–, *Zalacaín el aventurero* (1909) y *La leyenda de Juan Alzate* (1922). Todas ellas son novelas cuyos protagonistas parecen tener un buen precedente en una interesante novela inacabada de Ángel Ganivet: *Los trabajos del infatigable creador Pío Cid* (1898); pero no alcanzan la categoría de los que traza en otras tres novelas escritas dentro de esa primera etapa de gran creatividad en Baroja, y que para la mayoría de los críticos incluye sus creaciones más logradas.

La primera gran novela de Baroja es, como se ha dicho, la que publicó en 1902 con el título de **Camino de perfección** y el significativo subtítulo de "Pasión mística". Podría definirse como el relato de un viaje iniciático por la geografía española –pueblos castellanos a la salida de Madrid primero, Toledo después y finalmente un pueblo de Castellón– que enmarca la evolución de un joven, Fernando Ossorio, de tendencia ascética y temperamento melancólico. Claro espejo del propio autor, será un personaje netamente antiheroico, atormentado por la superficialidad e inautenticidad de las formas de vida que encuentra a su paso. Primero su viaje comienza siendo una huida de todo lo que perturba su idealización, y sigue proyectándose como una escapatoria a lo largo de todo el relato. Todo el planteamiento es fuertemente individualista, es siempre una empresa en solitario, exactamente igual que lo era el viaje en la novela picaresca; pero aquí ya no resulta tanto una 'escuela de desengaño', como en aquel modelo, sino más bien toda una escuela de escepticismo. Al igual que en el *Guzmán* y el *Quijote*, serán esenciales los diálogos con las gentes que el protagonista encuentra en su camino, pues en ellos intenta Baroja reflejar sobre todo la cortedad de miras del españolito provinciano, representante de un pueblo que vive entre ritos y tipismos vacíos. Su descripción de una procesión de Miércoles Santo, por ejemplo, es el reverso de las que gustará hacer Gabriel Miró desde su misticismo modernista (vid. *infra*). La falta de gustos artísticos que achaca a las gentes rurales –Baroja sintió una gran afición por el coleccionismo de antigüedades–, junto a sus prejuicios y fanatismo, que llevan a ver la vida como algo mezquino, son muestra palpable de la ambivalente actitud de Baroja ante el campesino español. El diálogo es siempre motor de la reflexión: a veces sucede con viajantes o paseantes como él –un joven alemán con el que comparte filosofía, un rústico que le lleva en carro a Madrid, etc.–, y otras veces son personajes encontrados en un lugar fijo, como el círculo de fanáticos de un pueblo, las chicas que conoce en una pensión, un escolapio que intentará catequizarlo, etc. Precisamente será Baroja quien instaure el protagonismo de la pensión, la casa de huéspedes, como espacio de reunión que muestra la convivencia cotidiana en sus aspectos más prosaicos –al igual que lo habían hecho las ventas en las novelas de los siglos XVI y XVII–, un escenario cuyo sentido explicó muy bien Pérez de Ayala (vid. *infra*, nota 81), y que seguiría siendo central en toda la novela realista ambientada en la posguerra. Pero hay también otros ámbitos esencialmente románticos en los que Baroja parece querer imprimir al personaje ciertos gustos becquerianos: la visita a un cementerio o a un convento en el que se tropieza a una pálida monja, las líricas impresiones desde el vagón de un tren de tercera al amanecer, etc.; gustos que son reveladores de la propia tentación que el romanticismo ejerció siempre sobre el autor, según él mismo confesaría en varias ocasiones.

El punto de vista de la narración es sin duda uno de los aspectos más originales de *Camino de perfección*. El narrador se presenta como antiguo compañero del protagonista y por tanto íntimo conocedor de su personalidad −como en *Madame Bovary* de Flaubert−, pero en la última parte de la novela juega Baroja con un recurso de verosimilitud muy querido por él: el del cuaderno manuscrito encontrado por azar, introduciendo la duda en el lector, como hizo el narrador del *Quijote*[63]. A partir de ahí hay capítulos en primera persona, como parte de un supuesto diario, aunque en las páginas finales Baroja recupera la voz de esa tercera persona plenamente omnisciente para contar las impresiones de Ossorio después de casado. Reflexiones que concluyen reivindicando una idea claramente heredera de las propuestas que ya hicieran Valera y Clarín, entre otros naturalistas: el vigor natural del instinto frente a todo tipo de misticismos y pedagogías represoras[64]. Considerando la importancia que las relaciones amorosas tienen en todo el relato, a la luz de ese final esta novela puede ser entendida también como un debate íntimo: de un lado, la pasión unida a una 'religión' personal basada en la contemplación, y de otro, en choque frontal, el catolicismo convencional sostenido por reglas morales que el autor considera caóticas y responsables de ese 'mal español' del que tanto se quejaron los noventayochistas. La crítica de Baroja a la educación resulta tan radical o más, en definitiva, que la de Galdós, y muy próxima a la de Trigo y Pérez de Ayala, puesto que se culpa al clero de crear una mentalidad insana en el pueblo español a través de la mediatización de los adolescentes (véase especialmente su cap. 37). Además

---

[63] *¿Fue manuscrito o colección de cartas? No sé; después de todo, ¿qué importa? En el cuaderno de donde yo copio esto, la narración continúa, sólo que el narrador parece ser en las páginas siguientes el mismo personaje* (cap. XLVI). Es un recurso que usó Baroja ya en *El Mayorazgo de Labraz*, donde atribuye el manuscrito a un inglés.

[64] *Él le alejaría del pedante pedagogo aniquilador de los buenos instintos, le apartaría de ser un átomo de la masa triste, de la masa de eunucos de nuestros miserables días. [...] No; no le torturaría a su hijo con estudios inútiles, con ideas tristes, no le enseñaría símbolo misterioso de religión alguna. Y mientras Fernando pensaba, la madre de Dolores cosía en la faja que habían de poner al niño una hoja doblada del Evangelio.* En este sentido, la novela 'dialoga' de forma interesante con *Amor y pedagogía de Unamuno* (vid. *infra*).

de todo esto, *Camino de perfección* albergaba ya una de las más regulares constantes de Baroja como contemplador: la perspectiva desde arriba, la mirada desde la distancia, que ha llegado a considerarse un rasgo propio del estilo barojiano. Esto explica, por ejemplo, la recurrente imagen del pueblo sepulcral, símbolo de la moribunda España, visto por el protagonista desde lo alto de un monte, como parte de una férrea voluntad de separación de la vulgaridad en todas sus manifestaciones.

El árbol de la ciencia de 1911 es casi una autobiografía de la juventud del autor[65]. Narra la trayectoria vital de Andrés Hurtado desde sus años de estudiante de Medicina hasta su suicidio final, por lo que representa bien ese tipo de héroe, tan querido por Baroja, que termina vencido o frustrado por tener que integrarse en algo que considera mezquino y opresor. La conciencia de su propia infelicidad será precisamente uno de los planteamientos que concederán una indiscutible modernidad al autor vasco, como bien supo ver Ortega y Gasset[66]. A partir de esta novela, Baroja convierte en modelo de protagonista la figura del médico enfrentado al oscurantismo de un pueblo, por más que estuviera ya insinuada en alguna novela de Blasco Ibáñez y en otra coetánea de Trigo. Pocos comienzos de capítulo tan rotundos como éste: *Las costumbres de Alcolea eran españolas puras, es decir, de un absurdo completo. El pueblo no tenía el menor sentido social: las familias se metían en sus casas, como los trogloditas en su cueva. [...] Muchas veces a Hurtado le parecía Alcolea una ciudad en estado de sitio. El sitiador era la moral, la moral católica. Allí no había nada que no estuviera almacenado y recogido: las mujeres, en sus casas, el dinero, en las carpetas, el vino, en las tinajas.* La relación con la *Doña Perfecta* de Galdós se hace más que evidente, sobre todo porque la Orbajosa galdosiana se convierte aquí en otra pequeña ciudad pare-

---

[65] El desarrollo de la acción se sitúa en los mismos años en que Baroja estudiaba Medicina y se convirtió en médico rural, es decir, desde 1887 hasta 1896, cuando volvió a Madrid. Pueden rastrearse en el texto muchos personajes del entorno familiar y las propias amistades de Baroja durante esos años, tendencia intrínseca en uno de los autores que más páginas autobiográficas nos ha legado.

[66] *La vida en general, y sobre todo la suya, le parecía una cosa fea, turbia, dolorosa e indominable.* Esta frase de *El árbol de la ciencia* le parecía a Ortega una impresión emblemática de toda la novelística barojiana, y sobre ella basó cierto discurso sobre una moderna teoría de la felicidad.

cida: Alcolea, dominada por la insolidaridad de sus habitantes y por la mentalidad caciquil, así como por tener al casino como centro neurálgico de la murmuración social, emblema de su mezquindad y de su aburrimiento. La ciudad provinciana como símbolo de espacio asfixiante para cualquier personalidad inquieta, para cualquier espíritu abierto y con ansias de libertad, mantendría unos mismos rasgos en muchas otras novelas coetáneas a las de Baroja: es El Ferrol visto por W. Fernández Flórez (*infra*, n. 80) en *La procesión de los días* (1915), el Lúzaro de *Las inquietudes de Santi Andía* del propio Baroja (*infra*), la Moraleda de Benavente en *Pepa Doncel* (*infra*, c. n. 95), etc. Lo relevante dentro de la larga trayectoria del tema es que en algunas novelas de la posguerra serán también femeninas las personalidades que paseen su tedio por ciudades de provincia, a gran distancia ya de Ana Ozores en la Vetusta de Clarín (vid. 3ª, nota 310).

El árbol de la ciencia toma su título de las discusiones sobre el problema del conocimiento que mantiene el protagonista con su tío, el doctor Iturrioz, hombre maduro y más realista que él. Hurtado se presenta como un analista incapaz de actuar, con lo que Baroja planteaba uno de los grandes asuntos noventayochistas: la contradicción entre pensamiento y acción, que también sería esencial en *La voluntad* de Azorín (vid. *infra*). De ahí que en la novela se conceda una importancia fundamental a la dialéctica entre esas dos personalidades y a sus respectivos modos de resolver una serie de cuestiones científicas, filosóficas y políticas que estaban de actualidad. Algunas son tan intelectuales como 'la crueldad universal' o el poder del semitismo en el mundo, pero en otras ocasiones el tema anda tan en boca de todos como los tristes sucesos de la guerra de Cuba, por ejemplo. Están en esta novela casi todos los rasgos estilísticos que suelen considerarse definitorios de la prosa barojiana: la claridad y precisión en la exposición conversacional de las ideas, el uso de lo que él llamaba *retórica de tono menor*, esto es, el párrafo muy breve –que Baroja "defendió como el máximo hallazgo de su promoción"–, escasos e imprecisos nexos sintácticos, lo que le da un ritmo especialmente vivaz y rápido a la prosa, y una "fresca comunicatividad que no excluye, por ejemplo, una acusada sensibilidad para el color y lo típico, pervivencias evidentes de su formación modernista." (J. C. Mainer). Aparece también en algunas ocasiones su peculiar talante de "humorista sentimental", como alguien lo ha definido, y que él mismo definió jovialmente en su interesante ensayo *La caverna del humorismo* (1919). Estrictamente coetánea de la anterior, **Las inquietudes de Shanti Andía** (1911) es, sin embargo, una novela mucho menos meditativa, puesto que es la acción lo que domina en ella. De hecho, está incluida dentro de una trilogía que Baroja rotuló *El mar*, por tenerlo como escenario central, y que estuvo constituida por otras dos novelas de acción: *El laberinto de las sirenas* (1923) y *La estrella del capitán Chimista* (1930). Se trata de novelas que narran peripecias fantásticas de arriesgados marinos –descubrimiento de tesoros y peligros en alta mar, etc.– combinadas con episodios que demuestran su observación real de los hombres del mar, dado que Baroja creía posible el realismo dentro de la novela de aventuras. Su modelo fueron las novelas anglosajonas, del tipo a las de J. Conrad o Stevenson, autores por los que sentía una gran admiración porque los creía superiores en este tipo de género.

Aunque se ha dicho que la agrupación en trilogías es algo muy arbitrario por parte de Baroja –a veces están demasiado separadas temática o cronológicamente las novelas que las integran–, lo cierto es que parecen revelar una interesante búsqueda de unidad, o de totalidad, a modo de tríptico. Un tono básicamente amargo tiene la que se considera la más compacta de ellas, **La lucha por la vida**: acertado título darwiniano que podría valer, en realidad, para gran parte de la novela realista española de todo el siglo XX. Integran esta trilogía: **La busca** (1904), **Mala hierba**, del mismo año, y **Aurora roja** (1905), novelas éstas últimas centradas en los anarquistas de fines del XIX, que dejan ver la indiferencia del autor, cuando no una declarada hostilidad, hacia los socialistas. Es un tipo de relato que se acerca a la novela revolucionaria por su modo de reflejar la lucha de clases; de ahí el impacto que debieron de causar en Blasco Ibáñez. Puede decirse que con ellas empieza Baroja a tomar la realidad inmediata como principal fuente de información, buscando un valor documental que no tienen novelas como las anteriormente citadas; y ello pese a que él mismo dijese que los acontecimientos más destacados de la vida española de fines del XIX y de comienzos del XX estaban siempre presentes en ellas[67].

---

[67] *La política será todo lo vulgar que se quiera, pero no hay manera de representar el momento actual prescindiendo de ella.* (*La intuición y el estilo*).

Esa trilogía guardaba estrecha relación con un importante fenómeno sociológico de comienzos de siglo: la expansión urbana que empieza a darse en las grandes poblaciones españolas, a las que se dirige incesantemente un amplio colectivo de desarrapados. Ellos serán los auténticos protagonistas del Madrid que Baroja convierte aquí en escenario de la acción novelesca, y que se distancia bastante del que recreara Galdós, al que Baroja reprochaba "su excesiva complacencia con una sociedad que no la merecía" (J. Caro Baroja). La visión de sus arrabales, en concreto, coincide enteramente con las primeras impresiones que tuvo el joven Baroja recién llegado a la capital, cuando calificaba de 'sórdido' su extrarradio y manifestaba la absoluta repulsa que le provocaba la injusta sociedad madrileña. Parece que su narrativa sobre Madrid empezó a inspirarse en su trato diario con las gentes que frecuentaban la panadería familiar, y su primer título fue *Aventuras, inventos y mixtificaciones de Silvestre Paradox* (1901), que contaba las andanzas de unos bohemios tan inofensivos como lo serían los de Pérez de Ayala o Valle-Inclán (vid. *infra*, n.121). La gran capacidad de Baroja para describir con exactitud los ambientes de cualquier ciudad se ve también en **La ciudad de la niebla** (1909), donde lo que cautiva al lector no es tanto lo que le sucede a un grupo de harapientos revolucionarios como la sensación de estar de verdad en el Londres del momento. Y es que el paisaje urbano será una de las grandes 'especialidades' de este autor, que hizo profundamente suya –como Unamuno y tantos de su generación– la convicción romántica de que "cualquier paisaje es un estado del espíritu" (Henri-Fréderic Amiel). De ello es buen ejemplo el conmovedor final de *Aurora roja*, con un anochecer que es todo un 'paisaje psicológico' cargado de simbolismo. *Las ciudades* será precisamente el título que ponga a otra de sus trilogías: *César o nada* (1910), novela política, *La sensualidad pervertida*, y *El mundo es ansí* (1912), tal vez una de las novelas que más manifiesten el pesimismo radical de Baroja.

De todo ese ciclo es sin duda **La busca** la novela más densa e interesante en todos los sentidos. No en balde Baroja la reelaboró durante siete años, a partir de su primera aparición como novela por entregas en 1903 en un periódico madrileño –que la anunciaba como "una verdadera novela picaresca"–, y haciendo cambios significativos (R. Senabre*). Desde su magistral arranque, se encuentran en ella algunas de las páginas más sublimes de toda la narrativa española, debido al enlace perfecto de párrafos de un sobrecogedor lirismo con otros descarnadamente naturalistas[68]. Con ella Baroja inaugura en la literatura española ese estilo 'tremendista' que pocos años después también practicaría Valle-Inclán (*infra*, n. 76), y décadas más tarde convertiría en moda el *Pascual Duarte* de C. J. Cela (vid. *infra*, n. 259). A pesar de su "procedimiento de notación sintética y sin comentario, de pintura de la realidad desnuda, en un estilo directo, agresivo y cortante" (E. De Nora), consigue no quedarse sólo en su mero valor documental, en una fiel fotografía de la marginalidad que malvive en torno a las grandes ciudades. La profundidad de lo que Baroja expresa parte de su renovación del planteamiento de la novela picaresca, al hacer que la búsqueda de la supervivencia en medio de la brutalidad humana deba imponerse sobre otras búsquedas esenciales, como la de la ternura y el amor desinteresado. Lo distintivo es que esto le llega al lector desde el propio encadenamiento de las situaciones y las imágenes, y nunca desde un discurso ético del narrador impuesto de forma dogmática, como sucedía en el *Guzmán de Alfarache* o *El Buscón*.

No hay en *La busca* varias historias entrecruzadas, como sucedía en *Fortunata y Jacinta*, sino una sucesión de cuadros hilvanados por el protagonista, Manuel Alcázar, que producen la poderosa impresión de un todo desolador, dominado por crudas verdades, entre las que destaca la falta de auténtico amor maternal, exactamente igual que sucedía en *El Lazarillo* o *El Buscón*. Manuel, el hijo huérfano de la viuda de un obrero, sirvienta en una casa de huéspedes, pasa por diversos oficios –recadero, zapatero, ayudante de panadería, trapero, tipógrafo, y cómplice de ladrones– y está en un permanente desamparo que lo hacen aún más entrañable para el lector que el antiguo pícaro literario, pues lucha hasta el final por no corromperse como aquél. El protagonista resulta con su vida el guía del lector por el

---

[68] *Él le prometía al 'Carnicerín' que, si alguna vez le encontraba a solas, le echaría las zarpas al cuello hasta estrangularle, le abriría en canal como a los cerdos y le colgaría con la cabeza para abajo y un palo ente las costillas y otro en las tripas, y le pondría, además, en la boca una taza de hoja de lata, para que goteara allí su maldita sangre de cochino. [...] llegaban los tranvías suavemente, como si fueran barcos, con sus faroles amarillos, verdes y rojos; sonaban sus timbres y corrían por la Puerta del Sol, trazando elegantes círculos.[...] Al final de una calle, sobre el resplandor cobrizo del crepúsculo, se recortaba la silueta aguda de un campanario* (3ª parte, cap. VIII).

mundo de una triste colectividad anónima donde se mezcla el 'lumpen' con un naciente proletariado que intenta sobrevivir en las zonas periféricas de Madrid, y que Baroja presenta por primera vez: *El madrileño que alguna vez, por casualidad, se encuentra en los barrios pobres próximos al Manzanares, hállase sorprendido ante el espectáculo de miseria y sordidez, de tristeza e incultura que ofrecen las afueras de Madrid con sus rondas miserables, llenas de polvo en verano y de lodo en invierno. La corte es ciudad de contrastes; presenta luz fuerte al lado de sombra oscura; vida refinada, casi europea, en el centro; vida africana, de aduar, en los suburbios.* Curiosamente, interviene tras esto el narrador para decir que pasajes como éste han querido sus amigos que los suprima, porque sólo estarían bien en una de las grandes novelas francesas sobre París, lo que delata claramente qué tipos de escritores está teniendo en mente[69]. Si se interpreta desde su reflexivo final, *La busca* resulta también un homenaje al trabajador manual. Es elocuente que el novelista elija como imagen de cierre la Puerta del Sol a esa hora de madrugada en la que se cruzan dos grupos humanos antitéticos: los juerguistas trasnochadores que buscan dónde acostarse, y los obreros aún soñolientos que se dirigen a sus puestos, sin que ninguno de los dos bandos se miren siquiera. Baroja, que llegó a encontrar interesantes planteamientos nietzscheanos en los vagabundos de las novelas de Gorki, muestra aquí su simpatía y compasión por los golfos, los vagos y los hombres de vida errante incapaces de establecerse de forma fija, como ha había hecho en *Vidas sombrías* (1900), su magnífica antología de cuentos. De ahí que sea significativa la elección que deja insinuada en el protagonista con su última frase como narrador omnisciente, que recuerda a la del *Rinconete* cervantino: *Comprendía que eran las de los noctámbulos y las de los trabajadores vidas paralelas que no llegaban ni un momento a encontrarse. Para los unos, el placer, el vicio, la noche; para los otros, el trabajo, la fatiga, el sol. Y pensaba también que él debía ser de éstos, de los que trabajan al sol, no de los que buscan el placer en la sombra.* Sin embargo, más que una lección de filosofía, la novela fue, sin pretenderlo, todo un revulsivo en la conciencia social de la época, por lo que dejaría una

---

[69] Aunque fue Dickens su predilecto al retratar los bajos fondos londinenses, *Los misterios de París* de E. De Sue (vid. 3ª, n. 244) fue una de las lecturas que más impresionaron al joven Baroja, como ya antes a Galdós.

huella indeleble entre los jóvenes del momento y los de las generaciones siguientes[70].

Con las **Memorias de un hombre de acción**, serie de veintidós volúmenes que fue publicando entre 1913 y 1935, hizo Baroja una importante contribución a la novela histórica, siguiendo la línea abierta por los *Episodios Nacionales* galdosianos, como le sucedería también a Valle-Inclán. Eugenio de Aviraneta, un conspirador decimonónico supuesto tío abuelo suyo, le sirve aquí a Baroja para relatar acontecimientos históricos de la primera mitad del XIX, ese siglo que le atraía tanto como le repelía. Pero a diferencia de Galdós, y coherente con su concepción de la novela, las *Memorias* de Avinareta no pretenden dar sentido a los hechos políticos, sino que son tan sólo una sucesión de aventuras personales, con las que ni siquiera se intenta interpretar la personalidad de su héroe. Pese a la cuidada documentación con la que trabajó, Baroja no quiso darles sentido didáctico a sus particulares 'episodios', y por tanto el lector se encontraba en ellos con una acción llena de color y movimiento en vez de una amena lección de Historia. Entre sus últimas trilogías está ***Agonías de nuestro tiempo*** (1926-1927), que se cierra con *Los amores tardíos* (1927), una de las novelas que mejor demuestra el gran conocimiento que Baroja tenía de la psicología femenina, junto a *El amor, el dandismo y la intriga* (1922). Pese a la misoginia que se detecta en tantos de sus párrafos –hay muchos en *La busca*, por ejemplo–, sorprende Baroja especialmente en muchos diálogos de *Laura o la soledad sin remedio* (1939), una novela indispensable además para conocer el escepticismo con el que vivió los años treinta. Como "regreso agridulce a la bohemia finisecular" se ha definido *Las noches del Buen Retiro* (1934), y *El cura de Monleón* (1936) como "sorprendente novelización de una crisis religiosa". Sus propias memorias, que le ocuparon algunos de sus últimos años, tuvieron el título de **Desde la última vuelta del camino**

---

[70] Interesante el testimonio de Gregorio Marañón, quien dice que las novelas de *La lucha por la vida* fueron como tres brechas en el *muro de ceguera egoísta que la burguesía había levantado en torno a sí misma para ignorar la miseria de la mayoría de los españoles a comienzos de siglo*, y atribuye a Baroja un papel decisivo en la creación de la conciencia social de la clase media de su época. De la larga vigencia que *La busca* seguiría teniendo seis décadas después, tras influir notablemente en la narrativa de posguerra, da buena cuenta la excelente versión cinematográfica que se hizo en 1966.

(1943-49), y son una prueba definitiva de que no hay relato suyo que no contenga páginas absolutamente inolvidables. La gran influencia de la narrativa de Baroja fue inmediata. El asunto de enfrentar la burguesía a los desheredados continuó siendo el argumento de bastantes novelas, entre las que merece destacarse *La vida difícil*, publicada por su amigo Andrés Carranque de Ríos en 1935. La inconfundible huella de su estilo tuvo más larga pervivencia, alcanzando a importantes novelistas como Camilo José Cela, Ignacio Aldecoa y Luis Martín Santos. El inagotable interés por Baroja se puso de manifiesto en 2006 con la publicación de *Las miserias de la guerra*, una novela que había dejado inacabada y que debe contarse entre las primeras reflexiones profundas sobre la Guerra Civil, tan pioneras como las que había hecho sobre otros hechos bélicos trascendentales de su siglo.

Uno de los nombres más injustamente tratados por las historias literarias es el de **Ciro Bayo** (Madrid, 1859-1939), autor de gran imaginación y curiosidad intelectual que tuvo en su día todo el respeto y admiración de Baroja. Fue muy apreciado entre sus coetáneos sobre todo por su *Lazarillo español*, publicado en Madrid en 1911[71]. Se trata de un texto muy valioso por su modo de recuperar el modelo de la picaresca para un libro de viajes autobiográfico, lo que le da especial originalidad dentro de la literatura viajera de los del 98. Por otra parte, su prosa es todo un prodigio de riqueza y gracia idiomáticas, con un gran dominio del vocabulario 'castizo' tanto en descripciones como en narración de variopintas experiencias, que hace palidecer mucho a la de un Azorín, y que explica la gran influencia que tendría sobre la obra de C. J. Cela, por ejemplo (vid. *infra*, c. n. 277). Antes de ser premiado en su día por la Real Academia Española, el propio Valle-Inclán elogió el "rancio y animado castellano" de la crónica andariega de Bayo, con quien le unieron además varios intereses que justifican el que quisiera inmortalizarlo convirtiéndolo en personaje de *Luces de bohemia*. El primero, su adhesión juvenil al carlismo (vid. 3ª, nota 130), de lo que Bayo dejó constancia en un libro de memorias de gran frescura y desbordante fantasía:

---

[71] Tuvo un antecedente en un libro suyo del año anterior, de título igualmente áureo: *El peregrino entretenido. Viaje romancesco* (1910). Ambos fueron producto de sus recorridos por Extremadura, La Mancha, Andalucía, Murcia y Alicante durante los años inmediatamente anteriores a su publicación.

Con Dorregaray. Una correría por el Maestrazgo (1912). La segunda y más importante afinidad con Valle fue su deseo de comprensión de la historia de América, que sentía verdaderamente como otra patria, lo que le llevó a amplios estudios y recorridos por diversos países. De ellos resultaría otro espléndido libro de viajes más, *El peregrino en Indias* (1912), y varias novelas que iría alumbrando hasta 1935, entre las que destaca **Los Marañones** (1913), probable fuente de inspiración de *Tirano Banderas*[72].

Azorín y Unamuno novelistas

La narrativa de José Martínez Ruiz (*supra*, nota 1) corrobora la existencia de un protagonista típicamente 'del 98'. Si el *Diario de un enfermo* (1900) contaba la trayectoria de decepción de un hombre vitalista que llega a la idea del suicidio, víctima de la rutina, en *La voluntad* (1902) eso se encarna en un don Antonio Azorín que traslada ese mismo conflicto a un pueblo deprimido, al que regresará para *enterrar juventud y voluntad derrotadas*, después de dos escapadas: una a un Madrid urbano decadente y la otra a un Toledo que se ve como espejo de la 'España eterna'. Existía un precedente claro de este planteamiento en *Las ilusiones del doctor Faustino* de Juan Valera (vid. 3ª, n. 273); pero la estructura y el tono guardan mayor parecido, aunque sin rozar su profundidad, con *Camino de perfección* de Baroja. Algo que para algunos críticos es una muestra de que existió realmente "un *ethos* literario muy marcado y una forma novelística noventayochesca".

Lo que caracteriza la prosa novelesca de Azorín es la puesta en práctica de una serie de fundamentos teóricos que él mismo llegó a

---

[72] Se trata de la primera novela española sobre la mítica personalidad del sanguinario conquistador Lope de Aguirre (apodado 'Lope el Loco' o 'Lope el Tirano', asesinado en Venezuela en 1561), y tuvo gran influencia en novelistas españoles y latinoamericanos contemporáneos. Valle-Inclán pareció inspirarse en un personaje de la revolución mexicana en su *Tirano Banderas* (*infra*, n. 77), pero son claras también las deudas con esta novela. La lista de escritos de Ciro Bayo sobre el mundo hispanoamericano es realmente sorprendente por su cantidad y variedad: *La poesía popular en América del Sur, Leyendas áureas del Nuevo Mundo, Chuquisaca o la plata perulera. Cuadros históricos, tipos y costumbres del alto Perú*, etc.

explicar, y que consideraba indispensables para hacer una auténtica escritura realista. El primero de ellos supone una reforma del relato en sí mismo, proponiendo que desaparezcan el argumento y la intriga; al igual que en la vida, que *no tiene fábula: es diversa, multiforme, ondulante, contradictoria*. A quien cita por modelo Azorín es a los hermanos Goncourt, cuyas novelas no reproducían una vida bien organizada en su suceder, sino fragmentos y sensaciones aisladas unas de otras. El segundo precepto azoriniano es eliminar los discursos directos impecables de los personajes que no recogen en verdad la lengua hablada *–insoportables, falsos... desde Cervantes hasta Galdós*, llegó a afirmar–, puesto que en la vida cotidiana se habla con incoherencias, con anacolutos y con *párrafos breves, pero incorrectos*. Por ello se le ha reconocido a Azorín el mérito de buscar siempre una frase menos preocupada por su perfección sintáctica pero con más fuerza en su simplicidad, y que se ajustase, a ser posible, con el ritmo de la respiración habitual y no con el de las convenciones oratorias. Intentar liberar la frase de su academicismo fue, de hecho, lo que más le reconocieron sus propios contemporáneos. A *La voluntad* siguieron otras dos narraciones en los años siguientes: *Antonio Azorín* (1903) y *Las confesiones de un pequeño filósofo* (1904). Tenían éstas mucho más de libros de memorias enteramente subjetivistas –recuerdos de la propia niñez y adolescencia del autor en las ciudades de Monóvar y Yecla– que de novelas propiamente dichas, pero adelantan ya la tendencia a formar trilogías que será constante en los narradores de esta época.

    La separación de la tradición realista tomó otro cariz en el caso de **Miguel de Unamuno** (*supra*, nota 14). Su primera novela, **Paz en la guerra** (1897), muy querida por él, según le confesaría a Clarín, seguía convenciones decimonónicas al evocar el asedio de los carlistas a su ciudad natal en 1894. La valía como narrador la conseguiría unos años después, con textos que le hicieron ser considerado el padre de la novela filosófica española moderna, al modo que lo sería Jean Paul Sartre en Francia, pues también a él le parecía la novela el mejor vehículo para interpretar la realidad, y no simplemente un recurso alternativo a la filosofía académica. Considerando que *la argumentación falta de fantasía, pierde toda su fuerza*, Unamuno llegó a afirmar que *La más honda filosofía del siglo XIX europeo había que buscarla en novelas*. Por ello hará del género un instrumento idóneo para expresar intuiciones fundamentales que, a su juicio, un tratado sistemático no conseguiría apresar nunca "en su palpitación viva" (F. Ayala). Su segunda novela trata de un conflicto que le preocupaba mucho como filósofo: el enfrentamiento entre la razón y la lógica con las tendencias de la 'natura' humana, aplicado al tema de la eugenesia. ***Amor y pedagogía*** (1902) tiene como protagonista a Avito Carrascal, hombre de disparatadas ideas que pretende engendrar calculadamente un ser excepcional eligiendo a la mujer adecuada, sin contar siquiera con un enamoramiento por sorpresa. Unamuno, que reconoció en Flaubert *la más aguda y dolorosa percepción de la estupidez humana*, encarna en Avito a ese racionalista estúpido que aspira a hacer de la ciencia religión, pues planea criar y educar a su futuro hijo como *un genio inmaculado sobre la base de principios rigurosamente científicos*, pero cuando nace ese supuesto genio, al que nombra Apolodoro, toda su preparación concienzuda resulta baldía puesto que acaba en un suicidio. Algún crítico define por ello la novela como "una fantasía satírica completamente inverosímil sobre el fracaso de un positivista neocomtiano y pseudogaltoniano". Y quizá tiene mucho de 'novela ejemplar', porque su extraño caso aspira a mostrar hasta qué punto pueden resultar incompatibles las exigencias racionales de la pedagogía y los profundos impulsos naturales, incluido el temor a la muerte. Es también una de las novelas reveladoras del alcance metafórico que tiene el motivo de la paternidad/maternidad en el Unamuno obsesionado con la perpetuación en el tiempo (R. Senabre). El tema y su resolución sorprendieron tanto al público que el escritor vasco se vio obligado a poner, al frente de una segunda edición, una declaración de intenciones sobre el género que le interesaba. Esto es, la posibilidad de tratar cuestiones para él muy serias con una comicidad desconcertante, y que bautizó como 'nivolas': *Relatos dramáticos acerantes, de realidades íntimas, entrañadas, sin bambalinas ni realismos en que suele faltar la verdadera, la eterna realidad, la realidad de la personalidad.*

Doce años después subtitula como 'nivola' ***Niebla*** (1914) es la novela que mejor explica la gran preocupación psicológica que movió a Unamuno: el problema de forjarse libremente una identidad y ser responsables del propio destino. Aunque el comienzo resulta sumamente realista —un solterón que vive solo, recordando a su madre y creyéndose enamorado de una pianista—, presenta un personaje casi fantasmagórico. Augusto Pérez será emblema de la idea de que toda la Historia humana puede no ser más que un sueño de Dios. Lo que domina en esta novela es el monólogo que combina continuamente impresiones, reflexiones y sensaciones en las que el autor pretende diluirse en la voz del personaje, presentándolo como sueño libre de su imaginación. De un modo muy pirandeliano, este protagonista llega a ir a Salamanca a pedirle consejo al famoso catedrático (el propio autor), con el que mantiene un largo diálogo al final del cual éste decide matar a su personaje, una muestra de la dramaticidad que Unamuno quiso imprimir a su narrativa. Él mismo confesó en 1922 que tenía el propósito de dar a sus novelas *la mayor intensidad y el mayor carácter dramático posible, reduciéndolas, en cuanto quepa, a diálogos*. Este mismo interés por el ente de ficción, obligado a rebelarse contra su autor como lo está el hombre contra dios para ser dueño de su albedrío, según piensa Unamuno, está también detrás de su siguiente 'nivola'. Así debe calificarse también **Abel Sánchez** (1917), la historia de un hombre torturado por el odio y la envidia, una pasión trágica como la del Caín bíblico enfrentado a su hermano Abel. El hecho de que se publicara en un año lleno de grandes convulsiones sociales en España, ha llevado a algún estudioso a ver la situación política como influencia directa en el tema de la novela[73]. Un argumento más realista, y aun naturalista, tiene su novela **La tía Tula** (1921), que plantea la frustrada relación amorosa entre un viudo y su cuñada, debido a la escrupulosa beatería de ésta en el ambiente de una ciudad provinciana, con un dramático desenlace para toda la familia. Con ella volvía Unamuno sobre el tema de la incomprensión de la naturaleza humana, pero señalando como culpable a la rígida moral católica: los prejuicios de una educación que recela del natural impulso sexual, y lo condena fuera del matrimonio, abren una brecha insalvable entre el mundo femenino y el masculino, mermando las posibilidades de vida plena; un asunto que seguiría latiendo en muchas novelas de la década de los cincuenta y sesenta (vid. *infra*, n. 296, por ejemplo). La importancia que el pensador vasco dio a la filosofía del amor quedó patente también en alguna de sus últimas novelas breves.

---

73 "... la huelga general de agosto, el agudizamiento de la cuestión regionalista, la carestía general, las asambleas de parlamentarios al margen del Congreso, la revelación de que las recién formadas Juntas Militares de Defensa pensaban intervenir directamente en la política con objeto de defender intereses de la mesocracia militar frente a las camarillas palaciegas, constituyeron una abrumadora confirmación de la idea de escritores como Machado, Ortega y Salvador de Madariaga, de que la envidia cainita era la maldición nacional propia de España" (G.G. Brown).

Son siempre inquietudes existencialistas, debidas sobre todo a la lectura del danés Soren Kierkegaard, lo que mueve al Unamuno novelista. La idea de la existencia humana como una novela que escribe su propio protagonista fue desarrollada por él en *Cómo se hace una novela* (1927), producto de las reflexiones que hizo sobre todo durante su exilio en Francia; y es también tema sobre el que volvería en *La novela de don Sandalio, jugador de ajedrez* (1930). La indagación sobre la personalidad fue sin duda su gran motivo inspirador, como también lo sería de su teatro, y a él responden sus *Tres novelas ejemplares y un prólogo* (1920). Con Cervantes compartió Unamuno el interés por las psicologías individuales que escapan de la comprensión vulgar por lo que tienen de excepcionales, lo que conduce a la narración hacia una cierta ejemplaridad moral. Esto alcanza su máximo exponente en la que ha sido su novela más leída: **San Manuel Bueno, mártir** (1930), un párroco que no llega nunca a confesar a sus feligreses que no cree en Dios para poder alimentar en ellos, paradójicamente, un sentimiento de fe. En este sentido, de todas sus novelas es la que mejor representa el afán trascendentalista de Unamuno, tendente siempre al símbolo: una aldea inventada, Valverde de Lucerna, a orillas de un lago que refleja el cielo, se presenta aquí como emblema de un sueño colectivo que nadie se atreve a romper, el de una fe necesaria y hasta indispensable para la supervivencia. La historia está contada excepcionalmente por una mujer, Ángela Carballino, que fue en su día ferviente seguidora y confidente del cura, por lo que es conocedora de su secreto y capaz de transmitir e interpretar su mensaje ante el lector. Sea o no evocación de una admiradora real que se carteó mucho tiempo con el autor, lo cierto es que se trata de la única ocasión en que Unamuno toma una voz femenina para hacer hablar a su *alter ego*. Y fácil es sospechar que detrás de ese don Manuel que ha ocultado su incredulidad a las gentes, que es mitad Jesucristo, mitad don Quijote benefactor —recuérdese que al morir quiso llamarse 'Alonso Quijano el Bueno'—, esté el mismo don Miguel que, pese a no haber logrado su empeño de 'encontrar a Dios', rechazó siempre llamarse ateo. Al final, Ángela Carballino acaba aclarando la intención de su testimonio, que no deja de ser una lección muy cervantina: preguntarse qué es en realidad creer, lo que implica defender el que cada cual pueda creerse su propia 'mentira' para poner a salvo una verdad que considere superior. No sólo se trata, pues, de una novela sobre la creencia religiosa, sino también sobre el derecho al escepticismo y a la ocultación de la propia 'verdad' para redimirse a sí mismo o, más altruistamente, para consolar y ayudar a vivir a otros.

Valle, gallego universal

La modernidad en la forma de la novela española aparece en verdad con **Ramón M.ª del Valle-Inclán** (Pontevedra, 1866-1936), el escritor gallego más provocador y universal de toda nuestra historia literaria. Siendo su producción novelística menor en cantidad que la de Baroja, fue sin duda la más variada de todo el periodo. Mucho más despreocupado de teorías que otros de su generación –su único ensayo fue atípico en todos los sentidos (vid. *supra*, n. 25)–, sus propuestas tuvieron siempre una gran originalidad tanto en la narrativa como en el teatro, razón por la que su nombre debe desdoblarse obligadamente en dos capítulos sucesivos, como se procede aquí con aquellos excepcionales autores que demostraron igual genialidad para dos o más géneros distintos.

Valle-Inclán se inició como narrador con una prosa del más puro cuño modernista, que mostraba claramente los ideales aristocráticos que le acompañarían durante toda su novelesca vida[74]. De todos sus

---

[74] Su elección de apellidos es ya significativa, pues se llamaba en realidad Ramón José Simón Valle Peña. Nació (al parecer en un parto muy complejo) en Vilanova de Arousa, en el seno de una familia hidalga con algunas casas solariegas pero venida a menos: su padre, marinero y escritor por afición, reunió una nutrida biblioteca que serviría tempranamente a su hijo, mientras estudiaba con ayuda de algunos preceptores antes de cursar Bachillerato en Santiago y Pontevedra. Su desapego por los estudios académicos fue constante: mostró un desinterés total por los de Derecho (no pasó del tercer curso en la Universidad de Santiago), y tras la muerte de su padre, liberado de esa imposición, decide abandonarlos definitivamente y marcharse a Madrid en 1890, y luego a México en 1892, guiado por un espíritu de aventura propio de su romántica psicología. A su vuelta de América se instaló definitivamente en Madrid (trabajando como funcionario del Ministerio de Instrucción Pública), ciudad que conoció tan profundamente como otras capitales europeas, pues pese a conservar siempre un gran apego por la tradición heredada en su pueblo natal, fue uno de los escritores más cosmopolitas de todo el periodo. En 1916 visita el frente francés en la Primera Guerra Mundial, movido por el mismo ideal heroico que le hizo militar en

relatos de esa primera época –*Flor de santidad* (1904), *Jardín umbrío* (1905), etc.– lo más interesante son sus cuatro **Sonatas** (1902-1905), cuyos títulos se correspondían con cada una de las cuatro estaciones (como las de Vivaldi), según la vieja idea de equiparar las etapas de la vida a las estaciones, planteada ya en *El Criticón* de Gracián. Estilísticamente se definen por el tono evocador que se encuentra en todas sus descripciones paisajísticas: *En el fondo del laberinto cantaba la fuente como un pájaro escondido, y el sol poniente doraba los cristales del mirador donde nosotros esperábamos. Era tibio y fragante: gentiles arcos cerrados por vidrieras de colores le flanqueaban con ese artificio del siglo galante que imaginó las pavanas y las gavotas...* Precisamente la *Sonata de otoño* (1902), a la que pertenece este pasaje, puede considerarse representativa de léxico exuberante y refinado, lindante a veces con la afectación, que tanto contrastó con la prosa que se estaba escribiendo en esos años. La voluntad de escapar de la prosaica realidad presente y de ampararse en un mundo maravilloso presidido por la belleza artística y la sublimidad de las sensaciones hace que se hayan definido las *Sonatas* como "cuatro fantasías exóticas de lenguaje exquisitamente trabajado"; fantasías que trajeron a la prosa narrativa española un cambio de clima tan rotundo como el que supuso la poesía de *Azul* (1888) de Rubén Darío (vid. *supra*, nota 28). Modernista es el gusto que muestra el autor por 'congelar' el tiempo sobre las personas y las cosas como en cuadros inmóviles, porque lo que quiere comunicar no depende de la acción, tal y como había expuesto en *La lámpara maravillosa* (*supra*, n. 26). Pero lo que mejor demuestran estas cuatro narraciones es que el modernismo fue, antes que nada, la forma que adoptó el romanticismo en el cambio de siglo. Netamente romántico es, por ejemplo, el modo en que se enlazan en ellas estos tres grandes temas: la religión, el erotismo y la muerte. Y puramente romántico,

---

el carlismo durante muchos años. Su deslumbrante dialéctica y su aureola de dandismo lo convirtieron en el líder de las tertulias del Ateneo y los cafés madrileños, donde protagonizó discusiones acaloradas y episodios que dan cuenta de lo apasionado, airado y provocador de su carácter, como los que acabaron con la amputación de su brazo izquierdo, entre otras muchas jugosas anécdotas que nos han transmitido escritores coetáneos como Baroja. Controvertido pero siempre muy respetado como intelectual, durante la República ejerció como director de la Academia Española de Bellas Artes en Roma.

también, su personaje central: el Marqués de Bradomín, un don Juan *feo, católico y sentimental*, que se complace diabólicamente en el mal –al modo de Baudelaire–, por lo que posee una dimensión dramática que Valle supo muy bien aprovechar en una comedia (vid. *infra*, c. n. 99). Las cuatro sonatas tienen por fondo histórico el ambiente de las guerras carlistas (vid. 3ª, nota 130), y se conciben como las memorias de este personaje, quien relata peripecias de su vida erótica en diversos escenarios: Galicia, Italia y México, que es donde se ambienta la *Sonata de estío* (1903), considerada "la más trangresora, impía e irreverente" de todas[75]. Para entender bien las *Sonatas* hay que saber (lo advierten sus estudiosos) que el decadentismo finisecular que las recorre no era un mero escapismo desprovisto de ética. Detrás de la aversión por la vida vulgar que manifiesta su autor hay un rechazo de la escala de valores convencionales, sobre todo del materialismo, la hipocresía y la mediocridad de la clase media. Y es ahí donde encaja perfectamente entonces la identificación de Valle con un carlista nostálgico defensor de valores arcaicos: el Marqués de Bradomín, más que una simple muestra de aristocratismo, sería la prueba evidente entonces de que el carlismo de Valle fue ante todo una pose estética, necesaria para aferrarse al romanticismo más genuino, como él mismo llegó a reconocer. Esa actitud tendrá también su mirada autocrítica dentro de algunos de esos textos, cuando el propio personaje llega a ironizar sobre sí mismo y sobre su propio proceder: *Confieso que mientras llevé sobre los hombros la melena merovingia como Espronceda y como Zorrilla, nunca supe despedirme de otra manera...* (*Sonata de otoño*)

La visión de la Galicia rural que ofrece Valle-Inclán en las *Sonatas* suele interpretarse como la prueba más palpable de su tradicionalismo. Sin embargo, contiene la clave de una aparente contradicción que afecta profundamente a toda su obra. En aquellas primeras novelas cobra un especial protagonismo la casa señorial, dentro de una idílica imagen

---

[75] Allí hace el amor repetidas veces con la Niña Chole, una misteriosa princesa india de pasado incestuoso. La espléndida prosa de esta sonata resuena en la de los mejores novelistas latinoamericanos del siglo XX: *Cesó el toque de agonía, y juzgando propicio el instante, besé a la Niña Chole. Ella parecía consentir, cuando de pronto, en medio del silencio, la campana dobló a muerto. La niña Chole dio un grito y se estrechó a mi pecho: palpitante de miedo, se refugiaba en mis brazos. Mis manos, distraídas y doctorales, comenzaron a desflorar sus senos. Ella, suspirando, entornó los ojos, y celebramos nuestras bodas con siete copiosos sacrificios que ofrecimos a los dioses como el triunfo de la vida.* (*Sonata de estío*)

de sociedad arcaica de economía agraria: un mundo de señores y criados fieles junto a una masa de desheredados, tal y como se daba en las novelas rusas anteriores a la Revolución. En esa sociedad estática que presenta aparecen con frecuencia escenas de generosidad y amparo de los poderosos hacia los desvalidos —a veces en estampas dignas de hagiografías medievales—, pero la Galicia feudal de Valle está muy alejada del regionalismo conservador de Pereda, que tuvo tanto éxito entre la burguesía asentada en las ciudades. Los nobles irreales que elige para protagonizar sus *Sonatas* sólo se comprenden por el permanente enfrentamiento de Valle-Inclán al mundo burgués, que es el que le lleva a denunciar la vida insatisfactoria de Madrid. (*Todos los escritores somos unos señoritos,* escribe Baroja). Entendida de esa manera, la postura tradicionalista de Valle se explicaría por los mismos motivos que buena parte del proletariado se mostraba conservador y reaccionario en su rechazo del capitalismo: "El carlista y el anarquista están reunidos en Valle-Inclán por una misma mística de la violencia", que no tiene, sin embargo, un afán de reforma detrás (J. A. Maravall). Tales precisiones importan, puesto que se trata de una de las más firmes constantes de su obra, incluso cuando la aldea gallega se cargue de crudeza en obras como *Divinas palabras* (*infra,* n. 114).

Tal ideología se hace especialmente clara en una trilogía que preludia ya su dedicación posterior a la novela histórica, y que denominó *La guerra carlista* (1908-1909), queriendo concentrar en la serie la parte de Historia de España que más le interesaba. La integran los títulos: *Los cruzados de la causa, El resplandor de la hoguera* y *Gerifaltes de antaño,* y muestran la gran evolución ideológica y estética que Valle experimentó en esos años. Lo que empezó siendo una pura exaltación de la guerra que pretendía restituir a Carlos M.ª Isidro como rey, fue cambiando de modo expresivo a medida que Valle se fue adentrando en su estudio de los acontecimientos históricos; como si la Historia le hubiera mostrado que había tantas cosas que criticar por el lado del gobierno central como por el lado del bando legitimista (E. S. Speratti). **El resplandor de la hoguera**, el segundo volumen, aparecido en 1909, y considerada la mejor novela de todo el ciclo, parece marcar un cambio en la mirada de Valle, que retrata con el mismo entusiasmo a todos los que luchan en bandos contrarios, pero también a los mendigos, añadiendo lirismo a lo más atroz de la vieja novela picaresca: ... *perros abandonados que corren por la orilla de las carreteras, buscando un amo, y que, sin haberlo encon-*

trado, rabian de sed en los soles de agosto. *¡Perros perseguidos a pedradas, perros de ojos lucientes, que un día mata la Guardia Civil!* Al igual que el Baroja de *La busca*, Valle decide meterse en la piel del pueblo llano español y empaparse de su realidad, sin verla ya desde ninguna atalaya, por lo que busca las frases más crudas para expresarla, adoptando un estilo que afianzaría unos años después en su teatro, y que fructificaría en la novela de los anos cuarenta, bautizado ya como 'tremendismo'[76]. En *Gerifaltes de antaño* Valle utiliza su más cruel sarcasmo contra la vacuidad de los dirigentes, especialmente contra los militares y aristócratas, que presenta como farsantes, sean o no carlistas; y culpa de la decadencia de ese mundo señorial a la parte 'bárbara' de aquellos señores feudales, como también lo haría en el teatro. A partir de este último título, su narrativa toma con frecuencia forma dramática, algo acorde con el hecho de que el teatro se convirtiera en su principal ocupación desde 1914. Justamente, su interés por experimentar los tratamientos farsescos dará lugar a la que sería su gran aportación al teatro del momento —el 'esperpento' (*infra*, nota 117)—, cuyas técnicas aplicaría también a la novela, consiguiendo con ello las narraciones más modernas de toda su época.

Una de esas grandes novelas de la última etapa de Valle es **Tirano Banderas** (1926), considerada por algunos incluso lo mejor de su producción novelística. Allí cambia radicalmente de escenario y se sitúa en América, algo que no hicieron ni Baroja ni la mayoría de los de su generación, y en lo que Valle resulta tan excepcional como su amigo Ciro Bayo, cuya obra conocía bien (*supra*, n. 72). Eligió en concreto el México que ya había evocado en alguna de sus *Sonatas* y que conocía muy bien debido a sus prolongados viajes por el continente americano[77].

---

[76] Una muestra elocuente de esa narración de 'lo tremendo' (etimológicamente, 'que produce miedo'): *Cuando alcanzó al asno, el muchacho cabalgó alegremente, y espoleándole con los talones, corrió confundido entre los cazadores. Cerca del puente, una bala le abrió un agujero en la frente. Siguió sobre el asno con las manos amarillas y un ojo colgante sobre la mejilla, sujeto de un pingajo sangriento.* Vid. *infra*, n. 259.

[77] Su primer viaje a México en 1892 duró un año, incluyendo una estancia en La Habana antes de volver a España. A él siguieron otros viajes por América del Sur, cuando acompañó a su esposa, la actriz Josefina Blanco, en sus giras por Argentina, Chile, Uruguay, Paraguay y Bolivia. Su tercer viaje fue decisivo, porque se debió a una invitación personal del Gobierno de México (cur-

Esta novela surge, pues, de una experiencia personal del autor: su admiración por la revolución mexicana y la gran impresión que le causó conocer en persona al autoritario presidente Álvaro Obregón, que había derrotado a Pancho Villa y adoptado medidas revolucionarias de reforma agraria que limitaban las prebendas de la colonia terrateniente española. El Santos Banderas que retrata Valle atrincherado en su fortín es un dictador que lucha contra la revolución popular intentando devolver la propiedad de la tierra a los antiguos oriundos, frente a los colonos criollos usurpadores desde hacía siglos. El protagonista es definido siempre burlescamente por Valle, resaltando su mezquina personalidad, su falta de ingenio e inteligencia, su cinismo y su intolerancia, y por tanto reducido a caricatura: *una calavera con antiparras negra y corbatín de clérigo*, un *negro garabato de lechuzo*, una *rata fisgona*, siempre con su *mueca verde*, etc.; aunque no falten también amargas descripciones líricas: *El Tirano corría por el cielo el campo de su catalejo: Tenía blanca de luna la calavera*... Fiestas en Santa Fe, mítines políticos, aristócratas pedantes en casas coloniales, conspiraciones, crímenes y calabozos, enmarcan esta historia en la que se vuelve sobre una vieja herida: la dominación y crueldad ejercida por la estirpe de conquistadores sobre los indígenas conquistados. El protagonismo del indio Zacarías y su mujer en la acción se debe a que el autor quiere dar voz a los sometidos, a quienes concede además el derecho de ejecutar una justa venganza; 'justicia poética' que, salvando las distancias, tiene mucho del viejo *Fuenteovejuna* de Lope. Las técnicas teatrales son claras, empezando por el manejo de la acción en su corta duración (dos días), y el *crescendo* de su dramaticidad, hasta el trágico desenlace de los dos asesinatos finales; de modo que, por su facilidad de ser llevada al teatro, la novela se transforma en uno más de los esperpentos de Valle. En su momento, *Tirano Banderas* tuvo que sorprender forzosamente a los lectores españoles, y por partida doble. Por un lado, estaba su estilo, con un deslumbrante despliegue de americanismos y de cultismos combinados con argot popular foráneo (lleno de términos incomprensibles), que Valle mane-

sada por el gran ensayista y diplomático Alfonso Reyes) para participar en las fiestas de la Independencia en 1921. En ellas Valle fue muy bien tratado por el presidente mexicano Obregón, manco como él, quien sorprendería al escritor con sus relatos de guerrero revolucionario.

jaba con la misma gracia que el castellano más castizo[78]. Por otra parte, estaba la inevitable asociación del tirano mexicano con el dictador español Miguel Primo de Rivera tras su golpe de estado en 1923, contra cuyo régimen se había permitido ya el autor gallego todo tipo de insultos. Sin embargo, por encima de toda circunstancia real que pudiera inspirar el personaje, su principal mérito es que Valle supo convertirlo en universal. Supo crear el fantástico prototipo de un dictador latinoamericano que podía surgir realmente en cualquier parte, y que habría por ello de convertirse en modelo de enorme influencia en toda la novela hispanoamericana posterior, según han reconocido repetidamente novelistas como García Márquez o Vargas Llosa. En *Tirano Banderas* se podía 'oler' por primera vez en la literatura española la 'intrahistoria' americana, con sufridas gentes de carne y hueso, con hembras sometidas al poder del macho prepotente, exactamente como las que habrían de llenar algunas de las mejores páginas de *El otoño del patriarca, La casa verde* o *Cien años de soledad* cuarenta años después.

    Las últimas novelas de Valle-Inclán formaron parte del proyecto de una serie de nueve, bajo el título *El ruedo ibérico,* de las que sólo llegó a escribir dos: **La corte de los milagros** (1927) –título tomado de un capítulo de *La busca*– y **Viva mi dueño** (1928). Hubo una tercera que dejó inconclusa: *Baza de espadas*, cuya primera parte, titulada *Vísperas setembrinas*, apareció en el periódico *El Sol* en 1932. Pretendían contar parcelas de la historia de España de la segunda mitad del siglo XIX hasta la guerra de Cuba, por lo que parecían participar del mismo propósito que tuvieron Galdós y Baroja. Sin embargo, el propio Valle se desmarcaría de tales modelos prefiriendo tomar el de *Guerra y paz* de Tolstói; es decir, una novela única protagonizada no por un individuo sino por una colectividad, para dar "una visión de la sensibilidad española desde la caída de Isabel II". Muchos son los rasgos por los que estas novelas suponen la gran renovación de los *Episodios Nacionales*. El más importante es sin duda el de la 'ficcionalización' de la Historia y sus grandes dirigentes, empezando por la propia Isabel II, figura que nadie antes se

---

[78] *La niña ranchera, aromada con los inciensos del misacantano, entraba, quitándose los alfileres del manto, en la dispersión de una tropa de chamacos. El Coronelito de la Gándara roncaba en el jinocal, abierto de zancas, y un ritmo solemne de globo terráqueo conmovía la báquica andorga. [...] Insinuó el gachupín: ¿La tumbaguita? –Hay que unirla al atestado. –¿Perderé los nueve soles? –¡Qué chance!...*

había atrevido a ridiculizar literariamente. Al mezclar personajes políticos reales, como Prim, con otros inventados en los que se deja oir la propia voz del autor —vuelve a aparecer el Marqués de Bradomín como *alter ego*— Valle hace una crónica mucho más amarga que la de Galdós, y de tono más desgarrado y aun despreciativo, como correspondía a lo que bautizó como 'esperpéntico' (*infra*, nota 117). Es la vida cortesana dominada por lo canalla lo que le interesa: satiriza allí tanto las intrigas y la frivolidad de la aristocracia, como el servilismo y la hipocresía burguesas que pululan en torno a la reina, lo que explica que sea ella el blanco de una caricatura insuperable, muy similar a la que ya había ofrecido su *Farsa y licencia de la reina castiza* en 1920 (*infra*, n. 113). Pero también expone las tensiones entre proletarios anarquistas y sus opresores del gobierno, de los que se habla en escenarios populares como la taberna, espacio muy del gusto de Valle. En *Viva mi dueño* es más evidente el deseo del autor de hacer desfilar las más diferentes clases sociales, desde ministros y marqueses —gerifaltes cortesanos que se mueven en ámbitos palaciegos—, a contrabandistas, gitanos o simples trabajadores. Todos ellos aparecen revueltos en una situación conflictiva de gran actualidad: el problema de las colonias africanas en medio de las eternas pugnas entre moderados y progresistas, monárquicos y revolucionarios. Algunos de los motivos de la acción son de inspiración netamente romántica —la huida de un diputado demócrata que se esconde en un convento, etc.—, lo que concede un atractivo más a la mezcla.

Los irónicos títulos de estas novelas pretendían poner en evidencia los aspectos absurdos de la circunstancia política tal como la sentía Valle-Inclán: llena de ribetes 'esperpénticos' (*infra*, n. 117). Todas las situaciones, desde las palaciegas a las más vulgares, como una corrida de toros, se muestran bajo una perspectiva deformadora, en diálogos y descripciones burlescas o caricaturescas que imprimen un carácter muy personal a su vocabulario: *Una jactancia chispota de jeta con chirlos pasea su gesto bravucón a lo largo del reinado isabelino: las fanfarrias militares han trascendido a la conciencia popular, con olés y falsetas de una jácara matona*. Una de las grandes innovaciones que supuso la *elocutio* de *El ruedo Ibérico* es precisamente la presencia del caló gitano (con expresiones como 'dar mulé', etc.), y esto es una muestra más de la acérrima defensa que hizo Valle del derecho de todas las voces 'heterodoxas' o discordantes a convivir dentro de la novela. (Huelga decir que fuera de la literatura era imposible tal convivencia.) Se encuentran así en estas novelas frases de denuncia que no estaban en el joven autor de las *Sonatas*[79]. Sentencias de un escritor maduro que se atrevía a delatar con desafiante rebeldía a los reyes, los aristócratas, los curas, los militares, los policías, los políticos conservadores y los burgueses, a quienes consideraba, por igual, enemigos del bien público. Era el sentir de buena parte de la población: recuérdese al respecto que el antimilitarismo se extendió notablemente en la opinión pública española a raíz de los deplorables sucesos de la Guerra de Marruecos entre 1920 y 1924. A la vista de su última narrativa, cabe concluir que Valle-Inclán es un caso de genialidad muy cercano al de Quevedo, pues la actitud satírica se revela esencia de su talante. Ambos coinciden, como pocos escritores dentro de la literatura española, en un proceso deformador de lo humano que tiende hacia la animalización y la conversión de los personajes en fantoches. Y ello parece deberse a que compartieron, en definitiva, una misma mirada altiva (la que les hizo a ambos aristocratizar sus apellidos, hecho nada casual), desde la que veían pequeño al hombre: una mirada 'desde el aire' según la teoría de las tres perspectivas que el propio Valle explicaría respecto al teatro (vid. *infra*, antes de n. 119).

La originalidad de Pérez de Ayala

La gran categoría de los narradores reseñados suele dejar en la sombra a otros autores de la llamada 'Generación del 14' o 'novecentista' que no siempre pueden considerarse de segunda fila, y que sin duda merecerían más espacio en las historias literarias. Es el caso del aragonés Benjamín Jarnés (Zaragoza, 1888-1950), autor de gran talla intelectual y una poética prosa que compartió con Unamuno la preocupación por el tema de la identidad. Especialmente injusto ha sido el trato hacia el gallego **Wenceslao Fernández Flórez** (La Coruña, 1885-1964), un no-

---

[79] Como éstas que pone en boca de un personaje del pueblo: *Un mundo bien gobernado no permitiría herencias. Dende que se acabase la herencia, se acababan las injusticias del mundo. Como el dinero agencia el gobernar, los ricos todo lo amañan mirando su provecho y hacen de la ley un cuchillo contra nosotros y una ciudadela para su defensa.* El mismo criterio expresaba el obrero anarquista catalán que aparecía en *Luces de bohemia*.

velista muy leído durante décadas que debe contarse entre los mejores autores de novela fantástica que ha dado este país[80]. Y aunque es demasiado breve la reseña que podemos dedicarle aquí, quizá valga para revalorizar sus títulos y los de otras dos excelentes novelas suyas, escritas ya en la posguerra (vid. *infra*, c. n. 251). Hubo autores de pequeña incursión en la narrativa que merecen ser leídos por la singularidad de sus vidas y propuestas, como la del bohemio antitaurino que fue Eugenio Noel (Madrid, 1885-1936). Otros autores tuvieron personalidades tan excepcionales que les valieron un lugar destacado entre los introductores de las vanguardias, como la del brillante articulista y narrador Rafael Cansinos Assens (Sevilla, 1882-1964), creador del Ultraísmo (*infra*, c. notas 159-160), y sobre todo Ramón Gómez de la Serna, quien merece apartado especial en estas páginas (vid. *infra*, n. 149). Hay también algún narrador de mérito cuya lectura ofrece, sin embargo, un interés casi meramente 'arqueológico'. Es el caso de **Gabriel Miró** (Alicante, 1879-1930), un novelista empapado de lecturas románticas cuya primera novela, *La mujer de Ojeda* (1901) debía tanto al *Werther* de Goethe como a la *Pepita Jiménez* de Valera (vid. 3ª, n. 271). Lo que más cabe valorar en él es la elegancia de su pausada prosa, de estilo artificioso y netamente impresionista (de ahí que prefiera dividirla en 'estampas' o viñetas), en la que puede descubrirse el decadentismo y sensualismo propios de la escritura modernista. Algo que tuvieron en común otras novelas coetáneas como *La niña de Luzmela* (1909) de Concha Espina: *infra*, c. n. 251. Destaca en Miró su fina sensibilidad para percibir y transmitir olores en sus descripciones ambientales, especialmente los de ceremonias eclesiásticas, cuya estética preside constantemente sus narraciones. Pocos autores del momento mostraron tan bien, sin asomo de crítica,

---

[80] Fernández Flórez es uno de los primeros novelistas del siglo XX (junto con Álvaro Cunqueiro y otros más actuales como Méndez Ferrín, etc.), que corrobora que Galicia ha producido muchas más narraciones maravillosas que la España mesetaria, básicamente realista, según supo ver Unamuno (*supra*, n. 18). Al principio publicó títulos cercanos al realismo folletinesco, como *Volvoreta* (1917), una historia de amor prohibido entre una criada y el hijo de la señora de la casa que alcanzaría un gran éxito en su momento. Entre los títulos más fantásticos de está época están: *Las gafas del diablo* (1918), *El secreto de Barba Azul* (1923) y *El malvado Carabel* (1931). Autor prolífico, escribió también numerosos cuentos, como los que reunió bajo el título *Visiones de neurastenia* (1924).

el peso que los ritos religiosos tenían en la vida cotidiana de las gentes de los pequeños pueblos como Orihuela –llamada literariamente Oleza–, en cuyo internado de jesuitas había estudiado. Sus tres novelas más logradas: *Las cerezas del cementerio* (1910), *Nuestro padre San Daniel* (1921) y su continuación, *El obispo leproso* (1926), tienen en común la confianza del autor en la función educativa de la literatura, que le lleva casi siempre a simples planteamientos maniqueos, en su obsesión por contraponer la belleza a la brutalidad o la crueldad humanas. Llega a ser incluso fatigosa la simpatía de Miró hacia los personajes débiles e incluso pobres de espíritu, que siempre presenta como víctimas. Si la segunda de estas novelas tiene un interés limitado para el lector actual, es porque su eje son las luchas entre dos facciones religiosas a las que no se hace crítica original alguna. Del mismo modo, *El obispo leproso* sigue tratando el tema del adulterio en un ambiente muy próximo al de *La Regenta*, pero sin entrar verdaderamente en las posibles causas de la frustración sexual. En el polo opuesto al novelista alicantino se situaría el autor asturiano que cierra merecidamente este capítulo, cuya modernidad y carácter precursor en muchos aspectos le han hecho merecedor de muchos estudios y reconocimientos fuera de nuestras fronteras.

Ramón Pérez de Ayala (Oviedo, 1880-1962) fue ante todo un pensador profundo, de lo que dejó constancia en excelentes y variados ensayos, con una fecunda trayectoria como novelista que estuvo guiada siempre por una decidida voluntad de experimentación. Su rebeldía juvenil convivió dentro de él con una sólida formación humanística que adquirió estudiando interno con los jesuitas; una orden y un tipo de pedagogía que, a diferencia de Miró, criticaría muy duramente en una de sus primeras novelas: *A.M.D.G* (1910), cuyo anticlericalismo recuerda mucho el de Clarín, quien fue su maestro[81]. En la trilogía que en 1916

---

[81] Las siglas de la novela provienen del lema creado por el fundador de la orden jesuita, Ignacio de Loyola: *Ad Maiorem Dei Gloriam*. Pérez de Ayala, hijo de un modesto comerciante de textiles vallisoletano que había estado en Cuba, perdió muy tempranamente a su madre, y el sentimiento de orfandad y la carencia afectiva marcarían decisivamente su temperamento reflexivo y contestatario. Siempre manifestó una gran admiración por Clarín, de quien se sentía deudor, pues fue su protector mientras cursaba estudios de Derecho en la universidad de Oviedo. Por su clara defensa de los ideales de la República, llegó a tener un puesto de embajador en Inglaterra, labor que

bautizó como *Novelas poemáticas de la vida española* intentaba cumplir con lo que consideraba la directriz del nuevo arte: hacer que el lector no atienda tanto a la descripción o a la anécdota como al tratamiento artístico en sí. Allí el autor muestra interés por recrear viejas leyendas literarias, trayéndolas al momento presente: en *Prometeo* sitúa la historia de Ulises en el ambiente moderno español, deformando los héroes de Homero a la manera valleinclaniana, y haciendo que Tiresias, por ejemplo, tenga rasgos de la personalidad de Unamuno; en *Luz de domingo* hace una versión actual del episodio de las hijas del Cid, y en *La caída de los limones* desmitifica el espíritu heroico de una estirpe de conquistadores.

Una de las novelas más logradas de Pérez de Ayala se inscribe, sin embargo, en las líneas maestras del realismo galdosiano: **Troteras y danzaderas** (1913), ambientada magníficamente en el Madrid de comienzos de siglo, y con una acción bastante simple que tiene algunos elementos de folletín. Narra de forma muy amena los infortunados amores de un mediocre poeta bohemio de ideología anarquista, Teófilo Pajares, con una cupletista que vive de los favores de un ex ministro (y que acabará fugándose con otro amante), así como las relaciones amistosas que se crean en torno a tales personajes centrales. Muchos de los ambientes en que se mueven son propios del sainete, un género que influyó tanto en su obra como en la de Valle-Inclán; entre ellos, las casas de huéspedes donde escasean la comida y la limpieza, un ámbito que, al igual que Baroja, considera genuino de la vida española[82]. Conviven en tales espacios gentes que viven continuamente endeudadas, granujas expertos en tretas de picaresca, que contrastan con los jóvenes estudiantes de Letras que frecuentan el Ateneo, profesionales varios del mundo del teatro, etc. La principal originalidad de Pérez de Ayala al buscar los

---

[82] al parecer desarrolló con la misma elegancia que Valera. Durante la Guerra Civil pasó su exilio en Argentina y volvió definitivamente a Madrid en 1954, donde murió.
La explicación la da él mismo en su novela *Belarmino y Apolonio*, en un prólogo precisamente titulado "El filósofo de las casas de huéspedes": ... *la casa de huéspedes es una institución típicamente española, algo así como la lidia de reses bravas en coso, el cocido y el cultivo de verrugas pilosas con fines estéticos. Entre el boarding-house inglés, la pension de famille, francesa o suiza, la pensione italiana, la pensionshaus alemana y la casa de huéspedes madrileña, hay tanta semejanza como entre el Támesis, el Sena, o el Tíber, de una parte, y de otra el Manzanares...*

contrastes de la sociedad madrileña que le interesa está en que muchos de sus 'retratos' son manifiesta copia de personajes reales del mundo artístico del momento. En el protagonista algunos quisieron reconocer a algún dramaturgo de moda entonces, como Francisco Villaespesa (*supra*, nota 31), mientras que su enamorada Rosina sería la famosa cantante Fornarina; su amigo Alberto Díaz de Guzmán sería el propio Ramón Pérez de Ayala; Antón Tejero, Ortega y Gasset; don Sixto, Pérez Galdós; Bobadilla, Jacinto Benavente, y en un tal Monte Valdés claramente se reconoce a Valle-Inclán, al que el autor pinta como un don Quijote bohemio que vive también 'de pensión'. El teatro influyó mucho en poner de moda este tipo de personajes, a partir del éxito que tuvo la zarzuela *Bohemios* del catalán Amadeo Vives, cuando se estrenó en Madrid en 1904 (*infra*, n. 121); pero seguramente Pérez de Ayala había leído también, como muchos de su generación, las *Escenas de la vida bohemia* (*Scènes de la vie de bohéme*, 1851) del francés Henri Murger. Lo más interesante es que *Troteras y danzaderas* ofrecía la primera visión irónica del mundo de la bohemia madrileña, adelantándose a lo que haría después Valle en su mejor 'esperpento' (*infra*, n. 116), y lo hacía a través de una aguda caricatura de la imagen que el pueblo llano tenía de los 'modernistas'[83]. Discusiones filosóficas y políticas entre ateneístas se combinan en esta novela con la vida cotidiana de jóvenes prostitutas, cuya mentalidad está abordada con una sutil penetración psicológica, y con una gran ternura cubierta a veces de comicidad, en un tratamiento muy original entonces, y del que sería luego deudor, en gran medida, el Camilo José Cela de *La colmena*. El novelista asturiano utiliza la narración omnisciente para descubrir con frecuencia pensamientos de los personajes. Lo hace con un estilo lleno de viveza y gra-

---

[83] Algunos de los irónicos pasajes de la novela contrastan con gran humor la idílica visión que el teatro y los folletines ofrecían de la miseria de la vida bohemia: *Pero, chiquillo, los bohemios de las novelas y del teatro viven en buhardillas y no tienen qué ponerse; vosotros, ya, ya, vivís en un palacio, y vestir, no digamos. Mejor es así; una buena casa y luego bohemios. Lo importante es no tener dinero, no saber si se va a comer o no en el día y cantar y recitar versos...* En boca de su *alter ego* pondrá después el autor estas críticas palabras: *No tener dinero, hija mía, no puede ser un ideal, y menos no tenerlo y desearlo, que esto es la bohemia, y ser perezoso e inútil para conseguirlo o crearlo. Mientras vivas en España, harás vida de bohemia, porque vivirás entre gente miserable, holgazana e inútil, sin fortuna y con ambición, sin trabajo y con lotería nacional.*

cia, combinando la narración y los diálogos populares, alternando cultismos y vulgarismos según se hacía en el sainete, con un vocabulario descarnado incluso cuando la situación lo requiere. Presenta la vida madrileña como paradigma de un país que se rompe y se corrompe, pero que se empeña en mantener a toda costa su cara de fiesta, su ánimo 'de charanga y pandereta', lo que lleva al autor a hacer también amargas reflexiones sobre España muy propias del 98: ... *sin comprensión moral no hay tolerancia. En España somos todos absolutistas*... El final resulta, en consecuencia, una significativa justificación del título (basado en un verso del *Libro de Buen Amor*), pues a la vieja pregunta francesa "¿Qué se debe a España?" (vid. 3ª, c. n. 13), se responde así sobre lo que ha producido: *Troteras y danzaderas, amigo mío, troteras y danzaderas*. En su fondo, se ve claro que es una novela estrechamente ligada a la insatisfacción personal y el pesimismo que marcaron la primera época del autor; quien, no en balde había confesado que se había propuesto *reflejar la crisis de la conciencia hispánica desde principios del siglo*, al publicar un año antes *La pata de la raposa* (1912).

Pérez de Ayala es uno de los autores de este periodo que más influencia acusa de Cervantes, con quien parece compartir toda una actitud vital: la de que el mundo sólo puede ser bien comprendido desde la combinación de perspectivas. La experimentación con el perspectivismo es total en la que puede considerarse su novela más original e interesante ideológicamente: **Belarmino y Apolonio**, de 1921. Es novela de sorprendente coherencia pero difícil de definir, y no fue bien acogida cuando apareció, ni siquiera entre la minoría selecta que podía captar todo su valor intelectual. Narra la historia de dos curiosos zapateros filósofos, al parecer inspirados en dos tipos reales que vivieron en la ciudad natal del autor, de excepcionales sensibilidades, ideas y comportamientos opuestos, de modo que el contrapunto de ambas personalidades organiza la novela. El contraste continuo –técnica básica en la escritura de este autor– entre el pedestre oficio de sus protagonistas y su hondura reflexiva es uno de los detalles más interesantes de la novela[84]; aunque su originalidad tiene ilustres precedentes, como el

---

[84] Lo resalta el propio autor: *Justamente, la única afición de Belarmino al arte zapateril consistía en restaurar calzado viejo, cuanto más viejo mejor, y con unos miserables despojos crear un par flamante. Era una afición pareja a su vocación filosófica. Y así, acogió aquellas valetudinarias botas del Estudiantón o Aligator con marcada*

diálogo lucianesco renacentista *El Crotalón* (vid. 2ª, n. 31), y el espléndido sainete de Arniches *El zapatero filósofo* (vid. *infra*, n. 131). Como aquellos antiguos coloquios humanistas, se nutren éstos de una gran profundidad filosófica: discusiones sobre la relación entre lenguaje y pensamiento, o entre el arte y la naturaleza, y muy especialmente sobre la vida como un drama en que se mezclan de continuo lo cómico y lo trágico –la división pura entre buenos y malos sólo existe en los melodramas, dirá–, así como otras muchas inteligentes consideraciones propias de quien tanto sabía, y escribiría, sobre géneros teatrales (vid. *infra*, notas 103-104). Uno de los contrastes más acentuados es el que se da entre el marco ambiental –las charlas caseras, por ejemplo, de Belarmino y su mujer Xuantipa, evocación de la de Sócrates–, y los recuerdos y meditaciones con los que se construye tantas veces el diálogo. De modo que el lector puede sorprenderse a menudo con pasajes de excelente prosa poética: *De la zona profunda, negra y dormida de la memoria, laguna Estigia de nuestra alma, en donde se han ido sumiendo los afectos y las imágenes de antaño, se levantan, de raro en raro, inesperadamente, viejas voces y viejos rostros familiares, a manera de espectros sin corporeidad...*(comienzo del cap. II), combinados con sentencias originalísimas, siempre indicio del espléndido humor de su autor. Desde la convicción de que el lenguaje es la expresión de la singularidad del individuo, Pérez de Ayala cuida al máximo en esta novela el estilo con el que se expresan cada uno de los personajes, demostrando que su riqueza de registros solo es comparable a lo que se ha denominado el 'habla total' de Valle-Inclán. El gusto por las narraciones tragicómicas seguiría en sus siguientes obras.

Aparentemente, es el tema del amor lo central en el argumento de **Luna de miel, luna de hiel** (1923), pero late en esta novela una más profunda preocupación del autor por la psicología y la educación del adolescente. Y aunque esto es algo muy constante en su novelística, lo particular es que aquí se dirige a poner en evidencia la falta de educación sexual en España y los prejuicios que acarrea, asunto tratado ya por algunos narradores naturalistas y por el Unamuno de *La tía Tula*. Pérez de Ayala elige aquí una trama simple: una pareja de jóvenes inex-

---

reverencia y afectuosidad. Y en otro capítulo: *Belarmino pensaba hallarse providencialmente metido en la entraña de la tierra, colocado en la raíz y cimiento de las cosas, y que para conocer a los hombres lo mejor es verles nada más que los pies, que son la base y fundamento de las personas.*

pertos que al casarse deben afrontar todos los problemas derivados de su absoluta ignorancia erótica; algo que contrasta con que los personajes, como los de otras de sus novelas, hagan continuas citas de Dante, Goethe o Rousseau con toda naturalidad. Su segunda parte, aparecida el mismo año que la anterior, **Los trabajos de Urbano y Simona**, tiene detrás claramente el *Persiles* de Cervantes, con una situación similar entre la pareja de enamorados; pero sin que ello suponga reinterpretar el sentido de la novela cervantina, sino sólo concentrar el conflicto en la relación entre amor y sexo. Las dos novelas que se consideran la culminación de su arte narrativo tienen como tema central el honor: **Tigre Juan** y su continuación, **El curandero de su honra,** ambas de 1926. En la primera, casi la más realista de todas, se sirvió de la leyenda del don Juan, que fue casi una obsesión para los escritores de este periodo, con tratamientos muy distintos sobre todo en el teatro, como *Las galas del difunto* (1926) de Valle-Inclán (*infra*, n. 127) o el *Juan de Mañara* (1927) de Machado. A diferencia del *Don Juan* (1922) de Azorín, por ejemplo, lo hace para crear un arquetipo contrario, una especie de marido calderoniano cuyos celos terminan siendo desencadenantes de la acción novelesca, igual que lo serán en su segunda parte, de título tan claramente paródico. Merece resaltarse el hecho de que fueran novelistas como Clarín en su *Regenta,* y luego estas novelas de Pérez de Ayala, quienes se adelantaran a las interpretaciones freudianas de ese mito: un prototipo de hombre débil que vence su inseguridad sexual con la reiterada conquista[85].

El contexto de todas estas novelas fue el de una gran actividad editorial. Entre 1925 y 1935 surgen Espasa y Calpe, Biblioteca Nueva, entre otras. y se difunden multitud de traducciones, especialmente de narradores rusos, de los que se han contabilizado más de doscientos títulos

---

[85] Las reflexiones al respecto que se hacen en *La Regenta* parecen directas inspiradoras de las que hace Pérez de Ayala. Dos décadas después, el médico Gregorio Marañón aplicaba la teoría freudiana en su ensayo *Don Juan. Origen de su leyenda* (1940), y ofrecía un análisis clínico muy cercano al retrato psicológico que había hecho el novelista asturiano en los textos citados. No se olvide que el tema ya había dado lugar a versiones tragicómicas, como las de las excelentes novelas de José Octavio Picón, *Dulce y sabrosa* y *Juanita Tenorio* (vid. *supra*, antes de n. 55), y la farsa de Jacinto Grau *Don Juan de Carillena* (1913), sobre la que volvería en *El burlador que no se burla* (1930): vid. *infra*, c.n. 106.

en esa década. Era la prolongación de una tendencia que se insinuó ya a fines del siglo anterior, paralela a la importancia que cobró la ciudad industrial a la hora de proporcionar asuntos de actualidad, si bien con una manipulación ideológica distinta a la que los sometieron algunos novelistas realistas como Palacio Valdés.

3. El teatro hasta 1936

El panorama del teatro español a comienzos de siglo era bastante desolador, todas las historias literarias coinciden en afirmarlo. Su mediocridad se hacía más notoria en contraste con el gran impulso renovador que se estaba produciendo en Europa: nuevas propuestas naturalistas y simbolistas, surgimiento de 'teatros libres' como los de París, y, ante todo, aparición de creadores de la talla de Ibsen, Pirandello, Brecht, Shaw, Giraudoux o Maeterlinck. El problema español, según reconoce la mayoría de los estudiosos, no fue tanto la falta de talentos como la imposibilidad de que éstos se dieran a conocer, debido a lo poco arriesgados que fueron los empresarios teatrales ante proyectos novedosos que no les aseguraran ganancias. La sombra vigilante de los censores planeaba siempre, además, sobre cualquier posible salida de la ortodoxia. De manera que los autores de verdadera altura dramática —pues los hubo—, que en otro país hubieran sido mimados por directores como Stanislavski, quien por entonces representaba a Chéjov en el Teatro del Arte de Moscú, terminaban siendo eclipsados por aquellos otros dramaturgos que sí sabían plegarse a las imposiciones del teatro comercial. Porque quien de verdad mandaba en el teatro era el convencionalismo del público[86]. Acostumbrados a aplaudir el llamado 'romanticismo de levita' de Echegaray (vid. 3ª, n. 201), y ciertas formas menores de teatro popular que se habían impuesto a fines del siglo anterior, los espectadores españoles que podían llenar los teatros (de clase acomodada y edad madura, en su mayoría) aceptaron mal los intentos de reforma que se darían, sobre todo, entre 1920 y el estallido de la Guerra Civil. Un fuerte conservadurismo se aliaba con un bajo nivel cultural para operar tal anquilosamiento.

En marzo de 1905, una importante lista de firmas entre las que figuraban los grandes autores del 98 y los líderes modernistas Rubén Darío, Valle-Inclán y Villaespesa, promovió un acto de antihomenaje a Echegaray, en protesta por la concesión de un Nobel que consideraban anacrónico y hasta ofensivo. Todos ellos llevaban algunos años hablando de la necesidad de "regeneración del teatro español" –título de un artículo de Unamuno de 1896–, pero, salvo en el caso de Valle-Inclán, el gran dramaturgo de aquella generación, ninguno lograría dar con propuestas realmente innovadoras. Las fórmulas dramáticas de Galdós empezaban a declinar. Clamorosa había sido la acogida de su *Electra* cuando se representó en febrero de 1901: todo un acontecimiento social, pues no pudo dejar indiferente a nadie lo que tenía de manifestación anticlerical, y Galdós se convirtió entonces en emblema del progresismo para los jóvenes autores. Pero llega un momento, cuando estrena *Casandra* en 1910 o *Celia en los infiernos* (1913) –otras de sus mujeres heroicas–, en que se percibe que el modelo galdosiano no provoca ya entusiasmo y, sobre todo, no da origen a ninguna escuela teatral. Su gusto por las alegorías y los personajes simbólicos sólo pudieron encontrar un continuador de talla en Unamuno, interesado en hacer un teatro de ideas que no habría de calar ni siquiera entre los más doctos, como él pretendía. Dejando aparte su *Raquel encadenada* (1921), cuya acción dramática gira sobre una psicología real (una violinista obsesionada con tener un hijo y que pelea por

---

[86] Ésta será la queja más constante de los dramaturgos de valía durante el periodo que nos ocupa. Buen ejemplo de lo diferente que resultaría la historia de nuestro teatro desde la la escritura original de las obras y no desde su representación, es el caso de Valle-Inclán, que no llegó a estrenar en vida sus esperpentos; o el de una obra como *Tres sombreros de copa* de Miguel Mihura, igual de revolucionaria para su época, que habiéndose escrito en 1932 no llegaría a representarse hasta treinta años más tarde.

ello con su marido, haciendo toda una apología de la vocación de la maternidad), la mayor parte de sus dramas –*Soledad* (1921), *Sombras de sueño* y *El otro*, ambas de 1926– no pasaron de ser meras versiones dialogadas de las inquietudes intelectuales que volcó en sus ensayos, o repetición, sin más, de temas de sus novelas. Y ese exceso de racionalismo en sus personajes, siempre meditativos y dominados por un conflicto interior, unido al descuido de la realización estrictamente dramática, hicieron que ni su teatro ni el de Azorín, tuvieran éxito alguno[87].

Lo más apreciable de Unamuno fue, quizá, su intento de impulsar la tragedia, género sobre el que se reflexionó profusamente durante las tres primeras décadas del siglo. Con el mismo afán de rescatar mitos y recuperar personajes históricos que tuvo Jean Anouilh en Francia, por ejemplo, escribió su propia versión de *Fedra* o de la *Medea* de Séneca, que estrenó en el Teatro Romano de Mérida en 1933, con el empeño siempre de *educar al público para que guste del desnudo trágico*"; un empeño que resultó tan ingenuo como el de los ilustrados de finales del siglo XVIII. Sin aceptar nunca sus deficiencias como dramaturgo, Unamuno –que llegó a ser nombrado "ciudadano de honor de la República"– despreció en general a ese gran público que seguía prefiriendo géneros más alegres y livianos, con los que sí habrían de acertar, en cambio, por ser menos ambiciosos, los hermanos Machado. Aun con la gran admiración de Antonio por Shakespeare –al que Mairena llamaría *ese gigantesco creador de conciencias*–, de la colaboración de ambos salieron algunas piezas de raíces folklóricas y románticas que fueron muy bien aceptadas por el público. En 1929 les llegó su primer éxito con *La Lola se va a los puertos*, que estrenaron en Madrid con la famosa Lola Membrives[88]; y el segundo, en 1932 con *La duquesa de Benamejí,* interpretada por Margarita

---

[87] La considerable obra dramática de Azorín se inició con temas serios, e incluso propios de autosacramental, pero al final de su trayectoria tuvo el empeño de hacer obras de vanguardia con experimentos bastante frívolos como *Old Spain* (1926) y *Brandy, mucho brandy* (1927), que nada tenían de críticos, dada la ortodoxia de su ideología: fue uno de los pocos en apoyar abiertamente la dictadura de Primo de Rivera. Nada suele salvar la crítica de toda su producción, a excepción tal vez de su comedia sobre la felicidad *El doctor Frégoli* (1928).

[88] Curiosamente, en el homenaje que se les dedicó el día de ese estreno en el Hotel Ritz, tomó la palabra un jovencísimo José Antonio Primo de Rivera para hacer elogio del teatro poético que ellos representaban.

Xirgu, la actriz catalana que daría prestigio a tantas obras de la época. Eran propuestas ambas bastante convencionales comparadas con *Las adelfas* (1928), donde en cambio se acusaban influjos de Pirandello y Freud, de modo que es imposible saber hacia dónde hubieran evolucionado como dramaturgos si la Guerra Civil no hubiera dividido para siempre sus trayectorias.

Las fórmulas heredadas y sus beneficiarios

Sevillanos como los Machado fueron los hermanos **Serafín y Joaquín Álvarez Quintero** (1871-1938 y 1873-1944, respectivamente), que durante bastante tiempo disfrutarían de una fama inigualable como comediógrafos. En más de doscientas obras, en su mayoría de carácter cómico, dieron muestras de su hábil concepción del teatro como producto de consumo, pues nadie como ellos supo dar al vulgo exactamente lo que quería; especialmente a través de los modelos del llamado 'género chico' que triunfaban desde finales del siglo anterior (vid. 3ª, nota 204). Las piezas breves con partes cantadas, sostenidas por textos de mediana o baja calidad, en general, pero con vistosas puestas en escena, resultaron tan lucrativas para las compañías teatrales que llegaron a constituir un auténtico monopolio. Entre 1887 y 1920 veinte teatros madrileños se dedicaron total o parcialmente a ese tipo de género, que empezó a dar cabida a las 'variedades' y los 'cuplés', logrando que la afición se 'exportara' muy pronto a la América española[89]. Galdós afir-

---

[89] El éxito de las zarzuelas y su rentabilidad económica hicieron que los directores de compañías y empresarios llevaran sus espectáculos a varios países latinoamericanos, donde empezaban a gestarse grandes fortunas, y donde el contagio fue inmediato. También Cataluña participó de esta tendencia creando el 'Teatre líric català' en 1901. Las *varietés*, género importado en cambio de París en 1893, eran una mezcla de canciones, bailes y atracciones circenses, todas ellas independientes, sin insertarse en una intriga teatral. Junto a los cuplés (del francés *couplet*: monólogos cantados por mujeres cuya clave era la insinuación erótica 'picante') fueron las dos modalidades más importantes de lo que ya se conocía como *music-hall* en la España de fines del siglo XIX. Conquistaron pronto los teatros antes reservados a la zarzuela, convir-

maba en 1904 que por cada escritor del 'genero grande' había unos setenta autores del 'género chico', incluidos aquí los propios hermanos Machado. Y es que su aceptación social animó hasta a los autores más serios a escribir libretos de zarzuela, que se convirtió en el género preferido de varias generaciones de españoles hasta los años treinta[90]. Si surgió con fuerza el sainete costumbrista, como los creados por Ramón de la Cruz y González del Castillo (vid. 3ª, notas 110 y 112), es porque se entendió como nunca su potencial sobre las masas —no sólo estaban hechos para "agradadar a la soez canalla", como creía el ilustrado Moratín (3ª, c. n. 127)–, y se le dotó de una orientación ideológica que no tuvo en principio el género. La fórmula que tan bien entendieron los Álvarez Quintero, y Carlos Arniches en sus comienzos (vid. *infra*), se basaba en un implícito 'pacto cultural' con la burguesía triunfante, defensora de los valores políticos de la Restauración (S. Salaün). Eran piezas destinadas a perpetuar "la imagen optimista de una España satisfecha consigo misma", y a provocar un sentimiento reconfortante y catártico en el espectador, haciendo que el humor del gracejo verbal concentrara la atención y sirviera de evasión de los auténticos problemas nacionales. Se trataba, en definitiva, de hacer sentir el orgullo de ser español, algo ciertamente consolador en medio de tantas crisis políticas y penurias económicas, y que plantaba cara, además, a toda aquella otra literatura pesimista de los 'regeneracionistas' y 'noventayochistas'. A los Álvarez Quintero les caracterizó el mismo tipo de nacionalismo patriotero que tuvieron ciertos costumbristas del siglo anterior. Recrear ambientes 'pintorescos', sobre todo de la Andalucía más dulzona —de patios con macetas y abanicos detrás de una reja–, fue el objetivo central de en textos que rotularon como 'sainete', 'paso', 'juguete cómi-

[90] tiéndose poco a poco en salones para el lucimiento de ciertas cupletistas, cuyo éxito dependía de sus dotes vocálicas y gestuales para encender los ánimos.
En el periodo de esplendor de este género surgieron textos muy desiguales en calidad literaria y musical, entre los que destacan títulos como éstos: *El barquillero* (1900) y *La venta de don Quijote* (1902), ambas zarzuelas con música de R. Chapí; *Bohemios* (1904) y *Doña Francisquita* (1923), ambas con música de A. Vives; *Las golondrinas* (1914), de J. M. Usandizaga; *La canción del olvido* (1916) de J. Serrano; *Katiuska* (1931) y *Adiós a la bohemia* (1933) de P. Sorozábal; *Las Leandras* (1931) de F. Alonso; *Luisa Fernanda* (1932) de F. Moreno Torroba, etc.

co" etc., si tenían un solo acto, y 'comedia' si la extensión era mayor. Ése fue el único criterio formal para obritas de gran parecido, de un realismo ingenuo y en última instancia ficticio, que no pretendía interpretar la vida, ni por supuesto juzgarla, con tipos vacíos de individualidad y andaluzas siempre alegres y bellas. Anécdotas bastante convencionales desarrollaban piezas como *La alegría de la huerta* (1900), *El mal de amores* (1905) –coetánea de un cuadro homónimo del pintor cordobés Julio Romero de Torres–, *Amores y amoríos* (1908) o la *Mariquilla Terremoto* que estrenaron con gran éxito en 1930. Sólo una fue su incursión en el drama: *Malvaloca* (1912), en la línea del más puro melodrama decimonónico (vid. 3ª, notas 115 y 195). De toda su producción, y tal vez por estar fuera precisamente del ambiente andaluz, suele valorarse *Las de Caín* (1908) como su comedia más perfecta[91]. Pero el tipismo de los Álvarez Quintero no dio mejores frutos y se quedó anclado en lo que tiempo después, llevados sus guiones al cine, se llamaría 'la españolada': una forma trivial de hacer creer que España era la extensión de Andalucía.

A principios de los años treinta, la comedia de costumbres y el sainete –desnudo de su abrigo musical en la zarzuela– empezaron a dar muestras evidentes de estar ya desfasados, convirtiéndose más bien en 'género ínfimo', pues se fue limitando a ser pretexto para el chiste y las escenas más o menos chabacanas que divertían, sin embargo, a un amplio sector de la clase media, por lo que tardó bastante tiempo en desaparecer. A ello contribuyó un comediógrafo de gran calidad, **Pedro Muñoz Seca** (Cádiz, 1879-1936), prolífico autor de más de un centenar de piezas escritas desde comienzos de siglo (algunas en colaboración con otros, como Azorín), que fue el más reclamado por los empresarios teatrales, por la clamorosa acogida con que el público recibía cada una de ellas. Solo él, gracias a su gran ingenio verbal y una extraordinaria versatilidad en la invención de argumentos y tipos (introdujo el del 'fresco' o caradura), fue capaz de revalorizar el género y hasta rebauti-

---

[91] Está protagonizada por la figura de don Segismundo Caín y de la Muela, profesor de lenguas vivas, que es padre de ocho hijas, y cuyo ingenio excepcional consiste en conseguir casarlas a todas. Su original planteamiento y su ritmo escénico podrían haberla llevado por los derroteros de la farsa, pero terminó siguiendo el modelo de comedia de Moratín y Bretón de los Herreros.

zarlo como **'astracanada'**: breves comedias sin más pretensión que la risa fácil, con una acción que encadena equívocos inverosímiles o disparatados, como su propia etimología (de Astracán, ciudad del sur de Rusia, de donde es originaria una piel rizada usada en abrigos que en su día fue signo de distinción), y cuya comicidad dependía de las hablas y acentos de sus curiosos personajes, con juegos de palabras y retruécanos chistosos. Su éxito fue incesante en títulos como *El maestro Canillas* (1903), *Mentir a tiempo* (1908), *Lolita Tenorio* (1916), *Las famosas asturianas* (1918, refundición de un texto original de Lope de Vega), *El sinvergüenza en palacio* (1921), etc., y sobre todo *Los extremeños se tocan* (1926) y *Anacleto se divorcia* (1932), dos de las piezas más veces representadas en los teatros madrileños, junto a *La Venganza de don Mendo*, una genial parodia del teatro histórico que recibió elogios unánimes hasta de sus detractores (vid. *infra*, c. n. 101). Ensalzado durante décadas por la crítica más conservadora, y tachado de frívolo por otros, Muñoz Seca merece ser valorado hoy sin los prejuicios ideológicos que le condujeron al mismo desastrado fin que a García Lorca, aunque por una sinrazón de signo contrario (vid. *infra*, n. 146).

Quien podría haber sido el gran renovador del panorama teatral español desde comienzos de siglo fue **Jacinto Benavente** (Madrid, 1866-1954), hombre culto y de talante liberal, con un gran conocimiento de las técnicas dramáticas que fue perfeccionando en sus viajes por Europa. De hecho, a ello aspiró en su juventud a través de la sátira social (para la que estaba especialmente dotado), con una primera obra titulada **El nido ajeno**, que estrenó en Madrid en 1894. Su tema suponía una original vuelta sobre la posición de la mujer casada en el matrimonio de clase media, asunto capital, como se ha visto, en los grandes novelistas europeos del siglo XIX. El vínculo más interesante se establecía con *Casa de muñecas* de Ibsen (publicada en 1879), aunque Benavente quisiera captar los aspectos peculiares del problema en España, denunciando que las convenciones del honor terminaran subyugando a una personalidad femenina admirable. Pocos fracasos tan rotundos: la obra se retiró de cartel a los tres días del estreno en Madrid, levantando encendidas protestas[92]. De modo que a sus veintiocho años, Benavente se

---

[92] Algún crítico llegó a calificar de inadmisible y repugnante la escena en la que dos hermanos llegan a discutir la posibilidad de que su madre hubiera

vio obligado a reconsiderar la posibilidad de suavizar sus afanes críticos, y así lo haría en sus obras siguientes. Con *La comida de las fieras* (1898) consiguió al menos que el público no se soliviantara ante el planteamiento de la sociedad como un circo en el que sólo el rico tiene autoridad suficiente para domar a los demás animales. Y en *Lo cursi* (1901) enfrentó simpáticamente, en burlona dialéctica, a un marqués defensor del casticismo y 'los valores espirituales españoles' –entre ellos los buenos sentimientos, 'cursis' a los ojos de los jóvenes–, con unos 'modernistas' que representaban el relevo generacional, en un choque ideológico que gustaría de repetir después en otras obras. El que fue su primer gran éxito, **La noche del sábado** (1903) ofrecía en un escenario fantástico una sátira de la hipocresía de la aristocracia europea, en general, que ya no resultaba ofensiva para nadie. Porque si algo estaba claro en ese momento eran las fronteras de lo aceptable: "Lo que el buen gusto no podía tolerar era cualquier tentativa de confundir o preocupar al público, así como reflejar valores morales o sociales distintos de los que eran propios de las enjoyadas matronas de las butacas de platea" (G. G. Brown). Por eso habían fracasado los últimos dramas sociales de J. Dicenta (vid. 3ª, n. 206), y por eso Benavente, que lo comprendió pronto, dio un giro total a sus planteamientos a partir de esa fecha. Su voluntad de alinearse con los 'bienpensantes' se refleja en el hecho de que fuera el único en rehusar firmar la carta en contra del Nobel de Echegaray, quizá sospechando que un día el próximo podría ser el suyo, como así fue.

Con el apoyo de algunas compañías teatrales como la de María Guerrero (la actriz y empresaria estuvo al frente del Teatro Español hasta su muerte en 1928), Jacinto Benavente fue paulatinamente logrando seducir a ese público burgués al que pertenecía. Sabía que éste era manejable e impresionable, y consiguió 'educarlo' para la recepción de piezas reflexivas y moralizantes, con agudas y sutiles ironías, creando con ello todo un nuevo lenguaje teatral –ése fue su principal mérito–, en lugar de los recitados altisonantes a los que ese público estaba acostumbrado. Con ello se dio en el teatro español un nuevo periodo de

---

sido infiel a su padre, puesto que era obvio que el adulterio en un matrimonio con hijos resultaba algo mucho más monstruoso que el 'pecado' cometido por Ana Ozores en *La Regenta*, por ejemplo.

triunfo de la comedia burguesa que duraría otros sesenta años, en los que el dramaturgo madrileño llegó a escribir más de ciento setenta obras. Benavente, como Bretón de los Herreros en el siglo anterior (vid. 3ª, n. 154), había optado por lo más cómodo y sin duda lo más rentable. Fue el suyo un teatro carente de intriga y eminentemente discursivo –los personajes benaventinos sermonean y sentencian más que actúan–, en el que destaca la agilidad del diálogo y la elegancia oratoria de muchos parlamentos. Aun así, tratando tantas veces de la felicidad (el gran tema burgués), de la eterna oposición entre un 'antes' más virtuoso y unos locos 'tiempos modernos', de la vida en provincias frente a la de la capital, etc., prefirió siempre la mordacidad de la palabra a la hondura en las reflexiones, convencido de que era pernicioso hacer planteamientos problemáticos[93]. Por ello, la mayoría de las comedias de Benavente quieren ser una crónica amable –*pinturas de la vida moderna* las llamaría él– de las preocupaciones y los prejuicios que conocía muy bien, actuando casi como el particular 'confesor de familia' de sus incondicionales en el patio de butacas; era el suyo "un teatro de salón para digestiones pudientes", como alguien ha acertado a decir. Supo "especializarse en comedias urbanas de decorados realistas en los que muchos pudieran reconocer sus propios despachos o el comedor de sus casas", y por los que se paseaba "la pintoresca y elegante fauna de una Europa decadente, despreocupada, desorientada, cínica y sentimental" (F. Ruiz Ramón*). Y se especializó también en protagonistas femeninas en las que pudieran proyectarse las señoras que le aplaudían –era fino observador de sus psicologías–, para lanzar desde ellas toda una lección nacional-católica sobre el matrimonio y la familia. Como hace, por ejemplo, en su comedia *Rosas de otoño* (1905), todo un espejo de la perfecta casada cristiana que perdona siempre al marido infiel, y sabe

---

[93] Una de las grandes máximas benaventinas era *No ahondéis demasiado; al ahondar todo puede venirse abajo*. Su visión de la realidad española no puede ser más simple, según escribía en uno de sus artículos: *En primer lugar, la vida española es tan apacible que apenas ofrece asuntos al autor dramático. En problemas sociales no hay que pensar, porque a nadie interesan. Ya sabemos que en España no existen problemas. El problema religioso es sólo un pretexto para programas políticos; ese problema, como el de los garbanzos, lo tiene cada uno resuelto a su manera, y no hay para qué llevarlo al teatro. El problema social viene a ser, en resumidas cuentas, lo que un primer actor decía de cierto drama estrenado por él: 'Hambre y tiros: cosas siempre desagradables'* (*apud* Ruiz Ramón*).

ganárselo para mantener la unión hasta el fin de sus días. Un ideal cercano, en definitiva, a los de aquellos dramaturgos de la 'alta comedia' decimonónica, defensores a ultranza de la 'decencia' como valor supremo en la sociedad; es decir, el reverso de lo que un día Benavente propuso en *El nido ajeno*. El matrimonio fue tema repetido en dramas de ambiente provinciano, como *La gobernadora* (1901) y **Pepa Doncel** (1928), que conquistó enseguida al público por la fuerza de su protagonista femenina. Lola Membrives (una de las actrices más solicitadas del momento) se encargó de dar vida a una actriz que renuncia a su vida de farándula para casarse con un hacendado con el que se traslada a una pequeña ciudad (Moraleda) que corta las alas a su vocación artística y la hace ejercer de madre responsable sin renunciar a un nuevo apasionamiento amoroso, una vez viuda.

Pero fue en el impulso que consiguió dar al drama rural donde debe buscarse al Benavente de mayor éxito, y también al que provocaría la furibunda (y fructífera) reacción del Lorca dramaturgo. Aprovechó como nadie el gusto del público por un género de larga tradición en el teatro español desde Lope de Vega que, curiosamente, habían vuelto a poner de moda autores catalanes como Feliu i Codina y Àngel Guimerà, cuyo éxito aumentó con las versiones musicales de sus obras[94]. Esto mismo consiguió Benavente con dos poderosos dramas rurales de fuerte componente folletinesco: **Señora ama** (1908) y **La Malquerida** (1912). En el primero de ellos Benavente presentaba el caso de una argucia femenina de entonces que era 'decente': la mujer casada con un mujeriego que

---

[94] El barcelonés Josep Feliu i Codina lo consiguió con *María Dolores* (estrenada en Barcelona en 1892 por María Guerrero y convertida poco después en zarzuela con música de Bretón), o *María del Carmen* (1896), que Enrique Granados convertiría en ópera dos años después; y Àngel Guimerà, con *María Rosa* (1894) y *Terra baixa* (estrenada en 1897 por M. Xirgu), que lo consagraría como dramaturgo. A gran distancia del *Fuenteovejuna* de Lope o *El alcalde de Zalamea* de Calderón, donde el honor tenía un alcance político, estas obras ponían el conflicto de la honra en espacios caseros, haciéndolo depender de rencillas entre familias que imposibilitan unos amores por su distinto nivel social, o de algún tipo de afrenta o deshonra cometido clandestinamente y que suscita ansia de venganza u odios de por vida. Las mujeres de estos dramas cargaban con toda la presión del valor de la fama poniendo en riesgo su 'buen nombre' ("La Dolores" surge de una copla popular sobre una mujer 'manchada' en su fama), y por tanto, con toda la responsabilidad en la acción dramática.

utiliza su embarazo para que su marido le sea eternamente fiel, y que al parecer fue recibido como aleccionador por los católicos espectadores del momento. En *La Malquerida*, en cambio, planteaba un triángulo propio de tragedia: una madre viuda que cuida de su hacienda entregada al bienestar de su hija y de su segundo marido, del que está profundamente enamorada, y que descubre horrorizada el motivo de su apodo ('la malquerida'), por andar en boca de gentes la relación incestuosa que su marido mantiene secretamente con su hija. La acción, que maneja muy bien el suspense, se dirige a mostrar la trágica división de sentimientos a la que se ve abocada su protagonista, pero todo en ella se vuelve melodramático: sus prosaicos diálogos —Benavente calca incluso fonéticamente el habla de los pueblos—, su planteamiento del impulso sexual desde la culpa (la apología casi 'naturalista' que hace el marido es, sin embargo, de lo mejor del texto), y sobre todo su sangriento desenlace, 'justicia poética' para lo que el autor y su público consideraban moralmente reprobable por el desastre que provoca en la familia, y por tanto merecedor de condena y castigo. Todo esto, que podría alejar a un lector o espectador actual de la obra, cobra un especial interés, en cambio, si se considera que allí estaban en germen todos motivos que llevarían a Federico García Lorca a querer subvertir la esencia del drama rural para darle, revolucionariamente, un nuevo sentido (vid. *infra*, notas 139-145).

Excepcional en la producción benaventina fue la obra **Los intereses creados**, estrenada en 1907. Bautizada por algún crítico como una "*moralité* modernista", fue la obra más veces representada del autor por la aspiración atemporal y universalista de los valores que representan sus personajes, que toma en su mayoría de los arquetipos de la *Commedia dell'Arte*, y los mezcla con los de la comedia española del Siglo de Oro, alterando de forma original sus funciones[95]. Su continuación, titulada *La*

---

[95] "... Pantalón, Colombina, Polichinela, Arlequín [son portadores] de un sistema de valores culturalmente homogéneo y significativo. [...] En ese mundo, cargado así, ya de entrada, de significaciones estético-literarias, introduce la pareja Crispín-Leandro, [...] pero Benavente, con extraordinaria agudeza e inteligencia, invierte la relación jerárquica de amo y criado, y en ella la del sistema de valores que cada uno representa. [...] La sociedad estriba en el juego necesario de intereses creados, aun en el reino superior del amor y la belleza, pero exige, con no menor necesidad, la colaboración de las apariencias" (F. Ruiz Ramón*).

ciudad alegre y confiada (1916), se ajustaba, en cambio, a las exigencias del presente histórico: estaba escrita en plena guerra mundial, y Benavente, germanófilo como Baroja, presentaba una violenta diatriba que defendía ideas fascistas y valores supuestamente 'patrióticos', en oposición a la postura de los aliadófilos, que consideraba enemigos de España. Un cisma ideológico éste que muy pocos tratarían en clave de humor –tan solo Arniches en su sainete *Los neutrales* (1916)–, y que acabó por separar para siempre al dramaturgo madrileño del resto de los intelectuales del momento. Ramón Pérez de Ayala llegaría a hablar del *valor negativo* que Benavente había supuesto para el teatro español, y ese lastre ha seguido pesando sobre su figura desde entonces, más allá de que le fuera concedido el Nobel en 1922. De hecho, el benaventismo pasó a simbolizar la veta más conservadora e inmovilista del teatro del siglo XX, creando una cierta escuela de continuadores que siguieron llenando la escena de conversaciones más o menos ingeniosas. Algunos con bastante éxito, como Linares Rivas o G. Martínez Sierra, quien se permitió usurpar durante años la autoría real de su mujer, **María Lejárraga**, apropiándose de un éxito teatral que solo ella merecía[96].

El teatro histórico modernista

Los objetivos estéticos modernistas encontraron un cauce perfecto en el teatro de temática histórica. Podía lograrse a través de él, mejor que con ningún otro género, el placer de liberarse con la imaginación, huyendo hacia tiempos más 'bellos' que la realidad que les había tocado

---

[96] María de la O Lejárraga (La Rioja, 1874-1974), maestra de profesión, fue autora de bastantes obras dramáticas de cierta calidad, como *Vida y dulzura* (1908), *Canción de cuna* (1911), *El pavo real*, una comedia poética escrita en colaboración con Marquina que fue muy aplaudida en 1922, e incluso de libretos como *El amor brujo* de Manuel de Falla. A pesar de sus convicciones feministas, aceptó quedar en la sombra dejando que su marido firmase sus propios textos, y no sólo aquellos de los que fue coautora. Martínez Sierra no reconoció este fraude hasta los años treinta, pero se atrevió a reclamar derechos de autoría cuando, tras años de separación, ella se había convertido en diputada socialista e importante figura en la vida cultural de la Segunda República, tema de su ensayo *La mujer ante la República* (1931).

vivir, y ante la que manifestaban particular disgusto, como se ha visto. Para los poetas modernistas suponía todo un reto, además, renovar una larga tradición española que a su juicio había degenerado con las prosaicas piezas históricas de Echegaray (vid. 3ª, n. 201), y quisieron imitar en esto a los más grandes dramaturgos románticos, tomando por modelo algunas obras francesas como el *Cyrano de Bergerac* (1897) de Edmond Rostand. Como dramaturgos se propusieron entonces recuperar el lirismo perdido en el género, con la tarea nada fácil de acostumbrar los oídos del público a los efectos sonoros del verso. Tal empeño hizo que este género cobrara nuevos bríos entre 1907 y 1918, manteniendo su éxito durante un par de décadas más. El gran interés que tiene todo aquel teatro histórico, escrito en versos de muy desigual calidad, por cierto, es que mostró las infinitas posibilidades que ofrecían los temas históricos puestos sobre un escenario. En la larga lista de títulos que lo integran, siguen destacando dos claras preferencias: la Edad Media y el siglo XVI, en obras de diferencias ideológicas y estéticas mucho más marcadas aún de lo que ya lo estuvieron en la segunda mitad del siglo XIX. La revalorización del medievalismo que se dio dentro de este género participa de las mismas causas e influjos que lo explican en la prosa. El periodo medieval se vio ante todo como "un refugio contra el progresivo alienamiento de la sociedad industrial moderna" (vid. *supra*, nota 23), pero también como fuente infinita de personajes y motivos misteriosos y sugerentes, como ya lo fue para los primeros 'románticos', por ser el principal ámbito de la sabiduría esotérica[97].

El atractivo de muchas obras estaba simplemente en su modo de recrearse, sin más, en las propias ambientaciones —decorados, hablas y vestidos exóticos—, permitiendo detener el tiempo en una nebulosa reconfortante, como la de la propia lectura de un poema. Y es que, tratado desde el ahistoricismo propio del Modernismo, este teatro pretendía exactamente la misma evasión hacia un mundo lejano de la realidad que podía buscar cualquier otra fantasía poética. Es lo que hizo esencialmente el poeta almeriense **Francisco Villaespesa** (vid. *supra*, nota

---

[97] El mejor ejemplo europeo de esto es, quizá, *El viejo de la montaña* de Alfred Harry (1873-1907), un apasionado de la hermenéutica y lo gnóstico que sitúa su obra en tiempos de Marco Polo, centrándola en la secta de los Hassasins, cuyos iniciados recibían de su jefe un bebedizo que les dejaba en éxtasis, proporcionándoles la ilusión de conocer el paraíso.

31) en obras de ambientación árabe, como *El alcázar de las perlas* (1911), basada en una leyenda del siglo XIV y situada en tiempos del emirato andalusí, y en *Aben-Humeya* (1913), tragedia morisca sobre la rebelión de las Alpujarras del siglo XVI que ya recreara Martínez de la Rosa[98]. En otras obras presentó personajes enteramente ficticios de la alta Edad Media, como en *El rey Galaor* (1914), o bien sacados de un cuadro, como es el caso de *La maja de Goya*, estrenada en 1916, y que representa bien la tendencia modernista a tratar temas más inspirados en la Historia del Arte que en la propia historia política. Algo que llega hasta la *Mariana Pineda* que García Lorca, gran admirador de Villaespesa, creó a partir de las cancioncillas populares oídas en su infancia granadina (vid. *infra*, c. n. 132), pero también al Valle-Inclán 'goyesco' de farsas y esperpentos (vid. *infra*, n. 119).

Lo más abundante fue, sin embargo, el aprovechamiento del marco histórico como pretexto para lanzar, de forma más o menos sutil, tesis patrióticas y nacionalistas: la 'raza' y el 'alma española' se invocaron, también en este género y con muy distintos objetivos, según mostraban reiteradamente las dedicatorias de esas obras. Es lo que hizo sobre todo **Eduardo Marquina** (Barcelona, 1879-1946), que consiguió llenar los teatros madrileños con piezas como *Las hijas del Cid* (1908), *Doña María La Brava* (1909), y *En Flandes se ha puesto el sol* (1910), una de las más famosas por hacer elogio del 'espíritu glorioso' de los soldados españoles bajo el reinado de los Austrias. En el siglo XVI encontró la mayoría de sus temas: *La alcaidesa de Pastrana* (1911), sobre la vida de Santa Teresa, *El retablo de Agrellano* (1913), centrado en la famosa caza de brujas de Navarra, y *Las flores de Aragón* (1914) o *El gran Capitán*, subtitulada "Leyenda dramática de amor caballeresco" y estrenada con gran éxito en 1916. En ambas Marquina se permitía fantasear con la pasión oculta de Isabel La Católica por el capitán Gonzalo Fernández de Córdoba, resolviendo el conflicto con la misma conducta ejemplar en ella, la de esposa fiel y resignada que mostraban las protagonistas de Benavente. La Historia le servía en todos los casos para hacer propaganda conser-

---

[98] La diferencia es que en el drama romántico de Martínez de la Rosa (vid. 3ª, c.n. 151) se resaltaba el aspecto político, mientras que el interés aquí es básicamente estético. También Galdós, recién asentado en Madrid, intentó sin éxito que una compañía representara su drama titulado *La expulsión de los moriscos*.

vadora, y conquistar, en consecuencia, a un amplio sector del público. Lo que no deja de ser curioso es que fuera precisamente un dramaturgo catalán el mejor ejemplo de cómo hacer teatro nacionalista con el tema de Castilla en los tiempos en que se forjaba el 'gran imperio español', trayéndolo como modelo para el presente. La prueba de la eficacia de la utilización política del siglo XVI, en concreto, es que seguiría dando sus frutos en el teatro puesto al servicio de la derecha católica durante el franquismo, como hizo José María Pemán (vid. *infra*, notas 214 y 329) con títulos como *Cisneros* (1935) o *Felipe II, las soledades del rey* (1958).

Entender esa manipulación ideológica que la gente aceptó y aplaudió durante décadas es absolutamente indispensable para poder captar todo el afán subversivo de **Valle-Inclán** al tratar aquel género. Casi coétaneo de su comedia *El Marqués de Bradomín* (1906) es su ***Cuento de abril*** (1909): presenta a una princesa provenzal que recibe a un zafio infante castellano por pretendiente, al que acaba despidiendo por sus toscos modales, y es, por su mezcla de lirismo e ironía, lo mejor quizá de todo el teatro histórico modernista[99]. Es lógico que no fuera bien recibida, por poco patriótica, pero también por lo anticlerical de alejandrinos como éstos que pronuncia una 'azafata':

> *Para los castellanos el amor es avispa*
> *roja y negra. El Demonio está siempre en acecho;*
> *de sus ojos de gato la maléfica chispa*
> *les enciende carnales deseos en el pecho.*
> *Son como frailes que, en la celda hinojados*
> *con las barbas de nieve sobre el santo misal,*
> *aún sienten en la carne abrirse los pecados*
> *como ardientes panales, como flores del mal.* (*Cuento de abril*, jorn. III)

La oposición de la rancia cultura castellana a la moderna cultura francesa –Valle era el más francófilo de su generación–, está también en

---

[99] Significativo que la subtitulara "Escenas rimadas de una manera extravagante" y que todo en ella fueran personajes ficticios salvo el trovador Pedro de Vidal: el famoso Peire Vidal del que Milà i Fontanals había descubierto interesantes datos en su magna investigación *De los trovadores en España*, publicada por primera vez en Barcelona en 1861. De 1909 es también *La princesa doña Lambra*, que Unamuno subtituló como "Farsa".

La marquesa Rosalinda (1912), ambientada en un jardín versallesco del siglo XVIII, y en la que la burla era también muy directa[100]. La presentación de Castilla como jerárquica, inquisitorial y vengativa, tal y como mostraban los dramas calderonianos, sería además frecuente entre los planteamientos de sus farsas, como una comprensible reacción al teatro coetáneo. Excepcionalmente, **Voces de gesta** (1911), subtitulada "Tragedia pastoril" por su triste argumento, presentaba, en cambio, la Castilla mítica de un anciano rey Carlino entre súbditos humildes (la pastora Ginebra, Oliveros, etc.) que apelan a los viejos fueros —es constante la imagen del 'roble foral'— con todo lo que eso tenía de emblema carlista. Esta pieza es además el primer ejemplo del uso de acotaciones poéticas en Valle, que parecen destinadas a ser leídas íntimamente: *Místico vuelo de almas hace religioso el viento*, escribe, por ejemplo, en la jornada III, como preludio de lo que será una constante en todo su teatro. Muy diferente era el uso que de la meseta castellana hacía Galdós en otra de las aportaciones más originales a ese tipo de teatro: su *Santa Juana de Castilla*, estrenada en 1918, iba subtitulada como "Tragicomedia" porque entreveraba de humor la situación dramática de una reina arrinconada por la Historia. A diferencia de la *Locura de amor* de Tamayo y Baus (vid. 3ª, n. 198), aquí se presenta a la madre de Carlos V ya vieja y retirada en Tordesillas en 1555, rodeada de gentes del pueblo (como una tal 'Poca Misa') con quienes conversa de sus preocupaciones más cotidianas. Aunque es pieza ignorada hoy, resulta muy interesante porque trasladaba a este género el mismo concepto de 'intrahistoria' que ya desarrollara en sus novelas. Excepcional también, y sin éxito alguno, ni de público ni de crítica, fue *El conde Alarcos* que el dramaturgo Jacinto Grau (*infra*, nota 107) estrenó en 1919, pese a recrear perfectamente el 'espíritu' de uno de los romances novelescos medievales más difundidos. Lo interesante de tal pieza es que a través de ella su autor, en la línea de Unamuno, pretendía devolver al teatro español su dimensión trágica[101].

---

100   ROSALINDA. ... *A mi marido/ le entró un furor sangriento que nunca había tenido./ ¡No sé qué mal de ojo le hicieron en España!/ ¡Es Castilla que aceda las uvas del champaña!/ ¡Son los autos de fe que hace la Inquisición!/ ¡Y las comedias de don Pedro Calderón.*(Jorn. II).

101   *Esta tragedia romancesca no es una obra histórica, género por el que siente el autor una invencible repugnancia. Tampoco es un canto a Castilla, de cuyo pasado se abusa*

Eran signos de que el público se había saturado de este tipo de dramas, que habían ido cayendo en previsibles repeticiones. Y precisamente porque rompía con lo esperable, muy aplaudida sería *La venganza de don Mendo* cuando se estrenó con gran éxito en 1918. No era una más de las 'astracanadas' de **Pedro Muñoz Seca** (*supra*, c. n. 91), sino una genial "Caricatura de tragedia... escrita en verso con algún que otro ripio", que es como la subtituló su autor, nada malo como poeta, por cierto. Tenía la pretensión de parodiar los dramas históricos de honor –ridiculizar la traición, los celos, la egolatría de las damas, los duelos–, al modo en que lo había hecho algún sainete dieciochesco, pero el dramatrugo gaditano supo reunir muchos más méritos. Entre ellos: enlazar inteligentemente enredos muy ingeniosos sin perder nunca el ritmo de la acción, cruzar diálogos vivaces y agudos, llenos de guiños al espectador, burlarse con gracia de las jerarquías medievales –los personajes de la nobleza se mezclan en amoríos y cambios de identidad con los populares (don Mendo se cambia en juglar Renato para seducir a la mora Azofaifa, etc.)–, y sobre todo, involucrar al público de cualquier condición en su alegre escenografía, como si de un juego de niños se tratase, haciendo del anacronismo virtud teatral. La frescura de la pieza la mantuvo viva e hizo que no dejara de reponerse periódicamente por toda la geografía española hasta el último tercio del siglo. Y resulta particularmente elocuente que uno de los mejores elogios que se le hicieran a aquel autor, viniera de parte del severo Valle-Inclán: *Quítenle al teatro de Muñoz Seca el humor; desnúdenle de caricatura, arrebátenle su ingenio satírico y facilidad para la parodia, y seguirán ante un monumental autor de teatro.* Baste su autorizada voz para hacerle la justicia que merece en nuestra historia literaria a quien no la tuvo del todo en vida (vid. *infra*, n. 146).

---

hoy lastimosamente, confinándolo en los cauces de una literatura regional y menor. En esta tragedia, escrita sintiendo idealmente en español, se quiso fundir a nuestra exaltación y violencia un acento emocional, muy de raza, y traer cierta línea helénica (nada más que línea) a nuestra escena, soñando restablecer en algo las relaciones ideales del teatro y de la vida pública, como en la antigua Atenas... Comentario de J. Grau a la primera edición de *El Conde Alarcos*, de 1917.

Los reinventores de la farsa: Arniches y la 'tragedia grotesca'

La verdadera renovación teatral no habría de venir desde los llamados géneros mayores, o, al menos, no desde su pureza, sino desde la experimentación con lo híbrido, con la mezcla de seriedad y burla que ofrecía la vieja farsa (vid. 2ª, nota 292). Su utilización vanguardista en España brotará sobre todo del afán de los dramaturgos por revelar, a través de ella, la cara menos amable de la sociedad presente, recurriendo para ello a una variada gama de posibilidades que surgen con fuerza a partir de 1916. La más importante, el procurar que las obras alcancen plenitud trágica partiendo de lo cómico, con personajes que resultan trágicos, extrañamente, desde unas apariencias grotescas. Acorde con lo que sucederá en el teatro europeo, la moderna farsa española no tendrá temas propios del género – como en los siglos XVI y XVII–, sino, más bien, 'derroteros farsescos'. Todo podrá ser susceptible de darse la vuelta, porque la realidad ya no es la única fuente de inspiración y puede enmascararse con marcos fantásticos, alejados en el tiempo, con temas que aspiran a tener trascendencia cultural, religiosa, social, y también política muchas veces. Si desde sus comienzos la farsa tuvo siempre algo de subversivo, muchos autores españoles, como Pirandello en Italia, la entenderán ahora sobre todo como un revulsivo contra un determinado tipo de público.

Pionero en muchos sentidos sería el teatro de **Carlos Arniches** (Alicante, 1866-1943), hombre de sagaz ingenio y de talante modesto e independiente, que fue en lo cómico el autor más valioso de su época, muy apreciado intelectualmente, además, entre sus coetáneos. En principio, lo que lo convirtió en autor de éxito fueron sus sainetes sobre Madrid, que lo hicieron tan popular como lo serían Chueca y Chapí en la música de zarzuela (vid. *supra*, 3ª, n. 204), un género en el que triunfó ya en 1898 con *El santo de la Isidra*. Arniches supo construir todo un modelo de 'casticismo verbal' al convertir en lengua literaria específica el habla de tipos del pueblo bajo, mezclando espontáneamente gitanismos y cultismos con particular gracia[102]. Transformó a los 'chulos' y las

---

[102] ... *Para comprender la emoción de que me sentí poseído la noche en que el pueblo de Madrid me aplaudió en el Novedades, es necesario amar como yo amo las pintorescas*

'majas', que ya habían sido tipos característicos del sainete dieciochesco (vid. 3ª, n. 109), en horteras descarados y mozas orgullosas pero sensatas que los mantienen como planchadoras o empleadas, y le dio la vuelta al personaje del 'manolo' (vid. 3ª, n. 111), convirtiéndolo en trabajador 'honrao' pero sin iniciativa –el trabajo y la 'honradez' será tema tan central como en *La busca* de Baroja–, en oposición al golfillo callejero, que tropieza con bonachones guardias de orden público. Tipos todos ellos que retomaría después Valle al idear *Luces de bohemia*, una obra que debería mucho a las magníficas acotaciones de los sainetes arnichescos. Buena muestra de su calidad son los que se reunieron en el libro titulado **Del Madrid castizo**, tras haber ido apareciendo entre 1915 y 1916 en la revista *Blanco y negro*, sólo pensados para su disfrute en la lectura. Arniches concedía un valor primordial en su teatro a la palabra, a la agudeza, la agilidad dialogística y el golpe imprevisto, si bien con sentido muy distinto a Benavente y los Álvarez Quintero. De ellos le separaría radicalmente su visión de la realidad española, que le hace mostrar la lucha de clases, como, por ejemplo, en *La gentuza*, sainete estrenado en 1913 en el que los asalariados 'castizos' de una pequeña librería religiosa ridiculizan los aires de grandeza de sus propietarios, etc. Su gran aportación radica en que es capaz de introducir moralejas sorprendentes –le guiaba su afán pedagógico de índole regeneracionista– dentro de una situación vulgar (un merendero de las afueras, un taller, etc.), atreviéndose a dar siempre las causas de las injusticias sociales. Una sátira de la caridad malentendida late en *Los pobres* (donde interviene algún lisiado muy similar al 'baldadiño' de Valle en *Divinas palabras*), otra del maltrato machista confundido con el amor, en *Los pasionales;* y un ácido reproche al humor cruel de muchos españoles (que se burlan de la caída ajena y se regodean en la desgracia) late en *La risa del pueblo,* asunto de lamentable vigencia hoy sobre el que volvería en una obra de mayor envergadura.

El salto hacia un nuevo género le vino a Carlos Arniches espontáneamente, como todo lo que escribía, y le llevó a una evolución insospechada, y en gran medida revolucionaria, para el teatro español.

> costumbres, la castiza y extraña psicología de esos buenos y alegres madrileños de los barrios bajos, vivos en el ingenio, prontos en la emoción, graciosos, burlones, jaraneros... (Dedicatoria de *El agua del Manzanares*).

Comenzó a experimentar con lo folletinesco, con temas propios de tratamiento melodramático, desviándolos luego hacia una sátira de aspecto benigno, y arrancándoles toda su potencia ridícula. Reveló entonces su exquisita sensibilidad hacia las pasiones humanas, entendiendo que todas tenían un fondo de tragedia, merecedora de una mirada compasiva, porque entendía que lo más patético de ese encerrado drama que cada cual vive era precisamente la frivolidad con la que lo tomaban los otros. Arniches se dedicó desde entonces a los personajes que sufren siendo conscientes de lo absurdo de la situación que viven, y ése fue el camino que le llevó a crear la **'tragedia grotesca'** –Baroja fue el primero en usarlo como título en una novela olvidada de 1907, *Las tragedias grotescas*–, un género al que se adscribirían sus mejores creaciones. Como la farsa antigua, hace reflexionar al público a través de un cierto humor negro o amargo muy distinto al del sainete o la comedia. Pero aporta, sin embargo, un tratamiento de los caracteres dramáticos que sería común a la moderna farsa del siglo XX: insiste en personajes que inspiran más compasión en la medida en que se saben ridículos a la vista de los demás. La que más impacto causó es **La señorita de Trevélez**, estrenada en el Teatro Lara de Madrid en 1916 y considerada por todos como su obra maestra. Ponía al descubierto la crueldad con la que la sociedad provinciana y adocenada trataba la figura de la 'solterona'; una crueldad engendrada sobre todo por el aburrimiento de los hombres en el casino, capaces de inventar en él un "Guasa-club" que resulta emblema de su mezquindad moral y su carencia de inquietudes. Se trataba, pues, de una profunda denuncia bajo la aparente farsa, tal y como supo muy bien ver Ortega y Gasset en su elogiosa reseña de la obra. También se sumó al elogio de la obra el prestigioso novelista y crítico **Ramón Pérez de Ayala** (*supra*, n. 81), quien desde entonces ensalzó a Arniches como el más eficaz 'antídoto' contra Benavente, mientras hacía inteligentes reflexiones sobre la tragedia grotesca dentro de **Las máscaras** (1917-1919), el título que dio a dos volúmenes de trabajos suyos sobre teatro[103]. Era comprensible que fuera él quien mejor com-

---

[103] *La aridez y sequedad de ternura de que adolece el pueblo español las puso Arniches de manifiesto en* La señorita de Trevélez, *contrastándolo con lo florido y tierno de dos almas, humanas verdaderamente, que se disimulaban bajo una envoltura corporal ridícula. Y luego precisa: Una tragedia grotesca será una tragedia desarrollada al revés [...] En la tragedia, la fatalidad conduce ineluctablemente al héroe trágico a la*

prendiera el género, puesto que el novelista asturiano ya había sido pionero con su narrativa en la reinversión de los elementos trágicos, algo con lo que iban a experimentar después todos los dramaturgos más vanguardistas[104].

También se ganó Arniches la admiración de los autores más jóvenes con sus siguientes obras: *¡Qué viene mi marido!* (1918), *Los caciques* (1920) y *Es mi hombre* (1921), de comicidad sólo externa, puesto que en el fondo seguían siendo una denuncia ácida de "la insensibilidad moral del alma española". Por ello, por su modo de ahondar en la dignidad humana de personajes vulgares, y por su modo de entender la puesta en escena, se convertiría en referencia fundamental para los grandes autores de este periodo, que seguirían aplaudiéndole en obras como *El casto Don José* ("Tragedia grotesca en tres actos"), estrenada en Madrid en 1934, o *La tragedia del pelele* ("Farsa cómica"), en 1935. Los caminos de lo grotesco transitados por el dramaturgo alicantino marcan, pues, un hito decisivo en la historia del teatro español por dos razones fundamentales: supusieron una salida definitiva del tipo de realismo practicado por todos los herederos de la 'alta comedia', y condujeron a la misma concepción de la farsa que tendrían Valle-Inclán y García Lorca, los mejores dramaturgos de sus respectivas generaciones.

Coincidentes con los planteamientos reformadores de Arniches y Valle-Inclán, fueron las producciones de dos excelentes dramaturgos que también gustaron de experimentar con los esquemas trágicos. El primero de ellos, **Jacinto Grau** (Barcelona, 1877-1958) tuvo poca suerte con una obrita innovadora en su momento: ***El señor de Pigmalión*** (1921), "Farsa tragicómica" en la que, con el modelo del *Pigmalión* de G. B. Shaw, plantea la relación entre el creador y los personajes de su invención, en la misma línea que lo haría Pirandello, del que empezaban a abundar los estudios. Justo en ese mismo año de 1921 Ortega y

---

muerte, a pesar de cuantos esfuerzos se realicen por impedir el desenlace funesto...Por el contrario, el héroe de la tragedia grotesca no hay manera de que se muera ni manera de matarlo, a pesar de cuantos esfuerzos se realicen por acarrear el desenlace funesto. (*Las máscaras*).

[104] En su única contribución al teatro, una 'patraña burlesca' llamada *Sentimental Club* que nunca llegó a representarse, Pérez de Ayala modernizaba el sentido del coro de las tragedias antiguas, bastantes años antes de que lo hiciera Cocteau en Francia.

Gassett escribió un artículo defendiendo que la farsa era la vía por la que los jóvenes debían intentar la renovación del teatro[105]. A pesar de ir por el camino acertado, Jacinto Grau no encontró nunca aquí la aceptación de la que gozaría en el extranjero, porque los empresarios y directores como Martínez Sierra no supieron apostar por su iniciativa; de modo que su obra sólo pudo aparecer publicada en *La Farsa*, una de las tres grandes colecciones de piezas teatrales del momento, que se editó entre 1927 y 1936[106]. Grau demostraba comprender muy bien que el sentido último de la farsa era desconcertar: dejar al espectador sin saber 'a qué carta quedarse' entre reír o llorar, y jugar, en definitiva, con las perspectivas de la burla. Así se propuso volver sobre el tema del don Juan (*supra*, n. 85) para mostrar lo miserable y ridículo de un tipo que había propiciado desenlaces dramáticos en el Barroco. Para él D. Juan no tenía nada de digno ni de admirable, ni siquiera de romántico: lo retrató a su manera en su pieza primeriza *Don Juan de Carillena* (1913) y aun mejor en *El burlador que no se burla*, de 1930. Una pieza valiosa si se compara, sobre todo, con propuestas tan diferentes como el *Don Luis Mejía* (1925) de Marquina, el *Juan de Mañara* (1927) de los hermanos Machado o *El hermano Juan o el mundo todo es teatro* (1929) de Unamuno; aunque no llegara a la gran altura dramática de alguno de los esperpentos de Valle. Jacinto Grau, sin conseguir reconocimiento en España, terminó sus días exiliado en Argentina[107].

---

[105] El artículo se titulaba "Elogio del *Murciélago*" y en él ponía como ejemplo para imitar un espectáculo que con el nombre de Chauve-Souris el ruso de origen judío Nikita Balieff estaba paseando por varias capitales europeas, y que se componía de escenas breves donde se interalaban canciones, coros, cuadros plásticos y bufonadas. Tras su paso por Madrid, Ortega lo aplaudió por refrendar sus ideas sobre la reforma del teatro: *El arte es artificio, es farsa, taumatúrgico poder de irrealizar la existencia.* [...] *Más valdría que los artistas jóvenes, en lugar de perderse por esos callejones de problemática salida, se dedicasen a crear el nuevo teatro, en que todo es plasticidad y sonido, movimiento y sorpresa...*

[106] Allí aparecieron las primeras ediciones dramáticas de los Machado, la *Mariana Pineda* lorquiana, por ejemplo, o *La sirena varada* de Casona.

[107] Grau residió en varios países latinoamericanos desde que al estallar la Guerra Civil el gobierno republicano le nombrara cónsul de España en Panamá. Allí escribió durante la década del cincuenta algunas de sus mejores farsas, que no fueron representadas en España hasta mucho tiempo después (vid. *infra*, c. n. 332).

No mejor suerte correría en aquel momento **Max Aub** (París, 1903-1972), un escritor muy completo por la cantidad de géneros que cultivó en castellano (una decidida elección en quien era perfectamente bilingüe), y que debe contarse entre los grandes innovadores de la escena española[108]. Ya en *El desconfiado prodigioso* (1924), título en el que resuenan otros dos famosos de Calderón y Tirso, presenta personajes que casi son marionetas, esforzándose en definir qué es un filósofo en clave farsesca, incorporando siempre la realidad a la ficción; al final, por ejemplo, un aldeano acaba anunciándole al público que bajan el telón antes de tiempo porque el protagonista se ha vuelto loco. Y en las siguientes piezas volvió también sobre temas clásicos para renovar su sentido, según el mismo intento que mostraba entonces la vanguardia francesa. Bajo el magisterio de una obra como *Les mariés de la Tour Eiffel* (1921) de Cocteau y *Le cocu magnifique* del belga F. Crommelynck, escribió **El celoso y su enamorada** (1925), que subtituló "Farsa de adolescentes", demostrando la amplitud de posibilidades del conflicto de los celos, como ya hizo Cervantes tiempo atrás. Un experimento paralelo a lo que Lorca haría con el viejo tema del matrimonio niña-viejo por los mismos años (vid. *infra*); En **Espejo de avaricia** (1925-1934) y *Jácara del ávaro*, obra en un acto que apareció en 1931, Aub vuelve sobre el personaje creado por Plauto y recreado magníficamente por Moliére, pero siguiendo las pautas marcadas un expresionista alemán que Aub vio representar en uno de sus viajes. Cabe sumar a estas piezas una excelente farsa de planteamiento surrealista de **Ramón Gómez de la Serna** (*infra*, n. 149-152): **Los medios seres** (1929), en la que el apuntador del teatro presentaba al público unos personajes vestidos con la mitad del cuerpo en blanco y la otra en negro, que sostenían un mensaje casi existencialista[109]. La obra fue un rotundo fracaso y se retiró a los pocos

---

[108] Hijo de padre alemán y madre francesa, se instaló con su familia en Valencia en 1914, fecha en la que empezó a adquirir una formación muy cosmopolita debido sobre todo a sus reiterados viajes por Francia, Alemania y Rusia. Fue uno de los más activos defensores de la República, lo que le valió ser internado en un campo de concentración francés tras la guerra, y su deportación después a Argelia, de donde se escapó en 1942 para instalarse en México, donde escribiría la mayor parte de su obra de exilio y donde finalmente murió, como bastantes escritores de la época (vid. *infra*, n. 255).

[109] "Esa condición de medios seres incompletos en sí y necesitados de su complementario nos la muestra el autor mediante una acción mínima, protago-

días de cartel, una prueba más de la nula aceptación que tenían esas piezas que eran la única conexión con el nuevo teatro que se estaba haciendo en Europa. Aquellas tentativas aisladas en el periodo de la República solo encontraron un refuerzo decisivo en el autor más polifacético y rebelde del momento.

Valle-Inclán y la revolución del 'esperpento'

Quien fuera uno de los mejores renovadores de la novela fue también el gran creador de la moderna dramaturgia en España[110]. Consciente de la urgencia en reaccionar contra el anquilosamiento y la 'anestesia' en que había caído el público, Ramón del Valle-Inclán llegaría a afirmar que toda reforma del teatro español debía empezar por *fusilar a los gloriosos hermanos Álvarez Quintero*. Nada más lejano de aquel tipismo socarrón, ni de la tranquilidad que quiso transmitir Benavente, que el afán provocador del dramaturgo gallego, quien se impuso desde muy pronto el reto de remover al espectador de su butaca, y de no dejarle, en fin, salir del teatro tal y como había entrado. Pronto se tropezaría también con los primeros vetos: el de Galdós, por ejemplo, que impidió, como director artístico del Teatro español, que se representase su obra *El embrujado* en 1916. Pero Valle era perseverante, y volcó todo su rebelde talante en una intensa trayectoria –que llega hasta 1927– caracterizada por una "insobornable vocación de ruptura formal y temática" (F. Ruiz Ramón*). A las dotes imaginativas que ponían de

---

[110] nizada por Pablo y Lucía, que en el primer aniversario de su boda, sintiéndose incapaces de completarse uno al otro, buscan en los demás al ser que los complete" (F. Ruiz Ramón*). Entre los pocos que supieron apreciar la pieza estaba E. Jardiel Poncela, el joven talento del teatro en ese momento (*infra*, n. 248), del que Gómez de la Serna se reconoció siempre discípulo. La propia biografía de Valle confirma que fue el auténtico 'hombre de teatro' de su generación: intervino él mismo en varias representaciones, y mostró siempre un gran interés por las cuestiones escenográficas. El hecho de que su mujer fuera actriz contribuyó a que frecuentara ambientes teatrales hasta el final de su vida.

manifiesto todas sus novelas, se unía un excepcional talento para la configuración escénica, una "intuición dramática" que han elogiado todos sus estudiosos. De modo que Valle-Inclán acaparó para sí el gran mérito de inventar toda una forma de hacer teatro, y lo hizo además en una evolución estética sorprendente que no tuvo parangón en la literatura española a lo largo del siglo XX.

Una de las claves indispensables para captar la revolución que llevaría a cabo Valle-Inclán es su profunda comprensión de la épica y la tragedia, dos géneros antiguos que tienen en común la sublimación de lo heroico: ... *porque las vidas convulsas de dolor son siempre amadas. Si los héroes de la tragedia se perpetúan en nuestro recuerdo con un gesto casi divino, es por el amoroso estremecimiento con que los miramos*, escribió en *La lámpara maravillosa* (*supra*, n. 26). La segunda de esas claves importantes es su inclinación a subvertir los mitos forjados a través de la Historia de la Literatura; y en particular, de aquéllos que tienen que ver con el romanticismo en su sentido más etimológico (vid. 3ª, notas 137-8). Es lo que demostraron bien sus primeras comedias, imbuidas plenamente de la languidez del melodrama[III]. Y más aún sus **Comedias bárbaras: Águila de blasón** (1907), **Romance de lobos** (1908) y **Cara de plata** (1922), que logran un perfecto ambiente de misterio –muy en la línea de Shakespeare–, y que pueden muy bien considerarse también como magistrales novelas dialogadas[112]. Una Galicia intemporal y mítica en sí misma, dominada por la brujería y, por tanto, también bestial y macabra, es en la que se mueve la familia de don Juan Manuel Montenegro –*casta de soberbios* y *negros de corazón*, como grita el coro en *Cara de plata*, la más original de todas–, que es protagonista hermanado con el Mar-

---

[III] Significativos ya sus títulos decadentistas: eligió el de *Cenizas* (1899) para la primera de ellas, que refundió en 1908 como *El yermo de las almas*. Una obra que tiene el mismo ambiente aristocrático que *El Marqués de Bradomín* (1906), definida por su autor como *Coloquios románticos*. *El embrujado* (1913), que subtituló "Tragedia de tierras de Salnés" tiene el mismo fondo ambiental de las *Comedias bárbaras*.

[112] Ha sido tema bastante discutido por los críticos. La influencia de Shakespeare es palpable en el inicio de *Romance de lobos*, que comienza con el encuentro nocturno del caballero con la misteriosa ronda de la 'Santa Compaña', formada por fantasmas y brujas que le anuncian una muerte, pero también le revelan "la misteriosa y fatídica hermandad de todos los hombres en el pecado, la sangre, el mal y la muerte" (Ruiz Ramón *).

qués de Bradomín, por ser donjuanesco, blasfemo y románticamente diabólico (vid. *supra*, n. *75*). Pero, a diferencia de las *Sonatas*, muestra aquí Valle, entre elementos folletinescos y tono melodramático, "que las casas de rancio abolengo degeneran, que los humildes las sufren, pero las odian", y esta "degeneración y padecimientos van envueltos en un nuevo estilo, al que podríamos llamar feísmo" (E. Speratti). El paso progresivo hacia el 'tremendismo', que también se observa en su narrativa, cobra fuerza entre 1915 y 1917, cuando Valle demuestra una mayor conciencia política: además de tomar una decidida postura antialemana respecto a la Gran Guerra, se preocupa cada vez más por los problemas políticos y sociales del país, y empieza a ofrecer una crítica amarga de la sociedad española. Ello es lo que le lleva a experimentar de continuo con géneros que tienen como denominador común la versatilidad de la farsa para la degradación caricaturesca de personajes, y la exageración de aspectos ridículos.

Contempladas en su conjunto, las farsas de Valle-Inclán ofrecen una gran diferencia respecto a las de Arniches, y es que lo farsesco en él no parte ya de la sociedad real urbana, como en aquél, sino de la literatura sobre ella. Ello le permitirá jugar con personajes estereotipados por determinados géneros desde antiguo (como hará después también Lorca), y, en consecuencia, mezclar sus respectivas hablas –el argot del entremés o el sainete, con el lirismo de la fábula o el melodrama, etc.– produciendo un contraste lingüístico continuo, que será uno de sus principales sellos de identidad. Una de las primeras, **La farsa infantil de la cabeza del dragón** (1909) parte de un inocente mundo caballeresco (con príncipe e infantina como en la coetánea *Cuento de abril*) para descubrirnos mejor el absurdo de la tradicional veneración por la nobleza; y lo hace mezclando una venta cervantina con personajes de la épica. Del mismo modo, años más tarde, en la **Farsa italiana de la enamorada del rey** (1920), que pretendía deshacer el mito histórico de la unión de la realeza y el pueblo, mezcló los dos mundos que más gustó de poner en contraste en sus farsas: el del Barroco –la España descrita por Cervantes y Calderón– y las cortes dieciochescas, ya sea en Italia o en Versalles, como en *La marquesa Rosalinda* (1912), con la que guarda estrecha relación. Esta pieza que subtitula "Farsa sentimental y grotesca" mezclaba personajes de entremés con los de la Comedia del Arte, tan queridos por los modernistas, en sentido diametralmente opuesto a cómo pudo hacerlo Benavente, y sobre todo demostrando que el lirismo y la farsa juntos eran posibles para una lección mayor de la que ofrecía el teatro histórico de Marquina, contra el que claramente reaccionaba. La responsabilidad que su autor concedió a estos géneros queda tan clara en *La marquesa Rosalinda* como en la **Farsa y licencia de la reina castiza** (1920), quizá su más perfecta farsa: hacer una excelente sátira sobre el poder y las intrigas palaciegas de la corte isabelina, asunto sobre el que volvería también narrativamente[113]. Se observa en ellas que la literatura cumple una clara función en la tarea esencialmente desmitificadora de Valle: afecta sobre todo a los temas más idílicos, como la idealización del amor, uno de los más recurrentes, que queda siempre enfrentado al desengaño. De ahí que algún experto haya acertado al afirmar que todo su ciclo de farsas aspiró, en definitiva, a ser "un revulsivo contra todos los sueños, literarios e ideológicos"; algo que valdrá para explicar también sus más logrados 'esperpentos'.

1920, año de la muerte de Galdós, fue el año de la consagración definitiva de Valle como dramaturgo. Además de producirse los primeros estrenos de sus más importantes experimentos farsescos, aparecen también las dos obras dramáticas que habrían de revolucionar el teatro español, y que concentran, sin duda, la mayor genialidad del autor gallego. **Divinas palabras** apareció como "tragedia de aldea" en las páginas del semanario *El Sol*, que solía publicar folletones en serie, lo cual da un idea clara del género al que los lectores del momento adscribieron la obra. Sin embargo, Valle planteaba allí una emotividad tan alejada de los dramas rurales anteriores como lo estaría también de los que García Lorca haría una década después. En la misma Galicia primitiva de *Romance de lobos*, en un ambiente de oscurantismo, superstición y miseria, crea Valle una terrible acción dramática en torno a un enano hidrocéfalo, Laureaniño el Idiota, que su familia se disputa para explotarlo por ferias y tabernas. Un triángulo de personajes renueva el viejo tema del adulterio propio del *fabliau* y del entremés: un sacristán sin escrúpulos (Pedro Gailo), su descarada mujer (Mari Gaila), y un truhán titiritero (Septimio Miau), con el que ella se lía tras andar sola por los caminos, lo que llevará al desesperado marido a intentar cometer incesto con su

---

[113] Recuérdese que *La corte de los milagros* es de un lustro después (vid. *supra*, cap, 2). En esta pieza exagera el retrato grotesco de la reina, resaltando rasgos absurdos sin dirigirlos a ningún fin, como décadas más tarde haría Eugène Ionesco.

propia hija. Un planteamiento de gusto 'naturalista' que daba la vuelta al tipo de adulterio que presentaba *La Malquerida* benaventina. Los acontecimientos se precipitan en una cadena de crueles escenas dominadas por el exceso de vino y el escarnio despiadado, que desembocan en la muerte del Idiota, descrita por Valle en una acotación cuya prosa, digna del Quevedo más escatológico, consolida definitivamente el 'estilo tremendista' en la literatura española[114]. Como si de una de las pinturas negras de Goya se tratase, Mari Gaila vuelve a casa llevada misteriosamente a lomos del Trasgo Cabrío, claro símbolo de la lujuria, que es la auténtica fuerza sacrílega que mueve a los personajes valleinclanianos en las obras de este periodo[115]. La resolución del conflicto dramático utiliza un contraste estético muy recurrente en el dramaturgo gallego, y especialmente revelador de su ideología: lo atroz incrustado en lo sagrado. Mientras el cadáver del Idiota es expuesto en el pórtico de una iglesia, adornado con camelias, para sacar dinero para el entierro, Mari Gaila, es encontrada en el campo fornicando, y perseguida a continuación por perros, acorralada y desnudada por la multitud enfurecida. Quienes querían lapidar a la adúltera sólo acallan su clamor ante las *divinas palabras* de Cristo que pronuncia en latín el sacristán, tras arrojarse sin daño desde el campanario. La patética ironía de esta escena y la magnífica acotación final de *Divinas palabras* —con la adúltera redimida por su propio marido, sintiendo *el ritmo de la vida bajo un velo de lágrimas*— hacen difícil una lectura unívoca de la obra y, por supuesto, de las intenciones de su autor, tan enemigo de moralejas. Lo que resulta evidente es que nada igual de atrevido y desconcertante puede encontrarse en el teatro europeo del momento. Con un tema de tal envergadura social —un caso que podría muy bien haber sacado de alguno de aquellos 'romances de ciego' a los que fue tan aficionado—, Valle-Inclán estaba

---

[114] *El enano había tenido el último temblor. Sus manos infantiles, de cera oscura, se enclavijaban sobre la colcha de remiendos, y la enorme cabeza azulenca, con la lengua entre los labios y los ojos vidriados, parecía degollada. Las moscas del ganado acudían a picar en ella.* El colmo de la humillación a que someterá Valle el cuerpo del Idiota, abandonado de todos, es que su cadáver amanezca con la cara y las manos comidas por los cerdos; un hecho brutal que copiaría directamente C. J. Cela en *La familia de Pascual Duarte* veinte años después.

[115] En *Cara de plata*, el lujurioso amor del caballero por su ahijada, a la que termina raptando, es lo que le hace enfrentarse con el protagonista, que es el único con auténtica nobleza interior de sus seis hijos.

planteando su particular bajada a los infiernos para ofrecer al espectador una auténtica catarsis final, aun sin héroe ni heroína con los que identificarse. Algo que no parece que supieran captar, sin embargo, los pocos espectadores que en la España republicana del otoño de 1933 pudieron ver al fin la obra sobre un escenario. La 'carnalidad' que hacía tan explícita en este drama, y que tanto habría de escandalizar al público durante décadas, se repetiría después en otras de sus piezas, entre las que destaca *Ligazón* (1926), "Auto para siluetas" que incluiría en su ***Retablo de la avaricia, la lujuria y la muerte*** (1927). Un nuevo ciclo de textos en los que Valle seguiría ahondando en las raíces de la vieja 'farsa macabra', que, según Pérez de Ayala en *Las máscaras* (vid. *supra*, n. 103), estaban tan profundamente enraizadas en la cultura española desde Séneca.

Luces de bohemia, su obra maestra, se empezó a publicar también en la prensa en 1920, y habría de tardar bastantes décadas en ser aplaudida en un teatro[116]. Es la primera que bautiza como 'esperpento', lo que supondría la invención de todo un género literario, una nueva acepción que agregar a ese término que ya recogían los diccionarios españoles[117]. Su explicación aparecía claramente expresada en el último parlamento del protagonista en la escena XII: *España es una deformación grotesca de la civilización europea*, y por ello su tragedia no puede ser una tragedia clásica, sino que *El sentido trágico de la vida española sólo puede darse con una estética sistemáticamente deformada*. Los espejos cóncavos que había en el madrileño Callejón del Gato[118] le sirvieron de inspiración al dramaturgo para definir el 'esperpento', al imaginar cómo se verían los héroes clásicos reflejados en ellos: *las imágenes más bellas en un espejo cóncavo son absurdas*. Se trataba, pues, de trasladar a la expresión literaria los efectos

---

[116] El semanario *España* empezó a publicar las escenas de una primera versión que Valle ampliaría y modificaría luego en 1924. Otras de sus farsas serían publicadas en *La pluma*, la revista del Ateneo madrileño que dirigía Manuel Azaña.

[117] 'Esperpento' es palabra de origen incierto y uso bastante reciente: aparece por primera vez en Valera y Galdós con el significado de 'persona o cosa notable por su fealdad, desaliño o mal aspecto' o bien de 'desatino' o 'absurdo', acepciones éstas a las que el *Diccionario de la Real Academia* sumaría después una escueta definición del género creado por Valle.

[118] Unos espejos que tenían como función la propaganda comercial, adornando las paredes de una ferretería de Madrid en el callejón así llamado.

del *mismo espejo que nos deforma las cosas y toda la vida miserable de España.* Detrás de aquella paradójica propuesta de deformar lo ya deformado, en la que Valle-Inclán encontraba la única posibilidad válida para expresar lo trágico, había insignes antecedentes barrocos que buscaron como él una nueva mirada para revelar una realidad más auténtica. Plenamente consciente de ello sería el dramaturgo gallego años más tarde, cuando elabora su teoría de las tres posibles perspectivas desde las que un autor podía ver a sus personajes: 'de rodillas', como Homero, que les hace parecer de estatura sobrehumana; 'en pie', como Shakespeare, que los mira en su dimensión humana de carne y hueso, y se proyecta en sus sentimientos y pasiones; y, finalmente, 'desde el aire', perspectiva en la que reconoce como maestra la mirada quevediana. Así lo enunciaba en una famosa entrevista de 1928: ... *Y hay otra manera, que es mirar al mundo desde un plano superior, y considerar a los personajes de la trama como seres inferiores al autor, con un punto de ironía. Los dioses se convierten en personajes de sainete. Ésta es una manera muy española, manera de demiurgo, que no se cree en modo alguno hecho del mismo barro que sus muñecos. Quevedo tiene esta manera. [...] Esta manera es ya definitiva en Goya. Y esta consideración es la que me llevó a dar un cambio en mi literatura y a escribir los esperpentos, el género literario que yo bautizo con el nombre de esperpento.* Inmediatamente después dirá que sus protagonistas son, en consecuencia, como *enanos y patizambos que juegan una tragedia*, una afirmación clave para acabar de perfilar el sentido de su modelo, del que participarían después tantos otros creadores[119]. Y es que la segunda inteligente paradoja que sostiene el esperpento es que los nuevos héroes trágicos sólo pueden ser creíbles, según Valle, si no adoptan actitudes trágicas, si renuncian por entero a toda retórica, de la que esta forma teatral es negación absoluta (Ruiz Ramón*).

No todos los personajes de *Luces de bohemia* están vistos, sin embargo, desde la misma altura. Su protagonista, Max Estrella, es un poeta andaluz ciego detrás del que los coetáneos podían reconocer la figura

---

[119] Además de la íntima relación con los *Caprichos* de Goya, su procedimiento distorsionador de la realidad se ha comparado "a las figuras disecadas de Giacometti, al torrente de clichés de Ionesco y las películas de alboroto macabro, como la *Viridiana* de Buñuel: "... el esperpento es, tal vez, el primer intento español de transformar la maquinaria flexible y desarticulada de lo grotesco en una categoría estética autónoma" (A. N. Zahareas).

del escritor Alejandro Sawa, por el que Valle sentía admiración[120]. Se nos presenta, por tanto, con la dignidad de los héroes épicos: su ceguera lo hace comparable a Homero, y su ademán a una *estatua cesárea*, mientras su inteligencia desperdiciada –ese *cráneo privilegiado* que le elogia un borracho– resiste difícilmente en medio de la más absoluta incomprensión social y del desprecio de 'la gente de orden'. Su dolor, del que el espectador es partícipe por sus frases cortas y rotundas, lo humaniza desde el principio. La acción dramática, concentrada en una única jornada, consiste en irnos revelando su experiencia del mundo a través de un agitado itinerario urbano, presidida por la idea de que la vida es un círculo dantesco que le hace sentir vergüenza y conciencia de absurdo a un mismo tiempo, o llorar de impotencia y de rabia en un calabozo. La humillación de terminar solicitando una pensión mensual para poder mantener a su familia –la que realmente vivió Sawa– es la situación desesperada que lleva a Max Estrella a envolverse de 'indignidad' y perder definitivamente todo perfil heroico; a partir de ahí su autor lo conduce al límite en una de las escenas más patéticas de toda la literatura española. El diálogo magistral de los dos amigos mientras amanecen congelados de frío en la calle, hace que el espectador se conmueva profundamente ante la muerte de Max como un perro callejero abandonado, como se conmueve ante la de don Quijote tras su viaje, porque en sus palabras balbucientes se trasluce la categoría de los grandes clásicos. Al lado del bohemio genuino y de su compañero, don Latino de Hispalis –un 'antiSancho' insolidario y ruin, hay muchos personajes que le sirven sólo de comparsas, poco dignas en muchos casos. Varios encubrían a escritores modernistas reales, tal como había hecho Ramón Pérez de Ayala en *Troteras y danzaderas* (vid. *supra*, n. 83): Dorio de Gádex es el posible *alter ego* del gaditano Antonio Rey Moliné, o don Peregrino Gay, seguro pseudónimo de Ciro Bayo (*supra*, n. 71), etc. Bohemios todos ellos que representan la libertad y la penuria de los *intelectuales sin dos pesetas*, en oposición a lo burgués, tal y como se habían paseado ya por aquellas páginas de la novela de Pérez de Ayala, que

---

[120] Vid. *supra*, nota 33. Ramón Gómez de la Serna acertó a señalar la causa de su inspiración: *Sawa imbuyó en Valle-Inclán la idea de que en la miseria pura con atisbos de lo poético hay algo muy grande que no tiene que ser secundado ni por el acierto ni por el éxito.* Incluso la mujer real de Sawa, con la pasó tantas penurias hasta el final de su vida, está incluida en la obra como Madame Collet.

debe contarse entre sus principales fuentes de inspiración[121]. Sin embargo a Valle le interesaba plantear algo muy distinto: el fracaso de la bohemia como única religión y forma de vida, la de aquellos soñadores idealistas ('ilusos modernistas' a los ojos de tantos) que habían sido enaltecidos en *La santa bohemia* (1913) de Ernesto Bark (*supra*, c. n. 33), al que también convirtió en personaje bajo el nombre de Basilio Soulinake. En ese sentido, la obra puede leerse como una especie de canto elegíaco por "la caducidad de la ilusión romántica" (G. Sobejano), que acaba fatalmente vencida por la cruda tiranía del desprecio, del invierno (de la edad y el clima), y sobre todo, del hambre. Algo radicalmente distinto, en definitiva, de las parodias simplistas a las que estaba acostumbrado el espectador de la época, como la que hacía *La Golfemia* de Salvador María Granés (sobre de *La bohème* de Puccini), una obra que tuvo enorme éxito desde su estreno en 1900. La hondura de la diferente propuesta de Valle sólo podía ir dirigida a un espectador culto y sin prejuicios, capaz de captar, entre otras cosas, los continuos ecos de citas literarias que saltaban, intencionalmente, al diálogo de los personajes. Una profunda lección que no estaba al alcance del público que llenaba por entonces los teatros.

El Madrid de *Luces de bohemia* es justamente la antítesis del Madrid del sainete porque le da un giro radical a su alegre 'casticismo', aunque partiera de él y de sus tipos (serenos, guardias municipales, etc.) para crear su propio ambiente dramático. Y es que, al igual que sucediera en la narrativa, Valle se pone a la cabeza de los dramaturgos que rechazan de plano, por falso, el supuesto realismo que gobernaba en el teatro desde fines del siglo anterior. Es la realidad española que ofrecían otros géneros lo que Valle pretendía parodiar y subvertir esencialmente, y por eso *Luces de bohemia* no puede entenderse sin los muchos 'guiños' que hace sobre todo a los sainetes costumbristas. La viva realidad y no un pintado decorado de ella le hace presentar un mísero cuarto en una

---

[121] Recuérdese que la zarzuela *Bohemios* de Amadeo Vives había sido estrenada con gran éxito en Madrid en marzo de 1904, basándose en las *Escenas de la vida bohemia* (1851) de H. Murger, inspiración de todos los autores que trataron el tema. Del gusto por el tema volvió a dar prueba Pablo Sorozábal al componer la música para el libreto de una pieza costumbrista de Pío Baroja: *Adiós a la bohemia*, su única tentativa dramática, que se estrenó en el Teatro Calderón de Madrid en noviembre de 1933.

mugrienta casa de vecindad, el sótano de un librero como cueva de proscritos, el tenebroso calabozo que Max Estrella comparte por unas horas con un condenado a muerte, los jardines donde pasean *mozuelas pingonas y viejas pintadas como caretas*, o la lóbrega taberna de Pica Lagartos, contrapunto del café con piano y divanes rojos que Max percibe como lujo caro. Aquí el alcohol no es motor de atrocidades como en *Divinas palabras*, sino el soporte vital que ayuda a sobrevivir a los personajes, por lo que a la taberna (refugio del genuino 'modernista') volverán significativamente los protagonistas después de haber pisado un cementerio. Las calles madrileñas de Valle pueden oler a buñuelos fritos, pero ya no albergan tipos desenfadados y risueños como los que hicieron triunfar a Arniches —que si bebían era por pura alegría—, sino rincones sórdidos donde llora alguna verdulera despechugada que sostiene a su niño muerto, y por donde se tambalea una pareja de vagabundos que crecen en lucidez a medida que aumenta su borrachera. Continuo juego, pues, de luces y sombras —las de los faroles rotos y la luna llena—, que funcionan como emblemas escenográficos de toda la alternancia de contrastes que preside el texto. Empezando por el habla fuertemente expresiva de los personajes, en la que se funde lo desgarrado de la jerga callejera más variopinta —desde los vocablos manidos entre poetas modernistas a los usuales entre prostitutas— con la imagen más lírica, la más lograda metáfora, tal como ya había hecho en algunas de sus farsas. De hecho, su modo de convertir en materiales artísticos lo que en sí es innoble es uno de los rasgos más claros de su modernidad. En intervenciones cortas, generalmente, y frases ingeniosas repentinas e inesperadas, muestra Valle una capacidad infinita de crear neologismos, y una prodigiosa habilidad natural para mezclar recursos usados en diversos géneros literarios, cuyos efectos en el receptor conocía muy bien.

    En boca de Max Estrella pone Valle-Inclán algunas de sus convicciones más duras de expresar, frases jamás pronunciadas sobre un escenario: *España, en su concepción religiosa, es una tribu del Centro de África*; o esta otra: *La gran miseria moral del pueblo español está en su chabacana sensibilidad ante los enigmas de la vida y de la muerte*[122]. Definir *Luces de bohemia*

---

[122]   Es uno de los más inspirados discursos de Max Estrella en diálogo con don Gay: *... La Vida es un magro puchero; la Muerte, una carantoña ensabanada que*

como una "feroz sátira política y social de la España resquebrajada del momento", como se ha llegado a escribir, está más que justificado a la vista de la mayoría de los temas de sus diálogos: la mezquindad de los burócratas, la represión policial, la tiranía de los patronos, particularmente los catalanes –según asegura el obrero anarquista barcelonés en la cárcel–, y, sobre todo, la denuncia del atraso cultural por el que tanta tinta habían gastado los noventayochistas. Fácil es comprender el rechazo que habría producido si se hubiera podido estrenar entonces en un gran teatro. Aquella apología de la rebeldía era toda una herejía dentro de un estado católico que adoctrinaba, ante todo, para la sumisión incondicional a las jerarquías. Es significativo al respecto el abrazo que se dan Max estrella y el obrero catalán en el calabozo, en una escena que Valle-Inclán añadió en 1924. El contundente parlamento sobre el desprecio que en España se tenía por la inteligencia (escena VI), resulta, además, todo un triste vaticinio de la famosa frase de un general que en 1936 habría de costarle a Unamuno el cargo y la vida (vid. *infra*, nota 204). Y sin embargo, pese a todas las referencias puntuales a los problemas presentes del país, que dan un valor testimonial a la obra, lo español queda trascendido en ella y adquiere una universalidad indiscutible. El pasmo, la repulsa y la compasión que provoca al mismo tiempo, parten, en definitiva, del hecho de "enfocar la condición humana en términos existenciales" (A. Zahareas), y esto ha permitido a *Luces de bohemia* lograr siempre un éxito enorme en cualquier país, sea cual sea la elección de su puesta en escena. Las muchas posibilidades de interpretación que admite están íntimamente ligadas a las peculiares acotaciones de Valle, que son claves esenciales de su estética esperpéntica: constituyen uno de los grandes atractivos de sus textos teatrales, pero también uno de los principales problemas de su 'representabilidad'. Son acotaciones que no cumplen sólo una función técnica, pues no tienen frontera con el resto del texto sino que intensifican y refuerzan el lirismo y dramatismo de la acción, envolviendo anímicamente al

---

enseña los dientes; el Infierno, un calderón de aceite albando donde los pecadores se achicharran como boquerones; el Cielo, una kermés sin obscenidades, adonde, con permiso del párroco, pueden asistir las Hijas de María. Este pueblo miserable transforma todos los grandes conceptos en un cuento de beatas costureras. Su religión es una chochez de viejas que disecan el gato cuando se les muere. (Escena II).

lector con su magnífica adjetivación impresionista[123]. Influencia decisiva sobre ellas tendría el cine mudo de Buster Keaton y Chaplin, que por entonces comenzaba a difundirse. Fueron muchos los autores españoles que, como Valle-Inclán, vieron en sus episodios fragmentados e ilógicos, y en aquellos batacazos grotescos entre sus personajes, "las tonalidades trágicas de su melancólica alienación de la sociedad moderna" (G. Brown). La gestualidad exagerada, los cambios súbitos de gestos dramáticos y humorísticos dentro de la absoluta mudez, era un lenguaje tan elocuente en aquellas escenas cinematográficas como lo sería en la farsa y el esperpento[124].

La necesidad de experimentar con los juegos de la perspectiva, con la distancia para producir extrañamiento, y de buscar el filo de lo trágico sin instalarse en la tragedia –que es donde sin duda mejor reveló su gran ingenio dramático–, llevó a Valle sólo un año después a aplicar la 'filosofía esperpéntica' al que fue el gran conflicto del teatro barroco: el honor. Tres versiones distintas del adulterio plantea **Los cuernos de Don Friolera** (1921), correspondientes a tres géneros distintos, alguno de los cuales conecta directamente con el gusto por la teatralidad del guiñol que Valle desarrolló por esos años[125]. La segunda versión es la más amplia y cuidada, pues se ajusta plenamente al 'esperpento'. El teniente don Pascual Astete, don Friolera, es el primer gran *fantoche trágico* denominado así por el dramaturgo, y no es casual que así sea pues su condición de militar hacía más risibles aún los antiheroicos 'cuernos' (como demostraron muchos chistes del Siglo de Oro), y porque al final, las leyes sociales que lo presionan lo llevan ridículamente a matar por error a su propia hija, creyendo matar a

---

[123] Un ejemplo, entre muchos, de los más breves: *Tosió cavernoso, con las barbas estremecidas, y en los ojos ciegos un vidriado triste, de alcohol y fiebre.*

[124] *La palabra se intuye por el gesto,* –escribe Valle en una de sus acotaciones– *el golpe de los pies por los ángulos de la zapateta. Es un instante donde todas las cosas se proyectan colmadas de mudez. Se explican plenamente con una angustiosa evidencia visual. La coruja, pegándose al quicio, mete los ojos deslumbrados por la puerta. El boticario se dobla como un fantoche.* (*Las galas del difunto*: vid. *infra*). En esa obra insiste especialmente Valle en la importancia de la mirada expresiva entre los personajes.

[125] La primera versión tenía por título *Bululú del compadre Fidel*, que encaja en lo que era la antigua farsa de títeres, y en la que el autor mira, por tanto, a sus figuras 'desde el aire'. *La rosa de papel* y *La cabeza del Bautista*, ambas de 1924, son definidas por Valle como *melodramas para marionetas*.

su mujer. La tercera versión es la de un romance de ciegos que acaba en venganza trágica del marido ultrajado, que asesina a la adúltera de forma macabra. Toda una burla, en fin, de un asunto propio de drama calderoniano, por el que Valle sentía particular aversión. *No hay en el mundo farsa más grande que la del valor*, había afirmado ya Arniches en *Es mi hombre*. Muy comprensible es que para buscar el mayor revulsivo de la pasividad del espectador burgués, la farsa eligiera una y otra vez volver sobre el matrimonio, principal pilar de la estabilidad de la familia dentro de la sociedad burguesa, como bien habían demostrado otros autores desde Moratín a Echegaray, y seguirían demostrando como Grau o Lorca. Algo que, por otra parte, no fue privativo de la España del momento, y que recorre, bajo mil formas, todo el teatro y el cine del siglo XX. En **Las galas del difunto** (1926) volvió a parodiar Valle de forma vanguardista el 'teatro por horas'[126], pues sus personajes conculcan lo que podía esperarse de ellos: la prostituta que mata de un disgusto a su padre boticario al confesarle que está embarazada de Juanito Ventolera, 'pistolo' excombatiente repatriado de Cuba, que había sido acogido en su casa y que acaba profanando la tumba del difunto para robarle. En un divertido ambiente celestinesco, Valle trastoca así genialmente los moldes del *Don Juan Tenorio* de Zorrilla al convertirlo en fantoche reflejado en los espejos del Callejón del Gato (*supra*, n. 118), y logra, en consecuencia, una de las mejores reinversiones paródicas del tema más recurrente del periodo[127].

El tratamiento de lo militar hizo que se cerrase con un gran escándalo la trayectoria dramática de Valle. Bajo el título *Martes de carnaval* publicó en 1930 en un solo libro las dos obras citadas junto a una tercera

---

[126] Se llamó 'teatro por horas' a un tipo de piezas cortas, de duración cercana a la hora, que empezaron a representarse en cafés-teatro del siglo XIX por iniciativa de algunos empresarios madrileños, como alternativa a las caras entradas de los grandes teatros, aunque éstos terminarían albergando ese tipo de espectáculos, dado su éxito. Su público solía ser gente trabajadora (tenderos, modistillas, etc.) o estudiantes, que podían identificarse con los tipos populares que aparecían en escena en un solo acto, como el sainete. De ahí que, aunque dio cabida a diversos 'géneros menores', se terminara identificando con el 'género chico' en su época de mayor esplendor: de 1870 a 1910.

[127] Se sabe que en el teatrillo de El Mirlo Blanco que llevaron a cabo los hermanos Baroja en su propio domicilio madrileño en los años 1925 y 1926, representaron una parodia del *Don Juan* de Zorrilla en la que el propio Valle hacía el personaje de doña Brígida, una prueba más de su gusto por la caricatura grotesca. Sobre el mito del don Juan, véanse notas 85 y 106.

también llamada 'esperpento': ***La hija del capitán***. Pero ésta, que sería su última obra, fue censurada inmediatamente nada más aparecer en la colección popular *La novela mensual* en 1927 por la ridiculización del ejército que hacía. La Dirección General de Seguridad aseguró que la prohibía, sin embargo, por ser un atentado contra el buen gusto y las buenas costumbres[128]. Puede ser entendida como una "denuncia violenta de la dictadura militar española", pero incluso va más allá, a juicio de algún crítico, porque "este esperpento desenmascara toda toma de poder de cualquier sociedad moderna". De nuevo el Madrid de *Luces de bohemia* le sirve de escenario a Valle para denunciar el cinismo de ciertas clases, como el que concentra en las frívolas charlas de unos burgueses en el Círculo de Bellas Artes, por ejemplo. En conclusión, *La hija del capitán* es una brillante muestra más de la irreverencia del autor gallego, que tardaría en encontrar parangón a su valentía. Lejos del antimilitarismo que a él pudo costarle tan caro, otras obras seguirían después sacándole una original comicidad a esos grandes temas, como *Angelina o el honor de un brigadier* (1934) de Enrique Jardiel Poncela (*infra*, nota 248), que ponía también en solfa los principales tópicos de los dramas de honor decimonónicos, pero de forma mucho más inofensiva, por supuesto.

Los dramas poéticos de García Lorca

La otra aportación fundamental al teatro de este periodo vino de parte de un joven poeta andaluz de temprana vocación dramática: **Federico García Lorca** (Granada, 1898-1936), que sería uno de los

---

[128] "... cumpliendo órdenes del Gobierno, ha dispuesto la recogida de un folleto que pretende ser novela, titulado *La hija del capitán*, cuya publicación califica su autor de esperpento, no habiendo en aquél ningún renglón que no hiera el buen gusto ni omita denigrar a clases respetabilísimas a través de la más absurda de las fábulas. Si pudiera darse a luz pública algún trozo del mencionado folleto sería suficiente para poner de manifiesto que la determinación gubernativa no está inspirada en un criterio estrecho o intolerable y sí exclusivamente en el de impedir la circulación de aquellos escritos que sólo pueden alcanzar el resultado de prostituir el gusto, atenuando las buenas costumbres".

mejores representantes de la llamada Generación del 27[129]. La variedad de sus aciertos y de sus innovaciones sorprende dentro de la brevedad de su trayectoria dramática –apenas ocho años–, cortada bruscamente en plena actividad creadora, y cuando él se atrevía a confesar aún su inmadurez como dramaturgo. Sus obras participaron tanto del afán de experimentar de continuo con novedades estéticas, objetivo común de las vanguardias de la época, como de subir al escenario lo que él entendía por auténtica poesía, según declaraba en abril de 1936: *El teatro es la poesía que se levanta del libro y se hace humana. Y al hacerse, habla y grita, llora y se desespera. El teatro necesita que los personajes que aparezcan en la escena lleven un traje de poesía y al mismo tiempo que se les vean los huesos, la sangre. Han de ser tan humanos, tan horrorosamente trágicos y ligados a la vida y al día con una fuerza tal, que muestren sus traiciones, que se aprecien sus olores y que salga a los labios toda la valentía de sus palabras llenas de amor o de ascos.* Una gran coherencia temática domina su creación, y liga de forma indisoluble su quehacer dramático a su quehacer poético, caracterizados ambos por un gran simbolismo lírico, una capacidad expresiva que era un don natural en él, como puede observarse en su extenso epistolario personal. Es esencialmente esto lo que le ha dado un enorme interés fuera de nuestro país, propiciando renovadas traducciones que lo han convertido en uno de nuestros indiscutibles clásicos del siglo XX. A diferencia

---

[129] Nació en el pueblo de Fuente Vaqueros en una familia de propietarios agrícolas acomodados, y comenzó sus estudios primarios con su propia madre, maestra nacional, y otro maestro republicano, quienes potenciaron sus tempranas inclinaciones artísticas. En Granada inicia su formación musical y universitaria, con estudios de Derecho en los que se licenciaría en 1923, y allí entablaría amistad con el compositor Manuel de Falla, con el que compartiría varios proyectos. Hasta 1929 alternó su vida granadina con largas estancias en la Residencia de Estudiantes de Madrid, donde se relacionó con las personalidades intelectuales, literarias y artísticas, en general, más importantes de la época. Su periodo de mayor creatividad como poeta y como dramaturgo se inició en 1930, coincidiendo con su viaje a Estados Unidos y a Cuba, y posteriormente a Argentina y Uruguay. Desde 1933 se convirtió en autor muy reconocido, por lo que su pluma le permitió entonces disfrutar de una absoluta independencia económica en Madrid. En los meses anteriores a la Guerra Civil se significó en actos públicos en defensa del republicano Frente Popular, por lo que, tras el golpe militar, decidió huir a Granada, donde sería detenido y fusilado sólo dos meses después (vid. *infra*, nota 146).

de Valle-Inclán, Lorca contó siempre con apoyos importantes a la hora de representar sus textos; entre ellos, la actriz catalana Margarita Xirgu, que dirigió la compañía del Teatro Español entre 1928 y 1935 y para la que pensó varias de sus obras, y el empresario C. Rivas Cherif, asesor artístico del mismo, que había vuelto de París empeñado en poner el teatro español a la altura del europeo[130].

El García Lorca dramaturgo se inició por los caminos de la farsa como vía de renovación de viejos temas, en la misma línea de Valle-Inclán. Con él compartió el interés por las posibilidades que ofrecían los títeres, si bien más como ejercicios lúdicos, como una forma de recuperar la simplicidad e inocencia infantiles, que de reducir lo humano a pura materialidad mecánica. Su sensibilidad le hizo apartarse de los derroteros de lo esperpéntico porque no le gustaban –llegó a confesarlo– ni la exageración ni la cosificación degradante que aquel modelo llevaba consigo. En varias de sus farsas volvió Lorca sobre un motivo propio de entremeses del XVII y de comedias del XVIII: el matrimonio entre el viejo y la niña, que ya Cervantes necesitó tratar en dos géneros distintos. También él quiso arrancarle dimensión trágica a ese tema que hasta Moratín había sido tradicionalmente cómico, y lo experimentó en dos graciosas piezas para guiñol: el *Retablillo de don Cristóbal*, y *La tragicomedia de don Cristóbal y la señá Rosita*. Pero fue en otras dos para personas donde hizo sus mayores logros en el cauce farsesco: **La zapatera prodigiosa**, la más perfecta de todas ellas, y *Amor de don Perlimplín con Belisa en su jardín* (1928), pieza mucho más profunda de lo que sugiere su título; las dos son buena muestra del

---

[130] A Rivas Cherif se debió la creación del Teatro Escuela de Arte (TEA), vinculado al escenario del Teatro María Guerrero, que pretendía renovar el hecho teatral en su totalidad y que "fue, con larga diferencia, el más destacado de los grupos innovadores que surgieron en estos años, hecha quizá la excepción del Club Anfistora, de Pura Ucelay, al que Lorca prestó su colaboración y algunos de sus textos" (J.C. Mainer*). Con esa colaboración se hizo posible que alternaran en cartel versiones actualizadas de los clásicos y románticos, desde Tirso y Calderón al Duque de Rivas, con algo de Valle-Inclán y Unamuno, y con los nuevos autores Lorca y Alberti. De éste se estrenó en 1931, por ejemplo, una obra políticamente comprometida como *Fermín Galán*, que se creó a partir de 'romances de ciego' para contar un hecho real de la historia reciente, adelantando así el nuevo uso de esa poesía popular que cobraría gran auge durante la Guerra Civil.

gran interés de Lorca en trascender las fronteras de los géneros menores para darles la misma dignidad que a los dramas. *La zapatera prodigiosa*, que logró estrenar en 1930 después de once años reelaborándola, era *farsa simple, de puro tono clásico*, según él mismo la definió, y en su título se mezclaban varios ecos literarios[131]. Con ella quiso conseguir el *espectáculo total* en la escena: incluía la la música y el baile como parte sustancial de su trama, la copla popular y el romance, así como el uso de un coro para darle ritmo más ágil a la acción. El andalucismo del decorado y del vestuario quería Lorca que fuera un mero colorido ambiental, algo accesorio al servicio de un planteamiento de validez universal que incluso pudiera representarse *entre esquimales*: *la Zapaterita es un tipo y un arquetipo a la vez; es una criatura primaria y es un mito de nuestra pura ilusión insatisfecha*[132]. De hecho, su 'fantasiosa' protagonista (el adjetivo que repetidamente la define) es la primera que entra a formar parte de lo que fue el gran fondo de su teatro, y que podríamos denominar 'el mito de la soñadora que no se resigna a enterrar su sueño'. Y es que todo en la dramaturgia lorquiana se dirían variaciones sobre la frustración amorosa por el sometimiento de la imaginación a las imposiciones de la realidad, cualquiera que ésta sea. Nada interesó tanto a Lorca como los deseos insatisfechos y la tragedia soterrada que hay en ellos, algo que se explica bien desde su más íntima biografía, y que justifica plenamente cada uno de sus títulos.

Como casi todos los de su generación, Federico García Lorca tuvo una relación oscilante con la herencia de la literatura romántica. Detestaba lo que consideraba lo peor de ella: la sensiblería meliflua de las obras empapadas de *lo más dulzón del siglo XIX*, como declaró repetidamente (vid. *infra*, n. 138); pero, por otra parte, es un romanticismo casi adolescente lo que impregna el argumento y la estética de sus primeras piezas. **Mariana Pineda**, estrenada en Barcelona en 1927 (aunque acabada dos años antes), le hace recrear en verso la historia de una heroína muy popular que fue ejecutada en una plaza pública de Granada en 1831 por colaborar en una conspiración política. Su leyenda le

---

[131]   *El mágico prodigioso* de Calderón y *El desconfiado prodigioso* de Max Aub, pero también el sainete de Arniches titulado *El zapatero filósofo*, publicado en 1916, que Lorca, como antes Pérez de Ayala (*supra*, nota 84), debieron de ver representado en algún teatro madrileño.

[132]   "Autocrítica" publicada en el periódico *La Nación* de Buenos Aires en 1933.

era conocida desde niño por unas cancioncillas que incorpora además a su texto, y que suscitaron su primera admiración por el personaje. Pero no es su integridad ideológica, su renuncia a traicionar sus convicciones liberales, lo que le resulta más admirable al autor, sino la absoluta fidelidad sentimental de su protagonista. Mariana muere sola y enamorada después de ser abandonada a su fatal suerte por su amante, que se autorretrata por su cobardía, como otros hombres de sus dramas: *¡Morir! ¡Qué largo sueño sin ensueños ni sombra!/ ¡Pedro, quiero morir por lo que tú no mueres,/ por el puro ideal que iluminó tus ojos!... Me querrás, muerta, tanto, que no podrás vivir.* Con un vocabulario del más puro gusto modernista, la heroína lorquiana expresa la soledad en la que vive su sueño y, después, la soledad fatal a la que vuelve tras haber soñado. Amar en la separación y por encima del desengaño fue también el germen de la acción de **Doña Rosita la soltera o el lenguaje de las flores**, estrenada en Barcelona en 1935. Situada en el marco de una Granada provinciana de principios de siglo, tenía mucho de melodrama decadente y de estética trasnochada –la rosa marchita como manido símbolo, por ejemplo–, para significar la baldía espera de una mujer que vive apurando la ilusión de las cartas de un novio que en realidad se ha casado con otra en América. El desarrollo de la trama se salva por la emoción y elegancia de los versos que intercala en momentos de mayor intensidad dramática (como cuando Rosita habla en romance y dialoga con las 'solteronas' en el acto II); pero muy lejos quedaría de la sutileza e inteligencia que mostró Arniches ante similar tema en *La señorita de Trevélez* (*supra*, nota 103), aunque, al parecer, coincidieran en la pretensión de hacer con ello crítica de costumbres[133]. Lo que más interesante resulta es comprobar con cuánta tenacidad volvió Lorca sobre las ideas que unifican ambas obras: el poder de la fantasía y la ilusión para sobrevivir, y el peligro de la idealización en la distancia, temporal o espacial, que serán dos de las grandes constantes lorquianas, especialmente recurrentes en su poe-

---

[133] Es lo que en un principio pretendió Lorca, según aseguraba en una entrevista: *Recojo toda la tragedia de la cursilería española y provinciana, que es algo que hará reír a nuestras jóvenes generaciones, pero que es de un hondo dramatismo social, porque refleja lo que era la clase media.* Sin duda la obra de Arniches le hizo reflexionar tanto como a muchos de sus coetáneos y a los espectadores que, décadas después, vieran la obra en su recreación cinematográfica (*infra*, n. 297).

sía[134]. Nunca sabremos cuánto hubiera dado de sí en *Los sueños de mi prima Aurelia,* una obra hasta hace poco inédita en la que estaba trabajando en 1936, que subtituló "Crónica granadina" por estar tejida con recuerdos de infancia (se ambientaba en 1910), y que quedó truncada en su primer acto, como su vida (*infra*, notas 143 y 146).

La construcción imaginaria por el paso del tiempo es lo que justifica también el propio título de la que está considerada como su obra más vanguardista: **Así que pasen cinco años**, que tenía acabada en 1931. Se trata de una obra estrechamente ligada a sus vivencias neoyorquinas –con un personaje vestido de jugador de rugby, por ejemplo, impensable antes de su viaje– y, por tanto, al mundo onírico que fabricó las imágenes surrealistas del poemario *Poeta en Nueva York* (*infra*, nota 175). Este texto, junto con el de **El público**, escrito por las mismas fechas, se ha denominado 'criptodrama' por la dificultad que 'exige' interpretar todos sus componentes, lo que en cierta manera supone un elitismo que fue muy excepcional en la trayectoria lorquiana. Por esa época Lorca comenzaba a tomar una mayor conciencia de la dimensión social que debía alcanzar el teatro, que a su juicio debía *abandonar la atmósfera abstracta de las salas reducidas, su clima de experimentación, de élite, e ir a las masas.* Curiosamente, en ese mismo año de 1931 –el mismo también del estreno de *El hombre deshabitado* de R. Alberti[135]–, apareció un interesante ensayo titulado *Teatro de masas* de R. J. Sender (*infra*, nota 253), que lanzaba una tesis verdaderamente rupturista sobre el problema del teatro español[136]. La preocupación de Lorca por el público fue

---

[134] *El abismo y el sueño los temo en la realidad de mi vida* –escribía a un amigo en 1927–, *en el amor, en el encuentro cotidiano con los demás. Eso sí que es terrible y fantástico.* Es de suponer por ello lo mucho que le interesaría la película de Buster Keaton titulada *Sueños rotos* (1922), en la que la protagonista, mientras lee las cartas de su novio, va imaginándolo en diversas facetas, siempre idealizándolo. ¿Acaso no pudo ser esta una fuente más de inspiración de su Rosita y de la Novia de *Así que pasen cinco años*?

[135] Quiso ser una renovación del auto alegórico calderoniano con un tema contrario, en cambio, a su ideología: trata los temas del pecado original y del paraíso perdido con una visión moderna, la Tentación, el coro de Los cinco sentidos, etc.

[136] En él Sender no proponía ya batallar para reformar el teatro burgués, como habían hecho los dramaturgos de la generación de Valle, sino sustituirlo por otro pensado y destinado a la nueva clase proletaria. Interesante es el hecho de que ése fuera justo el año de la victoria de los republicano-socialistas en

inseparable de su interés por la reforma en sí del espectáculo teatral, que en su opinión, como en la de Valle, necesitaba de cierta subversión: *Quiero provocar revulsivos, a ver si se vomita de una vez todo lo malo del teatro actual*, llegaría a declarar. Es significativo que ya en el prólogo de *La zapatera* le llegara a retirar al público el calificativo de 'respetable' por considerar injusto el sometimiento de los autores a un tipo de espectador que mostraba escaso respeto por la escena y los actores, algo que sí encontraba, en cambio, en los ambientes populares[137].

Es ahí donde encaja el proyecto, respaldado por el gobierno de la República, que le lleva a crear en 1932 La Barraca: una compañía de teatro itinerante integrada por estudiantes universitarios madrileños que viajaba con rudimentaria tramoya en camionetas para llevar por los pueblos repertorios de teatro clásico, y especialmente del teatro del Siglo de Oro español. La Barraca participaba de un ideal educativo derivado de la Institución Libre de Enseñanza (vid. 3ª, nota 280): las llamadas Misiones Pedagógicas que dirigió un tiempo el dramaturgo Alejandro Casona, que confiaban en lo deambulante para acercar al pueblo el arte, y educar así una sensibilidad teatral que creían perdida en las grandes ciudades. Sólo cuatro años después, Max Aub dirigiría al presidente de la República y escritor Manuel Azaña el opúsculo titulado "Proyecto de estructura de un Teatro Nacional", una propuesta reformista que en 1936 seguía defendiendo todavía los mismos propósitos de Lorca. Para el dramaturgo granadino se trataba ante todo de intentar recuperar el apasionamiento que aquel teatro del siglo XVII provocó en el público, recuperando también su esencia: *El poco teatro que ustedes han visto ha sido bajo una absurda y sentimental visión romántica que quitó a Lope, a Tirso y a Calderón y a Vélez de Guevara y a todos, su eter-*

[137] ... *Pero el público de los pueblos muestra siempre un respeto, una curiosidad y un deseo de comprender como los espectadores de las grandes ciudades no suelen presentar siempre. Créame que este feliz resultado es lo que nos da fuerzas para perseverar en una obra que yo considero utilísima* (entrevista en *La Vanguardia* en 1932). *Yo arrancaría de los teatros las plateas y los palcos y traería abajo el gallinero. En el teatro hay que dar entrada al público de alpargatas* (entrevista en Buenos Aires en 1933). Al año siguiente, en su conferencia "Charla sobre el teatro" de 1934, Lorca se definiría como un decidido entusiasta del teatro de acción social.

las elecciones municipales, que lanzaron a las masas a la calle y obligaron al rey a marcharse para evitar una guerra civil.

nidad y su verdor para dar lugar al ridículo lucimiento de un divo.[138] La reivindicación de Lope y Calderón marca la gran diferencia de Lorca con aquellos dramaturgos como Valle que sólo vieron en ellos la España del honor y los duelos, pues para él representaban, en cambio, el modelo de dramaturgia que estaba deseando hacer: un teatro de lenguaje metafórico con enorme capacidad de sugerencia.

Justamente, uno de los mayores méritos de García Lorca fue que consiguió renovar por vía poética el drama y la tragedia rurales, y darles una nueva altura. Lo hizo en tres obras que forman una especie de tríptico dramático de ambientación andaluza. El éxito le llegó con el estreno de la primera de ellas, **Bodas de sangre**, en 1933, que fue muy aplaudida en Madrid y en Buenos Aires durante su gira americana de ese año. Su núcleo dramático se lo había proporcionado cinco años antes un suceso relatado en un periódico local, sobre un crimen ocurrido en Níjar, pueblo de Almería[139]. Idealizando los hechos reales, a los que su obra no guardaba mucha fidelidad, Lorca inventó una situación que superaba los accidentes de la trágica anécdota rural −enfrentamiento familiar, intereses económicos, celos, peleas y muertes violentas (vid. *supra*, n. 94)− para darle una dimensión universal a lo que él llamó *la fatalidad trágica del vivir humano*. Su cautivador dramatismo arranca del contraste que se produce entre sus diálogos, reveladores siempre de la fuerza de la sintaxis lorquiana y el poder evocador de su semántica: entre las escuetas frases en las que el autor quiere reflejar la fría sequedad de las conversaciones del vivir rural cotidiano (magistrales en esto los diálogos iniciales madre-hijo), irrumpe por sorpresa el lirismo en diálogos

---

[138] Su deseo de *vulgarizar nuestro olvidado y gran repertorio clásico*, suponía para él además la reparación de una injusticia: *...ya que se da el caso vergonzoso de que teniendo los españoles el teatro más rico y hondo de toda Europa, esté para todos oculto; y tener encerradas prodigiosas voces poéticas es lo mismo que cegar la fuente de los ríos o poner toldo al cielo para no ver el estaño duro de las estrellas...* ("Discurso al pueblo de Almazán").

[139] En el verano de 1928 en la Huerta de San Vicente Lorca descubrió en las páginas de sucesos de *El Defensor de Granada* la crónica de una tragedia que había sucedido unos días atrás en campos almerienses: una joven de veinte años que horas antes de celebrar su boda se había fugado con su primo, del que siempre había estado enamorada, y al que finalmente asesina el cuñado de la chica, hermano del novio al que había dejado plantado. Lorca acabó de escribir su versión del hecho en 1931.

magníficos en verso, como salidos de un mundo onírico ajeno al ámbito rural. Como éste en el que el poeta emplea términos simbólicos muy personales para expresar todo el poder de la pasión:

> LEONARDO. – *¡Qué vidrios se me clavan en la lengua!*
> *Porque yo quise olvidar*
> *y puse un muro de piedra*
> *entre tu casa y la mía.*
> *Es verdad. ¿No lo recuerdas?*
> *Y cuando te vi de lejos*
> *me eché a los ojos arena.*
> *Pero montaba a caballo*
> *y el caballo iba a tu puerta.*
> *Con alfileres de plata*
> *mi sangre se puso negra,*
> *y el sueño me fue llenando*
> *las carnes de mala hierba.*
> *Que yo no tengo la culpa,*
> *que la culpa es de la tierra*
> *y de ese olor que te sale*
> *de los pechos y las trenzas.* (Acto III)

La reacción contra el prosaísmo benaventino no podía ser más contundente: frente a la visión pecaminosa del cuerpo sostenida por la moral católica, y los sentimientos de culpa que provocaba el impulso sexual en *La Malquerida,* la poderosa imagen del caballo, la del alfiler de plata (siempre en él es punzante e hiriente el deseo), y un olor atávico como únicos responsables del drama. Nadie como Lorca hizo una reivindicación tan lírica del instinto, palabra clave para entender toda su obra[140]. En *Bodas de sangre* empieza por revelar algo que será esencial también en muchos de sus poemas y, de manera especial, en el último de sus dramas: lo que en verdad le importa siempre es el 'drama del cuerpo', los gritos y las carencias que no salen tanto del alma o del sen-

---

[140] *Algo que también es primordial es respetar los propios instintos,* escribió en una ocasión. *El día en que deja uno de luchar contra sus instintos, ese día se ha aprendido a vivir.*

timiento como de la carne. Pero al definirse como un dramaturgo y un poeta 'visceral' ('naturalista', en gran medida), propició también una lectura superficial de sus textos; como la que se exhibió en la representación neoyorquina de *Bodas de sangre* en 1935, que hizo que en Norteamérica se forjara la imagen de un Lorca muy *typical Spanish*, de pasión latina, sangre y navajas, sin captar todo el mito poético que escondía, lo que molestó mucho a su autor[141]. Resulta bastante claro que el ambiente rústico de los dramas lorquianos estuvo esencialmente marcado por el uso que Lope hizo de los pueblos campesinos españoles –*Fuenteovejuna* o *Peribáñez* fueron piezas habituales en el repertorio de La Barraca– para plantear hondos conflictos dramáticos de carácter intemporal. Lope fue además el maestro de Lorca en el manejo de la canción y el romance popular para crear expectativas trágicas, según aparecen en *El caballero de Olmedo*. Uno de los mejores ejemplos del buen aprovechamiento de su magisterio se da, precisamente, a lo largo de *Bodas de sangre* –nanas, canciones de boda, etc.–, sobre todo en el acto III, donde los versos de un leñador (con la cara blanca simulando la luna) y una mendiga entonan versos que son presagios de muerte. Téngase en cuenta que la figura de Lope de Vega se revalidaría aun más a partir de 1935 con la celebración de su centenario, que adquirió una gran significación populista, según mostraron también los dramas de otros dos grandes poetas: Miguel Hernández y Rafael Alberti. *La Gallarda* (1944), de éste último, sería un drama rural muy cercano a los de Lorca, tanto por su intento de esquivar el 'pintoresquismo andaluz' como por su modo de utilizar la lírica popular como recurso dramático.

En 1934 obtuvo también un éxito clamoroso con **Yerma**, su "Poema trágico" sobre la mujer estéril, aunque con críticas adversas por parte de la prensa conservadora madrileña. Era lógico que en ciertos sectores cayera como un jarro de agua fría su desconcertante planteamiento de el motivo clásico de la maternidad, en sentido diametralmente opuesto al que habían hecho Benavente en *Señora ama* (*supra*, c. cn. 94) y Unamuno en su *Raquel encadenada* (*supra*, c. n. 87). *Yerma*, un nombre simbólico de mujer

---

[141] En su representación en el Lyceum Theatre de Nueva York se presentó con el título de *Bitter Oleander*, dado que la adelfa amarga es símbolo de muerte citado en la obra, y a ese cambio de título y a toda su traducción achacó Lorca su fracaso.

bien distinto de los que llenaron el drama rural decimonónico (*supra*, n. 94), no sólo se atrevía abiertamente a presentar el matrimonio y la maternidad como obligaciones opresivas, sino que también hacía una denuncia implícita de la educación religiosa como 'castradora'. Y lo hacía través de una vieja pagana con reminiscencias bíblicas absolutamente novedosa en el teatro del momento, una especie de nueva Celestina revolucionaria que, portando la voz de la experiencia –el eje juventud/vejez es también dominante en esta obra–, llega a pronunciar sentencias tan 'heréticas' como éstas, que cuesta imaginar sobre la escena del momento: *A mí no me ha gustado nunca Dios. ¿Cuándo os vais a dar cuenta de que no existe? Son los hombres los que te tienen que amparar* (acto I, cuadro 2), o esta otra sentencia en verso alejandrino: *No hay en el mundo fuerza como la del deseo* (acto III, cuadro 1). Una idea, por cierto, que late siempre en el teatro y la poesía lorquianos, como también en toda la lírica de Luis Cernuda. ¿Cómo no comprender que el público burgués de los teatros de Madrid o Barcelona se escandalizase ante un modo de hacer drama rural casi tan contestatario como el de *Divinas palabras* de Valle-Inclán? En efecto, Lorca rozaba también el margen de lo sacrílego, sin quizá ser del todo consciente que estaba haciendo de *Yerma* el drama más trasgresor de toda su dramaturgia, como lo estaba siendo el propio año de 1934, lleno de convulsiones sociales y políticas (con la revolución de Asturias, etc.) que según todos los historiadores fueron el 'caldo de cultivo' de la Guerra Civil.

Fue el propio autor quien definió a su protagonista como *un ser desgarrado, un personaje que canta su instinto y su exaltación dolorida a la naturaleza*, y hay bastantes motivos para considerar que fue en ella en la que más íntimamente quiso proyectarse. Es la primera heroína de nuestro teatro que habla en clave sobre la frustración sexual, sin ser comprendida por quien tiene más cerca: *Quiero beber agua y no hay vaso ni agua; quiero subir al monte y no tengo pies, quiero bordar mis enaguas y no encuentro los hilos* (acto II). Yerma no solo es una casada frustrada que está con su marido por inercia, sin saber siquiera si le gusta ni lo que es gusto[142]; es

---

[142] VIEJA.– *¿A ti te gusta tu marido?* [...] *¿Si deseas estar con él?* YERMA.– *No sé.* VIEJA.– *¿No tiemblas cuando se acerca a ti? ¿No te da así como un sueño cuando se acerca a tus labios? Dime.* YERMA.– *No. No lo he sentido nunca...* VIEJA.– *Todo lo contrario que yo. Quizá por eso no hayas parido a tiempo. Los hombres tienen que gustar, muchacha. Han de deshacernos las trenzas y darnos de beber agua en su misma boca. Así corre el mundo.* (Acto I, cuadro 2).

también una mujer escindida en su personalidad, y de ahí su halo de ambigüedad muchas veces. Es víctima de la 'catequización' del coro de mujeres que la rodean, que se martirizan entre ellas identificando matrimonio, sumisión y encierro, censurando a las 'locas' que quieren escapar de él con durísimos juicios machistas ('machorra', 'hembra caliente', etc.) como los de las más reaccionarias mujeres benaventinas. Como aquéllas, las cuñadas de Yerma y algunas lavanderas encarnan la obsesión por salvaguardar la honra familiar, actuando como auténticas inquisidoras de la conducta femenina, sin permitir que saliera de una 'decente' espera pasiva, castradora de la alegría vital. En este sentido, *Yerma* confirma que el teatro lorquiano es teatro de mujeres infelices que se atrincheran en su soledad y responden de modos diversos a una situación prosaica que se les ha impuesto. Muy interesante al respecto es lo que respondió Lorca en una entrevista (*La Mañana*, Montevideo, febrero de 1934), cuando le preguntaron por su insistencia en temas femeninos: *Pues yo no me lo he propuesto... es que las mujeres son más pasión, intelectualizan menos, son más humanas, más vegetales...* Más instintivas, le faltó decir. En realidad, esa respuesta era sólo la mitad de su propia verdad, la que le estaba vedado reconocer públicamente en aquel momento: la de una homosexualidad que le llevaba a identificarse plenamente con la sensibilidad femenina[143]. Quizá por ello no sea casual que la infertilidad sea tema recurrente también en su poesía y motivo casi obsesivo en los símbolos vegetales que la recorren. Pero lo especial de *Yerma* no es sólo mostrar la tragedia de la mujer que soporta una 'culpa' que tiene en realidad el marido (*hombres de simiente podrida*, los llama descar-

---

[143] Se conserva, sin embargo, un fiable testimonio de Rivas Cherif que indica que Lorca tuvo intención de escribir un drama sobre la homosexualidad en medio provinciano que iba a titular *La piedra oscura*, pero no pasó de algún diálogo y del esbozo del argumento. *Los sueños de la prima Aurelia*, su pieza inconclusa, insinúa en un sorprendente diálogo sus sentimientos infantiles en este sentido: AURELIA.– *¡Anda! ¿Cómo te llamas?* NIÑO.– *Me llamo Federico García Lorca. [...] Prima, qué guapa eres.* AURELIA.– *Más guapo eres tú.* NIÑO.–*Tú tienes cintura y pechos y pelo rizado con flores. Yo no tengo nada de eso.* AURELIA.– *Pero es que yo soy mujer.* NIÑO.– *Eso será.* AURELIA.– *Tú en cambio tienes lunares como lunas chiquititas de musgo tierno. ¿Por qué no me los das?* NIÑO.– *¡Quítamelos! [...] Si yo fuera grande sería tu novio, ¿verdad?* AURELIA.– *¡Ojalá!* NIÑO.– *¿Y por qué un niño no puede ser novio de una mujer grande?* AURELIA (confusa).– *Verdaderamente me haces unas preguntas...*

nadamente la Vieja), sino el conseguir transformarla en un hecho poético y estético –pretensión declarada tantas veces por Lorca–, que era además el mismo que interesaba a los surrealistas: la represión inconsciente del deseo[144]. El personaje de Yerma se crece en la obra igual que se va creciendo la Nora de *Casa de muñecas* (1879) del noruego Henrik Ibsen, que causó especial revuelo en su época. Cincuenta años después del portazo de Nora, Yerma parecía aliarse con todas las mujeres que no se resignan a aceptar la tradición impuesta, y con su arrebato asesino llegará más lejos que ninguna otra. Frente a la famosa 'malquerida' benaventina, Lorca plantea una parricida callada (como silenciosa será la Adela suicida de *La casa de Bernarda Alba*) que, en un solo segundo, consigue dejar 'noqueado' en su asombro al espectador, por lo imprevisible de su acto. Y tal vez el mayor acierto de *Yerma* esté precisamente ahí, en lo creíble que se hace su personaje evolucionando líricamente desde la sumisión al arrebato a través de diálogos de gran intensidad, así como la autenticidad y la atemporalidad de su conflicto, que es lo que legitimiza su vigencia hoy, sean cuales sean las versiones que intenten actualizarla sobre un escenario.

La casa de Bernarda Alba, terminada en junio de 1936, sólo dos meses antes de su muerte, tardaría décadas en ponerse sobre un escenario español. Lorca la presentaba como "Drama de mujeres en los pueblos de España", con *la intención de un documental fotográfico*, pero está considerada como su más lograda tragedia. La inspiración le vino de una realidad cercana –una familia de su propio pueblo– y esta vez le hizo aferrarse a una total verosimilitud, a un realismo mayor que el del resto de sus dramas, aunque de nuevo sin caer en ningún tipo de costumbrismo localista. Los sucesos podrían haber acontecido en Castilla o en Marruecos, y el drama seguiría siendo el mismo, como demostrarían con el tiempo las diferentes versiones, incluso cinematográficas, de la obra. Asfixiante quiso que fuese el espacio escénico en blanco y negro: las paredes de una casa en la que viven sólo mujeres en un riguroso luto, gobernadas por el silencio y el encierro que impone duramente la madre, Bernarda, a sus cinco hijas solteras, todas de nombres

---

[144] *Yo pretendo hacer de mis personajes un hecho poético, aunque los haya visto alentar alrededor mío. Son una realidad estética. Por esa razón gustan tanto a Salvador Dalí y a los surrealistas.* (Entrevista en *El Mercantil Valenciano* en noviembre de 1935, tras presenciar la representación de *Yerma* por la Xirgu en Valencia).

simbólicos al modo de los personajes galdosianos. En este caso Lorca no reaccionaba sólo contra obras de Benavente como *La Malquerida*, sino contra otras de los Álvarez Quintero, como *Puebla de las mujeres* (1912) o *El amor que pasa* (1904), una visión sensiblera de una Andalucía de mujeres solas, mostrando ser muy consciente de la novedad de su propuesta. Al igual que Chéjov, no presenta la situación como un árbitro impasible, sino que "orienta las simpatías del espectador" oponiendo "el sufrimiento de las hijas a lo inhumano del orden social que defiende la madre"; lo cual es una muestra más de "su asombrosa capacidad de abarcar los antagonismos" (A. Belamich). Antagonista de Bernarda será también La Poncia, criada de su misma edad en cuya voz pone Lorca la soterrada inquina del pueblo hacia la despótica terrateniente. Así entendido, su conflicto se basa en el enfrentamiento entre el principio de autoridad frente al de la libertad, representado en la hija menor, Adela, que mantiene relaciones secretas (los amores más pasionales son siempre clandestinos en Lorca) con el pretendiente por interés de su hermana mayor, única poseedora de herencia. Tras romper la vara de mando de su madre y reivindicar su amor, Adela acabará suicidándose por creer que han matado a su amado, y muere de dolor igual que la Julieta de Shakespeare y en la misma soledad que Mariana Pineda tras el amante huido; un suicidio que es su "liberación desesperada" y que "opera sobre el espectador como una auténtica catarsis trágica" (Mario Hernández).

En *La casa de Bernarda Alba* vuelve a conseguir Lorca acoplar el realismo social, tan del gusto de Ibsen, y el teatro poético, tal como se lo había propuesto en sus dramas rurales, pero lo hace ahora intensificando el componente simbólico a todos los niveles, especialmente en el lenguaje. En el momento en que escribe esta pieza, el dramaturgo granadino parece saberse experto en algo que desde años atrás era una de las 'señas de identidad' de su teatro: los espacios caseros del desafecto, la incomprensión y el desamor. En medio de la depurada habla coloquial que circula entre prosaicos objetos domésticos –a las criadas de la casa deja más largos parlamentos y el único humor de la obra– introduce imponentes silencios para mostrar el clima sepulcral del ambiente, sólo roto con ruidos exteriores: campanas marcando las horas, cantos de trabajo, sonidos de esquilas de ovejas como en *Yerma*, etc. Dentro de ese enorme poder de sugerencia que anima toda la acción dramática, destaca el trote y el fuerte relincho del caballo, de nuevo imagen de la potencia viril, sustituyendo la presencia real de Pepe el Romano, el galán objeto de deseo que nunca llega a aparecer en escena. La vida, que fluye, frente a lo represado o estancando, cobra un poder inusitado en boca de Adela: *A mí me gusta ver correr lleno de lumbre lo que está quieto y quieto años enteros. ¿Ves este silencio? Pues hay una tormenta en cada cuarto...* Se trata de una de las grandes claves del imaginario lorquiano, y está presente de continuo en una serie de símbolos eróticos que giran en torno al agua y la sequedad[145], y que renuevan las connotaciones que tenían el mar y el río en la lírica popular desde la Edad Media: *La que tenga que ahogarse que se ahogue... él me lleva a los juncos de la orilla*, etc. El lirismo en la voz de la hija menor irá *in crescendo* a medida que avance la acción, hasta plantar cara a los tiránicos imperativos que la habían dominado, con estos contundentes futuros: *Ya no aguanto el horror de estos techos después de haber probado el sabor de su boca. Seré lo que él quiera que sea. Todo el pueblo contra mí, quemándome con sus dedos de lumbre, perseguida por los que dicen que son decentes, y me pondré la corona de espinas que tienen las que son queridas de algún hombre casado.* Sin gritos melodramáticos, Adela acaba erigiéndose así en la gran heroína de la 'martiriología' lorquiana – el martirio es recurrente en su imaginario–, siguiendo los pasos de aquellas mujeres enérgicas que tanto gustaron en el teatro barroco, como la Serrana de la Vera o la Laurencia de Lope (vid. 2ª, n. 336).

Y sin embargo, *La casa de Bernarda Alba* es mucho más que un drama sobre la sexualidad reprimida, como cabe entender a primera vista. La joven Adela es, de todas sus protagonistas, la que más rebosa pasión y rebeldía, la que más carece de 'resignación cristiana', y eso suponía atacar de raíz uno de los pilares fundamentales de la educación católica. Como en *Yerma*, quienes la salvaguardan son mujeres que, lejos de ser solidarias entre ellas –sólo la vieja criada y una de las hermanas lo son–, se destrozan amargándose la vida entre sí, por lo que *La casa de Bernarda Alba* resulta también una tragedia sobre la envidia y los celos dentro del seno familiar, en un universo femenino que el dramaturgo sentía como propio. Adela, nueva Melibea desolada, comete el único acto de rebelión que tenía a mano: colgarse del techo con una soga al cuello; y con

---

[145] Lorca pone en boca de Bernarda algo que él mismo dijo de un pueblo en el que vivió en su infancia: *Maldito pueblo sin río, pueblo de pozos, donde siempre se bebe el agua con el miedo de que esté envenenada...*

el rápido intento de ocultación de tan 'pecaminoso' hecho por parte de la madre, ansiosa de venganza, García Lorca parecía darle magistralmente la vuelta al final de *La Celestina*, manteniendo eso, sí, su estremecedor silencio: *¡Descolgarla! ¡Mi hija ha muerto virgen! Llevadla a su cuarto y vestirla como una doncella. ¡Nadie diga nada!*... Como en el caso de Rojas, muchas han sido las controvertidas interpretaciones de la obra, y todas encuentran razones que las justifican. Desde la lectura existencialista, por ejemplo, que recalca la atemporalidad del conflicto –las puertas cerradas y la mirada ajena como tiranía, igual que en *Huis-clos* de Sartre–, hasta la lectura política, pues en Bernarda parecen concentrarse todas las características del dictador. Y a pesar de que ésta es una interpretación que el autor se encargó de rechazar, fue, sin embargo, la que más interesaría a los grupos de teatro independiente que se atrevieron a montarla en la década de los sesenta. Fácil es comprender que en la sombría 'pintura' de esa casa muchos vieran todo un alegato premonitorio contra la represión que se viviría en la España franquista, una España también con más negro que blanco, "empeñada en permanecer fiel a una tradición ya moribunda" (J. Rubia Barcia). Nunca sabremos hacia dónde hubiera derivado el apoliticismo que Lorca defendía muy convencido en los meses anteriores a su muerte (*infra*, n. 181), ni tampoco cómo habría evolucionado su obra de no haberse ejecutado su violento asesinato, cuando contaba sólo treinta y ocho años[146].

---

[146] El golpe de estado por levantamiento militar en julio de 1936 aterró a Federico, que decidió abandonar la capital para refugiarse con su familia en Granada. Se ha escrito que tal vez hubiera podido salvarse de haber permanecido en Madrid; lo cierto es que fue seguido y delatado por un afiliado a la CEDA (*infra*, nota 178), movido por el odio visceral que los derechistas radicales sentían por los homosexuales republicanos. Fue fusilado en campos de Víznar el 19 o 20 de agosto de 1936, junto a un maestro, dos banderilleros y dos ladrones, por un pelotón de ejecución formado por algunos miembros de las llamadas Escuadras Negras. Su asesinato causó un gran impacto en la opinión pública de todo el mundo. Otra de las muestras de aquella terrible y vergonzosa sinrazón del 36, aunque de signo contrario, fue el caso del dramaturgo gaditano Pedro Muñoz Seca: detenido por un grupo anarquista mientras asistía a una representación teatral junto a su mujer, y tras algún tiempo en presidio (la familia llegó a pedir auxilio a su paisano Alberti), fue fusilado en Paracuellos del Jarama en noviembre de 1936, sólo tres meses después que Lorca. No se le conoció más 'delito' que ser un declarado monárquico, ferviente católico, columnista del diario *ABC* y autor de varias burlonas sátiras contra la República.

4. El grupo poético del 27 y las vanguardias

A diferencia de lo que sucedió en el teatro, tempranas fueron las aportaciones poéticas y pictóricas de los creadores españoles a los movimientos vanguardistas que se sucedieron en Europa desde el inicio de la Primera Guerra Mundial. Poco después de que G. Apollinaire descubriera en Francia a un Picasso todavía desconocido que hacía sus primeras incursiones en el cubismo –de 1907 son *Las señoritas de Avignon*–, Juan Gris exponía en Barcelona sus primeros cuadros con la técnica del *collage,* que luego habría de aplicarse también a la construcción del poema. Y como sucedió con el Modernismo, Cataluña volvió a ser pionera de las nuevas tendencias[147]. Nunca como entonces la pintura y la lírica, en perfecta correspondencia, fueron tan reveladoras del cambio

---

[147] Desde 1912 los barceloneses pudieron contemplar obras de Juan Gris o de Marcel Duchamp en las Galerías Dalmau, y también de buena parte de la vanguardia parisina que salió del país a causa de la guerra. "En los años veinte, el vanguardismo catalán era una destacada provincia de la internacional europea de las novedades, contaba con un público fiel y hasta reclamaba mayor espacio vital..." (J. C. Mainer*).

radical que empezaba a gestarse: todo un entrenamiento para mirar de otra forma la realidad estaba en juego. Mientras Kandinsky, por ejemplo, elogiaba la belleza del lienzo en blanco o de la línea simple sobre él, muchos poetas empezaron a cuidar en extremo la colocación de las palabras y los silencios, haciendo que éstos contaran también en el ritmo sintáctico del verso. Se introdujeron además nuevos planteamientos gráficos, como la anárquica ausencia de signos de puntuación, o como el caligrama, que ponían en evidencia la total interrelación de las artes visuales, la comunión entre lo verbal y lo plástico, que sería la nota más característica de aquellas primeras vanguardias[148]. La poesía y la prosa poética españolas reflejaron, en fin, bastante pronto todo aquel afán rupturista en los modos de expresión que caracterizaría a los principales 'ismos' del periodo. Sin embargo, no es tan fácil determinar —y ello no es sólo problema de nuestra literatura— la evolución que éstos experimentarían en el paso de los 'felices veinte' a los 'hoscos treinta', según denomina oportunamente algún historiador el cambio más decisivo de la llamada Edad de plata.

La literatura escrita en castellano contó con un creador auténticamente genial ya en la primera década del siglo: **Ramón Gómez de la Serna** (Madrid, 1888-1963), autor de una extensísima obra que inició con sólo dieciséis años y que abarcó múltiples géneros. Desde la revista *Prometeo,* que dirigió a partir de 1910, fue el primero en difundir entre los españoles las principales teorías vanguardistas del momento, de las que fue uno de sus mejores defensores, como demostraría años más tarde en el libro *Ismos* (1931). Su talante cosmopolita (viajó solo a París con 16 años) le hizo recibir con entusiasmo el primer manifiesto del Futurismo de Marinetti (1909) —su famoso elogio de la belleza del *automóvil rugiente* sobre la de la Victoria de Samotracia, etc.–, y en uno de los primeros números de aquella revista lanzó su personal "Proclama futurista a los españoles": ¡*Futurismo!* ¡*Insurrección!*.. ¡*Violencia sideral!* ¡*Circulación en el aparato venoso de la vida!* ¡*Antiuniversitarismo!* ¡*Tala de cipreses!* ¡*Iconoclastia!* [...] ¡*Recio deseo de estatura, de ampliación y de veloci-*

---

[148] Conviene advertir que aquí se maneja siempre el término 'vanguardia' y su plural en un sentido histórico: las nuevas tendencias, de carácter rupturista, que surgieron en las primeras décadas del siglo XX. '*Avant-garde*', el término francés del que procede, significa 'línea de frente en el combate', y por tanto solo alude a cualquier idea nueva que lucha por abrirse paso.

dad! ¡Saludable espectáculo de aeródromo y de pista desorbitada! ¡Lirismo desparramado en obús y en la proyección de extraordinarios reflectores!*...* Gómez de la Serna fue también el primero en respaldar los escándalos que producía en París el Dadaísmo –movimiento creado en Zúrich en 1916 como provocación a la seriedad del arte burgués–, y en explicar en nuestro país las recetas ofrecidas por su creador, el rumano Tristan Tzara, para hacer poemas 'dadaístas': cortar palabras de un periódico y colocarlas al azar, disociadas y superpuestas, sin jerarquía gramatical, como el balbuceo de un niño, creando imágenes ilógicas y siempre en contra del 'sentido común'. Esa nueva poética iconoclasta conectaba plenamente con la que sería su invención más original y precursora, puesto que la empezó a dar a conocer ya desde 1910: la **'greguería'**, expresión genuina de su rebeldía imaginativa y de su gran agudeza verbal[149]. Se trataba de un tipo de frase ingeniosa, acorde con la escritura telegramática que estaba entonces de moda, y que él mismo definió como *humorismo más metáfora*, pues surgía de una relación impensada e incluso ilógica entre dos cosas nunca antes asociadas, una especie de *flash* imaginativo sin más pretensión que producir un mero deslumbramiento simpático en el lector. Reveladoras de la gran intuición y del sutil sentido del humor de su autor, las greguerías ofrecían en todos los casos una visión inédita de las cosas: *La pistola es el grifo de la muerte; La arquitectura árabe es el agrandamiento del ojo de la cerradura; La luna es el ojo de buey del barco de la noche; Las gaviotas nacieron de los pañuelos que dicen ¡adiós! en los puertos; La linterna del acomodador nos deja una mancha de luz en el traje; La timidez es como un traje mal hecho*, etc. Pero también avanzaban ya toda una nueva concepción de la literatura: *Hay que dar una breve periodicidad a la vida, hay que darle instantaneidad, su simple autenticidad, y esa fórmula espiritual, que tranquiliza, que atempera, que cumple una necesidad respiratoria y gozosa del espíritu, es*

---

[149] Al definir la greguería como *el griterío de los cerditos cuando van detrás de su mamá*, Gómez de la Serna se adelantaba varios años a la invención del término 'dadá'< 'papá' (a Tristan Tzara se lo inspiró su propio hijo balbuceando *daddy*), que pretendería remedar la *insignificancia absoluta* del lenguaje infantil, carente de lógica. Como parte de la definición burlesca, aseguró haber creado la greguería *en un día de escepticismo y cansancio*, jugando a burlarse también de la inspiración. A lo largo de toda su vida fue incesante su creación de nuevas greguerías, que siguió enviando a España desde Buenos Aires, donde se instaló al estallar la Guerra Civil, y donde acabaría muriendo.

la greguería...; una concepción que suscribirían después todos los poetas del grupo del 27.

Al publicar en 1917 la primera serie de una extensa lista de 'greguerías', que iría aumentando sin cesar hasta su muerte, Gómez de la Serna demostró a sus coetáneos que una espontánea asociación de ideas, aparentemente trivial a veces, podía ser mucho más profunda y lírica que cualquiera de las imágenes artificiosamente buscadas por los modernistas. Entendidas como *lo que gritan los seres y las cosas desde su inconsciencia*, según fueron explicadas por él en alguna de sus múltiples conferencias, guardaban una relación evidente –y ello es lo que más interesaría a los jóvenes poetas– con las mejores imágenes surrealistas. El escritor madrileño se había anticipado claramente al interés de André Breton (1866-1966) por los descubrimientos freudianos sobre el sueño y el subconsciente que le llevarían a elaborar el método de la 'escritura automática'[150]. Unos años después de que los españoles ya se hubieran acostumbrado a la genialidad de las greguerías, el gran teórico francés del surrealismo buscaba en las frases surgidas en la mente en un estado de duermevela *el valor de oráculo de las palabras*, y las convertiría en el juego del *cadáver exquisito*, una nueva práctica de corte dadaísta que fue paradigma de creación vanguardista y que, por tanto, imitarían después aquí muchos poetas del 27. Sin recurrir al azar o al sueño, Gómez de la Serna había encontrado la mejor vía para que la imaginación funcionara libremente, sin aplicar la inteligencia crítica y sin las trabas del pensamiento. Y es que, sin ser propiamente un poeta, su principal mérito fue el de comprender a la perfección, y antes que cualquiera de sus contemporáneos, el nuevo sentido que tenía la metáfora en el mundo moderno, mucho más oscilante y fragmentario, a su juicio, más relativista en sus valores que en ninguna otra época[151]. Un coetáneo suyo, el vasco **Juan**

---

[150] Recuérdese que los primeros libros de Breton, como *Los campos magnéticos*, datan de 1919. De 1924 es su *Primer manifiesto del Surrealismo* y de 1933 es *El mensaje automático*, donde hace reflexiones más maduradas sobre el método, empeñado en convertir el Surrealismo en un movimiento estructurado. Suele considerarse creado en 1917 a partir del Dadaísmo. De entonces es la profundización en el inconsciente que empezaron a hacer los poetas G. Apolinaire, P. Reverdy y P. Éluard.

[151] *La metáfora es, después de todo, la expresión de la relatividad. El hombre moderno es más oscilante que el de ningún otro siglo, y por eso más metafórico. Debe poner una cosa bajo la luz de otra. Lo ve todo reunido, yuxtapuesto, asociado. Contrapesa la*

Larrea (Bilbao, 1895-1980), muy ligado tempranamente a la cultura francesa, publicó en 1919 el poema titulado **"Cosmopolitano"**, que está considerado el primer poema futurista español. Debido a su largo exilio, la validez de su obra tardó en ser justamente reconocida, y se le siguen dedicando escasas líneas en los manuales como este pese a ser uno de los introductores del surrealismo en España, y uno de los pioneros del movimiento 'ultraísta' (vid. *infra*). Para reivindicar su lectura valgan imágenes tan logradas como ésta sobre la vieja máquina fotográfica: *Un fotógrafo furtivo/ en el morral bien plegados/ se lleva los paisajes malheridos*, toda una clarividente anticipación de la estética que sería dominante en los tres lustros siguientes.

No sólo a las 'greguerías' debió Ramón Gómez de la Serna su fama en Europa y Latinoamérica durante las primeras décadas del siglo y el destacado puesto que merece hoy en nuestra historia literaria. Fue brillante y agudo ensayista –el tono y los temas de sus ensayos se sitúan en los antípodas de los del 98–, y un gran renovador de géneros literarios, pues en todos los que cultivó demostró una infinita capacidad de experimentación y de ejercicio lúdico. Además de contribuir notablemente a la renovación del teatro (vid. *supra*, n. 109), está considerado uno de los un hitos fundamentales del periodismo español por la originalidad de sus artículos, que fueron muy apreciados también en Francia y Argentina. Hizo también inteligentes reflexiones sobre la novela, género que cultivó profusamente y con grandes aciertos[152]; y nos legó un tipo de prosa híbrida, difícil de encasillar, como todo lo suyo, que habría de tener muchos seguidores en la segunda mitad de siglo. Su afán de ruptura con lo convencional y rutinario, que llegaba incluso hasta el elogio de

---

importancia de lo magnífico o de lo pobre con otra cosa más grande o más desastrosa. [...] Reaccionar contra lo fragmentario es absurdo, porque la constitución del mundo es fragmentaria, su fondo es atómico, su verdad es disolvencia ("Teoría de la greguería").

[152] Fue muy variada su producción novelística: *El doctor inverosímil* (1914), *La viuda blanca y negra* (1917), *El incongruente* (1922), *Cinelandia* (1923), *La quinta de Palmira y El novelista*, también de 1923, *El caballero del hongo gris* (1928), *Policéfalo y señora* (1932), etc. Entre sus libros de breves capítulos de impresiones, destacan *El Rastro* (1914) y *Senos* (1917). Significativo el título que dio a su extensa y original autobiografía: *Automoribundia* (1948), reveladora de su obsesión por la muerte y justificadora del humor negro que llena tantas de sus páginas.

las virtudes del caos, acerca su compleja personalidad a la de Valle-Inclán, con quien compartió una filosofía bastante desolada de la vida, por lo demás. Dentro de la reivindicación de 'madrileñismo' que Gómez de la Serna mostró en muchos de sus escritos debe incluirse su fundación del famoso Café Pombo en 1914. Un animado café frecuentado por una larga serie de intelectuales y artistas, entre los que se contaba un grupo de jóvenes poetas ávidos de tertulias literarias a su llegada a la capital hacia 1919, y que mostraban un mismo y unánime rechazo de la bohemia, del decadentismo y de toda intransigencia hacia lo nuevo.

Desde el 13 de septiembre de 1923 el país vivía bajo la dictadura del general Primo de Rivera, mientras un clima general de euforia por los nuevos descubrimientos europeos ponía en evidencia los efectos del relevo generacional. Por entonces empezaron a dejarse oír las voces de una nueva promoción de escritores que compartían unas mismas aficiones, notoriamente distintas de las de la generación precedente: jazz, automovilismo y aviación junto a otros deportes y, sobre todo, los logros del incipiente cinematógrafo que tanto habría de marcar su imaginario. Autores todos ellos de muy variadas voces poéticas –de hecho se adscribían a distintas tendencias–, pero unidas ante todo por una enorme sensibilidad para la expresión lírica, lo que contribuyó a elevar la poesía de este periodo, como conjunto, a la categoría que tuvo la mejor de nuestro Siglo de Oro. Diversas fueron también sus procedencias geográficas, aunque Madrid y Andalucía destacan como los principales centros originarios. En la nómina oficial del **grupo del 27** figuran tres madrileños: Pedro Salinas (el mayor de todos ellos), Dámaso Alonso y Juan José Domenchina; un vallisoletano: Jorge Guillén, y un santanderino: Gerardo Diego. Pero andaluces fueron nada menos que seis de ellos: granadino, Federico García Lorca; gaditano, Rafael Alberti; sevillanos, Vicente Aleixandre y Luis Cernuda, y malagueños, Emilio Prados y Manuel Altolaguirre, el más joven de este grupo que ha recibido distintos nombres según las fechas que se consideran fundacionales[153].

---

[153] La densidad y calidad de la producción de todos estos poetas hace que sea imposible una revisión ordenada y equitativa de cada una de sus obras poéticas, por lo que optamos por una selección basada sobre todo en su influencia posterior como modelos, de acuerdo con el plan de síntesis explicativa, y no meramente descriptiva, con el que se ha concebido este manual.

La denominación 'Generación' o 'Grupo poético del 27' tiene detrás no ya un acontecimiento político, como en el 98, sino estrictamente literario. Si 1927 fue fecha de su 'bautizo' como generación literaria, es porque ese fue el año en que decidieron concentrarse para hacerle un simulado funeral a modo de homenaje a Luis de Góngora en el tercer centenario de su muerte, el poeta barroco por el que todos sentían una rendida admiración por varias y justificadas razones. Aquel homenaje ha sido, sin embargo, magnificado por los críticos, pues tuvo mucho más de rito que de hito histórico, en realidad[154]. Poco era lo que habían publicado casi todos ellos en esa fecha: de 1925 es el *Marinero en tierra* de Alberti, *Versos humanos* de Gerardo Diego y *Tiempo* de Emilio Prados; de 1926, *Las islas invitadas y otros poemas* de Altolaguirre; y de 1927 mismo, *Perfil del aire* de Luis Cernuda. Una producción suficientemente diversa como para que alguno negara ya entonces la idea de que constituyeron un grupo literario compacto, pese a que en 1931 se diera ya la primera muestra de un criterio colectivo: la **Antología de la poesía española (1915-1931)** que prepararon en equipo y se encargó de publicar Gerardo Diego al año siguiente. Más allá de las polémicas denominaciones, lo que parece innegable es que se dio una serie de afinidades y circunstancias comunes que nos permiten explicar hoy de forma unitaria sus marcas de identidad.

La primera gran diferencia con generaciones anteriores es que estos poetas fueron, casi sin excepción, universitarios privilegiados a los que desde muy jóvenes se les permitió elegir. Casi todos procedían de familias acomodadas que les facilitaron la posibilidad de cambiar o claudicar de unos estudios, y de instalarse indefinidamente en una especie de paraíso en el que concentrarse en su verdadera vocación artística. Eso es lo que significó para buena parte de ellos la Residencia de Estudiantes de Madrid, que desde la década de los veinte se convirtió en lugar de acogida para los mejores representantes de la vanguar-

---

[154] Se trató de un acto bastante extravagante que consistió en simular en la iglesia de Santa Bárbara de Madrid la celebración solemne y burlona a un mismo tiempo –algunos lucían claveles rojos enormes en sus solapas– del funeral por el poeta cordobés, muerto en 1627. Hicieron una parodia de un auto de fe para quemar a sus tres enemigos: el erudito topo, el catedrático marmota y el académico crustáceo, después una quema de libros como aquélla que padeció don Quijote.

dia española e incluso europea. Algunos de ellos, como el poeta, ensayista y pintor José Moreno Villa (Málaga, 1887-1955) vivieron allí hasta el inicio de la Guerra civil. En sus salas y jardines se consolidarían los fuertes lazos de amistad que unieron al grupo, propiciando además colaboraciones importantes, como las que surgieron entre Federico García Lorca, Salvador Dalí y Luis Buñuel, un triángulo que llegaría a ser emblemático de las interrelaciones artísticas que se dieron en el grupo. El cortometraje *Un perro andaluz* (1928) es buen ejemplo de esto, pues para todos ellos la 'materia prima' de la poesía no era necesariamente el lenguaje verbal (A. Monegal*), idea que se convirtió pronto en el centro de su estética[155]. Varios de esos poetas sintieron además una fuerte vocación pictórica, como prueba Alberti, que se dedicó antes a los cuadros que a los versos —de lo que dejaría constancia en su poemario *A la pintura* (*infra*, c. n. 241)—, y el mismo Lorca exponiendo sus dibujos en Barcelona en 1927; o como demuestra también Manuel Altolaguirre al combinar hasta el fin de sus días el quehacer poético con el de cineasta e impresor. La música fue sin duda la otra gran afición compartida, animada por una misma concepción romántica del arte musical (vid. 3ª, n. 135), aunque no todos llegaran a la exquisitez melómana de Luis Cernuda.

En largas sesiones animadas muchas veces por canciones al piano, tocadas por el propio Lorca o por el compositor Manuel de Falla, que estuvo un tiempo entre los residentes, y que duraban hasta la madrugada, todos gustaron de recrearse en su elitismo particular e inventaron juegos verbales para competir entre ellos en ingenio[156]. Muchos de aquellos poetas conocieron además en la Residencia a Juan Ramón Jiménez, quien vivió allí un tiempo antes de marcharse a Nueva York, y que quiso acogerlos como un padre espiritual alentando sus empeños. *Por aquellos años madrileños* —escribiría Alberti en 1945— *Juan Ramón Jiménez era para nosotros, más aún que Machado, el hombre que había elevado a religión la poesía, viviendo exclusivamente por y para ella, alucinándonos con*

---

[155] En una de las cartas de Dalí a Lorca le dice: *¿No crees tú que los únicos poetas, los únicos que realmente realizamos poesía nueva, somos los pintores? ¡Sí!*

[156] Como los que llamaron 'anaglifos', juegos de palabras con condiciones semánticas y fonéticas previamente establecidas para impresionar por lo inesperado, que tenían mucha relación con ciertos experimentos de Apollinaire, pero también con las greguerías ramonianas (*supra*, n. 149).

su ejemplo. Debe recordarse que Juan Ramón había sido uno de los primeros en defender la liberación de la palabra de toda función comunicativa, y en asimilar, por tanto, el creacionismo de Huidobro (*supra*, n. 38), por lo que se permitió erigirse a sí mismo como padre de la vanguardia española: ... *Pronto surjió el ultraísmo, otra reacción como la mía* —escribiría orgulloso— *contra lo más manoseado del modernismo*. Sin embargo, y aunque favoreciera sus primeras publicaciones, fueron relaciones muy desiguales y veleidosas las que mantuvo con los integrantes de esta generación, y la respuesta fue, lógicamente, también desigual[157]. La mayoría lo tomó por maestro en su primera etapa, pero algunos, como Luis Cernuda, se atrevieron por primera vez a criticar la superficialidad de su poesía, e incluso a tachar de *impresionismo intelectual* su pose; una desmitificación necesaria que harían después otros grandes autores de la segunda mitad del XX como Jaime Gil de Biedma.

El culto a la imagen en la nueva poética

A su llegada a Madrid en la década de los veinte, estos jóvenes poetas eran aún 'huérfanos' de teorías y de poéticas, por lo que encontraron en la figura del filósofo José Ortega y Gasset el respaldo necesario para aunar posturas en torno a un nuevo credo ideológico y estético. Al principio, eran vagos los rasgos que les definían esencialmente como grupo: el entusiasmo, un sentimiento de exaltación y complacencia colectivas, y una cierta irreflexión que les separaba radicalmente de la generación anterior, como bien vio el fino observador que fue Dámaso Alonso. La claridad del discurso de Ortega contribuyó a convertirlo muy pronto en líder de tertulias y en la autoridad intelectual más respetada, a la que repetidamente se le pediría después consejo y apoyo

---

[157] Juan Ramón sintió aversión incluso hacia alguno de ellos, como Lorca, al que nunca valoró suficientemente, o Pedro Salinas, a quien denostó sin paliativos. Es famosa una carta dirigida a Alberti en la que acusa a Salinas de intrigante: *Lo que me ocurrió a mí con usted, ustedes, los poetas más jóvenes que yo, sigue siendo confuso y no por mi culpa...*

durante el periodo de la Segunda República (1931-1939)[158]. Su interés por la nueva literatura le llevó a fundar en ese año crucial de 1923 la **Revista de Occidente**, una revista distinta, de información y edición al mismo tiempo, que, por estar a la altura de las mejores revistas europeas –*The Criterion* o *La Nouvelle Revue Française*–, sería todo un símbolo del gran cambio que se estaba operando en España. A través de ella los jóvenes intelectuales conectaron con el pensamiento internacional de entreguerra y, al mismo tiempo, casi todos los poetas noveles pudieron publicar sus primeros libros. Dentro de la colección "Nova novorum" aparecerían los primeros versos de Cernuda y libros fundamentales como *Ámbito* de Vicente Aleixandre, *Cántico* de Jorge Guillén, *Cal y canto* de Alberti, y el *Romancero gitano* de Lorca en 1928. En un afán de equipararse a Ortega, Juan Ramón, que había sido también uno de los primeros colaboradores, decidió fundar en ese mismo año de 1923 la revista *Índice*, con el mismo objetivo de servir de trampolín para los nuevos creadores.

Fundamental para la unión del grupo resultó esta posibilidad de publicar sus primeros versos en unas mismas revistas de distintos ámbitos regionales: Andalucía tuvo una especial actividad editorial en este sentido, lo que constituyó todo un fenómeno de descentralización inusitado en España hasta entonces. El sevillano R. Cansinos Assens creó en 1918 el Ultraísmo, un movimiento que, a imitación del Futurismo y dando la espalda al decadente Modernismo, tenía como lema alcanzar con urgencia el 'ultra' en literatura, es decir, la meta de lo nuevo tal y como la perseguía la ciencia; y tal movimiento fue precisamente mucho más activo en la creación de publicaciones periódicas que en obras particulares. Las pioneras revistas ultraístas fueron *Grecia* (1918), *Ultra* (1921) y *Horizonte* (1923), pero bajo su modelo surgieron otras muchas en ciudades de provincia, entre las que destaca *Litoral*,

---

[158] Se denomina Segunda República por considerar que la Primera República española fue la que tuvo lugar tras la abdicación de Amadeo de Saboya en 1873. Se proclamó el 14 de abril de 1931, tras la marcha de Alfonso XIII al exilio, y tuvo un primer periodo de reformas progresistas al que siguieron continuos conflictos de todo tipo que hicieron dimitir a su jefe de gobierno, Manuel Azaña, en 1933. A ello siguió un bienio conservador que agudizó la división y desgaste de partidos, factores determinantes del surgimiento de la Guerra Civil.

creada en Málaga en 1926 por Altolaguirre y Prados, quienes fundarían después otras tres en la misma ciudad[159]. Sólo entre 1931 y 1936 se crearían más de cincuenta revistas literarias, muchas de ellas de gran altura, como *Cruz y Raya* ("Revista de afirmación y negación"), dirigida desde 1933 por José Bergamín, uno de los intelectuales más valiosos de esta generación[160]. La más famosa de ellas fue **Caballo verde para la poesía**, editada por Altolaguirre y dirigida por Pablo Neruda (1904-1973) –en ese momento el poeta chileno gozaba ya de la admiración de todos–, que empezó a publicarse en Madrid en 1935 con la intención de dar a conocer a escritores hispanoamericanos y europeos, pero como otras loables iniciativas, quedó interrumpida al estallar la Guerra Civil[161]. No sólo fue el verso, sino también la narrativa corta la que acogieron estas revistas de vanguardia, como bien quería significar el título de una de las más famosas: *Verso y prosa*, creada en Murcia en 1927. Ellas fueron las que acogieron, por ejemplo, la literatura más breve de Ramón Gómez de la Serna, lo cual permite constatar la devoción que esta generación tenía por sus escritos y por su capacidad renovadora, en un momento en que empezó a hablarse incluso de un fenómeno imitador bautizado como "ramonismo" (F. J. Díez de Revenga). Son esas revistas las que nos permiten ver en conjunto los mecanismos innovadores que se dieron en los relatos juveniles de quie-

---

[159] De 1927 es la fundación también de la revista *Papel de aleluyas* en Huelva. Pero fue muy larga la lista: *Alfar* en La Coruña, *Meseta* en Valladolid, *Murta* en Valencia, *Nordeste* en Zaragoza, *Isla* en Cádiz, *Carmen*, fundada por Gerardo Diego, etc.

[160] José Bergamín (Madrid, 1895-1983), muy integrado desde su juventud en la vida literaria madrileña (trabajó pronto junto a su padre, un famoso político y abogado), fue sobre todo un reconocido escritor de aforismos: *El cohete y la estrella* (1923), *La cabeza a pájaros* (1933), etc., y un respetado ensayista: *La decadencia del analfabetismo* (1931), *Disparadero español* (1936-1940), etc. Aunque tras el estallido de la Guerra Civil suspende la edición de la revista, Bergamín participó en varias empresas culturales en defensa de la República, y su radical oposición al régimen franquista, desde un catolicismo progresista atípico en la época, le llevó intermitentemente al exilio, donde escribió lo mejor de su obra, que abarcó diversos géneros literarios (vid. *infra*, nota 236).

[161] El primer viaje a España de Neruda (pseudónimo de Ricardo Eliécer Neftalí Reyes Basoalto) había sido en 1927, momento en que los jóvenes poetas españoles le hicieron el vacío, con un ataque directo de Juan Ramón incluso, y sólo en un segundo viaje en estos años logró ser muy bien acogido por casi todo el grupo, sobre el que su obra ejercería una notable influencia.

nes hasta el momento sólo se reconocían en su faceta de poetas, como Pedro Salinas, Jorge Guillén, Dámaso Alonso, o Rafael Alberti, y de un prosista tan reputado como Francisco Ayala, el más longevo de esa generación (*infra*, c. n. 258).

A falta de un programa o manifiesto teórico común, aquella nueva promoción de escritores encontraría su canon estético en un magnífico ensayo publicado por Ortega y Gasset en 1925: **La deshumanización del arte**. En su origen estaban las reflexiones que un año antes hizo el filósofo madrileño para reseñar la Exposición de Artistas Ibéricos que estaba a punto de celebrarse, tomando en cuenta algunos reveladores escritos de sus contemporáneos más 'ultraístas': la novela *El movimiento V.P.* (1922) de R. Cansinos Assens –una caricatura ácida de su propia generación–, el poemario *Hélices* (1923) de Guillermo de Torre, quien publicó también en 1925 el primer estudio sobre las *Literaturas europeas de vanguardia,* y por supuesto la obra de Gómez de la Serna, al que más respetaba. Bajo un primer epígrafe titulado "La impopularidad del arte nuevo", y en una magnífica síntesis de teorías para la que estaba especialmente dotado, Ortega defendía el distanciamiento que el artista debía poner entre la vida, la realidad y su obra, que no debía aspirar ya a imitar la naturaleza, ni en su apariencia ni en la emoción que podía producir: ... *esa ocupación con lo humano de la obra es, en principio, incompatible con la estricta fruición estética.* Y para explicar la nueva mirada que exigía esa nueva estética puso el inteligente uso del símil de la ventana, que parece inspirado en algunos de los geniales cuadros de Magritte con ventanas de vidrios rotos: ... *la mayoría de la gente es incapaz de acomodar su atención al vidrio y transparencia que es la obra de arte; en vez de esto, pasa a través de ella sin fijarse y va a revolcarse apasionadamente en la realidad humana que en la obra está aludida.* La elocuencia orteguiana se aplicaba después a destacar el 'saneamiento' que había producido la nueva sensibilidad artística: frente a la gravedad, el humor, el arte como juego en la nueva Europa; frente al pesimismo, la nostalgia y el *sentimiento trágico*, un arte que es *una burla de sí mismo* y que tiene a *la ironía como máxima categoría estética*; frente a la obsesión por la inmortalidad y la perdurabilidad de la obra, en fin, la intrascendencia de un arte que quiere *crear puerilidad en un mundo viejo*. Desde tales supuestos, comunes a todas las vanguardias, *La deshumanización del arte* proclamaba la autosuficiencia de la obra artística, su carencia de toda finalidad ética o extraestética, en general. Un arte que en vez de reproducir la realidad, tenía como misión suscitar *un irreal horizonte*, dando la espalda, sobre todo, a la afectividad romántica[162]. Lo más interesante en relación a la poesía es que allí la definía Ortega como *el álgebra superior de las metáforas*, algo fundamental para todos los nuevos creadores:

> *Antes se vertía la metáfora sobre una realidad, a manera de adorno, encaje o capa pluvial. Ahora, al revés, se procura eliminar el sostén extrapoético o real y se trata de realizar la metáfora, hacer de ella la res poética. Cada metáfora es el descubrimiento de una ley del universo. Y aun después de creada una metáfora, seguimos ignorando su por qué. [...] De pintar las cosas se ha pasado a pintar las ideas.[...] El yo de cada poeta es un nuevo diccionario, un nuevo idioma a través del cual llegan a nosotros objetos, como el ciprés-llama, de quien no teníamos noticia.*

En efecto, el afán de originalidad que caracterizó al grupo poético del 27 se tradujo esencialmente en una disposición permanente al juego de inventar nuevas imágenes líricas. Significativo al respecto es que *Imagen* se denomine uno de los tempranos poemarios de Gerardo Diego. La metáfora fue para ellos no sólo una operación intelectual, sino un proceso mágico por su poder creativo, que permitía hacer algo realmente audaz y revelador, tal y como habían preconizado el Ultraísmo y el Futurismo de Marinetti. Con el magisterio de Gómez de la Serna al frente, los poetas ultraístas españoles habían cultivado bastante antes ya de 1927 un estilo metafórico en el que predominaban las imágenes inauditas: *Radiador, ruiseñor del invierno* (J. Guillén), *Su sexo tiembla enredado/ como pájaro en las zarzas* (Lorca), etc. Sobre todo con la finalidad primordial de renovar viejos temas o tópicos, como hace con la luna, motivo

---

[162] *Desde Beethoven a Wagner el tema de la música fue la expresión de sentimientos personales....En la música decía aún Nietzsche las pasiones gozan de sí mismas. [...] De Beethoven a Wagner toda la música es melodrama. Pero esto es una deslealtad, diría un artista actual. Eso es prevalecerse de una notable debilidad que hay en el hombre, por la cual suele contagiarse del dolor o alegría del prójimo. Este contagio no es de orden espiritual, es una repercusión mecánica, como la dentera que produce el roce de un cuchillo sobre un cristal. Se trata de un efecto automático, nada más. [...] El arte no puede consistir en el contagio psíquico, porque éste es un fenómeno inconsciente y el arte ha de ser todo plena claridad, mediodía de intelección. El llanto y la risa son esencialmente fraudes. El gesto de la belleza no pasa nunca de la melancolía o la sonrisa.*

romántico por excelencia, el genial **Francisco Vighi** (Madrid, 1890-1962): *La luna menguante tiene/ un buen doble-auricular,/ antena en la Osa Mayor,/ bobina y cursor en la/ Vía Láctea. Sin embargo,/ nunca ha podido captar/ las ondas...* Años después, García Lorca, uno de los poetas que más renovarían precisamente la imagen lunar, seguiría diciendo: *La eternidad de un poema depende de la calidad y trabazón de sus imágenes,* sin que por 'trabazón' entendiese unión gramatical ni lógica. De hecho, lo realmente nuevo será que en la sintaxis del poema podían llegar a desaparecer los nexos entre las imágenes, que se superponían así produciendo un aspecto fragmentario cuyo sentido había explicado ya inteligentemente Gómez de la Serna (vid. *supra*, c. n. 149), maestro, más o menos reconocido, de todos. De ahí la gran valoración que se hizo en el momento de la escritura onírica, del 'automatismo psíquico puro' para tratar de expresar todo lo que fluía en la imaginación del artista sin el control ejercido por su razón; lo que justifica fácilmente por qué el surrealismo se convirtió en su principal influencia.

La utilización de la imagen no se dirige a hacer sentir la realidad de un objeto, puesto que, según quería Reverdy, se trata de aproximar dos realidades que estaban alejadas entre sí. Era necesario, pues, "una contemplación ingenua y maravillada de la realidad, que exige la transferencia en imágenes antirrealistas de las cosas vistas", como apunta algún crítico, así como la "exaltación del artista ante las cosas y los objetos más sencillos". La influencia del Cubismo fue definitiva en este modo de creación, como prueban poemas de Alberti (*infra*, n. 168), o *Manual de espumas* de Gerardo Diego (*infra*, n. 184), buenos ejemplos de la existencia del 'poema cubista': aquel que presenta una yuxtaposición de imágenes aparentemente desligadas entre sí, cual células independientes, después de que la mente del poeta actúe como una especie de imán, atrayendo a un solo plano y simultaneamente todos los elementos que imagina mezclados con los que en realidad ve. Al igual que los pintores, los poetas aspirarían al mero acercamiento intuitivo del lector hacia sus textos, desafiando y aun rechazando todo tipo de exégesis profesorales. Pero en algunos casos esa capacidad infinita para la invención de imágenes les llevó también a un afán de provocación que rayaba en la extravagancia, o cuando menos en la frivolidad o el exceso de retorcimiento, tal y como ocurrió en su día entre los poetas barrocos. Y contra ello se sublevó Machado, quien se mantuvo bastante alejado de las propuestas del nuevo grupo precisamente por hacer una utilización a su juicio *fría* de la metáfora, tendencia que ejemplificaban bien, en su opinión, el francés Paul Valéry y el Jorge Guillén de entonces, que se convertiría en el máximo representante de la 'poesía pura'[163].

De entre los modelos que ofrecía la poesía culta hispánica, estaba clara la elección: el Luis de Góngora de las *Soledades* (1613) reunía a la vez la condición de inventor de un mundo metafórico esotérico, vanguardista para su tiempo, y la condición de 'escritor maldito' al que muchos habían repudiado durante siglos sin haber sabido entenderlo. Así, al reivindicarlo en este momento, volvieron a convertirlo en un icono venerable, como ya lo había sido en su época, mientras Lope y Quevedo arremetían contra su prurito culterano (vid. 2ª, n. 270). Fue el poeta francés Stéphane Mallarmé quien inició el culto a su figura, seguido luego por Rubén Darío, que lo introdujo en España antes de que casi todos los poetas del 27 hicieran también su propia lectura y asimilación de su obra. La mitificación gongorina tuvo en este momento diversos valedores, como Gerardo Diego, que ya en 1924 había publicado, por su parte, en *Revista de Occidente* un "Escorzo de Góngora" en el que explicaba por qué su oscuridad interesó tanto a los simbolistas franceses. Y como García Lorca, quien en una conferencia de 1927 titulada "La imagen poética de Góngora", sería uno de los primeros en dar con una de las claves principales de su valoración: su enorme capacidad de renovación del idioma, *sin sentido de la realidad, pero dueño absoluto de su realidad poética*. Lo que más admiraban de él, sin duda, era el haber inventado una lengua separada de la lengua común, *un lenguaje construido como un objeto enigmático*, un laberinto para recrear los cinco sentidos, como afirmaría Jorge Guillén, para el que Góngora era *la culminación más genial y más extremada de esa tendencia entre todos los poetas modernos de Occidente*. Pero fue Dámaso Alonso (Madrid, 1898-1990) —el poeta de más alta preparación filológica de todos ellos— quien proporcionaría el estudio más academicista y clarificador, a partir de una erudita edición crítica de las *Soledades* que publicó precisamente en

---

[163] Escribía Machado en 1931: *Me siento algo en desacuerdo con los poetas del día. Ellos propenden a una destemporalización de la lírica, no solo por el desuso de los artificios del ritmo, sino sobre todo por el empleo de las imágenes en función más conceptual que emotiva.* Guillén, que fue uno de los poetas más identificados con Juan Ramón, reconocería sin embargo que Antonio Machado era *el primer poeta español de este siglo.*

1927, y en la que revelaría al fin las pautas para desentrañar las imágenes gongorinas, subrayando el rigor con el que el poeta culterano las había elaborado[164].

Aun con tales indicios, la influencia real de Góngora fue mucho menos importante de lo que cabía presagiar, y se registró sólo en unos cuantos textos muy concretos, sobre todo sonetos, y los poemas del primer Alberti en *Cal y Canto* (*infra*, n. 168). Pese a ser tachados de herméticos por muchos, y criticados a veces por su tendencia a escribir para minorías partícipes de sus mismas claves culturales y lúdicas, nunca llegarían estos poetas al grado de 'oscuridad' del Góngora que admiraban. No sólo porque nunca les interesó una poesía dominada por el 'culturalismo', como sí se haría en cambio varias décadas después (vid. *infra*, c. n. 383), sino porque tal vez nunca llegaron a aceptar plenamente el término 'poesía deshumanizada'. Junto a los autores de poemarios crípticos, otros muchos militaron en el bando contrario, haciendo una poesía llena también de brillantes imágenes pero claramente inteligibles, como ésta de Altolaguirre: *Las barcas de dos en dos/ como sandalias del viento/ puestas a secar al sol...* (vid. *infra*, n. 173). Lo que sí parece indiscutible es que todos aquellos poetas manifestaron unánimemente el deseo de contribuir a recuperar la altura que tuvo la lírica española desde el Renacimiento hasta la primera mitad del siglo XVII. Su conciencia de que las vías para conseguirlo eran múltiples se muestra en el hecho de que junto al verso libre –habitualmente tenido por signo de modernidad–, muchos de ellos continuaran con la experimentación con la estrofa que habían iniciado los modernistas. Y es que no sólo fue Góngora, sino también Garcilaso el otro gran modelo imitado y comentado, puesto que en él encontraron las pautas para crear desde patrones y géneros clásicos, renovándolos con nuevos temas y tratándolos con libertades inusitadas. Los elogios del poeta toledano y los ecos de su obra son muy abundantes entre el grupo: *Si Garcilaso volviera* –escribía Alberti en su veintena–, *yo sería su escudero,/ que buen caballero era* (*Marinero en tierra*); y a él le dedicaría después una "Elegía a Garcilaso"

---

[164] *¡Qué chasco se habría llevado Paul Verlaine y los simbolistas franceses y nuestros modernistas, si hubieran podido conocer las leyes de la lógica y trabadísima sustentación del sistema gongorino! Nada de desenfreno, nada de nebulosidad, nada de impresionismo: implacable rigor, exquisito orden.* (Comentario recogido en su clásico estudio *Poesía española*, 1950).

que es uno de los mejores poemas surrealistas de aquella época. Altolaguirre escribiría su biografía, y Dámaso Alonso un ensayo crítico tan iluminador como el que dedicó a Góngora. Luis Cernuda, por su parte, se referiría a Garcilaso como *el poeta español que más querido me es*, y le haría su particular homenaje en su libro *Égloga, elegía, oda* ya en 1927, adelantándose a los que se le harían por el cuarto centenario de su muerte, en 1936. A partir de esta fecha se percibe un ascenso notable del garcilasismo y del auge del soneto, coincidiendo con un neorromanticismo en la poesía española, que sería además impulsado por la Guerra Civil (vid. *infra*, cap. 5).

Neopopularismo y surrealismo: la poesía de Alberti y García Lorca[165]

Una de las notas más características de las vanguardias en España por esos años es que la modernidad se construyó, en gran medida, sobre la tradición. Renovarla tanto en sus temas como en sus fórmulas métricas fue el objetivo común de varios de aquellos poetas, sobre todo en su primera época. El interés por la poesía de corte tradicional, tal como se dio ya entre los coetáneos de Góngora, tenía en este momento un fuerte respaldo académico en los filólogos de la escuela positivista de raíz romántica. A la cabeza de ellos, Ramón Menéndez Pidal (La Coruña, 1869-1968), quien desde el Centro de Estudios Históricos había bautizado precisamente como 'neotradicionalismo' la corriente de estudios que llevaba a cabo sobre los cantares de gesta y la épica francesa.

---

[165] Si estos dos nombres suelen aparecer asociados bajo este epígrafe, es fundamentalmente por ser las suyas dos trayectorias similares en cuanto a su vinculación por igual a esas dos tendencias, que marcarían también, por separado, a otros poetas de su generación. De hecho, Luis Cernuda está reconocido por muchos como el mejor representante del Surrealismo español. Lorca y Alberti siguen siendo hoy todavía los dos poetas más 'populares' debido a la difusión cantada que han tenido por parte de numerosos músicos en todo el mundo.

Mientras rescataba versos 'enterrados' en viejas crónicas y editaba antiguos cancioneros, en 1919 inauguró el curso en el Ateneo de Madrid con una conferencia sobre "La primitiva lírica española" que habría de influir mucho en sus jóvenes oyentes. Nada de extraño tendría así, poco después, que Antonio Machado contribuyera a concederle el Premio Nacional de Literatura en 1924 al poemario de un joven desconocido que lograba recrear magníficamente los tonos y ritmos de la antigua lírica popular. Se titulaba *Marinero en tierra*, y su autor, **Rafael Alberti** (Cádiz, 1902-1999), contaba sólo veintidós años por entonces[166]. La simplicidad del libro no era lejana del propio tono machadiano: *Si mi voz muriera en tierra,/ llevadla al nivel del mar/ y dejadla en la ribera....* El joven poeta gaditano reconoció ya en ese momento su deuda con la tradición de los cancioneros musicales de los siglos XV y XVI, destacando la influencia concreta que sobre él había tenido la *canción sencilla y temblorosa* del poeta hispano-portugués Gil Vicente, al que había leído gracias a Dámaso Alonso. La bahía de Cádiz, que sería fuente permanente de inspiración de Alberti, le sirvió entonces para rescatar imágenes repartidas por las viejas coplas y villancicos populares, siempre desde un sentimiento de añoranza por el mundo de la niñez: *El mar. La mar./ El mar. ¡Solo la mar!/ ¿Por qué me trajiste, padre,/ a la ciudad?/ ¿Por qué me desenterraste/ del mar?/ En sueños, la marejada/ me tira del corazón./ Se lo quisiera llevar./ Padre, ¿por qué me trajiste/ acá?*

El tema del paraíso perdido sería tan esencial en su poesía como lo fue en la de Machado y lo sería también en la de Cernuda, aunque lo distintivo en él es un marcado tono de nostalgia que él mismo justificaría

---

[166] Nació en el Puerto de Santa María, en el seno de una familia de bodegueros en decadencia, donde estudió en un colegio de los jesuitas, abandonando pronto el bachillerato para dedicarse por completo a la pintura, una vocación que impregnaría visiblemente toda su obra. Poco después de su traslado a Madrid en 1917 empieza su larga trayectoria como poeta, que produjo una extensa obra de muy desigual calidad, y que acusará varias crisis ideológicas importantes: la primera, religiosa, en 1927, y unos años después, política, cuando, tras un viaje a Rusia en 1934, se convierte en un firme defensor del comunismo. Esta militancia le hizo participar muy activamente en la Guerra Civil junto a su mujer y madre de su única hija: la valiosa escritora María Teresa León, que le acompañaría incondicionalmente en su largo exilio (vid. *infra*, n. 240). Tras casi cuarenta años entre París, Argentina y Roma, países en los que escribió lo mejor de su obra de madurez, volvió definitivamente a Madrid en 1977, donde se instaló hasta su muerte: *infra*, n. 241.

en un magnífico libro de memorias: **La arboleda perdida** (1942), indispensable para interpretar su obra[167]. Como para tantos otros poetas, para Alberti el mar simboliza siempre el reino de la libertad, pero también un pasado luminoso –el dominio de la claridad es patente en *Marinero en tierra*– que sólo pervive en la memoria, por lo que llegaría a concederle un valor mítico en *Ora marítima* (1953) y en el resto de su poesía del exilio. Los versos cortos asonantados, en estrofas simples o en disposición paralelística, fueron también la forma elegida para otros dos poemarios de esa época: *La amante* (1926) y *El alba del alhelí* (1927). Pero en ese tiempo Alberti había comenzado ya a empaparse de la poesía hermética de gusto gongorino que cautivó a todos los de su generación, y a ella contribuiría con su poemario **Cal y canto** (1929), que incluía incluso una "Soledad tercera" en la que recreaba sorprendentemente el lenguaje del poeta barroco. Lo más interesante es que en este poemario el poeta gaditano demostró su capacidad para renovar también formas cultas como el soneto (alguno es ciertamente gongorino), o como el madrigal, dedicándole uno casi cubista a un insignificante billete de tranvía para hacer un planteamiento inusitado de la temática amorosa que solía caracterizarlo:

> *Adonde el viento, impávido, subleva*
> *torres de luz contra la sangre mía,*
> *tú, billete, flor nueva,*
> *cortada en los balcones del tranvía.*
> *Huyes, directa, rectamente liso,*
> *en tu pétalo un nombre y un encuentro*
> *latentes, a ese centro*
> *cerrado y por cortar del compromiso.*
> *Y no arde en ti la rosa ni en ti priva*

---

[167] Escribe allí precisamente para justificar la compatibilidad entre tradición y vanguardia: *¿Era yo un desertor de la poesía hasta entonces llamada de vanguardia por volver al cultivo de ciertas formas conocidas? No. La nueva y verdadera vanguardia íbamos a ser nosotros, los poetas que estábamos a punto de aparecer, todos aún inéditos –salvo Dámaso Alonso, Lorca y Gerardo Diego– pero ya dados a conocer en* Índice, *la revista que Juan Ramón Jiménez, junto a la editorial del mismo nombre, había empezado a publicar. Aquella otra vanguardia primera, la ultraísta, estaba en retirada.*

>   *el finado clavel, sí la violeta*
>   *contemporánea, viva,*
>   *del libro que viaja en la chaqueta*[168].

Espléndido en su enigmático lirismo, un poema como éste permite explicar el giro en los intereses de Alberti, producto de una fuerte crisis estética que le impulsó a aferrarse a los dictados de la 'poesía pura': *Con* Cal y canto *la belleza formal se apoderó de mí hasta petrificarme el sentimiento*, escribiría años más tarde. En ese mismo año de 1929, y coincidiendo con la aparición del *Segundo manifiesto surrealista* de A. Breton (*supra*, nota 150), publica **Sobre los ángeles**, toda una rotunda confirmación de que el surrealismo estaba ya bien consolidado entonces en España. Lo original en Alberti es su conciencia de que se trataba de una tendencia que ya estaba en nuestra literatura popular, y que los españoles habían 'bebido' en fuentes propias[169]. Hay que advertir, no obstante, que el surrealismo en nuestro país no tuvo un frente o una ideología común, aunque sí dio origen a una serie de propuestas individuales que en nada tuvieron que envidiar a la poesía francesa ni en número ni en calidad. Varios fueron los grandes poetas que comulgaron con la idea de Breton de que *la lucidez es la gran enemiga de la revelación*, y de que por tanto el poema debía ser *una derrota del intelecto*: la 'surrealidad' era el resultado de fundir *esos dos estados, en apariencia tan contradictorios, que son el sueño y la realidad en una especie de realidad absoluta*. La imagen visionaria surgía, en consecuencia, de dos realidades más

---

168 A diferencia de lo que habían hecho ultraístas como Guillermo de Torre, que escribió algún "Madrigal aéreo" saltándose por completo la forma canónica del madrigal, Alberti se ajusta a ella para darle un contenido enteramente surrealista, aunque no del todo indescifrable: nótese que compara al billete del tranvía, metido entre las páginas de un libro, con un pétalo de flor sobre el que puede anotarse un teléfono o una dirección que lleven a una próxima cita.

169 Lo expresó así cuatro años después: *Los poetas acusados de este delito* [surrealismo] *sabíamos que en España —si entendemos por surrealismo la exaltación de lo ilógico, lo subconsciente, lo monstruoso sexual, el sueño, el absurdo— existía ya desde mucho antes que los franceses trataran de definirlo y expresarlo en sus manifiestos. El surrealismo español se encontraba precisamente en lo popular, en una serie maravillosa de retahílas, coplas, rimas extrañas, en las que, sobre todo yo, ensayé apoyarme para correr la aventura de lo para mí hasta entonces desconocido.* ("La poesía popular en la lírica española contemporánea", 1933).

o menos distanciadas, a diferencia de la hipérbole gongorina, que funcionaba ocultando el plano de la realidad. No está tan claro, sin embargo, que los poetas españoles llegaran a despreocuparse de la coherencia del poema, limitándose a escoger y a reordenar simplemente su material irracional, hasta *fabricar la poesía*, como quería Paul Valéry (*infra*, c. n. 183). No parece tan evidente que se diera en verdad un puro automatismo psíquico fuera de toda norma racional, estética o moral en nuestro modo de practicar el surrealismo. Lo que resulta indiscutible es que *Sobre los ángeles* es uno de los mejores poemarios del momento —y para muchos el mejor de Alberti—, por su imaginería densa e irracional y al mismo tiempo fuertemente simbólica. Los ángeles que lo protagonizan parecen desprovistos del sentido divino que pudieron tener para otros contemporáneos, aunque quepa atribuirles la influencia de ciertas representaciones plásticas, como los ángeles que aparecen en los famosos 'beatos' medievales[170]. Son delicadas figuras ambiguas que le sirven al poeta para comparar el desorden celeste con las potencias enfrentadas que rigen sus propios estados de ánimo, la lucha de sus tensiones íntimas —desde la angustia, la cólera o el desconcierto a la satisfacción erótica—, y es por ello uno de sus libros más introspectivos. Todo lo que tiene de oscuro se explica por la vivencia real de la enfermedad y de la crisis de identidad de Alberti, que se reflejó formalmente en la elección del verso libre, alguno de desmedida longitud, que quedaría así instaurado para siempre en la poesía española. Y es que junto con la exaltación de contenidos inusitados hasta entonces, el surrealismo trajo consigo la total destrucción de la forma, de la ruptura métrica, lo que de alguna manera traducía "la incoherencia de la realidad rota en sí misma" (V. Bodini). El versículo, de ritmo vertiginoso a veces, llega a identificarse casi con la prosa, y la multitud de sus sílabas no sólo rompe con los habituales encantos del oído, sino con toda estructura controlada, como ejemplifica bien este fragmento de "Los ángeles muertos":

---

[170] La relación de los ángeles de Alberti con las visiones que ofrecían los antiguos comentarios que hicieron Beatos de la Iglesia al Apocalipsis —muy apreciados en los siglos X al XII y difundidos en numerosos manuscritos miniados— fue apuntada por primera vez por Pedro Salinas en una conferencia de 1929.

Buscad, buscadlos:
en el insomnio de las cañerías olvidadas,
en los cauces interrumpidos por el silencio de las basuras.
No lejos de los charcos incapaces de guardar una nube,
unos ojos perdidos,
una sortija rota
o una estrella pisoteada.
[...]
En todo esto.
Mas en estas astillas vagabundas que se consumen sin fuego,
en estas ausencias hundidas que sufren los muebles desvencijados,
no a mucha distancia de los nombres y signos que se enfrían en las paredes.

Ese tipo de rebelión métrica es también lo que domina en otros dos libros coetáneos: *Sermones y moradas,* que siguió desarrollando una temática similar hasta 1935, y otro que, con el curioso título de *Yo era un tonto y lo que he visto me ha hecho dos tontos* (1929), reunía una serie de poemas basados en el impacto que le habían causado algunas escenas y gestos de los más grandes actores del cine mudo del momento. Esto lo convierte en el primer poemario español centrado en la influencia cinematográfica, algo que mucho tiempo después sería una constante, por distintas razones, entre los poetas de la llamada 'posmodernidad'.

Mientras Alberti hacía tales propuestas, su compañero de generación, Federico García Lorca (*supra*, nota 129), expresaba de manera muy distinta su asimilación del surrealismo, y aun su plena identificación con él, a través de un poemario de hechura tradicional: **Romancero gitano**. Lo había ido dando a conocer desde 1926 en ateneos y reuniones, hasta que apareció publicado al fin en 1928 en *Revista de Occidente*, pero no dejó de perfeccionarlo hasta el fin de sus días. Nadie hubiera esperado detalles tan vanguardistas como los que ofrecía Lorca dentro de la forma del romance: *Era el vaso donde mejor se amoldaba mi sensibilidad...,* decía ya en 1919, mientras escribía también poemas al más puro estilo de Bécquer, retratándose en su misma pose. En 1920 fue decisivo para el joven poeta granadino que don Ramón Menéndez Pidal, el más respetado de los filólogos entonces (*supra*, c. n. 165), le pidiese acompañarle por El Albaicín para rastrear versiones de antiguos romances, pues a partir de entonces Lorca se entrega a la búsqueda de nuevos motivos históricos y bíblicos (el incesto de Thamar y Amnón, entre otros) para ese género que estaba siendo objeto de serios estudios filológicos. Consciente de que la figura del gitano era totalmente nueva en el romancero hispánico, se ocupó de diferenciar a sus personajes del prototipo del bandolero o el forajido que había llenado tantas historias romancescas en la literatura oral del siglo XIX. Intentaba crear así una nueva épica con una etnia de cultura autóctona secularmente marginada, idealizándola (como el Cervantes de *La gitanilla*) y sublimándola incluso, según él mismo explicó en una conferencia-recital que pronunció en Barcelona en octubre de 1935: ... *lo llamo gitano porque el gitano es lo más elevado, lo más profundo, más aristocrático de mi país, lo más representativo de su modo y el que guarda el ascua, la sangre y el alfabeto de la verdad andaluza y universal*. Traduciendo el metafórico hablar lorquiano, cabría decir que lo que pretendía era dar una dimensión mítica al personaje —lo haría después en sus dramas—, pues eso explica por qué insistió en definir su libro como *antipintoresco, antifolclórico, antiflamenco*, cansado además del cliché de 'gitanería' con el que algunos se habían atrevido a encasillarle. Una sorprendente declaración suya de 1931 nos da, además, una pista fundamental para entender que Federico García Lorca quiso forjar en su *Romancero gitano* el 'mito del perseguido', con una soterrada reivindicación ética y social incluso: *Yo creo que el ser de Granada me inclina a la comprensión simpática de los perseguidos. Del gitano, del negro, del judío..., del morisco, que todos llevamos dentro*. Frente a la sociedad civilizada pero falsa y corrupta —la que asomaría luego en su *Poeta en Nueva York*—, optaba por el mundo libre y auténtico de mujeres tan pasionales como Soledad Montoya —*Cobre amarillo, su carne,/ huele a caballo y a sombra/ yunques ahumados sus pechos/ gimen canciones redondas*—, y de gitanos 'de ley' tan íntegros como Antoñito el Camborio. El 'moro' y el gitano literarios coinciden no sólo en belleza física y color de piel —cetrino es el *moreno de verde luna*— sino en altura moral, y en una digna actitud cuando dialogan que explica por qué el Camborio alcanza categoría de héroe[171]. Era una figura equiparable al Abenámar o el Abindarráez del romancero morisco del siglo XV, que Lorca debía de conocer bien por

---

[171] Decía de él Lorca en la citada conferencia de 1935: ... *uno de sus héroes más netos, Antoñito el Camborio, el único de todo el libro que me llama por mi nombre en el momento de su muerte. Gitano verdadero, incapaz del mal, como muchos que en estos momentos mueren de hambre por no vender su voz milenaria a los señores que no poseen más que dinero, que es tan poca cosa*.

tradición oral, pues tenía a su tierra por escenario (vid. 1ª, n. 99). Como en el caso de Villaespesa y algún otro modernista décadas antes, la atracción lorquiana por el mundo árabe y oriental se mostraría además en otras obras (*infra*, n. 174).

Al escribir el *Romancero gitano,* García Lorca se sentía continuador del Duque de Rivas y Zorrilla (vid. 3ª, n. 157), pero quizá no fue plenamente consciente de su primer gran mérito: conseguir resucitar y renovar por completo la poesía narrativa, que llevaba ya bastante tiempo en franco retroceso frente a la lírica, y que, de hecho, acabaría siendo la gran desterrada de la poesía española y europea del siglo XX. En numerosas ocasiones el poeta se empeñó en precisar que sus romances eran una mezcla de 'arte popular' –en el sentido de accesible para las masas y con capacidad de emocionar–, y al mismo tiempo 'aristocrático', entendido como 'depurado', pues debajo de sus versos octosílabos y rimas asonantes había *una visión y una técnica que contradicen la simple espontaneidad de lo popular*. Téngase en cuenta que este término, que siempre tuvo connotaciones muy variadas, fue especialmente discutido entre 1927 y 1936, lo que explica que algunos poetas jóvenes como Lorca llegaran a rechazar la etiqueta de 'poeta popular'[172]. Preocupado por mostrar su modernidad, recibió con orgullo el elogio de uno de los primeros críticos que, tras un recital al que asistió complacido Jorge Guillén, vieron en su libro "el andamiaje de la más refinada cultura de hoy"[173]. Estaba claro que del romancero viejo aprovechaba Lorca algunos rasgos originarios, como el fragmentarismo (escenas iniciadas abruptamente, historias truncadas, etc.) para crear expectativas dramáticas surgidas muchas veces de la voz –*Voces de muerte sonaron/ cerca del Guadalquivir*–, y el manejo de la narración épica, llena de hábiles elipsis:

---

[172] Hasta Unamuno intentó por esos años definirlo: *Poeta popular es aquel que quiere expresar lo esencial de la condición humana, incluyendo la política, de forma que el común de los mortales haga suya la expresión que el poeta hace de su experiencia;* [mientras que] *artificioso es el que quiere distinguirse de la mayoría, apartarse de las ideas y sentimientos comunes, cultivando una literatura cerebral y desarraigada, no social y sí intelectual*. Es interesante que asociara lo artificioso a lo intelectual, mientras que lo vivencial y social cayeran para él del lado de lo popular.

[173] Fue José María de Cossío quien escribió esto en una interesante reseña publicada en *El norte de Castilla*, en abril de 1926, a propósito de la lectura de romances que Lorca había hecho en el Ateneo de Valladolid, con la buena acogida de Jorge Guillén.

Bañó con sangre enemiga/ su corbata carmesí,/ pero eran cuatro puñales/ y tuvo que sucumbir. También de los romances medievales recupera la idea de la climatología animando mágicamente la Naturaleza, y creando enigmáticos presagios, algo que él supo potenciar con inusitadas sinestesias: *La tarde loca de higueras/ y de rumores calientes; El silencio sin estrellas/ huyendo del sonsonete/ cae donde el mar bate y canta/ su noche llena de peces;/ Mil panderos de cristal/ herían la madrugada; Cuando las estrellas clavan/ rejones al agua gris,* etc. Lo que más parecía interesar a Lorca del antiguo género residía en su romántico ambiente de misterio, y su excepcional intuición le llevó a pensar que nada podía enriquecerlo tanto como las impresiones oníricas del universo surrealista. En efecto, lo que daría a sus romances una categoría tan única como la de los cuadros de su amigo Dalí fue su brillante imaginario. Fiel a su idea de que la eternidad de un poema dependía de *la calidad y trabazón de sus imágenes* (supra, c. n. 162), Lorca supo encadenarlas de forma genial en la mayoría de ellos: *Tienen, por eso no lloran,/ de plomo las calaveras./ Con el alma de charol/ vienen por la carretera./ Jorobados y nocturnos,/ por donde animan y ordenan/ silencios de goma oscura/ y miedos de fina arena.* ("Romance de la Guardia Civil española"). Él mismo reconoció su gusto por juntar imágenes muy heterogéneas –astronómicas, botánicas, zoológicas, minerales, objetos vulgares, etc.–, entendiendo que eran algo originario de su carácter poético. En el romance que abre el libro, por ejemplo, la luna *enseña, lúbrica y pura,/ sus senos de duro estaño*, confirmando que "la luna surrealista ofrece texturas de superficie ásperas y metálicas, muy opuestas a la luna de Baudelaire" (P. Ilie). A lo largo de él pueden encontrarse modos de construcción de imágenes que recuerdan los de Breton (cuerpos decapitados o desmembrados, etc.) –algunas muy 'visionarias', similares a las de su amigo Buñuel–, pero también las de varios poetas ultraístas como F. Vighi (*supra*, c. n. 162) que creyeron en el infinito arte de inventar y superponer metáforas. Las lorquianas tienen como sello permanente la mezcla de lo sensorial y lo concreto, uniendo así muchas veces el término irreal al real en un mismo sintagma: *tambor del llano, pez de sombra, glorietas de caracolas*, etc.; y un sorprendente uso de la hipérbole para renovar viejas imágenes como la de la mancha de sangre: *Trescientas rosas morenas/ lleva tu pechera blanca...* En consecuencia, difícil es encontrar un poemario coetáneo que se iguale a la enorme riqueza metafórica y simbólica del *Romancero gitano*, y en ello reside no sólo su principal mérito, sino la razón de su alcance universal. El mejor ejemplo de ello es el famoso "Romance sonámbulo", uno de los más misteriosos del libro, donde Lorca hace un manejo del color muy similar al que hicieron pintores expresionistas como Kirchner, Matisse o Chagall, quienes desligaron el color de su lógica en la realidad y lo convirtieron en algo esencial del cuadro. El verde, emblema ambiguo que por su intensidad fue uno de los preferidos del fauvismo (la locura, no la esperanza), ya no sugiere solo la propia piel gitana (el *cutis amasado con aceituna y jazmín*), sino que sirve para contar un trágico suceso velado incluso a su autor, tiñendo todo el poema de cromatismo vanguardista desde su magnífico arranque:

> *Verde que te quiero verde*
> *verde viento. Verdes ramas.*
> *El barco sobre la mar*
> *y el caballo en la montaña.*
> *Con la sombra en la cintura*
> *ella sueña en su baranda,*
> *verde carne, pelo verde,*
> *con ojos de fría plata.*
> *Verde que te quiero verde.*
> *Grandes estrellas de escarcha,*
> *vienen con el pez de sombra*
> *que abre el camino del alba.*

A ese enigmático romance de potente fonética que Lorca gustaba de recitar en público –*con mucha magia*, según el testimonio de Alberti–, pueden buscársele además ecos gongorinos: *Verde el cabello, el pecho no escamado* ("Fábula de Polifemo y Galatea"), pero también claros ecos del pasaje sangriento del viejo "Romance de la pérdida de Antequera". En cuanto a su imagen final de la muchacha muerta –*Sobre el rostro del aljibe/ se mecía la gitana*–, se ha apuntado la influencia de la Ofelia shakesperiana pintada por J. E. Millais, un cuadro que al parecer impresionó al poeta. Pero ninguna de esas huellas, cultas o populares, puede restarle ni un ápice de originalidad a tan espléndidos versos, que han hecho que sea uno de los poemas más traducidos de la lengua española.

Aunque el *Romancero gitano* fue el mejor fruto de la veta 'neopopularista' de Lorca, y aun de toda la que estuvo de moda en su época, la misma interiorización y estilización de Andalucía es la que muestra también su **Poema del cante jondo**, escrito entre 1921 y 1924, donde reelaboró motivos tradicionales de forma muy distinta a cómo lo había hecho Manuel Machado en un poemario de 1912. La obsesión de Lorca por el tema de la muerte –le provocaba angustia y la concebía siempre como un asesinato– se reflejó en otro de los libros de profunda raíz tradicional: el **Llanto por la muerte de Ignacio Sánchez Mejías**, publicado en 1935, que fundía lo épico y lo elegíaco para homenajear a aquel famoso torero, buen amigo del poeta, cuya cogida mortal en el ruedo (agosto de 1934) sobrecogió a todo el país. Sus versos, tal vez lo más sentido de toda la producción lorquiana, recuperaban la intensidad dramática de los mejores romances gitanos: *Dile a la luna que venga,/ que no quiero ver la sangre/ de Ignacio sobre la arena. /¡Qué no quiero verla!/ La luna de par en par,/ caballo de nubes quietas,/ y la plaza gris del sueño/ con sauces en las barreras. /¡Qué no quiero verla!* Por los mismos años se daría en él, sin embargo, una tendencia distinta que fue compartida por casi todos los poetas coetáneos: la de volver libremente a la estrofa o al endecasílabo cuando la intención se lo pedía. En el **Diván del Tamarit** (1931-1934) quiso rendir un homenaje a los poetas de la Granada hispanoárabe (*diwan* significa 'colección de poemas'), y rotuló como 'casidas' y 'gacelas' todas sus composiciones, aunque de la poesía clásica oriental no imitó tanto su forma como las magníficas imágenes vegetales que los antiguos poetas árabes y persas usaron para la expresión del erotismo[174]. En su poesía amorosa destaca además una serie de admirables sonetos que tituló en 1935 **Sonetos del amor oscuro**: *Tengo miedo a perder la maravilla/ de tus ojos de estatua y el acento/ que me pone de noche en la mejilla/ la solitaria rosa de tu aliento...*; sonetos que son una muestra más de la fuerza con la que resurgió ese gran patrón lírico entre el grupo del 27. El hecho de que permanecieran inéditos hasta 1984 contribuyó a mantener solapada la homosexualidad de Lorca, que nunca fue tan obvia en su poesía como lo sería en el caso de Luis Cernuda, con quien compartiría, además, su rechazo del mundo anglosajón.

---

[174] El primero en descubrir esa influencia oriental en la inspiración lorquiana fue Luis Cernuda: *Muchas veces Lorca parece un poeta oriental; la riqueza de su visión y el artificio que en no pocas ocasiones hay en ella, lo recamado de la expresión y lo exuberante de la emoción, todo concurre a corroborar ese orientalismo. Orientalismo que acaso se manifieste en la manera natural de expresar su sensualidad, que es rasgo capital de su poesía.*

Del viaje a los Estados Unidos que Lorca realizó entre junio de 1929 y julio de 1930, surgiría su inspiración para escribir **Poeta en Nueva York,** libro considerado su mayor aportación al surrealismo. Lo fue elaborando durante el tiempo que duró su estancia en Cuba y en la capital norteamericana, donde presenció el impacto de la quiebra de la Bolsa neoyorkina, el detonante de una grave crisis económica mundial[175]. Lorca organizó inicialmente el libro en dos series de poemas, que dejó con fecha como si quisiera darle aspecto de crónica o diario, pero, lejos de resultar disperso, muestra una gran unidad temática y formal. Lo primero que sorprende en él es su desbordante imaginería expresionista, y una semántica que transmite todo el desaliento y la corrupción de la gran urbe, concebida como un símbolo polivalente del mundo moderno. Por lo que sugiere interesantes comparaciones con lo que se estaba haciendo en pintura –Dalí empezó a exponer con gran éxito en Nueva York a lo largo de los años treinta–, y más aún con los muchos textos coetáneos que habían reflexionado sobre el tema[176]. Para muchos Lorca ofrecía una visión poco cosmopolita de Nueva York, pero precisamente por el asombro casi 'provinciano' que latía en ella, se valoró pronto la nueva mirada que proponía el libro: los ojos tenían que *aprender a gozar las cosas en ámbito desconocido*, uniendo así el misterio de la ciudad al propio misterio de la poesía. La capital neoyorkina no se presenta vista 'por fuera', como él mismo se ocupó de explicar, sino que es sólo un referente externo que arranca lo más íntimo del poeta, tal y como sucedía en el *Fervor de Buenos Aires* (1923) de Jorge Luis Borges, por ejemplo. El poeta imagina un insomnio generalizado –*No duerme*

---

[175] El propio Lorca lo relató en una entrevista de 1933: *Fui a estudiar. Estuve un año en la Universidad de Columbia. Nueva York es algo tremendo, desagradable. Tuve la suerte de asistir al formidable espectáculo del último 'crack'. Fue algo muy doloroso, pero una gran experiencia. Me habló un amigo y fuimos a ver la gran ciudad en pleno pavor. Vi ese día seis suicidios. Íbamos por la calle y de pronto un hombre que se tiraba del edificio inmenso del Hotel Astory quedaba aplastado en el asfalto. Era la locura. Un río de oro que se desborda en el mar...*

[176] Recuérdese que doce años antes Juan Ramón Jiménez había escrito sus impresiones, contrastadas además en los dos momentos en los que estuvo: *Hace veinte años, Nueva York tenía aún carne y alma visibles. Hoy ya todo es máquina...* Cotejo más interesante ofrece tal vez un excelente libro de prosa: *La ciudad automática* del gallego Julio Camba, en el que Nueva York será el centro de las reflexiones de un viaje realizado por el autor en 1930, aunque el libro no se publicó hasta 1942, como sucederá con el de Lorca.

nadie por el cielo. Nadie, nadie... ("Nocturno del Brooklyn bridge")– y se fija preferentemente en la alienación de sus gentes. En los desposeídos de la riqueza y en los marginados, mostrando que el surrealismo –sostenido en origen por una ideología revolucionaria, en contra de la civilización occidental, que consideraba caduca– no estaba reñido con la conciencia social: los negros, los hispanos, los judíos son elementos fundamentales en su visión de la ciudad, que es descrita desde su lado más caótico. Esto explica que formalmente *Poeta en Nueva York* sea uno de los poemarios donde la 'dilatación' del verso libre presente ejemplos más nítidos, con largos versos irregulares que llegan a ser agresivos: *Pero la noche es interminable cuando se apoya en los enfermos/ y hay barcos que buscan ser mirados para poder hundirse tranquilos...* Pablo Neruda fue una aportación fundamental para muchos 'poetas del 27' en este sentido, y los ecos de sus enumeraciones caóticas pueden encontrarse también en este poemario lorquiano: *¡La luna! Los policías. ¡Las sirenas de los transatlánticos!/ Fachadas de orín, de humo, anémonas, guantes de goma./ Todo está roto por la noche,/ abierta de piernas sobre las terrazas...* ("Paisaje de la multitud que orina"). Se ha dicho que "una característica del modo surrealista español es el descenso psicológico a esferas subyacentes" (P. Ilie); y eso es, justamente, lo que cabe encontrar en un poema como éste, que es de los más representativos de esa lengua poética tan genuinamente lorquiana:

> *La aurora de Nueva York tiene*
> *cuatro columnas de cieno*
> *y un huracán de negras palomas*
> *que chapotean las aguas podridas.*
>
> *La aurora de Nueva York gime*
> *por las inmensas escaleras*
> *buscando entre las aristas*
> *nardos de angustia dibujada.*
>
> *La aurora llega y nadie la recibe en su boca*
> *porque allí no hay mañana ni esperanza posible.*
> *A veces las monedas en enjambres furiosos*
> *taladran y devoran abandonados niños.*

Toda una imagen universal de la ferocidad del dinero y su poder devastador, que él tanto despreciaba (*infra*, n. 174). A la vista de un poema como éste se comprende bien que los críticos fueran unánimes en elogiar el genio plástico lorquiano, considerándolo extremadamente versátil para "dar corporeidad a lo abstracto, a cosas que no se habían visto nunca", y lograr así hacer tangibles sus preocupaciones metafísicas. Su lenguaje surrealista llegó a 'contagiar' incluso las declaraciones que el poeta hizo a la prensa a su vuelta de aquel viaje: *Yo soy –quiero serlo al menos– el hombre que mira la gran mecánica del 'elevado' y le caen las chispas de carbón encendido en las pupilas*... Es decir, que el poemario vino a potenciar el natural modo surrealista de hablar que poseyó siempre el poeta granadino. A pesar de haberlo dado a conocer en lecturas públicas y conferencias en varias ciudades americanas y españolas, García Lorca nunca vería publicado este libro del que se sentía especialmente satisfecho, pues su muerte en el verano de 1936 interrumpiría el proyecto de edición de un manuscrito que había dejado al cuidado de Manuel Altolaguirre[177]. Sólo en 1940, una vez acabada la Guerra Civil, aparecerían dos ediciones casi simultáneas en México y Nueva York –*The Poet in New York and Other Poems*–, gracias a amigos del poeta que le quisieron hacer su mejor homenaje en la propia ciudad donde el libro fue escrito, y contribuir así, de modo indirecto, a la propaganda de la causa republicana y de la 'lucha antifascista' que para ellos él representaba. Y es que, tras su asesinato, Lorca pasó a simbolizar, "como alto poeta español, como poeta 'popular' y como inocente, al mismo pueblo martirizado" (Mario Hernández); un hecho que determinaría por completo –para bien y para mal–, las valoraciones posteriores de toda su obra. Sus propios compañeros de generación vieron ya en *Poeta en Nueva York* la confirmación de su madurez poética, al tiempo que afianzaban la idea de su 'españolidad popular', comparándola con la del Arcipreste de Hita y Lope de Vega, según expuso Dámaso Alonso en el *Homenaje al poeta García Lorca contra su muerte*,

---

[177] *Meses antes del comienzo de la guerra* –escribiría Altolaguirre tiempo después– *yo tenía en prensa* Poeta en Nueva York, *de Federico García Lorca. Anteriormente había salido de mi imprenta el libro de Luis Cernuda titulado* La realidad y el deseo, *que había constituido una revelación para la crítica y el público*. (Vid. *infra*, n. 200). Se sabe que Lorca había planeado una edición con ilustraciones fotográficas y cinematográficas que él mismo quiso seleccionar.

organizado por Emilio Prados y publicado en Valencia en 1937. Es decir, que aquel calificativo que en vida rebatió tanto, acabaría por acompañarle hasta en su fama póstuma, sumándose a las connotaciones políticas que tuvo para Alberti y Miguel Hernández, a pesar de no haber compartido nunca su ideología.

La progresiva separación de posturas entre Lorca y Alberti data de un lustro antes de la Guerra Civil, y resulta representativa de la escisión que se daría en todo el grupo en este momento, mientras crecía la politización del ambiente. Ya desde 1930, con el llamado 'pacto izquierdista', se habían dado indicios de las diferentes preocupaciones que dividían a los del 27, y durante los años anteriores al 36 casi todos estos poetas empezaron a asumir o a negar etiquetas. Mientras Alberti y M.ª Teresa León (*infra*, n. 240) editaban en Madrid la revista *Octubre* entre 1933 y 1934, dando voz al grupo de "Escritores y artistas revolucionarios" –frente a la revista católica *Cruz y Raya* (*supra*, n. 160)–, Lorca, en cambio, se erigía en defensor del apoliticismo, poniendo precisamente como ejemplo las nefastas consecuencias que la militancia comunista había tenido sobre la poesía de Alberti[178]. (Al margen de ese tipo de valoraciones, es preciso reconocer que la obra del poeta gaditano fue muy desigual en calidad, aunque muy fecunda hasta su muerte). Es también muy significativa al respecto la trayectoria del malagueño **Emilio Prados** (1899- 1962), poeta de gran solidez intelectual y variada formación cultural, quien abandonó la actitud contemplativa de su primera poesía en favor de una activa preocupación social y política[179]. De ello

---

[178] "El artista debe ser única y exclusivamente eso: artista. Con dar todo lo que tenga dentro de sí como poeta, como pintor, ya hace bastante. Lo contrario es pervertir el arte. Ahí tienes el caso de Alberti, uno de nuestros mejores poetas jóvenes que, ahora, luego de su viaje a Rusia, ha vuelto comunista y ya no hace poesía aunque él lo crea, sino mala literatura de periódico. ¡Qué es eso de artista, de arte, de teatro proletario! El artista y particularmente el poeta, es siempre anarquista en el mejor sentido de la palabra." (*La mañana* de León, 12 de agosto de 1933).

[179] Empezó cursando estudios de Ciencias Naturales, interés que dejará reflejado en buena parte de su poesía meditativa en torno a la Naturaleza. Pero pronto afianzó sus conocimientos de Filosofía, que amplió durante su larga convalecencia en un sanatorio de Suiza por una enfermedad pulmonar que arrastró desde la infancia, y posteriormente en varias universidades alemanas. A través de la imprenta malagueña que le regaló su padre, fue ante todo editor de sus compañeros de generación (a algunos, como al propio Buñuel,

son buena muestra títulos como *Calendario incompleto del pan y el pescado* (1933-1934), *La tierra que no alienta* (1934-1936) o *Llanto en la sangre* (1933-1937), una poesía comprometida en torno a la guerra por la que llegó a obtener el Premio Nacional de Literatura (*infra*, c. n. 211), mientras fundaba el sindicato de tipógrafos de Málaga. El desprestigio en que se tuvo ese tipo de poesía durante décadas fue determinante del injusto olvido en que caería su obra, como la de otros muchos, unido al hecho de que sus poemas de madurez, escritos durante su exilio en México, fueran bastante herméticos (vid. *infra*, c. n. 238).

¿Por qué se dieron tan drásticos cambios de actitud en apenas cinco años? Es indispensable saber que el advenimiento de la República el 14 de abril de 1931 despertó grandes esperanzas para establecer una verdadera democracia en España, alentadas por los importantes logros sociales y culturales que había impulsado la ideología regeneracionista. Entre ellos, la igualdad legal de las mujeres, que asumieron un compromiso muy activo con la causa republicana en todos los sentidos, y sobre todo los excelentes resultados educativos obtenidos por los ateneos y las organizaciones estudiantiles, como las intensas campañas de alfabetización llevadas a cabo por las misiones pedagógicas hasta en las aldeas más recónditas del país: un movimiento sin precedentes en la península en el que colaboraron jóvenes universitarios como Luis Cernuda. El entusiasmo por la proclamación de la República entre los intelectuales del momento fue grande porque se sentían respaldados por su presidente –Manuel Azaña era un admirado orador y escritor– y porque la sentían producto de una madurez del país, de un "espíritu de anuencia general" aceptado incluso por los sectores conservadores, según el testimonio de Francisco Ayala. Pero tales ilusiones se vieron demasiado pronto frustradas, en medio de un clima de progresiva impaciencia, intolerancia y agresividad. Los convulsos acontecimientos que se sucedieron entre 1932 y 1935 –atentados, huelgas generales y quemas de conventos que reavivaron viejos odios sociales, etc.– llevaron a algunos escritores a claudicar de sus ideales, mientras que otros se afianzaban, en cambio, en una concepción taumatúrgica de la República (J. C.

---

los había tratado durante su estancia en la Residencia de Estudiantes) ya desde la fundación de la revista *Litoral* (1926-1929) con su amigo M. Altolaguirre. La fidelidad a sus ideas políticas le hizo ser uno de los poetas más coherentes y profundos del exilio español (vid. *infra*, cap. 5).

Mainer*), y radicalizaban sus convicciones socialistas. Fue el caso del cineasta Luis Buñuel (Teruel, 1900-1983), quien se atrevió a rodar ya en 1932 el primer documental de denuncia en una de las zonas más deprimidas del país: bajo el título *Las Hurdes. Tierra sin pan,* presentaba una situación tan degradada de las condiciones de vida de aquellas gentes extremeñas (incestos, malformaciones congénitas por culpa de la consanguineidad, etc.) que el impacto de su 'tremendismo' –superaba el de las más crudas novelas naturalistas– provocó la prohibición de la película por mandato expreso del Gobierno. Este hecho resulta particularmente interesante por participar de una de las grandes paradojas del momento, según advierte el historiador antes citado: por una parte, la conciencia del atraso y del primitivismo ambiental, y por otra, la fe en los cambios sociales que traería la República. Teóricamente, ésta se presentaba como el fin de la España rural y caciquil, y sobre este asunto se multiplicaron los artículos en la prensa del momento[180]. Sin embargo, al tiempo que se modernizaba la arquitectura de las principales ciudades españolas, varios géneros literarios volvieron sobre lo que Gramsci llamó "la obsesión agrarista de la literatura española", de lo que son buen ejemplo los propios dramas de Lorca, Alberti o Miguel Hernández, y la poesía de éste último en particular. El análisis de todos estos factores ha llevado a interpretaciones muy distintas y controvertidas sobre las causas que propiciaron la Guerra Civil, pero algunos hechos pueden enunciarse de modo objetivo[181]. Lo más claro es que aquella

---

[180] Entre ellos destacan los que Ortega y Gassett fue reuniendo en el periódico madrileño *El Sol* entre 1928 y 1931 y que luego publicó en un libro titulado *La redención de las provincias.* Se preguntaba allí, por ejemplo: *¿Cómo de una España donde prácticamente sólo hay vida local = vida no nacional, podemos hacer una España nacional?*

[181] En las elecciones municipales de noviembre de 1933, coincidiendo con la subida de Hitler al poder, el voto mayoritario recayó en el partido de centro-derecha, lo que entre otras cosas motivó el ascenso del general Francisco Franco, que había hecho su carrera militar en la Guerra de África (*infra*, n. 213). Él sería el encargado por el nuevo gobierno para dirigir en 1934 las operaciones de represión contra las revueltas sociales de ese año en varios puntos del país, que fueron particularmente violentas en el sector de la minería asturiana y conocidas como 'Revolución de Asturias'. La mayoría de los historiadores subraya la especial responsabilidad que tuvieron en el fracaso de la República las luchas internas del país, que eran muchas: la visceralidad con la que se vivieron las hostilidades ideológicas, los extremismos

guerra (mucho más 'incivil' que 'civil') cortó de raíz muchos ideales, entre los que se cuenta el afán de pureza que los artistas de vanguardia tuvieron por bandera años atrás.

Los diversos caminos de la 'poesía pura': el magisterio de Salinas y Cernuda

Entre 1920 y 1936 los poetas del grupo del 27 manejaron bastante un término tomado de la vanguardia francesa: 'poesía pura'. Y de entre sus varios significados, el más usado fue el de *depurada de elementos no poéticos*. Al igual que en química 'puro' equivale a 'simple', no adulterado con otros componentes, 'destilar la poesía' de todo lo impuro suponía en este momento arrancarle toda anécdota, sentimiento o emoción ligada a una experiencia humana, tal como lo había expuesto Ortega en su *Deshumanización del arte* (*supra*, n. 162). Era también una poesía desligada del tiempo, excluido como elemento 'impuro', pues se trataba de copiar la misma atemporalidad e impersonalidad que eran atributos de las artes plásticas como el cubismo. Esto es lo que justifica el gran interés que manifestarán por los mitos paganos muchos de estos poetas, entre los que destaca Cernuda. Por otra parte, 'pureza' significaba también para ellos 'autenticidad' frente a la falsedad romántica, hasta el

---

de la C.N.T y el partido Comunista, que acabarían siendo culpables de la escisión de la Izquierda, la imposibilidad de consenso entre los lerrouxistas (los partidarios del fundador del Partido Republicano radical Alejandro Lerroux, que presidió el gobierno en 1933) y los de la C.E.D.A (Confederación española de derechas autónomas), la batalla particular del nacionalismo periférico, y sobre todo la fácil manipulación de las clases populares, desesperadas ante sus penosas condiciones de vida, y de una clase media mediatizada siempre por el clero y la prensa conservadora. Una considerable facción del clero tuvo un papel decisivo en los años previos a la Guerra, instigando al odio por los 'rojos ateos', pintados como auténticos 'demonios' ante la población. Las lamentables consecuencias de esto, como la indiscriminada quema de conventos y la actitud inquisitorial de muchos, serían motivo de reflexión en numerosos narradores de la posguerra (vid. *infra*, n. 319).

punto de empeñarse muy conscientemente en eliminar de la poesía lo que había de 'literatura', o sea, de falseamiento. Mas allá de diferencias, todo podría concentrarse en el famoso verso del norteamericano A. MacLeish: *Un poema no debe significar, sino ser*, pues todos construirán un mundo que solo existe en, por y para la imagen poética, su gran deuda con el creacionismo de Huidobro (*supra*, n.38). La otra gran conciencia común es el valor que atribuyen al silencio dentro del poema, y que se ha relacionado muy acertadamente con la pintura de Zóbel[182]. No parece casual que tales ideas coincidan en el tiempo con las conclusiones de un filósofo como L. J. Wittgenstein respecto a la limitada capacidad de expresión de la lengua común[183]. Es necesario puntualizar, sin embargo, que la pureza en la poesía española de aquellos años no llegó a materializarse como ocurrió en Francia con Valéry, por ejemplo, que gustaba hablar de *la fabricación de la poesía*. Y una de las razones, como bien apuntaría Dámaso Alonso, es que casi todos los poetas españoles seguían creyendo en la inspiración —se llamara 'musa', 'ángel' o 'duende', como para Lorca—, es decir, en un poder ajeno a la razón y a la voluntad en el que consistía justamente la gracia o el encanto del poema. De manera que 'pura', para la mayor parte de ellos equivalía a 'antisentimental' y a 'antirrealista', sobre todo en su primera época, pero nunca, o rara vez, a 'deshumanizada'.

Fácil es comprobar que "los grandes asuntos del hombre —amor, universo, destino, muerte— llenan las obras líricas y dramáticas de esta generación", como aseguraba lucidamente Dámaso Alonso, el mismo que llegaría a escribir un poemario impregnado de filosofía existencialista en plena posguerra (*infra*, n. 233). Por ello, tal vez el único punto común del 'credo' estético de todos aquellos 'poetas puros' fuera la importancia que concedieron al verso como entidad autosuficiente, y a la disposición estructural del poema. Buen representante de aquella preocupación formal

---

[182] "El silencio funciona así como cámara de resonancia de experiencias en fuga, mediante la cual se pretende hacer posible la representación no ya de una experiencia inefable, lo cual sería el desafío tradicional de la poesía mística, sino de la inefabilidad de la experiencia, de la fuga misma." (A. Monegal*).

[183] Recuérdese que en su *Tractatus logico-philosophicus* (1921) Wittgenstein criticó las limitaciones del lenguaje común, generador de ambigüedades, por lo que proponía el imperativo del silencio cuando no era posible hablar de modo claro de una cuestión fundamental.

fue **Gerardo Diego** (Santander, 1896-1987), uno de los primeros en fundir la tradición literaria del Siglo de Oro con las tendencias de vanguardia[184]. Además de los clásicos españoles, hizo una constante lectura de Juan Larrea y Huidobro, quienes determinaron su adhesión al creacionismo (*supra*, n. 38). A esa primera etapa pertenece ***Manual de espumas*** (1922-1924), su poemario más experimental, y seguramente la primera muestra española de la influencia de *La tierra baldía* (1922) de T. S. Eliot. Un poema como "Conversation galante" resuena en el poema "Nocturno" de Diego, un perfecto ejemplo de la búsqueda de imágenes inéditas para dar autonomía al poema y conformar un mundo propio dentro del texto, independiente de toda lógica de la realidad, y ello a través de una disposición también vanguardista de los versos, carentes de signos de puntuación:

> *Están todas*
>
> *También las que se encienden en las noches de moda*
>
> *Nace del cielo tanto humo*
> *que ha oxidado mis ojos*
>
> *Son sensibles al tacto las estrellas*
> *No sé escribir a máquina sin ellas*
>
> *Ellas lo saben todo*
> *Graduar el mar febril*
> *y refrescar mi sangre con su nieve infantil*
>
> *La noche ha abierto el piano*
> *y yo las digo adiós con la mano.*

---

[184] *En mi obra* —declaró Diego varias veces— *las tendencias están constantemente moviéndose atrás, delante, trabándose unas a otras. Esto es tal vez lo que me caracteriza.* Después de estudiar Filosofía y Letras en la Universidad de Deusto, donde entabla amistad con Juan Larrea, se doctora en Madrid y ejerce desde 1920 como catedrático de Literatura Española en varios institutos de enseñanza media, al tiempo que dirige algunas revistas literarias. A él se debió la primera antología de poemas del grupo del 27: vid. *supra*, c. n. 155.

Desvinculado de las preocupaciones trascendentales que caracterizaron a los de su generación, pese a su ferviente catolicismo, Gerardo Diego estuvo muy atento a trasladar al poema lo que llamaba *la musicalidad que emana del mundo*, pues la música fue verdadera pasión en su vida, como lo sería para Cernuda. De manera que "en muchos de sus poemas creacionistas es posible rastrear, por debajo del ritmo y de la seducción fonética, un pensamiento y una emoción profunda" (A. Ramoneda). Algo que se refleja también en muchos de sus poemas de línea tradicional, como en el "Romance del Duero" incluido en **Versos humanos** (1925): *Quién pudiera como tú/ a la vez quieto y en marcha,/ cantar siempre el mismo verso/ pero con distinta agua*. El mismo sentido del ritmo se observará en *Fábula de Equis y Zeda* (1926-1929) y *Poemas adrede* (1926-1932), dos poemarios que son toda una "revalorización del mensaje formal del Barroco" (V. García de la Concha). Diego debe su fama también a su espléndido tratamiento del soneto clásico en *Alondra de verdad* (1941), libro que recoge sonetos verdaderamente modélicos escritos desde 1926, y que demuestran que la elección del verso libre, las asonancias y la ausencia de rima como signo de libertad extrema no fueron las únicas 'marcas' del poeta puro. Esto es lo que confirmarían ampliamente otros poetas del grupo, debido sobre todo a la gran cultura literaria de la que estaban empapados.

Jorge Guillén (Valladolid, 1893-1984) es uno de los primeros poetas españoles en los que se pone de manifiesto la 'contaminación' del quehacer poético por los propios intereses académicos de catedrático universitario de Literatura[185]. *Cántico*, el único libro en el que concentró toda su energía creadora durante varias décadas –se esforzó en depurarlo y perfeccionar su estructura desde 1928 hasta 1950–, es perfecto ejemplo de la idea de 'fabricación' de la poesía pura propugnada por Paul Valéry, de

---

[185] Su perfil biográfico se ha comparado al de Pedro Salinas, su gran amigo, a quien dedicaría toda su obra. Tras formarse en el Centro de Estudios Históricos dirigido por Menéndez Pidal en Madrid, completó su formación universitaria en Alemania y en París, donde ocupó una plaza de lector en la Sorbona entre 1917 y 1923, antes ocupada por Salinas, a quien sucedió también en una cátedra en Sevilla entre 1931 y 1936. En ese año es encarcelado por las fuerzas franquistas por su oposición al alzamiento militar, y desde el final de la guerra hasta su jubilación ejercerá en varias universidades norteamericanas.

quien fue admirador y traductor[186]. El libro se subtitulaba significativamente "Fe de vida", ya que su tema central es la afirmación continua del hecho de existir y del goce de vivir. Esto es lo que justifica el importante sentido que adquieren la luz y las imágenes diurnas dentro del imaginario del autor, así como el afán por captar el instante, que se traduce en un predominio absoluto del tiempo presente, y en la "raíz jubilosa" (en palabras de algún crítico) de todos sus versos. Dámaso Alonso afirmó que "Guillén no quiere encubrir la realidad sino descubrir, desvestir el objeto de sus propiedades transitorias —existenciales, diría un fenomenólogo— para sorprender su sentido secreto, su alma escondida". Un juicio éste que podría igualmente aplicarse, como se ha visto, a la poesía de Juan Ramón, del que Guillén es claro imitador; de hecho, *Cántico* es el más juanramoniano de todos los libros escritos en este periodo. Practicó en él un distanciamiento de su yo para buscar el sentido oculto de las cosas, su esencia, y lo hizo con un lenguaje preciso y desprendido de toda retórica, "un lenguaje intermediario, en fin, entre la emoción y la inteligencia, las dos fuerzas que luchan entre sí dentro del vocabulario guilleniano" (J. M. Blecua). Es significativa al respecto su predilección por la décima, una estrofa corta que produce impresión de liviandad, aunque aspire a la misma perfección rotunda del soneto[187]. La más famosa de ellas es una décima de difícil interpretación que está en la línea de muchos poemas que Mallarmé o Eliot dedicaron a algún objeto cotidiano que se pretende 'apresar' en su quietud, como en un intento de condensar en él la ilusión de una perfección que no existe en la realidad:

¡Beato sillón! La casa
Corrobora su presencia
Con la vaga intermitencia

---

[186] Guillén solía presumir de su amistad personal con él: *El mismo Valéry me lo repetía, una vez más, cierta mañana en la rue de Villejust. Poesía pura es todo lo que permanece en el poema, después de haber eliminado todo lo que no es poesía. Pura es igual a simple, químicamente. Lo cual implica, pues, una definición esencial, y aquí surgen las variaciones...* (Jorge Guillén en carta a Fernando Vela de 1926).

[187] Él mismo confesó que se aficionó a esta estrofa de larga tradición hispánica oyendo las décimas del teatro de Calderón que vio en su Valladolid natal. Por ello se considera renovadora toda esa parte primera de *Cántico*, titulada "El pájaro en la mano", que las contiene.

> *De su invocación en masa*
> *A la memoria. No pasa*
> *Nada. Los ojos no ven,*
> *Saben. El mundo está bien*
> *Hecho. El instante lo exalta*
> *A marea, de tan alta,*
> *De tan alta, sin vaivén*[188].

El 'beato sillón', convertido en icono de la felicidad al modo simbolista, tal vez en su particular *beatus ille*, es sobre todo un poema revelador de la preferencia de Guillén por el empleo del sustantivo abstracto, en imágenes que se sitúan en los antípodas de las imágenes lorquianas. Y es que el poeta se comporta más bien como un matemático, o como un aplicado artesano obsesionado siempre con la precisión, en poemas que se dirían destinados exclusivamente a una interpretación académica. Sus otros dos libros importantes, *Clamor* (1957-1963) y *Homenaje* (1967), siguieron teniendo mucho de diario íntimo, de documento interior, "si bien ha de entenderse que es el diario de un hombre con poca pasión por lo anecdótico y con horror al vulgar sentimentalismo" (J. M. Rozas). La cita nos parece clave porque esa atribución de vulgaridad a todo lo sentimental –un particular modo de entender el refinamiento al modo de Juan Ramón, que no al de Cernuda–, es la causa última de la extrema frialdad de Guillén. La que hace que sea él quien represente mejor que ningún otro poeta el "clima polar" en la poesía española de entonces, según lo definió después Dámaso Alonso, justificándolo por "el enorme intervalo que queríamos poner entre poesía y realidad".

Vicente Aleixandre (Sevilla, 1898-1984) merece mayor reconocimiento que el de ser uno de los pocos poetas españoles galardonados

---

[188] Este final sería motivo de numerosas críticas a Guillén, tachado de conformista por alguno de sus contemporáneos, pues pareciera que la contemplación de un sillón perfecto en su hechura, y convertido en emblema del bienestar, le lleva a la conclusión de que es posible ensalzar la perfección del mundo que lo rodea. Sin embargo, buscarle sentido coherente al poema resulta intento tan baldío como en aquellos similares versos de T. S. Eliot: *El jarrón chino sigue moviéndose/ perfectamente en su calma* (*Cuatro cuartetos*).

con el Premio Nobel de Literatura, que obtuvo en 1977[189]. La gran mayoría de los poetas coetáneos, con los que conservó estrechas relaciones afectivas, le reconocerían como maestro, y esta categoría se mantendría también durante la posguerra, pues fueron bastantes los poetas sobre los que ejerció gran influencia. A diferencia de Diego o el mismo Guillén, Aleixandre es poeta trascendental al modo en que lo fueron los románticos alemanes Hölderlin y Novalis, a los que fue aficionado. Y aunque esto hace que no sea de los más fáciles de leer, es posible sin embargo desentrañarlo con claves bastante accesibles. Tuvo una primera fase panteísta en la que consideraba todas las emociones humanas como parte activa o reflejo de las fuerzas cósmicas y telúricas del universo. De ahí que el amor sea para él una sustancia unificadora, algo que fluye igual que cualquier elemento natural, participando de la *fuerza amorosa del universo*. Asimismo la mujer, de cuyo desnudo exalta lo que tiene de natural: *Cuerpo feliz que fluye entre mis manos... como un río que nunca acaba de pasar. Todo es uno y lo mismo* –escribe Aleixandre–, *por eso el amor personal, individual, en mí trasciende siempre en imágenes a un amor derramado hacia la vida, la tierra, el mundo. ¡Cuántas veces confundo a la amante con la hermosa tierra, el mundo que nos sustenta a los dos!...* A esta etapa pertenecen sus libros **Ámbito** (1928), **Espadas como labios** (1932) y **La destrucción o el amor** (1933), libro por el que obtuvo el Premio Nacional de Literatura en 1934, y al que pertenecen algunos de sus mejores versos, que ejemplifican cómo para Aleixandre el hecho erótico tiene una profunda trascendencia metafísica...

> *Se querían.*
> *Sufrían por la luz, labios azules en la madrugada,*
> *labios saliendo de la noche dura,*

---

[189] Entre las razones que dio la Academia sueca: "... por su gran obra creadora, enraizada en la tradición de la lírica española y en las modernas corrientes poéticas iluminadoras de la condición del hombre en el cosmos, y de las necesidades de la hora presente". Al igual que otros poetas andaluces del momento, el mar y las costas de su infancia, que pasó en Málaga, serán motivos originarios en la inspiración de su poesía, cuyos primeros modelos fueron Rubén Darío, Juan Ramón, Machado y Bécquer. Al igual que Prados, deberá a una grave enfermedad su dedicación exclusiva a la poesía desde 1925, tras haber trabajado como profesor en la Escuela de Comercio. Al acabar la Guerra Civil decide continuar su obra en Madrid, donde publicaría algunos poemarios muy valiosos hasta su muerte.

> *labios partidos, sangre, ¿sangre dónde?*
> *Se querían en un lecho navío, mitad noche, mitad luz.*
> [...]
> *Se querían de noche, cuando los perros hondos*
> *laten bajo la tierra y los valles se estiran*
> *como lomos arcaicos que se sienten repasados:*
> *caricia, seda, mano, luna que llega y toca.*

En el poema se expresa cómo el mundo está participando también en el acto amoroso –los valles estirándose como cuerpos y luego la luna tocándolos, etc.–, y cómo, entendida como pasión telúrica, la realización del amor resulta destructora. *Símbolo feroz y dulce de la muerte es el amor*, afirma Aleixandre, para quien "el amor es sobrecogedor aniquilamiento de cada uno de los amantes que quieren ser el otro (C. Bousoño). En **Pasión de la tierra** (1935) incorpora más aún técnicas surrealistas, aunque sus imágenes, muy crípticas a veces, tienden a ser simbólicas, y con un sentido ético incluso, lo que le aparta del surrealismo más genuino. En cualquier caso, en Aleixandre la pasión y el erotismo no son tangibles, proceden de una imaginación casi puramente libresca (D. Puccini), contrariamente a lo que sucede en el sensible *Cuerpo perseguido* (1928) de Emilio Prados. También frente a él deben situarse los otros dos nombres que representan la mejor poesía amorosa del siglo: Luis Cernuda y Pedro Salinas, que tendrán en común una concepción de la poesía eminentemente vivencial e intimista. Con ellos tres se lograría la primera de las grandes renovaciones del romanticismo que se dieron en la poesía española del siglo XX[190].

Pedro Salinas (Madrid, 1891-1951) suele asociarse a Guillén por ser como él un culto 'poeta profesor', aunque es mucho más lo que les separa que lo que les une, empezando por una amable sociabilidad y un magnetismo personal que elogiaron muchos[191]. Salinas muestra

---

[190] Es significativo que cuando Cernuda tradujo a Paul Éluard en 1929 en la revista *Litoral*, hablara de una carencia de verdadero romanticismo en la poesía de nuestro país, concluyendo que los poetas españoles estaban más preocupados por la retórica que por la poesía en sí.

[191] Pedro Salinas Serrano abandonó la carrera de Derecho para estudiar Filosofía y Letras en la Universidad Central (como se llamaba entonces la de Madrid), donde se doctoró en 1917 con una tesis sobre las ilustraciones del

desde sus comienzos una filiación netamente romántica –Bécquer y Machado resuenan en su primer poemario *Presagios* (1923)–, y con el tiempo se convertiría en el mejor ejemplo de cómo se podía escribir bajo la seducción del surrealismo con una gran transparencia, sin embargo, respecto al yo más íntimo. Esto puede advertirse en sus dos libros más vanguardistas: *Seguro azar* (1929) y *Fábula y signo* (1931), pero es más notable en el que está considerado su aportación más universal, y uno de los mejores poemarios amorosos de todo el siglo XX. **La voz a ti debida** (1933) sorprendió en su momento por su propia estructura, pues no se presentaba como una colección de poemas ni tampoco como un solo poema largo, sino como tiradas cuidadosamente organizadas. Se diría que el poemario traza el itinerario de una pasión con todos sus diferentes ritmos –alegrías, impulsos y temores súbitos, desasosiego y esperanza, etc.–, que van muy acordes formalmente con el marcado anisosilabismo de sus versos. Se sabe que Salinas hizo una minuciosa separación tipográfica para diferenciarlos en secuencias unitarias, en las que alternan los versos libres con versos blancos (con metro pero sin rima) de reminiscencias clásicas: especialmente la combinación de endecasílabos con heptasílabos, dando a este último metro un sentido nuevo. El texto tiene, al mismo tiempo, la rotundidad de la sentencia –*conocerse es el relámpago* (v. 390)–, como en la copla popular –*los días y los besos/ andan equivocados:/ no acaban donde dicen* (vv. 762-4)–, y la delicadeza de los mejores endecasílabos de Garcilaso, de quien Salinas fue profundo admirador y conocedor,

Quijote. Antes de esa fecha pasó cuatro años como lector de español en la Sorbona, periodo en el que fueron apareciendo sus primeros poemas y traducciones (especialmente valiosa la de la obra de Proust), y en 1918 ganó la cátedra de Literatura de la Universidad de Sevilla, donde residiría hasta 1926. Desde ese año y hasta el comienzo de la guerra tendrá una intensa actividad en Madrid como crítico literario: perteneció (como su amigo Guillén) al Centro de Estudios Históricos de Pidal y fundó la revista *Índice literario*, la primera en difundir entre los hispanistas del mundo las novedades literarias que iban apareciendo en España. Muy ligado a los proyectos de la Institución Libre de Enseñanza (3ª, n. 280), en 1933 fue fundador e impulsor de la Universidad Internacional Menéndez Pelayo de Santander, donde le sorprendió el golpe de estado de 1936, que forzó su huida a Francia y posterior exilio en Norteamerica. A partir de esa fecha fue profesor en Massachusetts y Baltimore, con una estancia de tres años (1941-1943) en Puerto Rico, país donde fue enterrado tras su muerte en Boston.

y al que homenajea con su título: ... *mas con la lengua muerta y fría en la boca/ pienso mover la voz a ti debida* (égloga III). En algunas de sus secuencias la amada está presente en la cotidianidad del poeta y en otras, en cambio, ya ausente, pero se alternan sin indicación temporal alguna, lo cual le da un encanto especial a la serie. Lo primero que se muestra en ella es la inmensa capacidad del poeta para renovar viejos tópicos amatorios. La ausencia, por ejemplo, uno de los grandes temas líricos de todos los tiempos, le inspira versos como éstos donde renueva magníficamente alguna canción de Boscán: *Qué alegría vivir/ sintiéndose vivido./ Rendirse /a la gran certidumbre, oscuramente,/ de que otro ser, fuera de mí, muy lejos,/ me está viviendo...* (vv. 792-797). Salinas nos hace recorrer en sus 2462 versos, en perfecta circularidad, el proceso del enamoramiento y el misterio del amor como si fueran vividos desde el temor –*quererte es el más alto riesgo*–, sugiriendo en todo momento claves ocultas. Secretos que se comprenden mejor cuando se sabe que el texto fue inspirado por una relación clandestina del poeta[192].

La sencillez de sus términos recuerda en muchos pasajes la expresión de los poetas místicos, y en ello reside tal vez su mayor originalidad. Como cuando el poeta habla de ascensión para expresar lo que suscita el beso reconfortante de la amada, que para él es siempre liberación, pues le *arranca del dudar: Los besos que me das/ son siempre redenciones:/ tú besas hacia arriba,/ librando algo de mí,/ que aún estaba sujeto/ en los*

---

[192] La identidad de la destinataria del poemario solo fue revelada cuando la hispanista norteamericana Katherine Withmore entregó para su custodia a la Universidad de Harvard casi trescientas cartas de amor intercambiadas con el poeta, a condición de que sólo vieran la luz veinte años después de su muerte. Así en 2002 encajaron muchas de las alusiones veladas del poemario: *Y entonces viniste tú/ de lo oscuro, iluminada/ de joven paciencia honda,/ ligera, sin que pesara [...] el pasado que traías/ tú, tan joven para mí./ Cuando te miré a los besos/ vírgenes que tú me diste,...*(vv. 330-339). Salinas conoció a Katherine Reding (su apellido de soltera) siendo ella alumna de uno de sus cursos de verano en la UIMP de Santander, en el verano de 1932, y aunque la relación íntima debió de ser corta, la intensidad de la pasión por parte del poeta (casado desde 1915 con Margarita Bonmatí) queda patente en un nutrido epistolario que se extendió durante 15 años, y que ha sido recientemente reeditado por Tusquets (2016). La sincera prosa de Salinas responde al respeto que le infundió siempre el género epistolar: véase su jugoso ensayo "Defensa de la carta misiva".

fondos oscuros...(vv. 1591-94). La amada es, sobre todo, búsqueda inagotable: *Sí, por detrás de las gentes/ te busco./ No en tu nombre, si lo dicen,/ no en tu imagen, si la pintan./ Detrás, detrás, más allá.* (vv. 78-82); *Perdóname por ir así buscándote/* [...] *Es que quiero sacar/ de ti tu mejor tú./ Ese que no te viste y que yo veo.* (vv. 1449-1452), etc. Y la fe en esa búsqueda que manifiesta Salinas nos recuerda entonces la de las liras del "Cántico" de san Juan de la Cruz. Como a él, la imagen se le hace imprescindible y hasta urgente, con la novedad de que Salinas introduce imágenes surrealistas de una gran modernidad. Buen ejemplo de ello es un magnífico pasaje donde el teléfono es original imagen de la espera amorosa, construido desde la 'escritura automática', procurando el puro efecto emocional en el lector, sin una justificación racional de las imágenes, y con el tono de algunos heptasílabos blancos de Altolaguirre (*infra*, c. n. 200):

¡Si me llamaras, sí,
si me llamaras!

Lo dejaría todo,
todo lo tiraría:
los precios, los catálogos,
el azul del océano en los mapas,
los días y sus noches,
los telegramas viejos
y un amor.
Tú, que no eres mi amor,
¡si me llamaras!

Y aún espero tu voz:
telescopios abajo,
desde la estrella,
por espejos, por túneles,
por los años bisiestos
puede venir. No sé por dónde.
Desde el prodigio siempre.

En esas magníficas imágenes surrealistas que va enlazando a modo de ininteligible *collage*, hay sin embargo elementos a los que no es difícil encontrarle referentes reales[193]. Con una paciente lectura, todo en *La voz a ti debida* adquiere una coherencia de sentido tan asombrosa que puede leerse incluso como poemario filosófico, si bien su carácter trascendente es muy distinto al de Aleixandre. Hay una dualidad no satisfecha del poeta, que oscila entre la enajenación y la cercanía erótica: consciente de que la carne 'nubla' el conocimiento profundo del ser amado, dice intentar conocer al mismo tiempo que sentir; un propósito que coincide, curiosamente, con los planteamientos que hacía en esos mismos años el filósofo vasco Xavier Zubiri[194]. Ese proceso de exploración de lo no alcanzado que es *La voz a ti debida* culmina en Salinas en una expresión casi dramática que condensa en sus magníficos versos finales: *esta corporeidad mortal y rosa/ donde el amor inventa su infinito*. La misma altura lírica, y el mismo idealismo que poseía ésa que está considerada su obra maestra, se encuentra también en su último libro antes del exilio: **Razón de amor** (1936), con idéntica inspiradora y destinataria. Su título tenía ecos antiguos –*Razó d' amor* fue un poema culto del siglo XIII–, pero los poemas que albergaba carecían del tono entusiasta del libro anterior, a pesar de mantener su sencillo registro meditativo: *Si te quiero/ no es porque te lo digo:/ es porque me lo digo y me lo dicen.* (vv. 1637-9). Se centraban más bien en un previsible final: la melancolía y el dolor de la separación forzosa, o simplemente el dolor que termina provocando todo verdadero amor, como diría el joven poeta sevillano que más de cerca siguió a Salinas.

Luis Cernuda (Sevilla, 1902-1963) es el ejemplo por excelencia del poeta que escribe implicando enteramente su vida íntima en su obra poética, que fue bastante extensa[195]. Si convirtió la poesía en centro de su

---

[193] Basta imaginar al poeta sentado ante una mesa con varios objetos, como las pintadas por Juan Gris, María Blanchard y otros muchos cubistas, en la que, además del teléfono, se multiplican y mezclan los papeles que todos solemos aglutinar en un día cualquiera: resguardos de compras (*los precios*), un libro o un catálogo publicitario (*el azul del océano en los mapas*), tal vez un calendario (*los días y sus noches*) y un viejo telegrama, etc.

[194] Fue en 1935 cuando Zubiri empezó a desarrollar el concepto de 'inteligencia sentiente' o sensible: "Sentir es, por lo pronto, un proceso sentiente. [...] La impresión de realidad es así sentir intelectivo o intelección sentiente. Ambas fórmulas son idénticas... Pero para contraponerme mejor a la idea usual de inteligencia, prefiero hablar de inteligencia sentiente..."

[195] Hijo de un militar, comandante de ingenieros exactamente, de ascendencia francesa, Cernuda creció en un ambiente burgués de estrictos principios religiosos y morales que en su madurez se atrevería a criticar duramente, y

existenci, es porque, desde un talante puramente romántico, entendía que el poeta obedecía a una 'razón fatal', y al aceptar ese sino estaba abocado a hacer de la poesía la única razón de su vida. Aunque compartió con Juan Ramón Jiménez tal idea, la gran diferencia respecto a aquél (que nunca estuvo entre sus poetas preferidos), fue la autenticidad de Cernuda, su modo de convencer absolutamente de que la poesía le fue, antes que cualquier otra cosa, necesaria. De ahí que una de sus más fervientes defensas fuera la integridad del poeta en medio de la incomprensión social, algo que sintió desde la publicación de su primer libro, *Perfil del aire* (1924-1927), pues llegó a recibir críticas muy adversas. Lo primero que sorprende en él es la espontaneidad y frescura que rezuman sus versos, pese a no claudicar nunca de su categoría de poeta cultísimo, que le llevó además a abominar del término 'poesía popular'[196]. Cernuda escribe no sólo para sus coetáneos, sino pensando en lectores futuros, con una voluntad de perdurar similar a la que tuvieron poetas renacentistas como Francisco de Aldana, al que fue especialmente aficionado. Junto con Salinas, del que siempre se sintió discípulo, es el poeta del 27 que más acusa la influencia de la poesía amorosa del Renacimiento, y esto es en buena medida responsable de su expresión pudorosa del sentimiento. Pero lo que determina su inspiración no es su amplísima cultura –los muchos poetas a los que leyó en sus propias lenguas, su gran conocimiento de la música clásica, que le hizo convertir lo musical en sustancia poética, como le sucediera a T. S. Eliot, etc.–, sino su propia experiencia vital. Esto es lo que le hace resultar espontáneo

---

que habría de determinar su carácter tímido, solitario y reservado, al tiempo que rebelde ante todo tipo de convenciones y sumisiones. Después de publicar sus primeros versos en la *Revista de Occidente* en 1925, pasa una temporada como lector de español en Toulouse, hasta 1929, en la que entra en contacto con el surrealismo. Colaboró con las Misiones Pedagógicas (*supra*, c.n. 157) y con la revista revolucionaria *Octubre*, hasta que en febrero de 1938 es invitado a dar unas conferencias en Inglaterra, donde decide no regresar nunca más a España. De ahí que gran parte de la mejor obra de Cernuda esté escrita en los distintos lugares donde transcurrió su largo exilio (vid. *infra*, cap. 5).

[196] *No existe la poesía popular* –llega a afirmar– *porque no es el pueblo sino el vulgo, una mezcla indistinta de burguesía, pueblo y aristocracia, nivelados por la común pobreza del gusto y de la mente, quienes forman su público. [...] Si se olvida esa condición fundamental del arte, pretendiendo no elevar al hombre hasta el arte, sino rebajar éste al nivel de la masa común, lo convertimos entonces en bufón de la estupidez humana.*

incluso cuando adopta moldes métricos estrictos, como en su primera época. De todo ello hablaría en *Historial de un libro* (1958), texto importante para entender claves fundamentales de su poesía, y que parece una introducción general a su obra. El elitismo de la poesía de Cernuda tiene poco que ver con el de otros poetas de su generación, pese a compartir con alguno el mismo rechazo de la vulgaridad (*infra*, n. 198): está basado en una moderna conciencia del lenguaje y por la idea de que el poeta debía crear su propia lengua. A diferencia de un Guillén, por ejemplo, que emplea la jerga de los filósofos para hablar del ser, Cernuda tiene plena confianza en la transparencia de la palabra para abordar los temas más profundos, lo cual constituye una de las principales claves de su cercanía. "Pocos poetas modernos –escribe Octavio Paz– nos dan esta sensación escalofriante de sabernos ante un hombre que *habla de verdad*, efectivamente, poseído por la fatalidad y la lucidez de la pasión". De acuerdo con el juicio del escritor mexicano, el primer mérito de Cernuda sería el de ser el poeta que habla "no para todos, sino para el cada uno que somos todos", y el que "nos hiere en el centro de cada uno que somos". De ahí que cueste creer que en su momento se achacara cierta frialdad a su poesía.

Uno de los principales rasgos de la originalidad poética de Cernuda es su particular manera de fundir su 'clasicismo' con su permanente afán de innovar. La primera gran muestra de ello está ya en su libro **Égloga, elegía, oda** (1927-1928), donde parte de viejos géneros, renovando el sentido que tuvieron para los antiguos griegos[197]. En *Elegía*, por ejemplo, no desarrolla un lamento sino un motivo placentero que le lleva a describir una atrevida escena erótica en la alcoba –pionera en insinuar su homosexualidad, que queda latente en la mayoría de sus poemas–, y lo hace en magníficos cuartetos endecasilábicos, metro en el que se movía con especial elegancia. El acercamiento al verso libre no le fue fácil, según él mismo reconoció, pero se le impondría definitivamente

---

[197] Muchos años después confesaría que le puso ese título por revancha (y ello es significativo de su talante), como contestación a todos aquéllos que lo habían criticado por no ser poeta 'moderno', y para que lo llamaran 'clásico' con pleno derecho. Téngase en cuenta, por otra parte, que el uso de viejos rótulos genéricos desprendidos de sus contenidos originarios es uno de los signos recurrentes de la modernidad en la poesía del siglo XX, y también en ello fueron pioneros los poetas del grupo del 27.

desde **Un río, un amor** (1929), aunque en él tuvieran cabida aún ceremoniosos alejandrinos: *Quizá mis lentos ojos no verán más el sur/ De ligeros paisajes dormidos en el aire....* Fue aquél un libro muy influido por el jazz y el surrealismo francés, con la huella de P. Reverdy, en concreto, a quien conoció personalmente ya en 1924. Y muchos son los indicios para concluir que para Cernuda el surrealismo no fue un mero movimiento literario, sino más bien una revolución espiritual por la que descubre el espíritu moderno. Lo que más pareció interesarle de los surrealistas fue su prolongación del malditismo de Baudelaire, entendiendo que se trataba de "un auténtico movimiento de liberación, no sólo del verso sino también de la conciencia" (Octavio Paz), "un modo de romper las costuras de la hipocresía social para que la vida limpia entrase en los poemas" (L. García Montero). Es algo que se revela sobre todo en su modo de partir los versos, con frecuencia dejando un verso separado de los demás que condensa o subraya lo dicho. Más difícil es, en cambio, encontrar en él el automatismo puro que sí practicaron otros, pues, al igual que sucede con Aleixandre, Cernuda tiende a convertir sus imágenes en símbolos recurrentes, cargados de sentido ético en muchos casos.

Su mundo metafórico es de una riqueza sólo comparable, dentro de su generación, con la del mundo poético lorquiano. Muchos de sus símbolos son puramente románticos: los pájaros o el viento, elementos aéreos encarnando el afán de libertad, se combinan con los árboles, elementos de quietud, emblemas de intemporalidad, y con lo pétreo –las ruinas, las tumbas, el muro– representando el afán de eternidad que es siempre derrotado por la muerte, o bien el aislamiento o la autoprotección, según el caso. Uno de los temas más recurrentes en su poesía es el del 'paraíso perdido' de la niñez y la adolescencia solitarias, que evocó de modo muy distinto a Machado. Eso mismo es lo que trata en la espléndida prosa poética, de estilo confesional, de su libro **Ocnos** (1942), que tiene una intención sublimadora de su personalidad juvenil –sobre todo de los indicios de extrema sensibilidad que lo convirtieron en poeta– y que corre bastante paralela a la de Alberti en *La arboleda perdida* (*supra*, nota 167). Lo cual confirma, definitivamente, que la infancia fue la gran mitificación de casi todos los poetas del 27. El 'jardín antiguo' al que él quisiera retornar no es sólo el de la mirada virgen del niño para el que todo se convierte en deslumbramiento, sino ese "breve lapso de la vida humana durante el cual no existe disparidad trágica entre la realidad y el deseo" (Ph. Silver). Lo expresa muy bien este poema de **Donde habite el olvido** (título tomado del penúltimo verso de la rima LXVI de Bécquer), que escribió entre 1932 y1933:

> *No es el amor quien muere,*
> *somos nosotros mismos.*
> *Inocencia primera*
> *abolida en deseo,*
> *olvido de sí mismo en otro olvido.*
> *Ramas entrelazadas*
> *¿Por qué vivir si desaparecéis un día?...*

Cernuda fue ante todo un poeta extremadamente sutil en la contemplación del instante en la memoria, así como en la expresión de los más variados estados emocionales: la indolencia, el ansia de pasión, la sensación de naufragio por el desengaño, la soledad que sigue fatídicamente al amor, etc. Desde sus primeros libros reveló su obsesión por el paso del tiempo sobre la lozanía de las cosas, y en especial sobre el cuerpo, porque sólo el del efebo —ya sea mito hecho estatua o simple 'muchacho andaluz'— es inspirador de deseo y de emoción ante lo bello, de manera que amarlo es una manera de recuperar la inocencia. Cernuda se convierte así en el primer poeta español que habla directamente del deseo como lo más auténtico y revelador del ser. Sólo desde tal concepción puede entenderse por qué el placer ocupa un lugar hegemónico en su obra, haciendo que muchas veces todo en él parezcan variaciones sobre un mismo tema, como sucede en música. Son muchos los versos que podrían ejemplificarlo, pero tal vez ningunos como éstos del citado libro:

> *Adolescente fui en días idénticos a nubes,*
> *cosa grácil, visible por penumbra y reflejo,*
> *y extraño es, si ese recuerdo busco,*
> *que tanto, tanto duela el cuerpo de hoy.*
>
> *Perder placer es triste*
> *como la dulce lámpara sobre el lento nocturno;*
> *aquél fui, aquél fui, aquél he sido;*
> *era la ignorancia mi sombra.*

Con **Invocaciones** (1934-1935), Cernuda parece instalarse en una soledad íntima, una *dura melancolía* desde la que habla del dolor de palpar lo efímero, mientras siente desprecio por las vidas vulgares y convencionales[198]. Su exaltación permanente de la juventud –gran tema romántico, como probó entre otros Espronceda (vid. 3ª, n. 175)– es una de las grandes constantes de su obra; y también en esto le influyeron especialmente los clásicos griegos, a los que admira a través de poetas ingleses o alemanes, entre los que destaca Hölderlin, poeta que le era muy querido. Y es significativo al respecto que en una nota a la antología hecha por Gerardo Diego señale que la única vida que le parece digna de vivirse sea la de los seres del mito o de la poesía como el Hiperión de Hölderlin. Sin embargo, la gran influencia sobre su vivencia del erotismo fue el francés André Gide, quien le hizo reconciliarse consigo mismo, con su *verdad diferente* al resto[199]. Por más que decidiera expresar su condición sexual de forma velada en sus primeros tiempos, acabaría reivindicándola asumiendo la incomprensión que padecieron en su día Verlaine y Rimbaud, en un magnífico poema de su etapa mexicana (*infra*, c. n. 244); es decir, la vivió valientemente, a gran distancia de García Lorca, cuya admiración por Cernuda le hizo otorgarle el calificativo de 'divino'. Si el amor homosexual está en el arranque de la creación cernudiana, es porque la aceptación de esa 'verdad' le lleva a enfrentarse a la de los otros, aunque no pueda gritarla públicamente. En su libro **Los placeres prohibidos** (1931) se encuentra el poema más elocuente en este sentido:

Si el hombre pudiera decir lo que ama,
si el hombre pudiera levantar su amor por el cielo

---

[198] *Una constante en mi vida* –escribió– *ha sido la reacción contra el medio en el que me hallaba. Esto me llevó a escapar siempre de todo provincianismo.* El desprecio de la vulgaridad es un rasgo de carácter tan marcado en Cernuda como lo fue en Juan Ramón Jiménez, y en ambos justifica en gran medida su preferencia por determinados poetas ingleses, como Shelley, Keats o Blake, que les reconfortaban en su conciencia de pertenecer a una misma élite, esencialmente cosmopolita.

[199] Hizo suya esta afirmación de Gide: *No es el objeto del sentimiento amoroso lo que califica o descalifica a éste, sino que es el sujeto de tal sentimiento quien le confiere dignidad, aunque anormal su objeto, y abyección, aunque normal.* (*Poesía y literatura*). Idea que sostendrá también la poesía de Jaime Gil de Biedma y de otros poetas de la segunda mitad del XX.

como una nube en la luz;
si como muros que se derrumban,
para saludar la verdad erguida en medio,
pudiera derrumbar su cuerpo, dejando sólo la verdad de su amor,
la verdad de sí mismo,
que no se llama gloria, fortuna o ambición,
sino amor o deseo,
yo sería aquel que imaginaba;
aquel que con su lengua, sus ojos y sus manos
proclama ante los hombres la verdad ignorada,
la verdad de su amor verdadero.

Libertad no conozco sino la libertad de estar preso en alguien
cuyo nombre no puedo oír sin escalofrío.

El deseo abre camino al amor, y ambos nos revelan la auténtica realidad de lo que somos y de lo que fuimos en el pasado, parece decir siempre Cernuda. No es casual, por tanto, que junto con Lorca sea el poeta del del 27 en el que cobre más protagonismo el cuerpo, palabra repetidísima en toda su obra poética, y que daría título además a una serie – "Poemas para un cuerpo"–, incluida en el poemario *Con las horas contadas*, fruto de una experiencia amorosa durante su exilio (vid. *infra*, n. 244). En consecuencia, muy acertado resulta el título que Cernuda eligió para su gran obra antológica: **La realidad y el deseo**, que reúne todos los poemas escritos entre 1924 y 1962. Puede considerarse una 'biografía espiritual' del autor, por lo que tiene de reflexión sobre experiencias en cada una de sus edades, pero también "la biografía de una conciencia poética europea", como dijo Octavio Paz. Para el crítico mexicano "Cernuda es un poeta europeo" porque hay en su obra una clara voluntad de unión con una herencia literaria de la que siente que España se ha apartado, al igual que pensaron otros 'heterodoxos' a lo largo de la Historia. La consistencia de su poética y su moderno cosmopolitismo fueron algunas de las razones por las que Cernuda se convirtió en el poeta más influyente en la poesía de los años sesenta y setenta. Hoy siguen sobrando motivos para considerarlo uno de los autores más sobresalientes y universales de toda la poesía contemporánea.

Muy valorada por Cernuda fue la sensibilidad lírica de su amigo **Manuel Altolaguirre** (Málaga, 1905- 1959), cuya labor como editor de otros compañeros de promoción frenó el alcance de su propia obra, que cultivó siempre con gran humildad; la misma que mantendría Concha Méndez (Madrid, 1898-1986), su primera mujer, su colaboradora, su compañera de exilio y madre de su única hija, quien vivió a la sombra de su marido pese a su temprana valía como poeta[200]. Ya con su primer poemario, **Las islas invitadas y otros poemas** (1926), Altolaguirre fue comparado a Rimbaud por el exigente Pedro Salinas, sobre quien llegaría a tener además una notable influencia. De él elogiaría Cernuda el *poder visionario que en él se adivinaba*, el ser capaz de transmitir misterio con unas cuantas palabras sencillas: *Qué golpe aquel de aldaba/ sobre el ébano frío de la noche...* Por aquella *vislumbre sobrenatural*, Cernuda entendía que la de Altolaguirre era una poesía de inspiración insólita entre los de su generación, que la hacía comparable incluso a la de San Juan de la Cruz[201]. Sus imágenes emanan de un gran sentido pic-

---

[200] Ambos procedían de familias acomodadas y tuvieron educaciones exquisitas. Hijo de un juez y periodista, Manuel Altolaguirre Bolín se crió en un barrio elitista malagueño y estudió Derecho en la Universidad de Granada, aunque ejerció muy poco tiempo la abogacía. Se entregó muy joven a su vocación editorial y fundó revistas literarias junto a otros compañeros de generación como Prados (vid. *supra*, n. 159), dedicándose a una frenética actividad de difusión de obras ajenas que no favoreció la de la suya propia, como reconocerían varios de sus coetáneos, quienes elogiaron siempre su enorme generosidad y simpatía con todos. Fiel a su ideología republicana, perteneció a la Alianza de Intelectuales Antifascistas (fundada entre otros por Gómez de la Serna) y dirigió La Barraca, el proyecto teatral de Lorca, quien le presentaría en 1931 a Concha Méndez, con quien se casaría al año siguiente. Mujer de carácter resuelto e independiente, abandonó muy joven el ambiente familiar (en el que se sentía incomprendida) para viajar a Londres, Montevideo y Buenos Aires, donde empezó a difundir su obra. Entabló tempranamente amistad con diversos artistas de vanguardia (Buñuel, su primer novio, la pintora Maruja Mallo, etc.), y publicó sus primeros poemarios al mismo tiempo que ellos: *Inquietudes* (1926), *Surtidor* (1928) y *Canciones de mar y tierra* (1930). La dura pérdida de su primer hijo en 1933 (residían entonces juntos en Londres) le hace escribir *Niño y sombra*, publicado en 1936, el año fatídico que provoca su dolorosa huída de España junto a su marido (vid. *infra*).

[201] *No deseo escandalizar a las personas piadosas* —escribiría Cernuda— *al plantear la posibilidad de dicha relación entre un poeta santo y un poeta contemporáneo nuestro que no lleva camino de la santidad, [...] Pero repito que no hallo en toda nuestra poesía, si no es San Juan (aunque con diferente alcance, claro es), algo que recuerde el impulso hacia una meta ultraterrena que a veces percibo en la de Altolaguirre.*

tórico y de una peculiar sensualidad que recurre con frecuencia a la sinestesia en tiradas de versos blancos próximos siempre a la lengua hablada, en un tono que anticipa claramente el de *La voz a ti debida* (supra, n. 193): *¡Qué música del tacto/ las caricias contigo!/ ¡Qué acordes tan profundos!/ ¡Qué escalas de ternuras,/ De durezas, de goces!/ Nuestro amor silencioso/ y oscuro nos eleva/ a las eternas noches/ que separan altísimas/ los astros más distantes.* (*Soledades juntas*, 1931). Poeta cercano y delicado, Altolaguirre escribió algunos de los versos más conmovedores de la década en la que triunfaban las vanguardias, contradiciendo una vez más que el sello de identidad del periodo fue la práctica de una 'poesía antisentimental'. Esto puede rastrearse desde sus primeros poemarios de 1927 –*Ejemplo* y *Poema del agua*, el más próximo a la 'poesía pura' de toda su obra–, hasta sus *Poemas en América* (1955), escritos en los dos países donde transcurrió su exilio: Cuba, donde se instaló con su familia en 1939, y México, donde vivió hasta su muerte (*infra*, n. 243). Incluso allí su principal fuente de inspiración poética fueron las relaciones afectivas que marcaron su vida, de lo que es buena prueba este espléndido poema que, como otros suyos, comparte la estética surrealista del pintor belga René Magritte:

> *Se agrandaban las puertas. Yo gigante,*
> *con el recuerdo de mi olvido dentro,*
> *atravesaba las estancias,*
> *golpeando las paredes sordas.*
>
> *¡Qué collar interior en mi garganta*
> *de palabras en germen, de lamentos*
> *que no podían salir, que se estorbaban*
> *en su gran muchedumbre!*
>
> *¡Cuánto tiempo de olvido incomprensible!*
> *Siempre ella en su ventana.*
> *Su ventana entre dos nubes*
> *–una y ella– siempre.*
>
> *Y yo distante, agigantado, loco,*
> *con el recuerdo de mi olvido dentro,*
> *pesándome en el alma su naufragio,*

agarrándose, hundiéndome,
en un espeso mar de cielos grises.[202]

Baste todo lo expuesto para justificar por qué estos poetas han sido considerados como "la cumbre absoluta" de la poesía lírica española (Hans-Jürgen Heise), y por qué se ha llegado a afirmar que "la generación de la República realizó una de las más magníficas revoluciones espirituales de toda la historia de la literatura española" (Jean Cassou). Ciertamente, ningún otro grupo poético español ha tenido hasta la fecha tan enorme y entusiasta acogida a nivel mundial. Sabido es que a partir de julio de 1936 las cosas no podrían volver a tener unidad: el grupo se diluye y el exilio sería la opción urgente de la mayoría de ellos. Una opción de vida tan humillante e injusta como enormemente fructífera para la escritura. Correrían nuevos tiempos en los que sería ya imposible quedarse al margen de una toma de partido, a favor o en contra del levantamiento militar, y desde ese momento, sería muy diferente el sentido que unos y otros darían a la palabra 'libertad' que tanto habían defendido.

---

202   "Recuerdo de un olvido" pertenece a su libro *Ejemplo*, y es un homenaje a su madre, cuya muerte en septiembre de 1926 provocó uno de los traumas que más resuenan en su poesía posterior. El mayor de ellos, sin embargo, sobrevendría en plena Guerra Civil: dos de sus hermanos fueron asesinados por grupos anarquistas, junto a su amigo el poeta J. M.ª Hinojosa, y decide cruzar a pie los Pirineos, siendo confinado en un campo de concentración en Francia, lo que le lleva a pasar una semana en una clínica psiquiátrica de la que le rescatan algunos colegas. Con ayuda de P. Éluard y Picasso podrá viajar a Cuba en 1939 con su mujer y su hija, donde se instala hasta 1943, en que traslada su residencia a México para iniciar una nueva vida. El amor incondicional de Concha Méndez se mantuvo incluso después de que Altolaguirre la abandonara por la mecenas cubana María Luisa Gómez Mena, con la que se casó y junto a la que murió en un fatal accidente de coche en Burgos en 1959, durante una esporádica visita a España para presentar una de sus filmaciones al Festival de Cine de San Sebastián.

5.
La literatura en torno a dos guerras

Sólo cinco meses duró la restitución de la República en España, que el voto democrático había llevado de nuevo al poder por el triunfo del Frente Popular en las elecciones generales de febrero de 1936[203]. A mediados de julio de ese mismo año, el general Franco se pone al frente de unas tropas sublevadas en el Protectorado español de Marruecos, e inicia un levantamiento militar que contaría con el apoyo de los grandes dictadores del momento –muchos lo vieron como un ensa-

---

[203] En ese momento retomó la presidencia de la República Manuel Azaña, quien intentó sin mucho éxito arreglar la desunión de la izquierda que les había llevado al fracaso electoral de 1933. Una de sus primeras medidas fue destituir al general Francisco Franco como jefe del Estado Mayor, desterrándolo a las islas Canarias. Pero fue allí donde, tras el asesinato del diputado monárquico José Calvo Sotelo en junio (en represalia por un asesinato anterior de signo contrario), Franco se sumó a los preparativos de la sublevación militar que estaban gestando los generales Sanjurjo y Mola, quienes ya habían perpetrado una tentativa frustrada de golpe de estado en 1932. El desafortunado indulto de aquellos golpistas habría de tener funestas consecuencias para el país cuatro años más tarde.

yo de la Segunda Guerra Mundial en pleno auge del fascismo–, pero también con la firme oposición de la gran mayoría de los intelectuales y artistas españoles y europeos. Entre ellos, Miguel de Unamuno, quien, repitiendo un gesto de rebeldía que ya le había costado el destierro años atrás (vid. *supra*, nota 14), se atrevió a enfrentarse públicamente a un poderoso general con la frase: "Venceréis, pero no convenceréis", tras haber escuchado de su boca el grito de "¡Muera la inteligencia!"[204]. Aquel suceso, que muchos entendieron como definitorio de la cerrazón del régimen franquista ante el libre pensamiento, fue seguido de otros actos provocadores tan funestos como el bombardeo del pueblo vasco de Guernica por aviones alemanes en abril de 1937: el macabro experimento aprobado impunemente por Franco que Picasso logró inmortalizar. A partir de entonces, el mismo afán testimonial que tuvieron todas las artes gráficas fue el que impulsó un buen número de textos que, como sucedió con el famoso cuadro del pintor malagueño, no perdieron por ello ni su calidad estética ni su alcance universal.

Uno de los primeros desafíos a la cultura republicana que había ido fraguándose hasta entonces fue el brutal asesinato de Federico García Lorca (vid. *supra*, nota 146), hecho que desencadenó una repulsa unánime en la opinión pública internacional, y que dio origen a una larga serie de escritos en homenaje a las primeras víctimas de la guerra. Entre los muchos poemas que se le dedicaron a Lorca y a otros como él –convertidos en héroes o en mártires por las aciagas circunstancias–, destaca el que Antonio Machado tituló "El crimen fue en Granada": *Se le vio caminando entre fusiles/ por una calle larga,/ salir al campo frío,/ aún con estrellas de la madrugada...* El poeta sevillano, que había sido premonitorio en muchos de sus versos, tenía escrita ya, años atrás, una sentencia profética de lo que sería la división fatal de 'las dos Españas': *Españolito que vienes al mundo,/ te guarde Dios./ Una de las dos Españas/ ha de helarte el corazón.* Y como fatídica consecuencia, él sería uno de los pioneros en probar la amargura del exilio –separado definitivamente de su hermano

---

[204] El enfrentamiento se produjo el 12 de octubre de 1936 durante la celebración del Día de la Hispanidad en el Paraninfo de la Universidad de Salamanca, de la que Unamuno era rector vitalicio. El general Millán Astray, fundador y responsable de la Legión, penalizó la actitud del escritor vasco destituyéndolo de su cargo y obligándole a un arresto domiciliario en el que murió sólo dos meses después.

Manuel, simpatizante franquista–, y en elegir quedarse en Francia muy cerca de la frontera, algo que harían otros muchos también, ante el desgarro afectivo que suponía irse más lejos[205]. Machado fue también uno de los primeros poetas españoles en tener edición americana: sus obras completas se publicaron por primera vez en México en 1940, con prólogo de José Bergamín, y luego en Argentina en 1964. Esos serían los dos países latinoamericanos que recibieron el mayor número de exiliados a partir del 1 de abril de 1939, fecha en que se declaró terminada aquella contienda fratricida.

Son muchas las razones que avalan la necesidad de dedicar aquí un capítulo específico a las consecuencias inmediatas que tuvo en el panorama literario, visto en su conjunto, la Guerra Civil. Ningún otro acontecimiento sociopolítico alcanzó una trascendencia artística comparable a éste, que habría de resultar la gran herida abierta de todo el siglo XX español. Sus repercusiones en la literatura se dejaron sentir durante bastantes décadas, no sólo como tema inspirador o ambientación de fondo, y son bastante difíciles de ordenar. Sobre todo por el hecho de que, a partir de 1939, una es la historia que cabe escribir con los autores que se quedan en territorio nacional, y otra muy distinta la que puede escribirse con todos los disidentes del Régimen que, repartidos por muy distintas geografías, lucharon por difundir su voz desde sus países de acogida. Hacerse oír y leer en España era quimera impensable por la fuerte censura que la dictadura franquista ejerció durante décadas[206]. Por esta razón, toda historia de este periodo que se preten-

---

[205] *Cuando pienso en un posible destierro* –había declarado a un amigo catalán en 1937– *en una tierra que no sea esta atormentada tierra española, mi corazón se llena de pesadumbre. Tengo la certeza de que el extranjero sería para mí la muerte.* Fueron Rafael Alberti y León Felipe quienes visitarían a Machado, en nombre de la Alianza de Intelectuales, para ofrecerle sacarle de Madrid sin riesgos. Cuando acabó por aceptar, fue trasladado a Valencia, donde llegó a dar en 1937 un discurso a las Juventudes Socialistas Unificadas, y posteriormente a Barcelona, donde se tramitó su paso a Francia como refugiado político. Desde el país vecino los refugiados mantuvieron más vivas las esperanzas de su regreso, confiados en que se restablecería pronto el régimen democrático en España.

[206] Esa censura empezó a intervenir sistemáticamente desde marzo de 1941 a través de la Delegación Nacional de Prensa y Propaganda. Franco, que gustaba exhortar en sus discursos a "cerrar ventanas" para evitar la "contaminación" que podía llegar de fuera, creó en 1942, en total connivencia con los

da justa debería atender a la simultaneidad de publicaciones dentro y fuera de España, procurando poner en evidencia afinidades, coincidencias y contrastes, que muchas veces llegan a hablar por sí mismos. Sólo por esa vía compleja cabe explicar en toda su profundidad un hecho que a primera vista puede resultar paradójico: el que junto a la pobreza económica y cultural que tuvo el país durante los años cuarenta y primeros cincuenta, fuera muy fecunda, en cambio, la producción literaria en castellano, sobre todo en los terrenos de la lírica y la narrativa. Afortunadamente, el clima exterior de mediocridad y monotonía se vería compensado por unos 'microclimas' interiores muy personales, y particularmente benéficos para la creación, que habrían de dar sus mejores frutos en medio de la adversidad y del silencio impuesto.

La 'poesía humana' y existencial a partir de la Guerra Civil

Como sucedió con otras grandes tragedias humanas del siglo XX, también el arte español, y dentro de él su literatura, se vio favorecido por una necesidad de comunicación que hizo especialmente apasionadas las formas de expresión. A la agresión bélica y su consecuente dolor le sucedieron intensas vivencias emocionales que dieron un nuevo valor utilitario a la palabra poética: una 'urgencia en el decir' con muy distintos sentidos, claro está, según la ideología política. Precisamente, una de las principales características de la poesía de estos años será la radicalización de las posturas en torno a la noción de 'poesía comprometida'. El ideal de pureza que había unido a los poetas en torno a 1929 quedaba por fuerza cuestionado ante lo turbio de la contienda armada. Todos aquéllos que creían que el arte debía implicarse en el conflicto y convertirse incluso en arma de combate, encontraron su principal líder en el chileno Pablo Neruda, sobre todo desde octubre de 1935, en que

poderes eclesiásticos que lo sostenían, un cuerpo de inspectores de traducción que tuvo por misión vigilar la entrada clandestina de libros extranjeros en la península. Los mecanismos para burlar esos controles siguieron produciéndose, pese a las dificultades, hasta el fin de la dictadura.

aparece la revista *Caballo Verde para la Poesía* (*supra*, n. 161) y un manifiesto suyo en el que defendía la 'impureza' en un doble sentido, cívico y existencial: la poesía debía 'mancharse' precisamente para hacerse más 'humana'[207]. Mientras Juan Ramón Jiménez tenía definitivamente perdido su liderazgo, Neruda aglutinó en torno a sí a muchos opositores del régimen de Franco, que le visitaban en su famosa Casa de las Flores, situada en el barrio madrileño de Argüelles. Se sucedieron por entonces una serie de celebraciones, como la conmemoración del nacimiento de Bécquer, que suponían sobre todo la revalorización de ciertos ideales románticos y que estuvieron unificadas por una clara tendencia común que se ha denominado 'rehumanizadora'.

En 1937 se publicó en Valencia, sede del II Congreso de Escritores Antifascistas celebrado en ese mismo año, una pequeña antología con el título de **Poetas en la España leal**, que reunió a todos los principales poetas que habían tomado partido a favor de la República. Uno de ellos era Rafael Alberti, quien fue además junto con su compañera M.ª Teresa León uno de los primeros en reivindicar de forma teórica el nuevo valor que podía alcanzar el género del romance: lo hicieron a través de las páginas de la revista *El mono azul,* portavoz, junto con *Hora de España*, de los intelectuales izquierdistas durante los años de guerra[208]. Bajo el título de *Romancero de la Guerra Civil española* (1936) y posteriormente **Romancero general de la guerra de España** (1937), se publi-

---

[207] ... *una poesía impura, como un traje, como un cuerpo, con manchas de nutrición, y actitudes vergonzosas, con arrugas, observaciones, sueños, vigilia, profecías, declaraciones de amor y de odio, bestias, sacudidas, idilios, creencias políticas y negaciones, dudas, aspiraciones, supuestos*. Como puede comprobarse, es justamente la estética contraria a la defendida, en general, por el grupo del 27 antes de la Guerra.

[208] Hay indicios para pensar que el uso del romance como 'arte de propaganda' fue programado y orquestado por la Alianza de Intelectuales Antifascistas que había creado *El mono azul* (el uniforme usado por los milicianos defensores de la República), puesto que en sus páginas lo defendieron plumas de la talla de la filósofa María Zambrano o el pintor y poeta Ramón Gaya. María Teresa León, la compañera de Alberti, debía su entusiasmo por el género a que era sobrina de María Goyri, mujer y colaboradora de Menéndez Pidal en su investigación del romancero. La primera serie de estos romances, titulada "Romancero de la Guerra Civil", que ella misma confeccionó y dedicó a Lorca, se publicó en noviembre de 1936, pero meses antes habían aparecido en la citada revista un par de romances de Miguel Hernández con el título "Viento del pueblo" (vid. *infra*).

caron varias series de romances que se habían ido escribiendo al filo de los acontecimientos bélicos; tenían en su mayoría carácter noticiero, pero no estaban desprovistos de un delicado lirismo en muchos casos, tal como sucedió con los viejos romances fronterizos medievales. La recopilación de ese nutrido *corpus* de textos se debió fundamentalmente a Emilio Prados, quien sería autor además, junto con Altolaguirre, Bergamín y otros del grupo del 27, de algunos de los más valiosos. Desde el punto de vista sociológico, es especialmente interesante el modo en que fueron recibidos esos romances a través de las emisoras de radio durante la contienda, pues cumplieron un papel alentador en el ánimo de las gentes como no había vuelto a tener el género desde la Edad Media[209]. Entre sus principales temas: la alabanza de los héroes y heroínas populares de la resistencia —tomados como modelo del espíritu que se mantuvo vivo incluso cuando fue ya imparable el avance de las tropas sublevadas—, la denuncia de las atrocidades cometidas contra los seres más inocentes, como los niños hospicianos, por ejemplo, o la elegía por crímenes que habían quedado impunes como el de García Lorca, cuyo *Romancero gitano* habría de dejar, además, una notable huella en ellos[210]. Pero también se hicieron romances satíricos contra el oportunismo del clero o la brutalidad de algunos militares —al general Mola se le llama 'mulo' por incitar expresamente a "sembrar el terror", etc.—, mientras desde el otro bando se abusaba también de la expresividad de las imágenes y los símiles zoológicos, en particular, en un cruce

---

[209] En el romance "Radio Sevilla", por ejemplo, Alberti satirizaba el momento en que el general Queipo del Llano se sirvió de la radio para tomar por sorpresa la ciudad, y, así, el día en que comenzaron a caer sobre Madrid los primeros proyectiles de obús, volvió a leerse en algunas emisoras. El periodista E. Haro Teglen recordaba la especial emoción con la que los jóvenes de entonces lo oyeron esperanzados en la radio, al igual que otros poemas de Alberti, que fueron de los más difundidos.

[210] Su "Romance de la Guardia Civil", por ejemplo, dejó una estela de romances con una agresividad contra ese cuerpo policial que no estaba en el romance originario lorquiano; su "Romance de la luna" pasó a refundirse en otro dedicado a la miliciana anarquista Lina Odena, etc. La influencia de Lorca fue asimismo muy poderosa en los autores de las coplas que se cantarían durante toda la posguerra, particularmente sobre las letras del poeta sevillano Rafael de León (1908-1982).

de acusaciones mutuas[211]. Unos y otros fueron apropiándose de símbolos, entre los que se encuentran las propias ciudades y territorios divididos por la guerra. Mientras que los falangistas tomaron a Toledo, en tanto que antigua corte imperial, como emblema del valor franquista, los republicanos, en cambio, convierten a Madrid en símbolo de la resistencia: *Madrid, rompeolas de todas las Españas/... sonríes con plomo en las entrañas...* (A. Machado); *Madrid, corazón de España, late con pulsos de fiebre./ Si ayer la sangre le hervía,/ hoy con más calor le hierve...* (R. Alberti), etc. El mejor ejemplo es, tal vez, "Ciudad sitiada. Romance de la defensa de Madrid", que E. Prados incluyó en su libro *Destino fiel*, una apología de la vida como máximo compromiso humano que obtuvo el Premio Nacional de Literatura en 1937.

La ayuda internacional tuvo también su compensación literaria en versos de uno y otro signo. Quizá las pasiones más encendidas se dieran ante la ayuda soviética, y por tanto, fue particularmente bipolar la visión de Rusia[212]. Desde el principio resultaron también muy distintas las respectivas visiones de los 'moros' que pelearon ayudando a Franco[213]. Para los falangistas como Agustín de Foxá, por ejemplo, el moro era un "español de piel tostada", mientras que un poeta izquierdista como Juan Gil-Albert (*infra,* nota 218) los veía sólo como adolescentes

---

[211] *El Romancero de la guerra civil* llega a conformar un auténtico 'bestiario' de simbología política, digno de análisis. La imagen de la rapiña fue particularmente recurrente y le sirve a León Felipe, por ejemplo, para afirmar que *España es una cueva de raposos* dominada por la avaricia. Pero los 'raposos' también podían ser 'rojos' si era otro quien hablaba. Hay también muchos 'burros' frente a 'bravos toros': el poeta Pedro Garfias, por ejemplo (vid. *infra*) apelará a sentirse como toros embistiendo contra los de fuera, etc.

[212] Mientras que Machado había escrito a los intelectuales soviéticos: *Oh!, Rusia, noble Rusia, santa Rusia.../ cien veces noble y santa, / desde que, roto el báculo y el cetro, / empuñas el martillo y la guadaña...* un falangista como A. de Foxá escribirá, en cambio: *Oh!, Rusia, te maldigo/ porque eres entre hielo/ la gran inteligencia bajo cráneos mongólicos.../ negra y miserable con la astucia/ de un diablo asiático y oblicuo...*

[213] El hecho de que Franco consiguiera su promoción militar en la guerra de Marruecos, defendiendo la apropiación de territorios como el Sahara, le dio la posibilidad de reclutar varios miles de jóvenes norteafricanos para su gran ejército, lo que supuso un drama humano más dentro de la gran tragedia. Los avances de esas 'tropas moras' sembrando el pánico por los pueblos andaluces no deja de ser además un episodio sumamente paradójico dentro de las relaciones con el 'moro', habitualmente represoras, que jalonan la Historia española.

engañados, inspiradores de una espléndida elegía en endecasílabos: *Oh!, víctimas terribles de la sangre,/ incautos cervatillos del desierto,/ los hoyos que os han dado como tumbas/ son la sola verdad de vuestras vidas...* Los intelectuales y voluntarios extranjeros que formaron parte de las Brigadas Internacionales y arriesgaron sus vidas para defender la legitimidad de la república española –un gesto de altruismo sin parangón en toda la historia del siglo XX–, tuvieron su merecida alabanza en varios poemas como éste de Alberti: *... Hermanos, Madrid con vuestro nombre/ se agranda y se ilumina...* No debe olvidarse que a aquellas generosas brigadas, integradas por gentes de muy diversos países, pertenecieron poetas como Louis Aragón, Paul Éluard, Georges Bernanos, César Vallejo, Pablo Neruda, o los norteamericanos John Dos Passos y Ernest Hemingway, entre los más importantes. Todos ellos compartieron un idealismo que les hacía creer en la eficacia de las Milicias de la Cultura creadas en 1937, y en la de la lectura de poemas en las propias trincheras. En cambio, ante la participación en el conflicto de italianos enviados por Mussolini y de alemanes hitlerianos, los milicianos sentían la noble misión de recuperar la autonomía española y de despojar el país de emblemas militaristas de ocupación.

Y es que si algo puso en evidencia la poesía de aquel trienio fatídico es la concepción radicalmente distinta que ambos bandos tuvieron de la contienda. Mientras que para los franquistas se trataba de una guerra de 'limpieza' ideológica, una auténtica cruzada 'contra el ateísmo y la barbarie', para los poetas republicanos se trataba, en cambio y antes que nada, de una nueva guerra de Independencia. En este sentido, es muy reveladora la manera en que León Felipe, que fue una de las voces más personales del exilio (*infra,* nota 244), hablaba de *las dos Españas* en plena guerra: la España de las formas desgastadas, de los símbolos, de los ritos sin sentido, de uniformes y medallas, *del verso vano y la oración muerta de los rosarios*, y la España de las *esencias eternas*, propia de los auténticos héroes republicanos. Pero a la misma idea podía dársele la vuelta, obviamente, tomando cuerpo en símbolos de sentido contrario. Tan sólo hay una imagen final recurrente que todos emplearon, curiosamente: la del campo solo y sereno tras la violencia de las ideas, y la muerte flotando por encima de las razones, igualándolos a todos, como en estos emotivos versos del derechista José María Pemán (Cádiz, 1897-1981): *... cómo la anchura del campo/ y el cielo los disminuye/ y cómo iguala la muerte/ los rojos y los azules/*

qué amor del sol los acerca./ Nadie es nada./ Todos son sílabas que se resumen/ en un romance sin nombre/ y en un olvido sin cruces [214]. Incluso algunos, como Manuel Altolaguirre, llegan a pedir su propia muerte como sacrificio último que ponga fin a tantas muertes sin sentido: *Pido la última muerte de esta guerra/ porque quiero mirarme en la corriente/ como un dolido cuerpo macerado...*

Es juicio objetivo y unánimemente aceptado que la poesía del bando republicano fue muy superior en calidad, además de en cantidad. Pero esto no debería permitirnos incurrir en mitificaciones de sus autores, ni en el mismo maniqueísmo en que lamentablemente se cayó entonces[215]. Junto a los nombres que siguen en estas páginas, hay que considerar títulos tan influyentes en la poesía posterior como *España en el corazón* (1937) de Neruda y *España, aparta de mí este cáliz* (1939) del peruano César Vallejo, que algunos consideran poemario épico[216].

---

[214] Pemán fue un poeta y dramaturgo muy valorado durante el régimen de Franco hasta el punto que llegó a ponerle letra a su himno nacional, por lo que se convirtió en el gran cantor oficial del bando nacionalista. De sus primeros años es un poemario de exaltación patriótica y fuerte xenofobia que tituló *Poema de la Bestia y el Ángel*. Su drama histórico *El divino impaciente* (1933), basado en la vida de San Francisco Javier, fue uno de los grandes éxitos teatrales de la preguerra, al igual que *Por la Virgen capitana* (1940) o *Yo no he venido a traer la paz* (1943) lo fueron durante la posguerra por encumbrar el entusiasmo de los vencedores. Ejerció como director de la RAE durante varias décadas.

[215] Sobre alguno de los autores que aquí se elogian pesan imputaciones de delación de compañeros nada 'humanitarias', y que sólo pueden entenderse (nunca disculparse) en el contexto de los tremendos odios sociales que provocaron aquella maldita guerra y los que siguieron a su desenlace. Muy poco ejemplar fue asimismo el comportamiento que algunos de ellos tuvieron con sus compañeras de lucha y de exilio, como se dejará entrever en algunas notas.

[216] El citado poemario de Neruda habla del impacto que le causaron al poeta los horrores de la Guerra Civil española. Se editó primeramente en Chile en 1937, y en España fue reimpreso al año siguiente por el Comisariado del Ejército del Este en una corta tirada de ejemplares, a la que siguió una segunda edición en 1939 que fue más difundida. César Vallejo (1892-1938) participó desde el estallido de la Guerra Civil en los comités de defensa de la República Española y fue nombrado corresponsal por su país para seguir los acontecimientos más de cerca. Ya en octubre de 1936 optó por participar directamente en el combate, escribiendo diversas crónicas en las que ensalzaba la reacción ejemplar del pueblo español: *La epopeya popular española es*

Nunca la palabra 'España' fue tan simbólicamente repetida. Acabada la gran barbaridad que fue esa guerra, aquellos poetas irían prescindiendo de los deseos de venganza y de las exaltaciones patrióticas que dominaron en un primer momento, para hablar, sentida y comprensivamente, de las penas más íntimas —separaciones, abandonos, pérdidas, etc.—, siempre desde una solidaridad plena con las víctimas. La sensibilidad de los poetas izquierdistas se centró con frecuencia en el anonimato y la inocencia de los seres caídos por una causa que no llegaban a comprender. Por eso tuvieron sus poemas de homenaje los jóvenes milicianos que defendían la República, muchos de ellos analfabetos procedentes del campo, hordas de labriegos que, como escribiría Alberti, habían cambiado la azada por la nueva 'labor' de las trincheras: *... salió a defender la tierra/ la que nunca poseyó./ Porque has muerto para el pueblo/ qué dulce muerte te dio/ la bala que te mató* (Del poema "Miliciano muerto" de Pedro Garfias: *infra*, nota 238). Este hecho contribuyó a aumentar el vocabulario de las tareas rurales como la siembra en toda aquella poesía: la sangre derramada llegó a verse, por ejemplo, como 'semilla de una futura libertad', etc., algo que alcanzará su mejor lirismo en la de Miguel Hérnández (*infra*, n. 226). Curiosamente, a su misma tierra alicantina perteneció también Juan Gil-Albert, el otro poeta destacado de estos años de guerra. Pero no es sólo su origen lo que les une, sino un hecho trascendental para la historia de la poesía española: la transformación radical que sufrieron aquellos jóvenes poetas que, habiéndose formado en el clasicismo de modelos barrocos, tuvieron que reconsiderar seriamente su estética por las duras vivencias de la Guerra Civil[217].

única en la Historia. Ella revela de cuánto es capaz un pueblo lanzado, por exclusiva propulsión de sus propios medios e inspiraciones cívicas, a la defensa de sus derechos. Vallejo, como muchos otros escritores latinoamericanos entonces, vieron un alcance mundial en lo que estaba en juego en España, e idealizaron el coraje y el 'ímpetu liberador' con la que se hacía frente al imperialismo fascista. *España, aparta de mí este cáliz* se empezó a escribir en 1937, pero no apareció hasta 1939, impreso por los propios soldados del ejército republicano, y se abría con un "Himno a los voluntarios de la República" que daba ya el tono desgarrado que poseen todos los versos del libro.

[217] A este respecto, conviene recordar esta declaración de Hernández: *... el empujón definitivo que me llevó a esgrimir mi poesía en forma de arma me lo dieron aquel luminoso 18 de julio. Intuí, sentí venir contra mi vida como un gran aire, la gran tragedia, la tremenda experiencia poética que se avecinaba, y me metí, pueblo*

Juan Gil-Albert (Alicante, 1904-1994), que por edad pertenecía a la Generación del 27, había escrito en el mismo momento que Lorca una serie de sonetos amorosos de línea gongorina, titulada *Misteriosa presencia* y publicada en 1936, sólo dos meses antes del estallido de la guerra; pero ésta habría de condicionar enteramente su recepción en España[218]. Bajo el significativo título de **Candente horror** (1936) reunió versos reveladores ya del tipo de poesía que le interesó durante décadas: aquélla que comprometía su conciencia ética con la injusticia de aquel enfrentamiento entre compatriotas y, lo que es mas importante, con sus efectos en la memoria histórica:

> *Cuando acabado este horror nos vean cómo somos,*
> *cómo vivimos, atrincheradas masas,*
> *pálidos hacinamientos que se agitan,*
> *ese aspecto que acaso nos descubran tan sórdido,*
> *por lo que fuimos, perros del momento,*
> *una carne aplastada por palabras hirientes*
> *ese ladrar herido que sonará en el aire,*
> *¿qué harán con vuestro resplandor feroz*
> *cuando sepan mañana que quisimos hablarnos*
> *y no dejásteis sobre las bocas*
> *más que el impacto armado de vuestros pies?*

En ese libro son muchos los poemas como éste que siguen siendo muy válidos para definir el sentimiento de repulsa interior y de ver-

---

[218] *adentro, más hondo de lo que estoy metido desde que me parieran, dispuesto a defenderlo firmemente.*
Había nacido en Alcoy y estudió Derecho y Filosofía y Letras en Valencia. Ya en 1927 publicó sus primeras obras en prosa, y su amistad con García Lorca y Cernuda favoreció su inclinación por la escritura poética, aunque no publicó ninguno de sus versos hasta 1936. Su compromiso político le llevó a ser uno de los más firmes colaboradores en la gestión cultural de la causa republicana en Valencia: fue secretario de la sección de Literatura en la Alianza de Intelectuales Antifascistas, se implicó en importantes debates ideológicos y participó muy activamente en la fundación de la revista *Hora de España* y en las más importantes publicaciones periódicas del momento. Una labor que continuó a partir de 1939 ya desde su exilio en México y posteriormente en Argentina.

güenza ante cualquier guerra. La delicada sensibilidad de Gil-Albert le hizo lograr un elegante equilibrio entre su gusto clasicista –presente muchas veces en el ritmo y en la métrica– y sus impulsos románticos, a través de una sintaxis sobria de lírico coloquialismo y de un vocabulario sumamente selecto. La experiencia del exilio agudizó el carácter evocador y emocionado de sus versos, como demuestra el que está considerado como su mejor poemario: *Las ilusiones*, que fue publicado en Buenos Aires ya en 1944, un importante año para la lírica española, por lo que debe contemplarse en el contexto de la magnífica poesía escrita entonces fuera de España (vid. *infra*, c. n. 239).

Miguel Hernández (Alicante, 1910-1942) fue quien más profundamente acusó en su evolución poética el doloroso drama que trajo consigo la Guerra Civil[219]. El 'poeta pastor', como a veces es nombrado, tuvo una primera etapa marcada por el barroquismo en boga y por el impacto que le produjo leer a Góngora, que le hizo escribir *Perito en lunas* (1933), poemario en el que, entre ejercicios puramente formales, demostraba ya unas dotes innatas excepcionales para la lírica. Entre ellas, un excelente oído musical y una facilidad para poner en metro su sensibilidad, esencialmente pasional, algo que será un sello inconfundible de toda su poesía. Miguel Hernández es, antes que nada, un perfecto ejemplo de cómo se puede llegar a acertar intuitivamente con la

---

[219] Nació en el pueblo de Orihuela, en una humilde familia que no pudo costearle estudios; de hecho, no fue a la escuela hasta los catorce años y sólo duró dos en un colegio de jesuitas, porque tuvo que ayudar a su padre cuidando rebaños de cabras. Es un caso de escritor que se forma a sí mismo, primero a través de una lectura indiscriminada (desde la poesía y teatro españoles a Mallarmé o Rilke), y después gracias a las relaciones que establece en Madrid en la década de los treinta: Pablo Neruda, María Zambrano y buena parte de los poetas del grupo del 27, en especial V. Aleixandre. En 1935 abandona el catolicismo e intensifica su conciencia social, que le hace comprometerse muy activamente en favor de la República. Durante la Guerra Civil es nombrado comisario de Cultura y se dedica a llevar la poesía a las propias trincheras (a algunos de sus himnos se les puso música), donde combatió mientras participaba en las llamadas Milicias de la Cultura. Tras su boda en marzo de 1937, pasa un mes en Rusia, y tras esa estancia radicalizó sus ideas socialistas. Al terminar la guerra intenta cruzar a pie la frontera con Portugal y es detenido, lo que supone el inicio de un penoso peregrinaje por diversas cárceles españolas. La pena de muerte que pesaba sobre él le fue conmutada por treinta años de reclusión, que no llegó a cumplir porque una tuberculosis mal curada le hizo morir en la cárcel de Alicante en marzo de 1942.

forma del poema según la inspiración del tema. De su sabia concepción del verso, de su gran sentido del ritmo, pueden dar cuenta numerosas composiciones suyas, como ésta en que parece combinar de forma natural, en tono conversacional, endecasílabos y heptasílabos: *Hoy estoy sin saber yo no sé cómo,/ hoy estoy para penas solamente,/ hoy no tengo amistad,/ hoy sólo tengo ansias/ de arrancarme de cuajo el corazón/ y ponerlo debajo de un zapato...* (De *Poemas sueltos*). Es significativo que la palabra 'corazón' sea una de las más presentes en toda su obra, donde adquiere una importancia capital el tema amoroso en todas sus vertientes. Estaba ya presente en los poemas tempranos de *Imagen de tu huella* (1934), que publicó en la revista *El Gallo Crisis*, creada en Orihuela por su amigo Ramón Sijé[220]. Allí dio a conocer, por ejemplo, una composición titulada "El silbo de afirmación en la aldea" que suponía una original renovación de las estancias renacentistas, y en concreto de las liras que habían integrado la "Oda a la vida retirada" de fray Luis: ... *Eléctrica la luz, la voz, el viento,/ y eléctrica la vida./ Todo electricidad, todo presteza/ eléctrica: la flor y la sonrisa,/ el orden, la belleza, la canción y la prisa...* Pero las afinidades de Hernández con la poesía renacentista no se quedan sólo en ese elogio del bucolismo, frente a la ciudad alienante, que en él era una experiencia vital tan auténtica[221]. Radicaba sobre todo en su admiración por Garcilaso de la Vega, por la naturalidad de su expresión lírica, como les ocurrió a otros poetas del grupo del 27, del que puede considerarse "un epígono genial", como opinó Dámaso Alonso[222].

---

[220] Fue decisiva en la formación literaria inicial de Hernández su profunda y duradera amistad con el escritor oriolano Ramón Sijé, de educación católica y conservadora, que sólo se vería afectada por el distanciamiento ideológico provocado por los nuevos contactos del poeta durante su etapa madrileña. Su temprana muerte le inspiró uno de sus más desgarrados poemas (*infra*).

[221] Lo rústico estaba orgullosamente en sus raíces, como él mismo afirmó en uno de sus sonetos: *Me llamo barro aunque Miguel me llame./ Barro es mi profesión y mi destino / que mancha con su lengua cuanto lame...* Pero también en su aspecto físico, si nos atenemos a la descripción de Pablo Neruda en su primera impresión de él: *... su cara de patata recién sacada de la tierra...* [...] *Había recién dejado de ser pastor de cabras en Orihuela y venía todo perfumado por el azahar, por la tierra y por el estiércol... Su rostro era el rostro de España. Cortado por la luz, arrugado como una sementera, con algo rotundo de pan y de tierra.*

[222] Hernández le dedicó a Garcilaso una elegía reveladora de su identificación con él: *Un claro caballero del rocío/ un pastor, un guerrero de relente/ eterno es bajo el Tajo;/ bajo el río/ de bronce decidido y transparente...*

El poemario con el que Hernández pasa a ser un hito decisivo en la historia de la lírica española es **El rayo que no cesa** (1936), integrado mayoritariamente por sonetos y publicado en Madrid por Manuel Altolaguirre y su mujer, la poeta Concha Méndez (*supra*, n. 200), con quienes había entablado una estrecha amistad. El título sustituyó al de *El silbo vulnerado* (1934), su primer intento, y su significado es claro y ambiguo al mismo tiempo; del mismo modo que todo su vocabulario, en general, tiene una aparente simplicidad que esconde profundas simbologías. De un lado, el propio poeta parece explicarlo con sus versos iniciales, en cuartetas formando redondillas, como buscando la síntesis filosófica pretendida por el Machado de *Proverbios y cantares*. Se refiere allí a *un carnívoro cuchillo/ de ala dulce y homicida*, a *un rayo de metal crispado*, un símil cambiante pero siempre afilado y con la misma connotación de 'hiriente', que provoca agitación interior violenta en el poeta: *¿No cesará este rayo que me habita/ el corazón de exasperadas fieras/ y de fraguas coléricas y herreras/ donde el metal más fresco se marchita?...* Nos dice que es un dolor que él mismo causa, una pena que está metida en lo profundo de su ser y que por ello se resiste tercamente a abandonarlo: *Este rayo ni cesa ni se agota:/ de mí mismo tomó su procedencia/ y ejercita en mí mismo sus furores...* Al mismo tiempo sabemos que es el amor la causa –*Mi corazón no puede con la carga/ de su amorosa y lóbrega tormenta*–, por lo que sólo la amada puede servir de consuelo, y sólo a ella le pide, entonces, que venga *a serenar la sien del pensamiento/ que desahoga en mí su eterno rayo*. El problema interpretativo radica en que mientras algunos sonetos poseen claras alusiones a una relación erótica, como el que comienza *Me tiraste un limón, y tan amargo...*, en otros, en cambio, la amada le opone una dura castidad que le permite incluso presentarla en términos petrarquistas; razón por la que la crítica ha discutido sobre la identidad de la mujer que causó la queja del poeta[223]. El símil de la tormenta que descarga rayos –no se olvide que esa representación ancestral de la penetración del cielo en la tierra era atributo de dioses– puede ser imagen de un permanente deseo insatisfecho, una tentación no saciada, o bien, de una obsesión del pen-

---

[223] Hay que tener en cuenta que 1935, año en que rompe temporalmente su noviazgo con Josefina Manresa, estuvo lleno de experiencias amorosas para el poeta. Se sabe que mantuvo una relación sexual con la pintora Maruja Mallo, y ella es para algunos críticos la destinataria real de la mayor parte de este poemario.

samiento: *Tengo estos huesos hechos a las penas/ y a las cavilaciones estas sienes...* En cualquier caso, lo que parece evidente es que el rayo tiene en Hernández una simbología similar a la que poseen varios elementos de la naturaleza en la obra de César Vallejo[224]. Se sabe que el poeta peruano y el chileno Neruda fueron, junto al Aleixandre surrealista de *La destrucción o el amor*, sus influencias más decisivas en esta etapa. Nadie probablemente, desde Lope hasta ese momento, había logrado hacer sonetos que brotaran con tanta impresión de espontaneidad como los de *El rayo que no cesa*. La imagen del toro, por ejemplo, que ya Quevedo usara para referirse a la lucha de los amantes por el amor de Lisi, le sirve a Hernández para expresar su modo de sentir siempre *en carne viva*:

> *Como el toro he nacido para el luto*
> *y el dolor, como el toro estoy marcado*
> *por un hierro infernal en el costado*
> *y por varón en la ingle con un fruto.*
>
> *Como el toro lo encuentra diminuto*
> *todo mi corazón desmesurado,*
> *y del rostro del beso enamorado*
> *como al toro a tu amor se los disputo.*
>
> *Como el toro me crezco en el castigo,*
> *la lengua en corazón tengo bañada*
> *y llevo al cuello un vendaval sonoro.*
>
> *Como el toro te sigo y te persigo,*
> *y dejas mi deseo en una espada,*
> *como el toro burlado, como el toro.*

Este soneto, que ejemplifica bien el "tono viril y arrebatado" con el que acertadamente se ha caracterizado su poesía –en ella la repetición

---

[224] Recuérdese por ejemplo el inicio de "Los heraldos negros", el famoso poema de Vallejo que abre el libro del mismo título, de 1918: *Hay golpes en la vida, tan fuertes... Yo no sé!/ Golpes como del odio de Dios; como si ante ellos,/ la resaca de todo lo sufrido/ se empozara en el alma... Yo no sé!/ Son pocos, pero son... Abren zanjas oscuras/ en el rostro más fiero y en el lomo más fuerte...*

es siempre signo pasional–, está acompañado por otros sonetos magistrales que definen esencialmente estados anímicos del poeta. En casi todos ellos demuestra Hernández la riqueza de su adjetivación y la originalidad en la construcción de epítetos, una de las razones por las que ha dejado una profunda huella en muchos poetas posteriores: *Umbrío por la pena, casi bruno...*; *Lluviosos ojos que lluviosamente/ me hacéis penar: lluviosas soledades...*; *Yo sé que ver y oír a un triste enfada/ cuando se viene y va de la alegría/ como un mar meridiano a una bahía/ a una región esquiva y desolada...*, etc. Su originalidad resalta además en medio de bastantes ecos garcilasianos como éstos, probablemente buscados, e incluso de otros poetas del XVI como Fernando de Herrera: *Fatiga tanto andar sobre la arena/ descorazonadora de un desierto,/ tanto vivir en la ciudad de un puerto/ si el corazón de barcos no se llena...* Pero donde la sensibilidad romántica de Hernández llega quizá a su cota más sublime e intensa es en los tercetos encadenados de su famosa "Elegía a Ramón Sijé" (*supra*, n. 220), una de las más hermosas composiciones funerarias que se han escrito en español: *Quiero escarbar la tierra con los dientes,/ quiero apartar la tierra parte a parte/ a dentelladas secas y calientes./ Quiero minar la tierra hasta encontrarte/ y besarte la noble calavera/ y desamordazarte y regresarte...*

Los poemas de **Viento del pueblo,** escritos en 1937, ya en plena Guerra Civil, presentan a un Hernández muy consciente del cambio sustancial que había experimentado su poesía: su fusión plena con la masa humana más ligada a la tierra. De ahí títulos como "El niño yuntero", "El sudor" o "Aceituneros", que denuncian el trabajo servil de los trabajadores del campo, y que hacen de éste el primer gran poemario español de lo que se entiende por 'poesía social': *Carne de yugo ha nacido/ más humillado que bello,/ con el cuello perseguido/ por el yugo para el cuello...* A diferencia de García Lorca, que renegó muchas veces de la etiqueta de 'poeta popular' (vid. *supra*, n. 172), Miguel Hernández será contundente en sentido contrario: *Los poetas somos viento del pueblo: nacemos para pasar soplando a través de sus poros y conducir sus ojos y sus sentimientos hacia las cumbres más hermosas.* Entendía, pues, que el poeta popular tenía la noble misión de elevar la sensibilidad de los demás, algo que será consigna común en casi todos los poetas sociales de la posguerra. Sin embargo, las coincidencias con Lorca son importantes: con él comparte plenamente su valoración del romance, que es la misma que en su día hizo Lope de Vega, de quien se sentía ferviente admirador; pero además, gracias al poeta granadino –a quien conoció por una representación de La Barraca en Murcia– se interesó Hernández por escribir un teatro de propaganda socialista, en el que no logró tener éxito (vid. *infra*, nota 245).

Un año después de que Emilio Prados publicara su *Cancionero menor para combatientes* (1938), Hernández empieza a escribir su **Cancionero y romancero de ausencias** (1939-1941), su poemario más marcadamente político. Lo escribió desde su situación de víctima de la represión franquista en varias cárceles del país, después de que fracasara su intento de huir a Chile, al ser detenido en la frontera portuguesa. Todos sus temas cobraban un sentido especial justo en un momento en que Europa volvía a estar en armas, y el gobierno de Franco vacilaba respecto a su participación en la II Guerra Mundial[225]. Concentraba allí Hernández su vivencia íntima de la prisión, siendo tan capaz de dedicarle un bello soneto a una escoba como de hacer otro con su propio balance de dos años de guerra, a modo de funesta conmemoración: *Es sangre, no granizo, lo que azota mis sienes./ Son dos años de sangre: son dos inundaciones...* Se encuentran en esta compilación los principales temas que le han dado dimensión universal a su poesía: la meditación sobre la libertad y la desolación de la guerra, el dolor que va ligado a la propia existencia –*Llego con tres heridas/ la de la vida, la de la amor, la de la muerte*–, junto a la imposibilidad de escapar de él, etc. En esos poemas se acentúa aún más su modo visceral de sentir, como cuando se acuerda de la mísera nutrición de su hijo recién nacido (en una carta su mujer le decía que no comía más que pan y cebolla), y escribe una de sus composiciones más famosas: las "Nanas de la cebolla". Pero el *Cancionero y romancero de ausencias*

---

[225] El 4 de septiembre de 1939 España se declaró neutral en la guerra que acababa de comenzar, pero en junio del año siguiente cambió al estatus de no-beligerancia. El 23 de octubre de 1940, en la célebre entrevista que Hitler y Franco mantuvieron en Hendaya, 'El Caudillo', como se hacía llamar Franco, negó su apoyo al alemán con una estrategia que ha sido muy discutida. Finalmente, el 3 de octubre de 1943, España vuelve a declararse neutral cuando todo hacía prever la victoria de los aliados. Esto no impidió que Franco mantuviese otras colaboraciones con Alemania, como la que le llevó a organizar la División Azul: unos cuantos miles de soldados 'voluntarios' (forzados en realidad), pertenecientes a las filas falangistas de Jose Antonio Primo de Rivera en su mayoría, que lucharon en el frente ruso durante la invasión que los alemanes hicieron de la Unión Soviética con el fin de abolir el comunismo.

es también un libro perfecto para reflexionar sobre el cambio que experimenta la 'poesía humana' cuando se vuelca en metros no populares como el octosílabo arromanzado. Hernández, que comprende como pocos el efecto emocional que produce la rima, demuestra tener plena conciencia de la dignificación que supone el uso del verso alejandrino formando cuartetos o serventesios; por eso lo usa para la rotunda declaración amorosa: *Yo no quiero más luz que tu cuerpo ante el mío:/ claridad absoluta, trasparencia redonda.* Aunque de esto ya había dado una muestra espléndida en la "Canción del esposo soldado" (*Viento del pueblo*), en la que combina el tono aseverativo y ceremonioso del alejandrino, propio del manifiesto ideológico, y la naturalidad del verso quebrado, para hacer un conmovedor homenaje a la mujer amante y madre futura en la que deposita la única fe que posee en el frente bélico:

> *He poblado tu vientre de amor y sementera*[226],
> *he prolongado el eco de la sangre a que respondo*
> *y espero sobre el surco como el arado espera:*
> *he llegado hasta el fondo.* [...]
> *Espejo de mi carne, sustento de mis alas,*
> *te doy vida en la muerte que me dan y no tomo.*
> *Mujer, mujer, te quiero cercado por las balas,*
> *ansiado por el plomo...*

En consonancia con las penalidades sufridas en su trayectoria humana, Miguel Hernández fue también uno de los poetas con los que más duramente se ensañó la censura franquista. Durante mucho tiempo sólo fue posible leerlo en la más absoluta clandestinidad —pese a alguna edición aislada de *El rayo que no cesa* en 1949 y 1951–, de modo que sus últimos poemarios fueron desconocidos por los españoles prácticamente hasta la década de los setenta. Sólo a partir de 1975 pudo reivin-

---

[226] Antonio Machado fue quien usó por primera vez el término 'sementera' para reivindicar a Gonzalo de Berceo usando su misma estrofa pero en serventesios, como hace aquí Hernández: *Su verso es dulce y grave, monótonas hileras/ de chopos invernales en donde nada brilla,/ renglones como surcos en pardas sementeras,/ y lejos, las montañas azules de Castilla.* Nótese que las mismas connotaciones de dulzura y gravedad son las que tienen los alejandrinos de este poema.

dicarse al fin su figura, y el reconocimiento popular que se le dispensó entonces debió mucho a su difusión oral, con la música que pusieron a sus poemas algunos cantautores, como ocurrió en el caso de Antonio Machado (vid. *supra*, n. 43).

Mientras tanto, los poetas del llamado 'bando nacional' se reunían en antologías de títulos tan triunfalistas como la propia poesía que albergaban, imbuida de una ideología totalitaria e imperialista que invadió todo su imaginario[227]. Entre las voces más personales, figuran tres nombres que pertenecieron a un grupo muy uniforme ideológicamente y que publicaba en ***Escorial***, revista no exclusivamente poética fundada en 1940, que sostuvo una estética acorde con el programa cultural fascista: búsqueda de un 'nuevo orden europeo' a través de modelos de la antigüedad clásica y de la admiración por lo germano, etc. Se trata de poetas 'de creencias' (en el sentido que Ortega dio al término), ya que su lírica es ante todo reflejo de sus convicciones éticas y espirituales, en general. El primero de ellos, **Dionisio Ridruejo** (1912-1975), que en su juventud llegó a ser coautor del himno de la Falange española, sorprende por el tono intimista y afectivo con el que afrontó situaciones terribles, vividas por muchos, desde una sensibilidad que terminó por distanciarle del franquismo. Tras publicar *Poesía en armas* (1940), decidió enrolarse en la División Azul (vid. *supra*, n. 225), fruto de lo cual escribió unos *Cuadernos de Rusia* (1944) que contienen algunos valiosos sonetos de su particular destierro: *España toda aquí, lejana y mía,/ habitando, soñada y verdadera/ la duda y fe del alma pasajera,/ alba toda y también toda agonía...* Unos versos que demuestran, por otra parte, que la influencia de Antonio Machado no entendió de ideologías. Ésta se percibe asimismo sobre la poesía de **Luis Rosales** (Granada, 1910-1992), que tuvo un gran prestigio ya durante la primera década de posguerra, culminando en la publicación de ***La casa encendida*** (1949). Era un largo poema lírico-narrativo en versículos centrado en la memoria de vivencias biográficas deshilvanadas, y entreverado de

---

[227] Son ejemplos de ello la *Antología poética del Alzamiento* (1939), la *Corona de sonetos en honor de José Antonio Primo de Rivera* (1939) o la *Poesía heroica del imperio* (1940). Algunos de los poetas allí contenidos, como el madrileño Agustín de Foxá, autor de *El almendro y la espada* (1940), gustaban de apelar a la imagen del Cid, el gran emblema nacionalista, cabalgando y conquistando Valencia.

profundas reflexiones filosóficas, algo que fue el 'sello' de su lírica hasta sus últimos años, como muestra el *Diario de una resurrección* (1979). Fue notable su influencia en algunos poetas posteriores precisamente por la hondura de sus versos, que, espigados al azar, reservan siempre sentencias inolvidables, como estos de *La casa encendida*: *pero el dolor es la ley de gravedad del alma,/ llega a nosotros iluminándonos,/ deleteándonos los huesos,/ y deja en nuestra carne la certidumbre de vivir/ como han quedado las rodadas sobre las calles de Pompeya...* El dolor como escuela de vida y como perfeccionamiento del individuo sería todo un tema recurrente en la primera posguerra. Sobre él escribió también **Leopoldo Panero** (León, 1909-1962), poeta de compleja trayectoria que inicialmente fue colaborador de la revista de Neruda (*supra*, nota 161), cuya voz lírica, siempre emotiva, transmite una gran sinceridad, lo que ha hecho que su poesía se mantenga mucho más viva que la de la mayoría de poetas de su generación. Su obra estuvo marcada por su religiosidad, como la de Rosales, y ambos participaron de una veta de 'poesía sacra' que buscó en la idea de Dios un refugio contra el caos, creencia compartida por el Dámaso Alonso de *Hijos de la ira*, uno de los poemarios clave de estos años (*infra*, n. 233). La poesía de Panero puede calificarse de 'existencial' por contener una meditación muy personal sobre la soledad del vivir cotidiano y sobre la búsqueda de asideros espirituales para soportar la angustia de la existencia, en la misma línea unamuniana que mostrarían, desde ideología contraria, poetas de la década del cincuenta como Blas de Otero (*infra*, n. 362). La dolorida conciencia del paso del tiempo estaba ya presente en sus primeros libros, *La estancia vacía* (1944) y los *Versos del Guadarrama* (1945), pero más aún en **Escrito a cada instante** (1949), su libro más logrado, al que pertenece este soneto de sencillez machadiana donde consigue que se 'escuche' el conmovedor silencio de una escena familiar de posguerra:

> *Estamos siempre solos. Cae el viento*
> *entre los encinares y la vega.*
> *A nuestro corazón el ruido llega*
> *del campo silencioso y polvoriento.*
> *Alguien cuenta, sin voz, el viejo cuento*
> *de nuestra infancia, y nuestra sombra juega*
> *trágicamente a la gallina ciega;*

> *y una mano nos coge el pensamiento.*
> *Ángel, Ricardo, Juan, abuelo, abuela,*
> *nos tocan levemente, y sin palabras*
> *nos hablan, nos tropiezan, les tocamos.*
> *¡Estamos siempre solos, siempre en vela,*
> *esperando, Señor, a que nos abras*
> *los ojos para ver, mientras jugamos!*

La ortodoxia religiosa militante de todos aquellos poetas hizo que volvieran los ojos de continuo sobre determinados autores de los Siglos de Oro, desde una visión muy parcial de ellos. Esto justifica que Garcilaso de la Vega, admirado en décadas anteriores por diversos poetas, se cargara a partir de 1939 de connotaciones políticas ajenas a su poesía, y se convirtiera en símbolo de la España católica e imperial. Así, en mayo de 1943 apareció una revista nombrada **Garcilaso** que hasta 1946, fecha en que dejó de editarse, se erigió en portavoz de los poetas del nuevo régimen[228]. Precisamente, una de las directrices básicas de la nueva revista consistió en hacer una poesía de corte fuertemente individualista, preocupada básicamente por la perfección formal a través del cultivo de metros clásicos. Entre sus fundadores se encontraba el poeta **José García Nieto** (Oviedo, 1914-2001), quien ante todo fue un gran sonetista marcado por la lectura de *Alondra de verdad* de Gerardo Diego (*supra*, nota 184), y fue muy premiado por ello en un momento en el que se dio un nuevo auge de tal modalidad. Sin embargo, en aquel afán de los poetas jóvenes por escribir sonetos, que llegó a calificarse de "epidemia poética", las influencias no fueron tan unidireccionales: valga como ejemplo los *Poemas del toro* (1943) de **Rafael Morales** (Toledo, 1919-2005), que acusaba evidentes huellas de Miguel Hernández, y que fue el primer volumen de la colección 'Adonais', que sería decisiva para la cultura poética del país

---

[228] El poeta toledano fue elegido, según reconocieron los fundadores de la revista, "por su paso militar y renaciente, actual y clásico", es decir, por su imagen castrense y caballeresca. Los poetas del movimiento "Juventud creadora", simpatizantes falangistas que fueron el germen de la revista *Garcilaso*, profesaban ideales patrióticos radicalmente opuestos a los que marcaron el tono de *Caballo verde para la poesía*. Para ellos, la poesía de carácter social era fundamentalmente demagógica y sensiblera.

a partir de esa fecha[229]. En su parte más negativa, el 'garcilasismo' como moda produjo una gran cantidad de poesía de tema religioso que se quedó en pura retórica, el principal defecto que le achacarán sus detractores. En su parte más válida, en cambio, está su contemplación del paisaje como un reflejo de espiritualidad –en claro vínculo con los noventayochistas–, o como trasunto del 'paisaje existencial' interior, algo que constituye un rasgo romántico no exclusivo de los poetas de *Garcilaso*. Buenos ejemplos de ello son: *Del campo y soledad* (1946), libro de García Nieto que da un nuevo giro ideológico al *beatus ille* y al bucolismo de Hernández; *El corazón y la tierra* (1946) de R. Morales, y sobre todo los *Versos del Guadarrama* y poemas como "Por dónde van las águilas" de *Escrito a cada instante*, de Leopoldo Panero (vid. *supra*).

Como reacción al clasicismo y al retoricismo de aquellos poetas, en mayo de 1944 se fundó **Espadaña**, una revista que tuvo más larga vida que su oponente –se editó hasta 1951–, y que defendía una poética de carácter antiformalista y 'rehumanizadora' en la línea de Neruda[230]. La importancia de esta revista, de filiación política tan clara como la de *Garcilaso* aunque no tan manifiesta, radica en que sirvió para canalizar las dos tendencias poéticas más importantes de la década siguiente: la poesía de compromiso social, cercana al sentir colectivo, y la poesía de fundamentos existencialistas. El propio fundador de la revista, **Victoriano Crémer** (Burgos, 1908-2009), fue un excelente poeta de formación autodidacta que representó muy bien ambas tendencias en los años cincuenta, aunque ya tenía publicados poemarios importantes en

---

[229] La colección surgió en 1943 con el propósito de dar a conocer a buenos poetas que hasta entonces no habían encontrado cauce editorial. Debe recordarse que entre esa fecha y 1952 "en Adonais se publicaron textos de Paul Verlaine, de Walt Whitman, de Byron, de Eliot, de Keats, de Rimbaud, de Shelley y de Spervielle. Autores que también se publican y reconocen en revistas poéticas de los años cuarenta y que nos hacen cuestionarnos el tópico de pobreza cultural que miméticamente la crítica repite con frecuencia cuando se trata de analizar este periodo" (F. Rubio y J. L. Falcó).

[230] Es significativo que en esta revista aparecieran por primera vez publicadas, por ejemplo, las "Nanas de la cebolla" de Hernández. El nombre 'Espadaña', de inmediata asociación a la palabra 'espada', se eligió más bien por la imagen de los campanarios a modo de frontón alto que en muchos pueblos españoles eran visibles desde lejos (de ahí la frase "¡Espadaña a la vista!"). Sus fundadores, como antes los de Garcilaso, siempre negaron que estuvieran militando en un grupo cerrado de oposición.

la década anterior[231]. En términos generales, *Espadaña* acogió la poesía de los que no querían cerrar los ojos a la dura realidad, de los de los inconformistas que se sublevaban contra los ejercicios estéticos practicados por los 'garcilasistas'. Su denominador común podría sintetizarse en estos versos que, casi a modo de himno, escribió **Eugenio de Nora** (León, 1923), el otro sostén ideológico de la revista[232]:

> *El silencio pesado,*
> *la música, y el tiempo que hace ahí fuera,*
> *la gente de las calles con uniforme o luto,*
> *las cicatrices que miro en tantas almas,*
> *el sol rojizo iluminando cárceles,*
> *ruinas, y ciertos muros, ah, ciertos terraplenes*
> *[...]*
> *Yo bien quisiera*
> *hablar con voz más pura de la luna y las flores,*
> *o descifrar en versos mágicos*
> *el color de los ojos de la mujer que amo:*
> *pero ahí está lo otro,*
> *un oleaje, una salva de aplausos y disparos,*
> *el mar ronco en las calles.* [...]
> *Pero aquí están los años enemigos,*
> *amargos de odio, abiertos como heridas,*
> *desfallecidos de belleza aguda.* (Pueblo cautivo, 1946)

---

[231] *Tacto sonoro* (1944), por ejemplo, tenía clara influencia de Lorca y Hernández. A él le siguieron *Caminos de mi sangre* (1947) y *Las horas perdidas* (1949), aunque su título más importante, de clara resonancia neurdiana es *Nuevos cantos de vida y esperanza*: vid. *infra*, n. 353. Acabada la Guerra Civil, tras un periodo de encarcelamiento, se afincó en León, donde fue siempre muy respetado. Allí fortaleció su compromiso político y entabló amistad con Eugenio de Nora, con quien ideó la creación de *Espadaña*.

[232] Sus primeros poemarios importantes fueron: *Cantos al destino* (1945), *Amor prometido* (1946) y *Pueblo cautivo* (1946). Ya en la década de los cincuenta publicaría *Siempre y España pasión de vida*, ambos de 1953, el año en el que obtuvo el prestigioso premio Juan Boscán de poesía. Nora fue además muy reconocido como crítico por su ensayo en tres volúmenes *La novela española contemporánea* (Madrid, 1958-1962), acabado ya en Berna, donde trabajó como profesor universitario.

Algún poeta fue más allá al considerar una falta de decencia, incluso, hablar de bienestar en tiempos en que la realidad sólo pedía denuncia, como escribió claramente el vasco **Gabriel Celaya** (*infra*, n. 357): *Yo me alquilo por horas, río y lloro con todos; pero escribiría un poema perfecto/ si no fuera indecente hacerlo en estos tiempos...*(*Tranquilamente hablando*, 1947). La imposibilidad de cantar a la belleza o al amor está detrás de muchos de estos poetas que, por varias vías, quisieron expresar lo duro que era seguir viviendo —*resolver la vida*, como dice un verso de Crémer—, en medio de espacios desalentadores. En los poemas que tienen como escenario los pueblos, muestran un estilo cercano al 'tremedismo' que estuvo en boga en la novela en esos años (*infra*, nota 258). Al igual que sucedería con muchos novelistas coetáneos, el paisaje urbano será para Crémer, por ejemplo, un lugar propicio a la meditación de corte existencialista, como muestra su magnífico poema "Friso con obreros" (*infra*, n. 353). Su inspiración fue el peruano César Vallejo, el poeta que más influencia tuvo sobre todos estos poetas sociales, por lo que *Espadaña* le dedicó un número de homenaje en 1949, un año que fue especialmente importante para la poesía española dentro y fuera de la península. A partir de esa fecha, muchas fueron las revistas literarias que desempeñaron un papel crucial, repartidas por las distintas provincias, en la difusión de la poesía en España; un fenómeno bastante insólito, si se considera que no contaban con apoyos oficiales y que en la mayoría de los casos obedecieron a iniciativas personales bastante altruistas. Con todo, ninguna de ellas pudo arrebatarle a *Garcilaso* y *Espadaña* la categoría de emblemas de la división estética e ideológica que se dio en la poesía española durante mucho tiempo.

En 1944 se publicaron, además, dos libros de gran originalidad que los historiadores suelen magnificar como hitos trascendentales para la lírica del siglo XX. Se trataba de dos poemarios que tenían sólo en común dos únicos rasgos: el ser obra de madurez de dos integrantes del grupo del 27, y el romper claramente con el verso metrificado. A la extrañeza que provocaban en un nivel formal debieron sobre todo su impacto 'revolucionario', o al menos subversivo, mientras que su resonancia posterior es un hecho más que discutible. El primero de ellos, **Hijos de la ira** de Dámaso Alonso, estaba escrito a modo de plegaria contestataria: *Yo escribí* Hijos de la ira *lleno de asco ante la estéril injusticia del mundo y la total desilusión de ser hombre,* llegó a confesar el propio autor. Su voz lírica es allí la de un *náufrago solitario* que expresa su desamparo, y que habla directamente con Dios a lo largo de todo el poemario, y en ese sentido, su diálogo es muy similar al que establece Panero en muchos de sus poemas. Participa además de una tendencia de poesía existencial que tenía como modelo al Unamuno de *El cristo de Velázquez*, tan admirado en su día por Juan Ramón Jiménez; una influencia que en el caso de Dámaso Alonso debe sumarse a la intensa lectura y estudio que hizo en esos años de la poesía de San Juan de la Cruz. *Hijos de la ira* tenía, además, una mirada de estupor ante el mundo, un juicio sobre su carencia de sentido, muy cercana a la que proyectaba la obra de J. P. Sartre, quien sólo un año antes –no debe olvidarse– había publicado *El ser y la nada* (1943), uno de los tratados fundamentales del existencialismo. Tal vez se exagere al decir que *Hijos de la ira* inaugura en la literatura española una veta de 'poesía desarraigada', como el propio Dámaso Alonso quiso nombrarla, pero lo cierto es que su desgarro provenía del decidido propósito de desmarcarse de la serenidad pretendida por la poesía reinante[233]. En cualquier caso, se apartó de aquella idea de *el mundo está bien hecho* que sostuvieron poetas como Guillén (*supra*, n. 188) y los que publicaban en *Garcilaso*, pues un tono fatalista dominaba el libro. Lo primero que destaca en él es la caprichosa partición de sus versos, en radical oposición al retoricismo de los sonetos coetáneos, y que se diría reflejo tipográfico de la fragmentación interior desde la que el poeta escribe, rodeado de espantos en su *desgarradora interrogación*, y bajo la creencia de que la corrupción del hombre alcanza a todo el universo. Uno de sus poemas más representativos es precisamente el que lo abre, titulado "Insomnio", donde resuenan (aunque a gran distancia) versos de la "Ciudad sin sueño" y otros poemas del *Poeta en Nueva York* de Lorca (*supra*, c. n. 175), su admirado compañero de generación:

---

[233] *Para otros, el mundo nos es un caos y una angustia* –explicaba Dámaso Alonso– *y la poesía una frenética busca de ordenación y ancla. Sí, otros estamos muy lejos de toda armonía y toda serenidad* [...] *Hemos contemplado el fin de este mundo, planeta ya desierto en el que el odio y la injusticia, monstruosas raíces invasoras, habrán ahogado, habrán extinguido todo amor, es decir, toda vida. Y hemos gemido largamente en la noche. Y no sabemos hacia donde vocear.*

Madrid es una ciudad de más de un millón de cadáveres
(según las últimas estadísticas).
A veces en la noche yo me revuelvo y me incorporo en
este nicho en el que hace 45 años que me pudro,
y paso largas horas oyendo gemir al huracán, o ladrar los
perros, o fluir blandamente la luz de la luna.
Y paso largas horas gimiendo como el huracán, ladrando
como un perro enfurecido, fluyendo como la leche
de la ubre caliente de una gran vaca amarilla.
Y paso largas horas preguntándole a Dios, preguntándole
por qué se pudre lentamente mi alma,
por qué se pudren más de un millón de cadáveres en esta
ciudad de Madrid...

Paralelamente, **Sombra del paraíso** (1944) de Vicente Aleixandre (*supra*, n. 189) fue definido por su autor como "un canto de la aurora del mundo, vista desde el hombre presente; cántico de la luz desde la conciencia de la oscuridad". Y su definición resulta particularmente interesante si se considera la asombrosa repetición de esa misma conciencia en los títulos de los poemarios desde el inicio de la guerra: *Vivimos en una noche oscura* (1936) de C. M. Arconada, *Nube temporal* (1939) de Altolaguirre, *Penumbras*, I (1939-1941) de E. Prados, *Oscura noticia* (1944) de Dámaso Alonso, etc; algo que se prolongaría también en otros géneros durante las dos décadas siguientes (vid. *infra*, n. 337). Es larga además la relación de versos que afianzaban esas mismas imágenes tenebrosas en el imaginario colectivo: *Ha llegado la noche para todos:/ yo reclino mi frente en esta piedra,/ donde los siglos, ciegamente, pasan,/ mientras fulgen, arriba, las estrellas...* (Del poemario *Los muertos*, 1947, de José Luis Hidalgo); *Nos han abandonado en medio del camino./ Entre la luz íbamos ciegos.* [...] *Vivimos y morimos muertes y vidas de otros./ Sobre nuestras espaldas pesan mucho los muertos...* (De *Tierra sin nosotros*, 1947, de J. Hierro: vid. *infra*, nota 358), etc. Versos a los que hay que sumar las muchas imágenes que en *Hijos de la ira* parecen salidas de una angustiosa penumbra, casi ultratumba interior. En *Sombra del paraíso* la misión del poeta parece equipararse a la de los ángeles desterrados del mismo: recordarle al hombre que una vez existió un paraíso de inocencia en la actualidad perdido, y que es sólo recuperable por la unión amorosa, en una exaltación del amor similar (aunque distinta) a la de *La voz a ti debida* de Salinas. Aleixandre confesó que Málaga le había inspirado el libro, lo que explica su visión del sur como refugio paradisíaco, una idea que era compartida con Alberti y Cernuda, como se ha dicho, y en buena medida con Gil-Albert, a pesar de que no fue nunca un exiliado de su patria, como ellos[234]. Una de las razones por las que sería más imitado el libro –además de su escritura apasionada, transmisora de emoción–, fue su forma de practicar líricamente el surrealismo en versículos de extrema desigualdad, borrando las fronteras con la prosa. Un rasgo de estilo este que trasladó luego a otros poemarios de mayor inquietud social, como en *Historia del corazón*, que fue su libro más reconocido del periodo entre 1945 y 1954:

> *Hermoso es, hermosamente humilde y confiante, vivificador y profundo,*
> *sentirse bajo el sol, entre los demás, impelido,*
> *llevado, conducido, mezclado, rumorosamente arrastrado.*
>
> *No es bueno*
> *quedarse en la orilla*
> *como el malecón o como el molusco que quiere calcáreamente imitar a la*
> *roca.*
> *Sino que es puro y sereno arrasarse en la dicha*
> *de fluir y perderse...*

Mientras Aleixandre iniciaba este poemario, algunos poetas jóvenes optaban también por el surrealismo más depurado, pero con un propósito bien distinto. Tenían el afán de impulsar un nuevo movimiento de talante provocador que fuera cumbre de todas las vanguardias, y que se denominaría 'Postismo' (vid. *infra*, n. 363).

---

[234] Pese a haber publicado durante la guerra algunos romances en periódicos de la zona republicana, Aleixandre eligió proseguir su creación en España durante el franquismo; hecho que se vería compensado con su elección como miembro de la RAE en 1949 y posteriormente con una serie de reconocimientos nacionales que propiciarían la concesión del Premio Nobel en 1977 (vid. *supra*, nota 189).

La poesía de 'la España peregrina'

Una de las deudas más largas de la historia literaria española es la que se mantuvo con los autores que tuvieron que escribir su obra de madurez fuera del país. Fue la suya una de las producciones más ricas de toda la literatura española, especialmente en el terreno de la lírica, y por tanto se trató de una deuda doblemente injusta[235]. Su gran calidad y riqueza se debe en buena medida a que fueron muy distintas las circunstancias en las que escribieron: junto al destierro forzoso para los poetas más comprometidos y "significados políticamente" (como se decía entonces), se dio el exilio voluntario para quienes prefirieron conocer países más libres, pudiendo ejercer en ellos como profesores universitarios. Éste fue el caso de Luis Cernuda, que quiso quedarse primero en Inglaterra y después definitivamente en México, el país que junto a Argentina y Francia acogió a más refugiados políticos españoles, con unas condiciones de integración distintas a las que ofrecieron otros países[236]. Fue el caso también de Jorge Guillén y Pedro Salinas, quienes eligieron marcharse a los Estados Unidos, donde llegaron a expresar en un primer momento la incomprensión del poeta que se siente exiliado además del idioma, su bien más preciado, como refleja el poema "El extranjero" de Salinas. Sobre la propia lengua reflexionaría asimismo Juan Ramón Jiménez durante su exilio en Puerto Rico,

---

[235] Mientras redacto estas páginas recibo la noticia de que la editorial Castalia tiene ya preparado un volumen dedicado a la literatura del exilio, por lo que este epígrafe debería considerarse como una condensada y modesta introducción a esa exhaustiva monografía.

[236] La situación económica y social de los países de acogida fue determinante en el trato a los fugitivos de la dictadura de Franco, como oportunamente apuntaba Francisco Ayala en sus recuerdos del exilio: "La gran afluencia de españoles exiliados a México coincidió allí muy oportunamente con una fase de crecimiento nacional que haría de ellos aportación valiosa y deseable con general beneficio, aunque no, claro está, sin algunas fricciones en el proceso de ajuste." El dictador que entonces gobernaba la República Dominicana no ofreció condiciones tan favorables, ni tampoco se ofrecieron en Argentina, a pesar de que su presidente tenía origen vasco. En México, a los 'gachupines', como eran llamados los españoles residentes allí, se les veía como superiores en cierta manera, cosa que no sucedió nunca en Francia, pese a toda la simpatía política de los franceses hacia los republicanos españoles, debido a su colaboración en la Resistencia contra los alemanes.

donde, echando de menos su perdida biblioteca, escribió algunos de los versos más sentidos de toda su obra. A partir de su largo poema *Espacio* (1943), pretendió elaborar todo un diario poético bajo la imagen dominante del 'desterrado' que contrastaba fuertemente con su producción anterior[237].

Son varias las razones del interés que tiene explicar agrupados a los poetas que constituyen 'la España peregrina', el afortunado término que se acuñó a partir de un ensayo de José Bergamín (*supra*, nota 160)[238]. La característica común más notable es que todos aquellos poetas hicieron tan emocionados poemas como los que se escribieron durante los primeros tiempos de la guerra, pero con la particularidad de que casi todos mostraron la conciencia de su propia soledad, recuperando "el espacio interior" (F. Rubio), lo que da a aquella lírica un tono especialmente intimista. El mismo que tendría la poesía de aquellos otros poetas que, quedándose en la España franquista, se sentirían huérfanos de cultura, pues eran víctimas de otra manera de exilio: el interior o 'doméstico', que el historiador Paul Ilie bautizó como *inner exil*. A unos y otros les llegaría, en mayor o menor medida y por distintas causas, una misma invasión de nostalgia.

---

[237] Juan Ramón salió de España en 1936 junto a su mujer, Zenobia Camprubí, gracias a la ayuda solicitada a Manuel Azaña, quien lo nombró Embajador cultural honorario en Washington; Miami, Nueva York y Cuba fueron algunos de sus destinos antes de asentarse en Puerto Rico. Pese a la 'ambigüedad' ideológica que le achacaron algunos de sus coetáneos, dio muestras de una firme toma de partido por la defensa de la República, negándose, por ejemplo, a aceptar reiteradamente el nombramiento para entrar en la Real Academia española durante la dictadura. Sin embargo, fue durante su exilio donde se empeñaría en fortalecer sus contactos para la candidatura al Premio Nobel, que logró obtener en 1956 (vid. *supra*, nota 36).

[238] Bajo el título *De una España peregrina* (1972), Bergamín reunió una serie de reflexiones inspiradas durante sus varias etapas de exilio: primero en varios países latinoamericanos (México, Venezuela, Uruguay), y después en París, donde vivió las revueltas del 68, que bautizó como "el apocalipsis de la fraternidad". Como poeta, el Bergamín que había impresionado a Machado con sus "Tres sonetos a Cristo crucificado" aparecidos durante la guerra, recogió su obra lírica en antologías como *Rimas y sonetos rezagados* (1962) y *La claridad desierta* (1973). Tras su vuelta definitiva a España en 1970, llegó a presentar su candidatura como senador por la coalición de Izquierda Republicana y fue radicalizando su ideario político al instalarse en San Sebastián en 1982.

El abandono del país por motivos políticos trajo consigo una particular evocación sentimental de España: más que como patria, se extrañó sobre todo como una especie de entraña maternal perdida, de la que se echaban de menos sus olores, sus colores y sus contornos. Así, uno de los motivos líricos recurrentes fue la evocación de los paisajes españoles comparados con los paisajes del lugar de acogida, de lo que son buen ejemplo los versos de **Entre el clavel y la espada** (1939-1940) de Rafael Alberti: *A través de una niebla caporal de tabaco/ miro el río de Francia,/ moviendo escombros tristes, arrastrando ruinas/ por el pesado verde ricino de sus aguas./ Mis ventanas/ ya no dan a los álamos y los ríos de España...* La idealización de lo perdido produjo espléndidos textos de tono elegíaco y especial frescura, pues parecían dictados por el asalto imprevisto del recuerdo en cualquier circunstancia cotidiana. Como el recorrido en taxi que inspira el "Nocturno del desterrado" de J. M. Quiroga Plá (Madrid, 1902-1955), o el simple cambio de estación que a Emilio Prados le hace evocar, al mismo tiempo, el abril en que se proclamó la República y su propia adolescencia malagueña, repitiendo un único verso a modo de letanía íntima: *Cuando era primavera en España: frente al mar los espejos/ rompían sus barandillas/ y el jazmín agrandaba su diminuta estrella/ hasta cumplir el límite/ de su aroma en la noche... ¡Cuándo era primavera!...* Precisamente uno de los motivos más conmovedores de aquella poesía fue el lamento por no haber podido vivir la juventud en la propia tierra. Lo muestra bien el poema "Cruzando la frontera" que **Pedro Garfias** (Salamanca, 1901-1967) incluyó en sus **Poesías de la guerra española** (1941). En él elige una clásica combinación de endecasílabos y heptasílabos blancos para un doble homenaje al país y a Machado:

> *España de tiniebla y de amapola*
> *cómo estos verdes frágiles*
> *pueden fingirte ante mis ojos duros*
> *que vienen deslumbrados de mirarte.*
> *El corazón me pesa como un monte,*
> *mis pasos se retardan esperándote,*
> *tiro de ti como un barquero tira*
> *de su barca a la orilla de los mares.*
> *El mundo se entreabre a mi camino;*
> *dicen que el mundo es grande...*

Pero había tantos mundos todavía
que descubrir entre tus besos, Madre.[239]

Entre todos los poemarios de Garfias escritos en el exilio, los que mejor le toman el pulso a la melancolía colectiva de los escritores 'peregrinos' es *De soledad y otros pesares* (1948) y *Río de aguas amargas* (1953), que deben valorarse en un contexto de gran calidad lírica. Es el momento de la cuidada escritura de **Las ilusiones** (1944) de **Juan Gil-Albert** (*supra*, nota 219), libro que parece cantar a un paraíso perdido a través de la recreación en el paisaje, y que destaca por su tono sereno respecto a otros estrictamente coetáneos. En ese mismo año, en su exilio mexicano había publicado también Emilio Prados *Mínima muerte*, un poemario de tono casi místico y muy afín a la poesía de Gil-Albert. De ambos cabe decir lo que se ha escrito del poeta alicantino: que renunciaron a evocar la derrota de 1939 y a prolongar una ilusoria actitud de resistencia, para adoptar en cambio una serenidad estoica, "un tono de reflexión intimista y pasividad contemplativa ante el espectáculo de la naturaleza, que significa alegría de vivir, esperanza de amor, nostalgia de la vida sencilla" (G. Carnero). Desde una gran honradez intelectual, el individualismo de Gil-Albert tomó un discurso epicureísta que se reflejó en el tono esencialmente reflexivo de ***El existir medita su corriente*** (1949) y *Concertar es amor* (1951), hasta llegar a la plena comunión con la llamada 'poesía del conocimiento' que practicaron muchos poetas españoles en los años sesenta (*infra*, n. 380). Pese a su indiscutible calidad, Gil-Albert fue uno de los casos de tardío reconocimiento en nuestra historia literaria. Al regresar a España en 1947 pasó a un voluntario 'destierro interior' y con él a un injusto olvido por parte de la crítica, que ignoró la relevancia de sus nuevos poemarios. Esa situación sólo cambió al aparecer su antología *Fuentes de la constancia* (1972),

---

[239] Garfias fue en su día fue uno de los impulsores del movimiento ultraísta, junto a Cansinos Assens y Larrea, y en 1922 fundó la revista vanguardista *Horizonte* (vid. *supra*, c. n. 159). Ejerció el periodismo en Madrid hasta que su acérrima defensa de la República le llevó a exiliarse primero en Inglaterra, donde escribe *Primavera en Eaton Hastings* (1941), y luego en México, donde vivió gracias a los recitales y conferencias que daba por todo el país, hasta que el alcohol acabó por minar definitivamente su salud, por lo que no llegó a disfrutar del anhelado regreso a España.

por la que empezó a ser valorado al fin como una de las mejores voces poéticas del exilio español.

Dentro de la numerosa poesía basada en la nostalgia que provoca el recuerdo, muy poca de ella estuvo en realidad vinculada a los asuntos políticos que fueron su causa, como sí sucede a veces entre los escritores desterrados; de hecho, fue una poesía esencialmente introspectiva, centrada en emociones y vivencias muy personales que se evocaban desde la distancia geográfica y temporal. Entre ellas, como se apuntó al inicio de este epígrafe, la urgente necesidad de la lengua materna, que en algunos casos llevó a reivindicar además otras lenguas peninsulares –significativo que en México y Argentina se publicaran varias revistas en lengua catalana y gallega–, como natural reacción al nacionalismo lingüístico impuesto por Franco. En tal contexto encaja el afortunado título **Vida bilingüe de un refugiado español en Francia** (1942) de Alberti, que incluye algún original poema con 'incrustaciones' de diálogos en francés en un *collage* surrealista que intenta poner humor a serias imágenes inconexas del pasado (la arena del campo de concentración de Argèlest-sur-Mer, amigos que emigraron a Chile o la URSS, etc.) mezcladas con el impacto del momento en que los gendarmes irrumpieron de noche en su casa parisina mientras dormía con su mujer, M.ª Teresa León, a quien ni la historia literaria ni él mismo terminarían haciéndole la debida justicia[240]. **Retornos de lo vivo lejano** (1948-1956) está considerado el gran libro de madurez de Alberti, y guarda estrecha relación con la espléndida prosa de *La arboleda*

---

[240] María Teresa León (Logroño, 1903-1988) fue una culta escritora que ya en 1928 publicó unos *Cuentos para soñar*, y que se dio a conocer por su activa participación en muchos proyectos culturales en defensa de la República (vid. *supra*, c. nota 178 y 208), mientras escribía valientes novelas ambientadas en el Madrid bélico. La misma tenacidad que mantuvo en su compromiso político le llevó a ser la compañera incondicional de Alberti desde que se casaron civilmente en 1932. Fue sobre todo el sostén anímico del poeta durante su prolongado exilio, donde siguió escribiendo a su sombra textos como su admirable *Memoria de la melancolía* (*infra*, antes de n. 276). De ahí que resulte tan injusto su final: pasó sola sus últimos lustros internada en un sanatorio de las cercanías de Madrid, aquejada de alzheimer y otras dolencias hereditarias, mientras su marido se casaba con otra mujer a la que doblaba la edad. Afortunadamente, hoy se le rinden homenajes reconociendo su valía, también para el teatro (incluido el guión cinematográfico), por lo que resultan escasas estas líneas reivindicativas, como en el caso de otras escritoras exiliadas (vid. *infra*, n. 243 y 354).

perdida (vid. *supra*, nota 167), pues su estímulo es el poderoso recuerdo que enaltece su infancia (los días siempre *azules*, que diría Machado), y los escenarios que forjaron su personalidad y 'viven' dentro de él: un museo deshabitado, una azotea sobre la bahía gaditana, siempre próxima sentimentalmente, etc. Para dignificarlos, elige con frecuencia el endecasílabo de ritmo lento y ceremonioso, y si resulta especialmente placentera su lectura es sobre todo por la luz y el color de sus versos, impregnados todos ellos del Alberti que desde muy joven quiso ser pintor (vid. *supra*, n. 166), que es a lo que en verdad 'retorna' el libro: *Poblado estoy de muchas azoteas./ Sobre la mar se tienden las más blancas,/ dispuestas a zarpar al sol, llevando/ como velas las sábanas tendidas...* "Alberti personifica el destino del perpetuo desplazado que hace siempre un desesperado esfuerzo por reanudar los vínculos con un tiempo irremediablemente pasado" —escribía uno de sus estudiosos—, por lo que, en consecuencia, toda su poesía es "una vuelta continua a las raíces, una búsqueda ininterrumpida de la arboleda perdida" (R. Senabre). En esa explicación encaja también *A la pintura* (1945-1952), donde se encuentra su original comprensión de grandes genios de la pintura de todos los tiempos —excepcional el dedicado a Goya, por ejemplo—, pero también su modo de recuperar su genuina vocación: *Mi adolescencia: la locura/ por una caja de pintura/ un lienzo en blanco, un caballete... Divino gozo, la imprevista/ lección abierta del paisaje...* Estos dos poemarios, junto con *Ora marítima* (1953) y *Roma, peligro para caminantes* (1968), ya de su etapa italiana, contienen algunos de los mejores poemas escritos por poetas españoles en el exilio, y su calidad es claramente muy superior a los libros que escribiría tras su gloriosa vuelta a España[241].

---

[241] Alberti regresó a España en abril de 1977, después de treinta y nueve años de exilio: dos en Francia, veinticuatro en Argentina y casi quince en Italia, de donde procedía su rama familiar paterna. Sus primeras palabras al descender del avión fueron: *Yo me fui con el puño cerrado y vuelvo con la mano abierta en señal de concordia entre todos los españoles*. Designado por el partido comunista como diputado en las Cortes, se convirtió entonces en uno de los iconos de la transición democrática y, a diferencia de lo que sucedió con otros poetas exiliados, pudo disfrutar durante un par de décadas de ver aumentado su prestigio de 'poeta en la clandestinidad' y último autor vivo del grupo del 27. (Dámaso Alonso sólo seguía siendo reconocido como erudito académico.) Además de otras distinciones, a Alberti se le concedió el Premio Cervantes en 1983, sin que volviera a publicar ningún libro digno de mención hasta su muerte.

La poesía de los exiliados tardó mucho tiempo en difundirse realmente en España, salvo en círculos muy minoritarios de lectores que tenían acceso a unas cuantas revistas, como *Índice* e *Ínsula,* que se ocuparon de introducir a los poetas lejanos. En Latinoamérica se publicaron las dos primeras antologías importantes: **Poetas en el destierro**, que apareció en Chile en 1943, y **Las cien mejores poesías del destierro,** publicada en México en 1945, reunida por F. Giner de los Ríos y dedicada a la memoria de Antonio Machado, el gran inspirador de la poesía de esta etapa. En esta antología no toda la poesía evocaba la dolorosa circunstancia de la guerra, puesto que se reunían allí poetas muy diferentes, no siempre interesados en cuestiones sociales. De ahí que pueda leerse como un interesante 'diálogo' entre sensibilidades diversas ante el tema del destierro: la de Pedro Salinas, Luis Cernuda, Jorge Guillén y Juan Ramón Jiménez –tal vez más afines–, frente a la sensibilidad combativa de Juan Gil-Albert, Rafael Alberti o León Felipe. Aun siendo contrarias sus poéticas, algunos de ellos quedarían unidos por su elección de México como país de acogida, pues allí vivirían experiencias únicas que les llevarían a publicar sus más sentimentales poemarios.

Uno de los más marcados por su exilio mexicano fue **León Felipe** (Zamora, 1884-1968), quien ya se había dado a conocer tempranamente en Madrid por su vida de 'poeta maldito'[242]. Suele destacarse en él la independencia de su voz poética y su defensa férrea de la libertad de estilo –que le hizo preferir casi siempre el versículo–, por la que nunca se afilió a una estética determinada, pese a haberse formado inicialmente en ambientes modernistas. El libro al que debe sobre todo su fama es **Español del éxodo y el llanto** (1939), que contiene su conoci-

---

242 Nacido en el pueblo de Tábara (Zamora), estudió Farmacia, pero su carácter libre y amante de la bohemia le llevó a recorrer España y Portugal dentro de una compañía teatral, y después viajar varias veces a América. Leyó sus primeros poemas en el Ateneo de Madrid ya en 1919, pero su primer poemario reconocido (aunque él renegaría después de la mayor parte de sus versos) fue *Versos y oraciones de caminante* (1920-1930). Le siguió *Drop a Star* (1933), mucho más intimista, que insinuaba ya la dimensión simbólica que tan importante iba a ser en su obra del exilio. La conmoción que le provocó la Guerra Civil le hizo escribir poemas exhortando a la unión entre republicanos bajo el título *La insignia* (1937). Entre esa fecha y la de su último libro, *¡Oh, este viejo y roto violín* (1965), toda su producción fue escrita en México.

da "Elegía española": *¿Por qué habéis dicho todos/ que en España hay dos bandos,/ si aquí no hay más que polvo?/ En España no hay bandos... No hay más que un hacha amarilla/ que ha afilado el rencor./ Un hacha que cae siempre,/ siempre,/ siempre,/ implacable y sin descanso/ sobre cualquier humilde ligazón...* Casi todos los poemas de ese libro muestran una visión desoladora, un pesimismo rodeado de ironía, y un estilo que desdeña los adornos –para León Felipe la sinceridad requiere de la desnudez– en el que abusa muchas veces de reiteraciones y recursos de la lengua hablada. En **Ganarás la luz** (1943) la circunstancia histórica española se eleva a categoría de mito, y por eso todos sus símbolos giran en torno a la redención del hombre –palpable ahí la influencia de Walt Whitman– y a la meditación sobre su paso por el mundo: *Somos como un caballo sin memoria,/ somos como un caballo/ que no se acuerda ya/ de la última valla que ha saltado./ [...] Lloramos y corremos,/ caemos y giramos,/ vamos de tumbo en tumbo/ dando brinco y vueltas entre pañales y sudarios.* León Felipe llegó a tener además una gran autoridad como crítico, y fueron muchos los autores noveles que le enviaban sus manuscritos, de manera que a él se debió en gran medida el descubrimiento de ciertos talentos poéticos que, sin su apoyo, hubieran permanecido tal vez ocultos en la península (vid. *infra*, nota 353).

Excepcional en todos los sentidos fue el caso de Luis Cernuda, exiliado primero en Inglaterra, donde la guerra le sorprendió dando unas conferencias, lo que le permitió ejercer como profesor universitario hasta 1947, y en Estados Unidos y México después. A diferencia de otros poetas en su misma situación, no manifestó pena ni ansia de volver, sino que agudizó incluso su desarraigo y su distanciamiento del ámbito familiar sevillano, de todos los convencionalismos que rodearon su juventud (vid. *supra*, n. 195). Quizá fuera un modo de blindarse contra el dolor lo que llegó a escribir en su último libro: *Soy español sin ganas/ que vive como puede bien lejos de su tierra/ sin pesar ni nostalgia.* ("Díptico español": vid. *infra*). Lo cierto es que en su poesía del exilio el recuerdo no tiene tonos melancólicos, sino más bien de reproche por el sentimiento de expulsión y de decepción que le embarga: *Pensar tu nombre ahora/ envenena mis sueños...* ("Un español habla de su tierra"). En **Las nubes** (1937-1940), libro escrito durante su difícil adaptación a Escocia (impartía cursos en Glasgow), hay conmovedores poemas en los que evoca a amigos muertos en la guerra con la sensación de una (verdad traicionada). Y en "Impresión de destierro" –quizá el mejor poema de todo el exilio español– narra una fantástica visión ambientada en Londres donde se enfrenta a su propio fantasma: *"¿España?", dijo. "Un nombre./ España ha muerto..."*, como en un esfuerzo imposible del poeta por borrarla de su mente. También a su etapa escocesa, poco grata en lo personal y muy productiva para su creación, pertenece **Como quien espera el alba** (1941-1944). Cernuda expresa allí cómo en la penosa situación del exiliado se agudiza la conciencia del paso del tiempo, que fue su tema más esencial. Lo reflejan ya los títulos de sus poemarios: *Vivir sin estar viviendo* (1944-1949), de su época londinense, y *Con las horas contadas* (1950-1956), escrito ya en México, que contiene unos poemas dedicados a su nuevo amor, de exultante belleza adolescente (*infra*, n. 244), junto a un largo y significativo poema sobre la moribunda Castilla. Todas sus reflexiones 'dialogan', en marcado contraste, con las que hizo por los mismos años su compañero de generación y de destierro **Juan José Domenchina** (Madrid, 1898- 1959). En los sonetos de su libro más reconocido, **Pasión de sombra** (1944), expresaba así su impotencia ante la certeza de que nada podría quitarle su "dolorido sentir": *No tengo nada que decir, que nada/ le importa ya a mi sombra de inhibido./ [...] Y no sé lo que soy ni cómo ha sido/ este mudarse en vida consternada/ un pensamiento siempre esclarecido...* ("Vida desterrada"). Domenchina compartió su exilio en México con su mujer, la poeta Ernestina de Champourcín (Vitoria, 1905-1999), que fue todo un modelo de tenacidad allí, donde siguió publicando tras la muerte de su marido. Como Concha Méndez o María Teresa León, podría encabezar la lista de valiosas escritoras, rebeldes en su circunstancia, que quedaron injustamente relegadas a la sombra de los nombres masculinos con quienes convivieron, y que merecerían ser reivindicadas en estas páginas con algo más que una nota a pie de página[243].

---

[243] Ernestina de Champourcín, nacida en una familia noble de ascendencia francesa que le proporcionó una esmerada educación literaria, era ya reconocida por sus traducciones, artículos de crítica literaria y algunos valiosos poemarios cuando se casó en 1936 con Domenchina (por entonces secretario personal de Manuel Azaña), como *En silencio* (1926), *La voz en el viento* (1931) y *Cántico inútil* (1936). Su personalidad fuerte e independiente, de la que ya había dado muestras durante la guerra y su primer exilio en Francia, le hizo adaptarse mucho mejor que su marido a México, donde mantuvo una gran actividad cultural y publicó (con el patrocinio de Juan Ramón) otros valiosos poemarios que seguiría aumentando a su regreso a España en

Sólo en tierras mexicanas pareció hallar Luis Cernuda el bienestar que no encontró en su periplo anterior y el espacio amable para renovar su idea del sur como paraíso[244]. Allí vivirá su madurez, revelándose como un hondo poeta metafísico a fuerza de meditar sobre sus tensiones internas. Uno de sus mayores consuelos fue el permanente contacto con su amigo Manuel Altolagurirre, que por entonces combinaba la creación de editoriales con la escritura de guiones de cine, por los que estaba siendo bastante reconocido, alguno de ellos en colaboración con Buñuel. El mejor fruto de esta última etapa mexicana de Cernuda es **Desolación de la quimera** (1962), muy influido por el *Tratado de la desesperación* de Kierkegaard, que está considerado como uno de los libros fundamentales de la poesía española contemporánea. El tono dominante es el del cansancio vital, la premonición de la muerte y la nostalgia de un edén definitivamente perdido, por lo que se ha definido como "la crónica de una agonía" (C. Ruiz Silva). Pero la lírica amorosa sigue muy presente en varios de sus poemas, en medio de otra poesía de dimensión ética: además del amor tardío, vuelve allí sobre alguna de las claves más recurrentes de su obra. En "Birds in the night" satiriza la hipocresía con la que la sociedad y los gobiernos de Francia e Inglaterra hicieron homenaje póstumo a los 'libertinos' Verlaine y Rimbaud, habiendo condenado en vida su amistad íntima en un barrio del Londres obrero: *Adonde en una habitación Rimbaud y Verlaine, rara pareja/ vivieron, bebieron, trabajaron, fornicaron,/ durante algunas breves semanas tormentosas...* En aquellos dos poetas simbolistas franceses proyectaba Cernuda su repulsa por la intolerancia contra el amor homosexual, y a la vez su idea de

---

1972. Su trayectoria corre paralela a la de la poeta Concha Méndez, primera mujer de Altolaguirre (vid. *supra*, nota 200), con quien fundó en Cuba una imprenta y editó varias colecciones poéticas, y cuya entrega abnegada le llevó a mantener fuertes lazos de amistad con él incluso cuando la abandonó por otra mujer instalándose en México (*supra*, n. 202). Allí llegaría a publicar algunos poemarios y allí decidiría resistir y morir, pese a un esporádico viaje a España en 1966.

[244] En ello influyó decisivamente una intensa relación amorosa con el joven culturista mexicano Salvador Alighieri, por quien decidió abandonar los Estados Unidos (cuyo ambiente le resultó siempre insufrible y ajeno) para instalarse definitivamente en México en 1952, donde le dedicó los "Poemas para un cuerpo" que incluyó en su libro *Con las horas contadas*. Esta pasión le hizo rejuvenecer en su cincuentena, según él mismo confesó, con su pudoroso estilo habitual, en *Variaciones sobre tema mexicano* (1949-1950).

que la belleza nunca es reconocida socialmente, por lo que al artista sólo le queda la soledad; motivo que le lleva a identificarse también con genios como Mozart (poema que abre significativamente el libro), que fueron desestimados en su época. En *Desolación de la quimera* se encuentra también al Cernuda de juicios más duros, como cuando vuelve sobre la idea de patria para negarla: *Es lástima que fuera mi tierra* es la primera parte de su largo "Díptico español", donde llega a calificar a España de *estúpida y cruel, pueblo sin razón*[245]. Tal vez por eso nunca quiso que el país del que se sintió expulsado presenciara su muerte, acaecida en México sólo un año después de publicar ese libro, con el poema "Peregrino" casi al final, como impensado epitafio o como definitivo lema de vida:

¿Volver? Vuelva el que tenga,
Tras largos años, tras un largo viaje,
Cansancio del camino y la codicia
De su tierra, su casa, sus amigos,
Del amor que al regreso fiel le espere.

Mas ¿tú? ¿volver? Regresar no piensas,
Sino seguir libre adelante,
Disponible por siempre, mozo o viejo,
Sin hijo que te busque, como a Ulises,
Sin Ítaca que aguarde y sin Penélope.

Sigue, sigue adelante y no regreses,
Fiel hasta el fin del camino y tu vida,
No eches de menos un destino más fácil,
Tus pies sobre la tierra antes no hollada,
Tus ojos frente a lo antes nunca visto.

---

[245] En la primera parte da una visión terrible de la España negra, enemiga de la inteligencia y brutal (la de las procesiones y las reliquias escoltadas por hábitos oscuros y uniformes militares, la de las corridas de toros, etc.) que es regentada por dictadores y todo tipo de oscurantistas. Y deja claro que es a esa España a la que no quiere pertenecer, lo que le hace un poco más soportable su soledad y más deseable aún la simpatía mexicana.

El teatro durante los primeros años de la dictadura

El hombre que murió en la guerra, la última obra que iban a estrenar los hermanos Machado en el otoño de 1936, resultó nuevamente una fatídica premonición: el golpe militar interrumpió su montaje y sólo pudo representarse en 1941, y editarse en Argentina seis años más tarde. Otros poetas metidos a dramaturgos tampoco corrieron mejor suerte. Miguel Hernández obtuvo una escasa recepción cuando, en 1937, a su regreso de Moscú, intentó un tipo de 'teatro de urgencia' que aspiraba a fortalecer la conciencia cívica del pueblo[246]. En el caso de Alberti, cuya actividad teatral durante la guerra estuvo impulsada por la gestión entusiasta de María Teresa León, autora también de algunos dramas de compromiso social (*supra*, n. 240), el principal problema fue su despreocupación por la 'representabilidad' de sus piezas. Las propuestas del poeta gaditano quedaban además fuera de los intereses mayoritarios del momento, aunque, por lo imaginativas, fueron bastante aplaudidas en el extranjero años después. Sucedió esto con **El Adefesio**, que se vio por primera vez en Buenos Aires en 1944, una "sórdida historia de frustración e hipocresía provincianas en una mezcla singularmente teatral de horror, absurdo, tragedia y farsa" de cierto cariz surrealista (G. G. Brown). Durante la Guerra Civil, el único dramaturgo que supo obtener respuesta del público a este tipo de teatro concebido como arma propagandística fue **Max Aub** (*supra*, nota 108 y c. n. 138), quien llegó a representar en los más improvisados escenarios[247]. Curiosamente, mientras en la Barcelona de 1939 se preparaba el

---

[246] En la nota previa que puso al frente de su *Teatro en la guerra* defendía el carácter revolucionario de su teatro de concienciación política. No tiene mucha calidad *Los hijos de la piedra*, obra inspirada en la represión de los mineros asturianos en 1934, ni tampoco *El labrador de más aire*, pese a tomar por modelo a Lope de Vega. Su última obra dramática, *Pastor de la muerte*, trataba aspectos de la guerra y del heroísmo de los combatientes, y la presentó al concurso oficial que se había convocado en octubre de 1937, pero fue un fracaso, entre otras cosas, por lo poco convincente de sus diálogos.

[247] Alguna pieza suya se representó en la calle con fines electorales ya en febrero de 1936, y alguna otra incluso, *Pedro López García*, en un altar de los dominicos en Valencia en agosto del 36. Más interesante es que *La fábula del*

montaje de la novela *La madre* de Gorki, Aub fue internado en un campo de concentración francés, pero tiempo después él montaría esa misma obra en la Escuela Normal de México, donde pasó todo su exilio. Los acontecimientos políticos le inspiraron un teatro ético, con una lección moral de fondo, que aspiraba además a ser crónica de su tiempo, algo que representa bien su título *El rapto de Europa o siempre se puede hacer algo* (1943). Entre las obras donde se atrevió a tocar directamente el tema de la guerra está *Los guerrilleros* (1944), aunque es más valorado otro drama del mismo año, *Morir por cerrar los ojos* (1944), al que siguieron varios centrados en su experiencia de represaliado de Franco: *La cárcel* (1946) y *Un olvido* (1947), asuntos que guardaban estrecha relación con su interesante obra narrativa (*infra*, n. 255).

Las carteleras de teatro de las grandes capitales españolas revelaban, en cambio, que lo que el público demandaba, por encima de cualquier otra cosa, eran títulos que hicieran olvidar el horror. Y afortunadamente, no fueron sólo mediocres espectáculos escapistas los que se vieron sobre los escenarios españoles en ese periodo de entreguerras: hubo dos plumas innovadoras que aportaron el humor más fino y vanguardista que podía encontrarse en la escena europea del momento. En primer lugar, la de **Enrique Jardiel Poncela** (Madrid, 1901-1952), hombre de gran cultura, talante cosmopolita y extraordinaria imaginación, que ya se había dado a conocer durante la República con obras que demostraban su gran voluntad experimental, algo que practicó también en su narrativa[248]. De todas sus obras dramáticas, la que él mismo consideró

---

[248] *bosque* (1937) se viera en las colonias de niños refugiados, y que algunas otras piezas, como *¿Qué has hecho hoy para ganar la guerra?* (1937), fueran representadas por las Guerrillas del Teatro, creadas como 'escenario volante' por el Consejo Central del Teatro que presidía Antonio Machado y del que Aub fue secretario (*apud* I. Soldevila).

Jardiel creció en un ambiente familiar de gran cultura, rodeado de libros y arte (la madre pintora habría de transmitirle su primera vocación por el dibujo), y muy pronto dio muestras de su talento para el teatro, como en *Una noche de primavera sin sueño* (1927), que alcanzó un éxito inmediato en Madrid. A ella siguieron: *El cadáver del señor García* (1930), *Usted tiene ojos de mujer fatal* (1932), *Angelina o el honor de un brigadier* (1933), que parodiaba ingeniosamente los dramas de la segunda mirad del siglo XIX, *Un adulterio decente* (1935) y *Las cinco advertencias de Satanás* (1935). Por la asombrosa ingeniosidad de sus diálogos Jardiel triunfó también en esos años escribiendo guiones para películas de habla hispana en Hollywood. Como geniales experimentos

su pieza magistral se titulaba originalmente **Cuatro corazones con freno y marcha atrás**, y en ella ironizaba sobre el mito de la inmortalidad, pues la ironía sobre grandes temas universales fue, junto con la parodia, uno de sus 'fuertes'. Se estrenó el 2 de mayo de 1936, pero la había concebido diez años antes con el título *Morirse es un error*, lo que habría resultado un cruel sarcasmo de las carteleras por los hechos que se avecinaban. A ése siguieron otros títulos igualmente frescos que, por su aspecto 'inofensivo', fueron muy bien recibidos por el público burgués, además de bien vistos por las autoridades competentes: parecían la perfecta y necesaria 'ventilación' del ambiente claustrofóbico reinante. Los dos grandes éxitos teatrales de Jardiel en Madrid cuando aún estaban muy recientes las heridas de la Guerra tenían divertidas tramas detectivescas: **Un marido de ida y vuelta** (1939) y **Eloísa está debajo de un almendro** (1940), la que para algunos es su mejor comedia, por la forma en que combina el realismo y costumbrismo de los diálogos con lo disparatado de su invención. Con los ingeniosos títulos siguientes, *Los ladrones somos gente honrada* (1941) —parodia de un viejo melodrama dieciochesco–, y *Los tigres escondidos en la alcoba* (1949), acabó de demostrar lo que realmente buscaba en el teatro: conseguir obras particularmente dinámicas presididas por lo inverosímil, que rompieran los mecanismos convencionales de la risa. En ese sentido, fue un gran inventor de recursos para hacer brotar la carcajada de manera inesperada e imprevisible, huyendo de las agudezas verbales y retruécanos del teatro cómico vulgar de los torpes imitadores del humor de Muñoz Seca. Pero, ante todo, Jardiel Poncela fue un renovador de la vieja 'comedia de enredo', por separarse de la tradición yendo contra los presupuestos de la lógica, y preferir la apariencia insólita de los textos a caer en cualquier tipo de tópico. Esta misma idea le llevó a intentar regenerar en lo posible la puesta en escena, que concebía de forma igualmente lúdica, dando libre movimiento a los actores dentro del espacio escénico. Se ha dicho en su afán de reivindicar la total libertad imaginativa, que su teatro llegó a rayar en lo excéntrico y que sus personajes son sólo instrumentos al

---

novelescos deben valorarse también *Amor se escribe sin hache* (1928) y *Espérame en Siberia, vida mía* (1930), que fueron en gran medida 'revolucionarios' por su planteamiento formal dentro de la narrativa de la 'Edad de plata'.

servicio del ingenio. Sin embargo, es otro el sentido que cabe dar al hecho de que sus tipos suelan estar caracterizados por marcas superficiales que afectan sobre todo a sus maneras de hablar, como tics y manías, etc. Las claves para interpretar eso deben buscarse en el cine de Buster Keaton o Chaplin —con quien Jardiel llegó a entablar amistad—, que fueron ya muy valorados por los vanguardistas como Ramón Gómez de la Serna (*supra*, nota 149). Se trataba, en definitiva, de mostrar la profundidad que podía estar escondida en quienes habitan en los márgenes de lo real —de ahí la locura como tema recurrente—, para buscarle a la irrealidad su propio sentido, y demostrar así que era viable el "tratamiento lógico del absurdo".

El magisterio de Jardiel Poncela fue amplio y notable sobre varios dramaturgos durante todo el franquismo, llegando incluso a hablarse de 'jardielismo' para definir a los imitadores de su genial humor. Pero a su altura sólo estuvo otro dramaturgo excepcional en su época: **Miguel Mihura** (Madrid, 1905- 1977), autor de perspicaz inteligencia que aportó un estilo muy personal al teatro de humor, anticipándose en gran medida a las grandes figuras del teatro del absurdo[249]. Su innegable puesto de precursor se debe a su temprana redacción de la pieza *Tres sombreros de copa* (1932), obra genial a todos los niveles, y una de las más originales de todo el periodo inmediatamente anterior a la guerra. La obra no consiguió estrenarse hasta veinte años más tarde, por lo que es un perfecto ejemplo de lo diferente que resultaría hacer historia del teatro teniendo en cuenta la escritura de las obras, en vez de las fechas de estreno y recepción. Al igual que Jardiel, Mihura fue incomprendido

---

[249] Desde su nacimiento estuvo ligado al teatro: su madre era actriz y su padre actor y empresario teatral, y a la muerte temprana de éste Mihura tuvo que ganarse la vida con diversos oficios del mundo del espectáculo. En 1923 sintió vocación por el periodismo, que le llevó a fundar en 1941 la primera revista satírica de altura del siglo xx: *La Codorniz* ("La revista más audaz para el lector más inteligente"), que dirigió hasta 1946, aunque siguió editándose varias décadas más. Su carnet de falangista le permitió durante la guerra obtener un salvoconducto para transitar por "todo el territorio nacional" con su compañía "La ametralladora". Durante el franquismo tuvo algunos problemas con la censura, pero la sutil y atrevida ironía de Mihura logró siempre encontrar el modo de simpatizar con las clases y los poderes públicos que se atrevió a ridiculizar solapadamente en muchos de sus textos. Llegó a ser elegido académico en 1976.

al principio por el gran público de los teatros madrileños, aunque se reveló como un gran renovador de la farsa cuando en 1943 estrenó en el Teatro María Guerrero ***Ni pobre, ni rico, sino todo lo contrario***: una pieza reveladora ya de su intuición genial para darle la vuelta a todo lo 'normal' esperable, y sorprender en consecuencia al espectador con situaciones desconcertantes. Sin embargo, la comicidad de Mihura no fue realmente apreciada y aplaudida hasta los años cincuenta, fecha en que se inicia su etapa de esplendor, por lo que reservamos su comentario al penúltimo capítulo (vid. *infra*, n. 331).

Un dramaturgo bien distinto, cuya obra quedó enteramente condicionada por su exilio, fue el asturiano Alejandro Rodríguez Álvarez (1903-1965), quien eligió el pseudónimo de **Alejandro Casona** cuando se dio a conocer en 1934 por ganar el Premio Lope de Vega del Ayuntamiento madrileño con *La sirena varada*, que se representó en ese mismo año en el Teatro Español. Logró pronto su primer propósito: elevar la calidad de la comedia burguesa a través de planteamientos pedagógicos de raigambre krausista (vid. 3ª, nota 280). El éxito le vino tras el estreno de ***Nuestra Natacha*** en 1936, obra ambientada por primera vez en un círculo universitario de rechazo a los prejuicios burgueses imperantes, y que podía leerse como una utopía moral, "hecha de ensueños fantásticos sobre un mundo que parece real", lo que muchos interpretaron como "fácil bandera política del inminente triunfo frentepopulista" (G. Brown). La adhesión del autor a la República hizo que se exiliara en México en 1937, donde nada más llegar estrena *Prohibido suicidarse en primavera*, y cuatro años después, en Argentina, donde se conocerán sus principales obras, marcadas por su voluntad de fabulación. Su afán didáctico pasó entonces a un segundo plano, como él mismo llegó a explicar: "al considerarme en casa ajena no me pareció procedente plantear un teatro que pusiese en cuestión una sociedad a la que no tenía derecho a juzgar". En 1944 el público argentino pudo ver el estreno de ***La dama del alba***, su obra preferida y la que está considerada lo mejor de toda su producción: una historia situada en su Asturias natal y con la que logra un drama poético de calidad, de altura casi mítica, a partir de un planteamiento folletinesco[250]. A ella siguieron *La barca sin pescador* (1945)

---

[250] "Ángela, esposa de Martín de Narcés, a la que todos, menos el marido, creen ahogada y desaparecida en el río, y a cuyo recuerdo dedica un obsesi-

y *Los árboles mueren de pie* (1949), textos que, por encima de su discutible calidad literaria, interesan por el simbolismo de ese teatro, comparable a lo que podían estar haciendo Giraudoux o Anouilh en Francia, aunque éstos con fondo menos ingenuo. La dramaturgia de Casona no se conoció en realidad en España hasta que él volvió del exilio en 1961, y fue en la década de los sesenta cuando obtuvo muy buena aceptación entre el público su propuesta "esperanzada y amable", como la califica algún crítico. Hoy, en cambio, es una prueba más del irreversible envejecimiento de un tipo de teatro que, rozando el melodrama, buscaba tocar la 'fibra sensible' del espectador.

La novela testimonial y el auge del 'tremendismo'

Ni la narrativa de ideología republicana ni la del bando contrario parecieron estar a la altura de la poesía durante los años de la Guerra. En el Madrid asediado de 1938 se publicaron varias novelas de fuerte contenido propagandístico: *Río Tajo* de César M. Arconada, *Puentes de sangre* y *Cumbres de Extremadura (Novela de guerrilleros)* de José Herrera Petere, *Línea de fuego* de B. Jarnés, *El asedio de Madrid* de E. Zamacois (*supra*, nota 54), y *Contraataque* de R. J. Sender (*infra*, nota 253), quien en ese mismo año inició su largo exilio, y con él una de las trayectorias literarias más ricas de este periodo. En tales novelas se narraban episodios

vo culto la madre, regresa a la casa de donde años antes partió con otro hombre, sin que Martín revelara la infidelidad, no sólo por evitarse a sí mismo la deshonra, sino como homenaje de amor a su esposa, cuya imagen de víctima pura e inocente ha conservado así con su silencio, en la memoria de los demás. Regresa, en busca de perdón, ignorando que todos la creen muerta, para ocupar un puesto que ya no le pertenece, pues la ha sustituido en el amor del marido, de la madre y de los hermanos, otra muchacha, Adela, salvada por Martín de perecer ahogada en el río... Su regreso hará imposible la felicidad y destruirá la imagen que de Ángela perdura en la memoria colectiva: la realidad sórdida y fea vendrá con su vuelta a instalarse en el lugar de la fabulación y el mito. La Muerte aporta la solución: Ángela, sacrificándose a sí misma, hará real el mito. Su cuerpo aparece intacto en el río, siendo salvada la leyenda..." (Resumen de F. Ruiz Ramón*).

concretos de la propia guerra, actividades de la guerrilla o de la aviación, y su impacto sobre la población desvalida, etc., siempre desde un punto de vista apasionado, sin distanciamiento emocional, y por supuesto sin eludir descripciones de hechos brutales, al igual que sucedió en la poesía. Esto mismo se dio también en los novelistas de ideología derechista y ultracatólica, como José Vicente Puente en *Viudas blancas* (1937), Agustín de Foxá en *Madrid, de Corte a checa* (1938), y especialmente Rafael García Serrano, uno de los más tendenciosos en su apología del fascismo, con *Eugenio o la proclamación de la primavera* (1938) y *La fiel infantería* (1943). No merecen especial reseña ese tipo de novelistas que, sin prosa de mérito, coincidieron en un absoluto maniqueísmo tendente a falsear los hechos históricos, que manejaron estereotipos en la caracterización de los héroes —siempre enaltecidos por el valor de la 'hombría'—, y sobre todo una retórica grandilocuente llena de calificativos que parecían reavivar los odios de uno y otro bando. Entre los narradores del 'bando nacional' que ya tenían fama antes del conflicto merece destacarse Concha Espina (Santander, 1869-1955), que fue especialmente prolífica durante los años de Guerra, marcada por su propia experiencia (estuvo recluida todo un año en su casa hasta que el ejército franquista toma la ciudad), de la que resultaron novelas como *Retaguardia* (1937), *Luna roja*, *Reconquista*, o *Diario de una prisionera*, las tres de 1938.

Quizá no sea casual que fueran gallegos los dos narradores que aportaron mayor imaginación a las posibilidades de la novela en la primera posguerra, tal como sucedió con Valle-Inclán décadas antes. **Wenceslao Fernández Flórez** (*supra*, nota 80), empezó haciendo novelas de claro compromiso político —*Una isla en el mar rojo* (1939) y *La novela número 13* (1941)—, pero es una línea que abandonó muy pronto para encontrar su mayor acierto. En una Galicia mágica de la que parecía borrado todo rastro bélico ambientó **El bosque animado** (1943), una de las mejores novelas fantásticas en castellano de todo el siglo XX: allí las huestes de la Santa Compaña (uno de los grandes mitos autóctonos) conversan con los vivos, personajes entrañables todos ellos que, en medio de un paisaje con alma propia, sobreviven a la miseria con una amable picaresca (como el bandido Fendetestas), en un ambiente de ternura que contagia al lector una inmediata simpatía por la tierra y las gentes gallegas. Lo más destacable de su estilo es que combina admirablemente el lirismo con una fresca comicidad que estuvo ausente en las narraciones galaicas de Valle-Inclán (vid. *supra*, n. 112).Coruñés fue también un narrador que se dio a conocer por entonces: **Gonzalo Torrente Ballester** (La Coruña, 1910-1999), que iniciaría a fines de los cincuenta su producción más reconocida (vid. *infra*, n. 292). En el mismo año de 1943 publicó ***Javier Mariño,*** una interesante novela que ha pasado bastante desapercibida dentro de su gran producción narrativa, y cuyo original argumento despertó serias suspicacias en los censores[251]. Cabría, pues, definir su tema como la adquisición de conciencia política de un joven 'señorito' español en el París de 1936, a través de un idilio que termina provocando dos 'conversiones' morales e ideológicas al mismo tiempo. En este sentido, *Javier Mariño* es el mejor ejemplo de un tipo de novela partidista con protagonistas jóvenes que querían representar "un vitalismo abnegado y regenerador dentro de la ortodoxia falangista" (S. Sanz Villanueva). Lo interesante es que tal arquetipo, que fue repetido en la época, resultaría antitético del tipo de heroína creada en ese mismo año por Carmen Laforet (vid. *infra*). *La juventud no vuelve* (1945) fue significativamente uno de los pocos títulos (del periodista santanderino M. Pombo Angulo) que abordaron la Segunda Guerra Mundial y la Alemania posbélica, junto con *Línea Sigfried* (1940) de Jiménez Arnau y *La marea* (1948) de J. M. Gironella (*infra*, nota 266). Fue ése un motivo de inspiración bastante inusual en la narrativa española de los cuarenta, del mismo modo que, por razones obvias, se tardó bastante tiempo en afrontar directa y abiertamente las implicaciones

---

[251] La novela, bastante extensa, fue retirada de las librerías a los veinte días de su publicación y se obligó a su autor a cambiar el final. *Javier Mariño* narra la trayectoria de un joven burgués de veleidades aristocráticas, sin ideología firme y bastante pusilánime, que va cambiando de personalidad tras su viaje a París en los meses anteriores a la Guerra Civil, a través de sus relaciones con grupos de intelectuales parisinos y de conversaciones políticas en un clima prerrepublicano, que le hacen reafirmarse en sus ideas nacionalistas a medida que llegan noticias de la situación española. El conocimiento de una joven comunista, a la que al principio rechaza por sus ideas y de la que acaba enamorándose, da pie a una historia de amor que culmina en la decisión de la pareja de formar una familia y marcharse a América, donde se les abre un futuro mejor. Este final originario fue significativamente cambiado por la vuelta de Javier Mariño a España y su incorporación a las filas falangistas para participar en la guerra. Este suceso hubo de influir sin duda en el progresivo distanciamiento del régimen que se dio en el novelista gallego, al igual que sucedió con Dionisio Ridruejo, al que dedicó esta novela.

sociales de la Guerra Civil, aunque sí se hiciera de forma oblicua en muchos casos.

Sólo entre los autores que se habían visto obligados a emigrar se puede encontrar el propósito narrativo de dar testimonio de esos años fatídicos, desde un realismo documental casi fotográfico. Y aunque la diversidad de sus orientaciones no permite hablar de 'novela del exilio' tan unitariamente como en el caso de la poesía, sí se dieron, no obstante, algunos rasgos comunes. Entre ellos, la tendencia a ordenar recuerdos personales sobre cómo eran los modos de vida españoles anteriores a la guerra, que habían perdido. De entre una larga nómina de prosistas valiosos, destacan tres narradores por encima del resto, unidos por ciertas afinidades decisivas: su talante reflexivo, el carácter ético de sus preocupaciones –que les aproximan a Galdós y Baroja–, y la perspectiva crítica con la que se atrevieron a abordar el conflicto reciente. El primero de ellos, **Arturo Barea** (Badajoz, 1897-1957) merece un puesto importante en la historia de la novela por una única obra: la trilogía titulada *La forja de un rebelde* (1941-1944), que curiosamente se publicó por primera vez en inglés[252]. La primera de las novelas que la integran, *La forja*, intenta retratar, con grandes dosis de costumbrismo –Barea es un gran constructor de tipos–, la vida de la capital desde comienzos de siglo, incorporando en sus personajes vivencias de su propia familia. La segunda, *La ruta*, ofrece una desolada crónica de la guerra de Marruecos (donde fue también soldado), fuertemente antimilitarista, al igual que la había hecho Sender diez años antes. La última, *La llama*, es un excelente relato que acentúa aun más el interés sociológico e histórico de su autor, así como su notable afán de imparcialidad, que demuestra al atreverse a abordar, por ejemplo, las intransigencias que do-

---

[252] Barea, que llegó a pelear por el bando republicano en el frente, publicó un volumen de cuentos con el título de *Valor y miedo* a fines de 1938, cuando ya llevaba unos meses exiliado en Inglaterra. Allí vivió trabajando como comentarista de la BBC y enviando crónicas a Hispanoamérica, mientras su propia mujer le servía de traductora de sus libros. Murió retirado en una apartada zona de la campiña inglesa sin que se sepa que intentara en ningún momento el regreso. Sólo fantaseó con la posibilidad de dejar su exilio londinense y volver a España a través del protagonista de su novela *La raíz rota* (1952).

minaron a la izquierda durante la gestación de la Guerra Civil[253]. Para sus primeros lectores, Barea se convirtió por ello en un modelo del pensamiento ético que caracterizó al socialismo español, lo que le valió un inmediato reconocimiento internacional. Pero mientras se lo disputaban revistas de todo el mundo –se habló incluso de proponerlo al Nobel–, su novela, ya traducida al español y publicada en Argentina, se quedaba arrinconada en algunas librerías españolas proscritas. Hoy, además de su estilo lleno de recursos espontáneos, con una fuerza e intensidad que lo hacen comparable en muchas ocasiones al de Baroja, lo que más se valora en *La forja de un rebelde* es que inaugura una tendencia que se mantendrá muy viva en los novelistas españoles de la inmediata posguerra: hacer crónica histórica desde personajes del entorno familiar que quedaron enaltecidos en la memoria.

Esto explica sólo en parte la variada producción de **Ramón J. Sender** (Huesca, 1901-1982), quien se había distinguido por su carácter combativo y hasta subversivo en las novelas escritas en los años treinta[254]. En 1936 ganó el Premio Nacional de Literatura con ***Mr. Witt en el Cantón***, novela ambientada durante la Primera República

---

[253] Algún historiador limita esta imparcialidad, en cambio, al considerar que ese reportaje sobre el Madrid en estado de guerra está "visto muy reducidamente desde su oficina como censor de la prensa extranjera en el edificio de la Telefónica, el más alto de la capital entonces" (J. M. Martínez Cachero).

[254] Pertenecía a una familia de labradores acomodados que le permitieron cursar estudios, pero su temperamento rebelde le hizo abandonarlos reiteradamente para vivir por su cuenta como periodista. De su etapa juvenil como activista político del anarcosindicalismo surgieron novelas como Imán (1930), un descarnado reportaje sobre la guerra de África que tuvo un éxito editorial inmediato (se tradujo a varias lenguas), *Siete domingos rojos* (1932) y *Viaje a la aldea del crimen* (1934), donde abordó el espinoso suceso que acabó por debilitar al gobierno republicano: la masacre cometida en Casasviejas (Cádiz) contra unos campesinos que habían instaurado por su cuenta una comuna libertaria en el pueblo. Sender, que siempre mantuvo una gran independencia de criterio, volvió escéptico de la Rusia estalinista en 1933 y criticó duramente años después el papel desempeñado por el Partido Comunista durante la guerra, por lo que fue vetado para algunos puestos. Sus terribles experiencias durante la Guerra Civil (asesinato de su esposa, envío de sus hijos a Francia, nuevas decepciones en el seno de la izquierda, etc.) le determinan a exiliarse primero en México y luego en los Estados Unidos, donde vivió como profesor y ensayista. Allí murió a los dos años de haber solicitado oficialmente recuperar la nacionalidad española.

española –la sublevación en Cartagena de 1873, concretamente–, que, sin pretenderlo, contenía ciertos planteamientos que resultaron premonitorios de lo que estaba por suceder. El exilio despertó en él una voluntad autobiográfica que dio como resultado una serie de nueve novelas que tituló **Crónica del alba** (1942-1966). En ellas predomina el tono lírico y sentimental, sobre todo en las seis novelas centradas en la infancia y adolescencia del autor –sus fechorías como estudiante, la admiración por su abuelo, su enamoramiento de Valentina, la hija del notario de Tauste como episodio central, etc.–, que resultan reveladoras de la personalidad rebelde y en extremo sensible de Sender, marcada por un padre muy autoritario del que acabó distanciándose. En contraste con el realismo tradicional de esa triple trilogía, el novelista aragonés explora también otras técnicas narrativas en *Epitalamio del Prieto Trinidad* (1942), aunque por atención a la violencia en tierras mexicanas pudiera ser calificada de 'tremendista' (*infra*, nota 258). Es una novela excepcional en el panorama de la época por su gran capacidad imaginativa, y revela la fascinación de Sender por lo esotérico y misterioso, por los mitos, la magia, los ritos, las leyendas, etc., por todo aquello que pueda ofrecer explicaciones no racionales del mundo, puesto que cree –como D. H. Lawrence, del que era gran admirador– que hay claves humanas adonde no se llega con análisis lógicos y científicos. Esa novela conecta con el tema de alguno de sus ensayos sobre la sabiduría mágico-religiosa de algunas tribus americanas, algo a lo que decía tender por sentirse *un ibero rezagado*, representante, él también, de valores primarios de los pueblos del norte del Ebro, en la parte alta de Aragón. Él mismo da una clara justificación de ello en el prólogo que puso a su novela *Los cinco libros de Ariadna*, al hablar de los pretextos para vivir que necesitan los desterrados: *Perdidas algunas raíces, quizá las más importantes, sentimos la necesidad de compensarlas con una floración capaz de explicar lo inexplicable o de propiciar alguna clase de emoción virgen*. No fue éste, sin embargo, el Sender más difundido, ni tampoco el de una interesante novela existencialista como **La esfera** (1947) –de difícil lectura su mirada visionaria del mundo–, sino el que escribió *Réquiem por un campesino español*, su novela más lograda, según el juicio unánime de la crítica (vid. *infra*, nota 270).

Durante su exilio en México, el polifacético **Max Aub** (vid. *supra*, n. 108) creó una vasta obra narrativa que para muchos críticos es lo mejor de la prosa de la 'España peregrina'[255]. Seis relatos componen la serie que tituló **El laberinto mágico**: *Campo cerrado* (1943, aunque fechado en 1939), *Campo de sangre* (1945), *Campo abierto* (1951), *Campo del Moro* (1963), *Campo francés* (1965) y *Campo de los almendros* (1968). Si se ha calificado como "lectura indispensable para cualquiera que desee profundizar en los orígenes sociológicos de la guerra civil española" (G. Brown), es porque Aub, a diferencia de Barea, se compromete a explicar sus causas –fue uno de los autores más preocupados por su génesis–, y los avatares de la evolución de la guerra, llegando a preguntarse finalmente por culpa de quiénes se perdió. Su narración comienza unos años antes del 36, sigue con el desarrollo de la guerra hasta 1938, y dedica toda una novela a la caída definitiva de la República en Levante. Las referencias autobiográficas se intensifican cuando el autor aborda la experiencia del exilio en *Campo francés*, si bien ya veinte años antes la dureza de lo vivido en campos de concentración le había dictado ya algún poemario lleno de patetismo[256]. Aub actúa como un reportero reflexivo que está presente de continuo sobre el terreno. Sin embargo, su interés analítico e interpretativo de los hechos no le deja permanecer como mero 'fotógrafo' de instantáneas más o menos impactantes, sino que logra siempre envolver emocionalmente al lector. Ello tiene especial mérito si se considera que su estilo está basado en el ensamblaje de fragmentos cortos, ya sean evocaciones, narración de anécdotas o conversaciones, que son sin duda su principal 'fuerte' –Aub fue especialmente sensible a las variedades del habla y las recogió con infinidad de recursos lingüísticos–, como demostró sobradamente en su teatro. Lo que destaca en su serie es el uso del personaje múltiple que tanto había intervenido en las grandes novelas decimonónicas (sus únicos protago-

---

[255] No debe olvidarse, sin embargo, su novela *Luis Álvarez Petreña* (1934), escrita aún en la España republicana, pues se trata de una novela epistolar de carácter romántico-existencial que dice mucho del temperamento de Aub: su protagonista, incapaz de encauzar ni su labor literaria ni su vida íntima (como el Augusto Pérez unamuniano), y afectado por un amor imposible, termina suicidándose. El personaje y la historia siguieron obsesionando al autor durante su exilio, mientras seguía con el resto de sus narraciones.

[256] Como el *Diario de Djelfa* (1944), poemario que Max Aub escribió con los recuerdos del campo de refugiados de Argelia adonde fue deportado en 1942, desde otro campo de concentración francés en el que lo internaron tras acabar la guerra (vid. *supra*, nota 106).

nistas son los que Aub convierte en observadores de excepción), razón por la que cabe definir *El laberinto mágico* como una "nueva serie de 'episodios nacionales'" (C. Blanco Aguinaga). En efecto, sobre Aub, como sobre Sender, influyó mucho Pérez Galdós, y a él le rendiría homenaje en *Las buenas intenciones* (*infra*, c. n. 283) y en *La calle de Valverde* (1961), ambientada en el Madrid de la dictadura de Primo de Rivera. No fueron los únicos en esto: el legado galdosiano fue especialmente reivindicado por los prosistas en el exilio, mientras que en la península se daba una campaña de olvido de Galdós (cuando no de 'satanización') que duró varias décadas[257].

Max Aub fue asimismo un auténtico maestro del relato corto, género que cobró un auge especial entre los autores exiliados, y recogió sus cuentos en diversas colecciones, entre las que destacan *Cuentos mexicanos* (1959) e *Historias de la mala muerte* (1965). A su calidad literaria se une su gran valor testimonial: en alguno de ellos, como en *La verdadera historia de la muerte de Franco*, con la mezcla de ternura y sátira que le caracterizaba, hizo una caricatura de las tertulias de los refugiados españoles en los cafés de México. En aquel ambiente coincidió Aub con **Francisco Ayala** (Granada, 1906-2009), autor que ya se había dado a conocer con una prosa vanguardista en los años veinte, y que también trató la Guerra Civil en cuatro interesantes relatos agrupados bajo el título ***La cabeza del cordero*** (1949), especie de parábolas escritas desde la comprensión del clima social que propició el conflicto, así como de las dificultades emocionales para el retorno. Por encima de su faceta como narrador, Ayala ha sido mucho más reconocido como ensayista y como sociólogo, por lo que es uno de los mejores exponentes de la alta calidad que tuvo el ensayo escrito en el exilio. Lamentablemente no podemos dar cuenta en estas páginas de su variedad, pero sí dejar constancia al menos de que durante varias décadas el pensamiento español volvió a dar frutos comparables a los de comienzos de siglo. Entre los intelectuales expatriados se dieron divisiones importantes: los hubo más beligerantes, que sostenían posturas similares a las del 36, frente a otros

---

[257] Muchas son las ediciones y monografías sobre Galdós publicadas en México o Argentina en los años cuarenta y cincuenta, al tiempo que comenzaba a tener resonancia su obra en universidades de habla inglesa y francesa. El cine contribuyó notablemente a difundir algunas de sus mejores novelas, sobre todo desde que Luis Buñuel se interesara por *Nazarín y Tristana*.

moderados que prefirieron olvidar revanchas y mirar hacia el futuro; y ello repercutió directamente en los modos de explicar nuestra historia literaria y sociopolítica, como muestran bien las obras de Américo Castro y de Claudio Sánchez Albornoz, entre otros[258].

Mientras esto sucedía fuera, la novela de los años cuarenta tuvo en la península dos títulos que resultaron revolucionarios en varios sentidos: *La familia de Pascual Duarte* (1942) del gallego Camilo José Cela, y *Nada* (1944) de la joven catalana Carmen Laforet, novelistas desconocidos hasta entonces. Aunque situadas en ambientes muy distintos, ambas novelas poseían varios rasgos en común: el punto de vista autobiográfico, unos protagonistas marcados por un absoluto desarraigo dentro de un espacio familiar que les era hostil, y un estilo que se bautizó como 'tremendismo'[259]. Cuando a finales de diciembre de 1942 apareció **La familia de Pascual Duarte**, su autor, **Camilo José Cela** (La Coruña, 1916- 2002) era sólo un modesto articulista colaborador del régimen franquista[260]. La novela estaba escrita de forma autobiográfi-

---

[258] Aunque nacido en Brasil, Américo Castro (1885-1972) se había formado en la universidad de Granada y en el Centro de Estudios Históricos de Madrid, donde fue catedrático hasta que la Guerra Civil le obligó a ejercer su docencia en varias universidades de EE UU Entre sus ensayos escritos en el exilio, destacan *Lo hispánico y el erasmismo, De la edad conflictiva, y España en su historia* (1948), que conoció numerosas reediciones bajo el nuevo título de *La realidad histórica de España*. Las tesis de Castro sobre lo diferencial del carácter español, basada en el sustrato resultante de la convivencia de los cristianos con musulmanes y judíos, fueron rebatidas sobre todo por el historiador madrileño Claudio Sánchez Albornoz (1893-1984) en *España, un enigma histórico* (1957). Sánchez Albornoz fue uno de los primeros en exiliarse, primero en Burdeos y luego en Argentina, desde donde llegó a ser nombrado presidente del Gobierno de la República en el exilio.

[259] Fueron Baroja y Valle-Inclán los primeros en practicarlo (vid. *supra*, notas 68 y 76). Se trató de una corriente estética de gran alcance que suponía básicamente la exageración expresiva de los aspectos más crudos y sórdidos de la realidad, a través de descripciones de brutalidades y bajezas, provocando una cierta complicidad morbosa con el receptor muy similar a la que producían ciertas novelas naturalistas, con las que sin duda se emparentaba. En origen fue término despectivo para aludir a la obsesión de algunos escritores por lo más deprimente.

[260] Camilo José Cela Trulock había nacido en la aldea coruñesa de Iria Flavia, comenzó estudios de Medicina y Derecho en Madrid que nunca concluyó, y allí se incorporó a las filas franquistas durante la Guerra Civil. Mientras trabajaba como funcionario en una oficina sindical padeció una tuberculo-

ca por un hombre de pueblo, condenado a muerte por el asesinato de su propia madre, partiendo del discurso de exculpación que pronuncia ante el tribunal que lo juzga: *Yo, señor, no soy malo, aunque no me faltarían motivos para serlo...* La extrema crudeza de todo lo que cuenta ese reo extremeño impactó sobre todo por la indolencia con la que pronunciaba palabras terribles como éstas: *Se mata sin pensar, bien probado lo tengo; a veces, sin querer. Se odia intensamente, ferozmente, y se abre la navaja, y con ella bien abierta se llega, descalzo, hasta la cama donde duerme el enemigo...* Contemplada en el contexto de la novela europea estrictamente coetánea, el protagonista de Cela guardaba cierto paralelismo con el de *L'étranger* (1942) de Albert Camus, quien mostraba similar frialdad ante la noticia de la muerte de su madre; porque, al margen de diferencias importantes —el francés hace una novela existencialista mientras que el español no llega a ello—, plantea el total desapego afectivo de un homicida que no se siente culpable porque encuentra razones de peso para justificarse. En *Pascual Duarte,* junto a una narración escalofriante en sus detalles, los diálogos se componían de frases escuetas y cortantes, reveladoras del clima de incomunicación y falta de amor en que vive el protagonista, única vía por la que el lector —incapaz de identificarse con él— se hace compasivo al menos de su indefensión, como acababa haciéndolo ante el *Buscón* de Quevedo, del que Cela era un ferviente admirador. Como él, Pascual es un desarraigado y un proscrito sobre el que recae el peso del sistema legal. Como él, ha conocido el engaño y está marcado por una mancha en su 'honra', pero además por un desviado sentido de la 'hombría' —el gran valor social de entonces— que le impulsa a vengar con sangre su daño, causado, en última instancia, por el odio entre las dos mujeres de su vida. En ese sentido, *Pascual Duarte* es sin duda un

---

sis que le obligó a una larga estancia hospitalaria, de la que dejó constancia en su novela *Pabellón de reposo* (1943), que mostraba los estados emocionales de siete tuberculosos que terminan muriendo en un sanatorio. Hay pruebas documentales de que en los primeros tiempos de la posguerra se ofreció como agente secreto al servicio de Franco, de cuya dictadura se fue apartando progresivamente hasta adoptar actitudes contestatarias en los setenta. Además de novelista de reconocimiento mundial, Cela fue brillante articulista y académico de la RAE caracterizado por su talante provocador ante la opinión pública, sobre todo después de ser nombrado senador en 1977 por el rey D. Juan Carlos. En 1989 recibió el Premio Nobel de Literatura y el Premio Cervantes en 1995.

perfecto descendiente de la mejor novela picaresca, género por el que C. J. Cela manifestó un reiterado interés, como demuestran sus *Nuevas andanzas y desventuras de Lazarillo de Tormes* (1944), que tanto debían al libro del olvidado Ciro Bayo, escrito tres décadas antes (*supra*, nota 71). Lo que parece interesar al autor no es sólo el determinismo hereditario y ambiental que actúa como *fatum* sobre un individuo inicialmente inocente, sino los extremos a los que puede llegar la violencia instintiva que se incuba desde el abandono y la incomprensión. Pero a diferencia de la picaresca, Cela ni siquiera insinúa responsabilidades sociales, y eso −unido a algunas alusiones negativas al periodo republicano−, fue decisivo para que recibiera un apoyo oficial que la convirtió pronto en una de las novelas más reeditadas y traducidas de toda la literatura española.

La familia de Pascual Duarte tuvo, sin embargo, muy desigual acogida por parte de los lectores españoles, aunque a nadie dejó indiferente su estilo 'tremendista', calificativo usado al principio con connotaciones peyorativas por parte del sector ultracatólico[261]. La brutalidad de muchas de sus descripciones se recibió como un revulsivo insólito, pese a que no eran siquiera invención de Cela, sino, como indicábamos, del Baroja de *La busca* y, sobre todo, del Valle-Inclán de *Divinas palabras*, que fue determinante en su inspiración, como delata claramente el pasaje del cerdo que come las orejas de un niño de corta edad (vid. *supra*, n. 114). En realidad, la truculenta trama de ambas obras podría haber sido sacada de uno de tantos romances de ciego que, difundidos en 'pliegos de cordel', tan arraigados estaban en la cultura popular gallega. Además de esa clave de lectura indispensable, *Pascual Duarte* tiene todos los elementos para ser entendido como un drama rural en forma novelesca: el drama de un ser primitivo que se deja arrastrar por sus

---

[261] Mientras algunos manifestaron abiertamente el asco que les había producido su lectura (como el jefe del Gabinete de Prensa del Gobierno, por ejemplo), Baroja avalaba la obra de Cela con una frase elogiosa, si bien negándose precavidamente a escribirle un prólogo. No deja de resultar paradójico el apoyo oficial cuando tanto *La familia de Pascual Duarte* como *Nada* fueron durante criticadas en los medios eclesiásticos, valiéndose, por ejemplo, de las revistas literarias del Consejo Superior de Investigaciones Científicas, centro de reciente creación en el que había empezado a infiltrarse el Opus Dei, la poderosa secta religiosa que controló y gobernó la política cultural española desde mediados de los años cuarenta.

impulsos hasta el crimen pasional, "víctima de un extravío patológico de los instintos", como define bien algún crítico. Al decisivo precedente de Valle hay que sumar, por tanto, todo el mundo de las bajas pasiones y de las taras físicas y psíquicas que ya había sido explotado hasta la saciedad en las novelas naturalistas de principios de siglo. Lo cual hace más que discutible atribuirle a Cela el mérito de ser el padre del 'tremendismo', moda literaria que afectó en realidad a todas las artes plásticas y gráficas del momento, incluida la poesía. Mucho más justo parece considerar que él fue quien lo reinstauró con fuerza en la prosa, y que a él se debió la gran "densidad criminológica" que se registraría en la novela española durante casi dos décadas[262]. Si hay una aportación indiscutible en *La familia de Pascual Duarte* es que introdujo una nueva profundidad psicológica en la novela de personaje único, del mismo modo que lo haría *Nada*, la otra gran novela de esos años.

En agosto de 1944 se convocó por primera vez el Premio Nadal, uno de los más prestigiosos en el campo de la narrativa española, y pionero de otros muchos galardones que empezaron a proliferar entonces. No era previsible que la ganadora fuera una estudiante de Filosofía y Letras de veintidós años llamada **Carmen Laforet** (Barcelona, 1921-2004), que se atrevió a presentar una novela autobiográfica bastante desconcertante[263]. Desde su propio título, **Nada** estaba imbuida de existencialismo: todo el relato de Andrea, una joven sensible, analítica y rebelde –claro *alter ego* de la autora–, es una meditación amarga sobre

---

[262] Un ejemplo de la larga pervivencia de este tipo de tremendismo es la novela *Los hijos de Máximo Judas* (1950) de Luis Landínez, un escritor hoy olvidado, y sobre todo *A esmorga* (*La parranda*, 1959) de E. Blanco Amor, de calidad incluso superior a la de Cela (*infra*, n. 287). A partir de 1960 ese estilo llegó a confundirse con el de novelas negras que abusaban de la violencia y de la extrema sequedad del vocabulario, a veces con detalles de pésimo gusto.

[263] Carmen Laforet se trasladó con su familia a Canarias a los dos años de edad y con dieciocho volvió a Barcelona para simultanear las carreras de Filosofía y Letras y Derecho, que nunca llegó a acabar. Su trayectoria como novelista quedó interrumpida sólo tres años después del Premio Nadal, cuando en 1947 se instala en Madrid y decide dedicarse a sus hijos. En la década de los cincuenta y primeros sesenta publicó cuentos y otras tres novelas que no pasaron de una discreta acogida: *La isla y otros demonios* (1952), *La mujer nueva* (1955) y *La insolación* (1963). Junto con el abandono total de la escritura, se dio en sus últimas décadas un retiro total de la vida pública debido a la enfermedad de alzheimer, por la que murió.

el tedio y la mezquindad del ambiente que encontró a su llegada a la capital barcelonesa para iniciar sus estudios universitarios. El trato con los familiares que la hospedan en una casa de clima claustrofóbico lleno de tensiones –un tío brutal con su mujer por celos y rencor hacia su hermano, las pasiones ocultas de éste y la atracción 'tóxica' que genera en su entorno, etc.– despiertan en ella un sentimiento de alienación que intenta consolar entre sus compañeros de universidad, mientras se deja arrastrar por la morbosa admiración que siente por su tío Román y su aureola de 'artista maldito': *La lámpara encendida hacía más alto y más inmóvil a Román, sólo respirando en su música. Y a mí llegaban en oleadas, primero, ingenuos recuerdos, sueños, luchas, mi propio presente vacilante, y luego, agudas alegrías, tristezas, desesperación, una crispación importante de la vida y un anegarse en la nada. Mi propia muerte, el sentimiento de mi desesperación total hecha belleza, angustiosa armonía sin luz.* (Cap. III) Las anotaciones que va haciendo en ese diario personal resultan así una crónica de la mediocridad moral de unos pequeñoburgueses que parecen agonizar en un ambiente 'contaminado' por odios recientes. Laforet se atreve a declarar que la guerra ha vuelto locas a las gentes (lo dice expresamente), y hasta la hace responsable de haber asfixiado la ilusión por vivir. En ese sentido, cabía leerla también como una novela de compromiso social sutilmente velado: "En un mundo de seres fracasados y sombríos, la animosa figura de Andrea, con su espíritu de protesta, encarnaba una nueva mentalidad, la primera toma de conciencia de la juventud española de la posguerra" (A. Vilanova). Pero esta lectura no fue, seguramente, la que dio el triunfo a la novela en un primer momento.

Nada produjo sobre todo un gran impacto emocional en un amplio público, mientras despertaba admiración entre los críticos. Su 'tremendismo' distaba mucho del de Cela: a pesar de las atrocidades que relataba, dominaba en su impecable prosa la delicada descripción de estados emocionales ligados a la climatología o las decoraciones, y una fina observación fisiognómica y psicológica que compensaban la aspereza de otros detalles. Sus diálogos poseían además una frescura inusitada en la novela de la época, algunos de planteamiento directamente teatral, como en el capítulo IV. En consecuencia, el éxito de *Nada* fue inmediato, hasta el punto de convertirse en el primer gran *best-seller* de la posguerra, y el hecho era aún más sorprendente y valioso teniendo en cuenta los gustos lectores del momento. El único autor que compitió con Laforet en ventas ese mismo año fue su paisano **Ignacio**

Agustí (Barcelona, 1913-1974), una figura destacada dentro de la cultura oficial. Muy leídas fueron *Mariona Rebull* y su continuación, *El viudo Rius*, ambas publicadas en 1944, unas novelas de innegable calidad pero imitadoras del realismo decimonónico –es decir, centradas en el amor y la familia–, que presentaban un ambiente aristocrático visto con romántica nostalgia; y sobre todo, una Barcelona de pasado glorioso totalmente distante de la Barcelona triste y sórdida que retrataba Carmen Laforet[264].

Nada parecía reaccionar además contra las 'novelas para mujeres' que impulsaban con ahínco los valores morales del nacionalcatolicismo en las mentes juveniles, especialmente el matrimonio como el 'sagrado fin' de la mujer, como hacía *Vestida de tul* (1942) de Carmen de Icaza, que en 1945 fue nombrada "la escritora más leída del año"[265]. Es ésa una referencia indispensable para poder apreciar lo que *Nada* tenía de propuesta contestataria, lo que hoy parece su aportación más interesante y justifica plenamente su lectura en clave feminista. Carmen Laforet volcaba en ella sus propias obsesiones e incluso traumas –tal y como podían hacerlo las novelas de Virginia Woolf o de Faulkner, esencialmente subjetivistas–, focalizando su atención desde el principio en la falta de libertad de las mujeres. *Eran como pájaros envejecidos y oscuros, con las pechugas palpitantes de haber volado mucho en un trozo de cielo muy pequeño...*, dice de las amigas de su tía la Andrea meditabunda que defiende su derecho a salir sola de casa sin rumbo fijo. Esa chica universitaria con criterio propio, reivindicadora de su independencia (y aun de su

---

[264] El gran éxito de ambas novelas debió mucho al hecho de que Agustí lograra dignificar con ellas una Barcelona "herida, proscrita, vapuleada", según razona algún crítico, contribuyendo a que la burguesía catalana olvidara las humillaciones vividas durante la guerra.

[265] Carmen de Icaza y de León (Madrid, 1899-1979) fue una aristócrata muy admirada e influyente, no sólo por sus novelas (especialmente tendenciosas las escritas desde 1935), sino como articulista de la revista *Vértice*, la "Revista nacional de la Falange española Tradicionalista y de las JONS", desde donde lanzaba enfervecidas arengas en pro de la vuelta de la mujer al hogar y al servicio de los hermanos, maridos o padres, y en defensa de la *virtud ejemplar de la mujer española* frente a los 'desvíos' de las "frívolas" mujeres europeas. Un discurso que pretendía arrasar, en definitiva, con todos los logros conseguidos por las mujeres durante el gobierno republicano, que fue el objetivo prioritario de la educación de la llamada 'Sección Femenina' durante el franquismo.

soledad), era toda una pionera de un nuevo modelo femenino tan subversivo como los de algunos dramas lorquianos, pues planteaba de fondo la frustración íntima de la mujer que no tiene como fin prioritario el matrimonio; algo que seguirían denunciando escritoras de la década siguiente, como C. Martín Gaite (*infra*, n. 298). Andrea es justamente el reverso de lo que preconizaban la Sección Femenina y la Acción Católica, los dos grandes frentes catequizadores de la ideología falangista y franquista. Y si ante eso fue valiente su creadora, su originalidad crece al considerar también otros puntos de partida, películas y lecturas de gran éxito en la época, como *Cumbres borrascosas* de Emily Brönte, y *Rebeca* de Daphne du Maurier, cuya versión cinematográfica (Hitchcock, 1940) asentó durante décadas la idealización del 'hombre misterioso' en el imaginario femenino. Ambas novelas tuvieron sobre ella una evidente influencia, pero, al escribir *Nada,* Laforet decidió situarse en los antípodas de toda mitificación masculina y de todo huero sentimentalismo, para ofrecer su particular "cuento perverso con algo de relato gótico", una especie de "Alicia atrapada en el infierno" (Rosa Montero) que sigue sorprendiendo hoy por su modernidad.

6. La novela en las décadas de la dictadura: 1945-1975

Viene siendo habitual en los manuales de historia literaria hablar del "resurgimiento y esplendor" de la novela en los años cincuenta, frente a "la pobreza de la novelística de los cuarenta". Pero, como casi todos los tópicos, es inexacto, pues supone ignorar bastantes títulos valiosos, y sobre todo olvidar que *La colmena* de Cela –el gran hito del periodo– se terminó de escribir en 1945, como sucedió con otros textos que tardaron en ver la luz por culpa de la censura. Antes de cualquier juicio, conviene tener presente que la historia de la narrativa desde mediados del siglo XX se construyó, básicamente, con algo muy aleatorio: los premios literarios otorgados en la península bajo un control casi inquisitorial a veces (*infra*, n. 283), y sin contar con lo escrito y publicado por los escritores exiliados. Lo cierto es que a partir de un momento se produjo una auténtica eclosión de propuestas formales e ideológicas que no se había dado en los lustros precedentes, lo que hace de éste un periodo especialmente fructífero para la prosa. Entre los rasgos comunes que pueden interpretarse como signos de cambio en los autores que escribieron a mediados de siglo destacan: una concepción de la novela marcada por la idea sartriana del compromiso –moral o político, pero de intención crítica, en cualquier caso–, y ciertos influjos foráneos como el neorrealismo italiano, que penetró sobre todo a través del cine, y algunos autores de la llamada 'generación maldita' norteamericana[266]. A partir de ahí, los manuales como éste tienden a organizar clasificaciones precedidas de rótulos como 'tendencia neorrealista', caracterizada por una voluntad testimonial y humanitaria, 'novela social', de denuncia mucho más directa, y algún epígrafe más para todo lo que no encaja en las anteriores etiquetas. El problema es que al final los límites terminan resultando borrosos, como prueba el desacuerdo de los críticos al elaborar listas de representantes de una u otra tendencia, o el hecho de que más de una alterne dentro de la obra de un mismo autor.

Lo único evidente es que fueron muy distintos los modos de entender y de practicar el realismo social –igual sucedió en pintura y otras artes–, lo cual no deja de ser una de las grandes constantes de toda la literatura española (vid. 3ª, antes de n. 266). De manera que si se quiere dar cuenta de lo diferencial de esta etapa, habrá que atender más bien a los recursos específicos de los que cada escritor se valió para innovar a partir de 'realismos' ya trillados, o bien a las razones que tuvo para rechazarlos. De hecho, es de ahí, del 'diálogo' con novelas previas –retomando personajes y ambientes sobre todo–, de donde surgieron la mayor parte de las renovaciones, y aun las revoluciones, entre 1951 y 1962, año clave a partir del que sí se percibe un giro bastante claro en los intereses de los novelistas españoles. Sólo el contraste entre temas y perspectivas narrativas, con su repercusión en el estilo, puede arrojar luz, en definitiva, sobre los 'sellos personales' de la novelística española respecto a la de otros países europeos. A fin de cuentas, siempre hubo y habrá 'marcas' compartidas por todas las posguerras, como el deseo de recuperar, a través del recuerdo, una realidad dolorosamente perdida.

---

[266] El libro de Jean-Paul Sartre *¿Qué es la literatura?* fue reseñado por J. M. Castellet en *La hora del lector* (1957), uno de los tratados teóricos más importantes en su momento junto a *Problemas de la novela* (1959) de Juan Goytisolo. Este autor se decantaba por una idea de compromiso más declaradamente marxista, apoyada en su lectura de Lukács y de Brecht (vid. *infra*), y declaró en esos mismos años que buena parte de los narradores de su generación (para los que su libro fue una valiosa guía) habían aprendido de *La colmena* a escribir con rigor sobre lo que veían.

La generación de 'Los niños de la guerra' y la memoria histórica

Al filo del medio siglo, España seguía ofreciendo a los narradores un asunto capital ante el que iban a distinguirse claramente los más viejos y los más jóvenes. La memoria de la Guerra Civil entre los años cincuenta y sesenta ofrece dos rasgos distintivos: su presencia en las novelas fue latente pero muy poderosa, y al mismo tiempo se vio enriquecida por las perspectivas de una serie de narradoras hasta entonces desconocidas. Respecto a lo primero, es difícil encontrar la obra de un escritor de la época donde la guerra no aparezca "como punto de referencia, como trasfondo lejano, como reminiscencia o como antecedente determinador" (G. Sobejano*). Lo sintomático es que esto se dé en novelas que, frente a las de generaciones anteriores, eligen claramente hablar de la sociedad presente; pues lo que en el fondo se cuestionan es cuál fue el sentido de aquella guerra, a la vista de los pobres resultados que produjo, que desde la lejanía temporal se empezaban a comprender mejor. La oposición generacional se hace elocuente cuando se contrastan cinco novelas casi estrictamente coetáneas. Una de las más leídas, o al menos más compradas de toda la posguerra española, fue **Los cipreses creen en Dios** (1953) de **José María Gironella** (Gerona, 1917-2003), primera novela de una ambiciosa trilogía escrita desde la experiencia de haber combatido en el bando nacional, y dentro de los parámetros de la novela documental decimonónica[267]. El autor confesó escribirla en contestación al excesivo apasionamiento con el que habían escrito sobre la guerra española otros novelistas extranjeros, como Georges Bernanos, André Malraux y sobre todo Hemingway, de quien le molestaba el tono apocalíptico con el que había ensalzado el temperamento ejemplar de los milicianos o la grandeza de los brigadistas internacionales. Sin embargo, *Los cipreses creen en Dios* era fuertemente partidista ya desde su modo de presentar las agitaciones de la época

---

[267] Se había dado a conocer en 1946 al ganar el Nadal con su novela *Un hombre*, de intereses existenciales y psicológicos, como *La marea* (1949), pero fue gracias a esta trilogía, completada después con los títulos *Un millón de muertos* (1960) y *Ha estallado la paz* (1966), por lo que alcanzó una gran notoriedad dentro y fuera de España.

republicana, pero como ésa era la visión que al poder le interesaba mantener, tuvo por ello una compensación inmediata: nadie pudo igualar a Gironella en ventas ni en fama internacional. Un planteamiento mucho más hondo y universal es el que hizo ***Cuerpo a tierra*** (1954) de **Ricardo Fernández de la Reguera** (Santander, 1916- 2000), novela que abordaba el dramatismo de la guerra en general, si bien la española reciente fue su inspiración y su escenario. En dos tiempos narrativos alternados oportunamente, trata del sufrimiento de los soldados mientras luchan en el frente con el enemigo, y por otro lado, con sus propias dudas y contradicciones: el heroísmo perseguido y aborrecido, etc.[268] Dejando al margen toda cuestión ideológica –se llega a olvidar incluso la causa por la que se pelea–, y obviando los tópicos patrioteros que llenaron tantas novelas en toda Europa, Fernández de la Reguera consigue un relato realmente original, enlazando episodios muy verosímiles y conflictos sentimentales, consiguiendo trascender la vivencia de un soldado cualquiera para convertirla en lección humana que conmueve e invita a reflexionar así a cualquier lector.

Esto mismo cabe decir de otras dos interesantes novelas que, bajo la reminiscencia de la guerra, supusieron la renovación del personaje del sacerdote en ambiente rural, que tan explotado fue en el siglo XIX. Tenían varias cosas en común: haber sido escritas por dos exiliados en México, donde aparecieron precisamente las dos –en la misma colección, con sólo tres años de diferencia–, basarse en recuerdos personales de infancia, y plantear un desgarrado conflicto en la conciencia de un religioso. El primero de ellos, **José Ramón Arana,** pseudónimo de José Ruiz Borau (Zaragoza, 1905-1973) ambienta en el verano de 1936 su mag-

---

[268] El autor pone en su protagonista, Antonio Guzmán, vivencias propias como combatiente por el bando franquista en 1936, al igual que Gironella, pero al hacer que muera por un estúpido accidente después de haber superado los tres años de duro sacrificio y penalidades, se resalta el terrible sinsentido de su lucha, lo cual supone preguntarse por el "sentido y justificación de la guerra" (S. Sanz Villanueva). El tema así planteado tenía especial vigencia en el momento y hace comparable esta novela a *El tren fue puntual* (1949) del polémico novelista alemán R. H. Böll, que narraba la muerte de tres soldados con especial ternura. La amenaza persistente de la muerte fue motivo recurrente en la narrativa de Fernández de la Reguera. Otros de sus títulos más conocidos son *Cuando voy a morir* (1950), *Perdimos el paraíso* (1955), *Bienaventurados los que aman* (1957) y *Vagabundos provisionales* (1959).

nífica novela **El cura de Almuniaced** (1950), protagonizada por un mosén Jacinto que dice tener *desconcertados los adentros* por la tensión entre lo que ve al tratar con feligreses humildes y las fuerzas vivas del pueblo —el cacique, la Guardia Civil, los primeros fusilamientos, etc.—, y lo que debería ser su actuación desde la verdad evangélica en la que cree. Como narrador enteramente omnisciente, Arana crea un nuevo *San Manuel Bueno* como el de Unamuno, que sin duda fue su modelo, atreviéndose a encarar por primera vez el problema moral de la Iglesia católica ante la Guerra Civil. Denuncia la cólera, la ausencia de pacifismo y la auténtica caridad cristiana; la connivencia con el poder y la pasividad ante la injusticia, así como lo que considera el gran problema de la sociedad de entonces: la falta de comprensión y de diálogo[269]. Ese mismo debate entre creencia religiosa y humanitarismo social es el que plantea R. J. Sender (*supra*, n. 254) en *Mosén Millán* (1953), más conocida como **Réquiem por un campesino español** por su edición de 1960, y que estaba también muy ligada a su propia adolescencia[270]. Es claro que la novela de Arana determinó su inspiración y su voz narrativa, y que ambos escritores aragoneses estuvieron movidos por un interés ético: cuestionar, desde una prosa sencilla comprensible por todos, el papel de la Iglesia ante la indefensión de los campesinos, además de mostrar las terribles consecuencias del fanatismo. La diferencia es que la lucha interna de mosén Millán está mucho más concentrada —le obsesiona el recuerdo del fusilamiento de un joven de su pueblo a manos falangistas, que pudo haber evitado—, por lo que el relato de Sender gana en intensidad dramática. Por otra parte, la resolución de ambas novelas pone también en evidencia la distinta dirección de sus denuncias[271].

---

[269] *El único diálogo entre nosotros es a tiro limpio. Entonces viene el asombro de encontrarnos iguales en heroísmo y en locura*, dice en un momento, expresándose en prosa como León Felipe lo estaba haciendo en verso en su mismo exilio mexicano (vid. *supra*, c. n. 242).

[270] Se sabe que un tal mosén Joaquín, capellán del convento de Santa Clara, fue el director de sus estudios durante su adolescencia en el pueblo de Tauste (vid. *supra*, nota 253).

[271] El cura de Almuniaced salta a la calle cuando se entera de que al pueblo han llegado soldados moros, y al intentar agredir a un soldado, lo fusilan. Arana deja en boca de una criada la frase *¡Lo han matado los suyos, los suyos!*, pero mosén Jacinto muere negándolo. Mosén Millán, en cambio, se inclina por los poderosos, y Sender deja clara su confesionalidad reaccionaria.

En contraste con tales protagonistas, se alza la perspectiva infantil con la que es vista la guerra en **Duelo en el paraíso** (1955) de **Juan Goytisolo** (Barcelona, 1931), un autor caracterizado desde el principio por la gran valentía de sus propuestas y un inconformismo que le llevó a exiliarse en París precisamente en esos años[272]. En ella relata las peripecias de unos niños que juegan a matar en un terreno que acaba de abandonar el ejército republicano –algo que fue lamentablemente cotidiano en muchos pueblos españoles–, y llegan incluso a un fusilamiento real imitando la violencia cruel que han visto ejercer a los mayores. El principal interés de la novela de Goytisolo está en su modo de hablar de la infancia y la inocencia perdidas por la guerra, del trauma que generó en las mentes más ingenuas, pues éste se hubo de convertir en tema recurrente en muchos de los integrantes de su generación, tanto en poesía como en prosa. Buen ejemplo es *Gente de Madrid* (1967), un libro de cuentos de J. García Hortelano en su día censurados (*infra*, nota 283). Será a fines de los años sesenta, en pleno auge de la experimentación formal en la narrativa, cuando se hagan más evidentes las diferencias en el tratamiento del recuerdo de los años bélicos, como demostrarán en particular J. Goytisolo, de nuevo, C. J. Cela y J. Benet en tres novelas estrictamente coetáneas (vid. *infra*).

Aquéllos a quienes se les había arrebatado la niñez entre 1936 y 1939, que crecieron entre bombardeos y penurias, compartieron precisamente por ello una madurez anticipada, así como otros rasgos bastante uniformes que llevaron a bautizar atinadamente a su generación como 'Los niños de la guerra'[273]. No puede verse como casual que la afi-

---

[272] Nacido en el seno de una familia conservadora de la burguesía catalana castellanohablante, abandonó sus estudios de Derecho para dedicarse enteramente a la literatura, lo que le ha reportado una trayectoria de gran reconocimiento hasta la actualidad. En 1949 aparecieron sus primeras narraciones cortas y en la década del cincuenta, en su veintena, llegó a publicar una novela por año. Tiempo después de exiliarse en París en 1956, justificaba así su decisión: ... *es tal la atmósfera de frustración que hay en el país, tales las cortapisas que impiden la circulación de un pensamiento libre, de contacto con las corrientes políticas, estéticas, que uno se encuentra ahogado por un conformismo espantoso en todos los dominios.*

[273] Éste es el título que dio a uno de sus ensayos la escritora Josefina Rodríguez (León, 1926-2011), que adoptó desde 1952 el apellido de su marido, Ignacio Aldecoa, uno de los principales líderes de esta generación (*infra*, nota 286): ... *nosotros llegamos a la universidad sin otra experiencia detrás que la derivada de un*

nidad más común entre los escritores más jóvenes de los años cincuenta fuera la importancia que dieron a su memoria de infancia, junto con "una mirada más libre de prejuicios, tal vez, y menos fanática que la de sus antecesores" (E. de Nora). Con sólo veinticuatro años, **Rafael Sánchez Ferlosio** (Roma, 1927) escribe su primera novela sobre un niño que tiene unas privilegiadas dotes de artista: ***Industrias y andanzas de Alfanhuí*** (1951)[274]. Era un original relato de gran lirismo intimista, una "brillante fantasía en la que un niño espectacularmente imaginativo, ayudado por los poderes mágicos de una veleta, logra las cosas más inverosímiles y hermosas: recoger en una olla, por ejemplo, el color rojo del poniente..." (C. Blanco Aguinaga); experimentos éstos que están descritos de tal manera que el lector queda atrapado en la curiosidad por ellos y, en consecuencia, por la mente creativa que los produce. El universo infantil y adolescente es fundamental también en toda la obra de **Ana María Matute** (Barcelona, 1926-2014), una escritora precoz que ya en 1947 fue muy valorada por *Los Abel*, finalista del Nadal de ese año, y que trató la Guerra Civil como condicionante de los destinos de sus personajes y no sólo como trasfondo histórico. ***En esta tierra*** (1956) era una historia aparentemente inocente de un idilio entre jóvenes, pero la autora culpaba al conflicto del 36 de su trágico final, por lo que fue muy maltratada por la censura. En cambio en 1959 obtuvo el Premio Nadal por ***Primera memoria***, novela que daba origen a una interesante trilogía de carácter histórico titulada *Los mercaderes,* centrada en un clan familiar marcado por la violencia generada durante la guerra. Si se recibió de otra manera es porque en el fondo parecía tratarse de una parábola moral: a través de la evolución moral de su personaje central, Matute habla del idealismo perdido ante hombres que comercian con los valores más nobles, incluidos el amor o la

---

país en guerra y en posguerra. [...] *Nosotros estábamos sumergidos en una etapa durísima de la vida nacional, sin nada detrás para recordar por nosotros mismos, nada a lo que poder aferrarnos. No era una situación en la que habíamos caído después de otra más brillante. Nosotros habíamos vivido siempre así.* (*Los niños de la guerra,* 1983).

[274] Exactamente el mismo año, su padre, el también escritor y político falangista R. Sánchez Mazas (1894-1966), publicó la novela *La vida nueva de Pedrito de Andía* (1951). Sánchez Ferlosio, que había nacido en Italia porque su padre se casó con una italiana, inició estudios de Arquitectura que abandonó para estudiar Filología en la Universidad Complutense de Madrid, donde se unió a todo el grupo de escritores que lideró I. Aldecoa.

sinceridad, toda una visión pesimista que había empezado a ser la dominante en otros muchos relatos coetáneos desde diferentes estilos e ideologías[275].

Fueron muchas más las voces femeninas que coincidieron no sólo en su necesidad de contar su propia experiencia de los años que rodearon la guerra, sino en elegir para ello el marco del entorno familiar, tal y como había hecho antes A. Barea, por ejemplo (*supra*, nota 252). Lo hizo **Dolores Medio** (Oviedo, 1911-1996), una escritora muy comprometida en su día con causas sociales y hoy injustamente olvidada, en *Nosotros, los Rivero*, una interesante novela ambientada en la Asturias de los años treinta que fue ganadora del Nadal en 1952. Un año antes, **Elena Soriano** (Madrid, 1917-1996) había publicado *Caza menor* (1951), "una crónica rural de tonos sombríos, dostoievskianos, que desemboca en la guerra civil" (I. Soldevila), que no tuvo curiosamente los problemas de censura con los que tropezó, en cambio, su novela más leída, *La playa de los locos* (1955). Es el caso también de *La soledad sonora* (1949), primera novela de **Elena Quiroga** (Santander, 1919-1995), construida con sus recuerdos adolescentes acerca de quienes se fueron a Rusia como voluntarios de la División Azul; si bien la novela por la que alcanzó más fama fue *Viento del norte* (Premio Nadal de 1951), que le valió ser comparada inmediatamente a la Pardo Bazán (vid. 3ª, nota 289). En contraste con la ideología de tales novelas, se alzan las que escribieron algunas escritoras exiliadas, como **Luisa Carnés** (Madrid, 1905-1964), quien publicó en Ciudad de México *Juan Caballero* (1956), la única novela sobre 'el maquis' –la guerrilla de resistencia antifranquista que se mantuvo clandestinamente activa hasta 1952– escrita por una mujer. Años antes y también en México, la novelista vasca **Cecilia G. de Guilarte** (Guipúzcoa, 1915-1989) había publicado *Nació en España* (1944), una novela sobre el éxodo republicano tan interesante como las de la narra-

---

[275] Los otros dos títulos de la trilogía fueron: *Los soldados lloran de noche* (1964) y *La trampa* (1969). A su década más productiva, la de los cincuenta, pertenecen también las novelas: *Fiesta al noroeste* (1953), *Pequeño teatro*, al parecer iniciada con sólo diecisiete años, que ganó el premio Planeta de 1954, y al que le seguirían el Premio Gijón de novela, el de la Crítica y el Cervantes; y *Los hijos muertos* (1958). Es autora también de espléndidos relatos breves como los que componen *El río* (1963). La crítica ha apreciado sobre todo su gran capacidad fabuladora y la complejidad psicológica de la que suele dotar a sus personajes.

dora gallega **Concha Castroviejo** (Santiago, 1912-1995): *Los que se fueron* (1957) y *Vísperas del odio* (1958), injustamente relegadas de las historias literarias. Mención aparte merece **María Teresa León** (*supra*, nota 240), a quien ha costado rescatar de la alargada sombra de Alberti. En el Madrid bélico ambientó algunas novelas que publicó durante su exilio en Argentina: *Contra viento y marea* (1941) y *Juego limpio* (1951), tal vez la mejor novela sobre lo que fue la lucha antifascista en la resistencia. Algo que también se cuela en la magnífica prosa de su autobiografía, *Memoria de la melancolía* (1968), donde describe percepciones muy interesantes sobre los cambios vividos en un amplio periodo histórico particularmente convulso. Sorprende, en cambio, que no aborde abiertamente el tema de la guerra otra novelista de ideología izquierdista de su misma generación, **Rosa Chacel** (Valladolid, 1898-1994), porque la memoria histórica y la íntima ocuparon un papel fundamental en su creación[276].

En la Barcelona que había creado el prestigioso Premio Nadal, cuya vida cultural superaba con creces la del interior del país, siguieron surgiendo narradoras pioneras en muchos aspectos, continuando la brecha abierta por C. Laforet y A. M.ª Matute, y algunas lograron considerable difusión. **Susana March** (Barcelona, 1918-1990), muy reconocida como poeta ya en los años cuarenta, impactó en 1955 con una novela de carácter social titulada *Algo muere cada día*, mientras colabo-

---

[276] Rosa Chacel, coetánea del grupo del 27, creció en un ambiente liberal muy ligado al arte y la literatura (era sobrina nieta de Zorrilla), y fue colaboradora temprana de *Revista de Occidente*, donde publicó sus primeros relatos y algún ensayo. Su silencio sobre la Guerra Civil sorprende más considerando sus vivencias durante la misma: trabajó como enfermera hasta la evacuación de Madrid, que la obligó a trasladarse a Valencia y posteriormente a París junto a su hijo y su marido, el pintor Timoteo Pérez Rubio, a quien se debió la rápida evacuación de los cuadros del Museo del Prado durante la guerra. A su término pasaron por un largo itinerario de exilio: Suiza, Grecia, Brasil y Buenos Aires. Allí publica *La sinrazón* (1960), que definió como *una autobiografía de pensamiento* y está considerada por la crítica su mejor novela. En la más conocida, *Memorias de Leticia Valle* (1945), se centró en el tema de la educación femenina a través de la relación de una adolescente, *alter ego* de la autora, con su maestro en un pueblo castellano hacia 1912. Sus recuerdos de niñez serían también la base de *Barrio de Maravillas*, novela por la que obtuvo el Premio de la Crítica en 1976, cuando estaba instalada de nuevo en España.

raba con su marido, R. Fernández de la Reguera, en la escritura de una serie de *Episodios nacionales contemporáneos* que pretendían renovar el proyecto galdosiano, como intentaron muchos. Dentro de una larga nómina, merecen considerarse escritoras que se expresaron siempre en catalán, como Mercé Rodoreda (Barcelona, 1908-1983), cuya novela *La plaça del Diamant* (1962), ambientada en los años cruciales de la posguerra, sería de las más traducidas de toda la literatura catalana. O como Maria Aurèlia Capmany (Barcelona, 1918-1991), autora de gran talla intelectual que se convertiría en referencia del feminismo militante para otras excelentes narradoras de la generación posterior, como Montserrat Roig (*infra*, c. n. 326). Esto último induce a valorar un importante fenómeno sin el que es imposible tener un panorama completo de la narrativa en la península: el aumento de escritores que fueron fieles a sus lenguas maternas y las eligieron por encima del castellano o alternándolas con él. Y ello no sólo por naturales razones afectivas, sino por una más que comprensible reacción a la política franquista, empeñada en reducir a mero folklore la esencia de la cultura gallega, vasca, catalana, valenciana y mallorquina. Ése es el contexto en el que debe considerarse la obra de notables narradores que, al igual que un buen número de poetas, ofrecieron textos excepcionales dentro de su perfecto bilingüismo.

Vertientes del realismo social en la década de los cincuenta

Justo al inicio de los cincuenta, una nueva novela de Camilo José Cela (*supra*, nota 259) volvió a remover el panorama literario: **La colmena**, que apareció en Buenos Aires en 1951, al serle denegado el permiso de publicación en España cinco años antes, y tras otros cinco de laboriosa escritura. Conviene, pues, recordar que la novela considerada unánimemente como la más renovadora y valiosa de la posguerra, la más ambiciosa y lograda de Cela también, fue escrita en los primeros años cuarenta, que son a los que corresponde su ambientación. El veto de la censura franquista a Cela, que le valió el ser expulsado de la Asociación de la Prensa de Madrid y la prohibición de su nombre en todos los periódicos españoles, fue sólo el inicio de una incomprensión de su novela que perduró en numerosos juicios rechazados de continuo por el autor[277]. Sólo en algo no se equivocaba el censor: *La colmena* quería ser una pintura social del estricto presente en su propio acontecer cotidiano, *un trozo de vida narrado paso a paso, sin reticencias, sin extrañas tragedias, sin caridad, exactamente como la vida discurre* (Cela en "Nota a la primera edición"). La acción transcurre en unos cuantos días del Madrid de 1942, visto como una gran colmena donde convive una multitud de diminutos seres que se afanan, ante todo, por sobrevivir; una brillante imagen, la de la colmena humana, que aparecía ya en el cap. I del *Lazarillo español* de Ciro Bayo (*supra*, nota 71) para referirse a las casas de vecindad madrileñas. De ahí que el autor, en todo momento narrador omnisciente, decida reservarles a cada cual su pequeña 'celda' o recuadro de texto, su viñeta aparentemente aislada de las otras, pero que en conjunto componen un complejo entramado similar a la maquinaria de un reloj, que es a lo que Cela comparó la precisa organización de su novela. Uno de sus grandes logros formales empieza ahí, en su inteligente disposición de las 'junturas de las piezas', que nada tenía de caprichoso: busca intencionadamente el contraste entre los diálogos —que a veces interrumpe con otros o con descripciones que cargan de sentido su continuación posterior— y los monólogos interiores de los personajes, de modo que la impresión que le interesa provocar queda entre una secuencia y otra, igual que ocurre con los silencios de una gran sinfonía. El resultado es que la lectura de *La colmena* deja sentimentalmente conmocionado al lector como muy pocas novelas son capaces de hacerlo, tal vez como ninguna lo había hecho en España desde Baroja, cuya estela, en cierta manera, sigue.

---

[277] El censor eclesiástico la juzgó como novela "francamente inmoral, a veces pornográfica y en ocasiones irreverente", describiéndola así: "Breves cuadros de la vida madrileña actual hechos a base de conversaciones entre los distintos personajes, a quienes une una breve ligazón, pero sin que exista en esta mal llamada novela un argumento serio. Se sacan a relucir defectos y vicios actuales, especialmente los de tipo sexual. El estilo, muy realista a base de conversaciones chabacanas y salpicadas de frases groseras, no tiene mérito literario alguno." Escribía Cela en su "Nota a la segunda edición", de 1955: *Sobre* La colmena, *en estos cuatro años transcurridos, se ha dicho de todo, bueno y malo, y poco, ciertamente, con sentido común. Escuece darse cuenta que las gentes siguen pensando que la literatura, como el violín, por ejemplo, es un entretenimiento que, bien mirado, no hace daño a nadie. Y ésta es una de las quiebras de la literatura.*

Pese a elegir un personaje colectivo casi tan múltiple como el de *Fortunata y Jacinta* —unos trescientos cincuenta personajes—, Cela captaba, sin embargo, un Madrid muy distinto al de Galdós, y distinto también al de *La busca* de Baroja, aunque sus descripciones resuenen a veces. Por sus calles las personas se empequeñecen y se convierten en una fauna de desamparados dejados a su suerte, que se acomoda como puede en la dura jungla de la posguerra, donde la mayoría trata de defenderse de unos cuantos 'depredadores'. De ahí que los símiles zoológicos sean constantes en *La colmena* desde sus primeros retratos humanos: el gitanito que canta flamenco, que *tiene cara de animal doméstico* y *vive de milagro*, la adolescente de *aire triste y soñador de perro sin dueño, de bestia errabunda*, la casada que es *ternera* para su maltratador (*infra*, n. 281), etc. Y deambulando siempre entre ellos, cual famélico galgo, un bohemio en busca de techo llamado Martín Marco, un antihéroe sin ideología clara que le es simpático al autor, y cuyo protagonismo consiste en servir de enlace de las varias historias que se entrecruzan en la novela[278]. Esa animalización se carga de sentido cuando se observa que casi todas las actuaciones están regidas, de una u otra forma, por la poderosa fuerza del instinto, por necesidades básicas dominantes, exactamente igual que en cualquier novela del más puro Naturalismo (vid. 3ª, n. 288). Bajo esa filosofía escribe Cela en uno de los prólogos de su novela: *La cultura y la tradición del hombre, como la cultura y la tradición de la hiena o de la hormiga, pudieran orientarse sobre una rosa de tres solos vientos: comer, reproducirse y destruirse. La cultura y la tradición no son jamás ideológicas y sí, siempre, instintivas* (nota a la tercera edición de *La colmena* de 1957). Sólo desde ahí puede entenderse por qué insistió tanto en que su principal interés era histórico, en que había escrito *un libro de historia, no una novela* (nota a la cuarta edición). Tal declaración explica plenamente el sentido que adquiere el sexo dentro de la novela, eso que muy

---

[278] *Martín Marco vaga por la ciudad sin querer irse a la cama...prefiere esperar a que acabe el Metro, a que se escondan los últimos amarillos y enfermos tranvías de la noche. La ciudad parece más suya, más de los hombres que, como él, marchan sin rumbo fijo con las manos en los vacíos bolsillos —en los bolsillos que a veces no están ni calientes—, con la cabeza vacía, con los ojos vacíos, y en el corazón, sin que nadie se lo explique, un vacío profundo e implacable.[...] A Martín Marco le preocupa el problema social. No tiene ideas muy claras sobre nada, pero le preocupa el problema social... todos en un término medio. Debería nombrarse una comisión de sabios que se encargase de modificar la Humanidad.*

pocos supieron entender en su momento: la búsqueda del calor del sexo es el único consuelo posible –sucedáneo de amor– para paliar el intenso frío y el hambre acuciante, los dos grandes ejes del determinismo ambiental de cualquier posguerra. Así, en vez de caminar por cauces establecidos, la intuición de Cela le hizo combinar recursos narrativos, líricos y dramáticos, para escribir la novela naturalista más original de su siglo.

Como novela testimonial, las páginas de *La colmena* hablan con crudeza, pero con gran ternura a un tiempo, de todo lo que había que sacrificar ante la escasez de comida y las cartillas de racionamiento: del vacío de estómago que no deja dormir, que lleva al robo en las humildes pensiones, que hace prostituirse a la chica enamorada para sacar adelante al novio tuberculoso, y que conduce incluso al suicidio cuando se está seguro de que nunca se podrá escapar del olor a cebolla, el atávico olor de la miseria[279]. Por culpa del hambre, en fin, se borran las fronteras entre la 'decencia' y la 'golfería' –dos palabras constantes en los diálogos, con sus respectivos calificativos–, los dos polos extremos que fueron la rígida vara de medir la ética en la España franquista, como confirmarán muchas obras dramáticas y otras tantas novelas de la época. Unos pocos espacios cerrados son los repetidos escenarios de esas penurias que se narran: algunos pisos familiares de distinto rango, una casa de citas, algún descampado, un prostíbulo, y el café de doña Rosa (una tirana deseosa de que ganen la guerra los alemanes), que adquiere el mismo protagonismo que tuvo el casino en la generación de Baroja (*supra*, c. n. 66). En *La colmena* el café es lugar que suscita refle-

---

[279] El magnífico pasaje que comienza E*staba enfermo y sin un real, pero se suicidó porque olía a cebolla...* es tal vez uno de los mejores ejemplos de la enorme capacidad de Cela para sintetizar dramáticamente sentimientos humanos: un escueto diálogo entre marido y mujer que acaba en muerte repentina condensa la frustración de quien está seguro de que el olor a cebolla que inunda la casa e impregna las paredes es el recordatorio fatal de que jamás mejorará su estado. La cebolla, emblema lírico del hambre ya en Miguel Hernández, le sirve a Cela para narrar, en escasas líneas, un cuento trágico sobre la impotencia de la pobreza. La abundancia de los olores en *La colmena* (la mezcla del olor a desinfectante y de mil remedios caseros, los olores de los cuerpos y el perfume de las prostitutas, etc.) es algo coherente en un universo literario en el que los sentidos más instintivos dominan sobre los otros.

xiones geniales, pues se presenta como síntesis de mundos irreconciliables: es reunión de literatos —desde el aspirante a un puesto a la Academia hasta los poetas bohemios como Martín Marco, que aspiran sólo a que les inviten a café con bollo—, pero también de estraperlistas que negocian con productos del mercado negro con la misma facilidad con la que otros y otras comercian con la carne. Todo en Madrid se vende, todo conduce al fraude y al estraperlo —parece decir Cela— en un momento en que la economía española acusaba seriamente las consecuencias del aislamiento del país[280]. De ahí que el narrador busque con frecuencia los rincones más inocentes, donde se refugian los olvidados de todos, convirtiendo en espacios poéticos los espacios más prosaicos: *Los bancos callejeros son como una antología de todos los sinsabores y de casi todas las dichas: el viejo que descansa su asma, el cura que lee su breviario, el mendigo que se despioja, el albañil que almuerza mano a mano con su mujer, el tísico que se fatiga, el loco de enormes ojos soñadores, el músico callejero que apoya su cornetín sobre las rodillas, cada uno con su pequeñito o grande afán, van dejando sobre las tablas del banco ese aroma cansado de las carnes que no llegan a entender del todo el misterio de la circulación de la sangre...* El lirismo delicado y profundo de *La colmena* fue también una de las claves de su magisterio, del mismo modo que, por sus muchas descripciones de la desolación, resulta precursora de toda la narrativa social que se impuso después[281]. Sin embargo, la implicación política del autor, que nunca atacó las instituciones del régimen, según reconocieron los propios censores, volvía a quedar tan soslayada como en su *Pascual Duarte*. Y eso se explica en parte por el propio

---

[280] El significado de 'estraperlo' como "comercio ilegal de artículos intervenidos por el Estado o sujetos a tasa" (DRAE) provenía del nombre dado a un juego de azar de fines fraudulentos, straperlo, que se quiso implantar en 1935. Los apoyos que Franco dio a Hitler fueron la causa de que la ONU rechazara el ingreso de España en la organización, y que incluso recomendara en 1946 a los países miembros que retiraran a sus embajadores de la capital española. Aquél fue el comienzo de una 'guerra fría' que sólo empezó a remitir diez años más tarde.

[281] *Desde el camino del Este se ven unas casuchas miserables, hechas de latas viejas y de pedazos de tablas...Unas mujeres buscan en los montones de basura. Algún hombre ya viejo, quizás impedido, se sienta a la puerta de una choza sobre un cubo boca abajo, y extiende al tibio sol de la mañana un periódico lleno de colillas. No se dan cuenta, no se dan cuenta...* [...] *Martín nota que la vida, saliendo a las afueras a respirar el aire puro, tiene unos matices más tiernos, más delicados que viviendo constantemente hundido en la ciudad.*

pesimismo de Cela, para quien la vida en sí es injusta y el hombre también: *Nada tiene arreglo* —escribió en su prólogo de 1955—, *evidencia que hay que llevar con asco y con resignación.*

La gran novedad estilística de *La colmena*, lo que hizo de ella el modelo para las novelas de la década siguiente, fue su adopción de una técnica que ya se había impuesto con anterioridad en Norteamérica —usada por novelistas como Dos Passos, Hemingway, Faulkner o Steinbeck—, y que fue bautizada como 'behaviorismo' o conductismo, traduciendo el término *behaviour* por 'conducta'. El procedimiento debía mucho al influjo cinematográfico y a una corriente psicológica en boga: se basaba en captar esencialmente las conductas humanas desde las inclinaciones primarias que se manifiestan en los gustos, las preferencias y las manías, considerando que lo único real en la vida psicológica es aquello que podría percibir un observador exterior, exactamente igual que lo haría el objetivo de una cámara fotográfica. Frente al narrador omnisciente decimonónico, interesado en describir sentimientos o pensamientos de sus personajes, el conductista, que no cree en la raíz espiritual de éstos, se limita a registrar comportamientos en los que el gesto corporal, el grito o la mera formulación de las palabras son en sí significativos y reveladores de un carácter. En este sentido, Cela se reveló como un sutilísimo psicólogo de enorme sensibilidad, especialmente comprensivo con las mujeres abnegadas en su sacrificio, cualquiera que éste sea: con las maltratadas por la vida (o por un marido cruel), con quienes viven sus penas a solas, con las que hacen el amor en solares inhóspitos, pero también con las que sueñan idilios que no existen —*¿qué esperan, Dios mío? ¿por qué las tienes tan engañadas?*, se pregunta en algún momento—, saltándose su condición de mero 'fotógrafo'. De manera que va enlazando con ellas una multitud de 'crónicas de pobres amantes', como anticipándose a un famoso título del neorrealismo italiano[282].

---

[282] *Cronache di poveri amanti* (1947) fue el título que Vasco Pratolini puso a una novela que se convirtió en uno de los paradigmas del neorrealismo en Italia. Debe recordarse al respecto que fueron muchos los narradores y cineastas neorrealistas que se fijaron particularmente en las mujeres como principales víctimas de la penuria de todas las posguerras. Escribe Cela a mediados de los cuarenta (no se olvide): *La Filo llora mientras dos de los hijos, al lado de la cama, miran sin comprender: los ojos llenos de lágrimas, la expresión vagamente triste,*

También en esto fue pionera *La colmena,* aunque no suela valorársele como merece: en ser la primera novela en abordar los modos de amar en la posguerra española, en toda la dimensión del machismo y del puritanismo con sus respectivas secuelas, algo de lo que seguirían hablando, desde muy diferentes ángulos, novelistas como Sánchez Ferlosio, C. Martín Gaite o Delibes hasta finales de los sesenta. Hasta ese momento, nada realmente novedoso volvió a aportar C. J. Cela a la narrativa, pero la censura siguió persiguiéndolo. Fue censurada en sus ediciones barcelonesas de 1953 y 1958 la novela *Mrs. Caldwell habla con su hijo,* integrada por doscientas cartas que una mujer perturbada dirige a su hijo muerto –un sueño incestuoso y tratar asuntos como la masturbación y el adulterio tuvieron la 'culpa'–, y su censura reavivió el interés por su versión íntegra (París, 1967), aunque se trataba de un discurso bastante deprimente sobre una psicopatología que confirmaba la tendencia naturalista del narrador. En cuanto a *La catira* (1955), fue novela oportunista que escribió por encargo de un dictador venezolano, mientras ejercía una noble labor como fundador y director de la revista *Papeles de Son Armadans,* que desde 1956 se ocupó de dar a conocer a muchos escritores exiliados. Pese a ser reconocido por sus libros de viajes, en títulos como *Viaje a la Alcarria* (1948), *Del Miño al Bidasoa* (1952), o *Primer viaje andaluz* (1959), su prosa resulta muy superficial si se compara con los textos que renovaron el género por esos años, marcados por un compromiso social que no pareció nunca interesar a Cela, quien con los años acentuaría además su pesimismo (vid. *infra,* n. 319).

El modo riguroso de observar la realidad que tenía *La colmena* infuyó mucho en la nueva generación de narradores (*supra,* n. 266), y bajo su impacto se escribieron pronto novelas que tenían a la gran ciudad como centro. Una de las primeras que alcanzó popularidad fue **La noria** (1952) del barcelonés Luis Romero (1916-2009), que tomaba a Barcelona como escenario de múltiples historias que se suceden rápidas (como el

---

casi perdida, como la de esas terneras que aún alientan –la humeante sangre sobre las losas del suelo– mientras lamen, con la torpe lengua de los últimos instantes, la roña de la blusa del matarife que las hiere, indiferente como un juez: la colilla en los labios, el pensamiento en cualquier criada y una romanza de zarzuela en la turbia voz. Véase el interesante 'diálogo' que se da entre este pasaje y un poema de descarnado prosaísmo como el de "Mujeres del mercado" de Ángela Figuera Aymérich (*infra,* n. 354)

girar de una noria) en las veinticuatro horas que dura su acción. Su idea es en cierto modo similar a *La hora de todos* de Quevedo, aunque sin sus pretensiones satíricas: se trata de ofrecer 'instantáneas' de la vida social barcelonesa de los años cuarenta en las que desfilan distintos grupos profesionales que pueden dar una imagen general del estado de la ciudad. Esa misma voluntad de 'retratar' las formas de vida nacionales en los años más duros de la posguerra aspiró a una finalidad más trascendente en **Esta oscura desbandada** (1952) del vizcaíno **Antonio de Zunzunegui** (1902-1982), narrador muy leído entonces que tuvo a su paisano Baroja por modelo ya desde sus primeros cuentos. Por la imagen nefasta de la España oficial que ofrecía, su novela se ha calificado como "uno de los testimonios críticos más duros de la sociedad española de los cuarenta, tristísima visión de los rentistas venidos a menos y de las clases bajas del Madrid de la época, y en la que, además, se planteaba un problema de capital importancia: cómo la guerra era el origen de una moral utilitaria, del predominio de un pragmatismo carente de ideales" (S. Sanz Villanueva). Si el inconformismo social de Zunzunegui pudo encajarse bien fue, seguramente, porque usaba la literatura con el mismo afán reformador de costumbres que tuvieron los antiguos humanistas, y su punto de vista era, en el fondo, conservador. *Esta oscura desbandada* aspiraba a ser la crónica amarga, hasta en sus toques de humor, del cambio de valores que se estaban produciendo en la burguesía española: la sustitución del espíritu de sacrificio por un cómodo materialismo y un afán de lucro que vulgariza el trato humano, y sobre todo la irresponsabilidad generalizada en el trabajo, que lleva al absentismo y al gusto por diversos vicios que, a juicio del autor, tenían perdido al país. Años más tarde, Zunzunegui volvería a demostrar su perspicacia para la sátira en *El premio* (1961), una novela muy galardonada a nivel nacional que abordaba, por primera vez en España, la vanidad de la búsqueda de fama en el mundillo literario.

"La condena de la amoralidad burguesa" fue una de las grandes vetas temáticas de los años cincuenta, como apunta algún analista, y lo siguió siendo, bajo nuevas técnicas, en la narrativa de los sesenta y primeros setenta. Varias novelas confirman que en un primer momento el tema se abordó desde patrones heredados, o bien desde un intento de objetivismo con un compromiso social más o menos marcado. Bajo el modelo de Galdós escribió **Max Aub** desde su exilio (*supra*, nota 108) **Las buenas intenciones** (1954), una novela que parecía querer recordar que el problema de la 'pérdida de valores' venía de atrás: a través de una serie de vidas cruzadas en el Madrid popular anterior a 1936, criticaba los prejuicios de una pusilánime clase media que vive sin ningún ideal moral, algo que para el narrador era la causa directa de que en España no pudiera triunfar ninguna revolución. En el caso del vallisoletano Miguel Delibes, en cambio, el tema se vinculaba estrechamente a su interés por la educación de la psicología individual en el ámbito familiar, lo que dio una especial coherencia a su larga trayectoria (vid. *infra*): **Mi idolatrado hijo Sisí** (1953) trataba el caso de un hijo único echado a perder en una familia gobernada por un padre sólo preocupado en aumentar sus negocios y satisfacer sus caprichos. En la misma línea se inscribe el título *Memorias de un señorito* (1956) de su paisano Darío Fernández Flórez (Valladolid, 1909-1977), un novelista 'afiliado' a la moda tremendista en su primera época que era muy leído entonces. Con el planteamiento de ambas contrastaba fuertemente el claro compromiso sociopolítico que subyacía a **Barrio de Argüelles** (1956) de Juan García Hortelano (Madrid, 1928-1992), una novela que la censura impidió publicar pese a haber sido finalista del Nadal[283]. Es significativo el hecho de que fueran autores procedentes de la burguesía de las dos grandes capitales españolas quienes más se entregaran a ese tipo de realismo que "no se pretendía objetivo y objetual, sino crítico y social" (J. G. Hortelano), dirigiendo sus 'dardos' precisamente hacia la clase social en la que habían nacido. Por su parte, Juan Goytisolo (*supra*, n. 272) contribuyó al tema con **Juegos de manos** (1954), donde unos jóvenes burgueses 'juegan' a ser rebeldes para dar sentido a su vacía existencia y planean un crimen supuestamente político que acaba llevándoles a matar por error a un compañero, como los niños de *Duelo en el paraíso* (vid. *supra*). No parece casual que en esos mismos años, especialmente

---

[283] Esta circunstancia de los 'finalistas' que no llegaban a publicarse, generalmente por ser más que sospechosos de ideología antifranquista, debe siempre considerarse al inventariar las novelas de calidad de este periodo. Juan García Hortelano poseyó una gran cultura literaria, especialmente en literatura francesa (Flaubert, Proust, Sartre y Boris Vian, del que fue traductor) y se dedicó disciplinadamente toda su vida a la novela y la poesía (*infra*, n. 369) a pesar de trabajar como funcionario administrativo para la comunidad de Madrid. Fue uno de los novelistas más vetados por el franquismo desde 1951, año en que se afilia al partido comunista, en el que militó hasta finales de los sesenta. Vid. *infra*, n. 294.

prolíficos para Goytisolo, ideara también una trilogía titulada **El mañana efímero** (publicada entre 1957 y 1958), en la que se propusiera revisar críticamente *la España de charanga y pandereta* de la que habló A. Machado[284]. Esa trilogía contiene las críticas más duras al tradicionalismo español, y es una de las pruebas más claras de la gran influencia que tuvieron los escritos noventayochistas sobre 'el problema de España' en los narradores de los cincuenta, e incluso en el gran hito de los sesenta que fue *Tiempo de silencio*.

Uno de los autores en los que esto se hace evidente es **Miguel Delibes** (Valladolid, 1920-2010), narrador muy marcado por su origen provinciano y castellano, sin más pretensiones que hacer una prosa honesta con sus principios de católico liberal, que le llevaron a practicar un realismo muy próximo al de Unamuno o Azorín. Lo demostró ya en su primera novela, ***La sombra del ciprés es alargada***, por la que obtuvo el Premio Nadal en 1947: la autobiografía de un joven huérfano educado como pupilo por un maestro de Ávila, quien le inculca un amargo concepto de la existencia que le predispone a la infelicidad durante toda su vida[285]. La relación entre el discípulo y su pedagogo recordaba

---

[284] Los tres títulos que la integran no guardan unidad argumental pero sí intencional: *El circo, Fiestas*, centrada en la crítica a la Iglesia católica, y *La resaca*, primera de las novelas que Goytisolo tuvo que publicar fuera de España, en la que a través de un ladronzuelo de los suburbios portuarios de Barcelona vuelve sobre la lección de la picaresca para dar una visión pesimista y desalentada del futuro del país. La misma que seguirá recogiendo, diez años más tarde, su novela *Señas de identidad: Triste pueblo, patria triste, ¿qué psicoanálisis puede recobrarte? Para ti nunca pasan días y tus hijos se suceden en tu regazo inútiles frente a tu inercia, tu terquedad, tu locura...* (Vid. *infra*, nota 310).

[285] Antes del éxito de esa novela, Miguel Delibes Setién, uno de los ocho hijos de un catedrático de Derecho (de origen francés por rama paterna), trabajaba como profesor de Derecho Mercantil, una cátedra que había ganado en su ciudad natal en 1945, y se dedicaba al periodismo, labor que ejerció desde muy joven y por la que obtuvo un premio nacional en 1996. La novedad de *La sombra del ciprés...* estaba formulada ya en su simbólico título: igual que hay árboles con sombras redondeadas como los pinos, hay hombres confiados y optimistas que suelen ser felices, frente a los taciturnos y tristes, de sombra alargada como la del ciprés. El protagonista de esta novela, pese a todos sus intentos (se hace marino, conoce el amor conyugal, etc.), acaba mal, marcado por la fatalidad. A diferencia de su protagonista, Delibes fue uno de los escritores del siglo XX con más larga la lista de reconocimientos oficiales, entre los que destacan el Premio Nacional de las Letras en 1991, el

bastante el de las *Memorias de Leticia Valle* de su paisana Rosa Chacel (*supra*, n. 276), si bien la usaba para un plantear una tesis distinta. En la novela de Delibes latía una crítica de fondo a un modelo educacional que, a juicio de su autor, sólo forjaba temperamentos retraídos, pesimistas y sobre todo incapaces de trato cordial, lo cual era una forma de volver sobre esa insociabilidad que tanto preocupó a los noventayochistas. La novela con la que consiguió reconocimiento como escritor fue **El camino** (1950), donde penetraba sutilmente en las tensiones emocionales que rodean la personalidad infantil dentro de un pequeño pueblo, como lo haría después de forma muy original en ambiente urbano con *El príncipe destronado* (1973), escrita desde la perspectiva del niño que queda desplazado por un nuevo hermano. La elección del escenario rural –el más repetido en su obra– parece formar parte de una propuesta filosófica esencial en Delibes: la de retirarse hacia formas de vida más sencillas y naturales, acordes con su idea de cristianismo y, según interpreta algún crítico, "como un refugio ante la fealdad y la complicación de la vida moderna", que él considera eminentemente egoísta. Un ejemplo de ello es *La hoja roja* (1959), novela escrita desde la perspectiva del jubilado que ve agotarse su tiempo (como las hojas de su papel de fumar avanzan hacia la última hoja roja), mientras una despiadada sociedad le condena a la incomunicación y al asilamiento. En su particular bucolismo encajan sus muchos libros sobre la caza, afición favorita del autor –*Diario de un cazador* (Premio Nacional de Literatura en 1956), entre tantos–, y sus muchos relatos cortos en torno a la vida del campo y todo lo benéfico que puede rodearla. Sin embargo, Delibes se ocupó de mostrar también la otra cara de esa realidad rural, reflejando los aspectos más crudos de la vida en los pueblos más atrasados, como en *Las ratas* (1962), donde la Castilla latifundista aparece como un inframundo de hombres depredadores e infancias indefensas ante la difícil lucha por la supervivencia. Su obra magistral en este sentido vendría veinte años después, con *Los santos inocentes* (1981), una dura denuncia de la hipocresía moral de ciertos terratenientes en la baja Extremadura y su crueldad despótica con los guardeses de sus fincas; novela reveladora de la sensibilidad del autor hacia los sometidos al servilismo en ese sistema

---

Premio Cervantes en 1996, y el Premio Nacional de Narrativa por su novela *El hereje,* en 1999.

feudal no extingido en la España franquista, que sin embargo no llega nunca a cuestionar abiertamente. Fue a medidados de los sesenta, con *Cinco horas con Mario* (*infra*, nota 313), cuando alcanzó mayor notoriedad Delibes, quien se ganó siempre el favor de un amplio público de lectores por la cercanía y hondura humana de su prosa, así como un respeto unánime por parte de la crítica.

Hacia 1955, en torno a la atrayente personalidad del vasco **Ignacio Aldecoa** (Vitoria, 1925-1969), se concentró en Madrid un conjunto de escritores de la llamada 'Generación del medio siglo' que iban a crear escuela en la narrativa[286]. Al tiempo que se ganaba un liderazgo generacional por su coherencia ideológica y su integridad ética –*Ser escritor es una actitud ante el mundo*, solía decir–, el carácter independiente de Aldecoa le llevó a apartarse de círculos literarios y otros medios de difusión que podrían haberlo encumbrado en su momento; hecho que determinó en gran medida la escasa valoración que tuvo en principio su obra, cortada fatalmente por su temprana muerte. La influencia de su paisano Baroja es palpable ya en su propósito de escribir tres trilogías dedicadas a construir lo que él llamaba *la épica de los oficios*, con tipos que a su juicio no habían tenido tratamiento unitario en la narrativa española: los trabajadores del mar –a los que dedicó los títulos *Gran sol* (1957) y *Parte de una historia* (1967)–, los trabajadores de las minas y los altos hornos (una trilogía que no llegó a iniciar), y un terceto genuinamente español –los gitanos, la Guardia Civil y los toreros– que constituyó su primera trilogía. De ella se conservan dos únicas novelas que

---

[286] Procedente de una culta familia de la burguesía vitoriana, estudió Filosofía y Letras en Salamanca y Madrid, donde se instaló definitivamente desde 1945, aunque fueron frecuentes sus estancias en diversos países europeos. Participó pronto de tertulias con disidentes del régimen franquista y profesores apartados de sus cátedras, como el filólogo don Antonio Rodríguez Moñino, quien regentaba una concurrida tertulia en el Café Lyon y había creado la *Revista Española* en la editorial Castalia. Aldecoa ayudó a impulsar está revista que sirvió para canalizar las voces de protesta de muchos jóvenes escritores del momento, que empezaban a empatizar con los modos neorrealistas de C. Zavattini, Truman Capote, E. Hemingway y J. Dos Passos. Su casa madrileña, compartida con su mujer, la novelista Josefina Rodríguez (*supra*, nota 273) fue hasta su muerte centro de reunión de los autores más destacados del panorama literario: Jesús Fernández Santos, Alfonso Sastre, R. Sánchez Ferlosio y C. Martín Gaite (que formaron pareja también), Luis Martín Santos, Juan Benet y Ramón Nieto, entre los más importantes.

demuestran ante todo la sensibilidad solidaria de Aldecoa con aquellos grupos más incomprendidos por la sociedad, y no sólo los más desfavorecidos económicamente, como proponían los teóricos del llamado realismo social. En ***El fulgor y la sangre*** (1954) es capaz de imaginar las angustiadas cavilaciones de unas mujeres de guardias civiles rotas de dolor por la muerte de uno de ellos. En cambio, **Con el viento solano** (1956) está escrita justamente desde la perspectiva del grupo perseguido: el gitano que huye *cara al viento solano*, tras matar a un guardia, enfrentado a su miedo, a su *mala suerte* y a su eterno desarraigo, y al que hasta el final de su huida le acompaña el recuerdo de su madre y su novia, mujeres tan sufridoras como él en su existencia marginal. Junto al gitano acorralado, visto con una generosa filantropía por el auto (comparable a la de Lorca), son más variados los tipos de marginados que aparecen en la novela, y Aldecoa cuida sus distintos ámbitos: las afueras de Madrid, una pensión mugrienta (con un viejo artesano que le ayuda), una taberna de Atocha, una feria (con un faquir que parece incluso feliz), etc. Sobre todos ellos Aldecoa hace una reflexión muy profunda que da dimensión filosófica a la novela, pues ensalza la humanidad que subyace a la vida de quienes están condenados a la 'animalidad' y la delincuencia. Lo que obliga al lector a enfrentarse al problema de la libertad frente al determinismo –el delito está provocado aquí por el vino–, como sucede con las mejores novelas naturalistas. En definitiva, es la suya una nueva lectura de la picaresca que resulta muy interesante de contrastar con la que se da en otra espléndida novela coetánea de ambiente gallego: ***A esmorga*** (*La parranda*) de **Eduardo Blanco Amor** (Orense, 1897-1979), publicada en Buenos Aires en 1959. Es un relato autobiobiográfico 'tremendista' que supera incluso el estilo del *Pascual Duarte,* y al que no se le dio el debido lugar en las historias literarias por el exilio y la censura que padeció su autor, un gran escritor bilingüe[287].

---

[287] *A esmorga* narra un hecho real acaecido en la zona orensana tiempo atrás, que conocemos por el relato de uno de los personajes ante el juez: la borrachera de tres jóvenes trabajadores desencadena una serie de acontecimientos fatales en las 24 horas que dura la acción, pues dos de ellos mueren y el tercero acaba asesinado por la Guardia Civil. Blanco Amor, escritor autodidacta que se mantuvo siempre en una línea de vanguardia, emigró pronto a Argentina donde desarrolló una intensa actividad cultural. Como correspon-

Ignacio Aldecoa trató, en suma, de lo que él llamaba *la pobre gente de España*, entendiendo que su realidad era *cruda y tierna a la vez*, y al hacerlo abordó el que sería el gran tema de la novela social española de este momento: la soledad y la sensación de inutilidad o impotencia, vividas en grupo en barrios marginales, y cuyo principal origen es la enorme desigualdad social, que los novelistas sienten acrecentada tras la guerra[288]. No puede extrañar entonces que un buen número de novelas traten de la incomunicación, de la falta de diálogo entre esos grupos, como se verá en las novelas que seguidamente se reseñan. El narrador vasco se caracterizó por una prosa sobria y equilibrada –nunca cae en el tremendismo ni en el patetismo–, inspirada tal vez en la de los realistas anglosajones a los que fue tan aficionado. Y se carácterizó también, lo que es más importante, por una facilidad para enlazar imágenes que lo conviente en un auténtico poeta, como lo son en muchos pasajes Cela, Sánchez Ferlosio y algunos otros prosistas coetáneos[289]. Su lírico estilo se hace intenso en los numerosos cuentos (más de setenta) que escribió,

---

sal del periódico *La Nación* se mantuvo siempre en contacto con intelectuales del Partido Galeguista del grupo Nós, como A. Castelao, que se ocuparon de publicar sus artículos. Su novela *La catedral y el niño* (1948) era una crónica intimista de la sociedad cerrada orensana desde las vivencias de un niño, en una línea similar a *El camino* de Delibes, pero excepcional por su estilo. Todavía en los sesenta escribe en castellano, siendo finalista al Nadal con *Los miedos* (1963), una gran novela que fue prohibida por la censura, por lo que no pudo difundirse en España. Ya instalado en Galicia, mereció especial reconocimiento su extensa novela *Xente ao lonxe* (1972).

[288] "Los guardias, los gitanos y pescadores de las novelas de Aldecoa están solos, como los segadores, fogoneros, albañiles o camioneros de sus cuentos... Los campesinos que pueblan *Los bravos* y *En la hoguera* están solos. Solos los niños soñadores de Ana María Matute y los ilusionistas y crueles de Goytisolo. Desamparados al borde de la ciudad, solos, por tanto, los colonos que su hermano Luis retrata en *Las afueras*... los mineros de López Salinas. Es una soledad engendrada por la desconexión entre pobres y ricos, naturales e intelectuales, trabajo y capital, campo y ciudad, pueblo y estado, vejez y juventud... La última razón de esa soledad e infructuosidad está en la división de los españoles, recrudecida, en vez de mitigada, por la guerra y sus secuelas" (G. Sobejano*).

[289] Un ejemplo entre muchos: *El solano hace que peleen los machos cabríos y desgracia el ganado por las barrancadas. El solano, a los enfermos de pecho les quita el apetito y les acaricia el sexo, los acerca a la muerte. El solano corta la leche a los ordeños, pudre los frutos, infecta las heridas, da tristura al pastor, malos pensamientos al cura. El solano traía el dulce, pegajoso e inquietante olor de la tormenta...*

por los que siguen desfilando gentes humildes, emigrantes, etc., si bien dentro de una variada temática que reunió en las antologías *Vísperas del silencio* y *Espera de tercera clase*, ambas de 1955, o *Caballo de pica* (1961). Aldecoa fue magistral en el arte del relato breve, pero no único, puesto que el género alcanzó en esta época un esplendor similar al que tuvo en la de 'Clarín'; y habría merecido un epígrafe monográfico en estas páginas si la gran diversidad de las propuestas, y el espacio impuesto, no lo dificultaran.

La novela que más influyó sobre aquellos narradores jóvenes fue **Los bravos** (1954) de **Jesús Fernández Santos** (Madrid, 1926-1988), por ser la primera en poner en práctica el objetivismo vigente entonces en Francia. Eligió como entorno un pequeño pueblo de la frontera asturleonesa, y nombró eufemísticamente 'bravos' a sus habitantes, lugareños apáticos y taciturnos, de pocas palabras, aparentemente simples pero con dobleces de fondo, que podrían pertenecer a cualquier otra región española. Se trata de una novela sin apenas argumento, y en la que lo poco que sucede en el corto verano de la acción –una boda, unas relaciones extramatrimoniales, un trabajador herido– es tan insignificante que podría haber ocurrido en otro verano cualquiera. En ello consistía el reto del narrador: en una voluntad testimonial llevada al límite, que le hace alejarse o incluso desaparecer del universo fabulado para que éste resulte autónomo y autosuficiente, por entender "que su presencia estorba, que se interpone entre el lector y el mundo que le presenta" (R. Buckley*). *Los bravos* debe interpretarse, de hecho, como parte de la gran vocación cinematográfica de Fernández Santos, que le hizo asimilar como pocos escritores españoles el neorrealismo italiano[290]. Sabía por tanto que su mérito debía consistir en seleccionar muy bien los detalles 'filmados' y desarrollarlos sin que aparecieran desliga-

---

[290] Desde finales de los cincuenta compaginó su escritura como novelista y cuentista, con una colección como *Cabeza rapada* (1958), con la de guionista y director de cine, haciendo muy interesantes aportaciones. De hecho algunas de sus novelas de la década del sesenta como el *El hombre de los santos* (Premio de la Crítica de 1969) surgió, como él mismo confesó, mientras rodaba por España uno de sus documentales; muy interesante también el *Libro de las memorias de las cosas*, que recibió el Premio Nadal y el de la Crítica en 1970. Ya en el periodo de la transición democrática fue muy leída su novela *Extramuros* (1978), que obtuvo el Premio Nacional de Narrativa. Dirigió varios documentales y películas hasta el mismo año de su muerte.

dos del sentido social de la novela, algo que logró magistralmente. Sin embargo, su punto de vista no es totalmente impersonal, puesto que en varios momentos de la novela hay iniciativas en los personajes –ante el caciquismo y la sumisión que genera, etc.– que demuestran que el contenido crítico está en ella latente (E. de Nora). Ese interés social es aún mucho más marcado en su novela *En la hoguera* (1957), ambientada esta vez en un pueblo de los alrededores de Madrid, totalmente ajeno a los lentos cambios que se operaban en la economía española[291].

Para captar toda la novedad de esas novelas, basta contrastarlas con las que, por las mismas fechas, siguieron en la estela del costumbrismo regionalista decimonónico, aunque para renovarlo de forma espléndida, como hizo **G. Torrente Ballester** (*supra*, n. 251) en su trilogía **Los gozos y las sombras** (1957-1962)[292]. Se trataba de una saga sobre la convivencia de clases sociales dentro de un próspero pueblo gallego (inspirado en su Ferrol natal), donde se enfrentan dos tipos de mentalidades antagónicas: el potentado industrial Cayetano Salgado y el médico Carlos Deza, quienes compiten por poseer a una misma mujer, representativa de la 'casta' autóctona. La sensualidad del ambiente, unida a una magnífica caracterización de las psicologías de los persona-

---

[291] En 1953 se firmó un pacto económico con los EE UU que trajo beneficiosas ayudas, como el llamado Plan Marshall, que se esperó como una especie de 'maná', tal y como reflejó una espléndida película de Berlanga (*Bienvenido Mr. Marshall*) de ese mismo año. En 1955 España se integró al fin en la ONU y se inició un plan de desarrollo destinado a liberalizar progresivamente la economía.

[292] La componían *El señor llega* (1957), *Donde da la vuelta el aire* (1960) y *La Pascua triste* (1962). Hasta ese momento, Gonzalo Torrente había pasado bastante desapercibido con sus anteriores novelas: *Javier Mariño*, *El golpe de estado de Guadalupe Limón* (1946) e *Ifigenia* (1949). Fue un caso más de novelista-profesor: en Santiago simultaneó estudios de Filosofía y Letras y Derecho, hasta acabar licenciándose en Historia en 1935; y desde 1940 ejerció como catedrático de Lengua y Literatura española en varios institutos de Enseñanza Media y temporalmente en una universidad neoyorkina antes de instalarse definitivamente en Salamanca. En 1963 publicó *Don Juan*, una de las más interesantes renovaciones del viejo mito literario que se dio en la novela del siglo XX; pero el mayor reconocimiento de la crítica le llegó a comienzos de la década de los setenta con *La saga/fuga de J. B.*, novela escrita mientras impartía cursos en Nueva York (vid. *infra*). Se inicia entonces su mayor época de prestigio, reconocido con numerosos premios, como el Cervantes y el Príncipe de Asturias de las Letras.

jes, convirtió a *Los gozos y las sombras* en uno de los mayores éxitos del autor, acrecentado por su adaptación cinematográfica en la década de los ochenta. Era el suyo un realismo muy tamizado por la idealización: *busco en la novela lo que no encuentro a mi alrededor a diario*, gustaba decir el novelista, quien diez años más tarde haría, en cambio, una propuesta verdaderamente rupturista (vid. *infra*, nota 321).

La novela que sigue considerándose hoy, junto a *La colmena*, como el gran hito de la narrativa de la posguerra es **El Jarama** de R. Sánchez Ferlosio (vid. *supra*, n. 274), que obtuvo el Premio Nadal en 1955 y el de la Crítica al año siguiente, en que fue publicada. El impacto que causó en críticos y lectores se debió a que se trataba de una novela no sólo carente de acción y sin personaje central –eso ya sucedía en *Los bravos*–, sino con un mínimo motivo argumental propio de lectura adolescente. Un grupo de chicos y chicas excursionistas van a bañarse al río Jarama, en las cercanías de Madrid, un domingo de verano (donde coincide con otro grupo de una generación anterior instalado en un merendero) y pasan horas de charla junto a una arboleda, hasta que deben enfrentarse a la muerte repentina de una de las muchachas al final de la jornada, ahogada en el río. Ni siquiera ese incidente, que reviste de seriedad los ánimos, perturba la monótona existencia colectiva, que se describe como si el narrador quisiera fundir el elemento dramático en el prosaísmo general que llena la novela. No es extraño que muchos la consideraran insulsa y vieran excesivo el número de páginas llenas de conversaciones triviales, que resultaban aburridas sobre todo para lectores que estaban acostumbrados a escucharlas en directo. Pocos captaron entonces que el gran mérito de *El Jarama* consistía precisamente en denunciar la superficialidad de la juventud de clase media trabajadora –el futuro del país– desde la propia banalidad e intrascendencia de sus discursos. Sánchez Ferlosio había decidido explorar una veta inusitada en el modelo conductista en boga: reproducir fielmente todos los registros del habla coloquial juvenil de la época como si fuera un magnetofono (aparato muy usado entonces), para delatar la adocenada mentalidad y la carencia de inquietudes de unos chicos conformados con su suerte y reconfortados en su identidad 'madrileña' frente a todo lo de fuera –son constantes las comparaciones entre 'lo español' y 'lo extranjero'–, que conocen de oídas, por las películas o la música de la radio, pero nunca por la literatura ni otras vías culturales. A esa ignorancia, candorosa a veces, basada en tópicos y en anécdotas sobre futbolistas, actrices o curiosidades de otros países –todo es anecdótico en sus charlas– se une una falta de criterio ante cuestiones políticas que hace más evidente la ruptura generacional[293]. Las perspectivas que se cruzan en *El Jarama* se amplían, además, a través de otros personajes ocasionales, como los lugareños que beben y juegan a las cartas en la taberna de Mauricio, y que ofrecen su visión sobre los ociosos domingueros que vienen de la capital, un mundo que les es ajeno. Algo que anticipa ya el tema de 'los veraneantes' que será motivo central de varias novelas de la década siguiente. El narrador, atento observador de pequeños gestos y palabras, no hace nunca incursiones directas que manejen emocionalmente al lector, pero no por ello deja de interpretar o valorar; lo hace sutilmente a través de imágenes o comparaciones, y a veces de meros silencios o saltos en el diálogo, para ofrecer un documento sociológico de gran envergadura y calidad literaria que insinúa mucho más de lo que dice.

La influencia de *El Jarama* es visible en otra excelente novela de un compañero de generación de Ferlosio: **Nuevas amistades** (1959) de Juan García Hortelano (*supra*, n. 283), que resulta un perfecto complemento de aquélla por 'tomarle el pulso' a la juventud universitaria a través de la propia vanidad de sus conversaciones, con un mismo objetivo crítico[294]. Ese mismo interés por penetrar la psicología colectiva de la juventud de la época, si bien centrándolo en las relaciones entre sexos,

---

[293] En un momento se alude al cerro de Paracuellos del Jarama, y los jóvenes demuestran ignorar todo el sentido de ese lugar donde se cometieron terribles fusilamientos durante la Guerra Civil, como el del dramaturgo Muñoz Seca (*supra*, n. 146). En la conversación menudean los tópicos sobre diversos países europeos y latinoamericanos justo en un momento en el que empezaban a venir los primeros turistas, que eran obreros industriales alemanes, con gran sorpresa para los españoles.

[294] La novela obtuvo el Premio Biblioteca Breve concedido por la editorial Seix Barral de Barcelona, dirigida por su amigo Carlos Barral, editor muy influyente durante al menos un par de décadas (*infra*, nota 299). "La vanidad de los jóvenes que aparecen en la novela, su falta de auténtica amistad –el título ha de tomarse en sentido irónico–, la amoralidad de que hacen gala, retrata a los hijos de la rápidamente enriquecida burguesía de la inmediata posguerra, que se ha quedado sin valores. Los jóvenes de *Nuevas amistades* no buscan salir de su situación. Si se encuentran un problema intentan solucionarlo de la única manera que conocen: con dinero. Pero esto no puede impedir que caigan en la situación más humillante: la burla y el ridículo subsiguiente" (A. Gómez Yebra).

es el que puede descubrirse también en **Entre visillos** (Premio Nadal de 1957) de **Carmen Martín Gaite** (Salamanca, 1925-2000), considerada una de las narradoras más sólidas del siglo XX[295]. En esta novela profundiza como nadie lo hizo entonces en un tema recurrente en *El Jarama*: el noviazgo y las 'relaciones formales' –motivo de ilusión femenina y de terror masculino más o menos disimulado–, un asunto que sería tan importante en la novela española de posguerra como lo fue el adulterio en la novela decimonónica europea[296]. Situándose en la Salamanca provinciana y fuertemente conservadora que conoce bien, Martín Gaite se propone retratar, a través de charlas banales entre chicas burguesas en la veintena, la vacuidad del modelo de mujer creado por la Sección Femenina, frente al que su protagonista se alza como la Andrea creada por Carmen Laforet, una de sus claras fuentes de inspiración. La obsesión por la boda con 'un buen partido', alimentada con sueños de idilios leídos en novelas como *Vestida de tul* (1942) de Carmen de Icaza (*supra*, n. 265) –muy reeditada en los cincuenta–, o vistos en el cine a través de galanes de Hollywood, planea sobre el coro femenino de *Entre visillos* junto al horror a la soltería, asunto que trató espléndi-

---

[295] Su trayectoria universitaria y personal corre paralela a la de I. Aldecoa, a quien conoció estudiando Filosofía y Letras en Salamanca y con quien mantuvo una estrecha amistad ya en Madrid, donde se doctoró. Su primera novela publicada fue *El balneario* (1955), escrita poco después de haberse casado con R. Sánchez Ferlosio (en 1953), con el que tuvo una hija, pero del que terminó separándose en la década de los setenta. Entre sus novelas más importantes de ese periodo destacan: *Ritmo lento* (1963), *Retahílas* (1974) y *Fragmentos de interior* (1976). Los mayores reconocimientos como narradora y como ensayista le llegan a partir de *El cuarto de atrás*, por el que recibió el Premio Nacional de Literatura en 1978. A éste siguieron el Premio Nacional de literatura infantil y juvenil en 1984, el Premio Príncipe de Asturias en 1988 y el Premio Nacional de las Letras en 1994.

[296] *Un noviazgo* fue precisamente el título de una novelita corta que Carmen Laforet publicó en 1953 en uno de los números de la colección semanal "La novela del sábado", de gran difusión popular. Martín Gaite desarrolla lo que Cela dejó planteado en algún personaje de *La colmena*: *Las chicas sin novio andaban revueltas a cada principio de temporada, pendientes de los chicos conocidos que preparaban oposición a Notarías. Casi todas estaban de acuerdo en que era la mejor salida de la carrera de Derecho, la cosa más segura. Otras, las menos, ponían algunos reparos...* (*Entre visillos*).

damente por entonces la película *Calle mayor* de J. A. Bardem[297]. Lo más novedoso era la triple perspectiva narrativa con la que abordaba la tediosa mediocridad ambiental (el paseo reglamentado por la Plaza Mayor y los bailes del casino, etc.), en la que la universitaria con inquietudes se siente *rara avis*. Elvira, en quien se proyecta la autora, contempla su vida desde el espacio casero –todo un símbolo en la obra de Martín Gaite–, mientras se cruzan en ella las vidas de otros dos personajes en cuya voz se desdobla: Pablo Klein, un profesor de alemán recién llegado al instituto que despierta su interés, y una alumna suya adolescente, con quienes compartirá conversaciones amistosas junto al río Tormes (espacio que hace emblema de la libertad), hasta que el chico decide abandonar, decepcionado, la ciudad. Como antes ocurrió con *Nada*, era evidente que la novelista salmantina hablaba de su propia insatisfacción en un medio que en su día le resultó asfixiante y que también a ella le hizo huir a Madrid, por lo que no podía adoptar una actitud meramente 'conductista'. A través de esa triple perspectiva elegida, se atrevía por primera vez a proponer una reflexión sobre algo más profundo, a lo que volverían algunas importantes novelas de la década siguiente: la dificultad de una comunicación sincera y espontánea entre las mujeres y los hombres de su generación[298]. Quizá precisamente por ello la búsqueda del buen interlocutor se convirtió en uno de los 'sellos' más constantes de su narrativa.

---

[297] *Calle Mayor*, estrenada en 1958, era una adaptación de la obra de Arniches *La señorita de Trevélez* (vid. *supra*, c. n. 103), que el cineasta J. A. Bardem actualizó como retrato social de su propia época, al modo de muchas películas italianas coetáneas. La primera versión cinematográfica de la obra de Arniches la hizo en 1935 Edgar Neville (*infra*, n. 330), quien supo captar como Bardem *la tragedia de la solterona de provincias, que es la más irremediable solterona...* El tema había dado comedias sentimentales o 'rosas' muy aplaudidas en los teatros, como *El collar* (1947) de Claudio de la Torre, que fue durante años director del Teatro María Guerrero.

[298] *Lo peor del franquismo no fue la represión sexual, como tanto se ha dicho, sino la represión de la amistad sincera entre hombres y mujeres*, gustaba de repetir Martín Gaite. Sobre ello volvió en muchos pasajes de sus novelas, especialmente en *Retahílas* (1974), y en un espléndido ensayo titulado *Usos amorosos de la postguerra española* (Premio Anagrama, 1987), que prolongaba los intereses que desarrolló en su tesis doctoral sobre los *Usos amorosos del dieciocho en España* (1972).

Entre finales de los cincuenta y mediados de los años sesenta surgió, además, otro tipo de realismo crítico basado en las condiciones económicas y las injusticias sociales que generaban, tal y como sucedió también en el teatro. Ese tipo de novela 'de denuncia' –lógicamente politizada y por ello más perseguida por la censura–, encontró en España un fuerte apoyo en una serie de intelectuales comunistas, como el editor y poeta Carlos Barral, que desde Barcelona orquestó durante muchos años la filtración en España de importantes libros prohibidos, ayudado desde París por la editorial Ruedo Ibérico[299]. Hablan por sí mismos los títulos de novelas como *Funcionario público* (1956) de Dolores Medio, *Central eléctrica* (1958) de J. L. López Pacheco, *La piqueta* (1959) de A. Ferres, y *La mina* (1960) de Armando López Salinas, la más valorada de todas ellas, en cuyos argumentos y personajes –marcados siempre por su condición obrera– resonaban claramente los planteamientos de Blasco Ibáñez[300]. Los nuevos problemas que abordaban eran de candente actualidad y estrechamente vinculados entre sí: la inmigración desde el sur al norte –con la visión de Cataluña como 'paraíso del trabajo' por parte de los jornaleros andaluces–, y desde el campo a las grandes ciudades, con el consiguiente crecimiento del chabolismo en éstas. Todos ellos eran fenómenos muy presentes también en la narrativa italiana, portuguesa o brasileña, y en España se hicieron particularmente intensos a partir de 1959[301]. Trató muy bien esto **Luis Goy-**

---

[299] Entre las actividades clandestinas de este grupo editorial, bautizado con el título de la famosa trilogía de Valle-Inclán, estuvo el envío regular de libros de historia y sociología, en un principio (los primeros análisis de la Guerra Civil hechos por historiadores británicos o franceses, etc.), y que se amplió después a la narrativa y la poesía. Poseyó una revista propia y varias colecciones, siendo uno de sus asiduos colaboradores Juan Goytisolo, residente entonces en París (vid. *infra*).

[300] *La piqueta* plantea la demolición de una chabola de inmigrantes andaluces ante la impotencia de sus vecinos, y *La mina* parte de la decisión de un matrimonio joven, también andaluz, de abandonar el pueblo donde pasan hambre para buscar trabajo en una mina del norte; allí descubrirán que la situación de las gentes del barrio minero no es mucho mejor que la de los jornaleros granadinos que han abandonado. Alguna discusión sobre el sindicalismo, la catástrofe dentro de la acción y el pesimismo general, recuerdan tanto a *Germinal* de Zola como a *La bodega* de Blasco Ibáñez.

[301] En ese año se produjo una fuerte crisis que llevó incluso a la suspensión de pagos, y obligó al gobierno a dictar un plan de emergencia, un decreto-ley de Ordenación económica con el fin de estabilizar la situación respecto a los mercados europeos. En ese mismo año de 1959 el presidente Eisenhower

tisolo (Barcelona, 1935) en **Las afueras** (1958), libro de relatos cortos ambientados en los alrededores de una Barcelona en plena transformación, y con los que el autor quiere dar cuenta del cambio socioeconómico, moral e ideológico —al modo de la 'novela de tesis' (vid. 3ª, nota 263)–, que se está operando en la sociedad (C. Blanco Aguinaga). Es interesante advertir que aquellas narraciones no trataban conflictos específicos, sino "estados de pobreza impotente, inocencia atacada o estragada,... sujeción, enajenación progresiva, sufrimiento, dura labor o amarga fiesta; no ensimismamiento sino aislamiento, del que sólo pocos logran salir" (G. Sobejano*). Y como bien subraya este mismo crítico, esto se da siempre en "ambientes de intemperie: campo, mar, aldeas, carreteras, viñedos, arrabales", y sobre todo en la zona de confluencia del agro y lo urbano: "en las afueras, en esa zona donde la ciudad cambia su nombre".

Ese tipo de relatos guardaron estrecha relación con los libros de viajes que se escribieron por esos mismos años. Al igual que sucedió en la pintura, pretendieron ser testimonio del terrible abandono en el que se encontraba la 'España profunda', la recóndita y olvidada, que ya preocupara a los viajeros ilustrados. La mejor prueba de ello es que tales libros de viajes fueron obra de unos mismos autores: Armando López Salinas (Madrid, 1925-2014) escribió con Antonio Ferres (Madrid, 1924) *Caminando por las Hurdes* (1960) –prolongando la 'lección' cinematográfica de Buñuel treinta años antes (*supra*, c. n. 180)– y, fruto de un viaje compartido por la baja Andalucía, publicó *Por el río abajo* (1966) junto a Alfonso Grosso, uno de los más destacados representantes del realismo social[302]. Por su parte, **Juan Goytisolo** (*supra*, n. 272) mostró una gran

---

[302] hace una primera visita oficial a España para establecer bases militares en el país. A partir de ese momento, el turismo y las inversiones extranjeras empezaron a reforzar la economía.
Alfonso Grosso (Sevilla, 1928-1995) dedicó bastantes novelas a la explotación de diversos tipos de asalariados: *La zanja* (1960), ambientada en un pueblo andaluz cercano a una base norteamericana; *Un cielo difícilmente azul* (1961), en la que vinculaba la sacrificada vida de los camioneros a la de unos primitivos pueblerinos; *Germinal y otros relatos* (1962); *El capirote* (1963), en defensa de los temporeros del campo andaluz y *Testa de copo* (1963). Sin abandonar su idea de compromiso político, Grosso renovó su estilo bajo el influjo de los narradores latinoamericanos, sobre todo en *Inés just coming* (1968), y después en *Guarnición de silla* (1970), *Florido mayo* (1973) o *La buena muerte* (1976), sin dejar de publicar con bastante éxito hasta su muerte.

conciencia sociopolítica en **Campos de Níjar** (1960), libro de magnífica prosa en el que medita sobre el carácter de las gentes almerienses que va encontrando: su fatalismo, su gusto por lo sanguinario, su absoluto servilismo (alguna casa con fotos de Hitler y Franco juntos en la pared, por ejemplo), su conformismo y resignación ante el abandono, etc. Libros, en definitiva, que cabe leer como un gesto de rebelión de todos estos autores ante la falsedad de la imagen folkórica que el franquismo daba de lo andaluz, convertido en el gran emblema de lo *typical Spanish*, y que tantos beneficios económicos le reportó al Régimen en el despegue del turismo[303]. No es extraño que la figura del burgués veraneante se pasee por espléndidas novelas de este momento, como **La isla** (1961) del propio Juan Goytisolo, que satiriza con técnica objetivista la vida de unos acomodados ociosos en un lugar turístico de la Costa del Sol; o **Tormenta de verano** (1961), una novela casi enteramente dialogada de J. García Hortelano (*supra,* notas 283 y 294) sobre lo que él llamaba *la burguesía ilustrada madrileña*, que llegó a obtener gran fama internacional, tras ser prohibida en España por la censura. La visión estereotipada que los turistas tenían de Andalucía latía en la inspiración de **La tesis de Nancy** (1962, aunque publicada en 1969) de R. J. Sender (*supra*, n. 254), el relato autobiográfico de una joven universitaria de Pensilvania que cuenta en cartas a su amiga norteamericana su idilio con un gitano mientras realiza su tesis en Sevilla, con una serie de situaciones cómicas que evidencian el contraste cultural entre España y los Estados Unidos. El gran éxito de la novela le impulsó a escribir dos títulos más con la misma protagonista, pero la tendencia de la novela en esas fechas quedaba muy lejos de ser escapista. En **Dos días de septiembre** (1962), el jerezano **José Manuel Caballero Bonald** (Cádiz, 1926) abordaba la miseria de un pequeño pueblo andaluz en un campo de explotación vinícola, aunando la influencia de *La bodega* de Blasco Ibáñez y de *Los bravos* de Fernández Santos (*supra*, notas 59 y 290), por lo que consiguió crear una nueva novela sobre el caciquismo gracias a unas aportaciones estilísticas que se consideraron pioneras.

---

[303] Goytisolo llega a afirmar, por ejemplo, que a la ideología fascista se debe el tópico de la vagancia innata del andaluz y su inclinación a la juerga y la bebida; un 'invento' con el que se quiso justificar el subdesarrollo de Andalucía que, a su juicio, tenía culpables más directos.

Nuevas técnicas narrativas en la década de los sesenta y primeros setenta

A Galicia hay que volver de nuevo la mirada para encontrar una brillante excepción al realismo dominante en la narrativa escrita en la península. La novela fantástica, que tan escasos cultivadores tuvo en estas décadas, contó con un espléndido novelista que merecería todo un epígrafe aparte: **Álvaro Cunqueiro** (Lugo, 1911-1981), cuya extensa obra, especialmente creativa en la invención de géneros, escapa a cualquier clasificación[304]. Él fue quien realmente hizo una propuesta de libertad imaginativa a contracorriente de lo que se hacía entonces, bastante tiempo antes de que se diera el 'boom' del llamado 'realismo mágico' latinoamericano, algo a lo que todavía no han hecho debida justicia las historias literarias. Lo había practicado con gran originalidad, caracterizándose por mezclar hechos maravillosos y cotidianos en espacios imaginarios medievales, sobre todo, siguiendo pautas de los viejos fabulistas y poetas galaico-portugueses: resucitar leyendas de ánimas parlantes, borrar las fronteras entre tiempo cronológico y subjetivo, e 'incrustar' la ensoñación en la lógica. Esto es lo que plantea ya una de sus novelas más conocidas, *Crónicas del sochantre* (1959), situada en Bretaña en tiempos de la Revolución francesa, por donde se pasea una hueste fantasmal (como en *El bosque animado* de W. Fernández Flórez) con un único personaje vivo, el 'sochantre', capaz de resucitar persona-

---

[304] Nació en Mondoñedo, donde su padre tenía una botica que era centro de reunión de tipos populares, un lugar en el que se inició su vocación por la narración oral y por el conocimiento de la cultura popular gallega, en la que fue un auténtico experto. En Santiago estudió Filosofía y Letras, donde frecuentó círculos literarios que le hicieron tomar conciencia de la lengua gallega, en la que publicó sus primeros libros de poemas y relatos vanguardistas ya en los años treinta. Afiliado a la Falange en 1937, ejerció como periodista en varias ciudades y en Madrid, labor que desarrolló toda su vida, hasta que hacia 1944, por desavenencias con el régimen, volvió a su tierra para concentrarse en su novelística en gallego y hacer algunas incursiones también en el teatro. Perteneció a la Real Academia Galega desde 1961, y desde 1978 acumuló numerosos reconocimientos y homenajes.

jes con el poder de su palabra. El interés por lo mágico le hizo crear a Cunqueiro su propio mundo céltico y artúrico, con títulos como *Merlín y familia* (1957), publicado en gallego dos años antes, y algunos relatos cortos magistrales como los que conformarían después el libro *Flores del año mil y pico de ave* (1968). Textos que ponen en evidencia los méritos más elogiados en su prosa: una gran capacidad para la frase poética y rítmica, una sensualidad entreverada de fina ironía y un inteligente sentido lúdico que proporciona siempre amenidad a su lectura. El narrador gallego se centró en la antigüedad griega clásica en títulos como *Las mocedades de Ulises* –sobre el mito de la eterna juventud–, *Cuando el viejo Simbad vuelva a las islas*, ambas novelas de 1962, y **Un hombre que se parecía a Orestes**, que obtuvo el Premio Nadal en 1968. En esas novelas proseguía su interés por situar personajes míticos en la realidad más prosaica, ante hechos antiheroicos que les impiden mantener sus sueños y les llenan de nostalgia; de tal choque suele surgir su particular comicidad, como en algún texto del catalán J. Perucho[305]. Ese modo de reinventar siempre a partir de una literatura previa es sin duda una de las principales claves de la modernidad de Cunqueiro, como muestra muy bien *Vida y fugas de Fanto Fantini della Gherardesca* (1972), una divertida novela de aventuras inspirada en motivos del Renacimiento italiano que quedó injustamente eclipsada por la aparición de *La saga/fuga de J.B* de Torrente Ballester en ese mismo año, una novela excesivamente valorada por la crítica (vid. *infra,* nota 322).

A partir de un momento, las variantes del realismo social caen en repeticiones o excesos que terminan por cansar a lectores y editores, lo que situaba a la novela en una monotonía fatal, necesitada de revulsivo. Esto es lo que supuso **Tiempo de silencio** (1962) de **Luis Martín Santos** (Larache, Marruecos, 1924-1964), que fue recibida pronto con grandes elogios, como una revolución estilística ansiada[306]. Tenía todos

---

[305] Entre otros muchos originales títulos de su obra bilingüe, Joan Perucho Gutiérrez (Barcelona, 1920-2003) cuenta con un *Libro de caballerías* (1957) en el que imaginaba al escritor medieval Ramón Llull jugando al tenis y oyendo *jazz*, por ejemplo.

[306] La novela se dio a conocer por quedar finalista del Nadal, y fue la única que escribió completa su autor, puesto que lo que parecía una segunda parte, *Tiempo de destrucción* (publicada póstuma en 1975), quedó inacabada al morir éste en un accidente de tráfico sólo dos años después. También tras su muer-

los ingredientes para haber sido una dura novela social, pero su sorprendente estilo logró renovar el género. En el Madrid del otoño de 1949, presentado con sus abismales diferencias económicas, Pedro, un joven médico investigador del cáncer, debe buscar ratas para sus análisis, por lo que entra en contacto con las míseras chabolas de las afueras y con sórdidos personajes –'el Muecas' y su familia– que complicarán su vida hasta el punto de llevarle al fracaso absoluto, por lo que decide abandonar la capital y probar fortuna como médico de pueblo. Era, pues, un protagonista netamente barojiano –el científico con expectativas que tropieza con realidades decepcionantes hasta acabar frustrado, inmerso en un nihilismo total–, pero el autor lo va descubriendo a través de técnicas inusitadas en ese tipo de argumento, como el uso frecuente del monólogo interior para traslucir el "fluir interior de la conciencia", según pretendía James Joyce: *Pedro volvía con las piernas blandas. Asustado de lo que podía quedar atrás. Violentado por una náusea contenida. Intentando dar olvido a lo que de absurdo tiene la vida. Repitiendo: Es interesante. Repitiendo: Todo tiene un sentido. Repitiendo: No estoy borracho. Pensando: Estoy solo. Pensando: Soy un cobarde... Sintiendo: Tengo seca la lengua. Deseando: Haber vivido algo, haber encontrado una mujer, haber sido capaz de abandonarse como otros se abandonan...* Al igual que el narrador irlandés o F. Kafka, las muchas yuxtaposiciones sintácticas resultan indicativas de que la realidad se percibe como un continuo confuso en el que es difícil establecer jerarquías y ordenar valores, lo cual se entiende hoy como signo de modernidad. Sin embargo, frente a la debilidad argumental del *Ulysses* (1922) de Joyce, el protagonista de *Tiempo de silencio* se ve involucrado en una acción llena de avatares que tenían componentes melodramáticos propios del folletín decimonónico: un aborto clandestino fruto de una relación incestuosa (la del Muecas con su hija Florita), que acaba en la muerte de la joven, el encarcelamiento injusto del médico, y un crimen pasional por venganza ('el Machuco' mata a la novia del protagonista por creerlo culpable del embarazo y muerte de su novia),

---

te apareció un conjunto de relatos cortos: *Apólogos* (1970). Martín Santos había estudiado Medicina en Salamanca y desde 1951 dirigía el Sanatorio Psiquiátrico de San Sebastián. Durante los años que vivió en Madrid mantuvo estrechos contactos con I. Aldecoa, A. Sastre, J. Benet y R. Sánchez Ferlosio, con quienes compartía afinidades literarias y políticas que le llevaron a militar en el Partido Socialista Obrero Español, entonces clandestino.

etc. Los espacios que rodean tales episodios eran también conocidos por una larga tradición de novelas realistas sobre Madrid, y que se afianzaron en las de Pérez de Ayala (*supra*, nota 81) y *La colmena* de Cela: el café propicio para el discurso pedante –magnífico en su vocabulario el pasaje del Café Gijón–, el prostíbulo, la pensión donde Pedro se enamora de la hija de los dueños, etc. Pero es justamente en la descripción de las experiencias que se producen en tales espacios donde el lector se percata de la gran diferencia que separa el estilo de Martín Santos de sus predecesores:

> *Como cada noche de sábado, Pedro comió más rápidamente. En el comedor estaba detrás del matrimonio arrugadito y entre otras dos pequeñas mesas en que se sentaban dos hombres solos. La pescadilla mordiéndose la cola apareció sobre su plato, tan perfecta en sí misma, tan emblemática, que Pedro no pudo dejar de sonreír al verla. Comiendo esa pescadilla comulgaba más íntimamente con la existencia pensional y se unía a la mesa de mártires de todo confort que han hecho poco a poco la esencia de un país que no es Europa. El uróvoros doméstico tenía una apariencia irónica, sonriente...*

Este tipo de frases explicativas, a veces breves y cortantes, enunciadas siempre con frialdad analítica, muestran claramente la distancia que el narrador pone respecto a su personaje y a su novela misma, y en ello consiste su principal ruptura con la narración omnisciente clásica. La ironía burlona que envuelve muchas de sus magníficas descripciones –comparables en su morosidad a las de Thomas Mann– es el resultado de la actitud del autor, que se nos presenta, en definitiva, como "cínico intérprete de las peripecias de su personaje", según se ha acertado a definir. Con ello se dan cruces imprevistos de punto de vista que producen continua perplejidad en el lector, y que inauguran una nueva forma de perspectivismo como la que preocupó a Cervantes siglos atrás. Así pues, la originalidad estilística de *Tiempo de silencio* radica en el desajuste, en la disonancia que se produce entre el lenguaje utilizado –tendente a ennoblecer las cosas con la retórica del párrafo ampuloso– y la realidad referida, de la que ese lenguaje, tan barroco a veces, resulta ajeno[307].

---

[307] Serían muchos los ejemplos: *Una raza de ratones cancerígenos degenerada y superviviente milagrosamente a pesar del niu dial para la época de la escasez crítica decre-*

Son varios los méritos que han hecho de esta novela un 'clásico' de las letras españolas del siglo XX. En primer lugar, plantea un nuevo determinismo, ya no ambiental sino genético –los factores hereditarios que Pedro investiga en ratones son similares a los de los hombres del inframundo que va conociendo–, y esto era especialmente novedoso dentro de la estructura mítica de la novela, que algunos entienden como una nueva odisea moderna. Demostrando sus grandes dotes imaginativas, Martín Santos no desdeña ya la trama argumental (como hacían las novelas conductistas anteriores), y su interés se centra en la propia capacidad de la escritura para abarcar una realidad global que percibe como sumamente compleja. Aquí el narrador inserta digresiones intelectuales del tipo a las que llenaban las novelas noventayochistas, especialmente las referidas a la incapacidad para la ciencia como una de las causas directas del 'problema de España', lo que justifica el escepticismo del protagonista respecto al futuro del país. En su discurso se percibe una original fusión de las reflexiones de Baroja y Unamuno con las que Joyce y Faulkner hicieron sobre el absurdo de la vida irlandesa o la del sur de los EE UU, y esa mezcla de técnicas cobra sentido si se piensa que coincidían en una misma "visión aislacionista del mundo, de un solipsismo que pretende trascenderse a sí mismo en la meditación sobre la inutilidad del quehacer humano" (C. Blanco Aguinaga). Con todo ello, *Tiempo de silencio* resulta pionera de un nuevo modelo narrativo que se ha bautizado atinadamente como 'novela dialéctica'. Esto es, la que busca una "confrontación de diferentes estratos (ideológicos, sociales) del país que se refleja en la estructura misma de la novela" (R. Buckley*), y en la que el autor decide intervenir intencionadamente con su propia voz –no ya la de la comunidad que 'filma', como hacía el neorrealista– para establecer un diálogo con el mundo[308]. A esto habría que sumar el 'diálogo' con una serie de novelas pre-

---

tado por F. D. Muecas, enderezada al logro de una supervivencia imposible en el ambiente regalado del laboratorio, había de ser una raza muy considerable. Aquí el anglicismo 'niu dial' junto a las iniciales F. D. resultan cómicos porque Pedro parece no ser capaz de "liberarse de la influencia de lemas extranjeros que no tienen vigencia en la realidad española de que forma parte" (R. C. Spires).

[308] "Martín Santos no se limita a reflejar los abismos que separan las tres clases sociales madrileñas, sino que pretende, además erigirse en árbitro de ellas. Se establece así un diálogo entre el novelista y el mundo que le rodea, y este

vías, ya sea por complicidad o por afán de subversión, pues es precisamente ahí donde se hacen elocuentes las diferencias. La consecuencia más decisiva es que la 'novela dialéctica' usa la escritura de forma iconoclasta: al autor "ya no le interesa construir un mundo totalmente hermético, aceptable en su totalidad por parte del lector, sino, al contrario, mostrar la endeblez de ese mundo, destruirlo, en último término, con las armas de la dialéctica"[309]. A partir de *Tiempo de silencio*, varias serán las novelas que participen de esta 'filosofía' desde muy distintos intereses temáticos y formulaciones, pero con una exigencia en común: ser recibidas por un lector mucho más culto, frente al 'populismo' de la narrativa anterior.

Hacia 1966 se percibe ya claramente que la mayoría de los escritores del realismo social necesita experimentar vías de expresión distintas, y lo hace con impulso entusiasta. Se multiplican entonces las propuestas, incorporando recursos aprendidos en gran medida en la literatura latinoamericana que estaba impactando en esa década: *La ciudad y los perros* (1962) y *La casa verde* (1965) de Mario Vargas Llosa, *Rayuela* de Julio Cortázar (1963), *Paradiso* (1966) de José Lezama Lima y, por supuesto, *Cien años de soledad* (1967) de Gabriel García Márquez. A tales textos suele atribuirse la responsabilidad de que los novelistas españoles se interesaran por la renovación lingüística, y sobre todo por reivindicar la imaginación en sí misma y el placer estético que producía. Sin embargo, no se dieron tanto imitaciones directas como pautas de

---

diálogo es su novela. El novelista neorrealista no dialogaba con su mundo, porque las palabras que empleaba formaban parte de ese mundo. *El Jarama* es una gran novela en la medida en que la voz del novelista se corresponde con la voz del río y con las voces de sus transitorios habitantes. La novela dialéctica nace cuando el novelista decide rechazar las voces prestadas y descubre su propia voz, que le va a servir no ya para describir sino para dialogar con el mundo" (R. Buckley*).

[309] "Las consecuencias destructivas de la nueva palabra alcanzan a la estructura misma de la nueva novela. [...] La historia real del Pedro de *Tiempo de silencio* [...] adquiere toda su grandeza al ser destruida, denigrada, mofada (y, al tiempo, paradójicamente enaltecida) por el vitriolo de las palabras de Martín Santos. Pero en ocasiones la palabra corroe el edificio novelístico hasta sus mismos cimientos, hasta la historia o anécdota que el autor pretende contar, de forma que el lector se queda sin saber cuáles son, a ciencia cierta, los sucesos que informan la vida del héroe o de los personajes centrales..."(R. Buckley*).

ruptura, claves para contar de otro modo una realidad que se consideraba intrínsecamente 'española'. Basta hacer una relación de argumentos de las principales novelas de esa década para advertir que el pasado nacional siguió estando muy presente, si bien con la particularidad de que éste se revivía –y esto sí fue sello distintivo– a través de personajes que sentían perdida su identificación con el concepto de 'patria' que tan afanosamente había forjado el franquismo.

La novela que concentra los principales cambios que se estaban produciendo es **Señas de identidad** (1966) de Juan Goytisolo, (vid. *supra*, nota 272), cuya calidad en todos los sentidos la hace sobresalir entre muchos textos coetáneos; una prueba más de que la renovación de la narrativa en el siglo XX fue en buena medida obra de autores catalanes. Suponía un giro radical en la trayectoria del autor: de la narración objetivista preocupada por los condicionamientos socioeconómicos, pasaba a un subjetivismo volcado en comprender más bien las ataduras culturales y sus vínculos afectivos. Lo que la unía a *Tiempo de silencio* es que presentaba ante todo un estado de conciencia a través del recorrido de un individuo en el que el autor se proyecta y del que se distancia a un tiempo. Su trama argumental, en cambio, se reduce aquí a mera anécdota, aunque de importantes consecuencias para su protagonista[310]. A través de Álvaro, un barcelonés exiliado en París como él mismo, Goytisolo va hilvanando en su memoria hechos que están detrás de sus fracasos y de sus proyectos pendientes –simbolizados en un documental inacabado sobre la emigración española encargado por France Press–, y que le permiten enjuiciar con gran lucidez no sólo su vida sino veinticinco años de posguerra. La primera originalidad parte de su estruc-

---

[310] A causa de un ataque cardíaco, Álvaro Mendiola debe abandonar la capital francesa, en la que vive desde hace varios años, y regresa a una finca familiar cercana a Barcelona, donde pasa cuatro días recordando su vida anterior. Su amante y cuatro amigos de los tiempos estudiantiles le ayudan en esa reconstrucción con fotos y documentos varios. Tras recuperarse y asistir al entierro de un viejo profesor, pasa un par de días contemplativos y se despide definitivamente del país. Se reserva como episodio final una visita a Montjuïc cargada de simbolismo: lo que fue emblema de la muerte noble (por los fusilamientos de los defensores de la ciudad en 1939) es hoy atalaya desde donde se divisa la pobreza generada por el capitalismo, y donde se mezclan carteles en distintas lenguas, indicio de la pérdida progresiva de identidad de la capital.

tura: los ocho capítulos de los que consta no se corresponden con la cronología de la acción, y su disposición altera por tanto la percepción del tiempo que tiene el lector –un continuo presente en el que se confunden años del pasado y días de la actualidad–, tal y como, de forma mucho más compleja, sucedía en *Rayuela*. Junto a esa ruptura de la linealidad temporal, el narrador elige la segunda persona narrativa, muy consciente del desdoblamiento del yo que supone[311]:

> *En uno de esos atardeceres brumosos del moroso e ingrato invierno parisiense, encerrado en tu estudio de la rue Vielle du Temple con una botella de Beaujolais y una cajetilla mediada de Gitanes-filtre sobre la mesita de noche habías pasado revista a tus veinticinco años de menguada existencia y la desolación y el vacío que hallaras en ellos te sobrecogieron de pavor. [...] Te fuiste de España (abandonando a tus amigos en medio de una lucha política difícil e incierta) para realizar la obra que llevabas (o creías llevar) dentro de ti y, en estos dos años de bohemia parisiense, ¿qué has hecho?: dormir, comer, fumar, emborracharte, matar el tiempo en charlas y discusiones ociosas con compatriotas exiliados y rancios en el vetusto café de madame Berger. ¿Puedes enorgullecerte del resultado?*

Detrás de párrafos como éste, en los que resuena el extrañamiento ante sí mismos que se daba en algún personaje de Kafka o *El inmoralista* de André Gide, por ejemplo, se suceden algunos diálogos cómicos en francés que parecen ridiculizar el idealismo de quienes quisieron hacer una revolución liberadora desde París, mostrando así la irrealidad de aquel proyecto (R. Spires). En cualquier caso, son muestras magníficas de cómo Goytisolo consigue transformar una autobiografía personal en una especie de *currículum* generacional con el que muchos otros podían identificarse, lo que concede un valor testimonial añadido a la novela. *Señas de identidad* exponía la doble enajenación del emigrante voluntario que, mientras intenta integrarse en su nuevo país, llega a sentirse extranjero en su tierra, al margen de una cultura en la que ya no se reconoce, tal y como Luis Cernuda lo estaba expresando en verso por los

---

[311] Afirmaba J. Goytisolo en una entrevista de 1967: ... *En el 'yo' había una peligrosa simplificación, y después de haber escrito 150 páginas en primera persona pasé a la segunda persona para darle esta complejidad, este desdoblamiento. Hablar al yo como si fuera otro, un poco, si se quiere, a la manera de Rimbaud: 'Moi, je suis un autre'.*

mismos años (*supra*, n. 245). Por primera vez Goytisolo profundiza en la desorientación y el desgarro que supone la pérdida de esas 'señas' culturales (potencialmente reconfortantes al llegar al umbral de la madurez), y en cómo ese desarraigo incide en la percepción de la lengua propia y ajena, una reflexión que será constante en toda su obra posterior. La interferencia idiomática (la continua mezcla de lenguas dentro del párrafo) corre paralela a otros modos de fragmentación del discurso, como la ruptura con las normas de puntuación sintáctica. La carencia de ésta o bien su abuso, unida a la eliminación de mayúsculas y de todo signo de jerarquía, será característica común en muchas novelas de la época; pero en Juan Goytisolo nunca es una práctica meramente iconoclasta, como pudiera parecer, sino que alberga toda una 'filosofía' ligada a su ruptura con la tradición heredada.

Con el tiempo, Juan Goytisolo fue radicalizándose en su desvinculación de los 'valores de la España oficial', y sobre todo de la retórica con la que había venido explicándose la Historia nacional, un pasado supuestamente heroico del que, a su juicio, nada quedaba en un presente moribundo. Con ello creció también su exigencia de liberarse por medio del lenguaje, que le lleva a la anarquía total en la disposición del texto, transformándolo en un continuo de sintagmas yuxtapuestos a modo de enumeraciones caóticas. Esto es lo que ponen en evidencia dos novelas suyas que comparten el motivo del exilio a través de un personaje similar a Álvaro Mendiola, fragmentado en distintas voces, con el que el autor dialoga, pero con el objetivo central de reinterpretar satíricamente la Historia de España: *Juan sin tierra* (1975), cuya última página está escrita incluso en grafías árabes, y sobre todo **Reivindicación del conde Don Julián** (1970), una novela fundamental para comprender la evolución del autor[312]. Apoyado en las teorías de Amé-

---

[312]   Basándose en la 'leyenda de cómo se perdió España' (vid. 1ª, nota 17), sitúa a su personaje en Tánger, el sitio que no pudo ocupar el supuesto traidor don Julián, para reivindicar provocadoramente a ese misterioso personaje, tal vez un mandatario bereber, denostado desde las crónicas de Alfonso X. En la novela el lector asiste a meditaciones que revelan la relación conflictiva del protagonista con la España de raíces visigóticas y castellano-viejas (la mitificada por Unamuno en su concepto de 'tradición eterna') que Goytisolo considera fuente de todas las costumbres rancias y anquilosadas. Tras revisarlas de manera sumamente original y con una prosa atrevida, llega a proponer la provocadora alternativa de reivindicar una nueva invasión peninsular que

rico Castro acerca del peso del sustrato musulmán en la península, Juan Goytisolo se convirtió desde la década de los setenta en una voz crítica muy importante que de alguna manera recogía la lección de las *Cartas marruecas* de Cadalso: la necesidad de abandonar patriotismos mal entendidos y de valorar otras culturas a la luz de coordenadas que no sean exclusivamente cristianas y occidentales. Al margen de sus muchas aportaciones literarias, el escritor catalán se ha ganado un merecido respeto internacional como ensayista, en títulos como *España y los españoles* (1979), *Crónicas sarracinas* (1982), etc., sobre todo por su independencia de juicio ante los problemas derivados de la convivencia interracial. Su magnífica comprensión del mundo musulmán empezó a ponerse de manifiesto en títulos como *Makbara* (1980) o *En los reinos de taifas* (1986), que formalmente fueron también pioneras en muchos de los rasgos que se consideraron definidores de la 'Posmodernidad'.

La fecha de 1966 fue también la de la publicación de otras dos novelas muy distintas entre sí que compartieron, sin embargo, un mismo interés sociológico y psicológico a un tiempo: el enfrentamiento de dos mentalidades, de dos mundos culturales antagónicos, a través de una relación amorosa. **Cinco horas con Mario** de Miguel Delibes (vid. *supra*, n. 285) está constituida básicamente por el monólogo de una mujer burguesa conservadora ante el cadáver de su marido, durante las horas que dura el velatorio, y que se formula como un diálogo imposible ya con él[313]. En la sarta de recuerdos y reproches que se enlazan con fresca espontaneidad resuena claramente el tono de los diálogos de *El Jarama* y sobre todo de *Entre visillos* de Martín Gaite, desde la misma simpatía

---

[313] destruya las nefastas rémoras del pasado. Es significativo que la novela fuera publicada en México por el editor Joaquín Mortiz, quien desde 1962 contribuyó notablemente a la difusión de la literatura española desde el otro lado del Atlántico.

... *yo, por mucho que digáis, lo pasé bien en la guerra, oye, no sé si seré demasiado ligera o qué, pero pasé unos años estupendos, los mejores de mi vida, no me digas, todo el mundo como de vacaciones, la calle llena de chicos, y aquel barullo. Ni los bombardeos me importaban, ya ves, ni me daban miedo ni nada, que las había que chillaban como locas cada vez que sonaban las sirenas. Yo no, palabra, todo me divertía, aunque contigo ni entonces ni después se podía hablar...* La calidad dramática de ese largo diálogo que sólo sucede en la mente de la protagonista, con todos los matices psicológicos que sugiere, propició el que esta novela fuera adaptada para el teatro y obtuviera bastante éxito de público en los años ochenta y noventa.

amarga por la clase media que manifestaron aquellos autores. El principal logro del autor consistió en hacer que a través del discurso de Carmen, su protagonista –lleno de convencionalismos, ignorancias y prejuicios clasistas–, se fuera revelando la personalidad del muerto, un profesor liberal, con conciencia social y sin ambiciones materiales al que nunca pareció entender. Bajo una prosa aparentemente trivial, Delibes ofrecía así la historia de una incomprensión mucho más trascendente: la de la España de derechas frente a la de izquierdas, más distanciadas entonces que nunca en su irremediable divorcio.

Con un estilo verdaderamente rupturista e innovador se presentó, en cambio, **Últimas tardes con Teresa** de **Juan Marsé** (Barcelona, 1933), novela que en 1965 ganó un merecido premio reformulando el viejo tópico del idilio en extrema desigualdad social. Planteaba la relación entre una joven universitaria de la alta burguesía catalana, propietaria de una casa en la costa, y un muchacho sin estudios que malvive de sus pequeños robos en El Carmelo, barrio humilde emblemático de una Barcelona en expansión, que el autor demuestra conocer muy bien[314]. La novela vuelve a ambientarse en la posguerra (se inicia a comienzos del verano de 1956), y eso hace que ofrezca un interesante contraste con las del 'realismo social' arriba reseñadas, pues su personaje central, que podría haber salido de ellas, rompe con todo lo esperable desde la primera página de la novela. El 'Pijoaparte' –*Hay apodos que ilustran no solamente una manera de vivir, sino también la naturaleza social del mundo en que uno vive*–, logra conquistar rápidamente al lector por su sutil mezcla de pícaro descarado, de 'buscón' que intenta medrar seduciendo en fiestas de sociedad y de trotamundos romántico y melancólico (casi un místico contemplativo desde lo alto de su Monte Carmelo), un *soñador de sueños*

---

[314] Juan Faneca Roca tomó los apellidos Marsé Carbó de la familia catalana que lo adoptó a la muerte de su madre, y es uno de esos ejemplos admirables de formación autodidacta, puesto que a los trece años abandonó los estudios para trabajar en un taller de joyería. Ya en 1959 obtuvo un premio de narrativa corta con *Nada para morir*, y tras escribir su primera novela larga, *Encerrados con un solo juguete* (1959), decide buscarse la vida en París trabajando en diversos oficios, en ese ambiente de contacto con exiliados españoles que tan bien describiría su paisano Goytisolo. Fue a partir de obtener el Premio Biblioteca Breve con *Últimas tardes con Teresa*, y unos años después con *La oscura historia de la prima Montse* (1970), en gran medida continuación de la anterior, cuando Marsé empezó a ser novelista de éxito en España.

imposibles, según lo describe el autor. En él parece volcar bastante de sí mismo, por la comprensión simpática que en todo momento muestra hacia su marginalidad, como cuando explica la peculiaridad de su habla: *En la voz del murciano había una secreta arrogancia que a veces traicionaba su evidente esfuerzo por conseguir un tono respetuoso.* [...] *con verdadera vocación dialogal, con esa fe inquebrantable y conmovedora que algunos analfabetos ponen en las virtudes redentoras de la cultura.* Son muchos los indicios para pensar que Marsé escribe desde sus propios anhelos y mitificaciones de juventud, y que ello pesó en su inspiración más que otras influencias literarias más o menos evidentes, como *El rojo y el negro* de Sthendal, por ejemplo, o las novelas de Françoise Sagan (experta en idilios glamourosos), que debió de leer en su etapa parisiense. En este hecho reside el principal vínculo que une a las tres grandes novelas de esta década: la proyección del autor en su protagonista, al que contempla desde una distancia irónica y una consciente perspectiva humorística. Lo hicieron, como se ha dicho, Goytisolo y Martín Santos, pero con este último compartía además la original fusión del folletín y la novela de denuncia social, alejada del conductismo 'documental'. El primero de los grandes méritos de Juan Marsé es cómo consigue transformar una trama propia de 'novela rosa' en una acción movida por una idealización quijotesca que genera un divertido y triste equívoco a la vez. Teresa, inmersa en el clima de 'concienciación política' reinante entre los universitarios 'progresistas' barceloneses —cuyo aburguesamiento satiriza de continuo el autor–, ve al novio de su criada como un activista obrero, capaz de imprimir panfletos subversivos en la clandestinidad para colaborar con 'la causa proletaria y revolucionaria', y no como el inmigrante del sur, el 'charnego' sin ideología, que en realidad es. El idealismo es doble, pues el Pijoaparte, poseedor tan sólo de una vieja moto (cual caballo flaco del antihéroe moderno), se deslumbrará también con la bella rubia liberal y locuaz que posee un discurso para él desconocido mientras conduce su descapotable blanco: dice creer en el deseo más que en el amor, habla de la *crisis de valores*" sintiéndose en *una época de transición*, etc. Los dos mantendrán una lucha de poderes en su 'flirteo', muy seguros de sus atractivos —magnífico el pasaje en el que él burla el feminismo 'existencialista' de esa Teresa "De Beauvoir" con un chulesco desplante–, mientras se acentúa progresivamente la distancia entre sus respectivos mundos sociales. Pero la lógica de la realidad acaba imponiéndose y lo idílico se interrumpe bruscamente cuando el protagonista, intuyendo haber sido el capricho pasajero de una *esnob*, cae humillado en la misma carretera de la que partió. Un final tal vez previsible para una narración formalmente imprevisible.

Desde su primer capítulo *Últimas tardes con Teresa* resultaba desconcertante, pues se percibía una disociación entre el tema y el despliegue idiomático con que se trataba, difícil de captar en un primer momento por sus densas frases, barrocas muchas veces en su abundante (y deslumbrante) adjetivación: *Desalmados veraneantes extranjeros y piadosos enamorados locales seguían disfrutando, pero él, en su carrera enloquecida, sólo veía la noche derramando sobre todos ellos su desapasionada ternura gris, destilando la vieja savia del silencio: veía cómo verdeaba sobre las copas de los árboles el azul malhumor de la luna...* En sus descripciones Marsé resultaba un verdadero poeta de emotivo lirismo, y sobre todo un genial 'paisajista' moderno de todo tipo de barrios y espacios urbanos. Cualquier lector podía comprobar que su principal mérito estaba en conseguir que atrapara la amenidad de su historia a pesar de sus morosas descripciones, y de sus imprevistas reflexiones hasta en las escenas más prosaicas: *...viendo la infinita tristeza que de pronto velaba los ojos de su compañero, algo intuyó acerca del porqué la actividad erótica puede ser a veces no solamente ese perverso y animal frotamiento de la epidermis, sino también un torturado intento de dar alguna forma palpable a ciertos sueños, a ciertas promesas de la vida...* Marsé exhibía una narración omnisciente inusitada hasta entonces, y la crítica se ocupó de atribuir enseguida sus aciertos a la perspectiva paródica que parecía adoptar ante la novela social[315]. Se elogió su sabia combinación de técnicas narrativas: la autorreflexión en segunda persona junto a párrafos en estilo indirecto libre, su maestría en el uso monólo-

---

[315] *"Marsé no sólo se desprendía del objetivismo mediosecular sino que, incluso, hacía un relato crítico de aquella literatura, un pequeño Quijote, como se dijo, de la propia novela social. Por otra parte, frente a la severidad moral de la narrativa del medio siglo, introducía el humor y el desenfado en el relato, tras la huella de Martín Santos"* (S. Sanz Villanueva). *Ningún ribete humorístico cabe encontrar, sin embargo, en los muchos pasajes dedicados a la inmigración, asunto central de la novela: Quién sabe si al ver llegar a los refugiados astrosos y agitanados de los años cuarenta, jadeando como náufragos, quemada la piel no sólo por el sol despiadado de una guerra perdida, sino también por toda una vida de fracasos, tuvieron al fin conciencia del naufragio nacional, de la isla inundada para siempre, del paraíso perdido que este Monte Carmelo iba a ser en los años inmediatos.*

go interior, etc.; y se alabó sobre todo su gran riqueza de vocabulario y de registros lingüísticos, asegurando que, además de una gran novela, era la suya una de las prosas más sorprendentes y orginales de toda aquella década. Sin embargo, desde entonces nadie ha logrado definir en pocas líneas el placer que supone la lectura de *Últimas tardes con Teresa*, una de esas novelas que envuelven al lector en tal conmoción estética y en tantos sentimientos encontrados que resulta difícil salir de su clima emocional cuando acaba: eso que sólo consiguen hacer los más grandes novelistas.

Nuevos planteamientos estilísticos enriquecieron también las novelas sobre el recuerdo del funesto 1936, si bien con muy distintos fines y ambientaciones. La primera propuesta original fue **Volverás a Región** (1967) de **Juan Benet** (Madrid, 1927-1993), un novelista que adoptó posiciones extremas en contra del realismo tradicional[316]. Al igual que Martín Santos, practicó lo que se ha denominado 'novela estructural': aquella que da relieve a la estructura formal y, al mismo tiempo, indaga en la estructura de la conciencia personal y la del contexto social (G. Sobejano*). Lo hizo desde un punto de vista omnisciente irónico usado con la peculiaridad —respecto a Goytisolo y Marsé— de que no cumple la misión de clarificar o de orientar al lector, como impuso la novela decimonónica, sino que más bien lo desorienta, desdibujando la linealidad de la acción narrativa. Esto ocurre en *Volverás a Región*, situada en una aldea perdida que tenía como referente real el valle leonés de Vegamián, pero que, a diferencia del pueblo de *Los bravos*, actuaba como lugar fabuloso, del tipo al famoso condado inventado por Faulkner. Lo particular de esa 'Región', que Benet utilizaría en varias de sus novelas, es que ese espacio —símbolo de ruina, de muerte y destrucción moral— se integra en una estructura mítica que aspira a plantear una visión alegórica de España, y del trauma que su-

---

[316] Ingeniero de profesión, Benet empezó a escribir relatos cortos como solaz de sus ratos libres, mientras planeaba la construcción de presas o túneles, y luego decidió recogerlos en colecciones como *Nunca llegarás a nada* (1961) y *cinco narraciones y dos fábulas* (1972). Las novelas que publicó después de ésta fueron: *Una meditación* (1970) y *Un viaje de invierno* (1972). De él se valora el rigor con el que se propuso una obra realmente innovadora, si bien ello le hizo a adoptar también poses iconoclastas respecto a grandes figuras de la literatura universal como Galdós o Dostoievski, a quienes denostó en varias ocasiones.

puso la Guerra Civil para el vivir colectivo (S. Sanz Villanueva). En el presente en que se cuenta, su historia es muy sencilla, aunque su desarrollo se plantea, en cambio, con un suspense casi policiaco que solo se resuelve indagando en el pasado de los personajes[317]. *Volverás a Región* cabe ser leída además como una reflexión sobre la memoria –de la que se dice que "sólo es el registro del dolor"–, pues Benet parece querer mostrar que la existencia humana termina siendo irreal porque los recuerdos sólo proporcionan un conocimiento ficticio, una deformación de las experiencias vividas. Algo que también plantearía el dramaturgo Buero Vallejo en *El tragaluz,* obra estrictamente coetánea (*infra,* n. 338). En todo ello consiste lo ambicioso de una novela en la que prima claramente la elaboración lingüística, el cuidado en la construcción del párrafo, de ritmo muy lento habitualmente[318]. La obra narrativa de Benet reúne variaciones sobre unos mismos temas recurrentes: la decadencia por el paso del tiempo, la fatalidad que rige la vida, el peso de la razón sobre el sentimiento, el fracaso colectivo y una particular obsesión por los sucesos del 36, como demuestra sobre todo su novela *Herrumbosas lanzas* (1983); motivos todos ellos reveladores de un profundo pesimismo que, unido a lo críptico de su expresión, convirtieron definitivamente a Benet en un autor de minorías. Su "visión

---

[317] "Una mujer vuelve a su patria chica tras varios años de ausencia, y va a la casa de un doctor. Pasan la noche en una conversación sobre el pasado, centrado en los años antes y durante la guerra civil, y los dos personajes ofrecen recuerdos confusos, y a veces contradictorios, de aquellas épocas. Con el alba la mujer se marcha, y un misterioso chico encerrado en la casa da muerte al doctor. Pero su explicación está escondida en el pasado, que se niega a reducirse a anécdota... es del todo imposible reconstruir la línea argumental porque los acontecimientos se repiten y al hacerlo se contradicen en relación a los hechos y a los participantes" (resumen de R. C. Spires). El arranque del conflicto tiene mucho de drama romántico: en una partida de cartas un militar apuesta y pierde a su amante ante un extranjero, que resultará ser ese doctor con apariencia fantasmal, porque éste posee una moneda de oro mágica que despierta su codicia.

[318] *Tal vez la decadencia empieza una mañana de las postrimerías del verano con una reunión de militares, jinetes y rastreadores dispuestos a batir el monte en busca de un jugador de fortuna, el donjuán extranjero que una noche de casino se levantó con su honor y su dinero; la decadencia no es más que esto, la memoria y la polvareda de aquella cabalgata por el camino del Torce, el frenesí de una sociedad agotada y dispuesta a creer que iba a recobrar el honor ausente en una barranca de la sierra, un montón de piezas de nácar y una venganza de sangre...*

intelectualizada de la realidad", como se ha definido, y el consecuente racionalismo con el que organizó sus novelas, fueron rasgos compartidos por otros narradores en la década siguiente, si bien con propuestas temáticas muy distintas. Una de ellas es *Parábola del naúfrago* (1969) de M. Delibes, que también se despreocupa de la anécdota novelesca, y "se pierde por los vericuetos del mito y la alegoría" (Buckley) pretendiendo hacer una parodia de la vida del hombre moderno.

En ***Vísperas, festividad y octava de San Camilo del año 1936 en Madrid*** (1969) Camilo José Cela (*supra*, nota 260) va encadenando una serie de recuerdos personales deshilvanados, y aparentemente carentes de lógica, en torno a los días anteriores e inmediatamente posteriores a la sublevación militar, en los que se mezclan la agitación política y el ajetreo de los burdeles madrileños, exagerando el sentido que ya tenía el sexo en *La colmena*. El complejo mosaico de acciones y de tensiones que registra la ciudad, sin embargo, está elaborado de manera muy distinta aquí, porque el protagonismo recae en la propia memoria, como reducto ineludible e indispensable: *... la memoria es un planeta del que nadie podrá echarnos jamás ni aun uno mismo, en un momento de decisión puedes quitarte la vida o en un momento de indecisión también, pero tu memoria por mínima que fuere no podrás borrarla nunca del todo de la memoria de los demás o al menos de la memoria de alguien, una puta enferma, una madre amantísima, una esposa infiel, un amigo que te prestó cinco duros, la novia soñadora, el policía que siempre te miró con malos ojos...* El autor se habla a sí mismo como delante de un espejo —no en balde es símil recurrente en la novela—, en una especie de ejercicio de búsqueda, de examen de conciencia o incluso de exploración del subconsciente, por lo que usa preferentemente la segunda persona narrativa, igual que Goytisolo en *Señas de identidad*. Ese continuo de pensamiento que es *San Camilo 1936* se refleja en su carencia absoluta de párrafos y en una sintaxis de anárquica puntuación, llena de continuas interferencias coloquiales. Abundan además las frases que revelan una intención crítica clara: delatar hábitos arraigados en el pueblo español —sin distinción de ideologías—, en tanto que 'malos síntomas' propiciatorios de la guerra: la impulsividad violenta unida a la indolencia, etc. Usa para ello un tono muy próximo al de las reflexiones de regeneracionistas y noventayochistas —representadas aquí en la voz del tío Jerónimo—, aunque añadiendo esa percepción escatológica que caracterizó la prosa de Cela[319]. Por todo ello, el propósito de la novela no resulta fácil de enunciar. Al contar muertes anodinas o vulgares equiparándolas a imágenes constantes de insectos ahogados, etc., pareciera hablar de la inutilidad de todo aquel sacrificio, por lo que hay quien ve una voluntad aleccionadora de Cela ante una generación más joven, la de su propio hijo, que acababa de vivir la experiencia del mayo del 68 francés (I. Soldevila). En cualquier caso, esta novela, que resultó polémica ya desde su dedicatoria (comprensiblemente ofensiva para muchos), debe valorarse como una de las mejores renovaciones estilísticas que se dieron sobre el tema de la Guerra Civil ya en los últimos tiempos de la dictadura.

Exactamente en el famoso año revolucionario del 68, mientras se sucedían los movimientos de agitación universitaria, empezaron a apuntarse cambios importantes en las preocupaciones de los novelistas españoles que habían sido abanderados del realismo social años atrás. Y los títulos en inglés son mucho más que anecdóticos en la literatura de estos años. El primer ejemplo de ello es **Inés Just Cuming** (1968) de Alfonso Grosso, una novela que se adentra en el estado de la sociedad cubana previa a la revolución castrista y, siguiendo el modelo de algunos escritores latinoamericanos, abre una nueva etapa de experimentación en la trayectoria del autor (*supra*, n. 302). Lo mismo cabe decir de **Off-Side** (1968) de Torrente Ballester, en la que culpa a la sociedad de consumo de la degradación de los valores 'humanistas', con un lenguaje muy distinto al que usó tiempo antes Zunzunegui para la misma denuncia. Experimental es también en buena medida la novela que, para buena parte de la Crítica, es una de las más importantes de la década de los setenta: **El gran momento de Mary Tribune** (1972) de Juan García

---

[319] ... *en España las revoluciones terminan siempre en matanza, se mata al prójimo se le da por el culo se le mea encima se le escupe a la cara se le pone la zancadilla pero no se revolucionan las estructuras económicas y sociales, el pueblo español cuando se echa a la calle pidiendo pan y justicia tiene siempre razón, lo que pasa es que suele perderla a las pocas horas y al final acaba siempre interviniendo la guardia civil. Tú estás en una esquina del mundo y no puedes volverle la espalda al mundo, es lástima pero es verdad, [...] es mal síntoma que el pueblo se ponga ronco de gritar que quiere armas, armas, armas y nada más que armas, armas, armas, al pueblo no se le puede rociar con petróleo y prenderle fuego, no arde, siempre quedaría un rebrote vigoroso, tampoco se le puede adobar su necedad con pólvora, bromuro es lo que necesita [...] la inquisición y la quema de conventos no son sino el haz y el envés de la misma piromanía.* Etc.

Hortelano (*supra*, notas 283 y 294). El novelista madrileño adopta allí un subjetivismo narrativo de humor mordaz y corrosivo –*el sarcasmo, en el fondo, es un arma de pesimismo atroz*, escribió–, que contrasta formalmente con toda su producción anterior, aunque mantuviera lo que fue su interés social más constante: el fracaso vital del pequeño-burgués, incapaz de escapar a sus vicios vulgares. Quizá cansado de poner veto a lo que realmente quería denuciar, sólo dos años después se evadía totalmente de la realidad en la que fue su colección de relatos cortos más imaginativa: *Apólogos y milesios* (1975). Debe tenerse en cuenta que a principios de los setenta la política española seguía siendo más intocable que nunca, pues la censura franquista recrudeció su actuación con las voces disidentes. Esto lo sufrieron muy directamente algunos novelistas ya famosos entonces, como Ramón Nieto (La Coruña, 1934), quien llegó a ser procesado por el Tribunal de Orden público por publicar un título tan aparentemente inofensivo como **La señorita B** (1971), novela 'en clave' donde la interrelación humana se explica metafóricamente en cuatro alejados puntos cardinales, que fue rápidamente secuestrada por la policía franquista, y Juan Marsé (*supra*, n. 313) con una novela titulada **Si te dicen que caí** (1973), por la terrible visión que ofrecía de los primeros años del franquismo[320].

Fue también a principios de los setenta cuando en verdad se empezó a notar la influencia del llamado '*nouveau roman*' francés, que ya había levantado polémicas en el país vecino[321]. El influjo no sólo alcanzó a los

---

[320] De *La señorita B* se destruyeron casi en su totalidad los ejemplares de la novela ya impresos, y hasta 1974 no apareció una nueva versión de la misma, con el título *La señorita* y otras modificaciones que le habían sido impuestas. Nieto se había distinguido ya por dos novelas de crítica social una década antes: *El sol amargo* (1961), sobre la pobreza de quienes viven de los turistas que visitan *El Escorial*, y *La patria y el pan* (1962), sobre el gran tema de la inmigración campesina en la ciudad industrial. *Si te dicen que caí* tenía un tema verdaderamente agresivo para el régimen: "La reincorporación desde la cárcel a la vida cotidiana de un antiguo anarquista es la base argumental sobre la que Marsé hace una incursión demoledora por los primeros años cuarenta y su ambiente de máxima degradación moral: hambre, prostitución, triunfalismo político, rencores, muertes... Todo el libro está recorrido por un estremecimiento de odio y violencia cuya razón puede estar en la misma memoria maltratada del autor" (S. Sanz Villanueva).

[321] Los relatos de Alain Robbe-Grillet, el padre de esta tendencia, ya habían sorprendido y aun escandalizado en Francia desde mediados de los cincuen-

escritores más jóvenes, los nacidos entre 1936 y 1950, sino a otros más maduros que vieron en ello una vía realmente innovadora. Se produjeron entonces textos que negaban el sentido que tuvo la novela en la narrativa tradicional: rechazaron el vínculo psicológico entre el autor y su personaje, eliminaron la coherencia de la acción —por razones distintas a las de la generación de Baroja—, y también cualquier mensaje ideológico ligado a ella, pretendiendo que el género hiciera tabla rasa de lo anterior y partiese de cero. Paradójicamente, al tiempo que los partidarios de esa 'nueva novela' preconizaban una literatura que no fuera vehículo de ideas, se dio una progresiva intelectualización en el género que la alejaba de un gran número de lectores. Fue el momento de un tipo de narrativa despersonalizada que tendía a exagerar los recursos lingüísticos —se abusó, por ejemplo, de los monólogos interiores caóticos—, mientras se desatendían casi por completo, en cambio, los contenidos, despreciando las 'historias' como principal objeto literario. El resultado general de ello fueron "novelas neutras e impasibles, de un tecnicismo deliberadamente opaco, muy bien organizadas y de un aburrimiento descomunal" (F. Valls), hasta el punto de que, como bien se ha sentenciado, aquellas novelas no pueden leerse sino solamente estudiarse (Darío Villanueva).

Perfecto ejemplo de ello es **La saga/fuga de J.B.** (1972) de G. Torrente Ballester (vid. *supra*, n. 51 y 292), que fue recibida con grandes elogios por parte de los críticos, capaces de captar todo lo que tenía de burla de los métodos estructuralistas en boga, pero que no pudo ganarse nunca la aceptación del público. No sólo era lectura densa que requería una extrema concentración en sus casi seiscientas páginas, de abigarrados y cambiantes textos —incluidos esquemas, árboles genealógicos y poemas—, sino una novela llena de claves eruditas fuera del alcance del lector medio. Aborda la historia de una comunidad gallega en una ciudad imaginaria, Castroforte del Baralla, en la que conviven múltiples personajes de distintas épocas ligados por un complejo entramado de relaciones que van siendo desveladas por un tal José Bastida, un profesor de literatura definido como 'desgraciado' que forma parte de la saga de los J.B. —Jerónimo Bermúdez (obispo), Jacobo Balseyro (nigroman-

---

ta, pero su libro teórico *Pour un nouveau roman* (*Para una nueva novela*), de 1963 no fue leído y asimilado por los escritores españoles hasta casi una década más tarde, al tiempo que empezaban a difundirse los escritos de R. Barthes y otros teóricos en círculos universitarios.

te), John Ballantyne (almirante), Jesualdo Bendaña (*full professor*), etc.–, y que pretende hacer un informe histórico-crítico del pueblo, cuya existencia llega incluso a poner en duda. La narración se inicia con el robo del Cuerpo Santo, uno de los muchos mitos locales, y se continúa con hechos aparentemente inconexos, hilvanados con fina ironía por parte del autor: la fundación de una Tabla Redonda autóctona con afanes científicos por parte de los 'cultos' de Castroforte le sirve para hacer toda una sátira del estructuralismo lingüístico, las sesiones de espiritismo y las supersticiones de los habitantes, en su mayoría absurdas, suponen una ridiculización de la investigación del folklore, etc. Queda claro que Torrente Ballester quiso exhibir sus dotes de historiador y de sociólogo junto a su gran cultura libresca –en ese momento impartía cursos en una universidad neoyorkina– intentando crear un universo imaginativo propio[322]. Y podría pasar por original si se descontaran las innumerables deudas que su realismo fantástico tenía con el de Álvaro Cunqueiro, de una parte (*supra*, nota 304), y con el del García Márquez creador de Macondo, por otra, a los que no logra igualar en frescura, aunque sí en riqueza lingüística. El problema es que *La saga/fuga* trasluce el ímprobo esfuerzo intelectual con el que fue escrita, y produce cansancio, con lo que resulta más bien una obra destinada al examen de filólogos, los únicos que pueden apreciarle el mérito de ser la primera parodia ingeniosa de la novela experimental, hecha desde el total escepticismo sobre la creación literaria y sus métodos.

La afortunada antítesis de esa propuesta llegó tres años después, con una novela que consiguió satisfacer plenamente el gusto de los lectores por las historias con personajes creíbles y argumento claro, desarrollado con suspense: **La verdad sobre el caso Savolta** (1975) de **Eduardo Mendoza** (Barcelona, 1943), publicada sólo unos meses

---

[322] *Mi propósito inicial no era contar una historia, sino inventar un mundo que se bastase a sí mismo, que es, según creo, lo que debe ser una novela...introducir en el relato, de manera indirecta –es decir, metafórica y alusiva–, determinadas preocupaciones de orden intelectual, ante todo la de dar un 'sentido', además de una coherencia, a la totalidad de los materiales y a sus significaciones. Un sentido no sólo interior a la obra misma, sino de tal manera inserto en ella, que por él y gracias a él, mi epopeya (yo la consideraba así, por ello la titulé saga), se relacionaba con el mundo del que había salido y al que pertenecía: el mío y el de todos.*

antes de la muerte del dictador Franco[323]. Su acción toma como fondo las violentas luchas entre obreros y patronos que tuvieron lugar en la capital catalana entre 1917 y 1919, y se centra en la investigación detectivesca de un asesinato, presunto atentado, llevada a cabo por Javier Miranda, quien hilvana sus recuerdos diez años más tarde, mostrando la variada gama de personajes que se cruzaron en la ciudad en aquel momento, tan propicia para el idealismo político como para los más bajos negocios. Barcelona vuelve a ser, por tanto, tan protagonista como lo fue en las novelas de Laforet, L. Romero, J. Marsé y los hermanos Goytisolo, entre otros, pero el marco general ya no es el de una novela social sino el de una novela policíaca, que Mendoza renueva inteligentemente a través de una sutil mezcla de géneros: desde el folletín a la picaresca, de la que toma la descripción de ambientes tabernarios y ciertos personajes del mundo del hampa. Su modo de narrar, de una claridad casi desconcertante pese a su constante ironía, resulta tan sorprendente como los propios episodios que componen la trama, pues juega con el juicio del lector alternando de continuo, y sin transición alguna, la tercera persona, los diálogos *in medias res* –interrogatorios en su mayoría–, y documentos que añaden intriga a la acción (cartas, fichas policiales, etc.), con la voz autobiográfica que da sentido a todas las demás. Todo ello, integrado de forma aparentemente espontánea, contribuyó a aumentar la amenidad de su lectura, y *La verdad sobre el caso Savolta* se convirtió en una de las novelas más difundidas de los setenta, cuando el relato detectivesco pareció actuar como auténtico revulsivo contra todo tipo de imposiciones, literarias o políticas. Quien mejor representa esta opción es otro importante narrador catalán: **Manuel Vázquez Montalbán** (Barcelona, 1939-2003), con títulos como *Yo maté a Kennedy* (1972), *Tatuaje* (1974) o *Los mares del sur* (Premio Planeta, 1978), iniciando con ello una saga de novela de aventuras que tendría

---

[323] Por tal coincidencia, y por su ambientación en la Barcelona revolucionaria de principios de siglo, la novela, que ganó el Premio de la Crítica de ese año, se consideró precursora de una nueva etapa de apertura hacia la democracia. Eduardo Mendoza, hijo de un fiscal, ejerció de abogado hasta que en 1973 decidió emigrar a Nueva York, donde trabajó como traductor para la ONU hasta 1982. Esta novela está escrita, pues, desde ese voluntario exilio, al igual que *El misterio de la cripta embrujada* (1979). Ya de regreso a España, la novela por la que fue más valorado es *La ciudad de los prodigios* (1986).

gran éxito popular a partir de los ochenta[324]. Por otra parte, este autor es asimismo uno de los pioneros de una tendencia que sería muy marcada también en poesía: la reflexión sobre las convenciones de la educación derechista y los mitos artísticos que han configurado la historia emocional del país. Esto inspiró a Vázquez Montalbán espléndidos ensayos como *Crónica sentimental de España* (1971), y muy innovadores poemas de gran valor histórico (vid. *infra*, n. 387).

Entre todos aquellos prosistas que se dieron a conocer en los años finales de la dictadura franquista destaca la figura de **Francisco Umbral** (Madrid, 1935-2007), por la gran originalidad de su estilo y la línea independiente que mantuvo siempre frente a las modas literarias, de las que fue un agudo crítico desde su faceta de articulista[325]. Su prin-

---

[324] Vázquez Montalbán, escritor extremadamente prolífico y comprometido siempre con su realidad, dejó interesantes declaraciones sobre el sentido de este género de novela en su momento: *Era una época bastante difícil, ya que el franquismo parecía eterno y teníamos la impresión de que nada cambiaría. Como fruto de esta sensación escribí* Yo maté a Kennedy. *Aquella novela refleja un mundo irreal que venía de la empanada mental que vivíamos. Allí cabía todo: poemas, textos de vanguardia, influencia del cómic y del cine... Era un mare mágnum que reflejaba la descomposición de la novela que creíamos que estábamos viviendo. [...] A principios de los setenta vivíamos en una dictadura literaria: o escribías como Juan Benet o no eras nadie. A los jóvenes se les exigía que escribieran el Ulises. El resto eran subliteraturas. Un día, en plena euforia etílica con mi amigo J. Batlló, nos burlábamos de la literatura de vanguardia y él me desafió a escribir una novela de guardias y ladrones. Acepté el reto y escribí* Tatuaje *en 15 días. La crítica la recibió fatal y me acusaron de lanzarme a un suicidio profesional, a una operación comercial. Hacer una novela de detectives en el rigor mortis de la cultura española de la época era horroroso. Para mí, sin embargo, era una novela experimental, ya que Carvalho no era un detective al uso. Vivía con una puta, quemaba libros, era ex comunista y ex agente de la CIA...* (entrevista de 1997). El detective Carvalho fue protagonista de otras doce novelas hasta la fecha de la muerte repentina del escritor.

[325] Su nombre real era Francisco Pérez Martínez y fue autor de formación esencialmente autodidacta. Pasó su infancia y juventud en Valladolid, donde comenzó su carrera periodística en 1958, amparado por Miguel Delibes, uno de los primeros descubridores de su talento. Tres años después, ya en Madrid, fue Camilo José Cela quien le ayudó a publicar sus primeros libros, en los que influiría notablemente, convirtiéndose en columnista habitual de los más importantes periódicos nacionales, ya bajo el pseudónimo de 'F. Umbral'. Durante los setenta fue conocido por el gran público por el descaro con el que trataba abiertamente ciertos tabúes, y en los ochenta pasó a ser el principal cronista de movimientos como la llamada 'movida madrileña', y de las nuevas estéticas de la 'posmodernidad'.

cipal modelo en la prosa periodística fue M. J. de Larra, cuya personalidad analizó en *Anatomía de un dandy* (1965), y cuyo magisterio se deja sentir en muchos textos que revelan una misma observación distanciada e irónica de la vida social. Pese a la mordacidad de muchos de sus artículos de crítica política, su pluma se mantuvo, sin embargo, alejada de toda idea de 'compromiso social', quizá por compartir el pesimismo de Cela, que fue su principal mentor. La enorme riqueza de registros de su prosa y su inagotable capacidad para la invención de neologismos, hace que su creatividad lingüística suela compararse a la de sus admirados Quevedo y Valle-Inclán. Entre los libros que convirtieron a Umbral en destacado cronista de la capital durante más de dos décadas figuran *Amar en Madrid* (1972) y *Spleen de Madrid* (1973), junto a novelas como *Travesía de Madrid* (1966) y *Trilogía de Madrid* (1984), entre otras. Umbral no sólo fue un ingenioso 'pintor' costumbrista de humor sarcástico –deudor del de R. Gómez de la Serna, otro de sus grandes referentes (*supra*, n. 149-152)–, sino que impulsó un nuevo modo de reflexionar sobre las conductas, y en particular sobre los cambios experimentados en las relaciones de pareja. Su curiosidad por el universo femenino le hizo escribir, por ejemplo, sobre el impacto de las extranjeras sobre la mentalidad masculina del momento, como hace en su novela *Las europeas* (1970): *Me olía a perfume extraño y a aduana. ¿Cómo tratar con intimidad a aquella desconocida en quien estaba todavía el frío de otras latitudes?*...; y también sobre la dramática ocultación de la homosexualidad, como hace en *El Giocondo* (1970), que también se trataría en el teatro en esas fechas (*infra*, n. 349). Los profundos cambios de sensibilidad que se dieron en la España del final del franquismo no pueden explicarse bien sin esas reflexivas novelas de Umbral, pero tampoco sin las de ciertas autoras feministas coetáneas como Montserrat Roig (Barcelona, 1946-1991) –*Tiempo de cerezas* (*El temps de les cireres*, Premio Sant Jordi en 1976) o *La hora violeta* (1980)–, y Rosa Montero (Madrid, 1951), autora de voz crítica muy personal también como articulista en novelas como *Crónica del desamor* (1979) y *La función Delta* (1981). En la extensa obra narrativa de Umbral lo más constante fue el uso de la modalidad autobiográfica para hablar del entorno que lo forjó como escritor, dentro de esa permanente búsqueda de identidad que caracterizó a toda su generación. La preferencia de la fórmula del diario introspectivo, presente ya en títulos como *Memorias de un niño de derechas* (1972) o *Diario de un snob* (1973), le hizo volver reiteradamente sobre recuerdos personales, sobre sus lecturas y tendencias adolescentes, con especial atención a la vivencia de la sexualidad como trasgresión dentro de los ritos de la sociedad provinciana. Esto se percibe ya desde *Las ninfas*, novela por la que obtuvo el premio Nadal en 1975, y después en *Los helechos arborescentes* (1980) y *Los cuadernos de Luis Vives* (1996), un texto fundamental para comprender su compleja personalidad, que le llevó a ocultarse conscientemente bajo la máscara de su personaje público[326].

De todos sus libros, el más valorado ha sido **Mortal y rosa** (1975), y son varios los méritos que lo justifican. Se trata de un libro de prosa meditativa y elegíaca inspirado en una tragedia personal (la pérdida de un hijo), que le arranca al autor su voz más filosófica, al tiempo que la más íntima y poética, y la más libre también, por lo que rechaza llamarlo 'novela'[327]. En *Mortal y rosa* alcanza Umbral la plenitud de un estilo marcado por un inteligente sentido de la condensación y la sugerencia, y por una enorme capacidad intuitiva para captar las esencias de las cosas, al modo en que pudieron hacerlo en verso Juan Ramón o Jorge Guillén, que fueron precisamente sus primeros modelos de escritura. Frases rotundas de admirable ritmo, dictadas casi al modo surrealista, componen buena parte de sus espléndidos fragmentos, sólo aparentemente inconexos, como sucede en la *Rayuela* de Cortázar, al que cabe compararlo. Entre evocaciones dolientes o desesperanzadas del hijo perdido, emotivas percepciones sobre la soledad del mundo contempo-

---

[326] *... Hay seres que saben dar espectacularidad a cada uno de sus actos, incluso a los humillantes o negativos, y quizá yo haya heredado de mi madre esta capacidad de espectáculo, esta cualidad insólita de personaje.* (*Los cuadernos de Luis Vives*). Su condición de hijo natural le llevó a mantener un criterio ambigüo sobre su madre, a quien mitifica sin embargo en las páginas de este libro, y hubo de marcar sin duda el carácter introvertido del autor, que revistió de soberbio 'dandismo' en sus actitudes públicas.

[327] La muerte de su único hijo a los seis años por leucemia fue el motivo de inspiración incluso del título, que está tomado de unos versos de *La voz a ti debida* de Salinas: *... Esta corporeidad mortal y rosa/ donde el amor inventa su infinito.* Al igual que Cela afirmaba de *Oficio de tinieblas 5* (1973): *esto no es una novela, sino la purga de mi corazón,* Umbral reflexiona así sobre el género de este texto: *¿Por qué no una novela? La novela es un compromiso burgués, monsieur. La novela es fruta de invierno, de habitaciones cerradas, escritores con pipa y horas laboriosas. El libro, mi libro, como el verano, debe tener las ventanas abiertas, las puertas abiertas... Sucesivas iluminaciones concéntricas, rueda de instantes, un faenar con el presente, hasta agotarlo.*

ráneo —espléndida la visión del hombre que viaja en metro, por ejemplo—, y lúcidas reflexiones sobre el acto de escribir, entre otros muchos asuntos, se eleva una meditación constante sobre el lenguaje del cuerpo y el paso del tiempo sobre él. Todo ello expresado con una altura lírica que nada tiene que envidiar a la del mejor Cernuda: ... *Lo que he puesto en las alcobas del amor ha sido una sombra pálida, y lo que más siento, de mi muerte, es que se me irá la blancura, se disipará este conglomerado de nada, perderá su densidad esta ausencia de color, verde-amarilla en la cara y lechal en el cuerpo.* [...] *Los ojos nos descubren y nos encubren. Cuánto tiempo tarda un hombre en ser dueño de sus ojos, cuánto tiempo he tardado yo en habitar mis ojos, vivir en ellos, poblarlos. Porque generalmente huimos la región de los ojos, demasiado clara, y nos agazapamos en los sótanos del cuerpo. Hay que irse a vivir a los ojos como a lo alto de la claraboya, a las claras buhardillas de la casa, a los cielos del cuerpo...* La sensualidad preside la mayoría de las páginas de *Mortal y rosa*, relato lírico sobre lo efímero y lo eterno en las edades del hombre, sobre la felicidad fugaz y las pérdidas irrecuperables, etc., que en ocasiones hace recordar incluso al mejor Cernuda. Un libro particularmente difícil de definir, en suma, pero de alcance universal, que proporciona ante todo el placer de su autenticidad, en tanto que se revela como absolutamente necesario a su autor, quien, ensimismado en su dolor, parecía ajeno al enorme desconcierto que se avecinaba en la España de 1975.

7. El teatro desde 1950[328]

A diferencia de lo que sucedió en la novela, este periodo fue de una modesta medianía para el teatro español, a excepción de unas cuantas personalidades interesantes. Es unánime el juicio de que hubo muchas más obras efímeras que piezas de auténtica calidad que superaran lo circunstancial y mantuvieran su vigencia con el paso del tiempo. Como suele suceder bajo cualquier tipo de dictadura, fueron los propagandistas del Régimen quienes realmente contaron con el apoyo institucional y económico necesario para subir a los escenarios. La veta más seria la encarnaron dramaturgos como José María Pemán (vid. *supra*, n. 214), Juan Ignacio Luca de Tena y Joaquín Calvo Sotelo, que escribieron un teatro de reflexión ética formulado en dramas y comedias de tesis, siempre desde unos presupuestos fieles a la ortodoxia católica que respaldaban, obviamente, los pilares ideológicos del franquismo. Entre los muchos ejemplos de ese teatro de apología política, que usó el melodrama ma-

---

[328] Para aliviar la densidad de este manual, estos dos últimos capítulos se presentan como una guía introductoria a los principales textos y personalidades que marcaron tendencias en su momento, recogiendo en síntesis los criterios mayoritariamente aceptados y reduciendo en lo posible apreciaciones subjetivas.

niqueísta para hacer exaltación de virtudes patrióticas, destaca *El cóndor sin alas* (1951) de **Luca de Tena** (Madrid, 1897-1975), un título revelador del gusto por los símbolos que se dio en la dramaturgia española durante casi tres décadas[329]. Este dramaturgo madrileño fue también representativo de un tipo de comedia 'de salón' que, siguiendo la escuela de Benavente –estrenaba aún algunas piezas como *El marido de bronce* (1954), que fue la última–, hacía triunfar valores convencionales y aristocráticos ignorando cualquier atisbo de cambio que pudiera darse en la sociedad. Buen ejemplo de ello es su comedia *Dos mujeres a las nueve* (1949), por la que recibió el Premio Nacional de Teatro. En ella plantea la indecisión de un catedrático entre casarse con una mujer española y otra norteamericana, que aparentemente encarnan concepciones antagónicas de la vida, pero que terminan respondiendo al mismo patrón tradicional: la coqueta sumisión, que era lo que parecía seguir gustando al hombre español de todas las edades, como desarrolló de nuevo él mismo en *Don José, Pepe y Pepito* (1952), o J. Calvo Sotelo en *Una muchachita de Valladolid* (1957). De lo que se trataba ante todo era de "saciar la aspiración burguesa de la búsqueda de la felicidad, aun a costa de anestesiar la conciencia para no percibir la realidad" (J. García Templado). Y, por ello, fueron varios los autores que triunfaron así con lo que se denominó 'comedia de la ilusión': aquélla con la que el público burgués de las grandes y medianas capitales pretendía evadirse, viendo en escena ambientes de lujo y personajes sin los problemas económicos que acuciaban a la gran mayoría de la población. Mientras tanto, el cine se ocupaba de alimentar sueños capitalistas con las películas 'de teléfono blanco' norteamericanas, de las que el teatro llegó a adoptar bastantes técnicas, algo favorecido por el hecho de que varios de aquellos dramaturgos españoles trabajaran como guionistas en Hollywood.

---

[329] Téngase en cuenta que, pese a sus fuertes convicciones monárquicas, Juan Ignacio Luca de Tena había sido el gran apoyo de Franco en los años en que fue director de *ABC* en Sevilla y se fraguaba la sublevación militar, por lo que el general le compensó otorgándole el título de marqués y haciendo que su carrera teatral fuera la más premiada de la época.

La renovación del humor

En medio de la mediocridad reinante, de comedias costumbristas que con frecuencia caían en la broma vulgar y en una socarronería próxima a la de la vieja 'astracanada' (vid. *supra*, c. n. 91), era lógico que brillaran unos cuantos autores que proponían alternativas distintas al teatro de humor. Fue el caso de **Edgar Neville** (Madrid, 1899-1967), una personalidad excepcional en su época por la variada cultura que le permitieron sus privilegiados orígenes[330]. Tomando por patrón básico la comedia convencional, inventó conflictos aparentemente absurdos que desarrollaba a través de inteligentes diálogos herederos de la genialidad estilística de Gómez de la Serna y Jardiel Poncela. Neville se atrevió a hablar de otra manera del amor desde una irrealidad que resultaba reconfortante, siempre envuelta de un halo tierno y poético, por lo que supo ganarse al público en obras como ***El baile*** (1952) –se mantuvo en cartel siete años–, que hacía un insólito tratamiento del adulterio desafiando convenciones burguesas, y su continuación, *Adelita*, que fue muy aplaudida en 1955. Junto a aquella, considerada su obra maestra, destaca por su originalidad ***La vida en un hilo*** (1959), adaptación de la versión cinematográfica que había estrenado en 1945, pues planteaba

---

[330]   Edgar Neville Romrée, hijo de un ingeniero inglés y de una condesa, por lo que heredaría el título de IV conde de Berlanga de Duero, posee una biografía casi tan novelesca como la de Lope, debido a la mezcla entre su educación elitista y su natural inclinación por los círculos bohemios. Su temprana vocación teatral le hizo desdeñar los estudios de Derecho (como fue el caso de tantos coetáneos), que finalmente acaba en Granada, donde entabla amistad con Lorca y Falla, y más tarde con otros miembros del grupo del 27. En 1922 ingresa en la carrera diplomática, lo que le permitió ejercer de embajador en Washington y entrar en contacto con el cine: Chaplin le da incluso un papel en *Luces en la ciudad*. Instalado en Los Ángeles y bien relacionado en Hollywood, atrajo a amigos españoles como Buñuel y López Rubio (*infra*) para colaborar en películas que se distribuían por todo el mundo de habla hispana. En 1937 se unió al bando franquista como reportero de guerra y, a punto de ser fusilado, escapa a Londres con la ayuda de la actriz que fue hasta su muerte su compañera sentimental y protagonista de sus películas. Durante toda la dictadura franquista, y contando con su favor, fue un director cinematográfico muy reconocido por la calidad de sus guiones, que en algún caso se adelantaron al neorrealismo italiano (vid. *supra*, n. 297).

un inteligente juego de acciones simultáneas considerando la incidencia del azar sobre las decisiones cotidianas, ofreciendo varios finales alternativos según las posibles elecciones amorosas que hubieran podido hacer sus personajes. Otro dramaturgo valioso fue su amigo **José López Rubio** (Granada, 1903-1996), que obtuvo en 1954 el Premio Nacional de Teatro por su incesante éxito en obras como *Celos del aire* (1950), ingeniosa recreación de "El curioso impertinente" cervantino, o *La venda en los ojos* (1954), sobre una imaginativa mujer que intenta superar el abandono de su marido fingiendo que aún está en la casa, creando un gracioso caos a su alrededor. Obras como esa indican que se trataba ante todo de defender la ilusión como sostén de la existencia, elogiando a los benditos espíritus optimistas que podían darle lecciones de vida a cualquier 'fatalista', personaje que solía colocarse en el contrario bando de la izquierda. El protagonista paradigmático de esto es el 'profesor de felicidad' que inventó **Víctor Ruiz de Iriarte** (Madrid, 1912-1982) en *El puente de los suicidas* (1941): un tipo que logra curar de su desesperación a *una mujer que no puede vivir sin un sueño de amor, un gran financiero, y un viejo militar*, entre otros suicidas potenciales. La obra resultó un ingenioso antídoto de la inmediata posguerra contra el abatimiento de muchos, del mismo modo que lo sería el sueño de lujo que sugería ***El landó de seis caballos*** al estrenarse en 1950, en una década acuciada por la falta de abastecimientos: unos ancianos nostálgicos del Madrid de 1900 viven en un caserón de ambientación surrealista imaginando que conducen, desde un viejo sofá, un coche de caballos. El principal mérito de todas estas piezas es que supieron combinar lo maravilloso con una fuerte carga emotiva que cautivaba al espectador, al tiempo que lograron romper expectativas dramáticas por una vía de humor irracional inusitado en el momento, que resultaba un arma muy eficaz para la sátira de costumbres. No hace falta decir, dada la ideología falangista de todos estos autores, que esa sátira jamás atacó ninguno de los pilares educacionales que sostenían la dictadura, incluido el 'sagrado respeto' por las jerarquías, que seguían cómodas en esos palcos que Lorca quiso derribar (vid. *supra*, n. 137).

Quien consiguió ser el auténtico renovador de la comedia a comienzos de los cincuenta, agradando a todas las clases sociales, fue **Miguel Mihura** (*supra*, n. 249). Fue el primero en practicar un tipo de teatro próximo al absurdo pero con una lógica propia, con un humor deudor de la inocencia y genialidad de Gómez de la Serna, y bastante inspirado en el humor italiano en su creación de personajes equívocos o desconcertantes, que solía envolver siempre con un halo de ternura, como Neville. Sus obras concedían gran importancia al diálogo —casi todas sus escenas se construyen con dualidades de interlocutores—, a las preguntas sin respuesta racional ni previsible, como antes lo hiciera Jardiel Poncela (*supra*, nota 247), de cuya estética se reconoció siempre discípulo. En esos diálogos, que resultan casi siempre disparatados por la velocidad con que se suceden las situaciones que los provocan, alternan a menudo clichés lingüísticos y frases hechas que resaltan la ridiculez de las convenciones sociales más cotidianas. La distorsión de causalidades lógicas fue precisamente uno de los mecanismos lingüísticos de su comicidad, que trasladó a veces a los títulos, como en *El caso de la mujer asesinadita* (1946). El gran éxito le llegó a Mihura en 1952 con el estreno de **Tres sombreros de copa**, una obra vanguardista escrita veinte años antes que se adelantó, por tanto, un par de décadas a los grandes estrenos de Ionesco y Beckett[331]. Su indiscutible modernidad radica en su modo de entender el teatro como espectáculo de permanente sorpresa, tal y como Ortega y Gasset había recomendado décadas antes (vid. *supra*, n. 105). El ambiente circense, la música y el baile, y lo naif de unos personajes absolutamente dispares que delatan una fuerte influencia dadaísta —la chica de Music Hall que se prostituye candorosamente, el sentimental 'negro Bubby' que parece salido de la primera película sonora, *El cantor de jazz*, frente al despiadado cazador burgués, etc.—, hacen que sea una de las pocas obras que ha sabido mantener intacta su frescura con el paso del tiempo. Con esos ingredientes, *Tres sombreros de copa* criticaba cómicamente lo que la comedia benaventina y la 'alta comedia' se tomaban tan en serio: el matrimonio burgués[332]. Su sátira empezaba por relativizar su acción absoluta: ... *me caso,*

---

[331] Recuérdese que a comienzos de los cincuenta se dieron los dos estrenos más importantes en Francia del género del absurdo. De 1950 es *La cantatrice chauve y Rhinocèros* del rumano Eugène Ionesco, y de 1953 *Esperando a Godot* del irlandés Samuel Beckett. Precisamente Ionesco, que elogió mucho esta obra de Mihura, se dejó influir por ella al crear el personaje de Jacobo o la insumisión y toma prestada incluso alguna frase del dramaturgo español.

[332] Un joven provinciano y pusilánime llamado Dionisio pasa su último día de soltero en un hotelito de provincias al que ha llegado también una compañía de gentes del espectáculo que anda de *tournée*. Entre ellos se encuentra Paula, bailarina de revista de variedades, una chica libre de prejuicios que

pero poco..., dirá temeroso Dionisio; después, al obligarle a elegir entre el mundo azaroso del *music-hall* —simbolizado en los juegos malabares con tres sombreros de copa— y la boda con una familia de dogmáticas reglas sociales (el mundo de don Sacramento, su futuro suegro, y don Rosario), Mihura oponía una vez más la bohemia, como paradigma de la libertad y el vitalismo, a la seguridad y la rutina de una anquilosada y rancia vida provinciana. Frente a los prejuicios que tiene el protagonista masculino, se alza la sinceridad y autenticidad de la bailarina, quien se encarga de ponerle en guardia de las ridículas convenciones que seguirán al día después de su boda, un asunto éste que llenó también muchas tramas novelescas de los años cincuenta y sesenta. Es muy revelador que, al final, el amor entre Dionisio y Paula no triunfe —él llega a anhelar huir a Chicago para vivir su romance allí, pero termina resignándose a cumplir con su compromiso—, porque, según insinúa el autor, estaba destinado a fracasar en el medio español, que era frustrante para cualquier sueño. Igualmente significativo es que Mihura renovara el melodrama desde la simpatía por la figura de la prostituta sentimental —la misma que mostró Cela en *La colmena*—, en una obra como *Una mujer cualquiera* (1953), y más aún en **Maribel y la extraña familia** (1959), que fue uno de sus mayores éxitos. Su modo genial de atacar los ridículos prejuicios sociales y los clichés culturales de la España del momento es patente en obras como **Sublime decisión** (1955), la historia de una chica de clase media que se atreve a ponerse a trabajar, y que él ambienta a principios de siglo para subrayar aún más el atraso español. Igualmente notable es su habilidad para satirizar con cariño y un halo de candidez los dramas latentes en las vidas de seres anclados en una vida gris provinciana, y también al abordar el espinoso asunto del emigrado en Francia, como en *Ninette y un señor de Murcia* (1964), que se diría versión cómica y amable de lo que tantos dramaturgos y poetas vieron (y vivieron) en clave trágica. El humanismo de Mihura fue lo que al final le hizo conquistar a un público que estuvo

irá enamorando a Dionisio sin pretenderlo, por la inocencia, desenfado y gracia que revela su conversación, que contrasta con el sentido de la reputación del chico y las reglas sociales en que vive inmerso. La desconfianza de Mihura hacia el matrimonio burgués quedó patente en otras muchas obras como *La canasta* (1955), donde unas parejas sin legitimar que convivían en perfecta armonía se deshacen en cuanto deciden casarse.

durante muchos años desfasado respecto a sus innovadoras propuestas; y por sus innegables aciertos al 'educar' a ese público, preparándolo para ver con otros ojos los aspectos ridículos de su entorno, nadie puede arrebatarle el puesto de creador de la comedia moderna.

Un apartado más extenso merecería la dramaturgia en el exilio durante estas décadas, que injustamente sigue excluyéndose de las historias del teatro. En el camino de la farsa siguieron dando interesantes frutos dramaturgos especialmente dotados para ello, como **Jacinto Grau** (*supra*, n. 107), con títulos como *Las gafas de don Telesforo* (1954), *En el infierno se están mudando* (1959) o *Bibí Carabé* (1959), y algún otro autor más desconocido pero no menos dotado para la escena como **José Ricardo Morales** (Málaga, 1915-2016), quien desde Chile hizo un excelente teatro del absurdo (*Burlilla de don Berrendo, Bárbara Fidele*, etc.) por el que obtuvo mucho reconocimiento allí. **Max Aub**, por su parte (*supra*, notas 108, c. n. 138 y 247) escribía sobre hechos muy serios de estricta actualidad como la muerte del Che Guevara en *El cerco*, o la guerra de Vietnam en *Retrato de un general visto de medio cuerpo y vuelto hacia la izquierda*, ambas de 1968, mientras reunía una serie de piezas en un acto bajo títulos como *Los trasterrados, Teatro de la España de Franco*, etc. A su vuelta a España en 1969, Aub hizo consideraciones muy interesantes sobre el dilema que se le planteaba al dramaturgo exiliado que quería seguir siendo fiel a los valores culturales republicanos y antifascistas. Algo que, a diferencia de él, 'traicionaron' algunos autores como Alejandro Casona (*supra*, n. 250), "una suerte de hijo pródigo vuelto al redil nacional" y del que "la España franquista se complacía en programar su teatro 'blanco'" (M. Aznar Soler), gracias a lo cual *La dama del alba* fue aplaudida en España tanto como lo había sido dos décadas antes en Argentina.

Los dramaturgos del realismo social

Sólo en ámbito universitario, ya a mediados de los años cuarenta, se dieron algunos intentos organizados para proponer otro tipo de teatro mucho más comprometido con los auténticos problemas reales. Es el caso del grupo Arte Nuevo, fundado en 1945 por una serie de jóvenes dramaturgos, como Alfonso Sastre y Alfonso Paso (vid. *infra*), que no lograron, sin embargo, pasar la barrera de la censura para difundir sus propuestas. La voluntad de "concienciar a las masas" desde el escenario se encontró con la traba insalvable del recelo de los censores teatrales, quienes fueron especialmente susceptibles ante las repercusiones políticas que los textos podían entrañar. Muy pocos fueron los autores que acertaron a detectar conflictos sociales vigentes y llevarlos además a la escena sorteando la suspicacia, el fanatismo, o la incultura, sin más, de aquellos nuevos inquisidores. Como era de esperar, lo tuvieron mucho más fácil los dramaturgos de ideología derechista que estaban plenamente integrados en la cultura oficial, como es el caso de **Joaquín Calvo Sotelo** (La Coruña, 1905-1993), un escritor siempre proclive a abordar temas de rigurosa actualidad. En *La muralla* (1954) se atrevió a plantear un caso de corrupción de los vencedores, lo cual no dejaba de ser una gran osadía en los años cincuenta. La pieza se basaba en la usurpación fraudulenta de una herencia por parte de un militar del bando franquista durante la Guerra civil, lo cual genera un problema de conciencia individual y un conflicto familiar planteado con enorme crudeza[333]. Para comprender el interés sociológico del asunto debe tenerse en cuenta que entre los españoles de entonces se extendió la preocupación por el origen, lícito o ilegal, de muchas grandes fortunas forjadas en la posguerra. Calvo Sotelo elige un símil bélico –la muralla, entendida como coraza del egoísmo y los prejuicios sociales–, para presentar un conflicto ético: la restitución de un robo, en el que la moral religiosa burguesa queda equiparaba a un contrato jurídico con Dios (G. Torrente Ballester). Consciente de las reacciones adversas que podía provocar, el autor llegó a tener preparados tres finales distintos hasta el último momento, y, pese a despertar controvertidas críticas, la obra se

---

[333] El hecho que motiva el conflicto dramático se originó al final de la Guerra Civil, cuando las tropas nacionales entran en Badajoz y un oficial del ejército, don Jorge de Hontanar, ayudado por un notario, se apropia de una hacienda que su padrino le ha dejado como herencia a un hijo natural. La acción sucede quince años después, cuando la familia del militar ya disfruta sus privilegios en Madrid, y don Jorge, aquejado de un ataque al corazón, que interpreta como aviso divino, se arrepiente y, aconsejado por un cura de pueblo, intenta purgar su conciencia reconociéndose culpable de robar una herencia ajena. Los familiares, que el autor califica de 'fariseos', intentan impedirlo levantando a su alrededor esa metafórica muralla de protección, y dejan morir impasibles al protagonista en una nueva crisis de su dolencia.

convirtió en el mayor éxito teatral de la época: superó las cinco mil representaciones y fue traducida a varias lenguas. Ninguna otra obra pudo compararse a ésta en popularidad, que se vio incrementada además por una acusación de plagio, dadas las coincidencias de planteamiento con *La confesión* de Joaquín Dicenta (vid. 3ª, n. 206). Es muy elocuente que la justicia se venciera a favor de Calvo Sotelo por considerar que el protagonista de Dicenta era un ateo, lo que restaba fuerza a su problema de conciencia, mientras que en *La muralla* era esencial la intervención del cura y su oportuno consejo. Ahí es donde debemos encontrar la razón de que la obra fuera tan bien vista, finalmente, por los sectores más conservadores del país.

Lo que se entiende por 'teatro de testimonio social' contaba con serias trabas para llegar al gran público, y sólo encontró un cauce válido en **Antonio Buero Vallejo** (Guadalajara, 1916-2000), quien tenía detrás el lastre de una dura trayectoria personal como excombatiente republicano[334]. La obra con la que se abre ese tipo de teatro en España es su ***Historia de una escalera,*** que obtuvo un gran éxito al estrenarse en 1949, y que por primera vez presentaba al público madrileño la auténtica realidad de lo que sucedía en la calle. Puede definirse como la crónica de una casa de vecindad a lo largo de treinta años, centrada en las ilusiones y desencantos que mueven a tipos humildes de tres generaciones distintas, tomando la escalera como símbolo de la monotonía, de la impotencia y del iluso ascenso social, en definitiva. Aunque, frente a los tranquilizadores escenarios burgueses, presentaba en escena la pobreza sórdida, y pese a hacer una defensa de la lucha solidaria

---

[334] Hijo de un culto militar gaditano que enseñaba cálculo en la Academia de Ingenieros de Guadalajara mientras abastecía su gran biblioteca, la primera vocación de Antonio Buero, además del teatro (al que solía llevarle con frecuencia su padre), fue la pintura, por lo que en 1934 ingresó en la Escuela de Bellas Artes de San Fernando en Madrid. Por su adhesión a la República fue condenado a muerte tras la guerra, aunque le conmutaron la pena y permaneció hasta 1946 en la cárcel, donde llegó a conocer a Miguel Hernández, a quien le hizo un famoso retrato. Esa experiencia justifica que la tortura sea motivo repetido en varias de sus obras. A partir de su excarcelación, alternó la pintura con la escritura de obras teatrales, y desde que fue premiado en 1949 no cesó de representar en teatros nacionales dentro y fuera de España. Ingresó en la Real Academia en 1972 con un magnífico discurso titulado "García Lorca ante el esperpento" y en 1996 obtuvo el Premio Nacional de las Letras, que por primera vez se concedía a un dramaturgo.

entre las clases trabajadoras para mejorar de vida, nada parecía tener de denuncia intolerable por el régimen franquista. Lo prueba el que, con unas cuantas modificaciones exigidas por la censura, ganara el Premio Lope de Vega, el primero que se concedía en la posguerra después de que lo obtuviera Casona en 1934, con quien Buero Vallejo compartió el gusto por lo alegórico y por la renovación del mito. *Historia de una escalera* aportó un nuevo lenguaje dramático que tenía mucho en común con el lirismo amargo de *La colmena* de Cela, y que llegaba emocionalmente a todo tipo de receptores. En medio del inmovilismo reinante, afectaba a todos el tema que sería luego tan constante en Buero: la alternancia entre la fe y la desesperanza ante los reveses de la vida, y la imposibilidad de realizar los sueños —algún crítico llega a hablar incluso de una 'poética de la frustración'—, tal y como lo expresaban también tantos cuadros y tantos poemarios del momento, como *Hijos de la ira*, por ejemplo (*supra*, nota 233). Se enfrentan allí dos posturas distintas en la lucha por la supervivencia: la de la independencia del intelectual que no confía en la política (Fernando) y la del que asume su condición obrera y aspira sólo a una mejora económica (Urbano); ninguna de ellas triunfa porque los personajes terminan igualmente amarrados a una escalera en la que sólo se vislumbra una amarga esperanza. La obra se sostenía, en el fondo, por una dualidad muy genuina en el autor, que es la tensión entre una conciencia fuertemente individualista —el hombre como lobo para el hombre— y un ideal de solidaridad que le lleva a denunciar situaciones concretas de injusticia, de intransigencia o de crueldad. Ese realismo testimonial de Buero tuvo su prolongación en **Hoy es fiesta** (1956), ambientada de nuevo en el Madrid mísero de quienes sólo confían en un golpe de suerte en la Lotería nacional para salir de la pobreza, y que mantienen, cada cual como puede, esa eterna espera del premio. La única diferencia es que en esta obra parece diluirse la crítica social en una meditación más amplia sobre la condición humana, que el espectador puede aplicar a su propia vida. Hasta el último momento de la suya, Buero gustó de insistir en *la conveniencia de prestar atención a las instancias éticas y no sólo a los resultados sociales,* y tal convicción recorre, con magnífica coherencia, la veintena de dramas que escribió.

La marca más genuina de Buero Vallejo como dramaturgo es su tendencia a la tragedia, su gusto por enfrentar a los personajes consigo mismos. Por su concepción heideggeriana de la existencia, que se ha relacionado también con el agnosticismo kantiano, hace un teatro 'de conciencia intelectual', con preferencia por el personaje reflexivo y lúcido, que busca realizar su propio ideal de felicidad o de libertad en medio del determinismo y el fatalismo. Planteamiento éste que tiene mucho de la grandeza del *Quijote*, como ha apuntado certeramente algún crítico[335]. Buero, gran admirador de Ibsen y de B. Shaw, reconoció como maestros españoles a Lorca, Valle y Unamuno, a quienes siguió en el empeño de construir una tragedia moderna[336]. Con Unamuno compartió la idea del compromiso del escritor con la defensa de la verdad y la autenticidad como única vía para mantener la dignidad personal: la verdad suele ser dolorosa, pero es siempre mejor a la mentira acomodaticia, expone en *Las cartas boca abajo* (1957), por ejemplo. De ahí que uno de sus temas preferidos fuera el conflicto entre la aceptación de la realidad y la valentía para afrontarla, o el escape de ella mediante vanas ilusiones. En el aspecto estético, su teatro fue rico en situaciones conflictivas expuestas siempre de forma elíptica o metafórica, en gran medida para esquivar la censura, si bien casi todos sus símbolos son de fácil asociación a lo real. Una de esas metáforas "de noble vuelo melodramático" (A. Fernández Santos) fue la ceguera, que usó de forma recurrente y en varios sentidos, como por ejemplo, el de no querer abrir los ojos a la verdad. Es lo que plantea **En la ardiente oscuridad** (1950), que transcurre en un colegio de ciegos quienes, prefiriendo el nombre de 'invidentes', viven contentos y además orgullosos en su aislamiento; hecho que puede tener lectura política e interpretarse como "la mejor parábola de la falsedad del régimen franquista" (E. De Miguel). Presentaba allí un recurso que ha sido muy valorado en Buero y que se ha denominado "efecto de inmer-

---

[335] "El universo dramático de Buero [presenta] la persistente imagen de una contradicción polar entre el sueño de lo imposible y la precariedad material y moral del mundo; el constante forcejeo contra ese mundo, único ámbito en el que realizar –quijotescamente– lo irrealizable; el obsesivo empeño del autor en llegar a una síntesis de contrarios, y ya en otro plano, su reivindicación en tanto que escritor y frente a la sociedad de una posición solitaria y solidaria, cuya coherencia reside en su misma paradoja" (R. Doménech).

[336] *El último y mayor efecto moral de la tragedia* –escribió– *es un acto de fe. Consiste en llevarnos a creer que la catástrofe está justificada y tiene un sentido, aunque no podamos conocer su significación ni entender su sentido. El absurdo del mundo tiene muy poco que ver con la tragedia como último contenido a deducir, aunque tenga mucho que ver con ella como apariencia a investigar.*

sión", según el cual el espectador, bajo una especie de hipnosis, queda durante algunos momentos de la representación sometido a la misma experiencia sensorial que los personajes, al igual que lo practicaría con la sordera en una pieza sobre Goya (vid. *infra*). Muy distinta es en cambio la utilización de la ceguera en su drama histórico **El concierto de San Ovidio** (1962), en el que un grupo de invidentes son utilizados despiadadamente para que sirvan de bufones de corte, pues allí los ciegos –como los locos de Cervantes– representan una lucidez escondida e injustamente maltratada[337]. Otro contraste que es un gran acierto dramático de Buero es que, junto a la negación del sentido de la vista, dota a sus personajes de un fino sentido auditivo para que también el espectador agudice el suyo y se concentre en la música exquisita que elige como fondo de cada uno de estos dramas: la de Corelli aquí y la de Vivaldi en *Un soñador para un pueblo* (vid. *infra*).

También en penumbra sucede la acción de **El tragaluz** (1967), que se considera el más perfecto de todos sus dramas, y el más profundo también, pues es el que mejor confirma que Buero escribió siempre explorándose a sí mismo, en una especie de prolongado examen de conciencia que extiende luego a la sociedad española; una sociedad que, como exponían también Zunzunegui o Delibes en sus novelas, había perdido valores morales y estaba dominada por el egoísmo y la injusticia. (La diferencia es que Buero la había sufrido en carne propia décadas antes, y tenía más difícil ocultar su resentimiento). Al principio se presenta como obra de ciencia-ficción, pues se trata del experimento que hacen unos científicos del siglo XXII para recobrar el pasado, recurso de distanciamiento muy brechtiano. Los dos 'experimentadores' que

---

[337] La acción se sitúa en el París prerrevolucionario de 1771, y tiene todo el aspecto de veracidad histórica: un grupo de ciegos de un Hospicio son contratados por Valindin, un negociante sin escrúpulos que los hace disfrazarse grotescamente sin que lo sepan para dar conciertos bufos en una feria. David, él líder de los ciegos, pasa de confiar en la oportunidad de liberarse y dignificar su condición a desengañarse amargamente sobre las intenciones de su promotor, al que acaba matando a garrotazos, tras ponerlo en su misma condición en un espacio a oscuras. Recuérdese, por otra parte, que la oscuridad y las situaciones sin salida, ese motivo existencialista tan presente en el teatro de Buero, estuvo también presente en algunos títulos de poemarios estrictamente coetáneos, como *Longa noite de pedra* (1962) de Celso E. Ferreiro, por ejemplo.

aparecen en el escenario afirman: *Durante siglos tuvimos que olvidar para que el pasado no nos paralizase; ahora debemos recordar incesantemente para que el pasado no nos envenene.* Pero es su 'objeto de estudio' lo que importa: un episodio de la Guerra Civil aparece como eco incesante y atronador –como el pitido del tren en el que sucedió–, perturbando la memoria de la familia protagonista, rota por tal motivo[338]. El espacio dramático cobra una importancia capital dentro del sentido de la obra, y se hace patente en ella la influencia existencialista, así como la del teatro de Arthur Miller y Eugene O' Neil, abundante en dramas familiares 'claustrofóbicos'. El ambiente de ese semisótano, con un tragaluz por el que sus inquilinos ven parcialmente la calle y a los transeúntes que pasan, podría entenderse –en ese plano metafísico que casi siempre ofrece este teatro– como trasunto de la caverna platónica, en tanto que supone una visión distorsionada de la realidad. Pero mucho más certero parece sospechar que Buero, por supuesto sin mención explícita alguna, quiso simbolizar en *El tragaluz* la tragedia de la España de los perdedores: la de la familia que "vive marginada del mundo surgido de una guerra de la que son sus víctimas" (F. Ruiz Ramón*). De nuevo muestra Buero aquí su tendencia al enfrentamiento de personajes opuestos en su actitud ética: Vicente es el arquetipo del hombre práctico y sin escrúpulos que todo lo somete a su propio bienestar, mientras que su hermano Mario es el contemplativo y de estrictos principios éticos, que se atreve a acusar a su hermano de la locura del padre, quien pasa las horas enajenado, sin reconocer a nadie y preguntándose obsesivamente

---

[338] El recuerdo persistente se remonta a cuando, acabada la guerra, la familia quiso coger un tren salvador. Una marea de gente les impidió subir, pero uno de los hijos, Vicente, consiguió marcharse con todos los alimentos, incluida la leche de la hermana menor, por lo que el bebé murió de hambre, causando una demencia irreparable en el padre. Éste, junto a la madre y otro hermano, Mario, viven ahora en un humilde habitáculo de entresuelo sólo iluminado por un tragaluz, mientras que Vicente disfruta de su prosperidad económica como directivo de una editora. Su hermano Mario consigue con sus reproches despertarle un sentimiento de culpabilidad tan fuerte que le lleva a intentar convencer a su padre de su inocencia al subir a aquel tren, pero éste, en uno de sus ataques, le clava las tijeras con las que se entretiene recortando figuras y lo mata. Mario, en un último gesto de bondad, acaba proponiéndole matrimonio a Encarna, que está embarazada de su hermano Vicente, de la que era secretaria y amante antes de enamorarse de Mario.

ante fotos de periódico o de postal: *¿Quién es éste?* Una pregunta que en su día algunos vincularon a las reflexiones de Sartre y otros intelectuales sobre las anónimas muertes de Vietnam[339]. Si algo sigue sorprendiendo hoy, dado el pesimismo radical de la obra, es el enorme éxito que alcanzó en un momento en que las propagandas franquistas se empeñaban en hacer creer el 'asombroso progreso económico' del país. Quizá la clave esté en que *El tragaluz* se recibió como una aleccionadora parábola de alcance universal –Caín frente a Abel–, y no como una reflexión sobre la guerra; o simplemente, en que el dramaturgo manejó siempre muy sabiamente lo folletinesco y lo melodramático para conmover a un público necesitado de lágrimas catárticas, como también puso de manifiesto en su teatro de ambientación histórica.

El interés de Buero Vallejo por el teatro histórico se mantuvo muy vivo durante casi dos décadas y dio como resultado una renovación tan decisiva como la que en su día hiciera Valle-Inclán. En este momento era absolutamente necesaria para contrarrestar las utilizaciones políticas del género que venían haciendo los dramaturgos afines al poder, como J. M. Pemán en sus dramas sobre Cisneros y Felipe II (*supra*, antes de n. 99), o Luca de Tena con títulos como *¿Dónde vas Alfonso XII?*, que fue muy aplaudido en 1957. Frente a ellos, Buero resulta, sobre todo, esencialmente antidogmático. El primer valor que debe reconocérsele es su hábil aprovechamiento de la distancia temporal para exponer asuntos de validez universal desde una actitud muy crítica, consiguiendo que el espectador conecte "racional y emocionalmente a la vez con su propio presente" (F. Ruiz Ramón). El distanciamiento histórico le sirve con frecuencia a Buero "para tratar de un tema que, planteado por cualquier otro camino, habría hallado dificultades insalvables: el destino del pueblo en una sociedad injusta" (L. Iglesias Feijoo). En **La tejedora de sueños** (1952) vuelve sobre una historia legendaria y crea una

---

[339] La insignificancia de las vidas anónimas y grises en la memoria colectiva, sobre la que parece reflexionar Buero, fue tema repetido en el arte y la literatura de los sesenta y setenta, sobre todo a raíz de la profunda compasión que provocaron las fotos y documentales sobre todas las matanzas de inocentes en esos años. De ahí que algún comentarista coetáneo escribiera que *El tragaluz* era un drama sobre la soledad del individuo, "de la deshumanización, de la reducción del hombre a sombra, a generalización, a transeúnte de postal, a vergonzante luchador para comer".

nueva Penélope que se duele por el comportamiento de un Ulises fanfarrón e innoble, y que por tanto encarna un ideal de amor frustrado por la frivolidad y orgullo masculinos, que presenta como causas directas de las guerras. Es decir, hace una recreación moderna del mito tal y como por las mismas fechas intentaban algunos novelistas como Cunqueiro o Perucho (*supra*, c. n. 305). El dramaturgo, que se documentaba a fondo para ambientar las épocas que trabajaba, demostró particular interés por el siglo XVIII quizá por las contradicciones que entrañaba. A diferencia de *El concierto de San Ovidio* (*supra*), en *Un soñador para el pueblo* (1958) presentaba su particular visión de la Ilustración, identificándose claramente con el personaje del idealista Esquilache, que sueña con que el pueblo llano, que en el presente no le comprende, termine alcanzando su madurez[340]. El amplio conocimiento de la historia del arte que tenía Buero, y su gran sensibilidad como pintor, le permitieron escribir algunos de sus mejores dramas históricos, que es como está considerado **Las Meninas** (1960), donde 'hace vivir' a un Velázquez muy humano que se atreve a defender su verdad contra quienes le acusan de traición y rebelión. En **El sueño de la razón** (1970) resucitó la España de 1823 para enmarcar un espléndido drama basado en las pinturas negras de Goya, a quien el autor ve como un ser complejo, preso de bajas pasiones –obsesiones sexuales, celos etc.– pero que tiene la capacidad de erigirse, con todo, en emblema de la libertad del artista frente a las imposiciones de la dictadura, representada en su antagonista, Fernando VII. Este tema había sido tratado por otros dramaturgos coetáneos, como Alejandro Casona en su última obra, *El caballero de las espuelas* (1964), donde presenta a un Quevedo que encarna el inconformismo del intelectual frente al poder; o como Alfonso Sastre (vid. *infra*), quien eleva en la misma dirección a Miguel Servet en *La sangre y la ceniza* (1965). En el caso de Buero, no deja de ser significativa la recu-

---

[340] Esquilache es un hombre bueno y honesto que se ve acorralado hasta el punto de tener que marcharse, porque el pueblo, que no entiende el sentido de la Ilustración, lo rechaza. A Buero le interesa resaltar cómo las masas son manejadas siempre por tribunos sin escrúpulos morales, mientras permanecen impasibles ante la injusticia que se comete con los individuos ejemplares que defienden hasta el final sus creencias. La dedicatoria que puso al frente de esta pieza era tan elocuente como arriesgada en 1958: *A la luminosa memoria de don Antonio Machado, que soñó una España joven.*

rrencia del personaje del sabio o el artista íntegro que termina siendo incomprendido e injustamente tratado, pues en él se proyectaba –como Cervantes en su Licenciado Vidriera, por ejemplo–, dejando ver que hablaba desde 'una herida propia'. La independencia fue sin duda una de sus principales virtudes y, como autor teatral, le llevó a hacer siempre propuestas originales, sin caer en la facilidad de fórmulas repetidas a las que poder sacarle rendimiento económico, como hicieron tantos. En su último drama importante, **La fundación**, estrenado en 1973, intentó provocar la perplejidad del público ante un espacio simbólico y una acción que no llegaban a entenderse del todo, pero que terminaban removiendo la conciencia de que era posible luchar por una sociedad más justa y una felicidad más digna[341].

Igualmente independiente, aunque muy distinta, fue la opción de **Alfonso Sastre** (Madrid, 1926), cuyo idealismo político le llevó a querer practicar un teatro testimonial de protesta inspirado en el alemán Erwin Piscator y en el realismo socialista de Máximo Gorki, por lo que decidió crear varios grupos experimentales radicalmente opuestos al teatro oficial[342]. En su aspiración de hacer dramas revolucionarios, uno de los temas obsesivos de Sastre fue la opresión, sus diversas causas y los modos de responsabilizarse ante ella, que no siempre apli-

---

[341] A pesar de esa perplejidad que suscitaba, Buero logró con esta obra que el espectador sintiera una "identificación total con unos hombres que pretenden ser alejados de la cárcel de la vida por introducirlos por el engaño y la enajenación en la 'fundación' feliz de una ficticia existencia", y con ello defendía que era necesario "luchar de nuevo, poner en práctica otra vez todos los resortes de la voluntad y oponerse a la crueldad, a la violencia, a la mentira, al dolor" (L. García Lorenzo).

[342] Aunque proveniente de una familia burguesa de educación católica, Sastre estuvo marcado por los bombardeos y el hambre de su infancia durante la Guerra civil, y muy pronto sintió la necesidad de tomar parte activa en movimientos sociales. En 1945, alentado por sus lecturas existencialistas (fue traductor de Kafka) fundó Arte Nuevo con el propósito de acabar con la estética del teatro de Benavente, y comenzó a estudiar Filosofía y Letras. En 1950, mientras frecuentaba en Madrid el círculo de Aldecoa y Martín Santos (vid. *supra*, nota 286), fundó el T.A.S. (Teatro de agitación social), que se definía como "una profunda negación de todo orden teatral vigente", y diez años más tarde el Grupo de Teatro Realista. Fue autor además de relatos de tipo fantástico con títulos como *El paralelo 38* (1965), *Flores rojas para Miguel Servet* (1967) y *Las noches lúgubres* (1973). Obtuvo el Premio Nacional de teatro en 1986.

có a situaciones específicamente españolas. En algunas ocasiones situó sus obras en países inventados y épocas imprecisas, tal como exige el ámbito de la utopía. Esto significa que Sastre cree en la posibilidad de transformar el mundo ayudado por una literatura de 'concienciación cívica', y por una idea de compromiso que siempre tiene una dimensión política, frente a la ética más individual de Buero. Lo que sí compartió con él fue su desinterés por el teatro que sólo divierte o sirve de evasión, ya que su concepción dramática vuelve a ser bastante unamuniana: una investigación en torno a problemas que hacen pensar y "calientan la cabeza del espectador", como le reprocharon tantas veces sus detractores. Se comprende así que sólo entre grupos de teatro universitario tuvieran cabida sus principales obras, y ello sin mucho éxito. La acción de la más conocida, **Escuadra hacia la muerte** (1953), transcurre durante una supuesta tercera guerra mundial que amenaza a la humanidad: un grupo de soldados se subleva y asesina al cabo que les imponía rígida disciplina, y a partir de ese momento cada cual escapa como puede, según su impulso, a sus miedos y sentimientos de culpa. La obra, que tenía clara reminiscencia de la Habitación 101 inventada por Orwell en su *1984* (1949), fue prohibida a la tercera representación. Sastre explicó años después que la obra quiso ser *un grito de protesta, [...] una negación de la validez de las grandes palabras con que en las guerras se camufla el horror, una negación del heroísmo y de toda mística de la muerte*; algo que concuerda bastante con lo que sostenía una novela estrictamente coetánea como *Cuerpo a tierra* (*supra*, n. 268). La diferencia es que en *Escuadra hacia la muerte* se criticaba el militarismo y se cuestionaban además los logros de la revolución, con lo que se caía en el pesimismo de la inutilidad de la lucha. Mientras Sastre envidiaba los estrenos de Albert Camus en París –como el de *Les justes* (1953)–, su obra **La mordaza** consiguió ser autorizada y pudo estrenarse en 1954, gracias a la miopía de los censores. Éstos sólo vieron en ella un drama rural, cuando se trataba en realidad de un alegato contra la tiranía y la opresión, al modo de *La casa de Bernarda Alba* lorquiana (*supra*, c. cn. 146). Un déspota padre de familia, Isaías Krappo, ha cometido un asesinato que su familia encubre hasta que su nuera se atreve a romper 'la mordaza' –metáfora del silencio temeroso y sumiso a la autoridad–, y la muerte en prisión del tirano alivia a sus hijos. En la España contemporánea situó poco después **Muerte en el barrio** (1956), que volvió a ser prohibida por la censura por entender que denunciaba la irresponsabilidad de un médico español por ser culpable de la muerte de un niño de clase obrera; aunque hoy algún crítico la interpreta, en cambio, como "una acusación al seguro de enfermedad de cualquier sistema de medicina social, no sólo española". En cualquier caso, resulta inaceptable el modo sensiblero en el que se cae en el melodrama, el fallo más común, por otra parte, en el teatro de la época. (Quizá estemos descuidando que toda circunstancia de penuria conduce siempre al folletín, como bien supo Dickens). El hecho de que Sastre fuese considerado revolucionario por los censores franquistas, que pusieron todo tipo de trabas a su puesta en escena, hizo que su teatro sólo se leyera en clandestinidad, o bien quedara relegado a la representación por grupos de teatro independiente en centros educativos, ya en los sesenta. Sin embargo, esto no puede llevar a magnificar su aportación, y parece justo distinguir entre su labor como exaltador de los ánimos –en un momento en que era necesario hacerlo–, y su estricta valía como dramaturgo, que es de escaso relieve.

Uno de los hechos más significativos de la situación del teatro español a comienzos de los sesenta fue la polémica que sostuvo Alfonso Sastre con Buero Vallejo en 1960, a propósito de si el teatro debía luchar abiertamente contra las estructuras sociales o hacerlo, en cambio, desde dentro del sistema, aceptando las cortapisas de la censura. Esta última postura se bautizó como 'posibilismo escénico' y fue la adoptada por Buero, a quien sus colegas más radicales tacharon despectivamente de 'posibilista'. Entre ellos, Sastre, quien sostenía, en cambio, que el dramaturgo debía ser siempre arriesgado, ya que no había un teatro imposible sino "momentáneamente imposibilitado". Ambos mantuvieron un dilatado y enardecido debate en las páginas de la revista *Primer Acto*, creada por entonces, donde Sastre acusaba a Buero de haber renunciado a su compromiso con la lucha social –la que en su día le costó una condena a muerte, no se olvide–, y de hacer concesiones en favor del aplauso del público. En la polémica se implicó también **Alfonso Paso** (Madrid, 1926-1975), quien se convertiría en el más prolífico de los dramaturgos de estas décadas, con casi doscientos títulos[343]. En sus comienzos tuvo una corta pero

---

[343] Alfonso Paso Gil procedía de una familia de autores teatrales y músicos, por lo que creció acostumbrado al género de la zarzuela, que influyó en varias de

espléndida etapa de teatro crítico y de denuncia, que dio obras como *Juicio contra un sirvengüenza* (1952), y sobre todo **Los pobrecitos**, una original tragicomedia que estrenó en 1956 con enorme éxito de público; en ella renovaba el sainete arnichesco (*supra*, nota 102) para tratar irónicamente los rigores de la vida en la posguerra en el ambiente de una fría pensión, muy similar a la que aparecía en *La colmena* de Cela. Fue a comienzos de los sesenta, con *Aurelia y sus hombres* (Premio Nacional de teatro de 1961), cuando dio con una fórmula de comedia entretenida, de asunto trivial y comicidad simple, que conquistó tanto al público burgués como al popular, por lo que se acomodó rápidamente a ella y la explotó hasta el límite: títulos como *Enseñar a un sinvergüenza* (1966) o *¡Cómo está el servicio!* (1968) se mantuvieron en cartel en varios teatros de Madrid durante décadas, y se convirtió en el gran beneficiado del teatro comercial. Se comprende así que, dentro de la mencionada polémica, y aun haciendo un teatro tan distinto al de Buero, se alineara con él en contra de Sastre, pues éste se empeñaba en denunciar la *corrupción del autor* mientras ellos consideraban, en cambio, que el llamado 'teatro obrerista' era pura demagogia, además de inútil.

De hecho, el lema *hay que llevar la vida al escenario* no dio tan buenos resultados como se esperaban. Las preocupaciones sobre la injusticia social que proponía el teatro realista –con precedentes en el teatro de Dicenta (vid. 3ª, nota 206)–, corrieron durante un tiempo enteramente paralelas a las que mostraba la narrativa, incluso en la formulación de los títulos. Los trabajadores y sus preocupaciones salariales subieron también por entonces a escena, con marcas de identidad netamente hispanas –llegó a hablarse del 'iberismo' en el caso de algún autor–, empezando por el lenguaje, que buscó el registro colo-

---

sus comedias. Debido a sus inquietudes culturales juveniles y su gran inteligencia, acumuló licenciaturas universitarias muy dispares, incluido el Periodismo, mientras fundaba con Sastre Arte Nuevo. Estrenó su primera obra a los veinte años y tuvo su primer gran éxito fuera de los teatros universitarios con *Una bomba llamada Abelardo* (1953), inspirada en Jardiel Poncela, con cuya hija se casaría. El giro a su trayectoria fue total en los años sesenta, a partir de piezas como *La boda de la chica* (1960), que es cuando comenzó a acumular premios y reconocimientos que durarían hasta su muerte. Sus comedias se han traducido a numerosos idiomas y su estudio sigue despertando gran interés en varios países europeos y latinoamericanos.

quial popular hasta escandalizar con palabras malsonantes los oídos burgueses. Por esa vía se entró en una revalorización del sainete, pero despojándolo de su cara amable y cómica. El desgarro que supone emigrar como única alternativa es el centro de la acción de **La camisa** (1960) de **Lauro Olmo** (Orense, 1922-1994), un dramaturgo joven, perteneciente a la generación de 'los niños de la guerra', que se ganó por entonces las antipatías del Régimen. La obra obtuvo un gran éxito al ser estrenada en 1962, pese su lóbrega ambientación —las chabolas miserables de un suburbio madrileño—, que es la misma que describía, curiosamente en el mismo año, *Tiempo de silencio*, el gran hito de la narrativa de la época. La camisa del empleado, definida como 'máscara burguesa', acaba siendo un emblema de la frustración, y por ello queda en la escena final colgada, como ahorcada, sobre un tendedero que atraviesa el escenario; así se hace más patética la oposición a los globos de colores que vende 'el tío Maravillas' —símbolo en cambio de la fantasía y la inventiva— que aspiran a configurar el arco iris de una felicidad imposible. El gusto por utilizar iconos que hicieran reflexionar al espectador en esa misma línea hizo que Alfonso Paso escribiera piezas como *La corbata* (1963) o *La oficina* (1965), que trataban de la explotación o la alienación de las clases medias. Pero en torno a esa fecha se dejaba sentir ya el declive de ese tipo de teatro, y ello pese a la incesante búsqueda de nuevos recursos para superar el realismo anterior sin abandonar el móvil de la denuncia. Lauro Olmo, al igual que antes A. Paso, lo intentó rescatando lo mejor del popularismo de Arniches (*supra*, n. 102) en lo que llamó 'sainetes políticos', que trataban con ironía ácida asuntos de candente actualidad: el turismo —en *Mare Nostrum* (1966), por ejemplo—, o la experiencia del emigrante que regresa a la dura realidad de Madrid, como en *English spoken* (1967), si bien lejos de la hondura con la que los trataron escritores como J. Goytisolo, J. Marsé o M. Vázquez Montalbán.

Los renovadores de la escena desde mediados de los sesenta

Al igual que en otros países europeos, la vanguardia del teatro experimental entró en España a través de los grupos de teatro independiente, cuyo objetivo común era la renovación del montaje teatral[344]. Lo que les unía era una misma actitud iconoclasta, una misma aversión (a veces agresiva) a los modelos consagrados del 'teatro burgués', exactamente igual a la que sintieron los jóvenes contemporáneos de Lorca en las primeras décadas del siglo, aunque fueron más radicales que aquéllos. Para estos nuevos autores la calidad literaria del texto dramático no era lo esencial del espectáculo, pues se entendía que era igualmente importante todo aquello capaz de inspirar emociones, sentimientos o reacciones humanas: la mímica y cualquier tipo de recurso expresivo y plástico como otros elementos comunicativos más. En medio de variadas influencias del teatro europeo, los dramaturgos españoles a comienzos de los sesenta descubrieron al surrealista francés Antonin Artaud (Marsella, 1896-1948) y lo convirtieron en el teórico fundamental de la tendencia[345]. La denominación 'nuevo teatro' cundió así en los últimos años del franquismo y en los primeros de la transición democrática para referirse a una dramaturgia no centrada ya en la psicología de personajes –enteramente ausente muchas veces– y en cuyo decorado escénico no se repetían ambientaciones típicas. Sobre todo porque lo que

---

[344] Bajo la denominación 'grupos independientes' se designó a "aquellos grupos teatrales que, desde el campo profesional, semiprofesional, aficionado o subvencionado total o parcialmente, representan la realidad más positiva del país, y por ser vanguardia, la esperanza del futuro" (L. García Lorenzo).

[345] *Un teatro que subordine al texto la puesta en escena y la realización* –escribió Artaud– *es un teatro de idiotas, de locos, de invertidos, de gramáticos, de tenderos, de antipoetas, de positivistas, es decir: occidental*. Recuérdese que la teoría de Artaud, su propuesta del 'teatro de la crueldad' que intentaba provocar al espectador con impactos violentos, etc. es inseparable de sus propios desequilibrios psíquicos y de las técnicas con él empleadas en los largos periodos en que estuvo internado en clínicas psiquiátricas. Debe tenerse en cuenta también que su refugio en la teoría teatral se debió al absoluto fracaso de sus primeros montajes, y al hecho de no haber conseguido el favor del público en los años treinta.

estos nuevos autores buscaban, desde una nueva mentalidad, es presentar cosas inauditas que contrastaran y chocaran con la vida cotidiana del espectador. Para conseguirlo, la obra se concebía como un proceso de continua recreación colectiva, incorporando las improvisaciones de los ensayos y eliminando la idea clásica de 'autoría'. Lo más revolucionario de los grupos universitarios que empiezan a formarse a mediados de los sesenta fue la conciencia de que se necesitaba una nueva formación de actores para educar con ellos al público; una idea ya sostenida por los principales intelectuales de la Segunda República, que encontró por entonces cauce válido en el método del ruso Konstantin Stanislavski (Moscú, 1863-1938). Éste fue introducido en España por un director teatral muy activo, Miguel Narros (Madrid, 1928-2013), quien, junto al norteamericano William Layton, creó una escuela de formación de actores de la que surgió el **TEI**: Teatro Experimental Independiente, que se propuso sacar del aislamiento el teatro español. A través de él se realizaron diversos montajes a imitación de lo que se hacía en las escuelas de Nueva York y en otros países europeos, al tiempo que se buscó también la formación de un nuevo público, actuando en locales de provincias. El gran problema era la pobreza de los medios y la imposibilidad de competir con el teatro comercial. Esto hizo que se condicionara muchas veces un proyecto a fin de 'vender el producto' y poder estrenar, de modo que a los autores dramáticos más jóvenes sólo les quedaba el recurso de la actividad de estos grupos experimentales. Desde 1970, fecha en que se inició el Festival Internacional de Madrid, los festivales de teatro independiente acostumbraron a mostrar espectáculos creados 'comunitariamente', poniendo en práctica el concepto de 'obra abierta' antes descrita. Lo llevaron a cabo grupos catalanes como Els Joglars y Els Comediants, el bilbaíno Akelarre, y otros varios de otras procedencias nacionales como Ditirambo, Tábano o Castañuela 70, unos de los más inquietos de la capital en esa década. Albert Boadella, fundador de Els Joglars (todavía activo en la actualidad), se granjeó durante años antipatías y odios de sectores conservadores por su talante siempre provocador y subversivo, lo que hacía aumentar su prestigio internacional[346]. En medio de atractivas e inge-

---

[346] Aunque en 1975 desapareció la censura, todavía en 1978 hubo una sentencia en Consejo de Guerra contra Els Joglars por considerar que su espectáculo

niosas aportaciones que hicieron sentiro a los españoles que estaban más cerca de Europa, resulta evidente hoy que algunas de aquellas provocaciones tuvieron mucho más de fenómeno sociológico, y aun de extravagancia curiosa, que mérito propiamente literario o artístico. Ése puede ser el caso de **Fernando Arrabal** (Melilla, 1932), quien supo sacarle partido a su condición de exiliado político en Francia, aspirando a convertirse en el Artaud español con su 'teatro pánico', aunque ninguna de sus piezas, afines al absurdo francés, se ganara un puesto relevante en la dramaturgia española[347].

Mientras en Europa se siguieron aprovechando todavía las enseñanzas de Brecht para hacer un teatro crítico de carácter claramente político, centrado en los abusos del poder y el materialismo, en España se volvió la vista sobre los 'malditos' que no habían sido tolerados hasta entonces. Nació así un enorme interés por representar al Valle-Inclán de los 'esperpentos', que por primera vez subió a un escenario español en 1961. Precisamente la obra que más merece valorarse de **A. Sastre**, *La taberna fantástica* (1966), rotulada por él como "tragedia compleja", debe su acierto a la comprensión de la mirada de Valle sobre las vidas de tipos marginales, por lo que son claras sus deudas hacia *Luces de bohemia*. En cuanto a Lorca, fue en 1964 cuando pudo verse en un gran teatro de Madrid *La casa de Bernarda Alba*, treinta años después de haber sido escrita –en 1945 la habían visto bastantes espectadores de Buenos Aires,

---

La torna (estrenado en noviembre de 1977) injuriaba gravemente al ejército español.

[347] Hijo de un teniente fiel a la República, Arrabal mantuvo siempre una decidida beligerancia antifranquista: Por su "Carta al general Franco", publicada en vida del dictador, se ganó a la muerte de este ser considerado "uno de los cinco españoles más peligrosos", junto con algunos líderes comunistas. Se exilió voluntariamente en Francia en 1955, llegando a obtener allí un éxito inusitado con propuestas que fueron pateadas, en cambio, por el público español, como sucedió con su obra más famosa, *El triciclo* (1953) al estrenarse en 1958. El público parisino aplaudió en su momento piezas como *El cementerio de automóviles* (1958) o *El Arquitecto y el emperador de Asiria* (1967), cuya valía residía sobre todo en su audacia imaginativa, inspirada en el teatro del absurdo. En España la policía impidió el estreno de su obra *Los dos verdugos* en 1969, y eso le hizo explotar aun más su perfil de víctima de la censura, sin plantearse críticamente la antipatía que despertaba en el gran público, al que desdeñaba, como su admirado Artaud. La egolatría mediática de Arrabal justifica su incursión en los más variados terrenos: desde la narrativa a la filmografía, pasando por la ópera y la pintura.

y en 1950 tan sólo los de un pequeño grupo de 'teatro ensayo' madrileño–, y sorprende que recibiera buena acogida incluso por parte de algunos columnistas de la prensa conservadora, que no vislumbraron el sentido político que le atribuyeron Sastre y muchos otros de su generación (vid. *supra*). Como inspiración, lo que más interesó de los dramas de Federico García Lorca fue su planteamiento de la represión sexual, pues seguía siendo uno de los problemas más notorios en la España del momento. Y nada de casual tuvo que el dramaturgo granadino encontrara sobre todo adeptos entre los autores y directores escénicos que compartían su misma condición vilipendiada y condenada a la ocultación.

Una de las influencias más notables del teatro lorquiano se dio en la obra de **José Martín Recuerda** (Granada, 1922-2007), quien ya en 1963 había estrenado con éxito *Las salvajes en Puente San Gil,* protagonizada por unas 'chicas de revista' que deciden rebelarse contra el acoso sexual de los hombres del pueblo, a su vez víctimas de la represión promovida por unas damas catequistas, que representan la educación franquista. En ***Las arrecogías del Beaterio de Santa María Egipciaca*** (1970), hizo una recreación de *Mariana Pineda,* aunque con una visión muy distinta de aquel drama histórico, pues él lo trae al presente para darle dimensión simbólica. Su beaterio no acoge ya a una revolucionaria sino a unas chicas 'descarriadas' (de ahí que lleve el nombre de la santa del siglo IV que ejerció de prostituta, figura muy difundida en todo el arte medieval), quienes representan a la propia España sometida a una dura tiranía, que es lo que en verdad pretende criticar. La obra debió su impacto no tanto a sus méritos dramáticos como al erotismo de muchas de sus escenas, que se convertiría en recurso indispensable de buena parte del teatro y el cine de toda la década del setenta (vid. *infra*, n. 351). Nunca, desde la muerte de Lorca, el tema de la frustración sexual cobró tanto protagonismo en el teatro español como en esos años, y nunca antes había buscado tantos recursos estéticos para expresar su trascendencia. Uno de los mejores textos en este sentido es ***Flor de otoño: una historia del barrio chino*** (1973), de **José M.ª Rodríguez Méndez** (Madrid, 1925-2009), centrado en la figura de un travestido que se ve obligado a llevar una doble vida entre dos ambientes barceloneses radicalmente opuestos[348]. Quien más

---

[348] Resulta significativa la recurrencia del tema del travestismo también en el cine y la canción de autor hasta finales de los ochenta. Lo refleja muy bien

veces dramatizó esta lucha entre las imposiciones sociales y los 'instintos básicos' fue **Francisco Nieva** (Ciudad Real, 1927-2016), autor con una gran formación como escenógrafo, iniciada tempranamente en París. Muy interesado en las vanguardias –Nieva estuvo muy vinculado a los poetas del Postismo (*infra*, n. 363)–, supo presentar puestas en escena realmente innovadoras e imaginativas, con textos de fuerte inspiración surrealista, que a nadie dejaban indiferente. Como ***Coronada y el toro*** (1973), por ejemplo, cuya protagonista es lopesca y lorquiana a un tiempo, moviendo a la insurrección a todo un pueblo. De ese mismo año es ***La carroza de plomo candente***, y en ella se burla de la España de la 'leyenda negra' –con Goya y Valle-Inclán detrás de su ambiente mágico–, por lo que se entiende que sólo pudiera estrenarla en 1976, igual que *Coronada*, seis años después. Ambas obras se consideran lo más representativo de su 'teatro furioso', nombre con el que bautizó una fórmula propia, visceral, *violenta y alucinada*, para hacer sátira desde lo insólito e irracional, buscando el permanente asombro del público[349].

Quien no tuvo competidor en llenar los teatros de las grandes capitales y ciudades de provincia durante los años setenta fue **Antonio Gala** (Ciudad Real, 1930), que fue aceptado casi como un segundo Benavente por un amplio sector de público burgués, especialmente femenino[350]. Su empeño en aleccionar con moralinas acerca de los valores

---

la novela *El Giocondo* de F. Umbral (*supra*, n. 325), que 'dialoga' con esta pieza, al parecer inspirada en un caso real, que tuvo luego una espléndida versión cinematográfica: *Un hombre llamado Flor de otoño* (1978). Otros títulos dignos de mención de este dramaturgo son *Los inocentes de la Moncloa* (1961), *El círculo de tiza de Cartagena* (1963), *Los quinquis de Madrid* (1967) y *Bodas que fueron famosas del Pingajo y la Fandanga*, estrenada con éxito en 1976, que seguía poniendo de manifiesto las deudas de los dramaturgos contemporáneos con Arniches y Valle-Inclán al mismo tiempo.

[349] *Teatro furioso acaso nace* –escribe Nieva– *de unas circunstancias muy parecidas a las que han provocado el esperpentismo, caprichismo y celestinismo del arte español... Creo que el estado de espíritu que me ha llevado a escribir este teatro me ha quitado, en su arrebato, el miedo a rozar cualquiera de nuestros tópicos, como igualmente me ha desposeído de la soberbia de querer igualar modelos clásicos envidiables.*

[350] Antonio Gala Velasco se siente cordobés porque a Córdoba se trasladó a los diez años y es donde empezó a cultivar su exquisita educación literaria, alternada con sus estudios de Derecho, en los que llegó a licenciarse. Junto a su temprana afición a la poesía, por la que fue premiado ya en 1959, desarrolló también la de novelista, que dio títulos llevados luego al cine con gran éxito, como *La pasión turca* (1993). Sus numerosos artículos de prensa fueron reco-

del pasado frente a los del presente, la falsedad de ciertas filosofías de vida, o la incomprensión de ciertas sensibilidades, fue una de las claves de su gran aceptación entre la burguesía medianamente culta, que podía valorar, además, el lenguaje poético de sus diálogos. En buena medida heredero de los planteamientos utópicos de Casona, Gala mostró siempre predilección por personajes con carácter emblemático, proyectándose en personalidades femeninas, como Lorca. Entre los títulos con los que alcanzó mayores éxitos figuran: *Los buenos días perdidos* (1972), *Anillos para una dama* (1973) —centrada en el deseo adúltero de Jimena, la mujer del Cid, asunto del viejo teatro histórico (*supra*, c. n. 98)—, *Las cítaras colgadas de los árboles* (1974), ambientada en el siglo XVI, y *¿Por qué corres Ulises?* (1975), donde abordó el declive del famoso mito homérico de forma muy distinta a Buero y algunos novelistas coetáneos (*supra*, n. 305 y c. n. 340) [351]. A pesar de haber obtenido premios de prestigio, la crítica más exigente es unánime en reprocharle a Gala el exceso de lirismo dulzón dentro de su elegante estilo, que no sirve para compensar la carencia de verdaderos recursos escénicos en sus textos.

Tras la muerte de Franco empezaron a celebrarse algunos acontecimientos que se veían como indicio inequívoco de cambio. Meses después de que Alberti volviera de su exilio en 1977, por ejemplo, se estrenó en Madrid (noviembre de 1978) su *Noche de guerra en el Museo del Prado*: una recreación de la resistencia de la capital durante la Guerra Civil que había escrito en 1956 y que cobraba especial significación en ese momento. En España se hablaba de transición política, y era ya otro el lenguaje dentro y fuera de los teatros.

---

gidos en antologías desde 1981 (*Charlas con Troylo*), y todavía en la actualidad sigue siendo más valorado como prosista que como dramaturgo, por aunar en cada uno de sus artículos toda una lección de lucidez y belleza expresiva juntas, en un tono de confidencialidad similar al de F. Umbral (*supra*, n. 325), pero tendente a la lección moral, como en su teatro. En la década de los ochenta siguió cosechando éxitos como *Petra regalada* (1980), *El cementerio de los pájaros* (1982) o *El hotelito* (1985).

[351] Es significativo que esta obra, estrenada el mismo año de la muerte de Franco, se convirtiera en un hito en la historia del teatro no tanto por su calidad dramática como por el hecho de ser el primer desnudo integral que se vio en los escenarios españoles.

8.
La poesía desde mediados de siglo

La mezcla de tendencias poéticas era total a mediados de siglo, tanto dentro de la península como entre los poetas en el exilio. En ese momento aparecen libros tan dispares como *Llamadme publicano* (1950) o *Ganarás la luz* (1953) de León Felipe (*supra*, nota 242), y los poemarios más importantes de los poetas sociales del momento: *Ángel fieramente humano* (1950) y *Redoble de conciencia* (1951) de Blas de Otero, *Deriva* (1950), *Lo demás es silencio* (1952) y *Paz y concierto* (1953) de Gabriel Celaya, etc. Al mismo tiempo, empiezan a publicar poetas más jóvenes que iban a ofrecer propuestas muy distintas: *Transeúnte central* (1950) del aragonés Miguel Labordeta, y *Antiguo muchacho* (1950) del andaluz Pablo García Baena. Éste último había sido uno de los fundadores en Córdoba de un grupo con revista propia, **Cántico**, que seguía el espíritu de la revista *Garcilaso* en su defensa del "arte por el arte" (*supra*, nota 228), y que, desde una fidelidad absoluta a los poetas del 27, pretendió "reivindicar la belleza y las diversas tradiciones del esteticismo vital como refugio contra los aires grises de la posguerra" (L. García Montero)[352]. Pero frente a

---

[352] Los fundadores de *Cántico*, nombre significativamente tomado del principal poemario de Jorge Guillén, fueron Julio Aumente (Córdoba, 1921-2006) y

aquella poesía contemplativa e intimista del grupo Cántico, se sublevaron todos los poetas que se sentían herederos de la revista *Espadaña* (*supra*, nota 230), quienes desdeñaban aquel afán de perfeccionismo y refinamiento formal que consideraban anacrónico, e incluso insultante, en una realidad llena de injusticias: *Antes de saber contar sílabas, el poeta debe saber contar lo que pasa* (Gloria Fuertes: *infra*, n. 366). El tono de esta otra opción poética se encuentra en poemas como el impactante "Friso con obreros" de Victoriano Crémer (*supra*, nota 231), que es perfecto ejemplo del uso social que se hizo del surrealismo, bajo el magisterio de Lorca y de Neruda a un mismo tiempo: *Aparecen de pronto./ ¡No están muertos!/ Y si no hablan, es porque las palabras/ no dicen sino cosas sin sentido,/ por ejemplo: "Hace frío", cuando tienen pequeñas llamas rojas en la lengua./ [...] Son —desteñido azul—, agua profunda,/ río de frescas márgenes, que busca/ su mar de cal y de ladrillo, su hondo pozo mineral que hierve y canta...* (*Nuevos cantos de vida y esperanza*, 1952-1953)[353]. Un poema que encuentra su correlato conmovedor en "Mujeres del mercado", incluido en el libro **El grito inútil** (1952) de **Ángela Figuera Aymerich** (Bilbao, 1902-1984), una voz excepcional dentro de la poesía social del momento que quedó excluida de las antologías durante décadas[354]. Vale la pena citarlo por ser un sentido

    Pablo García Baena (Córdoba, 1923), quienes, con la intención de crear una segunda escuela poética cordobesa al modo en que la creó Góngora, dirigieron la revista en dos etapas: de 1947 a 1949 y de 1954 a 1957. Aquella reivindicación estética se hizo tanto desde el uso del verso libre, según muestra *Antiguo muchacho* (1950) de Baena, como desde el impecable uso de metros clásicos que exhibe el primer libro de Aumente, *El aire que no vuelve*, ganador del Premio Adonais de 1955. En 1952 se funda también la revista *Poesía española*, de la que fue director García Nieto, y Juan Ramón Jiménez fue uno de los primeros en enviar sus poemas.

353   El texto apareció en la revista *Laye* de Barcelona justo después de una huelga general de transportes, lo que justifica el arranque del poema. Crémer estuvo vinculado a un sindicato anarquista en León y esa voluntad de denuncia de la injusticia social le trajo en varias ocasiones problemas con la censura.

354   Àngela Figuera, con una dura trayectoria de combatiente republicana detrás (se le arrebató su puesto de profesora y hasta su título universitario en los inicios del franquismo), fue consciente de la censura a la que sería sometido su poemario *Belleza cruel* (1953) en España y envió el libro a León Felipe. Éste le puso un elogioso prólogo en ese mismo año, después de que le fuera otorgado el premio de poesía Nueva España por la Unión de Intelectuales Españoles de México, donde fue muy valorada. El poemario causó un gran impacto en el mundo literario del momento.

homenaje en alejandrinos (el verso de las grandes dignificaciones) a todas las mujeres que, en la más absoluta pobreza, sufrieron aquella posguerra:

> *Son de cal y salmuera. Viejas ya desde siempre.*
> *Armadura oxidada con relleno de escombros.*
> *Tienen duros los ojos como fría cellisca.*
> *Los cabellos marchitos como hierba pisada.*
> *Y un vinagre maligno les recorre las venas.*
> *Van temprano a la compra. Huronean los puestos.*
> *Casi escarban. Eligen los tomates chafados.*
> *Las naranjas mohosas. [...]*
> *Siempre llevan un hijo todo greñas y mocos,*
> *que les cuelga y arrastra de la falda pringosa*
> *chupeteando una monda de manzana o de plátano.*
> *Lo manejan a gritos, a empellones. Se alejan*
> *maltratando el esparto de la sucia alpargata.*
>
> *Van a un patio con moscas. Con chiquillos y perros.*
> *Con vecinas que riñen. A un fogón pestilente.*
> *A un barreño de ropa por lavar. A un marido*
> *con olor a aguardiente y a sudor y a colilla.*
> *Que mastica en silencio. Que blasfema y escupe.*
> *Que tal vez por la noche, en la fétida alcoba,*
> *sin caricias ni halagos, con brutal impaciencia*
> *de animal instintivo, les castigue la entraña*
> *con el peso agobiante de otro mísero fruto.*
>
> *Otro largo cansancio.*

En 1952 se publicó un volumen colectivo que pretendía reunir a los diez poetas más representativos de la última década: la **Antología consultada de la joven poesía española**[355]. Aunque enseguida fue criticada

---

[355] Su editor, Francisco Ribes, la configuró a partir de esta pregunta que había dirigido a numerosos escritores: "¿Quiénes son, en opinión suya, los diez mejores poetas vivos dados a conocer en la última década?" El resultado de

por su parcialidad al captar lo que era 'la joven poesía' de entonces, aquella *Antología consultada* recogía algunas de las vetas temáticas que fueron más poderosas durante varios lustros. Entre ellas, la preocupación por la situación social del país y por el presente histórico, un interés que llevó en algunos casos a reflexionar sobre el pasado o a revelar situaciones de injusticia, y en otros, a elevadas cuestiones existenciales –el 'yo' del poeta en conflicto con el mundo exterior–, dentro de la misma línea de 'poesía desarraigada' que ya había practicado a mediados de los cuarenta Dámaso Alonso. Fue otro poeta profesor y crítico literario como aquél, **Carlos Bousoño** (Boal, Asturias, 1923-2015) –uno de los mejores representantes de la poesía existencialista de los cincuenta y sesenta–, quien logró formular con lucidez en su *Teoría de la expresión poética* (1952) el interés esencialmente comunicativo que movió a los poetas de su generación[356]. Ese deseo de comunicar, ya fueran percepciones de la realidad o experiencias propias, sería en principio el rasgo más unificador de una serie de poetas de gran calidad que, agrupados habitualmente como 'Generación del 50', ofrecieron poéticas y trayectorias muy diversas.

El auge de la poesía social y la reacción del 'Postismo'

No era fácil escribir poesía con sentido crítico en la España franquista, y los poetas interesados en hacer su propia crónica de lo que estaba sucediendo tuvieron que valerse de ciertos velos si querían ser

---

[356] la consulta arrojó nueve nombres: Carlos Bousoño, Gabriel Celaya, Victoriano Crémer, Vicente Gaos, José Hierro, Rafael Morales, Eugenio de Nora, Blas de Otero y José María Valverde.
En la *Teoría de la expresión poética*, llena de hallazgos sobre la metáfora, en general, explicaba que la poesía era "el vehículo verbal", desde el "hablar real" del poeta por el que se comunicaba la intuición, "un contenido psíquico, sensóreo-afectivo-conceptual, conocido por el espíritu como formando un todo, una síntesis." A partir de entonces, Bousoño se convirtió en referente teórico fundamental de la poesía española durante décadas, por lo que se le compensó con numerosos reconocimientos de prestigio. Entre sus poemarios destacan: *Hacia otra luz* (1952), *Invasión de la realidad* (1962) y *Oda en la ceniza*, por el que obtuvo el Premio de la Crítica en 1967.

difundidos, y sobre todo tolerados en el marco de la 'poesía oficial'. Esta necesidad hizo que muchos de ellos empezaran a publicar escribiendo sobre el privilegio de existir, valorando el pequeño detalle cotidiano y el gesto humano capaz de dar aliento, manifestando así una plena solidaridad con los más humildes. Buscar la felicidad en el sencillo acto de vivir a diario y en paz: ése fue el gran tema de los primeros poemarios de dos de los poetas del siglo XX con una trayectoria ideológica y estética más compacta. Ambos tenían en común el haber sido en su día jóvenes rebeldes que terminaron aceptando incorporarse –como antes Crémer y Nora (*supra*, notas 231-2)–, a la vida literaria del país: el vasco Gabriel Celaya (*infra*) y **José Hierro** (Madrid, 1922-2002)[357]. En 1947 se le concedió el Premio Adonais al poemario *Alegría* de Hierro, tal vez porque, en medio de tanto pesimismo reinante, invitaba "A la alegría por el dolor", que era su lema: *... por la sangre que mana de la herida/ ¡alegría en el nombre de la vida!/ Somos alegres porque estamos vivos.* En otro poemario coetáneo había escrito: *Aunque el camino es áspero y son duros los tiempos,/ cantamos con el alma...*; y también en el poema "Generación": *No fue jamás mejor aquello./ Esto de ahora es doloroso; pero el dolor nos hace hombres/ y ya ninguno estamos solos...*(*Tierra sin nosotros*, 1947)[358]. La conciencia de unión generacional que exponía ya allí Hierro sería aún más clara en ***Quinta del 42*** (1952), un libro que revela que aquellos poetas que no salieron del país y sufrieron la precariedad de las condiciones de vida –el frío es la sensación más veces citada, por encima incluso del hambre–, se fijaron mucho en el aspecto desolado

---

[357] A José Hierro sus actividades clandestinas durante la guerra le llevaron a la cárcel entre 1939 y 1942, pero aceptó después ejercer diversos oficios para sobrevivir en la España franquista. En Madrid logró iniciar una fecunda trayectoria como poeta que se vio reconocida a través de numerosos premios, entre los que destacan: el Premio Nacional de Literatura (1953), el Premio Nacional de la Crítica (1957), el Premio Príncipe de Asturias (1981), el Premio Nacional de las Letras Españolas (1990), el Premio Reina Sofía (1995) y el Premio Cervantes de las Letras en 1999.

[358] Hierro gustaba de referirse a los de su generación como *los jóvenes que no habían participado en la barbaridad pero que se llevaron, en cambio, todo el dolor.* Esa palabra, 'dolor', está en el vértice de unión entre dos generaciones: ésa sería también la gran preocupación confesada tiempo después por otro de los grandes poetas de ese tiempo, Carlos E. de Ory, y es palabra repetida en los primeros poemarios de Ángel González, José Agustín Goytisolo y Ángel Valente.

de las gentes, tratando de describir sutilmente lo que muchos se negaban a ver:

> *Oh, España, qué vieja y qué seca te veo.*
> *Aún brilla tu entraña como una moneda cubierta de polvo.*
> *Clavel encendido de sueños de fuego.* [...]
> *Quisiera talar con mis manos tus bosques,*
> *sembrar de ceniza tus tierras resecas,*
> *arrojar a una hoguera tus viejas hazañas,*
> *dormir con tu sueño y erguirme después, con la aurora,*
> *ya libre del peso que pone en mi espalda la sombra fatal de tu ruina.* [...]
> *Qué tristes he visto a tus hombres...*

El poema se titulaba "Canto a España" e iba encabezado por estos versos de Machado: *... tierras tristes,/ tan tristes que tienen alma.* Su alegato coincidía con el conmovedor balance que presentaba un poema titulado "Posguerra" de la citada Ángela Figuera, y también con el primer poemario de Blas de Otero (*infra*, n. 362), donde definió a la suya como *una generación desarraigada./ Unos hombres sin más destino que apuntalar las ruinas.* (*Ángel fieramente humano*, 1950). El citado poema de Hierro es buen ejemplo, además, del lenguaje poético que le interesaba: una poesía donde la palabra no brillara especialmente, transparente y parca en metáforas[359]. Esa misma poética es la que tuvo **Gabriel Celaya** (Guipúzcoa, 1911-1991), sobre todo en sus primeros libros[360]. En *Las cosas*

---

[359] *En general, mi poesía es seca y desnuda* —solía explicar José Hierro—, *pobre de imágenes. La palabra cotidiana, cargada de sentido, es la que prefiero. Para mí el poema ha de ser liso y claro como un espejo ante el que se sitúa el lector.* También gustaba autodefinirse como antítesis del poeta parnasiano, que organiza el poema buscando las metáforas más sutiles hasta dejarlo cerrado: *Los poetas de estirpe simbolista* —entre los cuales me encuentro—, *no se saben el poema. Lo intuimos de manera muy vaga, pero no sabemos ni dónde ni cómo acabará. Ésa es la diferencia.* (Entrevista de 1993).

[360] Su verdadero nombre era Rafael Múgica, había estudiado ingeniería en Madrid por presión paterna, gracias a lo cual entabló amistad en la Residencia de Estudiantes con varios poetas del 27 que movieron su vocación poética. Sus primeros libros fueron *Marea de silencio* (1934) y *La soledad cerrada*, con el que obtuvo el premio Bécquer en 1936. En 1946 fundó la colección "Norte" de poesía, con la que sería su eterna compañera, Amparitxu Gastón, para difundir la poesía europea del momento y dar a conocer a los

como son (1949) mostraba una sencilla coloquialidad y un conformismo solo aparente, pues quizá escondía la denuncia de los 'mínimos' existenciales con los que se seguía sobreviviendo: todo en la vida puede valer la pena –escribirá Celaya–, pero hace falta conformarse con poco, con *pequeños montoncillos de ternura*, que son los que parece querer apresar también su lírica. Como Hierro, defiende una poesía sobre lo insignificante, que no le hable a la inteligencia sino directamente a la emoción, fiel al impulso y por tanto despreocupada de la métrica: *Hoy, por ejemplo, estoy más bien contento./ No sé bien las razones, mas por si acaso anoto:/ mi estómago funciona,/ mis pulmones respiran,/ mi sangre apresurada me empuja a crear poemas./ (Solamente –qué pena– no sé medir mis versos)./ Pero es igual, deliro: rosa giratoria/ que abres dentro mío un espacio absoluto,/ noche con cabezas/ de cristal reluciente,/ velocidades puras del iris y del oro./ (Solamente –qué pena!– estoy un poco loco)...* (Celaya: *Tranquilamente hablando*, 1947). Al fundir el tono de Neruda y Vallejo con una manera muy personal de asumir el surrealismo –uno de los grandes méritos del periodo, como se ha dicho–, aquellos poetas consiguieron versos libres que transmitían simples sensaciones vitales con una gran hondura. En algunos momentos, al hablar de su vida el poeta social llega a aceptar este concepto vulgar de felicidad, y termina pidiendo casi disculpas por no tratar de la injusticia o de lo mal que anda la vida, que, en teoría, eran los cometidos impuestos. Lo cual se inscribe dentro de las interesantes y apasionadas polémicas en torno al compromiso que debía acatar el poeta con su entorno, y a su posible misión de transformar el mundo, tal y como se estaba también discutiendo por entonces entre las gentes del teatro.

¿Podía la palabra individual del poeta interpretar sentimientos colectivos, y provocar una toma de conciencia sobre ellos? El auge de la llamada 'poesía social' vino acompañado por una profunda reflexión sobre esto a mediados de los cincuenta. José Hierro fue uno de los que

---

poetas españoles exiliados. Poco a poco su obra lírica, firmada un tiempo con el pseudónimo de Juan de Leceta, se fue aproximando al compromiso social hasta hacer una poesía militante que le definió durante los años cincuenta y sesenta. En esa época de máximo compromiso con la poesía social, Celaya obtuvo el Premio de la Crítica por su libro *De claro en claro* (1956). Pero a esta etapa le sucedió otra más distanciada de política e interesada en nuevas fórmulas experimentales. En 1986 recibiría el Premio Nacional de las Letras Españolas.

más nítidamente expuso entonces su concepto de 'poesía testimonial', término que aplica al papel de 'testigo' de su tiempo y de 'denunciante' que tiene el poeta, ya lo haga desde el 'yo' o desde el 'nosotros'. En perfecto correlato con lo que la palabra 'testimonio' significó en la narrativa de esos años, sostuvo que la poesía debía ante todo contar lo que sucedía en las calles, como el fotógrafo que capta a la colectividad que trabaja y sufre. Celaya, por su parte, dirige a los jóvenes varios poemas con carácter de manifiesto, entendiendo que la del poeta es *voz de todos, portadora de un legado de siglos, o de una denuncia urgente*, tal y como lo defendió en su día Miguel Hernández, cuyo eco resuena en muchos de sus versos: *Pensadlo: ser poeta no es decirse a sí mismo./ Es asumir la pena de todo lo existente,/ es hablar por los otros, es cargar con el peso/ mortal de lo no dicho...*(*Paz y concierto*, 1953). Siente el poeta vasco que el poeta tiene una responsabilidad ética absoluta ante lo que escribe, y define entonces la poesía como *un arma cargada de futuro*, título además del más famoso poema de sus *Cantos iberos* (1955), que fue uno de los textos esenciales de aquella poética del compromiso político, tan vinculada al marxismo, que arraigó en los cincuenta. Celaya maldice en ese libro *la poesía concebida como un lujo cultural por los neutrales*, y llega a la idea de poesía como 'herramienta' necesaria sobre todo para la transformación social, tras enunciar estos versos: *Porque vivimos a golpes, porque apenas si nos dejan/ decir que somos quien somos,/ nuestros cantares no pueden ser sin pecado un adorno./ Estamos tocando el fondo...* Y al final del mismo poema: *Me siento un ingeniero del verso y un obrero/ que trabaja con otros a España en sus aceros...*, consciente siempre de que la poesía no puede ser ni minoritaria ni neutral. Ya en la *Antología consultada* Celaya había incluido su texto en prosa titulado "Poesía eres tú", que contiene declaraciones directamente entroncadas con las de Neruda veinte años antes y que reaccionaban contra el famoso lema juanramoniano que preferirían seguir otros[361].

---

[361] *... En el poema debe haber barro, con perdón de los poetas poetísimos. Debe haber ideas, aunque otra cosa crean los cantores acéfalos. Debe haber calor animal. Y debe haber retórica, descripciones y argumento, y hasta política. [...] La Poesía no es neutral. Ningún hombre puede ser hoy neutral. [...] Nuestros hermanos mayores escribían para 'la inmensa minoría'. Pero hoy estamos ante un nuevo tipo de receptores expectantes. Y nada me parece tan importante en la lírica reciente como ese desentenderse de las minorías y, siempre de espaldas a la pequeña burguesía semiculta, ese buscar contacto con*

Precisamente, "A la inmensa mayoría" se titula el más famoso poema de **Blas de Otero** (Bilbao, 1916- 1979), incluido en su libro *Pido la paz y la palabra* (1955), uno de los máximos ejemplos del poema entendido como manifiesto existencial y cívico a la vez:

> *Aquí tenéis, en canto y alma, al hombre*
> *aquel que amó, vivió, murió por dentro*
> *y un buen día bajó a la calle: entonces*
> *comprendió: y rompió todos sus versos.*
> *Así es, así fue. Salió una noche*
> *echando espuma por los ojos, ebrio*
> *de amor, huyendo sin saber adónde:*
> *a donde el aire no apestase a muerto.*
> *[...]*
> *Yo doy todos mis versos por un hombre*
> *en paz. Aquí tenéis, en carne y hueso,*
> *mi última voluntad. Bilbao, a once*
> *de abril, cincuenta y uno*
> *Blas de Otero*[362]

Algún otro poema de ese mismo libro, que tenía tan claros ecos vallejianos, adopta forma de credo y muestra la importancia que tuvo en él su fe cristiana: *Creo en el hombre. He visto/ espaldas astilladas a tralla-*

---

[362] *unas desatendidas capas sociales que golpean urgentemente nuestra conciencia llamando a vida. Los poetas deben prestar voz a esa sorda demanda.* Véase *supra*, nota 41.
Blas de Otero y Muñoz perteneció a una familia de la burguesía vasca, lo que le permitió educarse en ambiente de prosperidad hasta la muerte del padre, hecho que cambió decisivamente la situación económica y anímica del poeta, quien se volvió retraído para la vida social y tendente a la depresión. Su educación en colegios de jesuitas en Bilbao (donde perteneció incluso a la Federación Vizcaína de Estudiantes Católicos) y Madrid justifica el peso de lo religioso en su obra poética. Tuvo ésta reducidas dimensiones, sobre todo hasta el volumen *Ancia* (1958), en el que aunó, aumentándolos, sus dos primeros poemarios, juntando en el título la primera y la última sílaba de ambos: *Ángel fieramente humano* y *Redoble de conciencia*. En esa década, en la que se afilia al Partido Comunista (1952), sobre Otero tuvieron decisiva importancia sus lecturas existencialistas, combinadas con otras tan dispares como la de R. Tagore, M. Hernández o el grupo del 27. Después de una larga etapa viajera, se instaló definitivamente en España en 1968, y murió de una embolia pulmonar en Madrid en junio de 1979.

zos,/ almas cegadas avanzando a brincos/ (españas a caballo/ del dolor y del hambre). Y he creído...* Esta fe no le sirvió al poeta, sin embargo, para ganarse las simpatías del sector ultracatólico que controlaba los premios oficiales, puesto que a uno de sus primeros poemarios, *Angel fieramente humano*, se le denegó el Adonais en 1950 por su "heterodoxia religiosa". Un hecho debido quizá a la influencia del existencialismo sartriano sobre su profunda vocación religiosa de juventud: *Me haces daño, Señor. Quita tu mano/ de encima. Déjame con mi vacío,/ déjame. Para abismo, con el mío/ tengo bastante...* (*Redoble de conciencia*, 1951). Desde sus comienzos, Blas de Otero fue uno de los poetas que supo darle mayor sentido a la métrica, pues la recuperó para la 'poesía humana' del mismo modo que lo había hecho Miguel Hernández, cultivando así espléndidos sonetos amorosos y metafísicos como el citado. Aquella primera poesía de Otero, desgarrada y angustiada en su búsqueda de Dios, seguía claramente la línea de *Hijos de la ira* (*supra*, nota 233), pero una profunda crisis personal le hace tomar conciencia del desamparo colectivo, y será ahí donde encuentre su propia voz como poeta social. El sentimiento de que el hombre está solo y rodeado de ruinas recorre a partir de entonces toda su poesía, compensado únicamente por ciertos símbolos positivos relacionados con la luz que el poeta bilbaíno toma de los poetas místicos españoles, una influencia tan importante en él como luego lo será en la obra de Valente (*infra*, c. n. 378). El avance hacia el compromiso político en la trayectoria de Blas de Otero se explica por su convicción de que el poeta tiene la misión de reconquistar el lenguaje usurpado por el poder, negando o 'deconstruyendo' sus términos y sus símbolos, para poder así minar su ideología. "El poema social oteriano se alza como canon de verdad frente a la imagen falsificada de la realidad que difunde la dictadura, y hace de su necesidad de hablar, de su propia acción de decir y decirse, una actuación de lucha frente al silencio impuesto por la censura" (J. J. Lanz). Tal actitud queda patente en su poemario *En castellano* (1960), que contiene una curiosa "Censoria" a imitación de la epístola satírica que Quevedo dirigió a los políticos de su tiempo, y a la que pone su sello con encabalgamientos abruptos para acentuar la violencia de su denuncia: *...¡Escribid al cielo lo que aquí pasa! Españolitos helándose/ al sol —no exactamente el de justicia—/ Voy a protestar, estoy protestando hace mucho tiempo;/ me duele tanto el dolor, que a veces/ pego saltos en mitad de la calle,/ y no he de callar por más que con el dedo/ me persignen la frente, y los labios y el verso.* En ese mismo libro expone además Otero la más lacónica de las poéticas de entonces: *Escribo/ hablando*, que concentraba su anhelo de escribir *fluida y espontáneamente, al menos en apariencia*, de apresar *la palabra viva y de repente* (título de uno de sus poemas) *que hace temblar la gramática*, frente a la palabra anquilosada en los libros. Desde comienzos de los sesenta, y coincidiendo con sus múltiples viajes –invitado por la Asociación Internacional de escritores visita la Unión Soviética, China y Cuba, donde reside tres años–, su concepto de la poesía como acto de solidaridad vuelve la vista sobre sus 'compañeros españoles', asumiendo una idea de compromiso histórico que uniría durante dos décadas a poetas de muy distinto signo y edad. Es significativo al respecto que su poemario *Que trata de España* sólo se publicara completo en París en 1964, después de una edición barcelonesa bastante mutilada por la censura, algo que le sucedió a otros poemarios coetáneos.

La reacción contra toda esta poesía reflexiva y razonadora –de denuncia o metafísica, pero poesía de ideas, en fin–, había sido temprana. Se había producido ya en 1945, cuando un grupo minoritario de poetas decidió fundar un movimiento rupturista, de carácter experimental, que fue bautizado como **'Postismo'**, y que quiso erigirse en una especie de coronación de todos los ismos vanguardistas de principios de siglo[363]. Se declaraba tendencia apolítica, y tenía ante todo una vocación universalista, de enlace con lo que era la modernidad europea, en un afán de escapar "del ambiente cerrado y autárquico de la cultura española de posguerra", como alguien ha escrito. Su prioridad era reivindicar el lirismo frente a tanta poesía narrativa y prosaica, a través de una defensa absoluta de la imaginación libre, de lo irracional y del subconsciente como gran generador de belleza poética. Los postistas se convirtieron así en los jóvenes heterodoxos dentro de una etapa en que lo 'serio' era hacer realismo social, aunque para algunos no pasaran de ser unos "vándalos y blasfemos" por su actitud iconoclasta, su "culto al disparate" y su afán de ruptura a todos los niveles. El juego era para ellos

---

[363] En el único número de la revista que publicaron, sus fundadores, Carlos E. de Ory, Eduardo Chicharro y Silvano Sernesi, definieron así el 'movimiento plástico-literario' que llamaban Postismo: "... especialmente, un post-surrealismo, y en buena parte un post-impresionismo. Pero es también un post-dadaísmo. En mínima parte, un post-cubismo. Mientras que tan solo históricamente es un post-ultraísmo, un post-futurismo, un post-realismo, etc."

tan fundamental como lo fue en su día para Gómez de la Serna y el grupo del 27, por lo que produjeron textos en los que dominaba el humor, la irreverencia, el desenfado y una fresca y vigorosa imaginería dentro de una creatividad sin límites.

Todos ellos son rasgos que se reúnen en la nutrida obra poética del gran impulsor del movimiento: **Carlos Edmundo De Ory** (Cádiz, 1923-2010), un poeta que publicó sus primeros versos en la revista *Garcilaso* (*supra*, nota 228), y que muy tempranamente se convirtió en un modelo de modernidad, por lo que hubo de ser revalorizado en la década del setenta[364]. De Ory es poeta de gran condensación y concisión, basada en un notable ingenio para el aforismo satírico: los 'aerolitos' o *fuegos de palabras*, según él definía sus nuevas 'greguerías' (*supra*, nota 149). Su genialidad se expresa en versos provocadores y agudos, en el mejor estilo de los poetas barrocos, por su excelente sentido del ritmo: *Oh, mi España de peluca y de tomate/ Matricúlame de muerto en la alcaldía/ y celebra un carnaval de escapularios...* o *Se hace tarde en las nubes de España y en sus toros...* etc. Su estilo surrealista se adapta tanto a su perspectiva humorística —cuando se pregunta, por ejemplo, si los poetas *son señores o globos de colores*— como a su visión más dramática del acto de crear: *Poeta paga caro/ paga a precio de sangre/ tu voltereta en la existencia/ tu soledad de pelota abandonada;* o en estos otros delicados versos: *Tu escritura de guante solitario/ y el miedo de leer tu frase amarga/ me recuerda el sermón de un viejo monje/ que hablaba con la lluvia...* Junto a ello, muestra siempre una prodigiosa capacidad para la invención lingüística, incorporando lo cotidiano a la creación de metáforas, a veces de adjetivación gongorina: *¿Por qué álfico aquilón surto desvío/ mi corazón del liquen y entre colas/ de pelú-*

---

[364] Era hijo del poeta modernista y diplomático E. De Ory, quien podía comprender la actitud bohemia que tuvo en su juventud (como un Valle-Inclán andaluz) que le llevó a participar en distintos movimientos de agitación. No publicó su primer libro, *Sonetos*, hasta 1963, y desde entonces su producción, una de las más amplias de todo el siglo, fue apareciendo en revistas hasta 1969. En 1967 fijó su residencia en Francia, donde creó el Atelier de Poésie Ouverte (APO, 1968) y trabajó como traductor y bibliotecario, al tiempo que alternaba la escritura de poesía y ensayo. Su gran valedor fue el poeta Félix Grande (vid. *infra*), quien lo reivindicó en la antología que editó recopilando su obra hasta el momento: *Poesía 1945-1969*, publicada en 1970, que determinó la gran influencia que los postistas hubieron de tener sobre los poetas jóvenes de los setenta y ochenta.

cido cómo dejo solas/ estas manos de pájaro vacío?... Difícil resumir en pocas palabras el sello de la lírica de De Ory, una mezcla personalísima de ternura y desgarro a la hora de interpretar realidades interiores, que, justamente por ser inefables, son las que en verdad le interesan. Su poema "Fantasías acerca de mi arte" proporciona "la clave de su propensión hacia la irrealidad" (V. García de la Concha): *Mi poesía no sale por la puerta de todos:/ sale por la rendija del mundo/ por las alcantarillas del siglo/ por las uñas de un criminal arrepentido./ Vamos a la cama, vamos a jugar con las tinieblas./ Vamos a soñar con un perfil de lobos...*[365]. Se ha dicho que "deambula por los caminos de la paradoja, de la intención oximorónica, de la figuralidad de un discurso atormentado en el que conviven los estigmas temporales de la existencia humana y su mueca caricaturesca" (J. Pont). Pero la verdadera justificación de todo eso la dio él mismo: entre las proposiciones de De Ory en su 'Atelier de Poésie Ouverte' se encuentra la aseveración de Artaud de que "Todo verdadero lenguaje es incomprensible", y que "desconcertar al público es un acto moral de la poesía". Lo que sorprende es que el metro culto fuera tan usado por él y otros postistas, tan firmes defensores de la libertad total del verso. Al igual que Otero, De Ory demostró con creces sus dotes como sonetista en su magnífica recopilación **Soneto vivo** (1941-1987), y junto al versolibrismo que predomina en su obra, fue capaz también de renovar con originalidad el viejo alejandrino, ya liberado de la puntuación sintáctica, como hace en "El rey de las ruinas" (incluido en *La flauta prohibida*, que reúne su obra entre 1947 y 1978), su poema más conocido:

> *Estoy en la miseria Dios mío qué te importa*
> *Ya mi casa es un dulce terraplén de locura*
> *Un vuelo de lechuzas un río con el fondo*
> *lacrado en mi semblante...¿Dios mío qué te importa?*
> *Mi casa es un relincho de muerto monocromo*
> *cuna de remembranza gran rincón de dolor*
> *[...]*
> *Por el resuelto abismo subo las escaleras*

---

[365] La imagen recurrente del lobo: *Soy un lobo con fuego en los ojos./ En su tumulto calmo espera quieto*, justifica el título de su obra antológica, que ya utilizara en 1969: *Música de lobo* (1941-2001), recientemente editada.

del torreón oculto para pedir limosna
Entro llamo ay ay ¡Señorito! ¡Ay! ¡Ay!
No puede ser así usted no se parece
¡Aparición! ¿Quién soy? Te pido yo una cama
para abrigar mis labios con un sueño anticuado
No te pongas así no te asustes de mí
¿Ayaymiseñoritoustedyanoesel mismo!
Parece usted de veras un cansado harapiento
Me da pena su ombligo lleno de soledad...

Y es que una de las grandes lecciones del postismo fue que el humor desconcertante podía ser el mejor antídoto contra todos los dolores personales, y al mismo tiempo el mejor revulsivo contra la indolencia de muchos ante las injusticias de aquella España; entre ellas, el desprecio hacia las sensibilidades al margen del sistema. Por eso quien supo entender muy bien a De Ory fue su amiga la poeta **Gloria Fuertes** (Madrid, 1917-1998), quien por su atípica personalidad encarnó quizá como nadie los valores de aquel movimiento, aunque se la excluyera de las antologías: ... *Ateridos venían con la voz al descubierto/ Papeles encendidos traían como antorcha/ a ayudarme venían con sus brazos vacíos,/ expuestos a morir o a perder todo; –¡Que pasen esos chicos, son poetas!–/ Encendimos la lumbre del misterio/ y yo los recibí en mi misma celda.*[366] De Ory era a su vez quien mejor podía entenderla a ella, con su mirada naíf sobre las cosas, pues defendió siempre que la poesía debía ante todo recuperar su función mágica: *Mi arte de magia en un mundo sin magia/ es el arte de la nostalgia del origen...*, el misterio que se oculta en lo enigmático de los símbolos ancestrales. Y esto es lo que fundamentalmente compartieron con él también los otros dos grandes

---

[366] Gloria Fuertes tenía detrás una dura vivencia de la Guerra Civil y llegó al Postismo desde la poesía social, a la que contribuyó con poemarios notables: *Isla ignorada* (1950), *Antología y poemas del suburbio* (1954) y *Todo asusta* (1958), publicados en Caracas. En la década de los sesenta fue premiada por títulos como *Ni tiro, ni veneno, ni navaja* (1965) y *Poeta de guardia* (1968), pero en los setenta, debido a sus apariciones televisivas en un programa infantil, donde fue dando a conocer su amplia producción de literatura para niños, cayó en un encasillamiento del que no pudo librarse hasta el fin de su vida. Camilo J. Cela reivindicó su valía como poeta al presentar su poemario *Mujer de verso en pecho* (1995).

abanderados del surrealismo en estos años: **Juan Eduardo Cirlot** (Barcelona, 1916-1973)[367] y **Miguel Labordeta** (Zaragoza, 1921-1969). Éste último hizo una poesía de gran creatividad lingüística, como la de De Ory, poblada de imágenes tan personales como las de aquél y absolutamente inusitadas en el panorama de su época, aunque su originalidad no tuvo en su momento la difusión que merecía[368]. ***Transeúnte central*** (1950) es libro que renueva el tópico del hombre como peregrino, fundiendo el influjo del existencialismo de Heidegger –muy presente en toda la trayectoria del poeta–, con una proyección claramente social: "una solidaridad basada en la conciencia de una hecatombe mundial que iguale a todos los hombres en la muerte" (A. Pérez Lasheras). La soledad existencial, el sinsentido y el distanciamiento escéptico respecto al mundo que provocan en el poeta se tratan aquí abriendo posibilidades nuevas a la práctica surrealista. En varios de sus poemas se diría que Labordeta reinventa la poesía narrativa, pues los llena de elipsis y dislocaciones semánticas, de elementos fragmentarios que impactan vivamente al lector y se cargan de emoción al repetirse estratégicamente, como en una obsesiva visión onírica: *Largos versos escribo con mi pluma de ave./ Llueve en la lejanía. Dieron las once en punto/ en la vieja oficina./ En la esquina de enfrente llora un recién nacido./ No estoy triste ni alegre. Más bien un poco turbio,/ un poco espada, un mucho vagabundo magnífico/ profano de caricias./ Llueve en la lejanía. Dieron las once en punto/ en la vieja oficina...* ("Momento novembrino"). Por fortuna, la historia de la poesía española ha hecho justicia a estos poetas con nuevas

---

[367] Miembro destacado del grupo vanguardista catalán 'Dau al Set', Cirlot fue un inquieto investigador de enigmas esotéricos y de todo lo referente al mundo onírico, lo cual le hizo escribir ensayos espléndidos sobre mitos y símbolos de antiguas culturas –su *Diccionario de símbolos* es todo un clásico en su especialidad–, que después estuvieron muy presentes en sus poemarios, como en *Tercer canto de la vida muerta* (1954). Su conocimiento de la cultura clásica tuvo una gran influencia sobre los poetas llamados 'novísimos' (vid. *infra*).

[368] Su libro *Epilírica* (1951), por ejemplo, podría haber sido un hito de la poesía de posguerra si no hubiera sido censurado por la Dirección General de Propaganda, lo que dilató su publicación hasta 1961. Sus primeros títulos, totalmente excepcionales en los años cuarenta, fueron: *Sumido 25* (1948) y *Violento idílico* (1949). Al desconocimiento de la obra de Labordeta ha contribuido su tendencia al hermetismo, que es, como señala algún estudioso, "la característica más notable de la poesía de incidencia metafísica".

ediciones antológicas de sus obras, que nos los descubren como los grandes renovadores del simbolismo en el siglo XX.

Las 'señas de identidad' en la poesía de los sesenta

Al igual que en la narrativa, se habla de una 'Generación del 50' para designar a un conjunto de poetas –los nacidos entre 1925 y 1937 aproximadamente– que estuvieron marcados por el hecho de haber vivido su infancia durante la guerra, y la adolescencia o primera juventud en la dura posguerra, por lo que son los primeros poetas que se atreven a hablar de ambas. En su 'nómina oficial' suelen incluirse los siguientes nombres: Jose Ángel Valente, Jaime Gil de Biedma, Jose Agustín Goytisolo, Ángel González, Claudio Rodríguez, Francisco Brines, Félix Grande, Carlos Barral (*supra*, n. 294) y José Manuel Caballero Bonald (c. n. 303). Todos ellos tuvieron en común el haberse dado a conocer a temprana edad –gracias a los prestigiosos premios *Adonais* y *Boscán*, en su mayoría–, y el hecho de publicar sus primeros poemarios en torno a 1955, coincidiendo con su participación en el Congreso Universitario de escritores jóvenes celebrado en 1956. Sin embargo, dieron sus obras más maduras a partir de 1962, por lo que algunos historiadores prefieren hablar de 'promoción del sesenta'. En cualquier caso, el conocimiento de sus respectivas poéticas y de las conexiones que los vinculan como grupo se debió a las antologías comentadas que empezaron a proliferar por entonces, y que terminaron siendo las responsables del modo en que se ha venido escribiendo la historia de la poesía de las últimas décadas del siglo XX[369]. Aunque la arbitrariedad sea condición

---

[369] En 1960 el editor catalán José María Castellet había publicado una antología titulada *Veinte años de poesía española* que agrupaba varios de esos nombres. El mismo editor de la *Antología consultada*, Francisco Ribes (vid. *supra*) publicó también en 1963 *Poesía última*, en la que hace una selección de poetas de los cincuenta donde sólo recoge a A. González, J. A. Valente, C. Rodríguez y C. Sahagún, quienes encabezan sus respectivas aportaciones comentando sus relaciones con la poesía social. El novelista Juan García Hortelano editó por su parte, afianzando su conciencia generacio-

ineludible en este tipo de compilaciones –ya sucedió en el *Cancionero de Baena* del siglo XV– las de este periodo fueron particularmente polémicas: unas veces, por hacer distinciones dogmáticas, y otras, por omitir algunos autores, a los que se marginó tan sólo por la veleidad del antólogo o, lo que es peor, por la del círculo de los amigos con los que se relacionaba.

Uno de esos valiosos poetas a los que se condenó injustamente al olvido es **Alfonso Costafreda** (Lérida, 1926-1974), quien vivió enteramente entregado a la poesía y fue muy valorado en su día por sus compañeros de generación, con los que siguió intercambiando textos desde su voluntario exilio en Suiza, donde desarrollaría lo mejor de su producción[370]. Junto a la suya, hay que situar otras voces líricas de gran personalidad cuya difusión fue escasa en su momento, debido principalmente a la censura y al hecho de que eran de 'francotiradores' sin bando establecido. Es el caso de **Antonio Gamoneda** (Oviedo, 1931), quien hizo aportaciones interesantes ya en las décadas que nos ocupan, y que sólo muy recientemente ha visto recompensada con premios toda su creación[371]. Aun así, la gran deuda pendiente de aquellas antologías

---

nal, una antología comentada con el título *El grupo poético de los años cincuenta* (1978).

[370] Alfonso Costafreda se dio a conocer en *Espadaña* en 1943 y con *Nuestra elegía* ganó en 1949 el Premio Boscán de Barcelona, justo después de que hubieran obtenido ese mismo premio Blas de Otero y Victoriano Crémer, que fueron sus primeros admiradores, junto con Vicente Aleixandre, a quien precisamente iba dedicado el poemario. Además de su gran riqueza verbal y su extraordinario lirismo, se ha destacado como mérito de *Nuestra elegía* el "ser un intento de salida de la miseria y la abyección de la España de los años cuarenta" (Pere Rovira). Costafreda participó muy activamente en actos de resistencia antifranquista en una etapa de plena integración en el grupo de poetas barceloneses: en 1959, por ejemplo, estuvo con Blas de Otero, Gil de Biedma, C. Semprún, J. Goytisolo y otros en el homenaje a A. Machado celebrado en Collioure. En 1955 decidió instalarse en Ginebra, rechazando volver a la España franquista, y desde allí se recibió la impactante noticia de su suicidio en 1974. De sus últimos poemarios merecen destacarse *Compañera de hoy* (1966) y *Suicidios y otras muertes*, que apareció póstumo en 1974.

[371] Gamoneda pasó un periodo muy difícil de represión junto a otros intelectuales de su tierra leonesa y tardó en publicar su obra: *Sublevación inmvil* (1953-1959), poemario por el que quedó finalista del premio Adonais. Se publicó en Madrid en 1960, pero los poemas que recogió en *Blues castellano* (1961-1966) no llegaron a ver la luz, por ser censurados, hasta 1982, lo mis-

se dio con los poetas que seguían en el exilio esperando –cada vez con menos confianza– la caída del dictador, y también con los que resignadamente habían decidido volver, como **Juan Gil-Albert** (*supra*, nota 218). De él debería tenerse en cuenta, por ejemplo, el libro *De poesía* (1961), en una "línea de meditación filosófica y ética que distingue al último Gil-Albert: reflexiones sobre la muerte, el sentido de la vida y las enseñanzas de la edad, en ocasiones expresadas con brevedad de aforismo" (G. Carnero). Sólo en la comparación se puede comprobar lo recurrente que fue, dentro y fuera de la península, un tema que compartirían poetas y novelistas de varias generaciones: la añoranza de una inocencia robada por las imposiciones del Régimen, como expresan estos versos de Eugenio de Nora (*supra*, n. 232): *Fue despertado a tiros de la infancia más pura/ por hombres que en España se daban a la muerte...* (*España, pasión de vida*, 1954), que se convertirían en una especie de lema para los más jóvenes.

En principio, el nexo de unión más fuerte entre aquellos poetas de talentos tan variados y procedencias sociales tan distintas, fue su fuerte oposición al franquismo y la consiguiente actividad que tuvieron que desarrollar en la clandestinidad, lo que propició una similar postura cívica, que expresaron en unas mismas revistas. Casi todos ellos comenzaron escribiendo una poesía centrada principalmente en los valores del realismo social, mostrando un absoluto respeto hacia figuras claves de la lírica española como Antonio Machado y Miguel Hernández, a quienes les dedicaron homenajes y recitales públicos, mientras publicaban en colecciones que los apoyaron y reunieron, como "Collioure" o "El Bardo". Del mismo modo, reconocieron la labor que habían cumplido autores comprometidos políticamente como Blas de Otero y Gabriel Celaya, o los hispanoamericanos Neruda y Vallejo, quien siguió siendo modelo indiscutible de la fusión de denuncia y vanguardia, por lo que muchos le dedicaron elogiosos poemas. Pero a medida que la poesía social caía en el prosaísmo o en la demagogia y se deslizaba irreversiblemente hacia su desgaste –con el consiguiente cansancio de los lectores–, estos jóvenes poetas se hicieron particularmente críticos con ella, y

---

mo que ocurrió con *Exentos II* (*Pasión de la mirada*) (1963-1970). Su 'descubrimiento' no se produjo hasta que en 1987 publicó *Edad*, una selección personal de su poesía escrita entre 1947 y 1986. Recibió el Premio Cervantes de las Letras en 2006.

con toda la poesía entendida como 'mensaje', en general, por considerar que suponía una pobre simplificación del proceso poético y de su autonomía[372].

Emprendieron entonces, con decidida 'voluntad de estilo', la búsqueda de su voz individual: *El escritor comienza donde termina el grupo*, afirmará J. A. Valente. Cambiaron así el compromiso político por la indagación en sus propias inquietudes, como bien ilustra J. M. Caballero Bonald en *Las adivinaciones* (1952): *Durante unos años, de fines de los 50 a mediados de los 60, más o menos, casi todos nosotros aceptamos de grado situar nuestra obra dentro del campo de acción antifranquista* [...] *Luego, la propia experiencia personal de cada uno lo fue haciendo regresar al punto en que su poética había quedado más o menos interrumpida por las exigencias históricas.* Sin embargo, nunca abandonaron su creencia en la misión ética del poeta. Basta leer los poemas que Gil de Biedma reúne bajo el significativo título de *Moralidades* (1966), o estas declaraciones de Valente: *Un poeta debe ser más útil/ que ningún ciudadano de su tribu* (*Breve son*, 1968); *Escribo sobre el tiempo presente,/ sobre la necesidad de dar un orden testamentario a nuestros gestos/* [...] *sobre la latitud del dolor,/ sobre lo que hemos destruido,/ ante todo en nosotros,/ para que nadie pueda edificar de nuevo/ tales muros de odio.* (*El inocente*, 1970). Es precisamente ese compromiso moral que casi todos mostraron –tanto desde su cristianismo inicial como desde el marxismo después–, unido a la independencia de juicio y la profundidad de su pensamiento, lo que ha contribuido a prolongar la vigencia de la obra de aquel grupo poético que, casi cincuenta años después, aún no ha podido ser superada.

Entre los rasgos que nos permiten definirlos estéticamente, destaca una sensibilidad extrema hacia lo que fueron sus raíces vitales, con una emocionada y dolorida vivencia del tiempo –la palabra sin duda más repetida–, sobre todo en los poetas que soportaron durísimas pér-

---

[372] Todos ellos serían revisionistas de la generación anterior, de lo que dio buena cuenta la revista barcelonesa *Laye*, por ejemplo, que aglutinó al círculo de poetas catalanes, y en buena medida frente a aquella generación precedente compusieron sus poéticas. Algunos fueron particularmente tajantes, como Carlos Barral y Félix Grande (vid. *infra*), quien afirmó que la poesía social española "condujo a grandes errores cuando no a grandes bodrios", y que por nacer apresuradamente, fugitiva y clandestinamente, "su principal obstáculo, en nuestro país, ha sido su propia exasperación".

didas durante la guerra. Es el caso de **Jose Agustín Goytisolo** (Barcelona, 1928-1999)[373]: ... *Entre el muro y la sangre,/ miré los muros de la patria mía,/ como ciego miré/ por todas partes,/ buscando un pecho,/ una palabra, algo,/ donde esconder el llanto./ Y encontré sólo muerte/ bajo el cielo vacío* (*Claridad*, 1961). Aunque quizá el máximo ejemplo sea **Ángel González** (Oviedo, 1925-2008): *Atrás quedaron los escombros* [...] *Tú emprendes viaje hacia delante, hacia/ el tiempo bien llamado porvenir./* [...] *Te llaman porvenir/ porque no vienes nunca...* (De *Sin esperanza, con convencimiento*, 1961). Versos que se cargan aun más de sentido unidos a éstos de un libro posterior: *Todo pasó,/ todo es borroso ahora, todo/ menos eso que apenas percibía/ en aquel tiempo/ y que, años más tarde,/ resurgió en mi interior, ya para siempre:/ este miedo difuso,/ esta ira repentina,/ estas imprevisibles/ y verdaderas ganas de llorar.* ("Ciudad cero", en *Tratado de urbanismo*, 1967). El poeta llegó a tener aún más escalofriante contundencia en otros de sus breves versos: *Aquel tiempo/ no lo hicimos nosotros;/ él fue quien nos deshizo*[374]. Ambas líricas son representativas además de los dos rasgos formales más regulares

---

[373] Su madre, Julia Gay, murió por un bombardeo franquista sobre Barcelona en 1938, un hecho no mencionado en la nota biográfica sobre su hermano Juan (*supra*, nota 272) que hubo de marcar definitivamente al poeta. José A. Goytisolo volvió sobre el recuerdo materno en varios de sus poemarios: desde el primero, *El retorno* (Premio Adonais de 1955) hasta *Final de un adiós* (1984), en el que se esforzaba por cerrar esa herida, que muchos estudiosos relacionan todavía con su trágico suicidio en marzo de 1999.

[374] La familia asturiana de clase media a la que pertenecía Ángel González quedó partida desde 1936: en ese año mientras Oviedo está bajo la ocupación franquista asesinan a uno de sus hermanos, otro de ellos se exilia, y su hermana es víctima de los llamados 'planes de depuración', que le impiden ejercer como maestra, trabajo que él mismo desempeñó un tiempo. Su intensa afición a la poesía surgió durante su largo proceso de recuperación de una tuberculosis contraída a los dieciocho años, que le obligó a reposo hospitalario; pocos años después y pese a sus esfuerzos por culminar estudios universitarios de Derecho y Periodismo, acabó ejerciendo como técnico administrativo en distintas ciudades españolas. En 1956 se dio a conocer con *Áspero mundo* (accésit del premio Adonais de ese año) y entró en contacto en Madrid con otros miembros de su generación. Es en la década de los sesenta cuando publica sus principales poemarios: *Sin esperanza con convencimiento* (1961), *Grado elemental*, publicado en 1962 durante su estancia en París por la editorial Ruedo Ibérico (vid. *supra*, nota 298), *Palabra sobre palabra* (1965) y *Tratado de urbanismo* (1967). Desde esa fecha y hasta 1992 pasó varias temporadas como profesor en distintas universidades americanas y desde 1985 no cesó de recibir prestigiosos premios y reconocimientos por toda su creación.

en este grupo: el gusto por el vocabulario cotidiano, el discurso anti-rretórico −de voz preferentemente confesional− para describir la circunstancia del poeta, y la tendencia al tono irónico y satírico. La ironía es con frecuencia en ellos, como en los narradores de su generación, un modo de soportar el mundo que les ha tocado vivir, con diferentes grados de acidez en cada caso. De esto último son buenos ejemplos los poemas de *Salmos al viento* (Premio Boscán 1958) de J. A. Goytisolo y el citado *Tratado de urbanismo* de González; libros que muestran toda una gama de registros de humor distante y displicente −en sutiles y agudos paréntesis muchas veces− para expresar el inconformismo del poeta ante el orden burgués que se le ha impuesto. La obra de ambos es difícil de abarcar por ser "poliédrica y multitonal", como se ha definido en particular la de Goytisolo debido a los muchos géneros a los que continuamente volvió: la elegía, la sátira, la canción tradicional, la poesía histórica y la lírica amorosa. Pero tal dispersión no impide ver como su más valiosa constante la enorme capacidad para "expresar el dolor individual como eco del sufrimiento colectivo" (R. García Mateos), algo que a ambos les unía con J. Hierro o C. E. De Ory (vid. *supra*, n. 358).

La necesidad de contar su experiencia íntima de la guerra y sus repercusiones en la vida sentimental (propia y del país) hizo que estos poetas se reconociesen como generación, y a la vez que se renovase con ello la poesía narrativa casi a modo de introspección psicoanalítica. La memoria se convirtió así en exploración íntima de la conciencia −exactamente igual que en los novelistas coetáneos−, y ello les llevó a indagar en todo tipo de retazos autobiográficos[375]. No es casual que muchos sean los poemas dedicados a la infancia en provincias, con vagas impresiones de la guerra como telón de fondo, como en este modélico poema de Jose Ángel Valente: *Estábamos, señores, en provincias/ o en la periferia, como dicen,/ incomprensiblemente desnacidos./ Andábamos con nuestros papás./ Pasaban trenes/ cargados de soldados a la guerra./ Estábamos remotos/ chupando*

---

[375] Esto se refleja incluso en los títulos de los poemarios, como el del mismo Ángel González: *Breves acotaciones para una biografía* (1971), que coincide cronológicamente con el de *Biografía*, que Félix Grande dio al volumen en el que recogió su obra antológica hasta 1971: *Taranto* (1961), *Las piedras* (1964), *Música amenazada* (1966) y *Blanco spirituals* (1967). Son muy numerosos los ejemplos.

caramelos,/ con tantas estampitas y retratos/ y tanto ir y venir y tanta cólera,/ tanta predicación y tantos muertos/ y tanta sorda infancia irremediable... O mejor aún en el que titula "Lugar vacío en la celebración":

> *Yo nací provinciano en los domingos*
> *de desigual memoria,*
> *nací en una oscura ratonera vacía,*
> *asido a dios como a un trapecio a punto*
> *de infinitamente arrojarme hacia el mar...*
> *[...]*
> *Yo nací vestido de mimético niño*
> *para descubrir en tanta reverencia sólo un óxido triste*
> *y en las voces que inflaban los señores pudientes*
> *enormes años giratorios*
> *[...]*
> *Nací en la infancia, en otro tiempo, lejos*
> *o muy lejos y fui*
> *inútilmente aderezado para una ceremonia*
> *a la que nunca habría de acudir.*   (*El inocente*, 1967-1970)

La mirada inocente del niño-poeta vuelve constantemente a la imaginación de estos autores, dando lugar a una variada gama de motivos entre los que destacan la enajenación respecto a las ceremonias de 'la España victoriosa' —es constante la sátira desacralizadora de los ritos de la educación católica—, y la nostalgia por una candidez perdida, que con frecuencia lleva aparejado el recuerdo de los primeros vicios secretos. En ese mismo poemario arriba citado escribe Valente: *Ay, inocencia, cuánto nos hemos arrastrado juntos/ en todos los prostíbulos del alma,/ en todas las afueras/ y las postrimerías,/ vestidos con los tules impalpables/ y la cándida túnica/ de la primera comunión remota/ [...] cuánto nos hemos revolcado indemnes/ en el turbio amarillo de los vicios más puros,/ y cuántas veces en las sacrosantas/ procesiones de pueblo con himnos militares/ estallaron blasfemos tus húmedos gemidos...*Especial interés tiene el hecho de que la añoranza de una pureza remota se traslade también al lenguaje, porque ello explica en buena medida la nueva poética del grupo. Desde esa evocación y valoración de 'lo virgen', se llega a pedir que el poema sea un modo de acceder a una realidad distinta y desconocida, que llegue a *revelar al hombre aquello por lo cual es humano, con todas sus* *consecuencias*, tal y como afirmó tempranamente **Claudio Rodríguez** (Zamora, 1934-1999)[376].

Quien mejor expresó el nuevo valor concedido a la poesía como un modo de conocimiento fue precisamente **Jose Ángel Valente** (Orense, 1929-2000), poeta de gran formación filológica cuya inquietud por el lenguaje le llevó a elaborar una de las poéticas más lúcidas de todo el siglo[377]. Ya en 1961 hizo declaraciones que planteaban un cambio radical en el modo de entender la creación, que no partía de un contenido que se quería transmitir sino de un deseo de buscarle sentido al mundo: ... *el acto poético me ofrece una vía de acceso, para mí insustituible, a la realidad.* [Por tanto] *veo la poesía, en primer término como conocimiento, y sólo en segundo lugar como comunicación.* Este concepto de la poesía como exploración de lo acumulado en la experiencia, de indagación en "un material no previamente conocido" antes del acto de escribir –lo que se sintió en la infancia, por ejemplo (vid. *supra*)–, le lleva a diferenciarse claramente del grupo a mediados de los sesenta. Es el momento en que publica ***La memoria y los signos*** (1966), un libro decisivo en su trayectoria por abrir una etapa en la que procuró "un pretendido estado natural de la palabra, el de la revelación de lo que ha permanecido oculto anterior-

---

[376] Ya en su primer poemario, *Don de la ebriedad* (1953), definía la poesía como un don que proporciona un estado de rapto, de éxtasis, de inspiración que lleva a iluminar facetas íntimas. En principio, su inspiración partió de la propia tierra castellana a la que perteneció; pero, luego, su poesía hondamente meditativa y de gran riqueza metafórica alcanzó una dimensión más universal, de lo que da buena muestra *Alianza y condena* (1965).

[377] Valente fue filólogo por vocación y ello se percibe notablemente en toda su obra, la más extensa del grupo. Tras iniciar estudios de Derecho, en 1948 decidió estudiar Filología Románica en Madrid, y seis años después obtuvo el Premio Adonais con *A modo de esperanza* (1954), seguido de la publicación de *Poemas a Lázaro* (1960); pero los poemarios donde empieza a revelar su potente personalidad son *Breve son* (1968), *Presentación y memorial para un monumento* y *El inocente*, ambos de 1970. Después de ejercer como profesor en Oxford, Ginebra y París, eligió vivir sus últimos años en la ciudad andaluza de Almería. Allí, en profunda consonancia con el paisaje solitario y desértico, terminó de desarrollar un ciclo poético de extraordinaria resonancia mística y ascética, a partir de su gran conocimiento de las obras de San Juan de la Cruz, Santa Teresa de Ávila y el aragonés Miguel de Molinos, autores que ejercieron una notable influencia en su obra y a quienes dedicó espléndidos estudios titulados *Variaciones sobre el pájaro y la red* y *La piedra y el centro* (1991).

mente" (M. Mas). Allí habla de *la candidez azul de las palabras*, defendiendo que la única poesía que le interesa es la creada espontáneamente por el espíritu, frente a la elaborada artificialmente[378]. Desde ese momento a Valente le definiría una continua reflexión sobre el propio acto de escribir poesía y sobre el surgimiento del poema, que está muy relacionada con los planteamientos del idealismo romántico alemán. Piensa, por ejemplo, que el poema debe estar "cargado para el lector de una significación sin límites, de infinitas posibilidades que por un proceso inverso al del autor deberá descubrir" (C. Real Ramos). Y esto, que se ha llamado 'su propensión metapoética', le llevó a una incesante actividad crítica, de la que surgieron muy valiosos ensayos como los recogidos en *Las palabras de la tribu* (1971).

A Valente no sólo le interesa el proceso creativo para llegar a una fase en la que comprenda mejor sus propias vivencias —*todo momento creador es un sondeo en lo oscuro*—, sino también, y sobre todo, por lo que concierne a la depuración de su escritura: *La palabra ha de llevar el lenguaje al punto cero, al punto de la indeterminación infinita, de la infinita libertad*... De ahí que este fuera el lema que puso al frente del volumen **Punto cero** (1972), en el que reunió siete de sus libros fundamentales. El reto que se impone desde entonces es el de buscar la palabra esencial dentro del poema breve, la que conserva 'la fascinación del enigma', tal y como la buscaron antes Cernuda, Juan Ramón, Kavafis, o los metafísicos ingleses, que se cuentan entre sus influencias más directas: *Por los adioses/ lúcidos pañuelos,/ ahogadas rosas,/ el brocal abierto en el pecho infinito/ del pájaro partido que no miró el augur.* (*Treinta y siete fragmentos*, 1971). La inquietud filosófica del poeta gallego por la trascendencia humana hizo que desde comienzos de los ochenta desarrollara una poesía centrada en la contemplación silenciosa. Al mismo tiempo se entregaba a un exhaustivo estudio por el que llegó a comprender como pocos la sensibilidad

---

[378] *La palabra poética* —escribe— *ha de ser ante todo percibida no en la mediación del sentido, sino en la inmediatez de su repentina aparición. Poema querría decir así lugar de la fulgurante aparición de la palabra* [...] *El poema gestado es el poema natural. El poema sobrecorregido es un producto artificial, como una gestación fuera del útero.* Con frecuencia Valente teoriza con símiles poéticos, según lo haría cualquier místico o filósofo oriental, como cuando afirma que la poesía es un ejercicio esencialmente solitario que *nace en la periferia y luego va al centro*, o que *la palabra poética es una palabra abierta por la que tú desciendes a las infinitas capas de la memoria*, etc.

intuitiva de los grandes poetas místicos, y de San Juan de la Cruz en particular: *Mucha poesía ha sentido la tentación del silencio. Porque el poema tiende por naturaleza al silencio. O lo contiene como materia natural [...] Un poema no existe si no se oye, antes que su palabra, su silencio.* (*Material Memoria*, 1979). Valgan estas escuetas líneas para mostrar que la evolución de Valente fue, como su propia propuesta lírica, absolutamente excepcional dentro del grupo.

Si hubiera que indicar un único asunto distintivo de esta promoción de poetas, éste sería sin duda la relación entre identidad personal y conciencia histórica. La dificultad de reconocerse en la cultura conservadora y clerical del país —asunto muy presente también en otros géneros— hizo que España se convirtiera en motivo de reflexión tan importante como lo fue entre los noventayochistas. Sólo que esta vez la nación es vista ante todo desde un estado de alienación permanente, tal y como la sintió Luis Cernuda, que se convertiría en el indiscutible modelo de casi todos ellos. Muy especialmente de **Jaime Gil de Biedma** (Barcelona, 1929-1990), quien escribe este poema titulado irónicamente "Años triunfales": *Media España ocupaba España entera/ con la vulgaridad, con el desprecio total de que es capaz, frente al vencido,/ un intratable pueblo de cabreros./ Barcelona y Madrid eran algo humillado./ Como una casa sucia, donde la gente es vieja,/ la ciudad parecía más oscura,/ y los metros olían a miseria...* En algunos de sus poemas tempranos reniega el poeta barcelonés del ambiente elitista en el que se crió, de pertenecer a los *señoritos de nacimiento* y *por mala conciencia escritores de poesía social*[379]; y hasta llega a disculparse por ser de esas familias acomodadas que *veraneaban infinitamente en Villa Estefanía*: *Yo nací (perdonadme)/ en la edad de la*

---

[379] Procedente de una familia de la alta burguesía catalana, inició estudios de Derecho en Barcelona y se licenció en Salamanca, aunque desde fines de los cincuenta trabajó para la gran empresa familiar como alto cargo de la Compañía de Tabacos de Filipinas, lo que propició frecuentes viajes a las islas. Curiosos los apuntes biográficos que incluyó en su libro *Colección particular* (1969): *Nací en Barcelona en 1929 y aquí he residido casi siempre. Pasé los tres años de la Guerra Civil en Nava de la Asunción, un pueblo de la provincia de Segovia en donde mi familia posee una casa a la que siempre acabo por volver. [...] La alternancia entre la vida burguesa y la* vie de chateau *ha sido un factor importante en mi mitología personal [...]. Mi empleo me ha llevado a vivir largas temporadas en Manila, ciudad que adoro y que me resulta bastante menos exótica que Sevilla [...]. He sido de izquierdas y es muy probable que lo siga siendo, pero ya no ejerzo.*

pérgola y el tenis./ La vida, sin embargo, tenía extraños límites/ y lo que es más extraño: una cierta tendencia/ retráctil. (*Compañeros de viaje*, 1959). Unos años más tarde, expresa incluso su resentimiento, su *rencor de conciencia engañada* por haber sido, *desde niño, acostumbrado al ejercicio de la irrealidad* (*Moralidades*, 1966). Tal vez no fue casual que este tema se tratara con especial énfasis entre autores catalanes, desde un tono esencialmente elegíaco. Al tiempo que José Agustín Goytisolo escribe los poemas de *Algo sucede* (1968) –su poemario de mayor preocupación histórica junto a *Bajo tolerancia* (1974)–, y exactamente en el mismo año en que su hermano Juan publica *Señas de identidad* (vid. *supra*, nota 310), Gil de Biedma incluye en **Moralidades** (1966) este poema titulado "Elegía y recuerdo de la canción francesa" que puede ser leído como un 'himno' emblemático de su generación:

> *Os acordáis: Europa estaba en ruinas.*
> *Todo un mundo de imágenes me queda de aquel tiempo*
> *descoloridas, hiriéndome los ojos*
> *con los escombros de los bombardeos.*
> *En España la gente se apretaba en los cines*
> *y no existía la calefacción.*
> [...]
> *Hasta el aire de entonces parecía*
> *que estuviera suspenso, como si preguntara,*
> *y en las viejas tabernas de barrio*
> *los vencidos hablaban en voz baja...*
> *Nosotros, los más jóvenes, como siempre esperábamos*
> *algo definitivo y general.*
>
> *Y fue en aquel momento, justamente*
> *en aquellos momentos de miedo y esperanzas*
> *–tan irreales, ay– que apareciste,*
> *oh rosa de lo sórdido, manchada*
> *creación de los hombres, arisca, vil y bella*
> *canción francesa de mi juventud!*
> [...]
> *Y todavía en la alta noche, solo,*
> *con el vaso en la mano, cuando pienso en mi vida,*
> *otra vez más sans faire du bruit tus músicas*

suenan en la memoria, como una despedida:
parece que fue ayer y algo ha cambiado.
Hoy no esperamos la revolución.

Detrás del modo de contar que tuvieron estos poetas, lleno de sabias elipsis, se perciben las enseñanzas de los poetas sociales, y es justo reconocer que fueron ellos quienes iniciaron algunas de las prácticas –la intertextualidad, por ejemplo– que se han considerado después como rasgos de modernidad en la poesía de los sesenta[380]. El mismo **Hierro** lo demostraba en *Cuanto sé de mí* (1957), y mejor aún en su ***Libro de las alucinaciones*** (1964), que contiene su magnífico poema "El pasaporte", basado en la experiencia (vivida por tantos) de haber carecido del preciado documento durante décadas. La anécdota de su obtención hace que el poeta medite sobre el hecho de sentirse con retraso sobre el presente, desposeído de una juventud apasionada que no pudo vivir cuando le correspondía: ... *El pasaporte era en mi mano/ una orden de libertad/ que llegó veinte años tarde./ Entonces, en su día, en mi día,/ hubiera yo besado las piedras de París,/ cantado bajo un cielo irrepetible,/ quemado al aire con mi vida...*[381]. Recuérdese que ese sueño de emigrar al París de la bohemia fue clave para los jóvenes de esta generación, pues la idealizaron igual que los modernistas de comienzos de siglo, como demuestra el protagonista de *Señas de identidad*. Y también varios poemas estrictamente coetáneos de Gil de Biedma y de **Félix Grande** (Badajoz, 1937-2014), como el que comienza: *Piso el París del vicio; mero-*

---

[380] "Los rasgos definidores de la llamada 'poesía del conocimiento' o 'poesía de la experiencia' se encuentran ya en mayor o menor medida en los poetas sociales... La ironía como razón desrealizadora y crítica es utilizada por la poesía social. La autocitación o autorreferencialidad es empleada ya por León Felipe. Blas de Otero usa con un dominio exquisito y con un tacto poético máximo claros procedimientos de intertextualidad. El intimismo subjetivo y la angustia existencial se encuentran en dosis considerables en los poetas sociales" (J. A. Ascunce)".

[381] Hierro explicaba el título de su poemario diciendo que a partir de las emociones que suscitan los recuerdos hay que reconstruir los hechos, algo que él hace como en una 'alucinación' que mezcla los tiempos. Todos los poemas son, pues, especie de digresiones líricas sobre hechos reales. En "El pasaporte" hay una frase enigmática inicial: *Tienes estrellas en la frente, muchacho*, que parece dictada automáticamente y a la que el poeta le busca sentido a lo largo del poema.

deo/ alienado de indiferencia... Señora, piso el París de la deshonra,/ el cafetín antiguo de los atormentados,... (*Música amenazada*, 1966). Junto a la idealización de la libertad que suponía la capital francesa, se produjo una nueva admiración por sus 'poetas malditos': el Baudelaire de *Les fleurs du mal* y sobre todo Verlaine y Rimbaud, tal y como la había manifestado Luis Cernuda, quien se convirtió, por muchos motivos, en el modelo indiscutible de todos ellos. El primero y más importante tal vez es el de la conciencia de la propia soledad, que es desde la que escribió siempre Cernuda, y desde la que la mayoría de estos poetas asumirá, además, su escepticismo ante el mundo.

El más directo heredero de la lírica cernudiana fue Gil de Biedma, y por su modo de escribir natural y claro −simple en su complejidad− constituyó un puente fundamental entre el poeta sevillano del 27 y las generaciones posteriores. En ellas sigue siendo notable su magisterio, que resulta aún más valioso considerando la brevedad de su obra, que huyó siempre de la repetición y de la arrogancia. Si en todos los poetas del grupo se distingue una nueva forma de hacer poesía amorosa, de hablar de lo efímero del amor, es en Jaime Gil de Biedma donde mejor se percibe la modernidad al afrontar la experiencia erótica, que tiene también mucho de búsqueda de identidad y de reconocimiento. Como en el caso de Cernuda y Lorca, ésta no puede explicarse sin el protagonismo del cuerpo −la reivindicación de la homosexualidad y el hedonismo se expresa incluso en imágenes compartidas−, pero con la diferencia de que Gil de Biedma, como también otros del grupo, habla de su privacidad de alcoba, de ésos que llama *trabajos de amor disperso*, como si estuviese en una llana conversación de amigos: *Para saber de amor/ para aprenderle,/ haber estado solo es necesario./ Y es necesario en cuatrocientas noches/ −con cuatrocientos cuerpos diferentes−/ haber hecho el amor. Que sus misterios/ como dijo el poeta, son del alma,/ pero un cuerpo es el libro en que se leen.* (*Moralidades*). De todas las afinidades con Cernuda −la influencia de la cultura anglosajona, entre ellas− destaca la preocupación constante en su obra por el paso del tiempo, que es, en realidad, angustia por *el paso de la edad* (desde los veintisiete se sentía caduco), según él mismo confesó en *Diario del artista seriamente enfermo* (1974). Como para el poeta sevillano, la juventud es *el reino de todos los placeres*, los *años de la abundancia del corazón*, lo que justifica los versos de su espléndido poema "No volveré a ser joven": *Que la vida iba en serio/ uno lo empieza a com-*

prender más tarde/ —como todos los jóvenes, yo vine/ a llevarme la vida por delante... (*Poemas póstumos*, 1968). Curiosamente, por las mismas fechas y en su último poemario valioso, Vicente Aleixandre escribía: *Vida es ser joven y no más* (*Poemas de la consumación*, 1968), lo que prueba la trascendencia que el tema tuvo en tantos poetas contemporáneos, y que alguno justifica con la rotunda convicción de que "la vejez es pervivencia de una existencia incompleta, porque vivir es amar y ser amado" (G. Carnero). La forma que toma en Gil de Biedma el tratamiento de la pasión y el deseo es el desdoblamiento del yo —escribe casi siempre bajo una doble imagen de sí mismo—, lo que hace que el monólogo irónico e incluso cínico con su espectro sea rasgo característico en él, al igual que en la novela de esos años, como en el famoso poema que titula "Contra Jaime Gil de Biedma:

> *De qué sirve, quisiera yo saber, cambiar de piso,*
> *dejar atrás un sótano más negro*
> *que mi reputación —y ya es decir—,*
> *poner visillos blancos*
> *y tomar criada,*
> *renunciar a la vida de bohemio,*
> *si vienes luego tú, pelmazo,*
> *embarazoso huésped, memo vestido con mis trajes,*
> *zángano de colmena, inútil, cacaseno,*
> *con tus manos lavadas,*
> *a comer en mi plato y a ensuciar la casa?*
>
> *Te acompañan las barras de los bares*
> *últimos de la noche, los chulos, las floristas,*
> *las calles muertas de la madrugada*
> *y los ascensores de luz amarilla*
> *cuando llegas, borracho,*
> *y te paras a verte en el espejo*
> *la cara destruida,*
> *con ojos todavía violentos*
> *que no quieres cerrar. Y si te increpo,*
> *te ríes, me recuerdas el pasado*
> *y dices que envejezco.*
> *[...]*

> *Oh innoble servidumbre de amar seres humanos,*
> *y la más innoble*
> *que es amarse a sí mismo.* (*Poemas póstumos*, 1968)

El mundo 'canalla' visto por el observador nocturno —desde el derrotismo provocado por el alcohol o el insomnio, etc.—, y los terrores de la intimidad vividos a solas, temas que serían recurrentes en la lírica de los ochenta y noventa, quedaban más que insinuados en este poema ya clásico de la lírica española contemporánea. La actitud transgresora de Gil de Biedma convirtió al poeta en figura casi legendaria a comienzos de los ochenta, años en los que deja de publicar[382]. Pero su impronta se había dejado notar mucho antes, entre poetas coetáneos como Francisco Brines (Valencia, 1932): *En este vaso de ginebra bebo/ los tapiados minutos de la noche,/ la aridez de la música, y el ácido/ deseo de la carne...* (*Aún no*, 1971). O como Félix Grande: *Acabo de ordeñar dos o tres cigarrillos/ desciendo por las cloacas de mi tristeza./ El siglo veinte me golpea como a un gong...* Unos versos estos escritos desde el desgarro, con un sentimiento tan "torturado y agónico", a juicio de algún crítico, como el cante jondo del que Grande fue tan excelente conocedor. Y es que en el fondo, y más allá de los distintos tonos personales, el sello peculiar de la modernidad de estos poetas, con Gil de Biedma a la cabeza, consistió en "haberle buscado un sentido a la derrota y el haberse elegido un propósito dentro de ella" (J. Ferraté). No es nada extraño que haya sido tan larga su proyección en varias generaciones de poetas y cantautores de los últimos lustros del siglo XX, como los que en Granada iniciaron un nuevo movimiento a comienzos de los ochenta (vid. *infra*).

---

[382] Aunque nunca gustó de alentar la leyenda de 'poeta maldito', su fama de "vividor impenitente" en las noches barcelonesas y su promiscuidad sexual (causa directa de su muerte por sida en 1990), fue objeto de una polémica biografía que desvelaba aspectos desconocidos de su personalidad, luego interpretada magníficamente en la película *El cónsul de Sodoma* (2010).

El 'culturalismo' de los poetas 'novísimos'

La siguiente promoción de poetas fue presentada como el inicio de "una nueva sensibilidad" en dos compilaciones similares a las de la generación anterior: la ***Antología de la nueva poesía española*** (1968), de José Batlló, y la que J. M. Castellet publicó dos años más tarde con el título ***Nueve novísimos poetas españoles*** (1970), que dejó enunciadas ya las características que los definían y asociaban. A este grupo pertenecieron poetas muy jóvenes por entonces, "desafiantes en su radical negatividad de todo el pasado" (J. O. Jiménez): Pere Gimferrer (Barcelona, 1945), Guillermo Carnero (Valencia, 1947), Félix de Azúa (Barcelona, 1944), Jenaro Talens (Cádiz, 1946), Jaime Siles (Valencia, 1951), Vicente Molina Foix (Elche, 1946), Leopoldo María Panero (Madrid, 1948-2014) y M. Vázquez Montalbán (*supra*, n. 324). El libro que se considera iniciador de esta tendencia es ***Arde el mar*** de P. Gimferrer, que obtuvo el Premio Nacional de poesía en 1966. Si deslumbró entonces fue por sus audacias verbales y "el brillo de sus imágenes", creadas desde una reivindicación total de la subjetividad y bajo evidentes reminiscencias de Juan Ramón: *Un jazmín invertido me contiene,/ una campana de agua, un rubí líquido/ disuelto en sombras, una aguja de aire/ y gas dormido, una piel de carnero/ tendida sobre el mundo...*[383] Frente a la poesía de lo cotidiano real, ésta era una poesía de escenografía imaginaria, de paraísos soñados, y palpablemente fría en su expresión, que se decantaba por el léxico culto y el metro clásico, como en el poema más famoso del libro, "Oda a Venecia ante el mar de los teatros", escrito en perfectos alejandrinos:

> *Tiene el mar su mecánica como el amor sus símbolos.*
> *Con qué trajín se alza una cortina roja*

---

[383] Este símil de España como piel de toro era una evocación directa del magnífico poemario *La pell de brau* del poeta catalán Salvador Espriu, que había sido publicado en París por las Ediciones de Ruedo Ibérico en 1963. Arde el mar se definió como "una elegía de la adolescencia no vivida", debido a que el poeta otorga voz de lamento al muchacho que fue, por "no alcanzar más que con palabras aquella vivencia imposible" (González Muela).

o en esta embocadura de escenario vacío
suena un rumor de estatuas, hojas de lirio, alfanjes,
palomas que descienden y suavemente pósanse.
[...]
sobre el arco voltaico de la noche en Venecia
aquel año de mi adolescencia perdida,
mármol en la Dogana como observaba Pound
y la masa de un féretro en los densos canales.
Id más allá, muy lejos aún, hondo en la noche,
sobre el tapiz del Dux, sombras entretejidas,
príncipes o nereidas que el tiempo destruyó...

'Preciosismo', 'barroquismo', y sobre todo 'venecianismo' –decisiva *La muerte en Venecia* (1912) de Thomas Mann, entre otras influencias–, fueron los términos asociados desde entonces a esta nueva estética, sostenida ante todo por un afán 'culturalista'. Entiéndase por ello la tendencia común de una serie de autores a exhibir referentes culturales asumidos por vía no exclusivamente libresca, que les permiten diferenciarse netamente de la generación de 'los mayores', cuyos valores –la poesía como comunicación o como conocimiento– rechazan frontalmente. Lo que tuvo de *snob* su postura inicial se revela en el hecho de que descalificaran en bloque la poesía en lengua española, con las contadas excepciones de Aleixandre, Cernuda, Gil de Biedma, Octavio Paz o Lezama Lima, al tiempo que se empeñaban en mostrar las huellas que les habían dejado poetas extranjeros: Eliot, Pound, Saint-John Perse, Yeats, Wallace Stevens, Kavafis y los surrealistas franceses, entre los más importantes. Lo que mejor se comprende es lo que tuvo de reacción lógica, propia de las oleadas (y bandazos) de la historia literaria, según se ha venido repitiendo a lo largo de estas páginas: el que, tras dos décadas de realismo y sentimentalismo en la lírica, se volviera los ojos hacia quienes habían reivindicado la libertad imaginativa y se habían atrevido a experimentar formalmente, desde un sentido lúdico, con la escritura automática. Esta es la razón que les llevó a revalorizar la poesía de J. E. Cirlot y De Ory, por ejemplo, en un momento de general "avidez por el conocimiento de las vanguardias mundiales" (A. Martínez Sarrión). Desde ahí se justifican dos de los rasgos estilísticos apuntados por Castellet: la "despreocupación hacia las formas tradicionales", con un desprecio hacia la rima y el metro que les hizo evolucionar hacia un versolibrismo cada vez más prosificado, y el gusto por "técnicas elípticas, de sincopación y de *collage*". Característica ésta última plenamente acorde con el arte moderno, en general, y con la mezcla de discursos que conviven en la cultura contemporánea: una especie de pensamiento entrecortado, de *cogitus interruptus* (en palabras del antólogo) que llena de relaciones intertextuales la comunicación.

Es precisamente el modo de practicar el *collage*, la combinación de fragmentos de textos muy distintos, lo que mejor define los dos tipos de 'culturalismo' que se dieron entre todos esos poetas. El primero podría denominarse 'culturalismo elitista', y es el que más concuerda con el 'culteranismo' de Góngora y sus secuaces en el siglo XVII. Con aquella tendencia barroca comparte un rasgo básico: la utilización de la literatura grecolatina, con su mitología y leyendas –prolifera el latín hasta en los títulos–, para construir un poema lleno de inserciones de citas y continuos guiños a un lector también culto; entre ellos, las frecuentes alusiones a motivos de la pintura prerrafaelita y modernista, o de cualquier otro arte de difusión minoritaria que les permita acceder a mundos exóticos, en definitiva. Algo que se complementa bien con ese retoricismo estilístico que algunos estudiosos apuntan como propio de las épocas de decadencia[384]. Hay una condición biográfica compartida que explica en gran medida esa concepción de la poesía como exhibición más que como necesidad de decir. Muchos de estos poetas son catedráticos universitarios y trasladan a sus textos sus propios estudios, incluidas las teorías filológicas en boga –el estructuralismo o la semiótica, por ejemplo–, volviendo a revelar hasta qué punto la universidad impone sus 'vicios', como ya demostró Juan de Mena en el siglo XV (vid. 1ª parte, n. 115). Lo interesante es que esa intelectualización del poema se diera en un momento en que se desconfiaba totalmente de la capacidad de la lengua común para expresar experiencias, así como de las posibilidades que tenía la poesía y la literatura en general para cambiar el mundo. Esa "pérdida de la fe en el valor activo de la palabra poética" dará un resultado paradójico: "la única realidad referencial posible en el poema será la realidad dada en el propio lenguaje", y "el poema se volcará sobre sí mismo" (Fanny Rubio y J. L. Falcó). Llevado al extremo, la

---

[384] No está de más recordar que desde la perspectiva marxista se vio a 'los novísimos' como "neodecadentes y neocapitalistas".

'metapoesía' se convirtió en una auténtica obsesión de algunos de los 'novísimos', que llegan incluso a hacer dogma de ello, como en el caso de Carnero y Talens, los más ligados a la condición profesoral de Valente[385].

Tal vez la clave decisiva para entender las propuestas que se dieron en la poesía de los setenta sea la aversión que toda una generación sintió por la cultura española o, más exactamente, por la forma en que ésta había venido siendo utilizada durante el franquismo. Es lo que se comprueba también en el que podríamos llamar 'culturalismo de los *mass media*': aquél que intercala de forma caprichosa en el poema frases publicitarias –titulares de periódicos, lemas de pósters–, diálogos cinematográficos, y fragmentos de canciones popularmente conocidas, que a veces se cargan de un profundo sentido. Es el caso del magnífico poema que Vázquez Montalbán (*supra*, n. 324) dedica a la música que se oía en la radio durante su infancia, un sutil *collage* de coplas y alegatos radiofónicos con el que hace su particular y conmovedor homenaje a las familias humildes de la posguerra, renovando magníficamente el que Àngela Figuera les hiciera tiempo atrás (vid. *supra*, n. 354):

> *Algo ofendidas, humilladas*
> *sobre todo, dejaban en el marco*
> *de sus ventanas las nuevas canciones*
> *de Conchita Piquer : él llegó en un barco*
> *de nombre extranjero, le encontré en el puerto*
> *al anochecer*
>   *y al anochecer volvían*
> *ellos, algo ofendidos, humillados*

---

[385] El cultivo de lo que se viene denominando 'metapoesía' desde hace casi cuatro décadas se inauguró en España en 1971 con *Las palabras de la tribu* de Valente y *El sueño de Escipión* de G. Carnero: "... es lógico que una generación cuya primera preocupación, al comienzo de los setenta, fue la de restaurar la primacía del lenguaje frente al formalismo temático de décadas anteriores, se viese obligada a reflexionar sobre el propio acto poético, sobre la esencia y función de la poesía, en un momento en que ésta necesitaba ante todo recapacitar sobre sus propios condicionamientos, sobre sus pasados aciertos y errores, para procurar salir de la situación de *impass*e a la que, por aquellos años, parecía haber conducido la estética realista" (F. Rubio y J. L. Falcó).

sobre todo, nada propensos a caricias
por otra parte ni insinuadas
[...]
     y luego
Glenn Miller, recientemente fallecido en la guerra
mundial, llenaba de olor a mil novecientos cuarenta
y cinco con brisas de fox trot o el lánguido: canta
el petirrojo en Diciembre
    O quizá Conchita Piquer otra vez[386]*:*
[...]
     finalmente el himno, por Dios
por la patria y
[...] ellas
llenaban entonces hasta los bordes el plato
del hijo que soñaba imposibles enemigos desconchados
en la pared pintada por la madre
    en primavera,
con un cubo de cal y polvos mágicos
     azules.
     (*Una educación sentimental*, 1967)

Aparte de excepciones como ésa, aquel gusto por lo *camp* —no exclusivo del ámbito hispánico, por cierto— tuvo mucho de fenómeno fetichista y 'democrático', en tanto que sus mitologías habían sido creadas por medios de comunicación de fácil acceso, como la televisión,

---

[386] Concha Piquer (Valencia, 1906-1990) fue la cantante o 'tonadillera' española más famosa desde 1940, gracias al apoyo de las autoridades franquistas con las que simpatizaba, y fue muy valorada por su manera de interpretar las letras pasionales de las coplas, arriesgadas a veces en su visión del amor, como la de "Tatuaje", que es la que se cita en el poema. Durante décadas divulgó su amplio repertorio folklórico por toda Hispanoamérica, llegando a convertirse en todo un mito ya en vida, y más aún desde su retirada a mediados de los cincuenta. La revalorización de este tipo de cantantes vino de parte de esta generación que quiso reconciliarse con todos los elementos que constituyeron la "crónica sentimental de España", sintagma acuñado por el propio Vázquez Montalbán. Lo demuestra otro autor catalán, Terenci Moix (Barcelona, 1942-2003), en su libro *Suspiros de España* (1991), título de otra copla de la Piquer.

el cine o el *comic*. Y ello revela un interés en poner en tela de juicio, cuando menos, los mitos 'ortodoxos'. Los jóvenes españoles cultos, como los de otros países deseosos de una transición hacia la democracia, estaban ávidos de romper con las jerarquías culturales, no solo las literarias. Empezaron a considerar entonces el impacto emocional recibido a través de las películas de Hollywood, por ejemplo, y los mitos de belleza norteamericanos se mezclaron en el poema con otros mitos ideológicos –Ava Gadner o Marilyn Monroe conviven con el Che Guevara, etc.–, en una pérdida de distinciones éticas que es ya de por sí elocuente. En cualquier caso, parece acertado afirmar que para comprender la sensibilidad de esta nueva generación es necesario "intentar establecer el código de sus mitologías" (J. M. Castellet); como requerirá también la siguiente generación, cabe añadir. Poemario representativo de todo ello es **La muerte en Beverly Hills** (1968) de Gimferrer[387], cuyo tema fue definido por su autor como *la nostalgia y la indefensa necesidad de amor*, y que se construye a base de retazos de escenas de películas del cine negro como las de H. Bogart, en concreto: ... *Los camareros conocen a estos clientes que piden una ficha en la madrugada y hacen llamadas inútiles,/ cuelgan luego, piden una ginebra, procuran sonreir./ están pensando en su vida. A estas horas la noche es un pájaro azul*...Casi todos sus poemas suponen una renovación de la geografía urbana como escenario lírico, ya que la gran ciudad y sus habitantes nocturnos acaparan todo el protagonismo: *En las cabinas telefónicas/ hay misteriosas inscripciones dibujadas con lápiz de labios./ Son las últimas palabras de las dulces muchachas rubias/ que con el escote ensangrentado se refugian allí para morir./ Última noche bajo el pálido neón, último día bajo el sol alucinante,/ calles recién regadas con magnolias, faros amarillentos en los coches patrulla/ en el amanecer*. Esa misma combinación de prosaísmo y lirismo se encuentra también en el siguiente libro de Gimferrer, *Extraña fruta y otros poemas* (1969), que sigue siendo paradigmático de un modo de escribir

---

[387] La elección de este lugar de Los Ángeles por parte del poeta se debe a que en esos años fue el preferido por las estrellas de cine, que antes se afincaban en Hollywood. Nótese que en los sesenta y setenta proliferaron los títulos de poemarios en inglés, al igual que sucedió en otros géneros; *Así se fundó Carnaby Street* (1970) de Leopoldo María Panero, por ejemplo, hace una revisión melancólica de los mitos de su infancia al tiempo que se entrega a un "experimentalismo apasionado", según lo define algún crítico.

poesía –hacer literatura sobre literatura contemporánea– que seguiría practicándose en la década de los ochenta[388]. Los versos combinan de continuo elementos románticos estereotipados con detalles muy específicos del mundo moderno, en una sucesión de ráfagas aparentemente inconexas: ... *En los crepúsculos exangües la ciudad es un torneo de paladines a cámara lenta sobre una pantalla plateada/ como una pantalla de televisión son las imágenes de mi vida los anuncios/ y dan el mismo miedo que los objetos volantes venidos de no sé sabe dónde fúlgidos en el espacio...*

Aunque la 'estética veneciana' se dio oficialmente por terminada en 1975, las propuestas de los 'novísimos' siguieron vigentes hasta la década de los ochenta, como prueba el 'culturalismo' decadente de un poeta como Antonio Colinas (León, 1946), desde *Sepulcro en Tarquinia* (1975) hasta *Jardín de Orfeo* (1988). Mientras nada realmente novedoso parecía surgir, en España empezó a manejarse profusamente el término 'posmodernidad', que había puesto de moda el ensayo de Jean-François Lyotard, *La condición posmoderna* (1979), en un intento imposible por aglutinar creadores sin más 'denominador común' que cuestionar las ideologías políticas y los cánones estéticos. Los poetas llamados 'posmodernos', de formación universitaria en su mayoría (y frecuente condición profesoral), continuarían en esa estela exhibidora de bagajes culturales propios, desde unas nuevas mitologías literarias, cinematográficas y musicales que siguieron estando muy alejadas entre sí, obviamente, según las distintas procedencias sociales. Tal vez la única tendencia compartida fue el gusto por la recuperación de la métrica clásica –no sólo el soneto–, para hacer propuestas originales de carácter paródico muchas veces, de las que resultaron algunos textos admirables e incluso geniales[389]. Afortunadamente, desde el sur surgieron de nuevo,

---

[388] La intertextualidad se percibe ya en el propio título de este poema: "By love possessed", ya que era el título de una novela publicada en 1957 por el norteamericano James Cozzens, que obtuvo gran éxito en su versión cinematográfica.

[389] Serían muchos los ejemplos: Luis Alberto de Cuenca (Madrid, 1950) en alguno de sus sonetos presenta a su amada *vestida de atracadora* o la compara con la Leia Organa de *La guerra de las Galaxias*; Javier Egea (Granada, 1952-1999) dedica unos perfectos cuartetos en alejandrinos a una mujer con aires de Janis Joplin ("Noche canalla"); Luis García Montero escribe unas "Coplas a la muerte de su colega" reinvirtiendo la idea de ejemplaridad de las de Jorge Manrique, etc. Por no hablar de la métrica en cantautores como L. A. Aute

como en las primeras décadas del siglo, voces independientes de excelentes poetas que devolvieron la calidez al clima poético. Como la de Antonio Carvajal (Granada, 1943), capaz de demostrar autenticidad afectiva y emocional en la elección del metro y el ritmo del verso –con títulos iniciales como *Serenata y navaja* (1973) o *Siesta en el mirador* (1979)–, desde un gran conocimiento de la tradición lírica. O la de Luis García Montero (Granada, 1958), a quien se debió ya a comienzos de los ochenta un manifiesto que contenía el lema de una nueva conciencia generacional: *la ternura puede ser también una forma de rebeldía* ("La otra sentimentalidad", 1983). La calidad y pervivencia de esas y otras propuestas individuales, por encima de modas efímeras, solo podrá medirse con el tiempo, quizá el único intérprete válido de la historia literaria, especialmente en el caso de la poesía, género de tan difícil juicio. (Mucho más en una época en la que proliferan las convocatorias de premios poéticos, potenciando egolatrías, y crecen abrumadoramente las publicaciones en la red, que enmarañan la perspectiva). Las escasas páginas de este capítulo, con sus inevitables simplificaciones, pueden tener una ventaja para el lector: comprobar los rotundos giros que la poesía española dio en menos de tres décadas, un claro eco de los grandes cambios que se estaban produciendo en todos los ámbitos de nuestra sociedad y nuestra cultura.

o J. Sabina, quienes, junto a J. M. Serrat, Lluis Llach o Antonio Vega demostraron con creces que gran parte de la mejor lírica desde los setenta a los noventa fue cantada. Aunque injustamente los manuales sigan dejándolos al margen, a diferencia de lo que sucede en países anglófonos, como Canadá, donde a Leonard Cohen se le venera como poeta; por no hablar del reciente Premio Nobel concedido a Bob Dylan.

Bibliografía

Parte Tercera*

AA. VV., *Estudios sobre Gustavo Adolfo Bécquer*, Madrid: CSIC, 1972.
AA. VV., *Coloquio internacional sobre José Cadalso*, Abano Terme: Piovan ed., 1985.
AA. VV., *Clarín y "La Regenta" en su tiempo. Actas del simposio internacional*, Oviedo: Universidad, 1987.
——————, *Hitos y mitos de "La Regenta"*, monografías de *Los Cuadernos del Norte*, 4 (1987).
AA. VV., *La literatura española de la Ilustración*, Madrid: Universidad Complutense, 1989.
ACOSTA DE HESS, Josefina, *Galdós y la novela de adulterio*, Madrid: Pliegos, 1988.
ALBERICH, José, *La popularidad de don Juan Tenorio y otros estudios de literatura española moderna*, Zaragoza: Cometa, 1982.
AMELL, Alma, *La preocupación por España en Larra*, Madrid: Pliegos, 1990.
ANDIOC, René, *Teatro y sociedad en el Madrid del siglo XVIII*, Madrid: Castalia, 1976.

---

* Las breves relaciones bibliográficas que siguen no pretenden ni exhaustividad ni actualización, algo de fácil acceso informático en nuestros días. Tan sólo recogen algunos de los estudios manejados por la autora, y a veces citados en su redacción, que pueden servir de referencia al lector para ampliar informaciones sobre algunos temas de su interés.

APARICI LLANAS, Mª Pilar, *Las novelas de tesis de Benito Pérez Galdós,* Barcelona: Institución Milá y Fontanals, 1982.
AULLÓN DE HARO, Pedro, *Los géneros ensayísticos en el siglo XVIII,* Madrid: Taurus, 1987.
——————, *La poesía en el siglo XIX (romanticismo y realismo),* Madrid: Taurus, 1988.
AZAM, Gilbert, *El romanticismo desde dentro,* Barcelona: Anthropos, 1989.

BAQUERO GOYANES, Mariano, *El cuento español. Del romanticismo al realismo,* Madrid: CSIC., 1992.
——————, *Perspectivismo y contraste (De Cadalso a Pérez de Ayala),* Madrid: Gredos, 1963.
BENÍTEZ, Rubén, *Cervantes en Galdós: literatura e intertextualidad,* Murcia: Universidad, 1990.
——————, *La literatura española en las obras de Galdós,* Murcia: Universidad, 1992.
BLANCO, Juan Francisco, ed., *La España pintoresca del siglo XIX: selección de artículos del "Semanario pintoresco español",* Salamanca: Diputación provincial, 1992.
BLANCO AGUINAGA, Carlos, J. RODRÍGUEZ PUÉRTOLAS, e Iris ZAVALA, *Historia social de la literatura española,* vol. II, Madrid: Castalia, 1978.
BOBES NAVES, Carmen, *Teoría general de la novela. Semiología de "La Regenta",* Madrid: Gredos, 1985.
BOTREL, Jean-François, *Libros, prensa y lectura en la España del siglo XIX,* Madrid: Fundación Germán Sánchez Ruipérez, 1993.
BRAVO-VILLASANTE, Carmen, *Vida y obra de Emilia Pardo Bazán,* Madrid, 1973 (2ª ed.).
——————, *Galdós,* Madrid: Mondadori, 1988.

CARNERO, Guillermo, *La cara oscura del Siglo de las Luces,* Madrid: Cátedra-Fundación Juan March, 1983.
CASALDUERO, Joaquín, *Forma y visión de "El diablo mundo" de Espronceda,* Madrid, 1971.
CASO GONZÁLEZ, José Miguel, *De Ilustración y de ilustrados,* Oviedo: Instituto Feijoo, 1988.
CIPLIJAUSKAITÉ, Biruté, *El poeta y la poesía. Del Romanticismo a la poesía social,* Madrid: Ínsula, 1966.
——————, *La mujer insatisfecha. El adulterio en la novela realista,* Barcelona: Edhasa, 1984.

CLEMESSY, Nelly, *Emilia Pardo Bazán como novelista*, Madrid: F.U.E., 1982.

DAVIES, Catherine, *Rosalía de Castro no seu tempo*, Vigo: Galaxia, 1987.

DENDLE, Brian, *The Spanish novel of religious thesis (1876-1936)*, Madrid: Castalia-Princeton University, 1968.

DOMERGUE, Lucienne, *Censure et lumières dans l' Espagne de Charles III*, París : CNRS, 1982.

DOWLING, John, *Leandro Fernández de Moratín*, Nueva York, 1971.

ELIZALDE, Ignacio, *Pérez Galdós y su novelística*, Bilbao: Universidad de Deusto, 1981.

FERGUSON, Francis, *Solitude and The Sublime: Romanticism and the Aesthetics of Individuation*, Londres: Routledge, 1992.

FERRERAS, Juan Ignacio, *Introducción a una sociología de la novela española del siglo XIX*, Madrid: Edicusa, 1973.

——————, *El triunfo del liberalismo y de la novela histórica (1820-1870)*, Madrid: Taurus, 1976.

——————, *La novela en el siglo XVIII*, Madrid: Taurus, 1987.

——————, y Andrés Franco, *El teatro en el siglo XIX*, Madrid: Taurus, 1989.

GIES, David T., *El teatro en la España del siglo XIX*, Cambridge: University Press, 1996.

——————, ed., *El romanticismo*, Madrid: Taurus ("El escritor y la crítica"), 1989.

GILMAN, Stephen, *Galdós y el arte de la novela europea, 1867-1887*, Madrid: Taurus, 1985.

GLENDINNING, Nigel, *Vida y obra de Cadalso*, Madrid, 1962.

——————, *El siglo XVIII, Historia de la literatura española*, vol. 4, Barcelona: Ariel, 1973.

GÓMEZ DE LA SERNA, Gaspar, *Los viajeros de la Ilustración*, Madrid: Alianza Editorial, 1974.

GUINARD, P. J., *La presse espagnole de 1717 à 1791. Formation et signification d' un genre*, París: 1973.

GULLÓN, Germán, *El narrador en la novela del siglo XIX*, Madrid: Taurus, 1976.

——————, *Técnicas de Galdós*, Madrid: Taurus, 1980.

——————, *La novela moderna en España (1885-1902)*, Madrid: Taurus, 1992.

GÜNTERT, Georges, y José Luis Varela, eds., *Entre pueblo y corona. Larra, Espronceda y la Novela histórica del romanticismo*, Madrid, Universidad Complutense, 1986.

HUGHES, J. B., *José Calalso y las "Cartas marruecas"*, Madrid, 1969.

IRANZO, Carmen, *"La Regenta": cultura e idiosincrasias de Clarín*, Valencia: Albatros, 1984.

JIMÉNEZ GARCÍA, Antonio, *El krausismo y la Institución Libre de Enseñanza*, Madrid: Cincel, 1985.

KIRKPATRICK, Susan, *Larra*, Madrid, 1977.
—————, *Las Románticas. Escritoras y subjetividad en España, 1835-1850*, Madrid: Cátedra, 1991.

LACADENA Y CALERO, Esther, *La prosa en el siglo XVIII*, Madrid: Playor, 1985.
LISSORGUES, Yvan, *La producción periodística de Leopoldo Alas*, Toulouse: Université, 1980.
—————, ed., *Realismo y naturalismo en España en la segunda mitad del siglo XIX*, Barcelona: Anthropos, 1988.
LITVAK, Lily, *Transformación industrial y literatura en España (1895-1905)*, Madrid: Taurus, 1980.
—————, *España 1900. Modernismo, Anarquismo y fin de siglo*, Barcelona: Anthropos, 1990.
—————, *El tiempo de los trenes. El paisaje español en el arte y la literatura del realismo 1849-1918)*, Barcelona: Eds. Del Serbal, 1991.
LÓPEZ, Julio, *La poesía y el teatro realista*, Madrid: Cincel, 1983.
LÓPEZ, Ignacio-Javier, *Caballero de novela: ensayo sobre el donjuanismo en la novela española moderna, 1880-1930*, Barcelona: Puvill, 1986.
LÓPEZ JIMÉNEZ, Luis, *El Naturalismo en España. Valera frente a Zola*, Madrid: Alambra, 1977.
LÓPEZ SANZ, Mariano, *Naturalismo y espiritualismo en la novela de Galdós y Pardo Bazán*, Madrid: Playor, 1985.
LORENZO-RIVERO, Luis, *Larra: Técnicas y perspectivas*, Madrid: José Porrúa Turanzas, 1988.
LOVETT, Gabriel H., *Romantic Spain*, Nueva York: Peter Lang, 1990.
LLORÉNS, Vicente, *El Romanticismo español*, Madrid: Castalia, 1979 (3ª ed.).

MARRAST, Robert, *José de Espronceda y su tiempo,* Barcelona: Crítica, 1989.
MARTÍNEZ MARTÍN, Jesús A., *Lecturas y lectores en la España isabelina (1833-1868),* Madrid: C.S.I.C., 1986, 2 vols.
——————, *Lectura y lectores en el Madrid del siglo XIX,* Madrid: CSIC, 1992.
MÁS FERRER, Jaime, *Vida, teatro y mito de Joaquín Dicenta,* Alicante: Instituto de Estudios Alicantinos, 1978.
MAYORAL, Marina, *La poesía de Rosalía de Castro,* Madrid: Gredos, 1974.
MENÉNDEZ ONRUBIA, Carmen, *Introducción al teatro de benito Pérez Galdós,* Madrid: CSIC, 1983.
MONTESINOS, José F., *Valera y la ficción libre,* Madrid, 1970 (2ª ed.).
——————, *Costumbrismo y novela,* Madrid, 1980 (4ª ed.).

OLEZA, Juan, *La novela del XIX: del parto a la crisis de una ideología*, Barcelona: Laia, 1984 (1ª ed.:1976).

PALENQUE, Marta, *El poeta y el burgués (Poesía y público, 1850-1900)*, Sevilla: Alfar, 1990.
PAZ, Alfredo de, *La revolución romántica. Poéticas, estéticas e ideologías,* Madrid: Tecnos, 1992.
PEERS, Edgar Allison, *Historia del movimiento romántico español,* Madrid: Gredos, 1967.
POPE, Randolph, *La autobiografía española hasta Torres Villarroel,* Frankfurt-Berna: Lang, 1974.

REGALADO GARCÍA, A., *Benito Pérez Galdós y la novela histórica española, 1868-1912,* Madrid: Ínsula, 1966.
RIBBANS, Geofrey, *History and Fiction in Galdós' Narratives,* Oxford: Clarendon Press, 1993.
RODRÍGUEZ PUÉRTOLAS, Julio, *Galdós: Burguesía y revolución,* Madrid: Turner, 1975.
RIQUER, M. de y J. M. VALVERDE, *Historia de la Literatura Universal*, vol. 7: *Romanticismo y realismo,* Barcelona: Planeta, 1985.
RISCO, Antonio, *Literatura fantástica de lengua española,* Madrid: Taurus, 1987.
ROMERO TOBAR, Leonardo, *La novela popular española del siglo XIX,* Barcelona, 1976.
——————, *Panorama crítico del romanticismo español*, Madrid: Castalia, 1994.
RUBIO JIMÉNEZ, Jesús, *El teatro en el siglo XIX,* Madrid: Playor, 1983.

RULL, Enrique, *La poesía y el teatro en el siglo XVIII,* Madrid: Taurus, 1987.

SAAVEDRA, Luis, *Clarín, una interpretación,* Madrid: Taurus, 1987.
SÁNCHEZ BLANCO, Francisco, *La prosa del siglo XVIII,* Madrid: Júcar, 1992.
SARRAILH, Jean, *La España ilustrada de la segunda mitad del siglo XVIII,* México: F.C.E., 1979 (ed. orig.: París, 1954).
SEBOLD, Russelll P., *Trayectoria del romanticismo español,* Barcelona: Crítica, 1983.
——————, *Descubrimiento y fronteras del Neoclasicismo español,* Madrid: Fund. Juan March, 1985.
——————, *El rapto de la mente. Poética y poesía dieciochescas,* Barcelona: Anthropos, 1989 (2ª ed. aum.).
——————, *Bécquer en sus narraciones fantásticas,* Madrid: Taurus, 1989.
——————, *De ilustrados y románticos,* Madrid: Eds. El Museo Universal, 1992.
——————, ed., *Gustavo Adolfo Bécquer,* Madrid: Taurus ("El escritor y la crítica"), 1985.
SHAW, Donald L., *El siglo XIX: Historia de la literatura española,* vol. 5, Barcelona: Ariel, 1973.
——————, *La generación del 98,* Madrid, 1980 (3ª ed.).
SIMÓN PALMER, Carmen, *escritoras españolas del siglo XIX: Manual bio-bibliográfico,* Madrid: Castalia, 1991.
SMITH, Alan E., *Los cuentos inverosímiles de Galdós en el contexto de su obra,* Barcelona: Anthropos, 1992.
SOBEJANO, Gonzalo, *Echegaray, Galdós y el melodrama,* Madrid: Anales galdosianos, 1978.
——————, *Clarín en su obra ejemplar,* Madrid: Castalia, 1985.

TINTORÉ, Mª José, *"La Regenta" de Clarín y la crítica de su tiempo,* Barcelona: Lumen, 1987.
TORRES, David, *Los prólogos de Leopoldo Alas,* Madrid: Playor, 1984.

VALLS, Joseph-Francesc, *Prensa y burguesía en el XIX español,* Barcelona: Anthropos, 1988.
VARELA, José Luis, *Larra y España,* Madrid: Espasa-Calpe, 1983.
VARELA JÁCOME, Benito, *Estructuras novelísticas del siglo XIX,* Barcelona: Aubí, 1974.
VILLACORTA BAÑOS, Francisco, *Burguesía y cultura. Los intelectuales españoles en la sociedad Liberal, 1808-1931,* Madrid: Siglo XXI, 1980.

YNDURÁIN, Domingo, *Análisis formal de la poesía de Espronceda,* Madrid, 1971.
YNDURÁIN, Francisco, *Galdós, entre la novela y el folletín,* Madrid: Taurus, 1970.
ZAVALA, Iris, *Ideología y política en la novela española del siglo XIX,* Madrid, 1971.
——————, ed., *Romanticismo y realismo,* Barcelona: Crítica, 1982.
——————, *Lectura y lectores del discurso narrativo dieciochesco,* Ámsterdam: Rodopi, 1987.

Parte cuarta

ABELLÁN, Manuel L., *Censura y creación literaria en España (1939-1976),* Barcelona: Península, 1980.
AGUIRRE, J. M., *Antonio Machado, poeta simbolista,* Madrid: Taurus, 1973.
ALAS-BRUN, Mª Montserrat, *De la comedia del disparate al teatro del absurdo (1939-1946),* Barcelona: PPU, 1995.
ALBADALEJO, Tomás, et. al., *Las vanguardias. Renovación de los lenguajes poéticos,* Madrid: Júcar, 1992.
ALDECOA, Josefina R., ed., *Los niños de la guerra,* Madrid: Anaya, 1983.
ALONSO, Corina, *Galdós y los novelistas del 98,* Las Palmas: Cabildo insular de Gran Canaria, 1990.
AMORÓS, Andrés, *La novela intelectual de Ramón Pérez de Ayala,* Madrid: Gredos, 1972.
——————, *Luces de candilejas. Los espectáculos en España (1898-1939),* Madrid: Espasa- Calpe, 1991.
ANCET, Jacques, ed., *En torno a la obra de José Ángel Valente,* Madrid: Alianza-Residencia de Estudiantes, 1996.
ÁNGELES, José, ed., *Estudios sobre Antonio Machado,* Barcelona: Ariel, 1977.
ARIZA, Manuel Enrique, *Enrique Jardiel Poncela en la literatura humorística española,* Madrid: Fragua, 1974.
AYALA, Francisco, *La novela: Galdós y Unamuno,* Barcelona: Seix-Barral, 1974.
——————, ed., et al., *Novela española actual,* Madrid: Cátedra-Fundación Juan March, 1977.
AYUSO, Paulino, *La obra literaria de León Felipe,* Madrid: Universidad Complutense, 1980.

AZAM, Gilbert, *La obra de Juan Ramón Jiménez,* Madrid: Editora Nacional, 1983 (ed. orig.: 1980).

——————, *El modernismo desde dentro,* Barcelona: Anthropos, 1989.

AZNAR SOLER, Manuel, ed., *Las literaturas exiliadas en 1939,* Sant Cugat del Vallés, 1995.

BALCELLS, José Mª, *Miguel Hernández,* Barcelona: Teide, 1990.

BARJAU, Eustaquio, *Antonio Machado: Teoría y práctica del apócrifo,* Barcelona: Ariel, 1975.

BARRERO PÉREZ, Óscar, *La novela existencial española de posguerra,* Madrid: Gredos, 1987.

BASANTA, Ángel, *Cuarenta años de novela española,* Madrid: Cincel, 1979, 2 vols.

BÉCARUD, Jean y E. LÓPEZ CAMPILLO, *Los intelectuales españoles durante la II República,* Madrid: Siglo XXI, 1978.

BERENGUER, Ángel, *El teatro en el siglo XX,* Madrid: Taurus, 1992.

BERGAMÍN, José, *De una España peregrina,* Madrid: Al-Borak, 1972.

BERTRAND DE MUÑOZ, Maryse, *La guerra civil española en la novela. Bibliografía comentada.* Madrid: José Porrúa Turanzas, 1982, 2vols.

BLANCH, Antonio, *La poesía pura española. Conexiones con la cultura francesa,* Madrid: Gredos, 1976.

BLANCO AGUINAGA, Carlos, *Juventud del 98,* Barcelona: Crítica, 1978 (2ª ed.).

BLASCO, Javier y Teresa GÓMEZ TRUEBA, *Juan Ramón Jiménez: la prosa de un poeta,* Valladolid: Grammalca, 1994.

BLESA, Túa y A. PÉREZ LASHERAS, eds., *Actas del Congreso «Jaime Gil de Biedma y su Generación Poética»,* Zaragoza: Departamento de Educación y Cultura, 1996.

BODINI, Vittorio, *Los poetas surrealistas españoles,* Barcelona: Tusquets, 1971.

BOREL, Jean Paul, *El teatro de lo imposible,* Madrid: Guadarrama, 1966.

BRANDENBERGER, E., *Estudios sobre el cuento español contemporáneo,* Madrid: Editora Nacional, 1973.

BROWN, G. G., *El siglo XX,* vol. 6/1 de *Historia de la literatura Española,* Barcelona: Ariel, 1974.

BOUSOÑO, Carlos, *La poesía de Vicente Aleixandre,* Madrid: Gredos, 1950.

——————, *El irracionalismo poético (El símbolo),* Madrid: Gredos, 1977.

BUCKLEY, Ramón, *Problemas formales en la novela española contemporánea,* Barcelona: Península, 1971.

———, y John CRISPIN, eds., *Los vanguardistas españoles (1925-1935)*, Madrid: Alianza, 1973.
BUERO VALLEJO, Antonio et al., *Teatro español actual*, Madrid: Cátedra-Fund. Juan March,1977.
BURGOS, Fernando, ed., *Prosa hispánica de vanguardia*, Madrid: Orígenes, 1986.
BURUNAT, Silvia, *El monólogo interior como forma narrativa en la novela española (1940-1975)*, Madrid: José Porrúa Turanzas, 1980.

CABRALES ARTEAGA, José Manuel, *La Edad Media en el teatro español entre 1875 y 1936*, Madrid: Fundación Juan March, 1986.
CALAMAI, Natalia, *El compromiso de la poesía en la guerra civil española*, Barcelona: Laia, 1979.
CANO, José Luis, *La poesía de la generación del 27*, Madrid: Guadarrama, 1970 (2ª ed.).
———, *La Generación del 27 desde dentro*, Madrid: Versal, 1988.
CANO BALLESTA, Juan, *La poesía española entre pureza y revolución (1930-1936)*, Madrid: Gredos, 1972.
CAÑAS, Dionisio, *Poesía y percepción (Francisco Brines, Claudio Rodríguez y José Ángel Valente)*, Madrid: Hiperión, 1984.
CAO, Antonio F., *Federico García Lorca y las vanguardias: hacia el teatro*, Londres: Támesis Books, 1988.
CARDONA, Rodolfo y Anthony ZAHAREAS, *Visión del esperpento. Teoría y práctica en los esperpentos de Valle-Inclán*, Madrid: Castalia, 1970.
CARLISLE, Charles R., *Ecos del viento, silencios del mar: la novelística de Ignacio Aldecoa*, Madrid: Playor, 1976.
CASTAÑAR, Fulgencio, *El compromiso en la novela de la II República*, Madrid: Siglo XXI, 1992.
CASTELLET, José María, *La hora del lector*, Barcelona: Seix-Barral, 1957.
———, ed., *Un cuarto de siglo de poesía española (1939-1964)*, Barcelona: Seix-Barral, 1966.
———, *Nueve novísimos*, Barcelona: Barral, 1970.
CASTILLO-PUCHE, José Luis, *Ramón J. Sender: el distanciamiento del exilio*, Barcelona: Destino, 1985.
CAUDET, Francisco, ed., *Romancero de la guerra civil*, Madrid: Eds. De la Torre, 1978.
CLAVERÍA, Carlos, *Temas de Unamuno*, Madrid: Gredos, 1970 (2ª ed.).
COLLADO, Fernando, *El teatro bajo las bombas en la guerra civil*, Madrid: Kaydeda, 1989.
———, *Jardiel Poncela. Teatro, vanguardia y humor*, Barcelona: Anthropos-Universidad de Málaga, 1993.

CUEVAS, Cristóbal, *El teatro de Buero Vallejo. Texto y espectáculo*, Barcelona: Anthropos-Universidad de Málaga, 1990.

————, *Jardiel Poncela. Teatro, vanguardia y humor*, Barcelona: Anthropos, 1993.

————, ed., *Juan Ramón Jiménez. Poesía total y Obra en marcha*, Barcelona: Anthropos, 1991.

CURRY, Richard K., *En torno a la poesía de Luis Cernuda*, Madrid: Pliegos, 1985.

DEBICKI, Andrew, P., *Estudios sobre la poesía española contemporánea. La generación de 1924-25*, Madrid: Gredos, 1968.

————, *Poesía del conocimiento. La generación española de 1956-1971*, Madrid: Júcar, 1987.

DÍAZ PLAJA, Guillermo, *Estructura y sentido del novecentismo español*, Madrid: Alianza, 1975.

————, *Sociología cultural del postfranquismo*, Barcelona: Plaza y Janés, 1979.

DÍEZ DE REVENGA, Francisco Javier, *Panorama crítico de la generación del 27*, Madrid: Castalia, 1987.

————, *Jorge Guillén: el poeta y nuestro mundo*, Barcelona: Anthropos, 1993.

DOLGIN, Stracey L., *La novela desmitificadora española (1961-1985)*, Barcelona: Anthropos, 1991.

DOUGHERTY, D. y Mª F. Vilches eds., *El teatro en España. Entre la tradición y la vanguardia (1918-1939)*, Madrid: CSIC, 1992.

DURÁN, Manuel, ed., *Rafael Alberti*, Madrid: Taurus ("El escritor y la crítica"), 1975.

EDWARDS, Gwynne, *Dramaturgos en perspectiva. Teatro español del siglo XX*, Madrid: Gredos, 1985.

ELIZALDE, Ignacio, *Personajes y temas barojianos*, Bilbao: Universidad de Deusto, 1975.

FEAL DEIBE, Carlos, *La poesía de Pedro Salinas*, Madrid: Gredos, 1971.

FERNÁNDEZ CIFUENTES, Luis, *García Lorca en el teatro: la norma y la diferencia*, Zaragoza: Universidad, 1986.

FERNÁNDEZ TORRES, Alberto, coord., *Documentos sobre el teatro independiente español*, Madrid: Centro Nacional de Nuevas Tendencias Escénicas, 1987.

FERRERAS, Juan Ignacio, *Tendencias de la novela española actual (1931-1969)*, París: Eds. Hispanoamericanas, 1970.

FERRERES, Rafael, *Verlaine y los modernistas españoles,* Madrid: Gredos, 1974.
FERRES, A., y J. Ortega, *Literatura española del último exilio,* Nueva York: Gordian Press, 1975.
FRAILE, Menardo, ed., *Teatro español en un acto (1940-1952),* Madrid: Cátedra, 1989.
FUENTES FLORIDO, Francisco, Introducción a *Poesías y poéticas del ultraísmo,* Barcelona: Mitre, 1989.

GARCÍA DE LA CONCHA, Víctor, *La poesía española de 1935 a 1975,* Madrid: Cátedra, 1987.
——————, ed., *El surrealismo,* Madrid: Taurus, 1982.
GARCÍA HORTELANO, Juan, ed., *El grupo poético de los años 50,* Madrid: Taurus, 1978.
GARCÍA MATEOS, Ramón, *Del 98 a García Lorca. Ensayo sobre tradición y literatura,* Salamanca: Diputación provincial, 1998.
GARCÍA PAVÓN, Francisco, *El teatro social en España (1895-1962),* Madrid: Taurus, 1962.
GARCÍA TEMPLADO, José, *Literatura de la posguerra: el teatro,* Madrid: Cincel, 1981.
GEIST, Anthony Leo, *La poética de la generación del 27 y las revistas literarias: de la vanguardia al compromiso (1918-1936),* Barcelona: Labor, 1980.
GIL, Ildefonso Manuel, ed., *Federico García Lorca,* Madrid: Taurus ("El escritor y la crítica"), 1973.
——————, *Valle-Inclán, Azorín y Baroja,* Madrid: Seminarios y Ediciones, 1975.
GIL CASADO, Pablo, *La novela social española (1920-1971),* Barcelona: Seix Barral, 1973 (2ªed.).
——————, *La novela deshumanizada española (1958-1988),* Barcelona: Anthropos, 1990.
GODOY GALLARDO, Eduardo, *La infancia en la narrativa española de posguerra. 1939-1978,* Madrid: Playor, 1979.
GONZÁLEZ López, Emilio, *El arte narrativo de Pío Baroja en las trilogías,* Nueva York: Las Américas, 1972.
GRACIA, Jordi, ed., *Crónica de una deserción. Ideología y literatura en la prensa universitaria del franquismo (1940-1960). Antología,* Barcelona: PPU, 1994.
GRANDE, Félix, *Apuntes sobre poesía española de posguerra,* Madrid: Taurus, 1970.
GREENFIELD, Sumner M., *Ramón María del Valle-Inclán: anatomía de un teatro problemático,* Madrid: Fundamentos, 1972.

GULLÓN, Ricardo, *La novela lírica,* Madrid: Cátedra, 1984.
——————, *La novela española contemporánea*, Madrid: Alianza Editorial, 1994.
GUERRA, Manuel H., *El teatro de Manuel y Antonio Machado,* Madrid: Mediterráneo, 1966.

HARRIS, Derek, *Luis Cernuda. A study of the poetry,* Londres: Támesis Books, 1973.
——————, ed., *Luis Cernuda,* Madrid: Taurus ("El escritor y la crítica"), 1977.
HORMIGÓN, Juan Antonio, ed., *Busca y rebusca de Valle-Inclán. Actas del Simposio internacional* (mayo 1986), Madrid: Ministerio de Cultura, 1989.

ILIE, Paul, *Los surrealistas españoles,* Madrid: Taurus, 1972.
——————, *Literatura y exilio interior (escritores y sociedad en la España franquista)*, Madrid: Fundamentos, 1981.

JIMÉNEZ, José Olivio, *Diez años decisivos en la poesía española, 1960-1970*, Madrid: Rialp, 1998.
JIMÉNEZ MARTOS, Luis, ed., *La generación poética de 1936,* Barcelona: Plaza y Janés, 1972.
JONGH-ROSSEL, Elena, *El krausismo y la generación de 1898,* Valencia: Albatros, 1985.

LAÍN ENTRALGO, Pedro, *La Generación del 98,* Madrid: Espasa-Calpe, 1997 (1ª ed.: 1947).
LÁZARO CARRETER, Fernando, *Introducción a la poesía de Vicente Aleixandre,* Madrid: FUE, 1979.
LIVINGSTONE, Leon, *Tema y forma en las novelas de Azorín,* Madrid: Gredos, 1970.
LIZCANO, Pablo, *La generación del 56. La Universidad contra Franco,* Barcelona: Grijalbo, 1981.
LÓPEZ LÓPEZ, Mariano, *El mito en cinco escritores de posguerra (Rafael Sánchez Ferlosio, Juan Benet, Gonzalo Torrente Ballester, Álvaro Cunqueiro, Antonio Prieto)*, Madrid: Verbum, 1992.

LLERA, Luis de, *Ortega y la Edad de Plata de la literatura española (1914-1936),* Roma: Bulzoni, 1991.

MACRÍ, Oreste, *La obra poética de Jorge Guillén,* Barcelona: Ariel, 1976.

MAINER, José-Carlos, *La Edad de Plata (1902-1939). Ensayo de interpretación de un proceso cultural,* Madrid: Cátedra, 1983.

——————, Coord.: *Modernismo y 98. Historia y Crítica de la Literatura Española,* vol.6, Barcelona: Crítica, 1980.

——————, *Tramas, libros, nombres. Para entender la literatura española, 1944-2000,* Barcelona: Anagrama, 2005.

MARRA-LÓPEZ, José Ramón, *Narrativa española fuera de España (1939-1961),* Madrid:Guadarrama, 1963.

MARRAST, Robert, *El teatre durant la guerra civil espanyola,* Barcelona: Institut del Teatre, 1978.

MARTÍNEZ CACHERO, José Mª, *La novela española entre 1936 y el fin de siglo. Historia de una aventura,* Madrid: Castalia, 1997.

MARTÍNEZ NADAL, Rafael, *Amor y muerte en la obra de Federico García Lorca,* México: J. Mortiz, 1974.

MAS, Miguel, *La escritura material de José Ángel Valente,* Madrid: Hiperión, 1986.

MIGUEL MARTÍNEZ, Emilio de, *Lorca desde el 'Llanto',* Valladolid: Ediciones Universidad, 2014.

MIRALLES, Alberto, *Nuevo teatro español: una alternativa social,* Madrid: Villalar, 1977.

MONEGAL, Antonio, *En los límites de la diferencia. Poesía e imagen en las vanguardias hispánicas,* Madrid: Tecnos, 1998.

MONLEÓN, José, *El teatro de Max Aub,* Madrid: Taurus, 1971.

——————, *Treinta años de teatro de la derecha,* Barcelona: Tusquets, 1971.

NAHARRO CALDERÓN, José Mª, ed., *El exilio de las Españas de 1939 en las Américas: ¿A dónde fue la canción?,* Barcelona: Anthropos, 1991.

NALLIM, Carlos O., *El problema de la novela en Baroja,* México: Atenea, 1964.

NAVAS OCAÑA, María Isabel, *Vanguardias y crítica literaria en los años cuarenta, «El grupo Escorial» y la «Juventud Creadora»,* Almería: Universidad de Almería, 1995.

NICHOLS, Geraldine Clear, *Des/cifrar la diferencia. Narrativa femenina de la España contemporánea,* Madrid: Siglo XXI, 1992.

NICOLÁS, César, *Ramón y la greguería: Morfología de un género nuevo,* Cáceres: Universidad De Extremadura, 1988.

NIEVA DE LA PAZ, Pilar, *Autoras dramáticas españolas entre 1918 y 1936,* Madrid: CSIC, 1993.

NORA, Eugenio G. de, *La novela española contemporánea (1939-1967),* Madrid: Gredos, 1970, 3 vols.

OLIVA, César, *Disidentes de la generación realista*, Murcia: Universidad de Murcia, 1979.

——————, *El teatro desde 1936*, Madrid: Alhambra, 1989.

ORTIZ, Fernando, *La estirpe de Bécquer. Una corriente central en la poesía andaluza contemporánea*, Sevilla: Biblioteca de la Cultura Andaluza, 1985.

OSUNA, Rafael, *Las revistas españolas entre dos dictaduras (1931-1939)*, Valencia: Pre-Textos, 1986.

PALOMO, María del Pilar, *La poesía en el siglo XX (desde 1939)*, Madrid: Taurus, 1988.

PARAÍSO, Isabel, *Cómo leer a Juan Ramón Jiménez*, Madrid: Júcar, 1990.

PEÑA, Pedro J. de la, *Juan Gil-Albert*, Madrid: Júcar, 1982.

PEÑUELAS, Marcelino, *La obra narrativa de Ramón J. Sender*, Madrid: Gredos, 1971.

PÉREZ, Janet, ed., *Novelistas femeninas de la postguerra española*, Madrid: José Porrúa Turanzas, 1983.

PÉREZ GUTIÉRREZ, Francisco, *La generación de 1936*, Madrid: Taurus, 1976.

PONT, Jaume, *El postismo. Un movimiento estético-literario de vanguardia*, Barcelona: Ed. del Mall, 1987.

POPE, Randolph D., *Novela de emergencia: España, 1939-1954*, Madrid, SGEL, 1984.

PREDMORE, Michael, P., *La obra en prosa de Juan Ramón Jiménez*, Madrid: Gredos, 1966.

——————, *La poesía hermética de Juan Ramón Jiménez*, Madrid: Gredos, 1973.

PRIETO DE PAULA, Ángel L. *Musa del 68. Claves de una generación poética*, Madrid: Hiperión, 1996.

PROVENCIO, Pedro, *Poéticas españolas contemporáneas. La generación del 50*, Madrid: Hiperión, 1988.

RAMOS, Vicente, *Vida y teatro de Carlos Arniches*, Madrid: Alfaguara, 1966.

RAMOS ORTEGA, Manuel, *La prosa literaria de Luis Cernuda*, Sevilla: Diputación, 1982.

REGALADO, Antonio C., *El demiurgo y su mundo. Hacia un nuevo enfoque de la obra de Valle-Inclán*, Madrid: Gredos, 1977.

REY, Alfonso, *La originalidad novelística de Delibes*, Santiago de Compostela: Universidad, 1975.

——————, *Construcción y sentido en "Tiempo de silencio"*, Madrid: Porrúa Turanzas, 1977.

RIBES, Francisco, ed., *Antología consultada de la joven poesía española*, Valencia: Marés, 1952 (reed. Valencia, 1983).
RIERA, Carme, *La escuela de Barcelona. Barral, Gil de Biedma, Goytisolo: el núcleo poético de la generación de los 50*. Barcelona: Anagrama, 1988.
RÍOS CARRATALÁ, Juan A., ed., *Estudios sobre Carlos Arniches*, Alicante, 1994.
ROBERTS, Gemma, *Temas existenciales en la novela española de posguerra*, Madrid: Gredos, 1973.
RODRÍGUEZ FER, Claudio, ed., *José Ángel Valente*, Madrid: Taurus ("El escritor y la Crítica"), 1992.
RODRÍGUEZ RICHART, J., *Vida y teatro de Alejandro Casona*, Oviedo: Instituto de Estudios Asturianos, 1963.
RODRÍGUEZ-PUÉRTOLAS, Julio, *Literatura Fascista Española*, Madrid: Akal, 1986.
ROF CARBALLO, J., et al., *El teatro de humor en España*, Madrid: Editora Nacional, 1966.
ROVIRA; José Carlos, *Léxico y creación poética en Miguel Hernández*, Alicante, 1983.
─────────, coord., *Miguel Hernández cincuenta años después. Actas del I Congreso Internacional*, Alicante, 1993.
ROVIRA, Pere, *La poesía de Jaime Gil de Biedma*, Barcelona: Ediciones del Mall, 1986.
ROZAS, Juan Manuel, *La generación del 27 desde dentro (Textos y documentos)*, Madrid: Alcalá, 1974.
─────────, *El 27 como generación*, Santander: La Isla de los Ratones, 1978.
RUBIA BARCIA, José, *El exilio del siglo XIX y la guerra civil*, Zaragoza: Institución Fernando El Católico, 1988.
RUBIO, Fanny, *Las revistas poéticas españolas (1939-1975)*, Madrid: Turner, 1976.
RUIZ RAMÓN, Francisco, *Historia del teatro español. Siglo XX*, vol. 2, Madrid: Cátedra, 1970.

SALAÜN, Serge y Carlos SERRANO, *1900 en España*, Madrid: Espasa-Calpe, 1991.
SÁNCHEZ ALBORNOZ, Nicolás y Teresa POCHAT, eds., *El destierro español en América. Un trasvase cultural*. Madrid: Instituto de Cooperación Iberoamericana, 1991.
SANZ VILLANUEVA, Santos, *Lectura de Juan Goytisolo*, Barcelona: Ámbito, 1977.

———————, *Historia de la novela española (1942-1975)*, Madrid: Alambra, 1980, 2 vols.

———————, *Literatura actual*, vol. 6/2 de *Historia de la literatura Española*, Barcelona: Ariel, 1984.

SENABRE SEMPERE, Ricardo, *Lengua y estilo de Ortega y Gasset*, Salamanca: Acta salmanticensia, 1964.

———————, *La poesía de Rafael Alberti*, Salamanca: Universidad, 1977.

SIEBENMANN, G., *Los estilos poéticos en España desde 1900*, Madrid: Gredos, 1973.

SOBEJANO, Gonzalo, *Novela española de nuestro tiempo (en busca del pueblo perdido)*, Madrid: Prensa Española, 1973.

SOLDEVILA, Ignacio, *La obra narrativa de Max Aub (1929-1969)*, Madrid: Gredos, 1973.

———————, *Historia de la novela española (1936-2000)*, Madrid: Cátedra, 2001.

SPIRES, Robert C., *La novela española de posguerra*, Madrid: Cupsa, 1978.

TALENS, Jenaro, *El espacio y las máscaras. Introducción a la lectura de Cernuda*, Barcelona: Anagrama, 1975.

THOMAS, Gareth, *The novel of the Spanish Civil War (1936-1975)*, Cambridge: Cambridge University, 1990.

TORRENTE BALLESTER, Gonzalo, *Teatro español contemporáneo*, Madrid: Guadarrama, 1957.

UMBRAL, Francisco, *Ramón y las vanguardias*, Madrid: Espasa-Calpe, 1978.

URRUTIA, Jorge, *El novecentismo y la renovación vanguardista*, Madrid: Cincel, 1980.

VELILLA, Ricardo, *La literatura del exilio a partir de 1936*, Madrid: Cincel, 1984.

VALVERDE, José María, *Azorín*, Barcelona: Planeta, 1971.

VERDÚ, Joaquín, *La luz y la oscuridad en el teatro de Buero Vallejo*, Barcelona: Ariel, 1977.

VILANOVA, Antonio, *Novela y sociedad en la España de posguerra*, Barcelona: Lumen, 1995.

WINGLER, Hans M., ed., *Las escuelas de arte de vanguardia 1900-1933*, Madrid: Taurus, 1983.

YAGÜE LÓPEZ, Pilar, *La poesía en los setenta. Los «novísimos», referencia de una época*, Coruña: Universidade da Coruña, 1997.

YNDURÁIN, Domingo, *Ideas recurrentes en Antonio Machado (1898-1907)*, Madrid: Turner, 1975.

——————, *Del clasicismo al 98,* Madrid: Biblioteca Nueva, 2000.
ZAMBRANO, María, *Los intelectuales en el drama de España,* Madrid: Hispamerca, 1977.
ZAMORA VICENTE, Alonso, *Las "Sonatas" de Valle-Inclán,* Madrid: Gredos, 1969 82ª ed.).
——————, *La realidad esperpéntica. Aproximación a "Luces de bohemia",* Madrid: Gredos, 1969.
ZAVALA, Iris M., *Fin de siglo: modernismo, 98 y bohemia,* Madrid: Cuadernos para el diálogo, 1974.
ZUBIZARRETA, Armando, *Unamuno en su nivola,* Madrid: Taurus, 1960.
ZULETA, Emilia de, *Cinco poetas españoles,* Madrid: Gredos, 1971.

Índice de autores y obras anónimas

En esta relación onomástica, correspondiente a la paginación del presente volumen, se da cabida a un buen número de títulos de obras anónimas, de difícil atribución, o de varios autores, incluyendo siempre las menciones que figuran en las notas a pie de página. Por las peculiaridades de la transmisión literaria en este periodo, se registran también nombres de copistas, traductores, compiladores, editores, inquisidores y apócrifos, optando por la denominación más conocida. Dada la magnitud de esta relación, se han excluido de ella, en cambio, los estudiosos actuales y críticos literarios, en general.

Addison, Joseph, 37-38, 158, 161
Afán de Rivera, Fulgencio, 28
Agustí, Ignacio, 488-489
Alarcón, Pedro Antonio de, 143, 154, 168, 187-189, 192, 195, 198, 200, 231, 286
Alas, Leopoldo (v. Clarín)
Albéniz, Isaac, 247
Alberti, Rafael, 280, 365, 368, 372, 378, 384-388, 390, 392, 394,-400, 404, 411, 426, 435, 437-440, 442, 459, 462, 464-466, 471, 499, 574
Alcalá Galiano, Antonio, 107, 194-195
Aldana, Francisco de, 424
Aldecoa, Ignacio, 304, 496-497, 511-514, 518, 564
Aldecoa, Josefina: Josefina Rodríguez, 273, 511

Aleixandre, Vicente, 384, 388, 417-419, 423, 426, 444, 447, 459, 591, 603, 606
Alighieri, Dante, 172, 325
Almeida Garrett, João Baptista da Silva Leitão de, 140
Alonso, Dámaso, 387, 390, 393, 395-397, 408, 413, 416-417, 445, 452, 56-458, 465, 578
Altolaguirre, Manuel, 384-386, 389, 394-395, 408, 429-432, 438, 441, 446, 458, 469
Álvarez Cienfuegos, Nicasio, 71
Álvarez de Toledo, Gabriel, 59
Álvarez Quintero, Serafín y Joaquín (hermanos), 170, 330-332, 345, 350, 376
Álvarez Valladares, José (v. Clavijo y Fajardo, José)
Amiel, Henri-Fréderic, 102, 300
Anouilh, Jean, 329, 476
Apollinaire, Guillaume, 379
Aragón, Louis, 440
Arana, José Ramón: José Ruiz Borau, 494-495
Arana, Sabino, 253
Arconada, César M., 458, 476
Aribau, Carlos, 100, 104
Arniches, Carlos, 324, 331, 338, 344-347, 352, 359, 362, 366-367, 519, 567-568, 573
Arolas, Juan, 125
Arrabal, Fernando, 571
Arroyal, León de, 38
Artaud, Antonin, 569, 571, 587
Asunción Silva, José, 265
Aub, Max, 349, 366, 369, 471-472, 481-483, 507, 555
Aulnoy, condesa de: Marie-Catherine Le Jumelle de Barneville, 42

Aumente, Julio, 352, 576
Ayala, Francisco, 294, 390, 410, 460, 483
Ayguals de Izco, Wenceslao, 180
Azaña, Manuel, 355, 369, 388, 410, 433, 461, 468
Azorín: José Martínez Ruiz, 135, 176, 234, 242, 245-247, 251-252, 254-258, 261, 277, 283-284, 298, 304-306, 325, 329, 332, 509
Azúa, Félix de, 605
Bacon, Francis, 23, 26, 39
Bakunin, Mijaíl Alexandrovich, 209, 290
Balzac, Honoré de, 158, 163, 170, 183, 192, 207, 222, 234
Bardem, Juan Antonio, 519
Barea, Arturo, 479-480, 482, 498
Baretti, Joseph, 42
Bark, Ernesto, 265, 358
Baroja y Nessi, Pío, 194, 197-198, 200, 206, 210, 218, 224, 242, 244-245, 248, 250, 252, 255, 257-258, 278, 283-284, 287-288, 290, 292-305, 310-311, 313-314, 316,321,338,345-346, 358, 362, 479-480 484, 486, 501-503, 507, 511, 527, 541
Batlló, José, 54, 604
Barral, Carlos, 517, 520, 590, 593
Barrés, Maurice, 258
Barrett Browning, Elizabeth, 141
Barthes, Roland, 541
Baudelaire, Charles, 194, 264, 267, 312, 403, 426, 602
Bayo, Ciro, 304-304, 314, 357, 486, 501
Beaumarchais, Pierre-Augustin de, 37, 92, 161

Beckett, Samuel, 553
Bécquer, Gustavo Adolfo (Domínguez Bastida, Adolfo Claudio), 44, 58, 98, 101, 106, 120, 126, 129, 130-139, 141, 153-155, 168, 170-176, 185, 258, 267, 269, 272-273, 277, 286, 295, 400, 418, 420, 427, 437, 580
Beethoven, Ludwig van, 391
Benavente, Jacinto, 145, 151, 250, 298, 322, 333-338, 340, 345-346, 350, 352, 372, 376, 550, 564, 573
Benet, Juan, 496, 511, 525, 536-538, 544
Berceo, Gonzalo de, 242, 258, 279, 450
Bergamín, José, 389, 435, 438, 461
Bergson, Henri, 276
Berlioz, Hector, 128
Bernanos, Georges, 440, 493
Bernard, Claude, 213
Blake, William, 428
Blanco Amor, Eduardo, 487, 512
Blanco White, José (José María Blanco Crespo), 44, 87, 103-104, 107, 156-157
Blasco Ibáñez, Vicente, 179, 216, 236, 242-243, 281, 288-291, 297, 299, 520, 522
Boadella, Albert, 570
Boileau, Nicolás, 60, 158, 164
Bölh de Faber, Cecilia (v. Fernán Caballero)
Bölh de Faber, Juan Nicolás, 103, 250
Böll, Robert Henri, 494
Borges, Jorge Luis, 406
Borrow, George, 155

Bourgoing, Jean-François, 43
Bousoño, Carlos, 578
Bowles, Guillermo, 43
Brecht, Bertold, 327, 492, 571
Breton, André, 250, 382, 398, 403
Bretón, Tomás, 149
Bretón de los Herreros, Manuel, 106, 111-112, 149, 332
Brines, Francisco, 590, 604
Brodsky, Joseph, 275
Brönte, Charlotte, 222
Brönte, Emily, 490
Brunetiére, Ferdinand, 213
Buero Vallejo, Antonio, 537, 557-567, 574
Buñuel, Luis, 356, 386, 403, 409, 411, 430, 469, 483, 521, 551
Byron, George Gordon (sexto Lord Byron), 104, 109, 119-120, 123, 127, 141, 195, 367, 454

Caballero Bonald, José Manuel, 522, 590, 593
Cadalso, José, 12-13, 19-20, 24, 38, 40-41, 44-58, 64-68, 71, 75, 79, 99, 101, 156, 159, 162, 532
Caimo, Norberto, 42-43
Calderón de la Barca, Pedro, 72, 76-77, 83, 107, 127-128, 144, 148, 230, 336, 349, 352, 365-366, 369-370, 416
Calvo Sotelo, Joaquín, 549-550, 556-557
Calvo Sotelo, José, 433
Camba, Julio, 246, 406
Campbell, Thomas, 156
Campoamor, Ramón de, 135, 263
Camus, Albert, 485, 565

Cansinos Assens, Rafael, 319, 388, 390, 463
Cañizares, José de, 74-75
Cañuelo, L., 39-40
Capmany, María Aurelia, 500
Carnero, Guillermo, 463, 592, 603, 605, 608
Carnés, Luisa, 498
Carranque Ríos, Andrés, 304
Carrere, Emilio, 263
Carus, Carl Gustav, 102
Carvajal, Antonio, 612
Casona, Alejandro: A. Rodríguez Álvarez, 348, 369, 475-476, 555, 558, 563, 574
Castellet, José María, 492, 590, 605-606, 610
Castillo Solórzano, Alonso de, 56
Castro, Américo, 484, 532
Castro, Rosalía de, 139, 141, 216
Castroviejo, Concha, 499
Cela Trulock, Camilo José, 288, 301, 304, 322, 354, 484-488, 491, 496, 500-506, 513, 518, 526, 538-539, 544-546, 554, 558, 567, 588
Celaya, Gabriel: Rafael Múgica, 456, 575, 578-582, 592
Cepeda, Teresa de (Teresa de Ávila, Santa Teresa de Jesús), 141, 340, 597
Cernuda, Luis, 104, 122, 373, 384-388, 395-396, 405, 408, 410, 412, 415, 417, 419, 423-430, 443, 459-460, 466-470, 530, 547, 598-599, 602, 606
Cervantes Saavedra, Miguel de, 15-16, 19, 31, 49, 83, 88-89, 157, 164, 172, 182, 194, 196, 198, 208-209, 214, 227, 235-236, 258, 306-309, 323, 325, 349, 352, 364, 401, 526, 560, 564
Chacel, Rosa, 499, 510
Champourcín, Ernestina de, 468
Chapí, Ruperto, 331, 344
Chaplin, Charles, 361, 474, 551
Chateaubriand, François-René (vizconde de), 154, 171, 181, 183
Chéjov, Antón, 235, 327, 376
Chesterfield, conde de: Philip Dormer Stanhope, 52
Choderlos de Laclos, Pierre-Ambroise, 35
Chueca, Federico, 306
Cienfuegos, Beatriz, 39
Cirlot, Juan Eduardo, 589, 606
Claramunt, Teresa, 150
Clarín: Leopoldo Alas, 148, 151-152, 177-178, 183, 189, 193-195, 198, 202, 205, 207, 212, 214-216, 220-221, 223-237, 251, 288, 289, 296, 298, 306, 320, 325, 514
Clarke, Edgard, 42
Clavijo y Fajardo, José, 12, 37-39, 41, 64, 77, 172
Cocteau, Jean, 347, 349
Cohen, Leonard, 612
Coleridge, Samuel Taylor, 120
Colinas, Antonio, 611
Comella, Luciano Francisco, 27, 86, 89, 91
Comte, Auguste, 213
Conrad, Joseph, 299
Corelli, Arcanuelo, 560
Corneille, Pierre, 109
Coronado, Carolina, 141
Cortázar, Julio, 528, 546
Cossío, José María de, 402
Costa, Joaquín, 13, 257, 274, 291

Costa, Juan, 205
Costafreda, Alfonso, 591
Cozzens, James, 611
Crémer, Victoriano, 454, 456, 576, 578-579, 591
Croiset, Jean, 31
Crommelinck, Fernand, 349
Cruz, San Juan de la (v. Juan de la Cruz)
Cruz, Ramón de la, 10, 82-83, 168, 331
Cunqueiro, Álvaro, 319, 523-524, 542, 563
Curros Enríquez, Manuel, 139

Dalí, Salvador, 375, 386, 403, 406
Dalrymple, William, 42, 72
D'Annunzio, Gabriele, 212, 250, 286
Dante (v. Alighieri, Dante)
D'Argens, Jean-Baptiste, 48
Darío, Rubén: Félix Rubén García Sarmiento, 138, 197, 248, 250, 262, 264, 266, 268-269, 273, 311, 328, 393, 418, 508, 541
Darwin, Charles, 213, 293
Daudet, Alphonse, 234
Defoe, Daniel, 12
De Jouy, Victor Joseph Etiènne, 158-159, 166
Delibes, Miguel, 288, 506, 508-511, 513, 532-533, 538, 544, 560
Desbordes-Valmore, Marceline, 141
Descartes, René, 19
Desnoyers, Louis, 158-159
Desprez, Louis, 212
Deville, G., 141, 222
Dicenta, Joaquín, 149, 151-152, 334, 557, 567

Dickens, Charles, 180, 207-208, 294, 302, 566
Diderot, Denis, 85
Diego, Gerardo, 279, 384-385, 389, 391-393, 397, 414-415, 418, 428
Doblado, Leocadio (v. Blanco White, José)
Domenchina, Juan José, 384, 468
Domínguez Bastida, Adolfo Claudio (v. Bécquer)
D'Ors, Eugenio, 245, 247, 251-252
Doss Passos, John, 440, 505, 511
Dostoyevski, Fiódor Mijailovich, 208, 218
Duchamp, Marcel, 379
Dumas, Alejandro, 107-108, 116-117, 119, 126, 144, 155, 180
Durán, Agustín, 107-108, 110, 279
Dylan, Bob, 612

Eça de Queirós, Jose Maria, 212, 286
Echegaray y Eizaguirre, José de, 146-148, 150, 328, 334, 339, 362
Eliot, Thomas Stearns, 414, 416-417, 424, 454, 606
Éluard, Paul, 382, 419, 432, 440
Emerson, Ralph Waldo, 50
Erasmo de Rótterdam (Desiderius Erasmus Rotterdamus), 17, 25, 31
Erauso y Zabaleta, Tomás (marqués de la Olmeda), 76
Espina, Concha, 188, 319, 477
Espinosa, Félix Lucio de, 24
Espriu, Salvador, 605
Espronceda y Delgado, José de, 71, 97-100, 106, 108-

109, 119-130, 133, 136, 141,
159, 172, 181, 267, 271, 273,
275, 279, 312, 428
Estébanez Calderón, Serafín,
169-170, 184, 200

Falla, Manuel de, 187, 338, 364,
386, 551
Faulkner, William, 489, 505,
527, 536
Feijoo, Benito Jerónimo, 19,
22-26, 52, 54, 74-75
Feliu i Codina, Josep, 336
Fernán Caballero: Cecilia Bölh de
Faber, 183-188, 190, 200, 216
Fernández de la Reguera,
Ricardo, 484, 500
Fernández de Moratín,
Leandro, 19, 35, 45, 76, 86-
93, 95, 111, 142, 149, 331-332,
362, 365
Fernández de Moratín, Nicolás,
16, 63-64, 66, 68, 70, 78, 81
Fernández de Ribera, Rodrigo,
157
Fernández Flórez, Darío, 508
Fernández Flórez, Wenceslao,
298, 318-319, 477, 523
Fernández Santos, Jesús, 511, 514,
522, 559
Fernández y González, Manuel,
179
Ferrán, Augusto, 135
Ferreiro, Celso Emilio, 560
Ferres, Antonio, 520-521
Figuera Aymerich, Ángela,
506, 576, 580, 608
Flaubert, Gustav, 184, 199, 207,
222, 227-229, 232, 234, 285,
296, 307, 508
Fleuriot, Jean-Marie (marqués
de Langle), 43

Florian, Jean-Pierre de, 182
Fontane, Theodor, 222, 227, 229
Forner, Juan Pablo, 14-15, 19,
41, 45, 63
Fourier, Charles, 180
Foxá, Agustín de, 439, 451, 477
Freud, Sigmund, 330
Friedrich, Caspar David, 102
Fuentelapeña, Antonio de
(fray), 25
Fuertes, Gloria, 576, 588

Gala, Antonio, 573-574
Galdós (v. Pérez Galdós,
Benito)
Gallegos, Rómulo, 198
Galli, Fiorenzo, 104
Gamoneda, Antonio, 591
Ganivet, Ángel, 201, 242, 244,
294
Gaos, Vicente, 578
García Baena, Pablo, 575-576
García de la Huerta, Vicente,
20, 79-80
García Gutiérrez, Antonio,
100, 111, 115-117, 170
García Hortelano, Juan, 496,
508, 517, 522, 540, 591
García Lorca, Federico, 148,
268, 280, 333, 336-337, 340,
347, 349, 352-353, 362-363,
365-378, 384, 386-388, 391-
393, 395, 397, 400-406, 408-
409, 411, 413, 428-430, 434,
437-438, 443, 448, 455, 457,
512, 551-552, 557, 559, 569, 571-
572, 574, 576, 602
García Márquez, Gabriel, 316,
528, 542
García Montero, Luis, 426, 452,
611-612
García Nieto, José, 453-454, 576

García Serrano, Rafael, 477
Garcilaso (v. Vega, Garcilaso de la)
Garfias, Pedro, 439, 442, 462-463
Gautier, Théophile, 106, 117, 155
Gaya, Ramón, 437
George Sand: Dupin, Amandine-Aurore Lucille, 186
Gide, André, 428, 530
Gil-Albert, Juan, 439, 442-444, 459, 463, 466, 485, 592
Gil de Biedma, Jaime, 387, 428, 590-591, 593, 599-604, 606
Gil y Carrasco, Enrique, 181
Gil Vicente, 396
Gimferrer, Pere, 605, 610
Giner de los Ríos, Francisco, 206, 224, 255, 274, 456
Giraudoux, Jean, 327, 476
Gironella, José María, 478, 493-494
Goethe, Johann Wolfgang von, 29, 33, 37, 57, 101, 128, 199, 319, 325
Goldoni, Carlo, 86
Goldsmith, Oliver, 48, 50
Gómez de Avellaneda, Gertrudis, 141, 185-186, 221
Gómez de la Serna, Ramón, 246, 319, 349-350, 357, 380-384, 389-392, 430, 474, 545, 551-552, 580
Goncourt, Edmond Huot y Jules de, 212, 222, 306
Góngora, Luis de, 28, 59-60, 266, 385, 393-395, 444, 576, 607
González, Ángel, 579, 590, 594-595
González, Diego Tadeo (fray), 65

González del Castillo, Juan Ignacio, 83, 331
Gorki, Máximo, 150, 285, 302, 472, 564
Goya y Lucientes, Francisco de, 11, 68, 81, 89, 354, 356
Goytisolo, Luis, 520, 543
Goytisolo, José Agustín, 579, 590, 594-595, 600
Goytisolo, Juan, 496, 508-509, 513, 520-522, 529-534, 536, 538, 543, 568, 591
Gracián, Baltasar, 22, 27, 311
Gramsci, Antonio, 411
Grande, Félix, 586, 590, 593, 595, 601, 604
Granés, Salvador María, 358
Grau, Jacinto, 325, 342-343, 347-348, 362, 555
Grimm, Jacob y Wilhelm (hermanos), 189
Gris, Juan, 379, 423
Grosso, Alfonso, 521, 539
Gourmont, Remy de, 213
Guevara, Antonio de (fray), 22-24, 69, 256
Guilarte, Cecilia G. de, 498
Guillén, Jorge, 272, 384, 388, 390-391, 393, 402, 415-420, 425, 457, 460, 466, 546, 575
Guimerà, Àngel, 336

Hardenberg, F. L. (v. Novalis)
Hardy, Thomas, 212, 222
Harry, Alfred, 339
Hartzenbusch, Juan Eugenio de, 115, 118, 125, 141
Hauptmann, Gerhart, 150, 212
Heidegger, Martin, 589
Heine, Henri, 120, 136, 267, 269
Hemingway, Ernest, 440, 493, 505, 511

Hernández, Miguel, 275, 372, 376, 409, 411, 437, 442, 444-450, 453-454, 471, 503, 557, 582-584, 592
Herrera, Fernando de, 448
Herrera Petere, José, 476
Hervey, James, 56
Hidalgo, José Luis, 458
Hierro, José, 458, 578-582, 595, 601
Hita, Arcipreste de: Juan Ruiz, 408
Hoffmann, Ernest Theodor Amadeus, 171
Hölderlin, Friedrich, 120, 418, 428
Homero, 109, 321, 356-357
Hugo, Víctor, 99, 102, 105-106, 108, 112-113, 118, 171, 178, 180, 214
Huidobro, Vicente, 250, 271, 378, 413-414
Húmara, Ramiro, 181

Ibsen, Henrik, 142, 150, 327, 333, 375-376, 559
Icaza, Carmen de, 489, 518
Iglesias de la Casa, José, 65
Ionesco, Eugène, 353, 356, 553
Iriarte, Tomás de, 15, 38-39, 45, 52, 63, 81, 90
Isla, José Francisco de, 29-32

Jardiel Poncela, Enrique, 350, 363, 472-474, 551, 553, 567
Jarnés, Benjamín, 318, 476
Jiménez, Juan Ramón, 19, 37-38, 54, 57, 81, 95, 98, 100, 108-113, 116-117, 121, 143, 153, 156-166, 168, 170, 174, 181, 217, 242, 244, 247, 252, 256, 545
Jiménez Arnau, José Antonio, 478

Johnson, Samuel, 48
Jovellanos, Gaspar Melchor de, 12-13, 15, 20-21, 35, 38, 42-44, 61, 64-65, 68, 70-71, 84-85, 154, 174
Joyce, James, 525, 527
Juan de la Cruz, San: fray Juan de Yepes, 430, 457, 597, 599
Juan Ramón (v. Jiménez, Juan Ramón)
Juvenal, 66

Kafka, Frank, 525, 530, 564
Kandinsky, Vasili, 380
Kant, Enmanuel, 17, 41, 52
Kavafis, Constantino, 598, 606
Keaton, Buster, 361, 368, 474
Keats, John, 120, 428, 454
Kierkegaard, Soren, 309
Kirchner, Ernst Ludwig, 404
Kleist, Heinrich Wilhelm, 109
Kook, E., 109
Krause, Karl C. F., 206

Laborde, Alexandre de, 87
Labordeta, Miguel, **575, 589**
La Fontaine, Jean de, 62
Laforet, Carmen, 478, 484, 487-490, 499, 518, 543
Lamartine, Alphonse de, 120, 136, 141, 267
Landínez, Luis, 487
Larra, Mariano José de, 19, 37-38, 54, 81, 95, 98, 100, 108-113, 116-117, 121, 143, 153, 156-166, 168, 170, 174, 181, 217, 242, 244, 247, 252, 256, 545
Larrea, Juan, 383, 414, 463
Layton, William, 570
Lawrence, D. H., 481
Legipont, Olivier, 46

Lejárraga, María, 338
León Felipe: Felipe Camino Galicia de la Rosa, 246, 435, 439-440, 466-467, 495, 575-576, 601
Luis de León, fray, 69, 145, 445
León, María Teresa, 396, 409, 437, 464, 468, 471, 499
León, Rafael de, 438
León y Mansilla, José, 59
Leopardi, Giacomo, 97, 123
Leibniz, Gottfried, 19
Lesage, Alain-René, 32
Lessing, Gotthold Ephraim, 85, 103
Letters from a Moor at London to his friend at Tunis, 48
Letourneau, Charles, 213, 234
Lezama Lima, José, 528, 606
Linares Rivas, Manuel, 338
Liñán y Verdugo, Antonio, 27, 157
Llull, Ramon, 138, 524
Lobo, Eugenio Gerardo, 59
Lobón de Salazar, Francisco (v. Isla, José Francisco de)
Locke, John, 39, 68
Lope de Vega, Félix, 16, 56, 59, 72, 76-77, 79, 86, 127, 129, 148, 187, 257-258, 315, 333, 336, 336-370, 372, 377, 393, 408, 447-448, 471, 475, 551, 558
López Bago, Eduardo, 216
López de Ayala, Adelardo, 143-144, 147
López de Ayala, Ignacio, 78
López Pacheco, José Luis, 520
López Rubio, J., 551-552
López Salinas, Armando, 513, 520-521
López Soler, Ramón, 100, 104, 180-181

Lorca (v. García Lorca, Federico)
Luca de Tena, Juan Ignacio, 549-550
Luis de Granada, fray, 56
Lukács, Georg, 213, 221, 492
Lugones, Leopoldo, 265
Luzán, Ignacio, 60-61, 66, 73, 76-77, 85, 110
Lyotard, Jean-François, 611

Machado, Antonio, 140, 206, 242, 244, 252, 255, 257, 264-268, 274-281, 308, 325, 386, 392, 393, 396, 418, 420, 426, 434-435, 439, 446, 450-451, 461-462, 465-466, 472, 509, 563, 580, 591-592
Machado, Manuel, 262-263, 267, 465
Machado (hermanos), 126, 264, 270, 274, 329, 330-331, 348, 471
Macpherson, James, 109
Madariaga, Salvador de, 246, 308
Maeztu, Ramiro de, 242, 244, 248, 259
Mallarmé, Sthéphane, 267, 393, 416, 444
Mann, Heinrich, 212
Mann, Thomas, 526, 606
Manrique, Jorge, 133, 258, 276, 611
Maragall, Joan, 255, 265
Marana, Giovanni Paolo, 48
Marañón, Gregorio, 246, 281, 303, 325
March, Ausiàs, 138
March, Susana, 499
Marinetti, Filippo Tomasso, 250, 380, 391

Marmontel, Jean-François, 33
Marquina, Eduardo, 247, 338, 340, 348, 353
Marsé, Juan, 533-536, 540, 543, 568
Martín Gaite, Carmen, 490, 506, 511, 518-519, 532
Martín Recuerda, José, 572
Martín Santos, Luis, 288, 304, 511, 524-528, 534-536, 564
Martínez Colomer, Vicente, 181
Martínez de la Rosa, Francisco, 97, 110-111, 116, 148, 340
Martínez Ruiz, José (v. Azorín)
Martínez Sierra, Gregorio, 338, 348
Martínez Villergas, Juan, 179-180
Masson de Morviliers, Nicolas, 18
Materlinck, Maurice, 327
Matisse, Henri, 404
Matute, Ana María, 497, 499, 513
Maurier, Daphne du, 490
Mayans y Síscar, Gregorio, 60
Medio, Dolores, 498, 520
Mejía, Pedro, 23
Meléndez Valdés, Juan, 39, 54, 64-65, 67-71, 95, 122-123, 279
Méndez, Concha, 430, 432, 468-469
Mendoza, Eduardo, 542-543
Menéndez Pelayo, Marcelino, 146, 187, 196, 215, 420
Menéndez Pidal, Ramón, 109, 254, 395, 400, 415, 437
Mercier, Louis-Sebastian, 158
Meredith, George, 212
Merimée, Prosper, 126, 155, 185, 252
Mesonero Romanos, Ramón, 82, 100, 106, 153, 159, 168-170, 190, 219
Mihura, Miguel, 328, 474-475, 552-554
Milà i Fontanals, Manuel, 341
Miller, Arthur, 561
Miñano y Bedoya, Sebastián, 158
Miró, Gabriel, 289, 295, 319-320
Moliére: Jean Baptiste Poquelin, 86, 89, 349
Molina Foix, Vicente, 605
Moliné, Rey, 357
Montaigne, Michel de, 23
Monteggia, Luigi, 104
Montengón y Paret, Pedro, 32-33, 181
Montero, Rosa, 490, 545
Montesquieu, barón de: Charles Louis de Secondat, 18, 46-47, 50, 85
Montiano y Luyando, Agustín, 78
Mor de Fuentes, José, 34
Mora, José Joaquín de, 103, 125
Morales, Rafael, 453-454, 578
Moreno Torroba, F., 331
Moreno Villa, José, 99, 386
Muñoz Seca, Pedro,
Muratori, Ludovico Antonio,
Murger, Henri, 265, 322, 358
Musset, Alfred de, 117, 120, 133, 136

Nabokov, Vladimir, 235
Narros, Miguel, 570
Navarro Lamarca, Carlos, 269
Necker, Anne-Louise (v. Stäel, Madame de)
Neruda, Pablo, 389, 407, 436, 437, 440-441, 444-445, 447, 452, 454, 576, 581-582, 592

Neville, Edgar, 519, 551, 553
Nieto, Ramón, 511, 540
Nietzsche, Friedrich, 250, 293, 391
Nieva, Francisco, 573
Nifo, Mariano José de, 36
Nivelle de la Chaussée, Pierre-Claude, 85
Noel, Eugenio, 319
Nora, Eugenio de, 301, 455, 497, 515, 578-579, 592
Novalis: Friedrich Leopold Hardenberg, 101, 120, 135, 418

Ochoa, Eugenio de, 105
Olmo, Lauro, 568
O' Neil, Eugene, 561
Ortega Munilla, José, 216, 285-286
Ortega y Gasset, José, 101, 216, 245-246, 248, 250-251, 259, 269, 277, 280-281, 297, 308, 346, 348, 387-388, 390-391, 411-412, 451, 513
Ory, Carlos Edmundo de, 579, 585-589, 595, 606
Ossian (Oisín), 109
Otero y Muñoz, Blas de, 273, 452, 575, 578, 580, 583-585, 587, 591-592, 601

Paganini, Niccolo, 173
Palacio Valdés, Armando, 191, 193, 200, 214, 236, 285-286, 290, 291, 326
Palanco, Francisco (obispo de Jaén), 21
Panero, Leopoldo, 452, 454, 457
Panero, Leopoldo María, 605, 610

Pardo Bazán, Emilia (condesa de), 23, 148, 189, 196, 214-218, 223, 226, 498
Paso, Alfonso, 555, 566, 568
Paz, Octavio, 425, 426, 429, 606
Pemán, José María, 341, 440, 549
Pereda, José María de, 185, 190-192, 195, 200, 203-204, 263, 284-285, 289, 313
Pereira, L., 39-40
Pérez de Ayala, Ramón, 225, 246, 269, 281, 287, 295-296, 300, 318, 320-325, 338, 346-347, 355, 357-358, 366, 526
Pérez de Hita, Ginés, 182
Pérez Galdós, Benito, 45, 94, 117, 151, 162, 169, 177, 179-180, 182, 186, 190-199, 201-212, 214-226, 228, 230-231, 234-237, 254, 283-284, 288, 290, 292, 294, 296-297, 300, 302-303, 306, 316-317, 322, 328, 330, 340, 342, 350, 353, 355, 479, 483, 502, 507, 536
Perucho, Joan, 524, 563
Pessoa, Fernando, 260, 280
Peyron, Jean François, 42
Picasso, Pablo (Ruiz), 379, 432, 434
Pich y Creus, J., 150
Picón, Jacinto Octavio, 287, 325
Piferrer, Pau, 155
Pirandello, Luigi, 327, 330, 344, 347
Piscator, Edwin, 564
Poe, Edgar Alan, 171, 293
Pombo Angulo, M., 478
Pondal, Eduardo, 138
Ponz, Antonio, 42, 43, 53, 174
Pope, Alexander, 34

Porcel, José Antonio, 59
Potocki, Jan, 155
Pound, Ezra, 606
Poullain de Saint-Foix, Germain François, 48
Prados, Emilio, 384-385, 389, 409, 418-419, 430, 438-439, 449, 458, 462-463
Pratolini, Vasco, 505
Puccini, Giacomo, 358
Puente, José Vicente, 477

Quevedo, Francisco de, 26-27, 38, 57, 124, 128, 130, 136, 159-160, 214, 262, 318, 354, 356, 393, 447, 485, 507, 545, 563, 584
Quintana, Manuel José, 70-71, 111
Quiroga, Elena, 498
Quiroga Plá, José María, 462
Quiñones de Benavente, Luis, 83

Ramírez y Góngora, Manuel Antonio, 28
Reyes, Alfonso, 315
Reverdy, Pierre, 382, 392 496
Ricardo Morales, José, 555
Richardson, Samuel, 33-34, 232
Ridruejo, Dionisio, 451, 478
Riera y Comas, José María, 184
Rilke, Rainer María, 444
Rimbaud, Arthur, 264, 428, 430, 454, 469, 530, 602
Risco, Vicente, 248
Rivas Cheriff, Cipriano, 365, 374
Rivas, Duque de: Ángel Saavedra, 108, 113-115, 117, 120-121, 125, 165, 195, 365, 402
Robbe-Grillet, Alain, 540
Rodoreda, Mercé, 500

Rodríguez, Claudio, 590, 597
Rodríguez de Lista y Aragón, Alberto, 105
Rodríguez, Josefina (v. Aldecoa, Josefina)
Rodríguez Méndez, José M., 572
Roig, Montserrat, 500, 545
Rolland, Romain, 281
Romero de Torres, Julio, 332
Rodríguez Rubí, 143
Romero, Luis, 506, 543
Rosales, Luis, 451-452
Rostand, Edmond, 339
Rousseau, Jean-Jacques, 17, 21, 32-34, 37, 39, 41, 50-57, 68, 70, 103, 325, 339
Rubín de Celis, S., 41
Ruiz Iriarte, Víctor, 552
Rusiñol, Santiago, 265
Ruskin, John, 258

Saavedra, Ángel (v. Rivas, Duque de)
Sagan, Françoise, 537
Sagasta, Mateo, 147, 219
Saint-John Perse: Alexis Sain-Léger, 606
Saint-Lambert, Dominique, 68, 180, 606
Saint Simon, Henri de, 180
Salinas, Pedro, 248, 384, 387, 390, 399, 412, 415, 419-422, 424, 430, 459, 460, 466, 513, 546
Salvo y Vela, José, 74
Samaniego, Félix María de, 62-63, 68, 77, 84
Sánchez Albornoz, Claudio, 484
Sánchez Ferlosio, Rafael, 497, 506, 511, 513, 516-518, 525

Sánchez Mazas, Rafael, 497
Santos, Francisco, 157
Sartre, Jean-Paul, 306, 378, 457, 492, 508, 562
Sastre, Alfonso, 511, 525, 555, 563, 567
Sawa, Alejandro, 265, 357
Scott, Walter, 104-105, 107, 181-183, 233
Scribe, Eugène, 111
Schiller, Johann Christoph Friedrich, 107, 116, 144
Schlegel, Friedrich, 1036, 107, 135
Schopenhauer, Arthur, 250
Sedaine, Michel-Jean, 85
Sender, Ramón José, 368, 476, 479-481, 483, 495, 522
Séneca, Lucio Anneo, 33, 329, 355
Shakespeare, William, 86, 107, 115, 144, 329, 351, 356, 376
Segalás Font, Mario, 150
Serrat, Joan Manuel, 275, 612
Shaw, Bernard, 327, 347, 519
Shelley, Percy Bysshe, 120, 428, 454
Siles, Jaime, 605
Smollett, Tobias, 48
Sócrates, 324
Solana, José: José Gutiérrez Solana, 278
Soriano, Elena, 498
Sorozábal, Pablo, 331, 358
Soulier, Gabrielle, 186
Southey, Robert, 156
Spengler, Oswald, 250
Stäel, Madame de: Anne-Louise Germaine Necker (baronesa de), 103, 186, 221
Stanislavski, Konstantin, 327, 570

Steinbeck, John, 505
Stendhal (Henri Beyle), 534
Sterne, Lawrence, 31, 46
Stevens, Wallace, 606
Stevenson, Robert Louis, 299
Storni, Alfonsina, 265
Sue, Eugéne de, 180,. 218, 302
Sueños morales, 28
Swift, Jonathan, 47
Swinburne, Henry, 42

Taine, Hippolyte-Adolphe, 213
Talbot Dillon, John, 42
Talens, Jenaro, 605, 608
Tamayo y Baus, José, 143-145, 147, 342
Teresa de Jesús, Santa (v. Cepeda, Teresa de).
Thomson, James, 68
Tirso de Molina: Fray Gabriel Téllez, 72, 119, 349, 365, 369
Tójar, Francisco de, 35
Tolstói, Leon (Lev Nikoláyevich), 184, 217, 220, 227, 229, 233, 285, 316
Torquemada, Antonio de, 23, 25, 222
Torre, Claudio de la, 519
Torre, Guillermo de, 390, 398
Torrente Ballester, Gonzalo, 515, 524, 539, 541-542
Torrepalma, conde de: Alonso Verdugo, 59
Torres Villarroel, Diego, 25-29
Trigo, Felipe, 287, 296-297
Trigueros, Cándido María, 85
Tzara, Tristan, 381

Umbral, Francisco: F. Pérez Martínez, 544-546, 573-574
Unamuno y Jugo, Miguel de, 21, 79, 201, 226, 242, 244, 246-

256, 258-259, 261, 272-274, 277, 281, 283-284, 286, 289, 294, 296, 300, 305-309, 318-319, 321, 324, 328-329, 341-342, 348, 360, 365, 372, 402, 434, 457, 495, 509, 527, 531, 559
Usandizaga, J. M., 331

Valente, José Ángel, 579, 584, 590, 593, 595-597, 608
Valera y Alcalá Galiano, Juan, 114, 170, 179, 189, 194-201, 206-208, 214-215, 222, 231, 262, 284, 296, 305, 319, 321, 355
Valéry, Paul, 393, 399, 413, 415-416
Valverde, José María, 102, 128, 578
Valladares y Sotomayor, Antonio,
Valle-Inclán, Ramón María del (Ramón Valle y Peña), 139, 149, 216, 234, 242, 247, 249, 257-263, 265-266, 269, 281, 283, 286, 294, 300-301, 303-305, 310, 312-318, 321-322, 324-325, 328, 340-343, 345, 347-348, 350-363, 365, 368-370, 373, 384, 477-478, 484, 486-487, 520, 545, 559, 562, 571, 573, 586
Vallejo, César, 440-442, 447, 456, 581, 592
Vargas Llosa, Mario, 316, 528
Vázquez Montalbán, Manuel, 543-544, 568, 605, 608-609
Vega, Garcilaso de la, 65, 68, 133, 136, 269, 394, 395, 420, 445, 453-454

Vega, Ricardo de la, 149
Velázquez, Diego, 257, 563
Vélez de Guevara, Luis, 27, 157, 369
Ventura de la Vega: Buenaventura José María de la Vega y Cárdenas, 117, 143
Verdaguer, Jacint, 138, 265
Verdi, Giuseppe, 117
Verga, Giovanni, 212
Verlaine, Paul, 261, 265, 269, 276-277, 394, 428, 454, 469, 602
Viaje de Turquía, 49
Vighi, Francisco, 392, 403
Vigny de, Alfred, 120
Villaespesa, Francisco, 247, 250, 264, 266-269, 322, 328, 339-340, 402
Vivaldi, Antonio, 311, 560
Vives, Amadeo, 322, 331, 358
Voltaire: François Marie Arouet, 17-18, 21, 41, 48, 80, 83, 128

Wagner, Richard, 267, 391
Whitman, Walt, 454, 467
Wittgenstein, Ludwig Josef Johann, 413
Woolf, Virginia, 489
Wordsworth, William, 108, 120

Yeats, William Butler, 606

Zamacois, Eduardo, 286-288, 476
Zubiri, Xavier, 423
Zuloaga, Ignacio, 278

Lina Rodríguez Cacho

Es profesora titular de Literatura española en la Universidad de Salamanca, donde actualmente enseña Literatura del siglo XX y del Siglo de Oro, especialidad en la que concentró su actividad investigadora desde que obtuvo el Premio Extraordinario de Doctorado en la Universidad Autónoma de Madrid. Ha impartido numerosos cursos como profesora visitante en varias universidades europeas, en Carleton University (Ottawa, Canadá), y en prestigiosos centros de docencia para extranjeros como la Universidad Internacional Menéndez Pelayo. Entre sus publicaciones destacan la edición y estudio de una versión inédita de *La zapatera prodigiosa* de F. García Lorca (1986), *Pecados sociales y literatura satírica en el siglo XVI* (1989), la edición de la obra completa del humanista Antonio de Torquemada (1994), y la antología *Letras capitales del Quijote* (2005).

ESTE LIBRO SE TERMINÓ DE IMPRIMIR EL DÍA
20 DE JULIO DE 2020